昆山高新区（玉山镇）村志系列丛书

马庄村志

MAZHUANG CUNZHI

昆山高新区（玉山镇）村志系列丛书编纂委员会 编

苏州大学出版社
Soochow University Press

图书在版编目（CIP）数据

马庄村志／陆卫主编；昆山高新区（玉山镇）村志系列丛书编纂委员会编. — 苏州：苏州大学出版社，2023. 12

（昆山高新区（玉山镇）村志系列丛书）

ISBN 978-7-5672-4668-3

Ⅰ. ①马… Ⅱ. ①陆… ②昆… Ⅲ. ①村史–昆山 Ⅳ. ①K295. 35

中国国家版本馆 CIP 数据核字（2023）第 239766 号

马庄村志

编　　者	昆山高新区（玉山镇）村志系列丛书编纂委员会
主　　编	陆　卫
责任编辑	王晓磊
装帧设计	刘　俊
出版发行	苏州大学出版社
地　　址	苏州市十梓街 1 号
邮　　编	215006
电　　话	0512-67481020
网　　址	http：// www.sudapress.com
邮　　箱	sdcbs@ suda.edu.cn
印　　刷	苏州市越洋印刷有限公司
开　　本	787 mm×1 092 mm　1/16　插页 16　印张 41. 75（共两册）　字数 716 千
版　　次	2023 年 12 月第 1 版
印　　次	2023 年 12 月第 1 次印刷
书　　号	ISBN 978-7-5672-4668-3
定　　价	120. 00 元（共两册）

审定单位

昆山高新技术产业开发区管理委员会

昆山市地方志编纂委员会办公室

昆山高新区（玉山镇）村志系列丛书编纂办公室

主　　任： 刘清涛

副 主 任： 姚　兰　管　烨　张振华

成　　员： 姚　晨　赵赋俊　季建芬

编纂统筹： 苏洪根

编　　务： 朱小萍　周凤花　金小华

《马庄村志》编纂委员会

主　　任： 陆　卫

副 主 任： 徐通博　李守建

委　　员： 陆伟新　郭金华　徐亚芬　唐春兰　顾翠方

《马庄村志》编纂组

主　　编： 陆　卫

副 主 编： 徐通博　李守建

特聘总纂： 陆　欣

撰　　稿： 王伟民（主笔）　徐惠良　戴成仁

编　　务： 吴永芳　李花林　陆晓洲　顾宗根　浦洪男　薛关根

马仕生　姚秀根　张菊根

注：①本示意图由昆山高新区规划建设局提供（2020年）

②★表示马庄村在昆山高新区（玉山镇）的位置

昆山高新区（玉山镇）区划示意图

上 马庄村全景图（2021年，罗英摄）

上 马庄村村委会（2021年，罗英摄）

上 马庄村标识（2021年，罗英摄）

春

夏

秋

冬

全 马庄村四季组图（2021年，罗英摄）

上 嘉馨花园（2021年，罗英摄）

下 仁心苑（2021年，罗英摄）

上 茗景苑（2021年，罗英摄）
中 美丰苑（2021年，罗英摄）
下 礼和苑（2021年，罗英摄）

上 健身场地（2021年，罗英摄）

中 公共自行车（2021年，罗英摄）

下 公共卫生间（2021年，罗英摄）

上 马庄村村委会公交站（2021年，罗英摄）

中 新城南路（2021年，罗英摄）

下 马庄港一角（2021年，罗英摄）

上 马庄双桥（2021年，罗英摄）

下 元丰长桥（2021年，罗英摄）

全 公园一角（2021年，罗英摄）

2020年2月19日，昆山市委副书记周旭东（前排左二），昆山市委常委、昆山高新区党工委书记、管委会主任管凤良（前排右二）到马庄村调研新冠疫情防控工作（2020年，吴永芳摄）

2020年5月10日，马庄村召开村志编纂工作动员会（2020年，吴永芳摄）

2020年9月22日，昆山高新区（玉山镇）村志办在马庄村召开第三批村志资料工作开展推进会（2020年，吴永芳摄）

2020年10月22日，马庄村党总支副书记李守建慰问马庄村第14村民小组百岁老人马根生（2020年，吴永芳摄）

2020年12月4日，《马庄村志》“五老人员”初审会（2020年，吴永芳摄）

2021年2月14日，昆山市委常委、昆山高新区党工委书记、管委会主任管凤良（前排左）到马庄村调研农村自建房屋安全工作（2021年，吴永芳摄）

2021年5月10日，昆山市委常委、昆山高新区党工委书记、管委会主任管凤良，昆山高新区党工委副书记、管委会副主任、玉山镇镇长张建文参加在马庄村召开的昆山高新区消防安全隐患整治推进会（2021年，吴永芳摄）

2021年7月1日，马庄村党总支召开庆祝中国共产党成立100周年纪念会（2021年，吴永芳摄）

2021年7月19日，马庄村两委会召开马庄村重大事项决策会（2021年，吴永芳摄）

2022年3月4日，马庄村党总支召开党员大会（2022年，吴永芳摄）

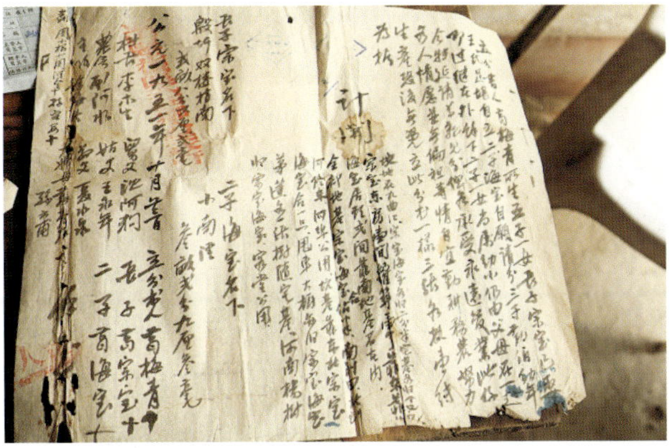

马庄村村民1951年家庭分家书（2021年，王伟民摄）

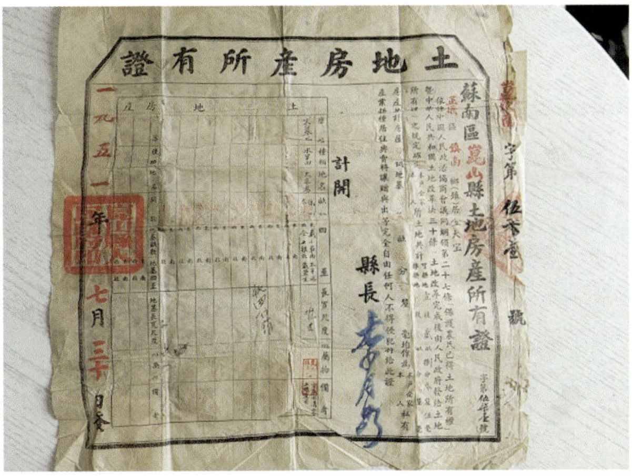

马庄村村民1951年土地房产证书（2021年，王伟民摄）

马庄村村民珍藏1952年使用过的邮票（2021年，王伟民摄）

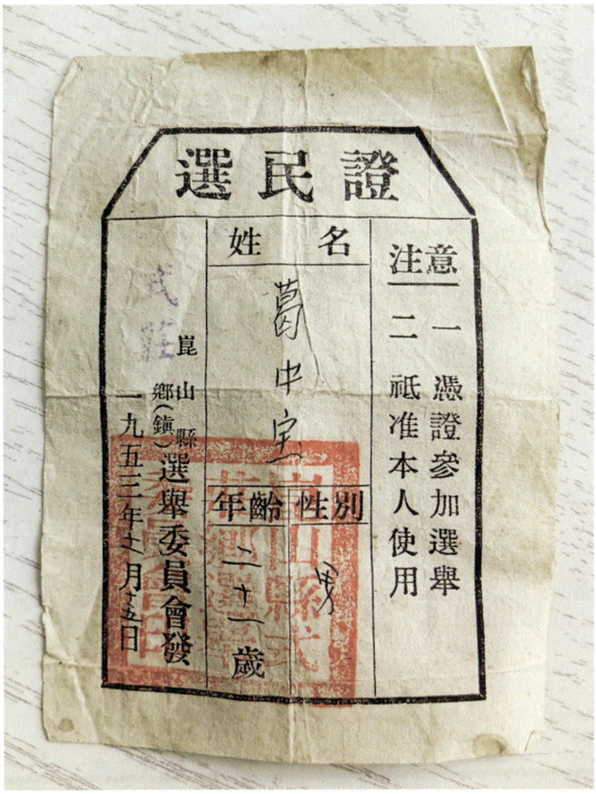

马庄村村民1953年选民证（2021年，王伟民摄）

马庄村村民1954年所缴契税收款书（2021年，王伟民摄）

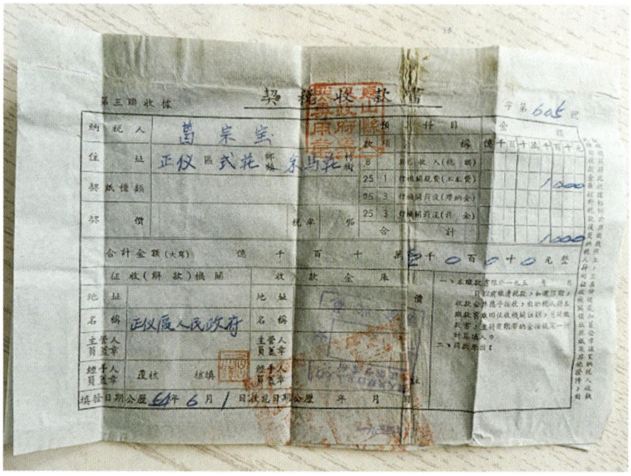

马庄村村民1954年所缴契税收款书（2021年，王伟民摄）

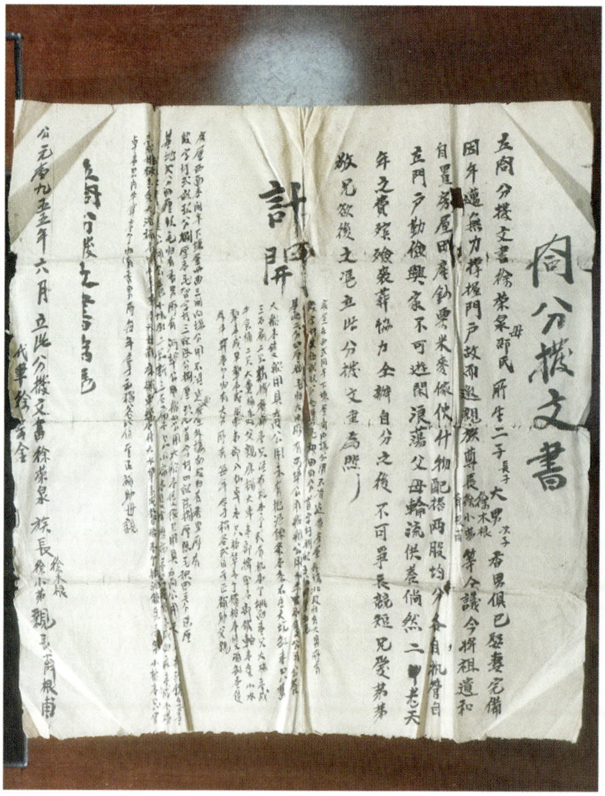

马庄村村民1955年家庭分家书（2021年，王伟民摄）

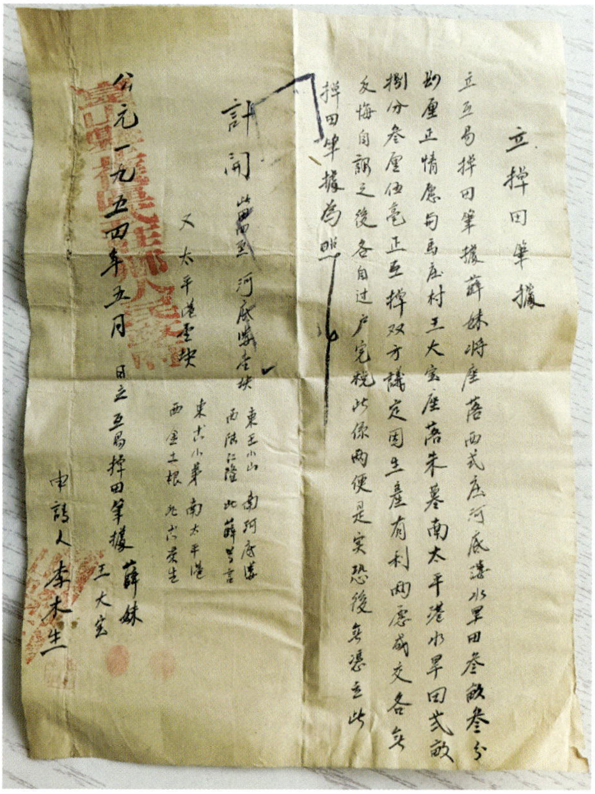

马庄村村民1954年调田字据（2021年，王伟民摄）

江苏省卫生村
江苏省爱国卫生运动委员会
二〇〇七年六月

江苏省生态村
江苏省环境保护委员会
二〇〇七年八月

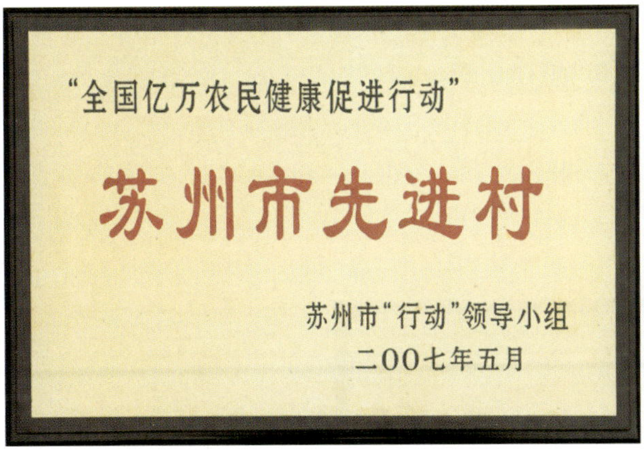
“全国亿万农民健康促进行动”
苏州市先进村
苏州市“行动”领导小组
二〇〇七年五月

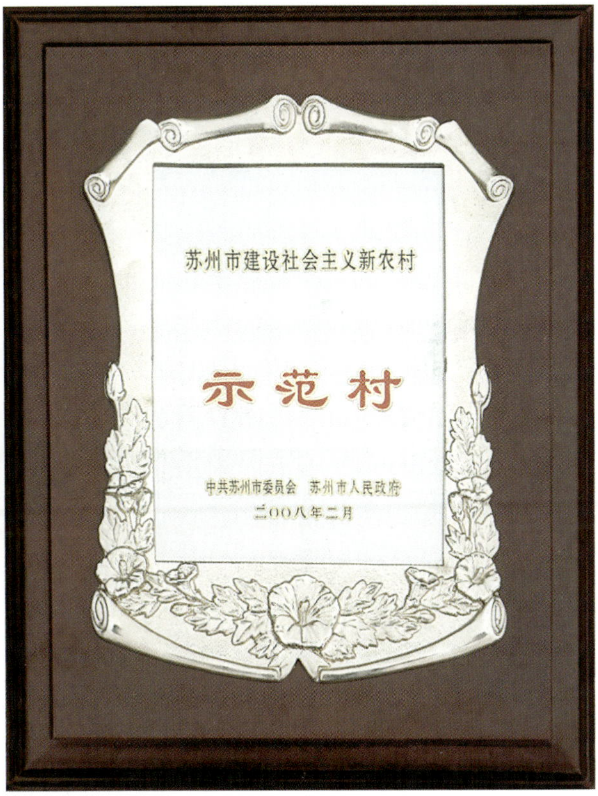
苏州市建设社会主义新农村
示范村
中共苏州市委员会 苏州市人民政府
二〇〇八年二月

昆山市村民自治
模范村
昆山市民政局
二000年十二月

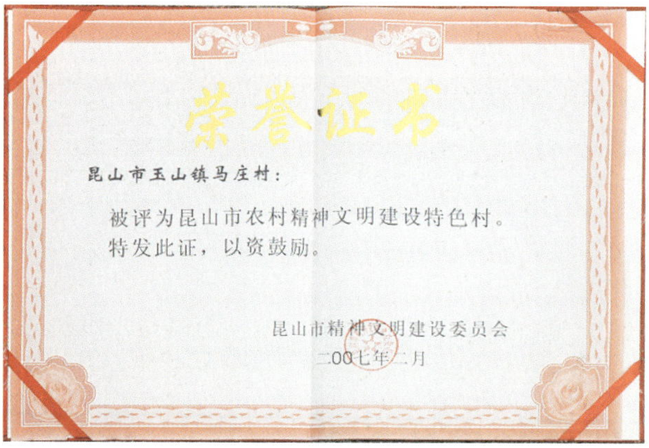
荣誉证书
昆山市玉山镇马庄村：
被评为昆山市农村精神文明建设特色村。
特发此证，以资鼓励。
昆山市精神文明建设委员会
二00七年二月

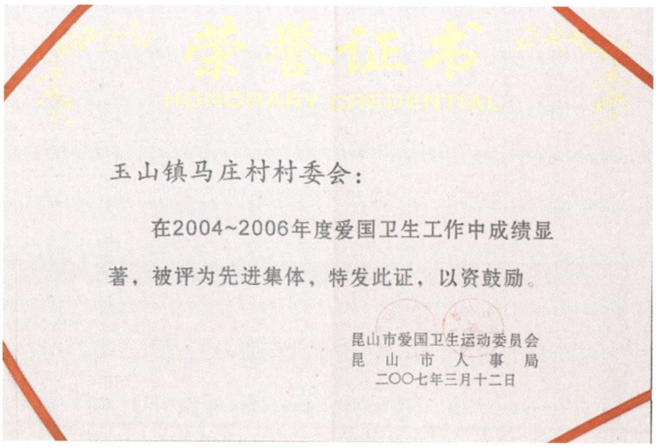
荣誉证书
HONORARY CREDENTIAL
玉山镇马庄村村委会：
在2004~2006年度爱国卫生工作中成绩显著，被评为先进集体，特发此证，以资鼓励。
昆山市爱国卫生运动委员会
昆山市人事局
二○○七年三月十二日

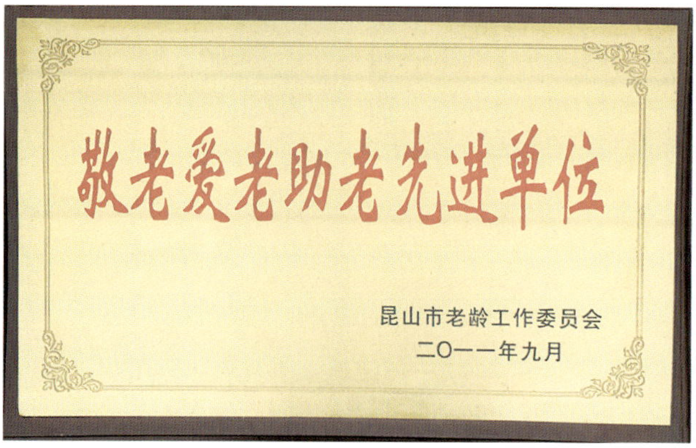
敬老爱老助老先进单位
昆山市老龄工作委员会
二○一一年九月

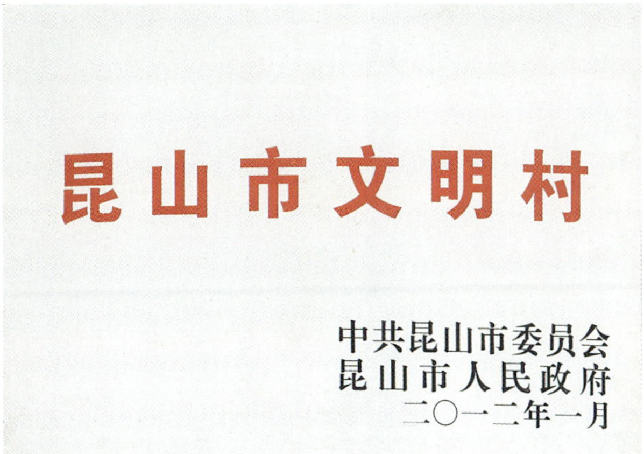
昆山市文明村
中共昆山市委员会
昆山市人民政府
二〇一二年一月

荣誉证书
高新区马庄村：
被授予昆山市文明村荣誉称号
特发此证，以资鼓励。

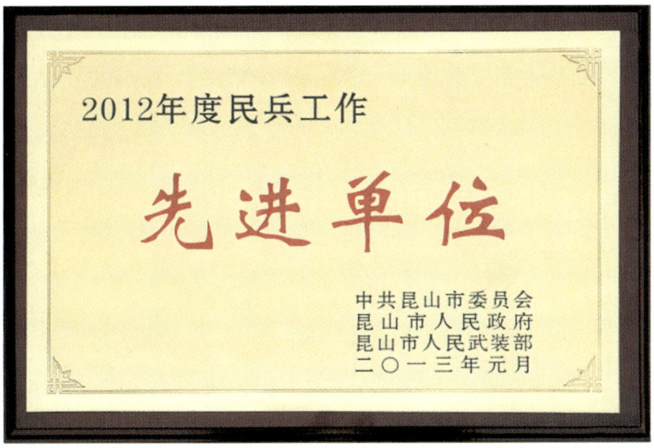
2012年度民兵工作
先进单位
中共昆山市委员会
昆山市人民政府
昆山市人民武装部
二〇一三年元月

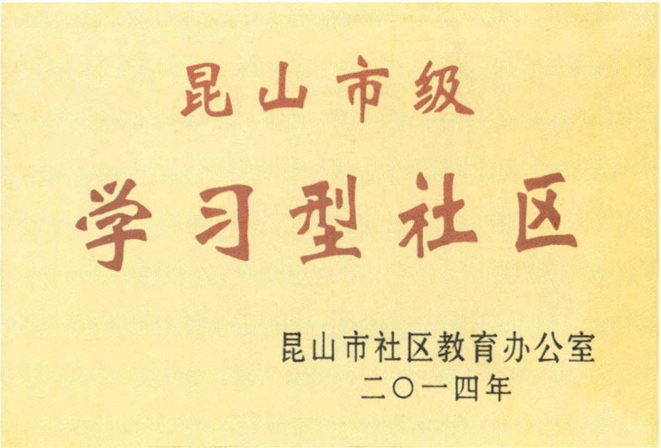
昆山市级
学习型社区
昆山市社区教育办公室
二〇一四年

2017年度
文明村
昆山市精神文明建设委员会
2018年10月

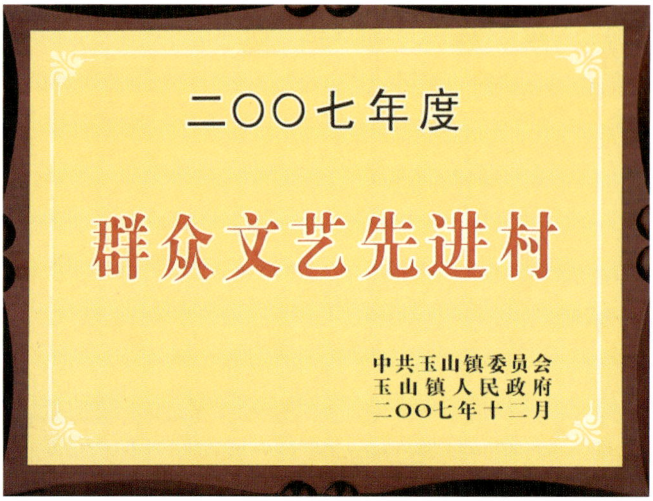
二〇〇七年度
群众文艺先进村
中共玉山镇委员会
玉山镇人民政府
二〇〇七年十二月

昆山市市民驿站
昆山高新区
第十七分站GX-17

2019年度
先进基层党组织
昆山高新区党工委
二〇二〇年七月

上 马庄村两委会全体人员（2020年，罗英摄）
左起：郭金华、陆伟新、陆卫、徐通博、李守建、唐春兰、顾翠方

下 马庄村两委会工作人员（2020年，罗英摄）
前排左起：顾翠方、唐春兰、徐亚芬、吴永芳、郭金华
后排左起：陆晓洲、徐通博、陆卫、李守建、陆伟新

上 《马庄村志》编纂人员合影（2020年，罗英摄）
左起：戴成仁、王伟民、陆卫、徐通博、李守建、徐惠良

下 《马庄村志》采编人员合影（2020年，罗英摄）
前排左起：王伟民、李花林、姚秀根、薛关根、顾宗根、施永珍
后排左起：戴成仁、马仕生、浦洪男、徐惠良、吴永芳

总 序

值此全面贯彻落实党的二十大精神的开局之年，欣闻“昆山高新区（玉山镇）村志系列丛书”之《大公村志》《南渔村志》《江浦村志》《广福村志》《新乐村志》《群星村志》《马庄村志》《燕桥浜村志》《新江村志》《新生村志》10部村志即将付梓。编修乡镇村志是落实国家“十四五”规划纲要，助力乡村文化振兴的一项重要内容，任务艰巨、意义重大。

2018年，昆山高新区（玉山镇）启动22个建制村的村志编修工作，这既为探索新型城镇化的发展经验、发展模式、发展道路提供历史智慧和现实借鉴，也是响应国家“学党史、学新中国史、学改革开放史、学社会主义发展史”的生动实践。村落是乡土文化赖以生存的土壤，活态地保存着各种村庄形态、传统民居、传统美食和民俗风情。村庄里的一座座祠堂、一本本家谱、一口口古井、一条条古道，无一不是村落文化的印记。那些反映宗族文化的家风家训、乡规乡约，反映村民声音的方言俚语，反映传统生活方式的手工技艺、民俗节庆等，对生活在这块土地上的村民来说，是难以割舍的精神滋养。

“昆山高新区（玉山镇）村志系列丛书”脉络清晰、内容丰富，既有理论又有实践，既有历史又有现实，客观再现了村民们在伟大历史进程中的奋进足迹和优异成绩。村志作为省、市、县三级志书的延伸和拓展，其丰富多彩的体裁形式在一定程度上体现了盛世修志工作的灵活性、包容性和多样性。

希望“昆山高新区（玉山镇）村志系列丛书”能讲好昆山高新区（玉山镇）乡村振兴的故事，并把故事和智慧传递得更远。希望全区广大干部和村民能够持续聚焦乡村振兴，做这一历史伟业的见证者、记录者和传承者。

在此，谨向在昆山高新区（玉山镇）发展改革进程中洒下汗水、做出重大贡献的先辈们致以崇高的敬意！向辛勤编纂“昆山高新区（玉山镇）村志系列丛书”的编纂人员表示衷心的感谢！

是为序。

中共昆山市委常委

昆山高新区党工委书记

2023 年 12 月

序

适逢国泰民安、太平盛世之时，《马庄村志》经过编纂人员两年半的辛勤笔耕、精心编撰，终于付梓了！这是马庄村村民文化生活中的一件大事，是马庄村文化建设和社会发展的一项重要成果，它是记载历史、传承文明、惠及后人的文化工程。《马庄村志》记载马庄村的成长史、创业史、奋进史，既是见证马庄村历史的翔实志书，也是留给马庄村子孙后代的珍贵财富。它的出版是马庄村发展史上的一件盛事，可喜可贺。

马庄村历史悠久，文化灿烂，人杰地灵，人文荟萃。村域位于昆山高新区（玉山镇）西南侧，新城南路、元丰路穿村而过，西接苏州工业园区。2001 年 8 月，五二村、五三村合并组建马庄村，村域面积 3.02 平方千米，隶属正仪镇。2003 年 12 月，昆山市区划调整，马庄村隶属玉山镇。2012 年 9 月，玉山镇、昆山高新区区镇合一，称昆山高新区至今，马庄村属之。

中共十一届三中全会前，马庄村经济相对落后，村民生活俭朴，生活水平不高。改革开放后，勤劳、聪明的马庄村村民团结一致，第二、三产业稳步上升，各项社会事业迅速发展，人民生活明显改善，加快了全面实现现代化的步伐，从昔日的传统农业村创建成为江苏省卫生村、江苏省生态村、“全国亿万农民健康促进行动”苏州市先进村、苏州市建设社会主义新农村示范村、昆山市文明村。

《马庄村志》翔实、准确、全面地记述了中华人民共和国成立后，马庄村政治、经济、文化和社会事业各方面的重大变革和发展情况，既是一部集村情于一志，实用价值较高的地情书、工具书，也是一部进行爱国主义教育、革命传统教育、青少年思想道德教育的乡土教材；既是鉴古知今、面向未来的一座桥梁，也是在习近平新时代中国特色社会主义思想指引下，传承优秀地方文化，提升马庄村域文化的重要载体，对全村村民进一步了解马庄历史、认识马庄村情、推动马庄未来发展，具有无可取代的作用，必将激发年轻一代热爱家乡、建设美丽马庄村的热情，激励他们为马庄村美好的明天不懈努力。

编纂《马庄村志》是一项系统、复杂的文化工程，在昆山高新区党工委、管委会及马庄村两委会领导下，在昆山高新区村志办公室悉心指导下，在马庄村村民大力支持和热情关心下，编纂人员历经 2 年多的广征博采，辛勤笔耕，数易其稿，《马庄村志》得以面世。在此，谨代表马庄村党总支、马庄村村民委员会，向悉心修志的编写人员和所有支持、关心、帮助《马庄村志》编纂的人们表示衷心的感谢。

当前，我们正处在建设更加美好马庄村的关键时期，愿我们从《马庄村志》中汲取营养，更好地继承和发扬敢破敢立、自强不息的精神，创造出无愧于前人的光辉业绩。希望马庄村人以史为鉴，在实现中华民族伟大复兴的中国梦的伟大精神感召下，充分发挥个人的聪明才智，把马庄村建设得更加美好。

是为序。

昆山高新区（玉山镇）马庄村
党总支书记、村民委员会主任 陈卫
2023 年 10 月

凡 例

一、本志以马克思列宁主义、毛泽东思想、邓小平理论、“三个代表”重要思想、科学发展观、习近平新时代中国特色社会主义思想为指导，坚持辩证唯物主义和历史唯物主义的立场、观点和方法，实事求是地记载马庄村自然、政治、文化、社会和经济等各方面的历史和现状。

二、本志纵贯古今，详今略古，上限力求追溯事物发端，下限为 2020 年年底。大事记下限延至 2021 年年底。图片下限至 2022 年年底。

三、本志记述地域范围以 2001 年组建的马庄村区域为限，1983 年以前的马庄村域指五二大队、五三大队区域范围，1983—2001 年的马庄村域指五二村、五三村区域范围，2001 年以前的马庄村域指马庄自然村区域范围，2001 年以后的马庄村指马庄建制村区域范围。

四、本志由述、记、志、图、表等构成，其中志为主体。大事记以编年体为主，辅以纪事本末体。

五、本志中 1912 年以前使用朝代纪年，括注公元纪年；1912 年以后使用公元纪年。文中未注明世纪的年代皆为 20 世纪。

六、本志各项数据采用国家统计部门或主办单位正式提供的数据。

七、本志计量单位原则上采用法定计量单位，“亩”“公斤”等单位的使用依照历史习惯。古代计量单位在使用时加注。

八、本志地名、政区及机构均用当时的名称，在各章中第一次出现时用全称，并在括号内注明简称，后面用简称。

九、本志坚持生不立传的原则。凡对本村有较大贡献或影响者，均以人物简介入志，人物以生年为序。有突出事迹的在世人物，以事系人，部分人士列表入志。

十、本志资料来源于志书及其他书籍、档案、报刊等史料及口述材料，均经核实选用，不再注明出处。

目　录

第十一章 四季农活

第十二章 马庄人物

概　述

马庄村，地处昆山高新区（玉山镇）西南。距昆山高新区（玉山镇）政府驻地 10.5 千米，村域东接景村，南临吴淞江，西至界浦河，与苏州工业园区隔河相望，北与姜巷村相连。东西最大直线距离 2.5 千米，南北最大直线距离 2 千米，呈不规则长方形，村域东西之间距离略长。域内地势平坦，自南向北、自西向东略有升高。2020 年，村域总面积为 3.02 平方千米，下辖 16 个村民小组，共计 569 户，2 520 人。2020 年年底，全村 6 个自然村落仅存马庄自然村，其余自然村全部动迁消失。马庄村先后被评为“江苏省卫生村”和“江苏省生态村”。

一

马庄村古属吴地，早在秦朝就有人居住。秦时，娄县始建，马庄属之。新朝王莽始建国元年（9），娄县改为娄治县，马庄隶之。东汉建武十一年（35），娄治县变更为娄县，马庄属之。南朝梁天监六年（507），娄县分置信义县、昆山县，马庄隶属信义县信义乡。北宋政和五年（1115），马庄隶属昆山县朱塘乡第四保。元元贞元年（1295），昆山县升为昆山州，马庄隶属昆山州。明洪武元年（1368），马庄隶属昆山州航头乡。明洪武二年（1369），航头乡更名为唆义乡，马庄属之。明崇祯十四年（1641），唆义乡改为真义乡，马庄属之。清雍正三年（1725），析昆山县西北部为新阳县，马庄属之。1912 年，新阳县并入昆山县，朱塘乡改为真义乡，马庄属之。1929 年，真义乡、南星乡并为第八区，马庄属之。1934 年，第八区改为第七区，马庄属第七区式庄乡。1947 年，马庄隶属张浦区式庄乡。是年 12 月，正仪属县属大乡，马庄属正仪大乡式庄小乡。1948 年，马庄属昆山县第二督导区正仪乡第四保。1949 年 4 月，马庄隶属正仪区式庄乡。1954年，唯亭区嘉浦乡西马庄河北岸第二行政组并入马庄自然村。1956年，镇南乡、式庄乡合并组建正仪乡，马庄属之。1958年，马庄隶属正仪人民公社。1983年，马庄隶属正仪乡。1988年，马庄隶属正仪镇。2001年8月，正仪镇调整建制村区划，五二村、五三村合并组建马庄村，辖区面积为3.02平方千米，下辖24个村民小组。2003年12月，昆山市区划调整，马庄村隶属玉山镇。2012年，昆山高新区、玉山镇实行“区镇合一，以区为主”体制，马庄村属昆山高新区（玉山镇）。至2020年，隶属不变。

二

旧时的马庄，自然村落分散，村民房屋沿河而建，矮小简陋，村庄道路弯曲狭窄，雨天时泥泞不堪，若要出门，只能用船或步行。中华人民共和国成立后至60年代初，村民收入有所提高，逐渐翻建平房。改革开放后，村域掀起平房翻建楼房的高潮。同时，结合卫生村创建，完成全村农户改水、改厕，家家户户用上自来水。90年代后，随着城镇化建设步伐的加快，村域道路逐步硬化。进入21世纪，全村建成混凝土路面的道路9 846米，翻建新建桥梁9座，全村95%以上农户陆续在正仪镇区及昆山市区购买商品房、店铺房，少数农户在昆山城西购买或自建别墅。至2020年年底，马庄村域内村民房屋因吴淞江工业园区或地方建设需要，除马庄自然村之外，其他自然村民房全部动迁，村民分别被安置在正仪古镇嘉馨花园、昆山高新区南星渎社区居住。马庄自然村内修建于明清时期的广安桥、永兴桥和原东式庄的龙里桥依然存在。

三

马庄村是一个农业村，中华人民共和国成立后，经过土地改革，兴办联村、互助组，创办初级农业生产合作社（以下简称“初级社”），组建高级农业生产合作社（以下简称“高级社”）、人民公社，实现农业生产集体化，农业生产有了很大发展。1958年，在“大跃进”运动、人民公社化运动中，农民生产积极性一度受到打击，导致粮食3年减产。1969年，村域内各生产队种植部分双季稻。1970年，各生产队大面积种植双季稻，粮食产量有所提高，但增产不增收。改革开放后，农村农业出现新气象。1983年，农村实行家庭联产承包责任制，在完成国家粮食征购任务的前提下，由农民自主经营，极大地解放了劳动力，村民可以利用空闲时间另谋生财之路，村域内464户农户中有364户从事船上运输、废旧物品回收工作，从业人员900人以上。1995年4月，农村完善农业规模经营，土地实行“二田分离”（口粮田、责任田分离），农民可以只种口粮田，责任田由种田能手承包。2002年，马庄村土地面积为4 954.8亩（1亩≈666.7平方米），其中耕地面积为2 499.8亩，大部分耕地由各农户耕种，少量耕地由大农户承包耕种。自2008年起，全村所有耕地均由村域内大农户承包耕种。2009年6月，马庄村成立农村土地股份专业合作社（以下简称“农地合作社”），入股耕地为1 460.5亩，每亩耕地为1股，每股分红500元。至2020年年底，因吴淞江工业园区和地方建设需要，共征用土地2 519亩，全村剩余耕地1 460.5亩，其中汪火根等25户大农户承包耕地1 362.5亩，村经济合作化集体种植98亩。

60年代初，村域内村民开始创办养禽畜、编草帽、打草包等家庭产业，各生产队也开始养猪、养禽和种菜、种菇。70年代后期，开始挖鱼塘养鱼。

马庄村工业始于50年代中期。1955年，马庄村域内开办五三毛纺厂，该厂成为村域内第一家队办企业。至1992年，村域内先后开办五三粮食饲料加工厂、五二粮食饲料加工厂、五三线路板厂、五三砖瓦厂（正仪第四砖瓦厂）、昆山三联化工厂等11家企业。1999年前后，企业开始关停并转。至2013年，村域内先后有3家租赁企业入驻。2010年6月，连接昆山市、苏州工业园区的界浦河大桥建成通车，马庄村域内元丰路与苏州工业园区中新大道（苏胜路）贯通。至2020年年底，马庄村215户农户出租房屋1 652间，出租店铺67间，全年租金收入500万元以上。

四

勤劳智慧的马庄人在创造丰厚物质财富的同时，为丰富村民精神文化生活，提高村民生活品质，在村域内建造篮球场、门球场等健身休闲场地和图书阅览室。

60年代，村域开展学雷锋做好事活动。80年代，村域开展“五讲四美三热爱”活动。21世纪初，践行社会主义核心价值观，成立新时代文明实践站，组建马庄村志愿服务队伍，全村社会主义精神文明建设逐步深入，出现一批先进个人，马庄村也获得“江苏省卫生村”“江苏省生态村”“‘全国亿万农民健康促进行动’苏州市先进村”“苏州市建设社会主义新农村示范村”等多项省、市级荣誉。原五三村妇女主任孙菊珍先后被评为“苏州市计划生育先进工作者”“昆山市三八红旗手”“昆山市优秀妇女工作者”，原五三村党支部书记顾玉麟被评为“昆山市劳动模范”。

马庄村人杰地灵。自 1977 年国家恢复高考以来，获得本科及以上学历的有 93 人，其中博士研究生 1 人、硕士研究生 7 人，出国留学 3 人。马庄村村籍教师有 42 人，其中担任大学教师的有 3 人，能工巧匠 171 人，公职人员有 4 人。

喜看今朝，马庄村村民真正过上了小康生活，家家有房有车，村民老有所养、医有所保，业余生活丰富多彩。展望未来，2 000 多名马庄人将在以习近平同志为核心的党中央的坚强领导下，坚持习近平新时代中国特色社会主义思想，在马庄村两委会的带领下，自强不息，开拓未来，在实现中华民族伟大复兴中国梦的征程中，在描绘城乡一体化新农村蓝图的过程中，创造出马庄村更加美好的明天。

大事记

秦朝—清朝

秦，始建娄县，村域隶属娄县。

西汉惠帝五年（前 190）夏大旱，村域内河流干涸。

王莽始建国元年（9），改娄县为娄治县，村域隶属娄治县。

东汉建武十一年（35），娄治县复为娄县，村域隶属娄县。

南朝梁天监六年（507），娄县分置信义县、昆山县，村域隶属信义县信义乡。

唐贞观十二年（638）冬，村域干旱，至次年五月无雨。

北宋元祐元年（1086）六月，村域大雨，皆成汪洋，全无庄稼，村民饥饿，死者较多。

北宋熙宁五年（1072），村域遭旱灾、蝗灾，滩荡芦苇下蝗虫密布，官府命令村民割掉芦苇灭蝗。

北宋政和五年（1115），村域隶属昆山县朱塘乡第四保。

南宋嘉定二年（1209）秋，蝗虫入境，村域受灾严重。

元元贞元年（1295），昆山县因户籍众多，升为昆山州，马庄隶属昆山州。

元大德十一年（1307），村域遭蟹灾，蟹多如蝗，田地皆满，稻谷荡尽。

明洪武元年（1368），马庄隶属昆山州航头乡。

明洪武二年（1369），马庄隶属昆山州唆义乡。

明正统七年（1442）夏，发大水，七月十七，飓风拔苗，村域受灾严重。

明天顺五年（1461）七月，村域海溢，村民溺死甚多。

明成化十七年（1481）九月，村域淫雨成灾，村庄、庄稼被淹，野多饿殍。

明弘治十四年（1501）十月初七，村域地大震，屋宇动摇，人立者数起数扑。

明嘉靖二十三年（1544），四至八月村域大旱，日色如火，沟洫扬尘，禾苗尽槁，米价腾贵。

明嘉靖四十年（1561）春，村域雨雪不止。四、五月又淫雨绵绵，江河涨溢，禾苗尽淹，颗粒无收，村民饿死甚多。

明隆庆三年（1569），村域大水，巡抚海瑞浚吴淞江马庄段，以泄太湖水。

明万历八年（1580），村域闰四月十六至五月中旬，大雨连绵，昼夜倾倒，六月复大雨，皆成汪洋，遍野行舟。

明天启四年（1624）夏，村域大水后大旱，民饥。十二月，地震。

明崇祯十四年（1641），马庄隶属于昆山县真义乡。

清顺治二年（1645），村域春风沙，夏旱，至和塘、吴淞江皆涸。大疫，村民死者相枕藉，斗米银三钱。秋蝗，民以榆皮屑为食。

清顺治四年（1647），村域大旱，村民饥饿，石米钱四两。

清康熙九年（1670）六月十三日，村域大风，太湖溢水，暴涨丈余，平陆成巨浸，田高下一夕尽淹。冬，民大饥。

清康熙四十六年（1707）四月至七月，村域不雨，大旱。

清雍正三年（1725），析昆山县西北部为新阳县，马庄隶属新阳县。

清乾隆五十五年（1790）四月初五，村域大雨冰雹，雹大如豆，破屋瓦。

清嘉庆九年（1804）五月，村域淫雨兼旬，陆地水深尺许，田禾尽淹，饥民夺取富家储米。

清嘉庆十九年（1814）夏，村域大旱，河底皆涸，地生白毛，半石米五千六百钱。

清道光十八年（1838）除夕，村域雷电交加。

清咸丰元年（1851）夏，村域大旱，河港多涸，步行可通，农民戽水甚艰。八月，飞蝗蔽天，集田伤禾。

清光绪十五年（1889），八月廿四至次年一月十五日，村域连日降雨，水高六尺许，平陆成巨浸，高低田禾尽沦，米价腾贵，石米银四元。

清光绪十八年（1892）十一月，村域河流冰冻二尺余，二月后解冻。

中华民国

1912年，新阳县并入昆山县，朱塘乡改为真义乡，马庄隶属真义乡。

1913年4月3日晨6时49分，村域发生地震，门窗台凳均摇荡倾倒，持续约3分钟。

1914年，村域内久旱无雨，农作物几乎颗粒无收。

1915年12月，高家甸村民顾大良为村域内第一个拜师学裁缝手艺者。

1922年5月，村域出现白喉疫情，死者甚多。

1927年2月3日12时左右，村域突然地震，约3分钟。下午1时复震2分钟。

1928年7月17日晚6时左右，大批蝗虫飞入域内，连续数日不辍。

1931年夏，村域淫雨绵绵，至9月雨势不止，河水骤涨，农田受淹。

1934年夏，村域入梅以来，滴雨未降，水田龟裂，河道见底。

1935年夏、秋，大旱，5个月无雨，农作物颗粒无收，村域受灾面积1 800多亩。

1937年，昆山县辖8区41乡24镇，区辖乡镇，村域隶属于第七区式庄乡。

1940年，村民韩阿大为村域第一位接生员。

1946年，村民单春涛为村域第一位理发师。

1947年2月，村域隶属张浦区式庄乡。

是年12月，撤销张浦区，正仪属县属乡，马庄村域隶属于正仪乡。

是年，村民李金生卖保长职位给同村村民陆金火，任期3年，李金生获米3石（1石=60千克）。

1948年，村域隶属昆山县第二督导区正仪乡第四保。

是年，教师何仁高在西马庄河南薛仲伯老屋里开设学堂，学生18人。他先是教授方块字，至1949年6月后，教授西洋书。1950年后，学校搬至西马庄河北村民方阿五家小屋。

1949年初，昆山县实行民众组训，设5个督导区，分辖1个镇26个乡，马庄村域隶属第二督导区正仪乡。

是年2月，在陆根元下场小屋开设小学，教师为杨菊官，学生有30人。

是年4月28日，正仪全境解放。

是年7月，废除保甲制，建立区人民政权，村域隶属正仪区正仪乡。

是年7月中旬至8月初，村域遭两次暴雨袭击，江水倒灌，吴淞江水位超过警戒线，大部分粮田受涝。

中华人民共和国

1950年

1月，区制不变，昆山全境划94个小乡，村域（马庄、北星甸、高家甸、东式庄、西式庄、巷郎）隶属正仪区式庄乡，陈洪桂为式庄乡乡长，徐惠芳为式庄村（辖高家甸、东式庄、西式庄、巷郎）村长，李木生为马庄村（辖马庄、北星甸）村长。

8月，根据土地改革政策，农村按每户田地多少划分7种阶级成分，村域划有地主6户、富农9户、富裕中农8户、中农137户、下中农34户、贫农79户、雇农5户。

1951年

5月，国家颁发土地证，村域有286户农户领到土地证。

7月，村域阴雨连绵，外加台风袭击，水位猛涨1.3米，全村稻田受淹。

8月，村域农作物受到螟虫严重侵害，村民响应上级号召开展灭螟运动。

11月，县土地改革工作队进驻村域，各自然村成立农民协会，顾阿狗为高家甸农会会长，姚阿根为式庄（包括东式庄、西式庄、巷郎）农会会长，顾桂林为西马庄河南岸农会会长，顾阿水为东马庄农会会长，浦阿玉为北星甸农会会长。

是月，土地改革运动开始，村域4 246.8亩土地平均分给每个人，人均3.72亩。

是年，村民徐根元、张仁岐、顾文炳、浦根火、王云弟5人参加中国人民志愿军并赴朝鲜参战。顾文炳在部队荣立三等功。

是年，正仪中心校派遣教师朱卫清在西马庄河南岸村民张云华家龙坊（位于主屋前面，并与主屋相连接的房屋，内设若干组凹梁，比正屋稍矮）开设学堂，有学生 18 人。

1952 年

2 月，村域相继成立 42 个互助组，每个组设组长 1 人。

是月，在高家甸自然村村民顾祥生家龙坊开办高家甸初级小学，设有 1~4 年级复式班，教师为王永安，有学生 15 人。

3 月，村域组织村民学习《中华人民共和国婚姻法》，西式庄村民阮云生为村域内反对包办婚姻第一人。

6 月，西式庄自然村村民徐惠芳加入中国共产党，为村域内第一名中国共产党党员。

1953 年

3 月，村域相继成立 5 个初级社，顾阿根、李根生、浦阿玉、徐宗金、张仁岐先后任初级社社长。

是年，国家实行粮食统购统销（“粮食计划收购和计划供应”的简称），村域由乡镇粮管所统一收购和统一供应粮食，至 1992 年停止。

是年，正仪区派遣公办教师朱卫清、殷雪珍到马庄东堂庙里开办 1~4 年级复式班学校。1955 年，聘用新教师张杏妹，学校搬迁至西马庄河南张云华家龙坊，有学生约 30 人。

1954 年

1 月，村域隶属正仪区式庄乡。

6 月 4 日，唯亭区嘉浦乡西马庄村第 2 行政组（现第 5 组，12 户 57 人；第 6 组，19 户 91 人）划入昆山县正仪区式庄乡马庄自然村。

是月，村民徐香男当选为昆山县第 1 届人民代表大会代表，成为马庄村域第 1 位县级人大代表。

7 月，村域洪水成灾，农田被淹，村民用农用木质踏车抗洪排涝。

9 月，国家实行计划经济，每年发放布票，村域人均 1.5 丈（1 丈≈3.33 米）。

是月，教师姜天善在东式庄永安寺庙内开办 1~4 年级复式班学校，设教室 1 间，有学生 22 人。学生来源于东式庄、西式庄、巷郎 3 个自然村。

11 月，村民夏小男参军入伍，为马庄村域第一名义务兵。

1955 年

1 月，村域吸收 289 户 1 085 人分别成立五星第二高级社、五星第三高级社，顾阿根、唐全根为社长。

2 月，五星第三高级社在村民钱阿全家下场屋开设纺毛作坊，徐香男为负责人。

11 月，村域实行粮食“三定一奖”（定产、定购、定销，超产奖励到户）制度。

是月，村域吴淞江、界浦河沿岸建设防汛堤岸 4 230 米。

1956 年

7 月，镇南乡、式庄乡并入正仪乡，村域（五星第二高级社、五星第三高级社）隶属正仪乡。

9 月，村域建立防治血吸虫病领导小组（以下简称“血防小组”），开展血吸虫病防治及灭钉螺运动，姚培元、陆小弟分别为五星第二高级社、五星第三高级社血防小组组长。

11 月，村域抽调五星第二高级社、五星第三高级社阮云生、李根生等 56 名社员参加七浦塘太仓段拓浚工程，历时 50 天。

是年，顾阿根、唐泉根分别任五星第二高级社、五星第三高级社党支部书记，徐根元、李根生分别任五星第二高级社、五星第三高级社社长。

1957 年

6—7 月，村域连降暴雨，高家甸南 150 亩、北星甸南港河南 80 亩、马庄小字圩 70 亩农田成了一片汪洋，农作物全部被淹。

1958 年

4 月，村域村民开展制作高效肥活动，将猪粪、大粪等放在潭中发酵，粉碎螺蛳，将粉碎的螺蛳撒入田里。

6 月，马庄村域内组织村民开展大搞干河灭螺、除“四害”（蚊子、麻雀、老鼠、苍蝇）运动。

8 月，村域内建土高炉 2 座，开展“大炼钢铁”运动。

9 月，正仪合作商店在马庄郭木生家开办马庄村域第一个代销店，营业员为正仪合作商店下派人员蒋木林。

10 月，正仪乡改为正仪人民公社，各高级社改建大队，五星第二高级社、五星第三高级社分别变更为五二大队、五三大队，隶属正仪人民公社。顾阿根、唐全根分别任五二大队、五三大队党支部书记，徐根元、李根生分别任大队长。

是月，人民公社实行组织军事化、生产战斗化、生活集体化，以公社为核算单位，统一调配劳动力，实行“大兵团作战”的生产方式，五二大队、五三大队合并为第六营，顾阿根任营长，唐泉根任教导员。

11 月，村域社员葛宗宝参加在南京举行的江苏省除“四害”先进个人表彰大会，获得奖励 10 元、粮票 5 斤。

是年，马庄小学、式庄小学停办，在马庄村村民薛仲伯家开办“四集体”小学，即集体上课、集体用餐、集体住宿、集体劳动。开设 1 ~ 4 年级 8 个班，有学生 210 人，学生来源为马庄村域适龄儿童。

是年，在东式庄村民姚四宝、徐宗根家开办托儿所，托儿所阿姨分别是张杏花、王爱林，有幼儿 20 人；在西马庄村村民薛招狗家开设托儿所，托儿所阿姨为张菊妹、钱林宝，有幼儿 14 人。

1959 年

2 月，实行“队为基础、三级所有”体制，以生产队为核算单位，第六营解散，恢复五二大队、五三大队，隶属正仪人民公社。顾阿根、唐泉根分别任五二大队、五三大队党支部书记。

是月，李根生、徐荣明带领马庄村域五二大队、五三大队 134 名社员，赴常熟参加望虞河拓浚工程，历时 70 天。

是月，马庄村域“四集体”学校停办，恢复式庄小学并搬迁到东式庄陆金火家圆堂（农村中一种前后相同的两排房屋，左右有厢房连接、中间有天井的房屋），开设 1~4 年级复式班，有学生 30 人，教师先后有姜天善、陆振生、孙忠。

是月，五三大队在徐海元家开办北星甸小学，教师为蒋奎生，开设 1 ~ 3 年级复式班，学生有 12 人。

1960 年

2 月，农村粮食大减产，造成村域内社员口粮短缺，青黄不接，断粮严重，一度人均每天口粮仅 5 两 3 钱（16 两制，1 两 = 0. 062 5 斤 = 10 钱 = 31. 25 克），持续时间约半年。

12 月，村域开始凭糖票、油票、煤油票、火柴票购买日用品。

1961 年

2 月，村域村民患“浮肿”病、“消瘦”病严重。

6 月，夏熟收割季节，村域连续阴雨，三麦（小麦、大麦、元麦）、油菜籽发芽霉烂，村域内发动社员进行翻晒。

是月，五三大队投入 300 元，在东马庄、西马庄交接处建造五三小学，建筑面积 96 平方米，设教室 1 间，办公室 1 间。开设 1~4 年级复式班，教师为殷雪珍，有学生 22 人。

1962 年

6 月，王侃章从正仪市镇迁入五二大队第 6 生产队安家落户，江长风从昆山县城迁入五二大队第 2 生产队安家落户并任会计。

12 月，村域内各大队划分社员自留田，各生产队按人数田亩比例划分，人均为 0.18 亩。

1963 年

4 月，五二大队在高家甸村西木桥北埯，投入 200 元建造高家甸小学，教室、办公室（包括住房）各 1 间，建筑面积 94 平方米。开设 1~4 年级复式班，教师为李兆铭，有学生 28 人。

5 月 8 日，村域遭受冰雹灾害，冰雹大如鸡蛋，小麦、油菜损失严重，减产约五成。

6 月，景水根、张惠元分别任五二大队、五三大队党支部书记。

9 月 11—13 日，强台风袭击昆山，风力 8~9 级，阵风 10 级，村域遭受影响，有 17 间房屋受损。

1964 年

1 月，徐根元、徐荣明分别任五二大队、五三大队党支部书记。

是月，五二大队、五三大队开始安装有线高音喇叭，群众能收听到新闻、报纸摘要节目、文艺节目和县、公社对当前工作的部署等。

2 月，村域进行第二次全国人口普查，历时 10 个月。经普查，域内共有 337 户，1 686 人，其中男性 810 人，女性 876 人。

7月16日，村域各大队开展“四清”运动（清政治、清经济、清组织、清思想），两个大队进驻“四清”工作队，五二大队、五三大队“四清”工作队长分别为孙宝华、章宝发，队员人数分别为12人、15人。

是月，五二大队第2生产队贫农出身的姚培元加入中国共产党，参加正仪人民公社武装民兵训练。

是月，江长风兼任式庄耕读小学教师，成为村域第一位民办教师（没有编制，在所在生产队挣工分）。

1965年

1月，陆兴泉任五三大队党支部书记。

3月，五三大队投入800元在马庄东桥南堍建成五三粮食饲料加工厂，厂房面积150平方米，厂长为徐宗金。该厂成为村域第一家队办企业。

1966年

2月，正仪信用社在各大队设立农村信用服务站，五二大队、五三大队服务站会计分别为金林根、陆志敏。

5月，五二大队、五三大队开展“农业学大寨”运动，取消实际完成定额记分的方法，改为“大寨式”评工记分法（由各生产队召开社员大会，评定每个社员的政治分和劳动分，总工分10分，每个社员的政治分和劳动分平均下来，就是最终工分数）。

11月，每家每户接通有线广播，李花生、张汉明分别担任五二大队、五三大队广播线路员。

1967年

7月，村域郭火根担任五三小学民办教师，为马庄自然村第一位民办教师。

是年，五二大队、五三大队在其大队部分别装上第一部手摇电话。

1968年

6月，五二大队、五三大队设革命委员会（以下简称“革委会”），革委会主任分别为陆栋生、陆小弟。

10—12月，苏州市知识青年68人到五二大队、五三大队插队落户，其中五二大队32人、五三大队36人。

12月，五二大队、五三大队分别成立文艺宣传队，人数分别为22人、33

人，主要节目有样板戏《智取威虎山》《红灯记》《沙家浜》及演唱革命歌曲，并与兄弟大队文艺宣传队进行交流演出。

1969 年

5 月 24 日，村域遭受冰雹灾害，小麦、油菜损失两成多，小麦亩产仅 125 千克，油菜亩产仅 75 千克。

6 月，村域共试种双季稻 200 亩。

是月，五二大队、五三大队成立合作医疗站，地点分别在村民陆根元、顾维云家。徐密英、陆大男分别担任五二大队、五三大队合作医疗站赤脚医生。

1970 年

2 月，村域开展“一打三反”运动，即打击反革命破坏活动，反对贪污盗窃、反对投机倒把、反对铺张浪费。

5 月，村民徐和生去世，为马庄村域火化殡葬第一人。

6 月，马庄村域各生产队种植双季稻 1 945 亩，占水稻种植面积 40%左右。

是月，高家甸自然村李花生为马庄村域第一位拖拉机驾驶员。

12 月，五二大队、五三大队共组织 77 人分别由阮云生、浦东生带队，参加流经正仪段的庙泾河疏浚工程。

1971 年

5 月，各大队党支部恢复，徐根元、陆兴泉分别为五二大队、五三大队党支部书记。

6 月，村域开展备战备荒运动，深挖洞、广积粮，每个生产队在公场上建造土圆囤 2 个，两个大队共建土圆囤 42 个。

是月，村域各生产队为增加农家肥，放养“三水一绿”（水花生、水葫芦、水浮莲、绿萍）。

1972 年

2 月，村域各大队组织干部传达学习中央 4 号文件。

3 月，村域各大队开始清坟整田、填浜、填潭，增加耕地面积 65 亩，同时实行“种到头种到边”耕种方式，精耕细作，提高耕地单位面积产量。

8 月 15 日，沪宁铁路土方工程开工，王连东、陆桃根带领 22 名社员参与挑土方工程建设，完成土方约 2 300 立方米。

1973 年

1 月，开展基干民兵训练。五二大队、五三大队民兵营长夏小男、浦东生带领基干民兵 100 人，在黄泥山靶场进行实弹射击。

3 月，村域各生产队共计建造蘑菇房 2 380 平方米，通过种植蘑菇增加村民收入。

4 月，姚道泉、陆大男分别担任五二大队、五三大队赤脚兽医，为村域内养殖的猪、牛、羊等看病。

5 月，五二、五三（南）电灌站建成，夏宗泉、陆小弟分别为电灌站主任，唐杏根、陆花根分别为电工。

1974 年

2 月，五二大队、五三大队对村域内吴淞江、界浦河沿岸防汛堤岸进行整修，加高 0.5 米，加宽 2 米。

5 月，五三（北）电灌站建成，陆小弟为电灌站主任，陆兴发为电工。

7 月，村民周兴木开挖小深井，为马庄村域第一户饮用井水家庭。

10 月，五二大队建成五二大队粮食饲料加工厂，阮云生为厂长。

1975 年

3 月，村民李小根、陆银生分别在五二大队加工厂、五三大队第 8 生产队公场开设豆腐小作坊。

5 月 30 日，村域遭受冰雹、大风灾害，小麦油菜受损三到四成，小麦亩产 100 千克，减产 50 千克；油菜亩产 50 千克，减产 25 千克。

8 月，五三大队投资 10 万元建成五三线路板厂并投产，李全荣为厂长。

10 月 28 日，徐根元、陆兴泉参加昆山县革委会召开的三级干部会议，传达贯彻全国“农业学大寨”会议精神，提出“昆山一年内建成大寨县”的目标。

11 月 2 日，顾宗根、陆桃根带领 83 名社员参加浏河第二期拓浚工程，翌年 1 月 8 日竣工。

12 月，徐根元、陆兴泉带领 85 名社员开挖、拓浚正仪人民公社黄泥山中心河。

是年，徐根元任正仪针织厂厂长，为村域第一位到乡镇企业任正职的大队书记。

1976 年

1 月，周恩来总理逝世，村域组织社员进行悼念。

是月，徐道生任五二大队党支部书记。

是月，五二大队、五三大队分别由徐道生、陆桃根带队，组织 150 名社员开挖青龙港河西段。

5 月，村域各生产队全面普及种植双季稻，部分生产队种植面积达 100%。

8 月，唐山大地震后，村域内社员家家搭建防震棚，夜宿棚内。

9 月，毛泽东主席逝世，五二大队、五三大队分别设立悼念毛泽东主席的灵堂，组织全体社员进行悼念。

是月 18 日，两个大队组织全体社员收听（收看）毛泽东主席追悼大会实况报道。

是月，五三大队第 1、2、4 生产队各购买一台 9 英寸（1 英寸 = 2. 54 厘米）“孔雀”牌黑白电视机，为村域第一批集体购买电视机的生产队。

10 月 21 日，徐道生、陆兴泉带领 38 人参加昆山县召开的万人群众大会，庆祝粉碎“四人帮”胜利。

12 月，顾宗根、陆桃根带领五二、五三两个大队共 130 名社员参加姚家港河（北到娄江，南至吴淞江）拓浚工程。

是月，昆山县路线教育工作队进驻五二大队、五三大队，队长分别为葛林、周玉芳，有队员 24 人。

1977 年

1 月 12 日，徐道生、陆兴泉参加昆山县委召开的四级干部大会，传达、贯彻第二次全国“农业学大寨”会议精神。

6 月，村民浦林元开始种植蘑菇，为村域第一户个人种植蘑菇家庭。

8 月，村民顾坤元、薛金秀分别任五二大队、五三大队党支部书记。

10 月，顾宗根、浦东生带领五二大队、五三大队共 93 名社员开挖正仪镇东、西河道。

11 月，顾宗根、陆桃根带领五二大队、五三大队 86 名社员参加拓浚昆山西娄江工程。

1978 年

1 月，顾坤元、浦东生带领五二大队、五三大队 132 名社员参加拓浚东娄江工程。

6 月，五二大队、五三大队正式通电，家家户户用电灯照明，告别煤油灯时代，其中五三北站所辖西马庄（第 3、4、5、6、10 生产队）由吴县电站输送电力。

6—9 月，村域持续高温干旱，降雨量为常年平均降雨量的50%，7 月 8 日最高温度为 37.9 ℃。

7 月 11 日，村域遭受龙卷风袭击，前季稻大面积倒伏，损失严重，平均亩产减少近 175 千克。

9 月，五三大队在大礼堂创办织席厂，厂房面积 360 平方米，厂长为薛阿元，主要经营织草席、织草帽等，全大队基本每家都有人参加织席、织帽工作。

11 月，顾香泉、薛火荣分别带领五二大队、五三大队共 92 名民工参加吴江境内太浦河二期工程，12 月 26 日该工程结束。

是年，五二大队、五三大队共 41 名党员参加正仪人民公社党员冬训。

1979 年

1 月，五二、五三大队顾坤元、薛金秀参加昆山县召开的三级干部会议，会议传达贯彻中共十一届三中全会精神，全党工作重心转移到经济建设上来。

2 月，五三大队陆道林参加对越自卫还击战。

8 月 24 日，强台风袭击昆山全境，五二、五三两个大队 1 000 亩正在抽穗的水稻受损面积较大，每亩比去年减产 50 多千克。

是月，村域内部分插队知识青年返城，不返城的插队知识青年和已安家落户人员被就地安排工作。

12 月，陆兴泉任五三大队党支部书记。

1980 年

2 月 14—25 日，顾坤元、陆兴泉参加昆山县委举办的冬训和三级干部会议，学习党中央“让一部分人先富起来”的有关指示。

是月，村域内原被查封的地主、富农家的房子退还给原主，物资折价予以赔偿。

是月，何全荣、朱炳荣、徐林生合作运营载重 12 吨运输船，成为马庄村域从事运输业第一批合伙人。

10 月，徐道生、陆金根分别任五二大队、五三大队党支部书记。

11 月，根据中共中央《关于地主、富农分子摘帽问题和地、富子女成分问题的决定》，五二、五三两个大队为地、富、反、坏、右分子摘掉帽子并张榜公布。

12 月，第一代独生子女证颁发，五二大队、五三大队共有 28 对夫妇领到独生子女证。

1981 年

5 月，村民徐林生家庭成为村域第一个水泥船运输家庭户。

7 月，五二大队社员马如根购买上海“金星”牌黑白电视机，为马庄村域第一个购买电视机的家庭户。

10 月，村域各生产队实行稻麦套种技术（板田麦），即水稻未收割便把麦种播在稻田中，两个大队播种面积达 1 800 亩。

是年，村域广泛开展“五讲四美三热爱”（讲文明、讲礼貌、讲卫生、讲秩序、讲道德，心灵美、语言美、行为美、环境美，热爱祖国、热爱社会主义、热爱中国共产党）文明礼貌活动。

1982 年

4 月，村民顾坤林建造三上三下楼房，为村域第一家楼房建造户。

7 月，村域进行人口普查。经普查，村域内共有 587 户，2 427 人，其中男性 1 185 人、女性 1 242 人。

11 月，村民戴大男家庭成为马庄村域第一个万元户（全年全家存款或经济收入 1 万元以上家庭）。

1983 年

3 月，五三大队在界浦北星甸港口北开办黄沙场，占地 3 亩，徐林妹为厂长。

4 月 28 日，村域遭受雷暴雨、大风袭击，1 500 亩麦子倒伏。

5 月，戴大男购买“大哥大”及“BP 机”，为马庄村域购买无线通信设备第一人。

是月，实行政社分设，撤销公社管理委员会，建立正仪乡人民政府。五二大队、五三大队分别改为五二村、五三村，并隶属正仪乡，徐道生、陆金根分别为五二村、五三村党支部书记，并成立首届村民委员会，张菊根、陆炳良分别为村委会主任。

6月，薛招狗在自家房屋破门开店，店铺面积15平方米，为马庄村域第一户个体经营商户。

8月，顾宗根任五二村党支部书记。

12月，村域实行家庭联产承包责任制，各村民小组扣除每人0.6亩口粮田之外，农田总亩数按劳动力人数划分，每个劳动力最少分得农田1.8亩，最多3亩多。

是月，张菊根、陆炳良带领村民136人参加正仪傀儡湖南端围湖建鱼塘工程。

是月，浦林元承包1亩水面养殖三角蚌，为马庄村域第一家三角蚌养殖户。

1984年

2月，五三村在大礼堂开办麻袋厂，厂房面积300平方米，陆宗水为厂长。

4月，五二村在吴淞江九曲江口东开办并铁厂，面积1 500平方米，何杏元为厂长。

5月，张菊根、陆炳良带领村民220人参加傀儡湖水产养殖工程建设。

6月，村域废除"娃娃亲"，五二村、五三村180对定"娃娃亲"的村民退还彩礼。

是月，陆炳良任五三村党支部书记。

1985年

1月，顾根男在正仪乡集镇开服装店，为马庄村域第一家在集镇开店经商户。

2月，戴大男购买"昌河"牌面包车，为马庄村域第一家购买面包车家庭。

3月，姚雪妹在昆山城区开服装店，为村域第一家在县城开店经商户。

12月，五二村开挖70亩水面开办养殖场，顾坤元为场长。

1986年

2月，五二村投入2.5万元在原地翻建五二小学，新校舍建筑面积160平方米。

3月，五三村在五三大礼堂开办五三五金厂，面积60平方米，陆花根为厂长。

是月，五三村妇女主任孙菊珍被评为“苏州市1985年度计划生育先进工作者”。

5月4日起，村域实行夏令时工作生活作息制度。夏令时实施期间将时间提前1小时，每年从4月中旬的第一个星期日的深夜2时整（北京时间）到9月中旬第一个星期日的深夜2时整（北京时间）。1992年后不再实行夏令时。

10月，正仪乡南简易公路建成并通车，其中2.6千米位于马庄村域内。

是月，五三村投入80万元在吴淞江界浦口东建造占地100亩的正仪第四砖瓦厂，陆炳良为厂长。

1987年

3月，五二村、五三村开展发放居民身份证工作。至次年10月，共发放居民身份证1 550张。

是月，村民陆金根家安装住宅电话，为马庄村域第一户安装程控电话家庭。

4月，村民陆桃林在承包责任田内承租0.5亩土地，养猪50头，为马庄村域第一家养猪专业户。

6月，村民杨小男购置载重80吨铁船，为马庄村域第一家大吨位铁船运输户。

是月，村域部分村民开展民房改造工作，将平房翻建成楼房，五二、五三两个村约75户农户翻建楼房。

7月，陆益明、姚巧林成为村域第一批考取本科院校的大学生。

8月，马仕生任五二村党支部书记。

1988年

2月，孙菊珍获“昆山市1987年度计划生育先进个人”称号。

4月，浦洪男任五三村党支部书记，陆云观任五三村村委会主任。

5月3—4日晨，村域内出现狂风暴雨，全村小麦受灾面积1 100多亩、油菜受灾面积380亩。

6月20日，正仪乡撤乡建镇，五二村、五三村隶属正仪镇。

7月，五三村投入8万元，在五三小学原址翻建教学楼一栋，建筑面积400

平方米。

是年，五二村、五三村成立老年协会，阮云生、陆桃根分别任这两个老年协会的会长。

1989 年

3 月 6 日，马仕生、浦洪男参加正仪镇工业表彰大会。

3 月 21 日，顾宗根、薛火荣参加正仪镇农业表彰大会。

3 月 29—31 日，马仕生、浦洪男参加昆山县委、县政府召开的发展村级经济交流会。

6 月，为便于电力工作人员抄表方便，五二村、五三村每户电表从室内移至室外。

10 月，村域内 365 户农户的舌簧喇叭全部改为筒圈喇叭。

1990 年

1 月，五二村投入 56 万元在五二小学西开办昆山三联化工厂，周凤元为厂长。

4 月 6 日，马仕生、张水珍、浦洪男、孙菊珍参加正仪镇第十二届人民代表大会第一次会议。

7 月，村域开展第四次全国人口普查。五二、五三两个村共 543 户，2 491 人，其中男性 1 219 人、女性 1 272 人。

1991 年

3 月，正仪第四砖瓦厂转资给昆山古建公司，更名为昆山振兴砖瓦厂。

4 月，五二村投入 2 万元进行村域道路改造。

是月，五三村拆除村大礼堂，并投入 8 万元，在原址建造三上五下、面积为 310 平方米的村办公楼。

是月，五三村为马庄自然村、北星甸自然村公共道路铺设水泥楼板路面 3 500米。

7 月，五二村电灌站 50 千伏安变压器更换为 200 千伏安变压器，并配备 6135 型号发电机 1 组。

10 月，根据昆山市政府协调，五二村、五三村接收原南港梅家厍、安头等自然村在马庄村域吴淞江北岸的农田 350 亩。

12 月，顾坤元任五三村党支部书记。

1992 年

1 月，顾雪兴任五三村村委会主任。

2 月，五二村、五三村在农田开挖鱼塘，发展渔业。

3 月，村民陆花根开始承接建筑工程项目，为马庄村域第一位建筑项目经理。

5 月，村民李小明在昆山购买商品房，为马庄村域第一个进城购买商品房家庭。

是月，村域调整农业产业结构，开挖鱼塘，发展渔业，五二村、五三村分别开挖鱼塘 300 亩、520 亩。

6 月，五三村投资近 20 万元，在正仪镇新城路 7 号建成厂房约 900 平方米，首次出租给昆山亨盛化纤有限公司。

8 月，五三村开办江苏 AB 集团五三分厂，陆永先为厂长。

10 月，周凤元任五二村党支部书记，李花林、戴建生分别任五二村、五三村村委会主任。

1993 年

5 月，村民陆菊根购置“友谊”牌 19 座客车，经营客运业务，为马庄村域第一户从事客运经营户。

7 月，徐惠良任五三村党支部书记。

8 月，村域遭受洪涝灾害，五二村、五三村两委会发动党员、村民开展抗洪救灾工作，对村域内吴淞江、界浦河 4 230 米防洪圩堤进行加固、加高。

是月，村域又一次调整农业产业结构，村域大部分中壮年劳动力开始劳务输出，进城务工、开商店、跑运输、搞承包。

是月，五二村、五三村 522 户村民家庭接通自来水。

1994 年

4 月，五二村村民周月良购买“跃进”牌载重 3 吨自卸货车，从事货车运输，为马庄村域第一户用货车运输家庭。

7 月，五二村、五三村 493 户家庭安装固定电话，占村域总户数的 85%。

1995 年

4 月，农村完善农业规模经营，土地实行“两田分离”，即农户种口粮田、种田能手种责任田，实行个人承包。转让出责任田的劳动力主要从事养鱼、养猪等多种经营及进厂务工和进城经商。

是月，五二村、五三村陆秧根、浦小林等村民承包农户转让责任田 160 亩。

8 月，五三南站、五三北站供电不足，五三村投入资金 20 万元，在原大队办公地增设 100 千伏安变压器。

12 月，李花林任五二村党支部书记。

1996 年

3 月，孙菊珍获“昆山市三八红旗手”称号。

4 月，正仪镇政府出资 5 万元扶助马庄村添置 3 台大型联合收割机及开沟机、植保机。

5 月，村民李菊明购买汽车一辆，为马庄村域第一户购买汽车的家庭。

1997 年

2 月，五二村昆山三联化工厂停办。

4 月，村民徐林生在昆山前进路北侧樾河东开办废铁回收场，为马庄村第一户开办废铁回收场的家庭。

7 月 1 日，村域组织全体党员、部分村民共 130 人收看香港回归祖国交接仪式实况报道。

1998 年

3 月，五二村、五三村经济合作社发放农村集体土地承包经营权证书，30 年不变。

是月，孙菊珍获“1996—1997 年度昆山市三八红旗手”称号。

5 月，五三村添置联合收割机 1 台，实现农业收割机械化。

7 月，薛秋林任五三村党支部书记。

是月，五二村、五三村实行全村电网线路改造，每家每户更换电表，换表率达 100%，线路改造率达 100%。

10 月，各村施行农户宅基地确权，为每户发放房产证、土地证，五二村、五三村发放房产证、土地证各 532 份。

1999 年

3 月，五三村农业产业结构调整，利用村域内沿吴淞江、界浦的低洼田地，开挖鱼塘 200 亩。

8 月，五二村、五三村对村域内的吴淞江、界浦防汛沿岸进行加固、加高改造，改造总长度为 4 230 米。

9 月，五二村、五三村组织村民 145 人观看澳门回归祖国交接仪式实况报道。

是年，正仪镇人民政府出资对镇南公路路面实行水泥硬化，其中村域内路段长 2.6 千米。

2000 年

3 月，孙菊珍被评为 1998—1999 年度“昆山市优秀妇女工作者”。

11 月，村域进行第五次全国人口普查，历时 11 个月。经普查，村域内共有 576 户，2 247 人，其中男性 1 079 人、女性 1 168 人。

12 月，五三村被昆山市民政局评为“昆山市村民自治模范村”。

是年，五二村、五三村消灭露天粪坑 560 个，建造公共厕所 15 座。

2001 年

4 月，村民徐桃花获评昆山市“2000 年度优秀文明职工”称号。

8 月，正仪镇建制村区划调整，五二村、五三村合并组建马庄村。薛秋林任马庄村第一任党支部书记，徐凤明任村委会主任，顾菊男任经济合作社社长，顾翠方任妇女主任。

是月，马庄村两委会办公室迁移至原五二村昆山三联化工厂办公楼。

2002 年

3 月，马庄村投资 134.8 万元，在马庄自然村铺设水泥道路，铺设面积为 5 395平方米。

是月，顾玉麟任马庄村党支部书记。

2003 年

4 月，农村开始实行社保、医保制度，全村参加社保 84 人，参加医保 84 人。

是月，马庄村成立文艺宣传队，由张春花、孙菊珍等 18 人组成，队长张春花。

8 月，苏州绕城高速公路建设工程征地动迁，高家甸自然村、东式庄自然村 34 户农户整体动迁至正仪镇嘉馨花园。

是月，马庄村成立富民合作社，顾菊男为董事长、法人代表。

10 月，马庄村被评为“昆山市计划生育先进集体”。

是月，村域对高家甸、东式庄自然村动迁户实行“三六九”土地补偿，即每亩责任田补偿 300 元，每亩自留田补偿 600 元，每亩口粮田补偿 900 元。

12 月，昆山市乡镇区域调整，马庄村划入玉山镇。

2004 年

5 月，马庄村全面实行道路、河道村级保洁，全村有河道保洁、打捞水草人员 5 人、道路保洁人员 8 人。

8 月，由国家电网江苏省电力有限公司投资，昆山市供电公司承建，在马庄村域苏州绕城高速西侧约 150 米处，架设 50 万伏南北方向的高压线 1 条，全长 2 000 米，途经马庄村第 9、10、15、16 组农田上空。

2005 年

3 月，浦洪男任马庄村经济合作社社长。

11 月，马庄（北）电灌站原地翻建，建筑面积 75 平方米，并对变压器进行扩容调整，将 50 千伏安调至 100 千伏安。

2006 年

1 月，国家实行农业免征农业税，马庄村 585 户农户不再上缴农业税。

2 月，马庄村被评为“昆山市农村精神文明建设特色村”。

3 月，马庄村成立江苏省生态村创建工作领导小组，顾玉麟为组长。

是月，马庄村投资 15 万元，在苏州绕城高速西侧原马庄村办公楼西 30 米处，建造 240 平方米农机仓库 1 间，用于停放村农机设备。

8 月，玉山镇人民政府、马庄村共投入 500 万元在马庄村清理河道 2 560 米、建公共厕所 17 座，修建石驳岸 250 米，粉刷墙面 8. 6 万平方米，建垃圾中转站 1 座，改造道路 9 846 米，并进行自然村绿化。

9 月，马庄村出资近 200 万元在燕桥浜路南侧、长阳路东侧建造标准厂房 1 565. 64平方米。次年，厂房出租，增加村级集体年收入 22 万元。

是月，马庄村出资 10.3 万元，回收村民农船共 185 条。

10 月，拆除村域内违建小房子 250 间，面积 3 000 平方米。

12 月，马庄村第 6 村民小组村民张一菲参军入伍，成为马庄村第一位女军人。

是月，马庄村被评为“昆山市村庄建设整治示范村”。

2007 年

3 月，马庄村被昆山市爱国卫生运动委员会、昆山市人事局（现人力资源和社会保障部）评为“2004—2006 年度先进集体”。

5 月，马庄村被评为“‘全国亿万农民健康促进行动’苏州市先进村”。

是月，由江苏省自来水集团有限公司投资，苏州市自来水集团有限公司承建，在马庄村元丰路南侧东西方向，铺设应急自来水管道 1 条，全长约 1 500 米，途经马庄村第 3、4、9、10、11、13、14 组农田。

6 月，马庄村被江苏省爱国卫生运动委员会评为“江苏省卫生村”。

是月，顾振华为马庄村第一位获得理学博士学位村民。

8 月，马庄村被江苏省环境保护委员会评为“江苏省生态村”。

11 月，马庄村党支部升格为马庄村党总支，下设 2 个党支部，顾玉麟任党总支书记。

10 月，昆山市域公交 59 路正式通车，昆山市公共交通集团有限公司在元丰路马庄村段分别设公交站台 4 座（上、下行各 2 座），站名分别为马庄村村委会站、高家甸站。

2008 年

1 月，马庄村域遭受暴雪袭击，村委会动员村民王侃章、张林官、顾宗金、陆玉龙等危房户撤离，入住临时安置点（原五三小学教学楼二楼）。

2 月，马庄村被中共苏州市委、苏州市人民政府评为“苏州市建设社会主义新农村示范村”。

3 月，马庄（南）电灌站原地翻建，建筑面积 80 平方米，将 50 千伏安变压器调整为 100 千伏安。

2009 年

4 月，昆山市环保局（现生态环境局）在马庄村第 15 组、16 组所处吴淞江北岸苏州绕城高速东侧60米处，建造吴淞江流域水污监测站1座。

5月，由国家电网江苏省电力有限公司投资，昆山市供电公司承建，在马庄村域苏州绕城高速东侧约200米处，架设22万伏南北方向高压线2条，全长2 000米，途经马庄村第11、13、14、15、16组农田上空。

是月，马庄村农户流转农田2 700亩，由村民陆秧根等14户农户承包。

6月，昆山市人民政府、玉山镇人民政府、马庄村共投入170万元（三方按4∶4∶2比例出资）在五三村办公楼原址（马庄村第4、9组）重建建筑面积1 106.18平方米的办公大楼。

10月，马庄村成立农地股份合作社，浦洪男为董事长、法人代表。

是月，马庄村第一轮发包农田1 659.76亩，分别由徐金荣、唐长兴、浦黑男、徐桃泉、顾根兴、张家荣等20人承包。

是月，马庄村218人由农保养老金转社保养老金。马庄村307人社保养老金缴纳年限不足15年，办理补缴手续。

是月，马庄村221人办理职工医保。

是年，总投资1.74亿元，占地45亩的外资企业——昆山瑞凌焊接科技有限公司入驻马庄村第11组。

2010年

3月，马庄村投资25万元在昆山三联化工厂东侧建造建筑面积375平方米的村老年过渡房15间。

4月，昆山元丰路与苏州工业园区苏胜路对接，界浦大桥建成通车。

6月，马庄村在新城南路两侧、晨丰路南侧的第7组约60亩农田内进行秸秆还田试点，以减少环境污染。

8月，东式庄自然村18户、巷郎自然村6户、高家甸自然村21户农户动迁至南星渎仁心苑小区。

9月，西气东输马庄工程段开始施工，高家甸自然村6户农户动迁至南星渎仁心苑小区。

11月，村域开展第六次全国人口普查，历时11个月。经普查，村域内共有586户，2 464人，其中男性1 256人、女性1 208人。

2011 年

4 月，顾玉麟被昆山市人民政府授予“昆山市劳动模范”称号。

是月，巷郎自然村、东式庄自然村 64 户农户动迁至南星渎仁心苑小区。

7 月，马庄村推广水稻机，水稻机当年插播水稻 1 250 亩，占当年水稻总面积的 75.5%。

9 月，马庄村被昆山市老龄工作委员会评为“敬老爱老助老先进单位”。

2012 年

1 月，马庄村被中共昆山市委、昆山市人民政府授予“昆山市文明村”称号。

3 月，由江苏省自来水集团有限公司投资，昆山市自来水集团有限公司承建，在马庄村域绕城高速西侧南北方向，铺设应急自来水管道 1 条，全长约 2 000 米，途经马庄村第 10、11、13、14、15、16 组农田及 90 年代从张浦镇南港划拨的部分农田。

是月，中国石油西气东输苏浙沪管理处太仓站在马庄村域苏州绕城高速西侧南北方向，铺设天然气管道，全长约 2 000 米，途经马庄村第 10、11、13、14、15、16 组农田及 90 年代从张浦镇南港划拨的部分农田。

4 月，马庄村投入 18 万元，在马庄村停车场西侧建造建筑面积 200 平方米的老年活动室 5 间，并在老年活动室前铺设 750 平方米的水泥场地，以解决马庄村村民婚丧事宴请场所问题。

6 月，马庄村成立农村社区股份合作社，顾玉麟为董事长、法人代表。

7 月，建筑面积 30 多平方米的马庄村农家书屋建成，藏书 1 000 多册，配备 4 台计算机用于电子阅览。

11 月，马庄村党总支组织 55 名党员观看中国共产党第十八次全国代表大会开幕会实况转播。

是月，玉山镇改造新城南路，马庄村李海珍等 5 户农户动迁至南星渎礼和苑小区。

12 月，马庄村被评为“江苏省和谐社区建设示范村”。

是月，玉山镇投入 1 668 万元启动马庄村雨污分离污水治理工程。

是年，昆山交能房地产有限公司入驻马庄村，建造“欧洲印象”商品房，占地170亩。

是年，占地80亩的独资企业——昆山高新区机器人产业园入驻马庄村第12组。

2013年

1月，徐凤明任马庄村党总支书记。

是月，马庄村被中共昆山市委、昆山市人民政府、昆山市人民武装部评为“2012年度民兵工作先进单位”。

3月，马庄村投资15万元在昆山三联化工厂原址改造和再建410平方米的老年过渡房24间。

9月，昆山高新区202路公交车，从阳澄湖高铁站途经马庄村至吴淞江客运站，增设新城南路元丰路站，结束马庄村到正仪古镇、南星渎集镇无公交车的历史。

10月，马庄村第二轮农田发包931.34亩，分别由陆秧根、徐桃泉、顾根兴、张家荣、唐会明等16人承包。

是年，占地110亩的外商独资企业——昆山海格汽车销售有限公司入驻马庄村第13组。

是年，玉山镇、马庄村共出资85万元，在村办公楼及西侧建成停车场、篮球场、门球场、戏台、健身场地，并购置健身器材等。

2014年

1—3月，马庄村每季度组织开展“三评三讲”“星级文明新风户”评选活动，全村评选出“星级文明新风户”45户。

3月，马庄村清理历年抛荒地，复耕复种农田450亩。

7月，马庄村推广水稻机插秧，插秧面积350亩，占水稻总面积的37.6%。

8月，陆卫任马庄村村委会主任。

12月，马庄村被昆山市社区教育办公室评为“昆山市级学习型社区”。

2015年

3月，昆山高新区村级联合投资发展有限公司在振兴砖瓦厂原址种植香樟树，占地250亩。

10月，马庄村建造大漤港平桥1座，同时在大漤港桥西塊建造电灌站1座，电动机功力15千瓦，水泵口径12寸（1寸≈3.33厘米）。

是月，马庄村农地股份合作社第二轮农田承包期满，进行第三轮发包，陆秧根、李建飞等25人共承包1 400亩。

12月，高家甸自然村剩余19户及北星甸自然村78户动迁至南星渎礼和苑小区。

2016年

4月，昆山高新区投资1.25亿元，在马庄村域内新建的姜巷小学奠基。学校占地面积56.6亩，建筑面积2.6万平方米。

6月，村级资产实行股权固化，对集体经营性资产按村现有人口平均分摊，全村折算2 780股，人均股金5 400.78元。

9月，马庄村被评为"江苏省文明村"。

11月，马庄村为解决村民及租房者停车难的问题，村投入28万元将元丰路南侧的竖苗娄填平硬化，建造6 000平方米的停车场，免费停车。2017年年底，该停车场停用。

2017年

1月，昆山高新区村级河道实行河长制，由河长负责河道水环境整治，徐凤明为马庄村河长。

3月，马庄村在原昆山三联化工厂旧址修建占地面积350平方米的农机仓库。

9月，马庄村投资25万元对马庄村危房进行屋面改造及围墙修筑。

10月18日，马庄村党总支组织62名党员观看中国共产党第十九次全国代表大会开幕会转播。

10月21日，为宣传贯彻党的十九大精神，服务"两聚一高"新实践——"走基地、看变化、聚力量"主题活动，马庄村党总支组织党员32人赴吴江区东太湖生态园、东太湖生态旅游度假区展示中心、吴江震泽桑蚕科技园、吴江震泽古镇（江苏省农机具博物馆、中国太湖农家菜文化展览馆）参观。

是月，马庄村建成垃圾分类处理站1座，并由瑾萱芝物业管理有限公司组织专业人员负责清理垃圾。

12月，第一届村务监督委员会成立，浦洪男为主任，马仕生、徐惠良为委员。

是年，马庄村文艺宣传队解散。

2018 年

2 月，马庄村启动马庄自然村保护性工程。

3 月，马庄村投资 9 万多元，在村域内安装高清视频监控摄像头。

是月，马庄自然村启动河水处理改造工程，建造污水处理设施 1 座，铺设 2 500 米污水管道。

是月，马庄村投资 8 万元对马庄村便民服务中心进行改造。

4 月，马庄村党总支组织全体党员干部赴苏州革命博物馆、新四军太湖游击队纪念馆参观学习，重温入党誓词，不忘初心、牢记使命。

5 月，马庄村开展“331”专项行动，治理安全隐患。“331”中，第一个“3”指容易引发火灾事故的“三合一”场所（指人员住宿及加工、生产、仓储、经营等场所混合在同一建筑内）、出租房（群租房）和电动自行车三类突出隐患，第二个“3”指专项行动要对照执行的任务清单、履行清单和追责清单这 3 张清单，“1”指专项行动为期 100 天。

9 月，姜巷小学入驻马庄村域，新校址为昆山市玉山镇新城南路 88 号。

10 月，昆山市优来谷成科创中心在马庄村租赁 88 亩土地进行“菜篮子”工程建设，租期 30 年。

12 月，陆卫任马庄村党总支书记。

2019 年

3 月，西式庄自然村 29 户村民动迁至南星渎美丰苑小区。

是月，在马庄自然村南、元丰路北侧建设占地面积 1.2 万平方米的湿地小公园。

4 月，中国石油西气东输苏浙沪管理处太仓站在马庄村域苏州绕城高速东侧南北方向，铺设第二条天然气管道，全长约 2 千米，途经马庄村第 11、13、14、15、16 组农田。

5 月，昆山高新区投资 750 万元在马庄村建设公共厕所 5 座，改善村民如厕条件，净化环境。

6 月，郭金华任马庄村经济合作社社长。

9 月，李守建任马庄村党总支副书记。

是月，马庄村党总支第一、第二党支部换届选举，陆伟新、徐亚芬分别任第一、第二党支部书记。

10 月，马庄村党总支组织全体党员赴苏州吴江区陈去病故居、侵华日军芦苇库周大屠杀遇难同胞纪念馆、费孝通江村纪念馆参观学习。

是月，马庄村为消除安全隐患，创建美好人居环境，整治村容村貌，根据“331”“9876”专项行动（“9+1”场所整治“九个必须”、“三合一”场所整治“八个一律”、出租房或群租房整治“七个严禁”、电动自行车整治“六个决不允许”）要求，马庄村党总支在昆山高新区城管办的配合下，对马庄村 107 户农户使用易燃、可燃物搭建的违章建筑（夹芯板房、凉棚等）进行拆除、清理。

12 月，马庄村新一届村务监督委员会成立，李守建为主任，浦洪男、徐惠良、马仕生为委员。

是年，马庄村村委会联合执法，整治村容村貌，共清理堆放场地 160 处、垃圾 140 吨，整治餐饮店违规使用液化气钢瓶行为。

2020 年

1 月，马庄村党总支为防新冠疫情，对防控工作做出全面安排，实行全村一户一档，并张贴告示，封闭寺庙，安排人员夜间值守，劝导村民不进寺庙烧香。

是月，马庄村村委会在马庄村住房墙壁上人工绘制精神文明彩色宣传画 4 处共 210 平方米。

2 月，马庄村村委会建设 1 000 多米防疫围栏，办理马庄村临时出入证 3 933张。

是月，昆山市委副书记周旭东赴马庄村调研检查疫情防控工作。

是月，马庄村获得“昆山高新区第一批抗击新冠疫情先进集体”荣誉。

3 月 21 日，马庄村党总支副书记李守建在元丰路界浦大桥下勇救落水者；29 日，马庄村村委会获赠“见义勇为、尽心尽责”锦旗 1 面。李守建获得昆山市见义勇为基金会授予的奖励。

是月，马庄村获“昆山市农村人居环境整治红榜”荣誉。

是月，马庄村村委会拆除动迁老年过渡房 3 500 平方米。

5 月，启动《马庄村志》编纂工作，陆卫任《马庄村志》编纂委员会主任。

是月，陆卫带领村两委会人员与吴淞江派出所、驻村警务室人员、昆山高新区交通运输部门有关领导、部门人员一同参与垃圾分类宣传活动。

是月，马庄村党总支副书记李守建获“昆山高新区第三批抗击新冠疫情先进个人”荣誉。

6月，马庄村村委会组织65周岁以上退休人员445人进行体检。

7月，马庄村骤降暴雨，水位上涨，外围水位达3.46米。

8月，马庄村开展残疾人文体康复服务关爱家庭项目，发放贫困精神病患者服药卡19张。

是月，马庄村党总支和关心下一代工作委员会组织举办主题为“垃圾分类和安全教育”暑期亲子活动，共有16名小朋友、8名家长和3名村工作人员参加活动。

是月，马庄村两委会为防台风，组织人员进行高空坠物隐患专项检查。

10月，马庄村村委会组织65周岁以下退休人员172人进行体检。

是月，昆山市退管中心领导代表与马庄村村委会代表一同对马庄村百岁老人马根生进行重阳节慰问。

是月，马庄自然村动迁工作开始。

11月，马庄村开展第七次全国人口普查工作，历时10个月。经普查，村域有569户，2 520人，其中男性1 233人、女性1 287人。村域内流动人口3 668人。

是月，马庄村第3村民小组动迁工作完成，30户签署拆迁协议。

12月4日，唐春兰担任马庄村会计。

12月26日，马庄村式庄庙发生火灾。

12月28日，马庄村遭遇寒潮，气温骤降12 ℃，最低达到-7 ℃，河水结冰，水管冻裂。

是月，马庄村村委会进一步推进动迁工作，完成第4村民小组29户、第5村民小组31户动迁工作。

2021年

1月9日，马庄村党总支召开党员大会，进行换届选举，陆卫任马庄村党总支书记。

1月18日，马庄村村委会召开第十三届村民委员会换届选举动员会、马庄村村民代表大会，选举委员会成员为李守建、陆伟新、陆晓洲、吴永芳、浦洪男、徐惠良、马仕生，李守建为马庄村选举委员会主任。

2月，马庄村村委会给未动迁的每户村民发放贺新春防疫小礼包。

是月，马庄村村委会工作人员对全村进行安全巡查，在每家每户张贴《村（社区）居民防火公约》。

3月，马庄村组织域内30多户商户举行消防安全培训会，并举行消防演练。

是月，马庄村村委会换届选举，陆卫当选村主任，徐亚芬、郭金华、唐春兰、顾翠方当选委员。

是月。马庄村被评为2020年度“昆山市文明村”、2020年度“昆山市‘平安农机’示范村”。

4月8日，马庄村党总支、昆山高新区综合执法南区分队党支部签订党建共建协议。

4月11日，马庄村村委会召开村民代表和村民小组长选举会议。会议由陆卫主持，经过无记名投票，选举产生村民代表38人、村民小组长17人。

4月16日，马庄村党总支、昆山高新区晨丰社区党支部、昆山高新区综合行政执法局第二党支部联合开展“学党史、守初心、担使命、再出发”主题党日活动，马庄村党总支书记陆卫带领马庄村12名党员祭扫苏州烈士陵园，并到苏州党史教育基地参观学习。

4月26日，昆山高新区社会事业局副局长姚兰会同昆山高新区多部门，在马庄村村委会会议室，召开协商会议，讨论马庄村动迁工作。

4月27日，昆山高新区多部门到马庄村联合执法，通知马庄村内76户无证营业商贩停止营业。

5月13日，昆山高新区社会事业局局长景兴良、副局长姚兰会同多部门工作人员到马庄村开展联合整治工作，对已签动迁协议的第3、4、5村民小组共93户房屋的私搭乱建小房进行拆除。截至月底，拆除工作全部完成。

5月18日，马庄村组织145名村籍退休人员（65周岁以下）到昆山高新区江浦社区卫生服务中心进行2年一次的体检。

6月4—8日，马庄村组织606名65周岁及以上村籍老年人到昆山高新区江浦卫生服务中心体检。

6月30日，马庄村村民徐宗元、葛宗宝、夏宗泉、陆小弟、陆阿林、唐金元、顾香泉、戴白妹、戴三妹、王密花、徐宗林、徐水英、徐银水13名老党员荣获中共中央颁发的“光荣在党50周年”纪念章。

7月24—27日，台风“烟花”过境马庄村。为确保安全，马庄村村委会组织人员昼夜值班，并规定每2小时对村内进行一次巡查。台风期间，马庄村做到财产零损失，人员无伤亡。

8月23日，马庄村开始进行核酸预演信息登记，全村1 200人在住人员完成昆山市民App上的信息录入。

9月23日，马庄村、新江村两委会班子人员赴“书记论坛结对共建”甲方单位燕桥浜村，进行实地参观学习，并就人居环境再提升工作进行讨论。

10月14日，昆山高新区吴淞江党群服务站负责人周梅香到马庄村慰问陆阿林等6名在党50周年以上居住村老党员。

10月19日，马庄村召开村两委会全体人员会议，昆山市住房和城乡建设局老小区改造办公室主任徐通博兼任马庄村党总支第一书记（挂职），主持马庄村动迁工作。

11月8日，马庄村村委会与昆山市玉山镇文佳农机专业合作社签订“万企联万村”协议书。

11月30日，马庄村市、镇两级人大代表登记点有16个选民登记小组，登记选民1 748人。

是月，马庄村协助643人办理苏州市尊老卡，其中65~69周岁233人，70~79周岁287人，80~89周岁100人，90周岁以上23人。

12月4日，马庄村村民唐春兰、郭金华作为玉山镇第二十届人民代表大会代表候选人参加在玉山镇姜巷村召开的玉山镇第35选区市、镇两级人大代表候选人见面会。

12月8日，马庄村设立市、镇两级人大代表投票站主会场1个、流动选民投票站6个，进行昆山市、玉山镇两级人大代表选举。马庄村选民总数1 748人，参加投票1 717人，占选民总数的98.23%。经选举，村民唐春兰当选昆山市玉山镇第二十届人民代表大会代表。

第一章　村情概览

马庄村前身为五二村、五三村。2001 年，正仪镇建制村区划调整，五二村、五三村合并组建马庄村。2003 年 12 月，昆山市乡镇区划调整，马庄村划入玉山镇。中共马庄村总支部委员会、马庄村村委会办公地址设于马庄自然村。至 2020 年年底，全村下辖 1 个自然村，16 个村民小组，在籍 569 户，2 520 人，其中男性 1 233 人、女性 1 287 人，耕地面积 1 460. 5 亩。全年村级可支配总收入 304. 85 万元，村集体固定资产 470. 26 万元，村民人均纯收入 48 590 元。马庄村先后获得“江苏省生态村”“‘全国亿万农民健康促进行动’苏州市先进村”“苏州市建设社会主义新农村示范村”等荣誉称号。

第一节　历史沿革

马庄村历史悠久，早在秦朝就有人居住。

秦时，始建娄县，村域属之。

新朝王莽始建国元年（9），改娄县为娄治县，村域属之。

东汉建武十一年（35），娄治县改为娄县，村域属之。

南朝梁天监六年（507），娄县分置信义县、昆山县，村域属信义县信义乡。

北宋政和五年（1115），村域隶属昆山县朱塘乡第四保。

元元贞元年（1295），昆山县因户籍众多，升为昆山州，村域属之。

明洪武元年（1368），村域隶属昆山州航头乡。

明洪武二年（1369），村域隶属昆山州唆义乡。

明崇祯十四年（1641），村域隶属昆山县真义乡。

清雍正三年（1725），分昆山县西北部为新阳县，村域隶属新阳县。

1912 年，新阳县并入昆山县，朱塘乡改为真义乡，村域属之。1935 年，村域隶属昆山县第七区式庄乡。1937 年，昆山县辖 8 区 41 乡 24 镇，区辖乡镇，村域隶属第七区式庄乡。1947 年 2 月，村域隶属张浦区式庄乡。是年 12 月，撤销张浦区，正仪属县属大乡，村域属正仪乡。1948 年，村域隶属昆山县第二督导区正仪乡第四保。1949 年年初，昆山县实行民众组训，设 5 个督导区，分辖 1 个镇 26 个乡，村域隶属第二督导区正仪乡。

1949 年 4 月 28 日，正仪全境解放。7 月，废除保甲制，建立区人民政府，村域隶属正仪区式庄乡。

1950 年，昆山县分划 94 个小乡，村域隶属正仪区式庄乡。1954 年，唯亭区嘉浦乡西马庄河北岸第二行政组划入昆山县正仪区式庄乡马庄自然村。1956 年 7

月，镇南乡、式庄乡并入正仪乡，村域隶属正仪乡。1958 年，撤销正仪乡，成立正仪人民公社，五星第二高级社、五星第三高级社分别改建为五二大队、五三大队。10 月，五二大队、五三大队合并为正仪人民公社第六营。1959 年，第六营解散，恢复五二大队、五三大队，隶属正仪人民公社。

1983 年 5 月，农村实行政社分设，撤正仪人民公社，设正仪乡，五二大队、五三大队分别改为五二村、五三村。1988 年 6 月 20 日，正仪撤乡建镇，五二村、五三村隶属正仪镇。

2001 年 8 月，五二村、五三村合并组建马庄村，隶属正仪镇。2003 年 12 月，昆山市区划调整，马庄村隶属玉山镇。2012 年，玉山镇、昆山高新区区镇合一，称昆山高新区至今，马庄村属之。马庄村域隶属变迁情况如表 1-1 所示。

表 1-1　马庄村域隶属变迁情况一览表

年代	隶属县、市	隶属乡、镇	下辖生产队、村民小组
秦	娄县	—	—
新朝王莽始建国元年（9）	娄治县	—	—
东汉建武十一年（35）	娄县	—	—
南朝梁天监六年（507）	信义县	信义乡	—
北宋政和五年（1115）	昆山县	朱塘乡第四保	—
元元贞元年（1295）	昆山州	—	—
明洪武元年（1368）	昆山州	航头乡	—
明洪武二年（1369）	昆山州	唆义乡	—
明崇祯十四年（1641）	昆山县	真义乡	—
清雍正三年（1725）	新阳县	—	—
1912 年	昆山县	真义乡	—
1935 年	昆山县	式庄乡	—

续表

年代	隶属县、市	隶属乡、镇	下辖生产队、村民小组
1947 年	昆山县	式庄乡	—
1948 年	昆山县	正仪乡第四保	—
1949 年年初	昆山县	正仪乡	—
1949 年	昆山县	正仪区式庄乡	—
1958 年	昆山县	正仪人民公社	18 个生产队
1983 年	昆山县	正仪乡	24 个村民小组
1988 年	昆山县	正仪镇	24 个村民小组
2003 年	昆山市	玉山镇	24 个村民小组
2012 年	昆山市	昆山高新区（玉山镇）	16 个村民小组
2020 年	昆山市	昆山高新区（玉山镇）	16 个村民小组

第二节　自然环境

一、地貌

马庄村域属太湖下游冲积形成的平原地带，地势平坦，村南靠吴淞江，土地略低，地面高程平均（基准面：吴淞江零点）3.5 米，最高 6~7 米，属昆西半高田区域。全村土地被众多河流、浜、溇分割成 32 块大小不等的田圩。1982 年马庄村域田圩情况如表 1-2 所示。

表 1-2　1982 年马庄村田圩一览表

自然村	原所在生产队	田圩名称
北星甸	五三大队第 1 生产队	小南泾南贤字圩
		北星甸村南能字圩
		南江南外能字圩
	五三大队第 2、12 生产队	九曲江荒字圩
		北星甸村东能字圩
		南江南外能字圩
马庄	五三大队第 3、10 生产队	小南泾南贤字圩
		小南泾北能字圩
		溇南得字圩
		界浦东直九都字圩
	五三大队第 4 生产队	九曲江荒字圩
		小南泾南贤字圩
		小南泾北能字圩
	五三大队第 5 生产队	吴庄泾庄字圩
		张泾浜河东庄字圩
	五三大队第 6 生产队	吴庄泾庄字圩
		张泾浜河西下庄字圩
		界浦东直九都字圩
	五三大队第 7、14 生产队	河底溇字圩
		直江字圩
	五三大队第 8 生产队	河底溇字圩
		凌家溇难字圩
	五三大队第 9、11 生产队	九曲江荒字圩
		横溇郎字圩
		村前郎字圩
	五三大队第 13 生产队	九曲江荒字圩
		小南泾南贤字圩
		小南泾北能字圩

续表

自然村	原所在生产队	田圩名称
东式庄	五二大队第 1 生产队	铁王字圩
		西秧田字圩
西式庄	五二大队第 2 生产队	木字圩
		朝南浜字圩
	五二大队第 3、10 生产队	上朝字圩
	五二大队第 4 生产队	赖字圩
巷郎	五二大队第 5 生产队	金字圩
高家甸	五二大队第 6、7 生产队	浜墨字圩
		式浦字圩
	五二大队第 8、9 生产队	桥河南字圩
		陆家浜字圩
		大溇字圩
		西港字圩

二、河流

马庄村域内大小河流 18 条，总长度 15.8 千米。其中，南北流向河流 7 条，总长度 6.26 千米；东西流向河流 11 条，总长度 9.54 千米。最长过境河流为界浦河，村域内长度为 2.45 千米。2020 年马庄村域河流情况如表 1-3 所示。

表 1-3　2020 年马庄村域河流情况一览表

河道名称	流向	长度/米	平均宽度/米	起止地点
直江	南北	930	15	马庄港南至吴庄泾
九曲港	南北	1 790	27	吴淞江至马庄港北
姜泾浜	南北	720	17	马庄港至吴庄泾
新开河	南北	660	18	马庄港至沙头溇
木梳湾港	南北	300	20	上朝至凤凰咀
式浦港	南北	1 580	20	吴淞江至马庄港

续表

河道名称	流向	长度/米	平均宽度/米	起止地点
师娘浜	南北	280	17	马庄港至浜底
马庄南浜	东西	300	11	浜底至马庄闸
坞底娄	东西	820	16	浜底至马庄港
东马庄北浜	东西	210	14	直港至浜底
南星甸河	东西	980	17	九曲港至界浦口
北星甸北河	东西	1 180	14	九曲港至界浦坝岸
北星甸河	东西	1 180	18	九曲港至界浦口
马庄港	东西	1 830	17	杨家庄河至界浦口
吴庄泾	东西	1 520	18	浜底至界浦口
上朝港	东西	250	22	式浦港至木梳湾港
高家甸河	东西	630	16	式浦港至九曲港
庙泾浜	东西	640	16	式浦港至浜底

过境河流 村域南有吴淞江，西有界浦河。

吴淞江，位于马庄村南，东起上海市黄浦江外白渡桥，西止苏州市吴江区松陵街道以南太湖瓜泾口，全长 125 千米，宽度 40~50 米。流经马庄村域内河段长 1.78 千米，东起马庄路，西至界浦口，平均宽度 133 米，平均河深 7 米。

界浦河，又称“界碑港”，位于苏州工业园区与昆山高新区（玉山镇）交界处，北起娄江河，南止吴淞江，南北流向，全长 6 千米。马庄村域内河段全长 2.45 千米，河面宽 65 米，平均河深 6 米。

村域内溇浜 村域内小溇、小浜成网，小溇 8 个 164 亩，小浜（潭）16 个 103.6 亩。2002 年马庄村小溇、小浜（潭）分布情况分别如表 1-4、表 1-5 所示。

表 1-4　2002 年马庄村小溇分布情况一览表

自然村	名称	水面面积/亩	自然村	名称	水面面积/亩
西式庄	下尖溇	25	东马庄	竖庙溇	20
高家甸	大溇	28		凌家溇	14
西马庄	大溇	25		沙头溇	20
	陆家溇	7		河底溇	25

表 1-5　2002 年马庄村小浜（潭）分布情况一览表

自然村	小浜（潭）名称	流向	宽度/米	长度/米	自然村	小浜（潭）名称	流向	宽度/米	长度/米
东式庄	朝南浜	南北	15	200	高家甸	陆家浜	东西	15	200
	四娘浜	南北	17	280	马庄	张泾浜	南北	17	1 520
	龚家浜	南北	16	200		南浜	东西	17	150
	后浜	东西	15	250		长浜	东西	18	200
	姚家浜	东西	15	90		北浜	东西	5	40
巷郎	庙泾浜	东西	16	640		小桥浜	东西	13	210
	海常泾浜	东西	15	540		西浜底	东西	5	70
高家甸	石家浜（潭）	东西	15	250		东浜底	东西	5	70

三、气候

马庄村域位于长江流域，地处北回归线以北，属北亚热带南部季风性气候，气候温和湿润、四季分明、光照充足、雨量充沛，无霜期长，雨热同期。据1980—2018 年昆山县（市）气象统计资料：年平均气温 16.1 ℃，年最高气温38.7 ℃，年最低气温-8 ℃。年平均降水量 1 133.3 毫米，年最多降水量 1 522.4 毫米，年最少降水量 826.1 毫米。年平均降水日数 124 天，年最多降水日数 144 天，年最少降水日数 99 天。年平均日照时数 1 643.4 小时，年最多日照时数 1 974.8 小时，年平均日照百分率 45%，年平均相对湿度 79%。年平均出霜日为 11 月 13 日，终霜日为 3 月 26 日。年平均风速 3.10 米/秒。冬季盛行东北风、西北风，夏季盛行东南风，年最多风向为东南风，但冬、夏季风进退有早、有迟，强度变化不一。降水和气温的年际差异较大，旱涝、风雪灾害偶有发生。

春季，历年一般自 3 月 21 日至 6 月 20 日，为期 92 天。当平均气温稳定达到 10 ℃时，春季开始。春季最高气温为 31 ℃，最低气温为 3 ℃。一直到清明时节，气温才明显上升转暖，到 5 月下旬，最高气温达 31 ℃，最低气温也在 20 ℃左右，称为“暖春”，俗称“暖三春”。但初春时节，偶有不见还暖，反而寒冷，气温下降到零度的情况，称为“倒春寒”，俗称“拗春冷”。1980 年 4 月 24 日，马庄村尚见飘雪。1998 年 3 月 21 日，最低气温为 0 ℃。

夏季，历年一般从 6 月 21 日至 9 月 22 日，为期 94 天。日平均气温超过 22 ℃，即初夏时节。7 月中下旬到 8 月上旬为盛夏，天气最为炎热，最热月平均气温 28 ℃，年最高气温 40.6 ℃。1998 年小暑以后，最热月平均气温 36 ℃。进入大暑时节后，最高气温和最低气温比小暑时节相对下降 2 ℃。1971 年 6 月上旬，高温月平均温度达 37 ℃。1992 年 7 月 16 日，出现极端高温 39.2 ℃。自 2007 年起，出现的夏季极端高温分别为 2013 年 8 月 7 日 40.6 ℃、2017 年 7 月 24 日 40 ℃、2018 年 5 月 16 日 37.8 ℃。

秋季，历年一般从 9 月 23 日到 11 月 6 日，历时 45 天，为四季中最短的季节。入秋以后，气温逐渐下降，但也有个别年份气温明显高于常年。1998 年入秋以后，10 月份平均气温比历史同期常值高出 2.2 ℃，创历史最高纪录。11 月上旬气温仍比历史同期高出 2 ℃，日气温也始终保持在 10 ℃以上。村民着装仍以夏衣为主，毫无深秋气象。入秋以后，常年有较强冷空气轮番南下，以一个星期为周期，每次南下通常伴有一个明显的降水过程。1962 年 9 月 6 日，日降水量 343 毫米。

冬季，历年一般从 11 月 7 日到翌年 3 月 20 日，历时 134 天，为四季中持续时间最长的季节。冬季常受北方冷空气影响，气温陡降。最冷时段为 1 月下旬至 2 月 2 日，平均气温 2.5 ℃。其中，1958 年 1 月 16 日，出现极端最低气温 -9.8 ℃。2018 年 1 月中旬，气温骤降，平均气温-5 ℃。

第三节 人口土地

一、人口

人口总量 中华人民共和国成立前，马庄村域有 278 户，1 187 人，其中男性646人、女性541人。1950年5月，马庄村域内共有276户，1 229人，其中男性665人、女性564人。1956—1960年，村域内人口自然增长较快。60年代，苏州、昆山城镇一批青年插队落户马庄村域。1969年，人口增至1 867人。70年代初，开始实行计划生育，人口增长缓慢。1978年改革开放后，外地来昆务工、经商人员租住在马庄村域，人口迅速增长，而婚配范围扩展到省外，人口结构发生了变化。1982年第三次全国人口普查资料显示，马庄村域内有647户，2 424人，其中男性1 185人、女性1 239人。90年代，人口平稳增长。2015年后，随着江苏省生育政策的调整，允许家庭生二孩，人口增长加快。至2020年年底，第七次全国人口普查资料显示，马庄村常住人口3 688人，其中男性2 345人、女性1 323人，在籍569户，2 520人，其中男性1 233人、女性1 287人。

马庄村域内1950年、1982年、2020年人口情况分别如表1-6、表1-7、表1-8所示。

表1-6　1950年马庄村域内人口统计表

自然村名	户数/户	总人口/人	男/人	女/人	自然村名	户数/户	总人口/人	男/人	女/人
东式庄	42	200	102	98	东马庄	43	222	124	98
西式庄	15	54	34	20	西马庄	66	344	185	159
高家甸	60	189	97	92	北星甸	44	186	107	79
巷郎	6	34	16	18	合计	276	1 229	665	564

表1-7　1982年马庄村域内各大队户籍人口统计表

大队名称	户数/户	总人口/人	男/人	女/人
五二大队	275	928	464	464
五三大队	372	1496	721	775
合计	647	2 424	1 185	1 239

表 1-8 2020 年马庄村户籍人口统计表

村民小组	户数/户	总人口/人	男/人	女/人	村民小组	户数/户	总人口/人	男/人	女/人
1	40	174	81	93	10	29	148	65	83
2	38	187	83	104	11	20	85	45	40
3	55	234	114	120	12	24	88	42	46
4	41	196	94	102	13	25	103	49	54
5	36	182	82	100	14	16	69	37	33
6	39	171	92	79	15	49	209	113	96
7	31	149	74	75	16	50	209	98	111
8	34	136	72	64	合计	569	2 520	1 233	1 287
9	42	180	92	88					

人口结构 2020 年年底，马庄村 2 520 人中，按年龄段分，中老年居多；按文化程度分，小学、初中较多，本科生仅占总人口的 3.7%；按民族分，以汉族为主，少数民族仅有土家族 2 人、苗族 1 人。2020 年马庄村人口结构情况如表 1-9 所示。

表 1-9 2020 年马庄村人口结构情况统计表

分类		人口/人	分类		人口/人
按年龄分	0~5 周岁	146	按文化程度分	学龄前儿童	196
	6~17 周岁	248		小学	831
	18~35 周岁	437		初中	740
	36~59 周岁	940		高中（中专）	277
	60~79 周岁	646		大专	383
	80~89 周岁	82		本科及以上	93
	90~99 周岁	20	—		
	100 周岁以上	1			

姓氏构成 2020 年年底，在籍户中，不同姓氏户主家庭有 39 个，其中以徐姓、

顾姓户数居多，全村 2 520 人中涉及姓氏 97 种，其中徐姓人口最多，占总人口的 14%。2020 年马庄村姓氏户数、户籍内姓氏人数分别如表 1-10、表 1-11 所示。

表 1-10　2020 年马庄村姓氏户数统计表

单位：户

姓氏	户数	姓氏	户数	姓氏	户数	姓氏	户数
徐	86	周	20	邵	5	葛	2
顾	74	戴	12	凌	5	黄	1
陆	60	郭	12	陈	4	褚	1
张	49	夏	9	姜	4	景	1
薛	38	马	8	金	4	阮	1
姚	28	孙	8	钱	4	杨	1
浦	26	朱	8	毛	3	俞	1
李	24	唐	7	汤	3	严	1
王	21	何	6	汪	3	施	1
沈	20	方	5	翁	2	—	—

表 1-11　2020 年马庄村户籍内姓氏人数一览表

单位：人

姓氏	人数	男	女	姓氏	人数	男	女	姓氏	人数	男	女	姓氏	人数	男	女
徐	354	188	166	姚	93	49	44	方	30	13	17	姜	14	4	10
顾	295	148	147	周	89	44	45	钱	27	11	16	毛	13	6	7
陆	259	135	124	郭	46	27	19	凌	27	15	12	汤	11	4	7
张	214	112	102	马	44	20	24	金	25	8	17	杨	10	5	5
薛	161	89	72	朱	44	21	23	邵	23	10	13	葛	8	4	4
王	108	43	65	戴	42	16	26	陈	20	8	12	赵	7	4	3
沈	106	41	65	唐	37	18	19	魏	1	0	1	俞	7	5	2
李	103	56	47	孙	33	14	19	何	18	9	9	翁	6	5	1
浦	96	51	45	夏	31	20	11	汪	15	7	8	吴	5	0	5

续表

姓氏	人数	男	女	姓氏	人数	男	女	姓氏	人数	男	女	姓氏	人数	男	女
刘	5	0	5	熊	2	1	1	邹	1	0	1	聂	1	0	1
阮	5	1	4	万	1	0	1	林	1	0	1	晏	1	1	0
景	5	0	5	支	1	1	0	郁	1	0	1	梁	1	0	1
杜	4	1	3	邓	1	0	1	武	1	0	1	龚	1	0	1
袁	4	3	1	韦	1	0	1	施	1	0	1	章	1	1	0
黄	4	0	4	石	1	1	0	罗	1	0	1	栗	1	0	1
丁	3	1	2	江	1	0	1	陶	1	1	0	路	1	1	0
许	3	0	3	归	1	1	0	倪	1	0	1	雷	1	1	0
胡	3	1	2	田	1	0	1	柏	1	0	1	腾	1	0	1
谢	3	0	3	付	1	0	1	洪	1	1	0	蔡	1	0	1
褚	3	1	2	冯	1	0	1	姬	1	0	1	廖	1	0	1
苏	2	0	2	白	1	0	1	高	1	0	1	潘	1	0	1
孟	2	0	2	甘	1	0	1	梅	1	0	1	滕	1	0	1
范	2	2	0	卢	1	0	1	贾	1	1	0	—	—	—	—
卿	2	0	2	季	1	1	0	莫	1	0	1	—	—	—	—
蒋	2	0	2	严	1	1	0	曹	1	0	1	—	—	—	—

2020 年马庄村户籍村民名录

90 周岁及以上老人 1949 年，马庄村村民平均寿命为 45 周岁。1978 年以后，随着改革开放，村民生活水平不断提高，人口平均寿命也得到提高。至 2020 年，人口平均寿命为 80 周岁，马庄村 90 周岁及以上村民有 21 人，其中年龄最大的为马庄村第 14 组 102 岁的马根生。2020 年马庄村 90 周岁（含 90 周岁）以上老人名录如表 1-12 所示。

表 1-12　2020 年马庄村 90 周岁（含 90 周岁）以上老人名录

序号	姓名	性别	民族	出生年月	所在组别
1	马根生	男	汉	1918 年 6 月	14
2	唐培元	男	汉	1924 年 11 月	2
3	方阿二	女	汉	1927 年 1 月	5
4	张小妹	女	汉	1927 年 2 月	2
5	张银生	男	汉	1927 年 2 月	3
6	陆桂英	女	汉	1927 年 7 月	6
7	郭阿三	女	汉	1927 年 9 月	9
8	顾凤花	女	汉	1927 年 11 月	15
9	顾朱宝	女	汉	1927 年 12 月	15
10	顾根生	男	汉	1928 年 1 月	3
11	王大宝	女	汉	1929 年 3 月	8
12	薛招林	男	汉	1929 年 3 月	9
13	顾云媛	女	汉	1929 年 8 月	16
14	孙水宝	女	汉	1929 年 11 月	16
15	金泉妹	女	汉	1930 年 1 月	5
16	姚杏金	女	汉	1930 年 2 月	7
17	李根生	男	汉	1930 年 6 月	7
18	李阿二	女	汉	1930 年 9 月	2
19	汤阿二	女	汉	1930 年 9 月	4
20	戴金秀	女	汉	1930 年 11 月	9
21	姚根生	男	汉	1930 年 12 月	12

二、土地

土地面积　2002 年，村域土地总面积 4 954.8 亩，其中耕地面积为 2 499.8 亩、精养鱼塘面积 1 780 亩、村庄宅基地面积 425 亩、其他面积 250 亩。自 2003 年起，因苏嘉杭高速公路、国家西气东输、国家电网、昆山高新区道路工程建设，村庄土地开始被陆续征用。至 2020 年，共征用土地 2 519 亩，剩有耕地 1 460.5 亩，其中汪火根等 25 户大农户承包耕地 1 362.5 亩，马庄村经济合作社耕地 98 亩。

土壤结构 1982年昆山县第二次土壤普查显示，马庄村域内的土地适宜种植水稻、三麦和油菜及其他经济作物。土壤主要由黄泥土、乌栅土、青泥土3种土壤组成。黄泥土分布在村域各自然村的耕作层，呈灰棕色、灰黄色、黄棕色，干、湿交替明显，可水、旱轮作，微生物活动频繁，养分储量比较丰富，农作物产量较高。乌栅土分布在各自然村地势较低的耕作层，土壤疏松、结构较好、泥力中等。青泥土主要集中在原五二村西秧田和马庄港以北的耕作层。该土多源于沼泽地，土层中常见泥炭，土质黏，易板结，是低产土壤之一。1982年马庄村域土壤分类与面积分布情况如表1-13所示。

表1-13 1982年马庄村域土壤分类与面积分布情况统计表

单位：亩

大队名称	普查面积	黄泥土	乌栅土	青泥土
五二大队	1 804	1 172	434	198
五三大队	2 552	1 735	562	255
合计	4 356	2 907	996	453

第四节 撤并建制村

一、五二村

五二村位于正仪镇西南，东接景村，南临吴淞江，西连五三村，北至姜巷村、五四村。距正仪镇政府驻地7.5千米。村域面积1.27平方千米。五二村前身为五二大队。1958年，五星第二高级社改建为五二大队，下设10个生产队。1983年，政社分设，五二大队改为五二村。2000年，辖东式庄、西式庄、巷郎、高家甸4个自然村，下设10个村民小组。全村户籍人口235户，977人，耕地面积 1 798.16 亩，精养鱼塘面积 814 亩。村域内有留思桥、龙里桥等古迹，有昆山瑞凌焊接科技有限公司、机器人产业园 2 家入驻企业，全年村级经济总收入 30 万元，村民人均收入 4 807 元。

2001 年 11 月，正仪镇建制村撤并调整，五二村、五三村合并组建马庄建制村，五二建制村被撤销。

二、五三村

五三村位于正仪镇西南部，东接五二村，南临吴淞江，西与苏州工业园区隔界浦河相望，北至旗南村。距正仪镇政府驻地 7.7 千米。村域面积 1.93 平方千米。五三村前身为五三大队。1958 年，五星第三高级社改建为五三大队，下辖 14 个生产队。1983 年，政社分设，五三大队改为五三村。2000 年，辖东马庄、西马庄、北星甸 3 个自然村，下设 14 个村民小组，全村户籍人口 354 户，1 640 人，耕地面积 2 731.64 亩，精养鱼塘面积 870 亩。村域内有永兴桥、广安桥等古桥，有五三砖瓦厂。全年村级经济总收入 53 万元，村民人均收入 4 923 元。2000 年，五三村获评“昆山市村民自治模范村”。

2001 年 11 月，正仪镇建制村撤并调整，五二村、五三村合并组建新的建制村，马庄是合并后的建制村中最大自然村，故取名马庄村，五三建制村被撤销。

第五节　自然村落

2002 年前，村域有马庄、北星甸、东式庄、西式庄、高家甸、巷郎 6 个自然村落。2003—2020 年，因各项国家重大工程和城乡一体化建设需要，先后动迁高家甸、东式庄、西式庄、巷郎、北星甸 5 个自然村和马庄自然村部分农户，仅存马庄一个自然村落。

一、村落分布

早在 1949 年前，马庄域内马庄、北星甸、东式庄、西式庄、高家甸、巷郎等6个自然村已形成。从动迁前的自然村位置来看，东式庄、西式庄、巷郎位于村域东侧，马庄位于村域西侧，高家甸、北星甸位于村域南侧，各自然村均分布在大、小河流的河岸两侧，自然村之间由河流或道路连接，村间距离在500米左右，最远的也只有1千米左右，相互往来比较方便。自然村周围都是农田，便于耕种。

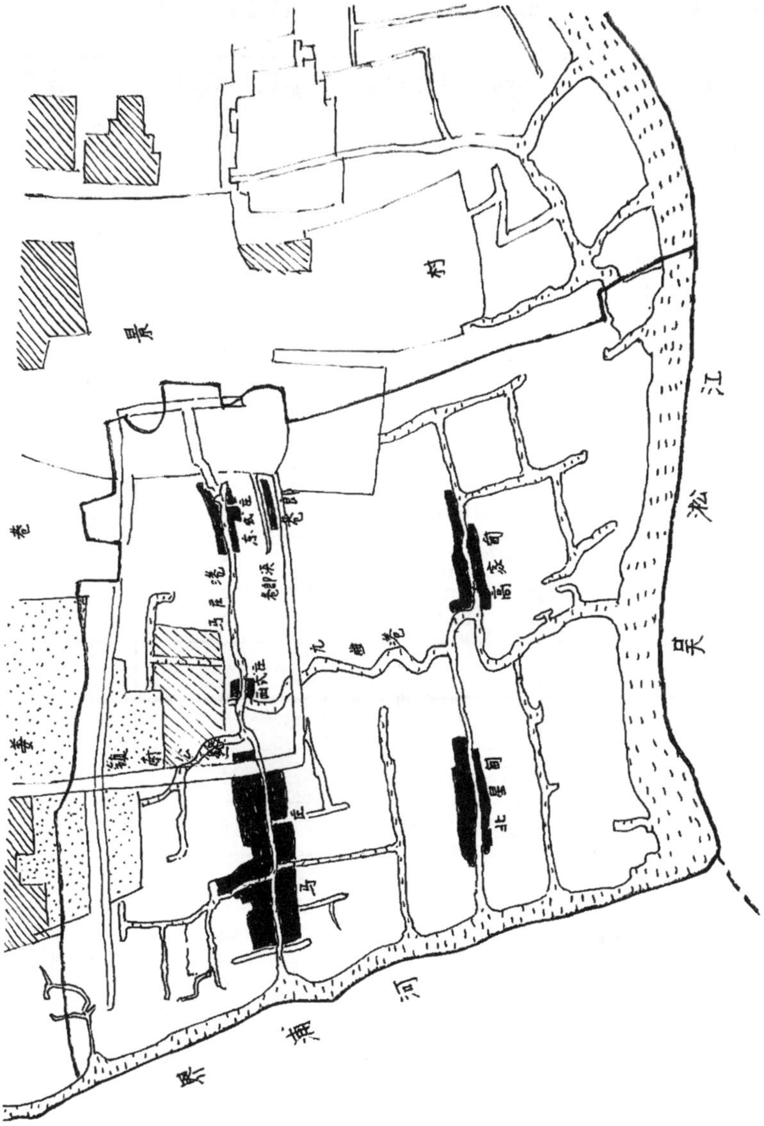

2002年马庄村自然村落分布图（2020年，卢智昱绘）

二、村落变迁

21 世纪前，马庄村是一个农耕村庄。进入 21 世纪，大部分自然村因道路建设、工业用地、国家重大工程和昆山市城乡一体化建设需要，农户搬迁，大部分自然村消失。2003—2020 年，东式庄、西式庄、巷郎、高家甸、北星甸、马庄部分农户动迁，马庄村剩余其他农户规划在 2021 年动迁。2003—2020 年马庄村农户动迁安置情况如表 1-14 所示。

表 1-14　2003—2020 年马庄村农户动迁安置情况一览表

动迁年份	动迁原因	动迁自然村落	动迁户数/户	安置地点
2003	苏嘉绕城高速公路建设	高家甸	31	正仪街道嘉馨花园
		东式庄	3	正仪街道嘉馨花园
2008	昆山高新区元丰路建设	西马庄	26	南星渎茗景苑
	危房动迁	北星甸	4	南星渎茗景苑
		高家甸	1	
		西式庄	1	南星渎义和苑
		东式庄	4	南星渎茗景苑
		东马庄	5	
		西马庄	8	
2010	昆山天然气管道建设	高家甸	46	南星渎仁心苑
	国家电网工程建设	高家甸	21	
		东式庄	18	
		巷郎	6	
2011	昆山高新区城乡一体化建设	东式庄	54	南星渎仁心苑
		巷郎	10	

续表

动迁年份	动迁原因	动迁自然村落	动迁户数/户	安置地点
2012	昆山高新区 新城南路改造	东马庄	5	南星渎礼和苑
2014	昆山高新区 城乡一体化建设	西马庄	1	
2015	昆山高新区 城乡一体化建设	北星甸	78	南星渎礼和苑、 美丰苑
		西马庄	4	南星渎礼和苑
		东马庄	4	
		高家甸	19	
2018		西式庄	2	南星渎礼和苑
2019		西式庄	26	南星渎美丰苑

三、村落简介

（一）马庄

马庄自然村地处马庄建制村西，位于元丰路与界浦河交界处，东与西式庄相连，南靠北星甸，西有界浦河，北连朱墓村。新城南路、元丰路划村而过。20 世纪初，马庄自然村中心有一片农田，村民习惯将农田以东村落叫东马庄，农田以西村落叫西马庄，沿用至今。

据传，明朝有一位陈姓将军带领一些士兵，骑马路经马庄，由于路窄且都是泥水路，将军和战马不幸均落入马庄港，此马颇有灵性，将陈将军托出水面，救了将军一命，而自己溺水而亡。事后，陈将军命士兵将此马厚葬于马庄港西河滩，部分士兵留守此地繁衍生息。为了纪念此马，人们把这个地方称为“马庄”。

2008 年以前，马庄自然村有耕地 2 028.4 亩，全村主要以农业为主，种植水稻、三麦和油菜。2008 年后，村民以运输、务工、经商为主。

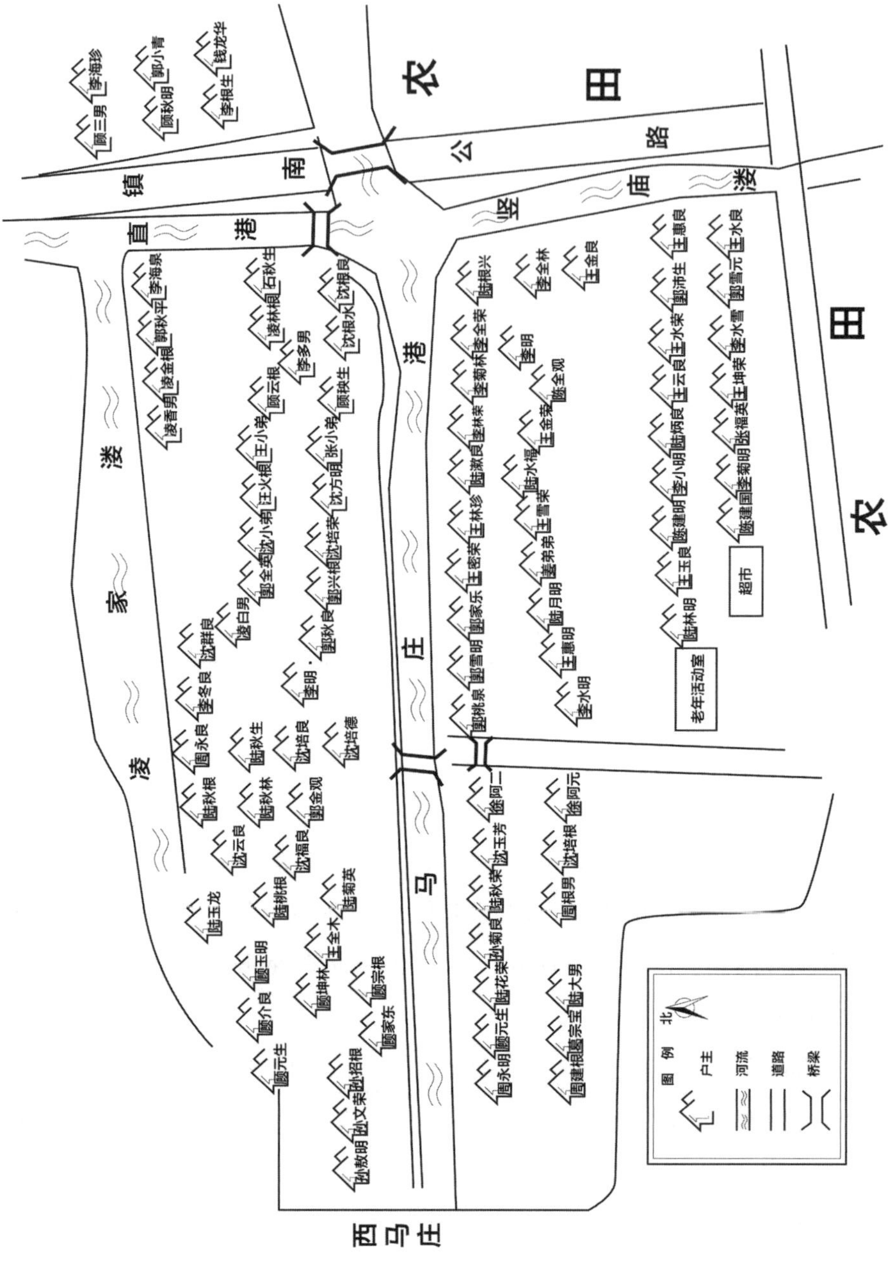

2007 年东马庄村民房屋分布图

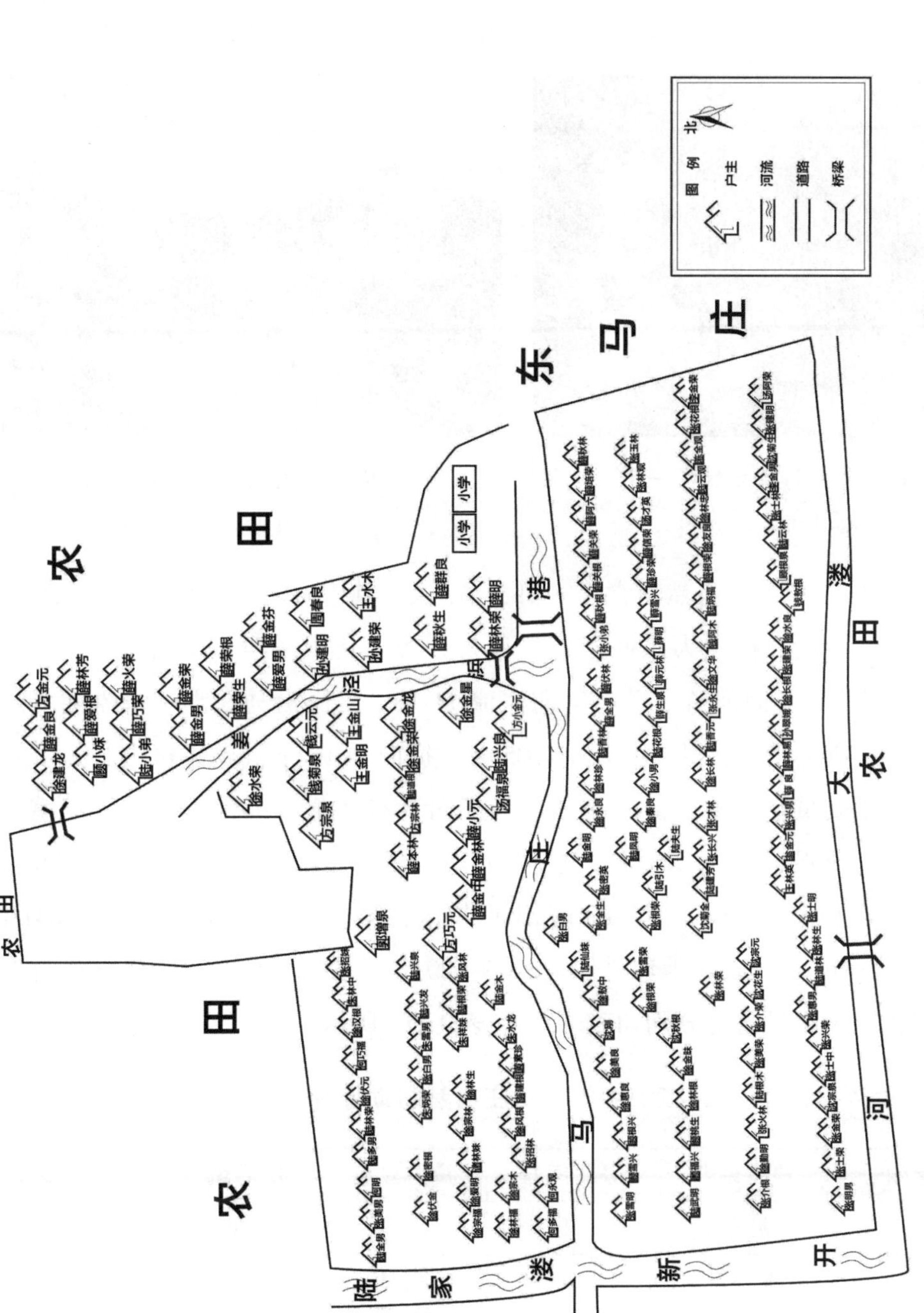

2007年西马庄村民房屋分布图

2020 年东马庄自然村一角
（2020 年，罗英摄）

2020 年西马庄自然村一角
（2020 年，罗英摄）

至 2020 年，马庄自然村常住人口 3 467 人，其中户籍人口 278 户，1 228 人，辖 7 个村民小组。村庄为东西走向，呈长方形，其中东西长 1 400 米，南北宽 450 米，村庄有纵向河流 3 条，横向河流 11 条。村民沿马庄港、张泾浜河两岸居住。村内巷弄密布，其中纵向弄 105 条、横向弄 16 条，靠近村中心是中共马庄村总支部委员会、村委会所在地。村庄内设有文艺排练室、老年活动室、图书阅览室、捷强超市、门球场、健身步道等。村道路硬化完成，村内设有 59 路、202 路公交站点。村庄位于昆山市农田保护区，至 2020 年年底，有耕地 841 亩，由徐惠良等 16 户大农户承包耕作。2003—2019 年东马庄自然村、西马庄自然村动迁村民户主编号情况分别如表 1-16、表 1-17 所示。

表 1-16　2003—2019 年东马庄自然村动迁村民户主编号情况表

房屋编号	户主姓名	房屋编号	户主姓名	房屋编号	户主姓名
1	顾三男	11	凌林根	39	沈云良
2	郭小青	14	凌金根	43	陆玉龙
3	顾秋明	23	沈小弟	147	陈建明
4	李海珍	26	郭秋良	162	陆水福
5	李根生	30	李冬良		

注：编号从东到西，从南到北为序。下同。

表 1-17　2003—2019 年西马庄自然村动迁村民户主编号表

房屋编号	户主姓名	房屋编号	户主姓名	房屋编号	户主姓名
3	张林官	237	张金荣	261	薛　良
88	陆桃根	239	沈宗泉	263	薛林男
100	陆兴泉	241	张士中	265	孙翠娥
116	徐林生	243	张兴荣	267	徐长根
127	徐爱明	245	张惠男	269	张建荣
184	陆林荣	244	张美荣	271	徐水良
189	张香官	247	陆道林	273	钱敖根
216	张全生	251	张林生	275	顾根全
221	徐根荣	253	张士明	277	陆引林
224	徐美良	255	王林英	279	张士林
230	顾雪兴	257	翁金元	280	李全男
235	张敏男	259	张兴男	281	沈菊生
236	张士荣	260	汤阿荣	282	张建明

张泾郎及堰头（左为堰头，右为张泾郎）
（2020 年，罗英摄）

据传，很早以前，有一张姓大户人家的房屋位于现西马庄张泾浜东侧，屋前有一座石桥，桥西岸有一座坟墓，名为张泾坟，这条河道就叫张泾浜，这个地方取名张泾郎（也称“姜泾郎”）。1949 年前，张泾郎仅有几户农户，村南是农田。1949 年后，村民先后在这片农田建房定居，将其与西马庄连成一片，自然村名消失，所居住农户属西马庄村。

1949 年前，张泾浜边有一座木桥。居住在张泾浜的农户一旦遭遇洪水，房屋就会被淹没，因此农户就在木桥旁筑一条堰基排涝，故此地就叫堰头，因地方甚小仅住几户农户。1949 年后，西马庄农户按照村规划，陆续在堰头与西马庄交界处建房，并与西马庄连成一片，堰头村名自行消失，现属西马庄。

（二）北星甸

北星甸旧址，现为农田保护区（2020 年，罗英摄）

北星甸自然村位于马庄村南 700 米处。东与高家甸相连，南靠吴淞江，西临界浦河，北接马庄村。

1949 年前，在北星甸自然村南有一个村庄，因村民傍南星河居住，叫南星甸村。又因村庄位于一座桥的周边，以唐姓人家居多，又称“唐桥村”。该村村民依南星河居住，位于元丰路界浦河交界以南。东为高家甸村农田，南为吴淞江，西为界浦河，北为南星河。

1949 年 5 月前，村庄有 11 户 81 人，因村民居住的地方靠近吴淞江，强盗骚扰频繁，社会治安十分混乱，村民无法继续在此安居，后陆续搬走，大部分迁至远离江边的北星甸村河边居住，村名就叫北星甸，南星甸村消失。

该村为东西走向，呈长方形，东西长 530 米，南北宽 120 米，村民沿北星甸港两岸居住。1983 年，全村有耕地 703 亩，75 户 362 人，有 2 个村民小组，村民主要以农业耕作为主，种植水稻、三麦和油菜。2016 年 4 月，因昆山市城乡一体化建设需要动迁，村庄消失，村民全部动迁至昆山高新区南星渎礼和苑和美丰苑小区居住，剩余耕地 385 亩，由陆秧根等 7 户大农户承包耕作。2003—2019 年北星甸自然村动迁前村民户主编号情况如表 1-18 所示。

表 1-18　2003—2019 年北星甸自然村动迁前村民户主编号情况表

房屋编号	户主姓名	房屋编号	户主姓名	房屋编号	户主姓名
1	徐金荣	3	徐水泉	5	徐招男
2	徐白男	4	徐小男	6	徐梅泉

续表

房屋编号	户主姓名	房屋编号	户主姓名	房屋编号	户主姓名
7	浦巧男	32	浦金火	57	浦洪男
8	徐林男	33	浦敖中	58	浦会男
9	徐巧泉	34	徐会元	59	沈全元
10	徐爱明	35	邵林福	61	唐会明
11	徐二男	36	浦根男	62	沈花泉
12	邵兴木	37	浦长泉	63	陆小男
13	邵兴林	38	浦金官	64	徐春凤
14	徐水良	39	浦兴男	65	陆秧根
15	徐金兴	40	浦桂男	66	陆培根
16	徐燕男	41	浦小林	67	徐小男
17	徐水明	42	浦兴官	68	徐火金
18-1	徐桃林	43-1	浦金龙	69	陆志敏
18-2	徐桃泉	44	浦林男	70	陆水根
19	徐秋生	45	唐长兴	71	陆金根
20	浦月男	46	浦水龙	72	陆福根
21	徐砍生	47	唐长林	73-1	陆招根
22	徐海元	48	浦海龙	73-2	陆马仙
23	徐全元	49	徐全男	74	浦敖林
24	沈云花	50	徐金林	75	徐永定
25	徐坤元	51	徐汉根	76	徐砍利
26	陆云根	52	徐桃男	77	浦黑男
28	浦大林	54	浦三男	78	浦东生
29	浦金男	55	唐金元	79	徐根荣
30	浦小男	56	徐全福	88	陆学男

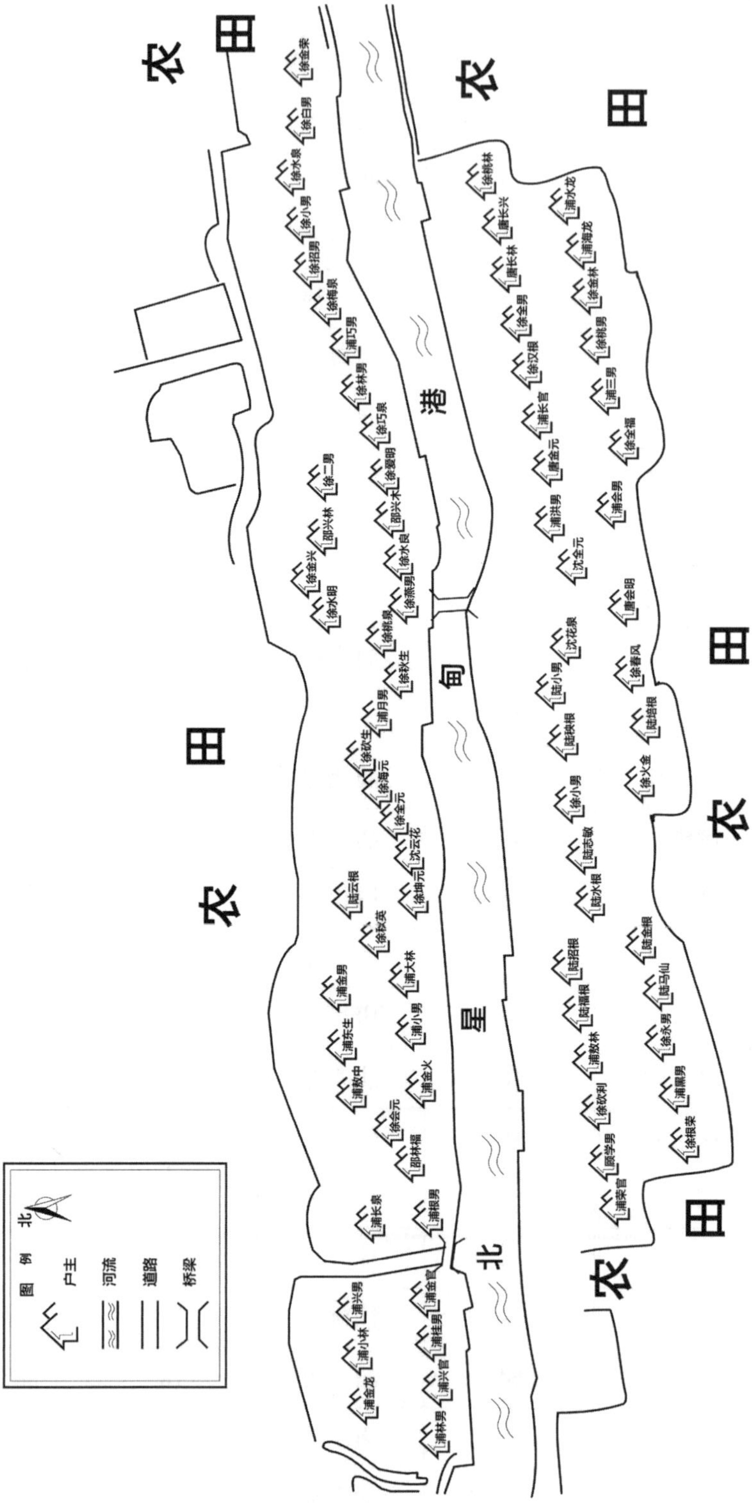

2014年北星甸村民房屋分布图

（三）东式庄

东式庄自然村位于马庄东750米处，东有景村，南接巷郎，西连西式庄，北靠下尖自然村。村庄横跨式浦港，居于五二大队部东边，故以河和地理方位命名东式庄。

东式庄旧址，现为绿化带（2020年，罗英摄）

该村庄为东西走向，呈三角形，东西长380米，南北宽280米，村民分别沿马庄港、姚家浜、式浦港两岸居住。1983年，全村有耕地682.6亩，69户277人，有4个村民小组，村民主要以农业为主，种植水稻、三麦和油菜。2003—2011年，因苏嘉杭高速公路、国家电网和昆山市城乡一体化建设需要动迁，村庄消失。村民分别动迁至正仪街道嘉馨花园、昆山高新区南星渎仁心苑小区居住。2003—2019年东式庄自然村动迁前村民户主编号情况如表1-19所示。

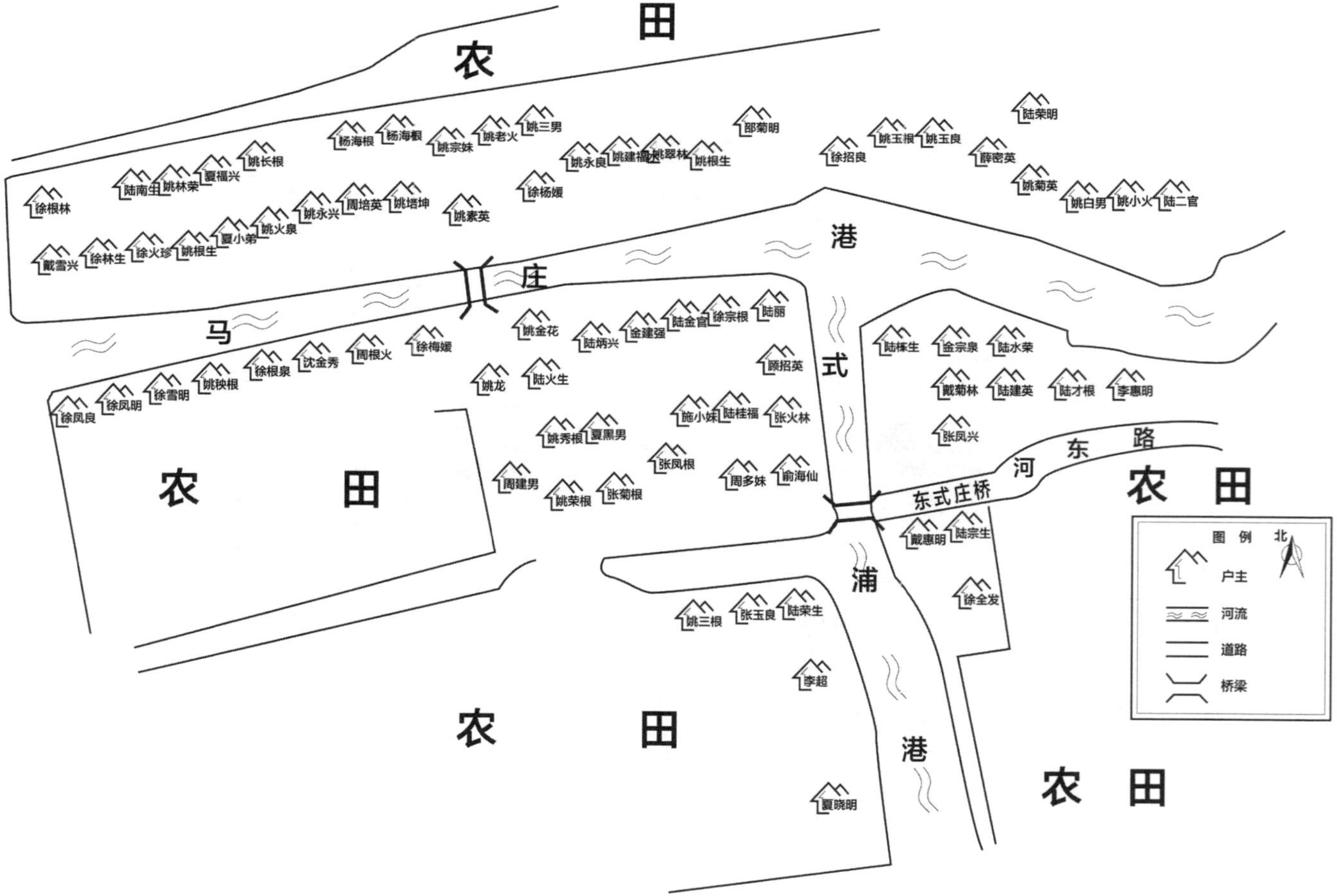

2000年东式庄村民房屋分布图

表 1-19　2003—2019 年东式庄自然村动迁前村民户主编号情况表

房屋编号	户主姓名	房屋编号	户主姓名	房屋编号	户主姓名
1	姚三根	28	陆金官	59	姚永良
2	张玉良	29	周根火	60	姚三男
4	陆荣生	30	沈金秀	61	徐杨媛
5	李　超	32	姚秧根	62	姚老火
7	夏晓明	33	徐雪明	63	姚素英
8	周建男	34	徐凤明	64	姚宗妹
9	姚秀根	35	徐凤良	65	姚培坤
10	姚荣根	36	戴惠明	67	周培英
11	张菊根	38	张凤兴	68-1	杨海根
12-1	夏黑男	39	戴菊林	68-2	杨海根
12-2	姚小火	40	陆建英	69	姚永兴
13	张凤根	41	李惠明	70	姚火泉
14-1	施小妹	42	陆才根	71	姚长根
14-2	徐全发	44	金宗泉	72	夏小弟
15	周多妹	45	陆栋生	73	夏福兴
16-1	陆桂福	46	陆二官	74	姚根生
16-2	陆宗生	48	姚白男	75	姚林荣
17	俞海仙	49	姚菊英	76	徐火珍
18	张火林	50	陆荣明	77	陆南生
19	顾招英	51	薛密英	78	徐林生
20	陆　丽	52	姚玉良	79	戴雪兴
22	徐梅媛	53	姚玉根	80	徐根林
23	金建强	54	徐招良	81	陆水荣
24	陆炳兴	55	邵菊明	82	徐根泉
25	陆火生	56	姚根生	83	徐宗根
26	姚金花	57	姚翠林		
27	姚　龙	58	姚建福		

（四）西式庄

西式庄自然村位于马庄东450米处。东接巷郎，西连东马庄，南临高家甸，北接下尖自然村，因位于东式庄自然村西侧，所以取名为西式庄。

该村庄形似正方形，东西长130米，南北长120米。村民沿马庄港两岸居住。1983年，全村有耕地213.5亩，29户148人，1个村民小组。村民主要以农业为主，种植水稻、三麦和油菜。2020年，因昆山城乡一体化建设需要动迁，村庄消失，村民迁至昆山高新区南星渎礼和苑、美丰苑小区居住。截至2020年年底，剩余耕地90亩，由马庄村经济合作社耕种。2003—2019年西式庄自然村动迁前村民户主编号情况如表1-20所示。

西式庄旧址，现为农田保护区（2020年，罗英摄）

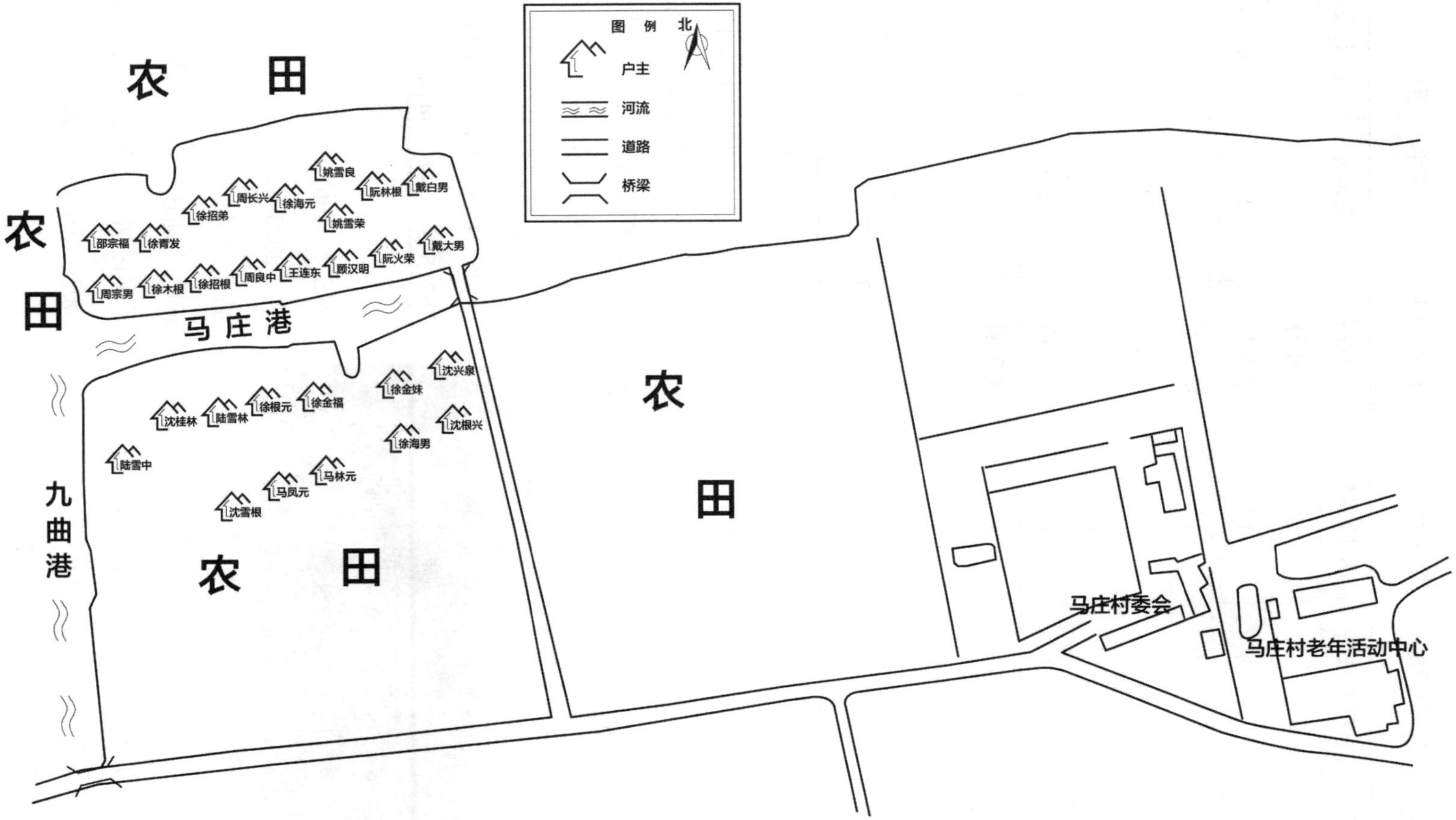

2007年西式庄村民房屋分布图

表 1-20　2003—2019 年西式庄自然村动迁前村民户主编号情况表

房屋编号	户主姓名	房屋编号	户主姓名	房屋编号	户主姓名
1	沈根兴	11	沈桂林	21	徐海元
2	沈兴泉	12	陆雪林	22	周良中
3	徐海男	13	戴大男	23	周长兴
5	马林元	14	戴白男	24	徐招根
6	徐金福	15	阮火荣	25	徐招弟
7	马凤元	16	阮林根	26	徐木根
8	徐根元	17	顾汉明	27	徐青发
9-1	徐金妹	18	姚雪荣	28	周宗男
9-2	沈雪根	19	姚雪良	29	邵宗福
10	陆雪中	20	王连东		

（五）高家甸

高家甸自然村位于马庄东南方向 1 200 米处，东有景村，南濒吴淞江，西连北星甸，北近巷郎。据传，因该村原有一大户人家姓高，故以高姓取名为高家甸。

高家甸旧址，现为绿化带（2020 年，罗英摄）

该村为东西走向，呈长方形，东西长 560 米，南北宽 165 米，村民沿高家甸港两岸居住。1983 年，全村有耕地 762.5 亩，99 户 419 人，有 4 个村民小组。村民主要以农业为主，种植水稻、三麦和油菜。2003—2016 年，因苏嘉杭高速公路、国家西气东输、国家电网改造和城乡一体化建设动迁，村庄消失，村民分别迁至正仪街道嘉馨花园和昆山高新区南星渎仁心苑、茗景苑、礼和苑等小区居住。2020 年年底剩余耕地 124 亩，由唐长兴等 2 户大农户承包耕作。2003—2019 年高家甸自然村动迁前村民户主编号情况如表 1-21 所示。

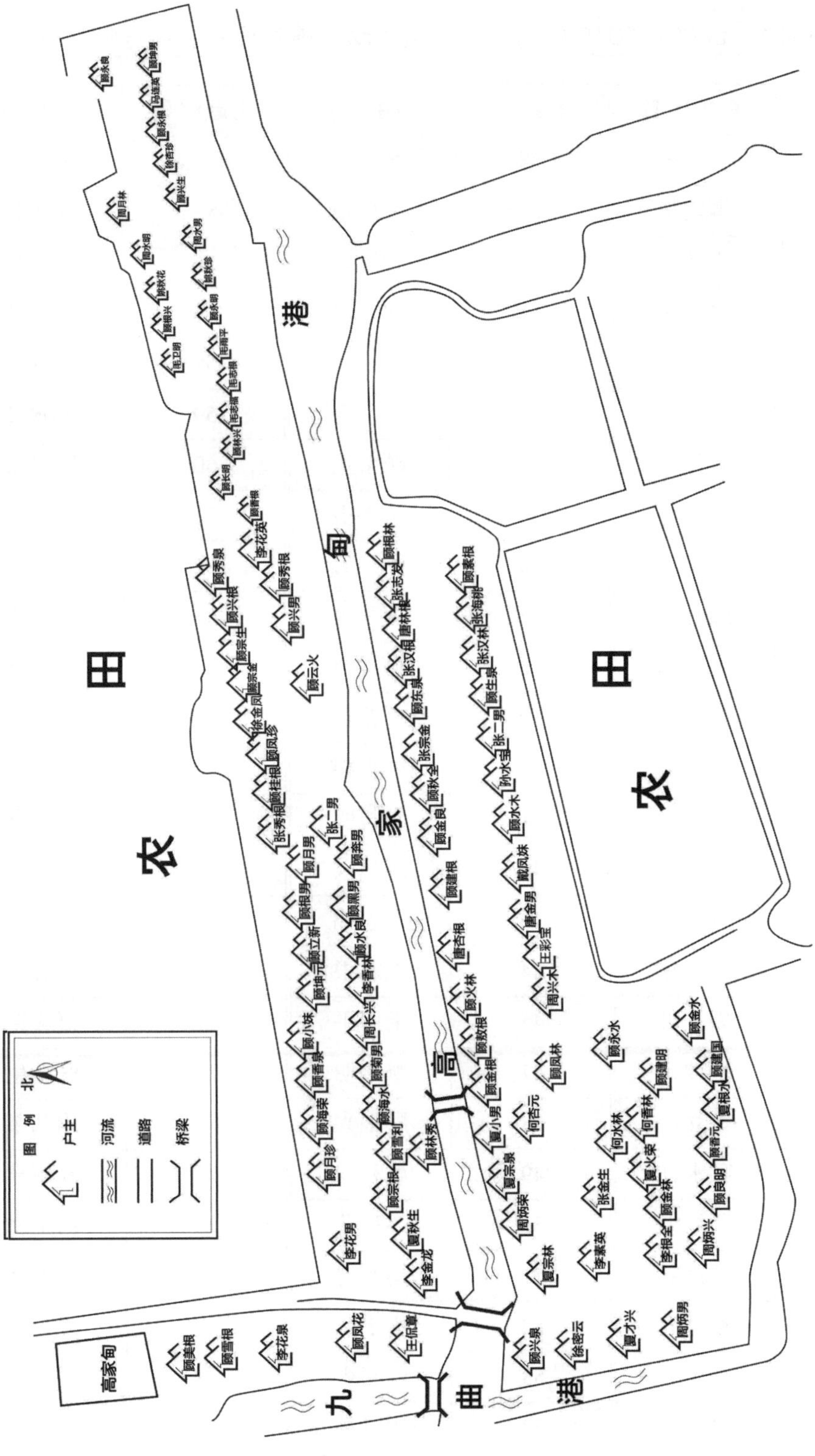

2007年高家甸村民房屋分布图

表 1-21　2003—2019 年高家甸自然村动迁前村民户主编号情况表

房屋编号	户主姓名	房屋编号	户主姓名	房屋编号	户主姓名
1	顾美根	28	张二男	55-1	毛卫明
2	顾雪根	29	顾桂根	55-2	徐杏珍
3	李花泉	30	顾凤珍	56	顾永根
4	顾凤花	31	徐金凤	57	马连英
5	王侃章	32	顾云火	58	顾坤男
6	李金龙	33	顾宗金	59	顾永良
8	夏秋生	34	顾宗生	60	顾兴泉
9	李花男	35	顾兴根	61	徐密云
10	顾宗根	36	顾兴男	62	夏才兴
11	顾月珍	37	顾秀泉	63	周炳男
12-1	顾雪利	38	顾秀根	64	夏宗林
12-2	顾林秀	39	李花英	65	李素英
13	顾海荣	40	顾香根	66	李根全
14	顾海水	41	顾长明	67	顾金林
15	顾香泉	42	顾林兴	68	周炳兴
16	顾菊男	43	毛志福	69	顾良明
17	顾小妹	44	毛志根	70	顾香元
18	周长兴	45	毛雨平	71	夏火荣
19	顾坤元	47	顾永明	72	张金生
21	顾立新	48	顾根兴	73	周炳荣
22	顾水良	49	姚秋珍	74	夏宗泉
23	顾根男	50	姚秋花	75	何水林
24	顾黑男	51	周水男	76	何香林
25	顾月男	52	周水明	77	夏根水
26	顾奔男	53	顾兴生	78	顾建国
27	张秀根	54	周月林	79-1	何杏元

续表

房屋编号	户主姓名	房屋编号	户主姓名	房屋编号	户主姓名
79-2	顾建明	90	顾冬泉	100	顾东泉
81	夏小男	91	唐金男	101	顾生泉
82	顾金根	92	顾建根	102	张汉根
83	顾凤林	93	戴凤妹	103	张汉林
84	顾永水	94	顾金良	104	唐林根
85	顾金水	95	顾水木	105	张海桃
86	顾敖根	96	顾秋全	106	张志发
87	顾火林	97	孙水宝	107	顾素根
88	周兴木	98	张宗金	108	顾根林
89	唐杏根	99	张二男	116	李香林

（六）巷郎

巷郎自然村位于东式庄南、马庄东700米处，东接景村，南有高家甸，西连西式庄，北与东式庄相连。据传，很早以前有户在苏州当过官的张姓大户人家，从苏州被称为“巷郎”的地方搬来此地居住，后以此户人家的原籍取名为巷郎村。

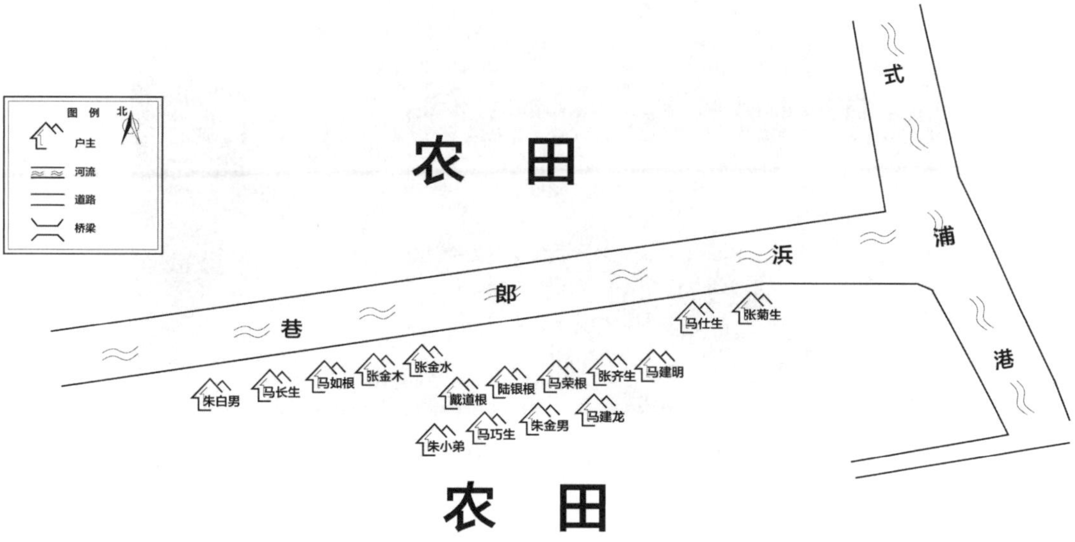

2009年巷郎村民房屋分布图

该村庄为东西走向，呈长方形，东西长165米，南北宽55米，村民沿巷郎浜两岸居住。1983年，全村有耕地139.7亩，16户69人，有1个村民小组。村民主要以农业为主，种植水稻、三麦和油菜。2010—2011年，因建设需要动迁，村庄消失，村民迁至昆山高新区南星渎仁心苑小区居住。2003—2019年巷郎自然村动迁前村民户主编号情况如表1-22所示。

表1-22　2003—2019年巷郎自然村动迁前村民户主编号情况表

房屋编号	户主姓名	房屋编号	户主姓名	房屋编号	户主姓名
1	朱白男	8	戴道根	14	张齐生
2	马长生	9	马巧生	15	马建明
3	马如根	10	陆银根	16	马仕生
4	张金木	11	朱金男	17	张菊生
6	张金水	12	马荣根		
7	朱小弟	13	马建龙		

巷郎旧址，现为绿化带（2020年，罗英摄）

第二章　村级组织

中华人民共和国成立前，马庄村域内最基层村级组织是保甲组织。中华人民共和国成立后，在中国共产党领导下，村域内村级组织从互助组、初级社、高级社，发展到大队管理委员会、革命委员会、村民委员会。党组织也从最初的五星第二高级社党支部、五星第三高级社党支部发展到 2007 年成立的马庄村党总支，党员人数从 50 年代初的数名发展到 2020 年的 70 多名。2020 年年底，全村有中共党员 74 人，村级组织有中共马庄村总支部委员会、马庄村村民委员会，马庄村党总支下设 2 个党支部，村民委员会下设 16 个村民小组。其他组织有中国共产主义青年团支部、民兵（营）连、村务监督委员会、妇联、老年协会、关心下一代工作委员会、残疾人协会、工会。

第一节 中共基层党组织

一、组织沿革

50年代初，马庄村域党员人数较少，村域内党员参加式庄乡党支部活动。式庄乡党支部书记陈洪桂，委员徐根荣、陆巧生、阮阿本。

1956年，村域内党员人数逐渐增多，分别成立中共五星第二高级社支部委员会和中共五星第三高级社支部委员会。各党支部设书记1人，委员3~5人。

1958年，五星第二高级社党支部、五星第三高级社党支部分别改为五二大队党支部、五三大队党支部。各大队党支部设书记、副书记各1人，委员3~5人。

1968年3月，各大队党支部处于瘫痪状态，村域内分别成立五二大队革命委员会、五三大队革命委员会（以下简称“革委会”）。革委会设主任1人、委员3~5人，革委会主任全面主持大队工作。

1973年，恢复五二大队党支部、五三大队党支部。各党支部设书记、副书记各1人，委员3~5人，书记全面主持大队工作。

1983年8月，五二大队党支部、五三大队党支部分别改为五二村党支部、五三村党支部。各村党支部设书记、副书记各1人，委员3~5人。

2001年，五二村党支部、五三村党支部合并组建马庄村党支部，党员55人，设书记、副书记各1人，委员3~5人。

2007年，马庄村党支部升格为党总支，党员总数61人，设党总支书记、副书记各1人，委员5~7人；下设第一、第二党支部，各党支部设书记1人，委员2~3人。

2020年年底，中共马庄村总支部委员会有党员74人，下设第一、第二党支部。

党总支（党支部）的主要工作：全面领导隶属村域的各类组织和各项工作；组织带领村民群众发展集体经济，走共同富裕道路；领导村级治理，建设村庄。

二、党员人数

自中华人民共和国成立之初，式庄自然村徐惠芳成为村域第一名中国共产党党员，至2020年年底，先后有121名同志加入中国共产党。至2020年年底，马庄村有党员74名，其中在党50周年及以上党员13名，徐宗元、葛宗宝党龄较长，分别为65年、63年。在党总支中，第一支部、第二支部各有党员37名。2020年马庄村党员名录、2020年马庄村在党50周年及以上党员名录分别如表2-1、表2-2所示。

表2-1　2020年马庄村党员名录

序号	姓名	性别	出生年月	入党年月
1	徐宗元	男	1930年12月	1954年10月
2	葛宗宝	男	1932年7月	1956年7月
3	夏宗泉	男	1937年2月	1957年7月
4	陆小弟	男	1933年11月	1959年4月
5	陆阿林	男	1943年9月	1965年8月
6	徐宗林	男	1942年1月	1966年2月
7	张银生	男	1929年2月	1966年2月
8	戴三妹	女	1944年6月	1966年2月
9	王密花	女	1946年11月	1966年2月
10	顾香泉	男	1942年3月	1966年3月
11	唐金元	男	1938年1月	1966年3月
12	徐水英	女	1946年12月	1966年3月
13	徐银水	男	1932年1月	1966年3月
14	戴白妹	女	1947年5月	1966年3月

续表

序号	姓名	性别	出生年月	入党年月
15	浦东生	男	1942年11月	1972年4月
16	薛火荣	男	1948年11月	1972年5月
17	顾宗根	男	1944年12月	1973年4月
18	顾坤元	男	1954年5月	1974年9月
19	李花林	男	1953年10月	1975年5月
20	戴菊林	男	1954年9月	1975年6月
21	徐水荣	男	1949年12月	1975年12月
22	孙菊珍	女	1954年8月	1977年6月
23	马仕生	男	1951年11月	1977年7月
24	严林根	男	1949年7月	1977年7月
25	陆金官	男	1954年11月	1977年11月
26	陆道林	男	1954年2月	1978年6月
27	徐阿二	男	1955年1月	1978年9月
28	陆炳良	男	1955年8月	1978年9月
29	姚永兴	男	1958年2月	1980年3月
30	张水珍	女	1951年5月	1982年12月
31	朱白男	男	1959年1月	1981年6月
32	张菊根	男	1957年8月	1984年10月
33	浦洪男	男	1960年6月	1986年9月
34	徐惠良	男	1960年5月	1987年1月
35	张凤根	男	1952年3月	1987年1月
36	戴建生	男	1967年4月	1989年5月
37	陆云观	男	1956年12月	1990年4月
38	张建荣	男	1968年2月	1990年5月
39	钱向阳	男	1966年1月	1994年4月
40	袁华林	男	1973年10月	1994年10月
41	徐素良	男	1969年2月	1995年6月

续表

序号	姓名	性别	出生年月	入党年月
42	唐金男	男	1952 年 12 月	1996 年 7 月
43	顾菊男	男	1961 年 9 月	1996 年 9 月
44	陆泽雄	男	1964 年 10 月	1999 年 7 月
45	王可利	女	1981 年 6 月	2000 年 5 月
46	戴梅珍	女	1969 年 4 月	2000 年 6 月
47	顾翠方	女	1974 年 4 月	2001 年 6 月
48	姚韩英	女	1979 年 2 月	2001 年 7 月
49	顾留德	男	1983 年 1 月	2001 年 7 月
50	郭晓文	男	1982 年 12 月	2003 年 5 月
51	顾　健	男	1981 年 10 月	2004 年 8 月
52	徐长根	男	1968 年 3 月	2005 年 6 月
53	徐　威	男	1986 年 8 月	2006 年 10 月
54	陆伟新	男	1979 年 10 月	2006 年 12 月
55	俞　龙	男	1975 年 3 月	2007 年 6 月
56	陆　明	男	1981 年 11 月	2007 年 7 月
57	张九龙	男	1988 年 10 月	2008 年 5 月
58	李芳芳	女	1984 年 5 月	2007 年 7 月
59	张一菲	女	1988 年 6 月	2008 年 9 月
60	张亚静	女	1986 年 9 月	2009 年 6 月
61	陆海燕	女	1987 年 10 月	2009 年 6 月
62	郭小青	男	1973 年 12 月	2009 年 7 月
63	薛娟芳	女	1987 年 10 月	2009 年 9 月
64	徐小君	女	1989 年 4 月	2010 年 12 月
65	徐晓叶	女	1990 年 9 月	2010 年 12 月
66	徐亚芬	女	1985 年 3 月	2011 年 7 月
67	吴永芳	女	1990 年 2 月	2011 年 11 月

续表

序号	姓名	性别	出生年月	入党年月
68	唐春兰	女	1978 年 12 月	2012 年 6 月
69	陆春晨	男	1992 年 3 月	2012 年 11 月
70	徐　夏	男	1993 年 1 月	2013 年 6 月
71	陆　卫	男	1980 年 3 月	2013 年 7 月
72	郭金华	男	1986 年 5 月	2013 年 7 月
73	李守建	男	1981 年 5 月	2013 年 7 月
74	陆晓洲	男	1989 年 12 月	2015 年 12 月

表 2-2　2020 年马庄村在党 50 周年及以上党员名录

序号	姓名	性别	出生年月	入党年月	转正年月	党龄/年	所在党支部
1	徐宗元	男	1930 年 12 月	1954 年 10 月	1955 年 10 月	65	马庄村第二党支部
2	夏宗泉	男	1937 年 2 月	1957 年 7 月	1958 年 7 月	62	马庄村第二党支部
3	唐金元	男	1938 年 1 月	1966 年 3 月	1967 年 3 月	53	马庄村第二党支部
4	顾香泉	男	1942 年 3 月	1966 年 3 月	1970 年 9 月	50	马庄村第二党支部
5	戴白妹	女	1947 年 5 月	1966 年 3 月	1967 年 3 月	53	马庄村第二党支部
6	葛宗宝	男	1932 年 7 月	1956 年 7 月	1957 年 1 月	63	马庄村第一党支部
7	陆小弟	男	1933 年 11 月	1959 年 4 月	1960 年 4 月	60	马庄村第一党支部
8	陆阿林	男	1943 年 9 月	1965 年 8 月	1966 年 8 月	54	马庄村第一党支部
9	戴三妹	女	1944 年 6 月	1966 年 2 月	1970 年 9 月	50	马庄村第一党支部
10	王密花	女	1946 年 11 月	1966 年 2 月	1970 年 9 月	50	马庄村第一党支部
11	徐宗林	男	1942 年 1 月	1966 年 2 月	1967 年 2 月	53	马庄村第一党支部
12	徐水英	女	1946 年 12 月	1966 年 3 月	1970 年 9 月	50	马庄村第一党支部
13	徐银水	男	1932 年 1 月	1966 年 3 月	1970 年 9 月	50	马庄村第一党支部

三、党员结构

2020 年年底，马庄村 74 名党员中，按性别分：男性党员 54 人、女性党员 20 人。按党龄分：1~10 年 11 人，11~20 年 19 人，21~30 年 8 人，31~40 年 7

人，41~50 年 20 人，50 年以上 9 人。按文化程度分：小学文化 24 人，初中文化 11 人，高中文化（含中专）9 人，大专 16 人，本科 14 人。按年龄分：21~30 岁 4 人，31~40 岁 18 人，41~50 岁 7 人，51~60 岁 10 人，61~70 岁 16 人，71~80 岁 12 人，81~90 岁 6 人，90 岁以上 1 人。1956—2000 年马庄村域党支部组成人员、2001—2006 年马庄村党支部组成人员、2007—2020 年马庄村党总支组成人员分别如表 2-3、表 2-4、表 2-5 所示。

表 2-3　1956—2000 年马庄村域党支部组成人员一览表

党支部名称	书记（任期）	副书记（任期）	委员（任期）
中共五星第二高级社支部委员会	顾阿根（1956—1958 年）	—	徐惠芳（1956—1958 年）
中共五二大队党支部	顾阿根（1958—1962 年）	—	徐惠元、徐根光（1958—1962 年）
	景水根（1962—1963 年）	—	徐根元、夏宗泉、顾金秀、徐宗元（1962—1963 年）
	徐根元（1964—1975 年）	夏宗泉（1964—1975 年）	顾香泉、顾金秀、顾宗根（1964—1975 年）
	徐道生（1976—1977 年）	顾宗根（1973—1977 年）	顾香泉、夏宗泉、顾金秀（1976—1977 年）
	顾坤元（1977—1980 年）	顾香泉（1977—1978 年）	顾宗根、马仕生、顾金男（1977—1980 年）
	徐道生（1980—1983 年）	顾宗根（1978—1983 年）	马仕生、顾香泉、张菊根、张水珍（1980—1983 年）
中共五二村党支部	顾宗根（1983—1987 年）	—	马仕生、顾香泉、张菊根、张水珍（1983—1987 年）
	马仕生（1987—1992 年）	—	顾宗根、张菊根、周凤元、张水珍（1987—1992 年）
	周凤元（1992—1995 年）	马仕生（1993—1995 年）	李花林、姚建华、张水珍（1992—1995 年）
	李花林（1995—2001 年）	—	马仕生、姚建华（1995—2001 年）

续表

党支部名称	书记（任期）	副书记（任期）	委员（任期）
中共五星第三高级社支部委员会	唐全根（1956—1962 年）	杜林桂（1956—1962 年）	徐荣明、李根生、浦阿玉（1956—1962 年）
中共五三大队党支部	张惠元（1962—1963 年）	—	徐荣明、浦阿玉、葛宗宝、张仁岐（1962—1963 年）
	徐荣明（1964 年）	沈夫根、张仁岐（1964 年）	浦阿玉、陆兴泉、葛宗宝（1964 年）
	陆兴泉（1965—1977 年）	沈夫根（1964 年）	沈夫根、陆桃根、浦东生、浦根火、徐水英（1965—1977 年）
	薛金秀（1977—1979 年）	沈夫根（1964 年）	沈夫根、陆桃根、陆金根、孙菊珍（1977—1979 年）
	陆兴泉（1979—1980 年）	陆桃根（1979—1980 年）	沈夫根、陆桃根、浦东生、浦根大（1979—1980 年）
	陆金根（1980—1983 年）	陆桃根（1980—1983 年）	陆炳良、陆桃根、孙菊珍、徐林妹（1980—1983 年）
中共五三村党支部	陆金根（1983—1984 年）	—	陆炳良、陆桃根、孙菊珍、徐林妹（1983—1984 年）
	陆炳良（1984—1988 年）	—	浦洪男、薛火荣、孙菊珍、陆桃根（1984—1988 年）
	浦洪男（1988—1991 年）	—	陆引观、薛火荣、孙菊珍、薛秋林（1988—1991 年）
	顾坤元（1991—1993 年）	—	顾雪兴、孙菊珍、陆永先、薛秋林（1991—1993 年）
	徐惠良（1993—1998 年）	—	戴建生、孙菊珍、徐素良、薛秋林（1993—1998 年）
	薛秋林（1998—2001 年）	—	徐素良、戴健生、孙菊珍（1998—2001 年）

表 2-4 2001—2006 年马庄村党支部组成人员一览表

书记（任期）	副书记（任期）	委员（任期）
薛秋林（2001 年）	李花林（2001—2002 年）	顾玉麟、徐凤明、顾菊男、顾翠方（2001—2002 年）
顾玉麟（2002—2006 年）	薛秋林（2002—2005 年）	徐凤明、顾翠方、顾菊男（2002—2006 年）
	—	徐凤明、顾翠方、顾菊男、浦洪男、郭晓文（2002—2006 年）

表 2-5 2007—2020 年马庄村党总支组成人员一览表

书记（任期）	副书记（任期）	委员	第一支部书记	第二支部书记
顾玉麟（2007—2013 年）	徐凤明（2009—2012 年）	顾翠方、浦洪男、郭晓文、	—	—
徐凤明（2013—2018 年）	—	顾翠方、浦洪男、郭晓文、陆伟新	陆伟新	浦洪男
陆 卫（2018 年—）	李守建（2019 年—）	顾翠方、郭金华、徐亚芬、陆伟新	陆伟新	徐亚芬

第二节 村政（自治）组织

中华人民共和国成立前，马庄村域隶属昆山县第七督导区式庄乡，实行保甲制度，马庄村域所属自然村为第四保。村民日常事务由保长、甲长负责。

1949 年 4 月 28 日，正仪乡全境解放，废除保甲制度，马庄村域隶属正仪区式庄乡，西式庄、东式庄、巷郎、高家甸、东马庄、西马庄、北星甸属式庄乡管辖，西马庄河北岸属吴县管辖。

1950 年至 2020 年，村域内先后成立联村农会、互助组、高级社、大队、人民公社（第六营）、大队管理委员会、大队革命委员会、村民委员会等村政（自治）组织。

一、联村

中华人民共和国成立后，农村建立联合组织，选出各联村村长及农会主任。负责联村工作，西马庄河北岸隶属吴县界浦乡。1951 年马庄村域联村村长、农会主任名录如表 2-6 所示。

表 2-6　1951 年马庄村域联村村长、农会主任名录

联村名称	村长	农会主任
式庄联村（辖东式庄、西式庄、巷郎）	徐惠芳	顾阿根
高家甸联村	顾阿狗	顾招金
东马庄联村	李木生	顾阿水
西马庄联村	徐和尚	顾桂林
北星甸联村	徐引初	浦阿玉

二、互助组、初级社

1952 年 1 月，村域实行土地改革，掀起互助组、初级社创建高潮。马庄村域共有 935 人组成 42 个互助组，各互助组设组长 1 人，负责互助组日常事务。1952 年马庄村域各互助组情况如表 2-7 所示。

表 2-7　1952 年马庄村域各互助组情况一览表

自然村名称	互助组数/组	人数/人	组长
东式庄	8	179	姚永根、徐金元、王引弟、姚阿根、金福根、张霄生、陆宗木、翁桂根
西式庄	3	72	戴宝根、马小弟、姜炳根

续表

自然村名称	互助组数/组	人数/人	组长
巷郎	1	30	朱阿早
高家甸	8	193	顾福根、顾招根、顾大根、顾木根、张金生、顾风林、唐水生、张岳生
东马庄	8	161	李根生、凌小男、葛宗宝、沈夫根、郭福根、陆根高、李小根、王正根
西马庄	8	165	张小狗、徐梅生、顾桂林、薛爱生、钱伯泉、徐阿三、徐宗金、薛阿元
北星甸	6	135	浦安生、徐永林、陆火荣、徐水生、浦林元、浦阿玉
合计	42	935	张金发、顾风林

1953 年，42 个互助组建立 5 个初级社。初级社设社长、会计各 1 人，负责社内工作。1953 年马庄村域各初级社情况如表 2-8所示。

表 2-8　1953 年马庄村域各初级社情况一览表

初级社名称	人数/人	社长	会计
五星二社	528	顾阿根	周金虎
五星三社	171	李根生	陈根林
北星甸社	165	浦阿玉	陆志明
桥头社	146	徐宗金	薛根元
西马庄社	75	张仁岐	徐荣明

三、高级社

1955 年 11 月，各初级社合并成立高级社。高级社既是经济实体，也是基层组织，高级社设社长、副社长、会计各 1 人，社以下设若干个生产队，生产队设队长、会计各 1 人，负责日常生产和管理工作。

五星二社成立五星第二高级社，社长顾阿根，会计周金大。五星三社、北星甸社、桥头社、西马庄社组建五星第三高级社，社长唐全根，会计徐荣明。

四、人民公社（第六营）

1958年，政社合一，撤乡建社，建立人民公社，五星第二高级社、五星第三高级社分别更名为五二大队、五三大队，各大队设大队长、会计各1人，大队下设若干个生产小队，五二大队、五三大队分别设5个、12个生产小队。是年，人民公社实行军事化管理，五二大队、五三大队合并组成正仪人民公社第六营，营长顾阿根，教导员唐全根。1959年年初，撤销第六营，恢复五二大队、五三大队，各大队设大队长、会计各1人，各大队设若干生产小队。

五、管理委员会

1961年4月，中共中央公布《农村人民公社工作条例（修正草案）》（以下简称“农业六十条”），解决生产队之间社员之间的平均主义问题，以生产小队为核算单位，实行按劳分配、多劳多得原则。马庄村域设有五二大队管理委员会、五三大队管理委员会，管理委员会设主任、会计各1人，主任由各大队大队长担任；大队管理委员会管辖各生产小队，各生产小队设政治队长、生产队长、妇女队长、小队会计各1人。1962年，撤销五二大队、五三大队管理委员会，各大队恢复设置大队长、会计各1人，下设若干个生产小队。

1961—1983年，顾阿根、景水根、徐根元、夏宗泉、顾宗根、顾香泉先后担任五二大队大队长、大队管理委员会主任。李根生、徐荣明、陆兴泉、沈夫根先后担任五三大队大队长、大队管理委员会主任。

六、大队革命委员会

1968年年初，各大队撤销管理委员会，3月中旬，各大队建立革命委员会（以下简称“革委会”），各生产队建立革命委员会生产领导小组（以下简称“革生组”）。大队革委会干部职数与大队管理委员会基本相同。开始设立革委会时，革委会主任由大队长担任，半年后一般由大队书记担任。1980年，撤销各大队革委会、生产队革生组，恢复大队管理委员会，主任由大队书记兼任。1983年，撤销大队管理委员会。

七、村民委员会

1983年8月，实行政社分设，正仪人民公社改名为正仪乡，村域内各大队更名为村，隶属关系不变。村域内分别成立首届五二村村民委员会、首届五三村村民委员会，村民委员会设主任1人、委员3~5人。五二村、五三村首届村民委员会主任分别为张菊根、陆炳良。

1988年6月，正仪撤乡建镇，各村维持原名称，隶属关系不变。五二村主任为张菊根，五三村主任为陆云观。

2001年8月，正仪镇建制村域调整，五二村、五三村合并组建马庄村，成立首届马庄村村民委员会，主任为徐凤明。马庄村下辖24个村民小组。

2003年12月，昆山市乡镇区划调整，马庄村划归玉山镇管辖，徐凤明任玉山镇马庄村村民委员会主任。2013年1月，郭晓文任马庄村村民委员会主任。

2013年12月，第十一届玉山镇马庄村村民委员会换届选举，郭晓文当选村民委员会主任，陆伟新、唐春兰、浦洪男、顾翠方当选委员。2014年5月至2020年，陆卫担任马庄村村民委员会主任。

2020年年底，马庄村村民委员会下辖16个村民小组，设村民委员会主任1人、委员5人、会计1人。

村民委员会在党支部领导下，办理村域公共事务和公益事业，调解民间纠纷，协助维护社会治安，向上级政府反映群众意见、要求和提出建议，支持和组织村民发展经济，宣传宪法、法律、法规和国家政策。第十一届玉山镇马庄村村民委员会成员名单，第十一届玉山镇马庄村村民小组长名单，1983—2020年马庄村域村民委员会主任、经济合作社社长、会计一览表分别如表2-9、表2-10、表2-11所示。

表2-9　第十一届玉山镇马庄村村民委员会成员名单

名称	主任	委员
生产建设	郭晓文	陆伟新、唐春兰、浦洪男、顾翠方
人民调解	郭晓文	陆伟新、唐春兰、浦洪男、顾翠方
社会保障	唐春兰	浦洪男、顾翠方、陆伟新、郭金华

续表

名称	主任	委员
治安保卫	唐春兰	浦洪男、顾翠方、陆伟新、郭金华
文教卫生	顾翠方	浦洪男、陆伟新、郭金华
老年协会	顾宗根	浦东生、孙菊珍、姚秀根、王密花

表 2-10　第十一届玉山镇马庄村村民小组长名单

组别	组长	组别	组长
1、2	浦东生	9	陆漱良
3、4	张金生	10、11、12、13、14	徐海元
5	薛火荣	15、16	顾宗根
6	徐宗林	—	—
7、8	王香花	—	—

表 2-11　1983—2020 年马庄村域村民委员会主任、经济合作社社长、会计一览表

<table>
<tr><th rowspan="2">村名</th><th colspan="2">主任</th><th colspan="2">社长</th><th colspan="2">会计</th></tr>
<tr><th>姓名</th><th>任期</th><th>姓名</th><th>任期</th><th>姓名</th><th>任期</th></tr>
<tr><td rowspan="3">五二村</td><td>张菊根</td><td>1983—1992 年</td><td>马仕生</td><td>1983—1987 年</td><td>顾香泉</td><td>1983—1987 年</td></tr>
<tr><td>李花林</td><td>1982—2001 年</td><td>顾宗根</td><td>1987—1992 年</td><td>周凤元</td><td>1987—1992 年</td></tr>
<tr><td>—</td><td>—</td><td>马仕生</td><td>1992—1995 年</td><td>姚建华</td><td>1992—2001 年</td></tr>
<tr><td rowspan="2">五三村</td><td>陆炳良</td><td>1983—1984 年</td><td>薛火荣</td><td>1983—1989 年</td><td>陆引观</td><td>1983—1988 年</td></tr>
<tr><td>浦洪男</td><td>1984—1988 年</td><td>—</td><td>—</td><td>—</td><td>—</td></tr>
<tr><td rowspan="4">五三村</td><td>陆引观</td><td>1988—1991 年</td><td rowspan="3">薛秋林</td><td rowspan="3">1989—1998 年</td><td rowspan="2">陆永先</td><td rowspan="2">1988—1994 年</td></tr>
<tr><td>顾雪兴</td><td>1991—1992 年</td></tr>
<tr><td>戴建生</td><td>1992—1998 年</td><td rowspan="2">徐素良</td><td rowspan="2">1994—2001 年</td></tr>
<tr><td>薛秋林</td><td>1998—2001 年</td><td>戴建生</td><td>1998—2001 年</td></tr>
<tr><td rowspan="3">马庄村</td><td>徐凤明</td><td>2001—2012 年</td><td>顾菊男</td><td>2001—2005 年</td><td>陆　卫</td><td>2002—2003 年</td></tr>
<tr><td>郭晓文</td><td>2013—2014 年</td><td>浦洪男</td><td>2005—2020 年</td><td>陆伟新</td><td>2003—2020 年</td></tr>
<tr><td>陆　卫</td><td>2014—2020 年</td><td>郭金华</td><td>2019 年—</td><td>—</td><td>—</td></tr>
</table>

第三节　其他组织及派驻机构

一、中国共产主义青年团支部

中国共产主义青年团（以下简称“共青团”）成立于50年代初，初名为新民主主义青年团。1956年，马庄村域各高级社相继成立共青团支部，五星第二高级社团支部书记夏宗泉、五星第三高级社团支部书记薛招狗。

团支部在村党总支领导下，发挥“引导员”作用，注重思想引领；发挥“战斗员”作用，坚持服务发展；发挥“协调员”作用，主动维权帮困。1956—2020年马庄村域团支部书记情况如表2-12所示。

表2-12　1956—2020年马庄村域团支部书记一览表

团支部名称	时间	书记
五星第二高级社团支部	1956—1957年	夏宗泉
五二大队团支部	1957—1983年	夏宗泉、顾香泉、张水珍、顾菊男
五二村团支部	1983—2001年	顾菊男、顾翠方
五星第三高级社团支部	1956—1957年	薛招狗
五三大队团支部	1957—1983年	薛招狗、陆花根、陆桃林、薛金秀、徐宗林、张金荣、陆引根
五三村团支部	1983—2001年	郭桂男、薛秋林、陆永先、徐素良
马庄村团支部	2001—2020年	顾翠方、郭晓文、徐亚芬

二、妇代会

村域内妇代会（全称是妇女代表大会）成立于1951年，1952—1958年随着乡区机构撤并而撤销。农业合作社期间，初级社、高级社设妇女委员。自1958年起，设大队妇女主任。

村妇代会在村两委会的领导下，代表妇女参加村级民主管理和民主监督，发动和组织村域妇女投身经济建设，维护妇女儿童合法权益，做好村域优生优育工作。1958—2020年马庄村域妇女主任情况如表2-13所示。

表2-13　1958—2020年马庄村域妇女主任一览表

妇代会名称	时间	主任
五二大队妇代会	1958—1959年	姜密香
	1959—1983年	姜密香、徐密英、顾金秀、张水珍、陆凤宝、张水珍
五二村妇代会	1984—2001年	张水珍、顾翠方
五三大队妇代会	1958—1959年	陆秀妹
	1959—1983年	陆秀妹、戴三妹、徐水英、孙菊珍
五三村妇代会	1984—2001年	孙菊珍
马庄村妇代会	2001—2020年	顾翠方

三、民兵组织

马庄村域民兵营成立于1962年，五二大队、五三大队首任民兵营长分别是夏小男、沈夫根。2015年，马庄村民兵营改为民兵连。首任马庄村民兵连连长为郭金华。

民兵连在上级党委、人武部和村两委会的领导下，加强民兵政治思想工作，做好队伍建设，带头完成生产及各项任务，配合上级人武部门组织民兵进行军训，完成各项应急任务。1962—2020年马庄村域民兵营（连）长情况如表2-14所示。

表 2-14 1962—2020 年马庄村域民兵营（连）长一览表

民兵营（连）名称	年份	民兵营（连）长
五二大队民兵营	1962—1983	夏小男、张菊根、徐道生、李花林
五二村民兵营	1983—2001	李花林、徐道生、顾菊男
五三大队民兵营	1962—1983	沈夫根、浦根火、浦东生、陆道林
五三村民兵营	1983—2001	陆引根、薛秋林、戴建生
马庄村村民兵营	2001—2015	顾菊男、郭晓文
马庄村村民兵连	2015—2020	郭金华

四、村务监督委员会

村务监督委员会（以下简称“监委会”）成立于 2017 年 12 月，其前身为村务理财小组，由已退休的原村两委会老同志组成监委会，浦洪男为首届监委会主任，马仕生、徐惠良为委员。2019 年 12 月，第二届监委会成立，李守建为主任，浦洪男、马仕生、徐惠良为委员。

监委会对监督事项进行全程监督，及时发现并纠正存在的问题，对发现的涉嫌贪腐谋私、侵害群众利益等违纪违法问题，及时向村党总支、昆山高新区党工委、昆山高新区管委会及上级纪检监察机关报告。

五、农民协会

1950 年 1 月，式庄乡成立农民协会，马庄村域各自然村相继组成农民协会。农民协会设主任 1 人，委员 2~3 人。东式庄、西式庄、高家甸、东马庄、西马庄、北星甸自然村农民协会主任分别为姚阿根、顾招金、李木生、顾招林、浦阿玉。1955 年，农业合作社成立后，农民协会活动减少，农民协会自然消失。

六、贫下中农协会

1965 年，在社会主义教育运动中，村域内各大队成立贫下中农协会（以下简称“贫协”），各生产队设贫协组。贫协设主任 1 人，五二大队、五三大队贫协主任分别为阮云生、浦阿玉、金林根，贫协组设组长 1 人。“文化大革命”期间，贫协参与大队及各生产队各项工作，曾一度主持大队及各生产队工作。1978 年，贫协组织自行消失。

七、残疾人协会

2006 年，马庄村成立残疾人协会，设主席、副主席各 1 名，委员 3 名。残疾人协会在村两委会的领导下，维护村域内残疾人的合法权益，协助村两委会推进残疾人事业。2006—2020 年马庄村历届残疾人协会主席、副主席、委员名录如表 2-15所示。

表 2-15　2006—2020 年马庄村历届残疾人协会主席、副主席、委员名录

届别	任期	主席	副主席	委员
1	2006 年 7 月—2011 年 6 月	徐凤明	顾翠方	郭晓文、浦洪男、顾抱金
2	2011 年 7 月—2013 年 6 月	徐凤明	顾翠方	郭晓文、浦洪男、徐亚芬
3	2013 年 7 月—2015 年 6 月	徐凤明	顾翠方	郭金华、徐亚芬、唐春兰
4	2015 年 7 月—2020 年 12 月	陆　卫	顾翠方	徐亚芬、唐春兰、郭金华、陆晓洲

八、老年协会

村域内各村老年协会成立于 1984 年。1984—2001 年，五二村老年协会会长为顾宗根、阮云生、夏宗泉，五三村老年协会会长为陆桃根、薛火荣。2001—2020 年，马庄村老年协会会长为陆桃根、沈夫根、顾宗根、薛火荣、唐春兰。

老年协会在村两委会领导下，维护村域内老年人权益，参与社会公益活动，开展老年人文体活动。

九、关心下一代工作委员会

马庄村关心下一代工作委员会（以下简称“关工委”）成立于 2003 年，主要由老党员、老干部、老教师、老退役军人等人员组成。2003 年 8 月至 2020 年

12月，徐凤明、郭晓文、陆卫先后负责马庄村关工委工作。

关工委在村两委会的领导下，加强村域内青少年思想道德教育，创造良好的社会环境，扶困助学，开展心理健康教育，预防和减少未成年人犯罪。

十、企业联合工会

马庄村企业联合工会成立于2012年1月12日，第一届工会委员会主席郭晓文，委员郭晓文、顾翠方、唐春兰，顾翠方任经费审查委员会主任，唐春兰任女职工委员会主任，会员人数为8人。

2016年10月25日，第二届工会委员会主席陆卫，委员陆卫、顾翠方、唐春兰，顾翠方任经费审查委员会主任，唐春兰任女职工委员会主任，会员人数为8人。

2020年4月12日，第三届工会委员会主席陆卫，委员陆伟新、顾翠方，陆伟新任经费审查委员会主任，顾翠方任女职工委员会主任，会员人数9人。

马庄村企业联合工会的主要职能为维护职工的权益，配合村党总支开展“共创共建”等工作。

十一、马庄警务站

2011年7月11日，马庄警务站成立，隶属昆山高新区吴淞江派出所，办公地点在马庄村村委会办公楼内，办公室面积24平方米，配有计算机、照相机等设备。警务站有1名警察、3名警务辅助人员。主要职能为外来人口管理、出租房走访登记、防盗宣传、暂住人口登记、安全巡逻、消防排查、场所检查和计生服务。

吴淞江派出所马庄警务站（2020年，陆晓洲摄）

2013年5月，为方便外来人口管理服务，马庄警务站办公室搬至村办公大楼西侧，办公室面积25平方米，配有警用电动车、肩闪、手电筒、头盔、武装带、反光背心等设备，警务站职责有所增加。2020 年，警务站增加了双网融合、防疫大数据登记、门岗、平安微雕、防诈骗宣传及配合村里消防检查整改等职责。

2011 年 7 月至 2020 年年底，先后在马庄警务站工作的人员有胡倩、张全男、戴瑞芳、陆晓红、曾招林、林晓周、华美娟、韩德忠、杜思浩、刘雪芳。

第三章　村庄建设

中华人民共和国成立前，村民房屋建设先后经历了草屋、小瓦房（房屋有 5 根梁）、平瓦房（房屋有 7 根梁）、楼房，其后，村民动迁至安置小区，各类集体房屋的翻建及村内配套设施日臻完善。道路也从烂泥小路、“黑脚子”路（用昆山化肥厂废料铺成的路，有氨臭气味）、道渣路、水泥楼板路，变成水泥路。进入 21 世纪，马庄村的水利工程、环境保护、供电供水、通信网络等事业取得了长足的发展。

第一节 住房建设

中华人民共和国成立前，马庄村域村民住房大多是祖上遗存下来的老房，有泥墙草房、小瓦房（五根梁），房间一般无后窗，通风条件较差，终年潮湿，亦称“暗房亮灶”，个别村民居无定所。1949年马庄村域村民住房情况如表3-1所示。

表3-1 1949年马庄村域村民住房情况统计表

自然村名	总户数/户	总人口/人	无房/户	泥打墙/户	草房/户	瓦房/户	总面积/米^2	人均面积/米^2
东马庄	43	215	—	—	5	38	2 500	11.62
西马庄	66	334	—	1	4	60	3 462	10.36
北星甸	44	175	1	—	3	40	2 302	13.15
高家甸	60	183	1	—	3	57	3 769	20.59
东式庄	42	193	1	—	2	36	2 368	12.27
西式庄	15	54	1	—	—	10	795	14.72
巷郎	8	33	—	—	—	8	425	12.88
合计	278	1 187	4	1	17	249	15 621	13.16

中华人民共和国成立后，无房农户在土地改革中分得房屋，居住条件有所改善。

60—70年代，农村经济有所好转，农户开始搭建平房，用树木或水泥梁做房梁，用木头做椽子。60年代，用从常熟梅李镇买的河沙砌墙，用纸筋（熟石灰和稻草和在一起）粉刷墙壁，一般家庭建造 3 间 1 转头房屋，房屋面积在 80 平方米左右。至 1979 年年底，村域内 533 户农户全部翻建平房，人均居住面积从 1949 年的 13.16 平方米提高到 20.91 平方米。70 年代马庄村域翻建平房情况如表 3-2 所示。

表 3-2　70 年代马庄村域翻建平房情况统计表

自然村名称	总户数/户	人口/人	翻建户数/户	建筑面积/米^2	人均面积/米^2
东马庄	102	272	102	5 722.0	21.03
西马庄	153	645	153	12 550.5	19.40
北星甸	69	299	69	6 449.0	21.56
高家甸	92	355	92	7 683.0	21.64
东式庄	72	291	72	5 893.0	20.25
西式庄	29	103	29	2 645.0	25.70
巷郎	16	63	16	1 470.0	23.30
合计	533	2 028	533	42 412.5	20.91

80—90 年代，村民经济收入大幅增加，拆除平房翻建楼房，一般每户建造格局为三上三下加灶间的楼房，建筑面积在 180～250 平方米。建造时，村民用水泥、钢筋混凝土做夯基，在墙中间用水泥钢筋箍腰，房梁、椽子以实木建造，墙外用水泥粉刷，讲究的人家用瓷砖贴花纹，窗户有木窗，大多数用钢窗，少数用铝合金窗。村民根据自己实际情况造出的房屋间数不尽相同，一般是三上三下，少数为二上二下、三上四下。村域内 573 户家庭中有 525 户翻建楼房，占总户数的 91.6%，楼房建筑总面积为 129 433 平方米，人均居住面积从 70 年代的 20.91 平方米提高到 60.04 平方米。80—90 年代马庄村域平房翻建楼房情况如表 3-3 所示。

表 3-3　80—90 年代马庄村域平房翻建楼房情况统计表

自然村名称	总户数/户	总人口/人	建房户/户	占总户百分比	楼房面积/米^2	平房面积/米^2	总面积/米^2	人均面积/米^2
东马庄	100	367	92	92%	21 308	652	21 960	59.84
西马庄	170	657	159	94%	39 358	875	40 233	61.24
北星甸	82	306	76	93%	18 352	530	18 882	61.71
高家甸	101	416	93	92%	23 975	679	24 654	59.26
东式庄	75	287	63	84%	15 545	890	16 435	57.26
西式庄	29	117	26	90%	6 845	300	7 145	61.06
巷　郎	16	71	16	100%	4 050	—	4 050	57.04
合　计	573	2 221	525	92%	129 433	3 926	133 359	60.04

2003—2020 年年底，因国家工程建设和昆山高新区城乡一体化建设需要，马庄村所辖东式庄、西式庄、高家甸、巷郎、北星甸 5 个自然村全部村民和东马庄、西马庄部分村民动迁，他们被安置在正仪古镇和昆山高新区南星渎办事处附近的部分小区，村民分得动迁房 936 套，部分村民在昆山市区、阳澄湖度假区、正仪镇等地购买商品房、店面房、别墅，供自己工作和子女上学居住。至 2020 年年底，全村村民购买商品房 648 套、别墅 31 栋、店面房 18 套。马庄村村民 2003—2020 年分得动迁房情况和 2020 年年底购买商品房、别墅、店面房情况分别如表 3-4、表 3-5 所示。

表 3-4　2003—2020 年马庄村村民分得动迁房情况统计表

自然村名	户数/户	人数/人	安置地点	安置户数/户	分得动迁房/套
东式庄	69	277	正仪嘉馨花园	3	6
			南星渎茗景苑	5	10
			南星渎仁心苑	61	181
西式庄	29	148	南星渎茗景苑	1	2
			南星渎仁心苑	2	5
			南星渎礼和苑	26	80

续表

自然村名	户数/户	人数/人	安置地点	安置户数/户	分得动迁房/套
高家甸	99	419	正仪嘉馨花园	31	78
			南星渎茗景苑	1	2
			南星渎仁心苑	48	140
			南星渎礼和苑	19	56
巷郎	16	69	南星渎仁心苑	16	49
北星甸	80	362	南星渎茗景苑	2	3
			南星渎礼和苑	78	230
东马庄	109	465	南星渎仁心苑	5	15
			南星渎茗景苑	6	14
西马庄	169	783	南星渎茗景苑	22	59
			南星渎仁心苑	1	3
			南星渎礼和苑	1	3
合计	571	2 523		327	936

表 3-5　2020 年年底马庄村村民购买商品房、别墅、店面房情况统计表

自然村名	户数/户	商品房/套	别墅/幢	店铺/套
东式庄	69	66	3	—
西式庄	29	31	—	3
高家甸	99	91	5	3
巷郎	16	24	4	1
东马庄	110	137	9	5
西马庄	173	213	7	3
北星甸	80	86	3	3
合计	576	648	31	18

从60年代末保存至今的马庄村村民平房（2020年，罗英摄）

从20世纪末保存至今的马庄村村民小别墅（2020年，罗英摄）

2020年，西马庄部分楼房（2020年，罗英摄）

第二节 公共设施建设

一、村委会办公用房

五二村 1958年前，五星第二高级社与式庄乡合署办公，地址在东式庄陆根元家圆堂，面积40平方米。1958—1959年，五二大队办公场所迁至马庄村东庙，与五三大队合并办公，面积30平方米。1960—1967年，五二大队办公场所迁回东式庄陆根元家圆堂，面积40平方米。1968年后，五二大队拆除地主、富农的房屋，在东式庄、西式庄交界点上，建大礼堂300平方米，用于大队办公、社员开大会，办公用房40平方米，直至2001年建制村合并。

五三村 1956—1961年，五星第三高级社、五三大队办公地点均在马庄村东庙，面积40平方米。1962—1964年，五三大队办公场所迁至东马庄顾维恒家，面积25平方米。1964—1966年，办公场所在东式庄郭木生家龙坊内，面积40平方米。1966—1968年，办公场所在西马庄西堂庙，面积30平方米。1968年后，由各生产队筹资近3 000元，在东马庄河南岸建造大礼堂320平方米，用于大队办公、社员开大会，其中办公室50平方米。1984年，五三村办公场所迁至原五三线路板厂房，办公室面积25平方米。1988年，迁至五三小学校舍东间，面积50平方米。1991年，拆除五三大礼堂并投入8万元，建成面积为310平方米三层楼房，作为五三村办公用房，直至2001年五二村、五三村合并组建马庄村。

马庄村 2001—2008年，马庄村两委会办公场所迁移至原昆山三联化工厂办公楼，面积250平方米。2009年6月，马庄村出资34万元、玉山镇政府出资68万元、昆山市政府出资68万元，总投资170万元，建造村委会三上三下办公大楼，建筑面积约 1 083 平方米，其中一层有便民服务中心、退伍军人服务站，二楼有党总支、村民委员会、经济合作社办公室和小会议室、档案室，三层有大会议室、农家书屋。

二、小学校舍

1963 年前，村域所属的马庄小学、高家甸小学、式庄小学都是借用村民农房作为校舍。1986 年后，式庄小学、高家甸小学撤并建成五二小学。五二村村委会投资 2. 5 万元，在东式庄、西式庄交界处昆山三联化工厂东侧建造 130 平方米五二小学校舍。1988 年，五三村投资 8 万元建造面积为 400 平方米的四上四下五三小学教学楼。1996 年 7 月，五三小学撤并至姜巷小学，原校址变为五三村幼儿园园舍。

1988 年的马庄小学（2020 年，罗英摄）

三、老年活动室

五二村老年活动室建于 1988 年，借用原五二小学 3 间教室共 132 平方米，活动室内有老年娱乐室、图书室、电视室。2017 年，活动室被拆除。

马庄村（五三村）老年活动室始建于 1988 年，借用五三小学教室 135 平方米，内设娱乐室、电视室、图书室。2012 年，马庄村村委会投资 18 万元在村委会西侧建造 200 平方米 5 间活动室，内有娱乐室、电视室、图书室及其他办公设施。2014 年，马庄村投资 39.5 万元，在马庄港河南岸中心地段建造马庄村老年活动室，活动室建造面积为 195 平方米，并在活动室东侧铺设 750 平方米水泥场地，方便村民置办婚丧喜事。

2014 年，马庄村老年活动室（2020 年，罗英摄）

四、停车场和治安卡口

2007 年，马庄村村委会投资 39 万元，在村办公室西侧建设 2 100 平方米马庄村停车场，可同时停近百辆小轿车。

2016 年 11 月，为解决马庄村村民及租房者停车难问题，马庄村投入 28 万元将元丰路南侧的竖苗娄填平硬化，建造 6 000 平方米的停车场，供村民免费停车。2017 年年底，停车场被停用。

2007 年，马庄停车场（2020 年，罗英摄）

元丰路治安卡口（2020 年，罗英摄）

2009 年，昆山市公安交警大队批准在马庄村元丰路、新城南路交界处、界浦河大桥东侧建造元丰路治安卡口。该治安卡口检查站占地 287.44 平方米，办公房屋 1 幢 153.24 平方米，设有卡口 2 个，隔离栏长 42 米，拦车横杆 3.5 米，配有执勤摩托车 1 辆、岗亭 1 座，配置警辅人员 2 人。

该治安卡口属于昆山市与苏州工业园区交界的边界检查站，于 2009 年开工建设，2010 年 11 月投入使用。2010 年 11 月至 2013 年 10 月由昆山交巡警中队管理。2012 年 10 月至 2020 年年底，由吴淞江派出所管理。

第三节　道路建设

中华人民共和国成立前，马庄村域内的道路都是烂泥小路。中华人民共和国成立后，各级政府重视农村道路建设。至 2020 年年底，村域内道路交通成网，基础设施配套逐渐优化。

一、村域道路

70 年代前，村域内主要道路都为土路、毛草路。70—80 年代，五二大队、五三大队共投资 6 673 元，购买昆山化肥厂碳酸钙（化肥厂生产化肥的下脚料）铺设村域内的机耕路和主要道路。80 年代末，五二村、五三村总投资 6.33 万元进行道路拓宽，道路由原来1.5米拓宽至2.5米。1986年，五三村创办五三砖瓦厂，将马庄村域到五三砖瓦厂道路拓宽到4.5米，全路长1.4千米。90年代，马庄村域内主要道路长2.6千米，路面拓宽至4米。进入21世纪，马庄村域内各自然村道路路面全部铺上水泥，总计长9.8千米，宽度分别为2米、4米。至2020年，马庄村域有道路3条共4.15千米。马庄村域70—80年代铺设“黑脚子”道路、80年代末修建楼板路情况如表3-6、表3-7所示。

表3-6 70—80年代马庄村域铺设“黑脚子”道路情况一览表

序号	路名	起止	走向	长/米	宽/米	投资金额/元	途中桥梁/座
1	马北路	马庄中堂桥至北星甸	南北	850	1.2	850	—
2	西庄直通路	西式庄东桥至镇南公路	南北	95	1.2	95	—
3	高家甸路	镇南公路至高家甸西桥	南北	800	1.2	80	—
4	高家甸河南路	大娄港至西桥头	东北	170	1.2	170	—
5	马庄河北路	镇南公路至陆家漤	东西	1 650	1.2	1 650	2
6	马庄河南路	庙港至新开河	东西	1 630	1.2	1 630	1
7	北星甸河南路	村东至公场	东西	450	1.2	450	1
8	北星甸河北路	村东至庙堂头	东西	500	1.2	500	1
9	西式庄河南路	村东桥至九曲港	东西	120	1.2	120	—
10	西式庄河北路	村东桥至西湾浪	东西	150	1.2	150	—
11	巷郎路	式浦港至五二大队二部	东西	98	1.2	98	—
12	东庄路	五二大队部至张家桥	东西	350	1.2	350	—
13	东庄河北路	东木桥至西秧田	东西	220	1.2	220	—
14	东庄河南路	式浦港至西秧田	东西	190	1.2	190	—

续表

序号	路名	起止	走向	长/米	宽/米	投资金额/元	途中桥梁/座
15	高家甸河北路	大娄港至西桥头	东西	270	1.2	270	—
合计	—	—	—	7 543	—	6 823	—

表 3-7　80 年代末马庄村域内修建楼板路情况一览表

序号	路名	起止	走向	长/米	宽/米	投资金额/元	途中桥梁/座
1	马庄河北路	镇南公路至陆家溇	东西	1 650	2.2	24 750	2
2	马庄河南路	竖庙溇至新开河	东西	1 630	2.2	24 450	1
3	北星甸河南路	村东至公场	东西	450	2.2	6 750	—
4	北星甸河北路	村东至庙堂头	东西	500	2.2	7 500	1

马庄河南路（2020 年，罗英摄）

二、过境道路

新城南路　位于马庄村东侧，90 年代称为镇南公路，呈南北走向，北起马鞍山西路，南至元丰路，全长 11.5 千米，路面宽 10 米，为双向四车道，马庄村域内路段长 750 米。

90 年代镇南公路（1996 年，徐惠良摄）

新城南路（2020 年，罗英摄）

苏昆太绕城高速 位于马庄村东侧，自苏州绕城道路角直枢纽向北，经昆山正仪、巴城，东向为石牌枢纽，经太仓市城西与沪浮璜一级公路相通，全长 73 千米，为双向六车道，设计时速 100 千米，用沥青硬化，马庄村域内路段长 2 千米。

苏昆太绕城高速（2020 年，罗英摄）

元丰路 位于马庄村南侧，呈东西走向，东起昆山陶瓷（中国）有限公司，西至界浦河，全长 6.5 千米，宽 46.5 米，为双向六车道，设计时速 50 千米，路面用沥青硬化，马庄村域内路段长 2 千米。

元丰路（2020 年，罗英摄）

晨丰路 位于马庄村北侧，呈东西走向，东起昆山全亚冠科技有限公司，西至界浦河，全长 7.3 千米，宽 19 米，为双向四车道，设计时速 50 千米，路面用沥青硬化，马庄村域内路段长 2 千米。

晨丰路（2020 年，罗英摄）

第四节 桥梁建设

中华人民共和国成立前后，马庄村域内的桥梁大多是竹夹桥（用几根毛竹夹住，捆些草绳搁在河面上）、木板桥、木拼桥（用2块木板拼合而成，横在河面上，亦称抽板桥）。建桥要在河两侧的河沿处分别打2根木桩，在2根木桩上安上横梁，形成三孔，然后分别在三孔上搁竹夹板或木板。50年代中期，五二、五三大队分别有这样的简易桥6座和7座。

60年代中期至70年代，各生产队均开始对桥梁改造。桥梁大体分为两大类：一类用水泥做桥墩，其上架水泥楼板；另一类用10厘米×10厘米的三角铁焊接成拱形状态，在上面盖上木板或水泥板。如今，竹夹桥、木板桥被淘汰。70年代后，各大队开始机械化耕作，购买大中型拖拉机，有的桥梁须拖拉机通行，各大队又一次进行桥梁改造。对于河面较宽的河，各大队请建桥队在河面稍窄的河段建造水泥钢筋拱桥（模仿赵州桥的形式）。类似的水泥钢筋拱桥五二大队有2座，五三大队有1座。对于河面较窄的河，各大队建造水泥平板桥，请石匠在河两岸用水泥、砖石砌成桥墩，中间用0.5米厚的水泥钢筋混合板做桥面。这样的桥五二大队有3座，五三大队有6座。

2003年后，水上运输慢慢减少，马庄村大力发展公路交通，用汽车运输，桥梁改造又一次掀起高潮。在主要交通干道建造承重10吨以上的宽阔平板水泥桥，村域内造有大桥9座。

2013年后，马庄村域内公路纵横交错，桥梁建设呈现突飞猛进的势头。至2020年年底，马庄村有桥梁20座。

一、晨丰桥

晨丰桥（2020 年，罗英摄）

晨丰桥地处新城南路与晨丰路交叉口向西 200 米、印象欧洲小区附近，跨新开河，为晨丰路连接桥梁，呈东西走向，简易桥梁，养护等级为三级，桥梁跨数为 3，跨经组合 8 米+8 米+8 米，桥长 24 米，桥面为沥青混凝土结构，柱高 2 米。该桥于 2013 年由昆山高新区规建局批准建设，是年 3 月开工建造，10 月建成通车承载重量 41. 25 吨。

二、马庄港桥

马庄港桥（2020 年，罗英摄）

马庄港桥始建于 1985 年，由原正仪镇批准建设。2013 年 3 月，因新城南路改造，由昆山高新区规建局批准修建，是年 10 月建成通车。

该桥地处新城南路与元丰路交叉口向北 200 米，横跨马庄港，呈南北走向，为简易桥梁，养护等级为三级，桥梁跨数为 3，跨经组合 8 米+8 米+8 米，桥面面积 609 平方米，桥梁总长 29 米、宽 21 米，车行道净宽 11. 5 米，桥面为沥青混凝土结构，设计荷载为公路二级，承重量 41. 25 吨。

三、界浦河大桥

界浦河大桥始建于 2008 年 11 月，由苏州工业园区和昆山市两地交通局合作建设，其名称由苏州、昆山两地交通运输部门依据此桥横跨的界浦河，取名为界浦河大桥，总投资1.4亿元，2010年4月竣工通车。该桥地处元丰路西首，横跨界浦河，呈东西走向，东起昆山市元丰路与新城南路交叉口，西至苏州工业园区中新大道（苏胜路）与界浦河交叉口，道路设计标准采用

界浦河大桥（2020年，罗英摄）

城市主干道一级，双向六车道，设计行车速度为50千米/小时，总宽为46.5米。界浦河大桥设计荷载为城A级，预应力混凝土连续梁绕向，主桥跨径布置为50米+80米+50米。大桥分左右两幅，主桥长427米，东西各有引桥50米，桥梁标准断面采用与道路断面相同布置，总宽46.5米，承重量55吨。

四、西庄桥

西庄桥始建于30年代，位于西式庄东庄戴大男宅前，木桥结构，横跨于马庄港，呈南北走向，桥长5米，宽1.6米。1975年，五二大队投资2 000元在桥原址重建，桥墩采用砖石材料，桥面宽3.5米，承重量0.5吨。2020年，西庄桥仍在正常使用。

西庄桥（2020年，罗英摄）

五、西秧田桥

西秧田桥始建于20年代初，位于西式庄戴大男家东南角，横跨马庄港，呈南北走向，木结构。1975年，五二大队拆除原桥，投资1 500元，在西式庄东200米，易地重建成石桥，桥宽4米、长9米，承重量0.5吨。2020年，该桥仍在正常使用。

西秧田桥（2020 年，罗英摄）

六、西木桥

西木桥旧址（2020 年，罗英摄）

西木桥始建于 1937 年，位于西式庄西面，横跨马庄港，南北方向，桥长 8 米，宽 0.3 米，为木板桥。1963 年，由于年久失修，桥面损坏，不能正常通行，五二大队将桥址移至西式庄戴人男宅前，重建木桥，横跨马庄港，桥长 5 米，宽 1.6 米。1975 年，五二大队投资 5 000 元，建成水泥楼板桥，承重量 0.5 吨。

七、大溇江桥

大溇江桥始建于 2015 年 10 月，位于马庄村南，横跨大溇江，呈东西走向，长 21 米、宽 4.5 米，是一座水泥平板桥，承重量 30 吨。该桥由玉山镇水利局投资建成，2020 年仍在正常使用。

大溇江桥（2020 年，罗英摄）

八、高家甸新西桥

该桥始建于1950年初，位于高家甸自然村西，呈南北走向，木质结构，因桥较小，故无名。1973年，五二大队在该桥原址重建水泥钢筋砖头拱桥，宽2.5米，长15米，承重量1.5吨，村民开始习惯称它为高家甸新西桥。2020年，该桥仍能通行。

高家甸新西桥（2020年，徐惠良摄）

第四节　通信　网络

一、邮政通信

中华人民共和国成立初期，村域内村民与外界联系一般是通过信件，如遇有急事，就要到正仪邮电所打电话、发电报。正仪邮电所投递员分别将信件、报纸送到各大队固定地点，然后由大队派人通知收件人领取。最早步行送信的投递员是张小芳。自1975年起，投递员改用自行车送信，先后有正仪邮电支行杜惠生、徐阿羊、俞二士等。

1967年，五二大队、五三大队在各大队部装上第一部手摇电话。1976年，邮电部门又分别在五二大队式庄代销店、五三大队马庄代销店装上大队固定电话。1987年3月，北星甸陆金根家装程控电话1台。至1994年7月，五二村、五三村共装电话493部，装电话的村民占总户数的85%。1997年，五二村、五三村分别被昆山邮电局命名为“电话村”。

1983年，五二村村民戴大男第一个购买BP机（寻呼机）和“大哥大”手机，自此村民陆续开始使用手机，家庭固定电话逐渐被淘汰。至2020年，马庄村村民共有家庭固定电话60部、手机1 962部。

二、广播、电视及计算机

70年代前，村民一般通过广播了解信息。70年代中期，五三大队第1生产队、第2生产队分别购买孔雀牌电视机。1983年，五二村、五三村共购买83台彩色电视机。自2005年起，村民陆续购买平板电视机90台。进入21世纪，大部分持有手机的村民通过手机上网。至2020年年底，马庄村村民每户家庭至少有2台彩色平板电视机。村民通过电视了解国家大事等。

90年代中期，村民先后购买计算机。2020年，全村有计算机485台并且全部联网，实现信息网络化。有15户村民利用网络向周边地区推销农副产品，有1 200多人通过网络购买各种物品，实现购物、销售网络化。

第六节　供电　供水

一、供电

1973年前，马庄村域内没有通电。村民照明用的是油盏、煤油灯、蜡烛，婚丧喜事用汽油灯，夜间外出用灯笼。农田灌溉用人力牵车、人力踏车、畜力水车、风力甩车、打水船，稻麦脱粒全凭人工。

1973 年，五二大队在第 5 生产队（巷郎）建起 50 千伏安的五二电灌站，主要用于农业灌溉和各生产队稻谷脱粒，在农闲或电力充足时用于部分农户照明。1978 年 6 月，五二大队村民全部用电灯照明。1991 年，因企业用电需要，五二站变压器扩容为 200 千伏安，保证全大队村民用电需求。1973 年，五三大队在第 4 生产队（马庄村南）建起容量为 50 千伏安的变压器五三南站，主要用于五三大队第 1、2、7、8、9、11、14 生产队部分村民照明用电和稻麦脱粒用电。2008 年，五三南站变压器扩容至 100 千伏安。

1974 年，五三大队在第 5 生产队（马庄村北面）建立五三北站，电力来源于吴县胜浦，主要用于五三大队第 3、4、5、6、10、13 生产队及村民照明和稻麦脱粒用电。1978 年 6 月，五三大队村民全部用电灯照明。

二、供水

70 年代前，村民饮水、洗衣、洗菜都用河水。村民在厨房间放一只盛水缸，一早起来，用提桶把水盛满，放入明矾，待水中杂质沉淀后饮用，也有的村民用提桶提水后直接饮用。自 70 年代起，村域内化肥农药用量增加，水源被污染。昆山县爱国卫生运动委员会提倡每家每户饮用井水，五二大队、五三大队分配给每户 300 块黑砖头，用来开挖水井。1983 年，五二大队、五三大队家家户户都用上井水。

1993 年，五二村、五三村停止使用深井自来水，并接通正仪水厂新华分厂自来水，五二、五三两村 552 户村民全部用上自来水。2001 年，全村供水与市区一体化，全部由昆山自来水厂供水。

第七节　水利工程建设

一、灌溉站

中华人民共和国成立前后，农田灌溉都是用传统人力水车（踏车）、畜力水车、风力水车等农具。

1959 年，五二、五三大队各购一台 22.5 匹（1 匹 = 1 马力 = 0.735 千瓦）大马力机（后改为柴油机），承担村域内部分农田的灌溉任务。大部分农田还是用传统农具完成灌溉任务。70 年代初，农田开始应用电力灌溉。

五三南站（2020 年，罗英摄）

1973 年，五三大队在第 4 生产队小南泾圩建造一座电力灌溉站，因位于五三大队南面，故取名五三南站，配套变压器容量为 50 千伏安，灌溉区域东起九曲港，西至界浦河，南起吴淞江，北至马庄自然村，总灌溉面积 942 亩。是年，五二大队在第 5 生产队，建造电力灌溉站，取名五二站，配套变压器为 50 千伏安，灌溉区域东起式浦港，南起吴淞江，北至下尖湠，总灌溉面积 305 亩。1974 年，五三大队在第 5 生产队姜泾浜底建造五三北站，因位于马庄之北，取名五三北站，配套变压器容量为 50 千伏安，灌溉区域东起东式庄，西至界浦河，南起马庄自然村，北至旗南大队，总灌溉面积 543 亩。

1977 年，五三北站、五三南站、五二站扩容，村域内所有农田全部由电灌站进行灌溉，结束传统农具、柴油抽水机灌溉的历史。

五二站（2020 年，罗英摄）

五三北站（2020 年，罗英摄）

二、堤防排涝站闸

中华人民共和国成立前，马庄村域内是一家一户小农经济生产模式，抵御自然灾害能力差，一些低洼田是“十年九不收，一年收一半”。

村域南靠吴淞江，西有界浦河。1954 年，洪灾发生后，因排涝设施不完善，只能用人力踏车排涝，共动用劳动力 120 多个，但排涝效果甚微，几天下来田里的秧苗已经腐烂，待洪水退去后，再进行补苗，已延误农事，损失严重。是年，上级水利部门开始在马庄村域内建堤防。至 2020 年，村域内有堤防 3 道，排涝闸 2 座，排涝站闸 3 座。

最早建起的是界浦港堤防，始建于 1954 年，堤防起点是吴淞江，终点为娄江，长 6.01 千米，宽 5.2 米，高为 4~4.7 米，是五级防洪堤，设计水（高潮）位 4.7 米、结构为硅石堤，沿堤水闸 7 个，泵站 3 处。

1965 年，昆山县水利部门在村域内建造吴淞江左堤—昆山市段，堤防起点为马庄村，终点是槽泾社区，长 53 千米，顶宽为 0.9~14.5 米，高度为 0.7~5.9 米，是三级防洪堤，设计水（高潮）位 4.02 米，堤防结构为土石混合堤，建成水闸 37 个，泵站 29 处。

1978 年，昆山水利部门在马庄村域内又建一条吴淞联圩堤防。吴淞联圩堤防起点为马庄村，终点为枫景苑社区，全长 28 千米，顶宽为 3~16.1 米，高度为 3.25~5.9 米，是五级防洪堤，设计水（高潮）位 4 米，堤防结构为土堤、砌石堤、钢筋混凝土防洪墙，沿堤水闸 18 个，泵站 12 处。

界浦港堤防（2020 年，罗英摄）

吴淞联圩堤防（2020 年，罗英摄）

三、防洪闸

北星甸闸 1986 年，昆山水利部门在马庄村域内建起第一座排涝闸，因水闸在北星甸村区域，命名为北星甸闸。北星甸闸地处马庄村西南，长 4 米，顶宽 4 米，高度 4.5 米，横跨北星甸港，水闸类型为排（退）水闸，闸孔为 1 孔，端宽 4 米，过闸流量为 8 米^3/秒，设计洪水标准为 10 年，校核洪水标准为 30 年。

马庄港站闸 始建于 1987 年，水闸地处马庄村西部，在界浦港东，长 4 米，顶宽 4 米，高度 4.5 米，水闸类型为排（退）水闸，闸孔为 1 孔，净宽 4 米，过闸流量为 8 米^3/秒，设计洪水标准为 30 年。其名称自建成起，沿用至 2012 年。2012 年，由昆山市水利局批准拆除马庄闸，原地改建为泵站，2013 年泵站建成，由玉山镇水利站依据站闸所在马庄港命名为马庄港站闸。站闸主要用于马庄村南片区域蓄水、泄洪、排涝，该站闸总投资 280 万元，站闸现有 800ZLB—125 型号水泵 2 台、65 千瓦电动机 2 台、400 千伏安变压器 1 台，设计过闸流量为 3.2 米^3/秒，工程效益（排涝面积）为 1 801 亩，闸门为升卧室钢闸门，闸孔净宽 6 米。

五三窑厂闸 始建于 1999 年，水闸位于马庄村西南部，北星甸南面，吴淞江北，长 4 米，净宽 4 米，高 4.5 米，水闸类型为排（退）水闸，闸孔为 1 孔，净宽 4 米，过闸流量为 8 米^3/秒。

九曲港站闸 始建于2011年，位于吴淞江与九曲港交叉口，该站闸主要是用于马庄村等西南片区域的蓄水、排泄、排涝。站闸总投资329.6万元，配有40ZLB—125型号水泵2台、132千瓦电动机2台、400千伏安变压器1台，设计过闸流量为7米^3/秒；装机功率264千瓦，扬程2.1米，过闸流量12米^3/秒，工程效益（排涝面积）为3 940亩，闸孔1个，闸孔总净宽6米。

自从建起多条堤圩和站闸之后，村域内很少遭受旱涝灾害。

马庄港站闸（2020年，罗英摄）

九曲港站闸（2020年，罗英摄）

第八节　生态保护

21世纪初，马庄村以创建江苏省生态村为契机，对马庄村环境进行全面整治，如河道清淤、厕所改造、旧墙粉刷、垃圾分类、绿化提升，村庄面貌焕然一新。

一、河道清淤

自2006年10月起至2020年12月，马庄村河道清淤前后经过两个阶段。

第一阶段是2006年，先后清理马庄南浜至西港10处共8 300米河道。

第二阶段自2007年11月至2019年3月，先后清理小南泾（现称北星甸北河）、北星甸南港（现称南星甸河）、九曲港等总计长度9 600米河道。

在清理河道淤泥的同时，配备河道专职保洁员8人。2017年，村域河道实行河长制，河长为徐凤明。同时，马庄村投资14.8万元，在河道中种植净化水体的水生植物，河水经治理后恢复清澈。2006年马庄村河道清淤情况如表3-8所示。

附表3-8　2006年马庄村河道清淤情况一览表

地点	马庄南浜	坞底娄	马庄北浜	北星甸	马庄港	庙泾浜	高家甸	大娄（现马庄南浜）	西港
河道长度/米	200	800	210	1 080	1 830	590	640	520	600

（一）河道管理标准

（1）保证河面清洁，无水生植物（如水花生、水葫芦、浮萍）、漂浮物及各种垃圾。

（2）保证河水清洁，无污水、畜禽粪便和禁止各类有毒有害物质排入河内，水质无污染。

（3）保证河坡整齐清洁，植被良好，河坡上无生活建筑垃圾和各类杂物，无垦种、取土、扒口，保持河坡完好。

（4）保证河道畅通、无乱占水面、河岸及河道内填堵等现象，保护河道内各水利工程设施的安全。

（5）保护河道绿化，保证护堤林无枯死、缺棵，做好林木绿化的修理整形。

（二）河道保洁员岗位职责

河道保洁员对其管理范围内的河道进行长期长效管理，确保河道清洁畅通，主要职责如下。

（1）负责河道的日常保护和管理，及时打捞和清除河道内各种漂浮物、垃圾和水生植物。

（2）向村民宣传有关河道管理的法律、法规，严禁单位和个人向河道内和河坡上倾倒生活建筑垃圾、排放工业污水及各类有毒有害物质，禁止在河坡上堆放物料，并及时清除违禁堆放的物料。

(3) 加强对河道涉水工程的管理，确保河道内无乱占、乱挖、填堵等现象，发现上述现象应立即制止，并在第一时间内向水利部门汇报。

(4) 负责保护和管理好沿河设置的河道宣传牌，做好河道范围内的林木绿化管理工作。

(5) 坚持每天到岗到位，并佩戴河道管理标志，遵守各项管理制度，接受上级部门的监督检查，定期向水利站汇报管理情况并提出建议。

(6) 完成水利站交办的其他工作任务。

(三) 马庄村2006年河道管理责任书

为了加强全村河道管理，巩固多年来河道清淤和“三清”工作的成果，确保河道清洁通畅，充分发挥河道泄水、抗洪的综合能力，营造美好的生产、生活环境。马庄村站点设立了河道工程工作小组，由玉山镇水利站负责指导日常工作，马庄村全力配合，将河道管理工作切实落实到位，确保此工作的顺利开展。

1. 管理范围

涵盖马庄村所有的村级河道。

2. 管理依据

依据《昆山市玉山镇河道管理暂行办法》。

3. 管理人员配合

(1) 马庄村根据区域内河道长度、工作量大小，确定管理人员名额（按《昆山市玉山镇河道管理暂行办法》，选拔产生管理人员）。

(2) 经考核，马庄村徐根荣、沈培良、浦会男、顾兴泉、李花根、戴小腊、周大金、李水雪担任村域内河道管理员。管理员基础工资每月1 400元，月底考核工资每月100元，当年年末，按每年四次考核得分率发放奖金。

(3) 专职河道管理员实行每季度定期考核评比。综合考核评比结果，对工作不认真负责，不能胜任管理员岗位的立即撤换。

(四) 专职管理员的职责

(1) 负责马庄村范围内河道的日常管理和养护，及时打捞和清除河道内的漂浮物、垃圾和水生植物。

(2) 向村民宣传有关河道管理的规章制度，对违反《昆山市玉山镇河道管理暂行办法》第四条规定的行为予以制止。

（3）接受镇水利部门的管理，在防洪抗旱期间，密切配合各排涝站，做好河道管理的各项工作。

（4）定期向水利站和村委会汇报管理情况并提出建议。

（五）马庄村河道长效管理制度

1. 管理制度

（1）受玉山镇水利组织委托管理马庄村级河道。

（2）负责马庄村河道保洁工作，组建稳定的保洁队伍，并及时对河道保洁员的工作进行考核，组织开展每月1次河道保洁员的学习会议。

（3）负责宣传河道管理的法律、法规。

（4）协助两岸大堤蓝线范围内，各占用河道工程建设单位的申报工作。

（5）负责河道管理范围内所属国有土地使用情况的监督义务。

（6）对河道两岸乱占、乱挖、乱堆现象及时制止，并向上级单位报告。

2. 考核制度

（1）河道长负责村级河道保洁的考核工作。

（2）村级河道管理员每星期不少于2次河道巡查。

（3）考核要求按《昆山市镇级河道管理考核制度》执行。

3. 检查制度

（1）组织对马庄村河道的日常检查、考核工作，健全考核制度。

（2）每月不少于1次组织河道保洁员进行交叉检查或对口检查。

（3）按照“底清、面净、坡洁”标准进行检查，检查范围要广，涉及面要大，检查出的问题要立即整改。

（4）检查结果在河道长效管理台账中体现。

4. 奖惩制度

（1）按《昆山市镇级河道管理考核制度》执行。

（2）每月发放工资时兑现奖惩。

（3）对群众反映强烈，连续2次考核不合格的，辞退保洁员并追查相关人员的责任。

二、厕所改造

从中华人民共和国成立初期到1958年，村域内每户家庭如厕都是用木便桶。室外家家户户都有露天粪缸。1958年后，为除“四害”和消灭钉螺，各大队把各家各户粪缸按自然村集中到一个地方搭棚加盖。1962年后，室外粪缸又分散至各家各户，其间有一段时间粪缸又加盖，并进行消毒管理，但持续时间不长，后来一直存在露天粪坑。从2000年开始，马庄村整治露天粪缸。至2004年年底，马庄村投资11.5万元，村域内消除露天粪缸581只，建造新型自动排水公共厕所18座。同时，户户进行室内卫生设备改造，建造“三格式”（第一格入粪，第二格过滤，第三格粪便处理达标）化粪池，安装抽水马桶581只，结束了村域倒马桶的历史。2020年年底，马庄村有公共厕所18座。2011年马庄村公共厕所分布情况如表3-9所示。

表3-9 2011年马庄村公共厕所分布情况一览表

序号	所在位置	建筑面积/米^2	结构	粪便处理形式	建造年份
1	北星甸河北村西	20	三格式	消毒	2004
2	北星甸村东屋后	20	三格式	消毒	2004
3	西马庄陆建芳屋前	40	三格式	消毒	2008
4	西马庄张雪荣家前	25	三格式	消毒	2004
5	西马庄绿化带	40	三格式	消毒	2008
6	西马庄徐伏元屋西	20	三格式	消毒	2008
7	马庄村村委会后	20	三格式	消毒	2004
8	东马庄新城路西	20	三格式	消毒	2013
9	东马庄陆玉龙屋后	20	三格式	消毒	2004
10	姜泾浜北侧	20	三格式	消毒	2007
11	姜泾浜东侧	20	三格式	消毒	2004
12	西马庄张招妹屋东	20	三格式	消毒	2004

续表

序号	所在位置	建筑面积/米^2	结构	粪便处理形式	建造年份
13	马庄幼儿园前	25	三格式	消毒	2008
14	西式庄东	20	三格式	消毒	2004
15	东式庄	20	三格式	消毒	2004
16	巷郎西	20	三格式	消毒	2004
17	高家甸顾海元屋后	40	三格式	消毒	2004
18	高家甸桥北	20	三格式	消毒	2004

公共厕所（马庄村村委会后）
（2020 年，罗英摄）

公共厕所（西马庄绿化带）
（2020 年，罗英摄）

三、污水处理

2017 年 8 月，玉山镇人民政府投入 276 万元，在马庄村铺设雨污水管网 5 119 米，建造马庄村南北 2 座污水处理站，日处理污水 70 吨，通过雨污分离工程建设及污水处理站处理污水，马庄村四周的河水日渐清澈。

污水处理（2020 年，罗英摄）

四、河内废船处理

为整治河道环境，自 2006 年 5 月至 2010 年，马庄村投入 35 万元，清理河内废弃船只 400 多条，船最大载重量 15 吨，最小载重量 4 吨，平均每条船村两委会赔偿 625 元。至 2020 年年底，马庄村所有河道无废弃船只。

五、垃圾分类及处理

2006 年 8 月，玉山镇人民政府在马庄村元丰路北侧、新城路东侧投资 8 万元建设垃圾中转站，建筑面积 100 平方米，日处理马庄村垃圾 50 吨，村民委员会指派村干部徐凤明负责管理垃圾中转站。

2011 年 10 月，玉山镇人民政府投资 120 万元在原垃圾中转站西侧建设垃圾分拣站，共 120 平方米，日分拣垃圾 80 吨，村委会委托陆建芳专职管理垃圾分拣站。分拣站主要对厨余垃圾、可回收垃圾、有害垃圾、其他垃圾分拣打块后送有关单位处理。

2019 年底，昆山市全面实行垃圾分类，村委会委托昆山瑾萱芝物业管理有限公司负责处理马庄村垃圾，公司法人代表陆建芳，并聘请周大奎、顾密珍、姚根生、沈友花，徐秋英、陆玉龙、张傲全、沈孙良为垃圾分类处理人员。2020 年初，马庄村村委会在马庄村设 6 个生活垃圾收集点，每个点放置垃圾回收桶 4 个，分厨余垃圾、可回收垃圾、不可回收垃圾、其他垃圾。

位于马庄村河北路的一个生活垃圾收集点
（2020 年，罗英摄）

六、水面保洁

2006 年，马庄村在创建江苏省生态村时，成立由 5 人组成的水面保洁队伍，负责水面保洁工作。但当时保洁人员少，只能对部分河道进行保洁。2014 年，马庄村对水面环境加大整治力度，增加保洁人员，对村域内河道全面进行保洁并签订责任书，使保洁工作分工明确，责任到人。全村水面保洁人员8人，还有1名专职管理员定期监督检查，确保河道每天有人清捞。马庄村河道保洁专职管理员为周金林，保洁员为李花根、顾兴泉、戴小腊、浦会男、徐根荣、沈培良、陆建芳。

2020年马庄村村民在马庄港河道捞垃圾（2020年，戴成仁摄）

七、烹饪用能源改革

1980年前，村域内农户烧菜、烧饭、烧水都用土灶，以稻草、木柴等为燃料。90年代中期，马庄村家家户户用上液化气。2005年后，大部分土灶被拆除。2010年后，农村开始使用电磁炉。至2020年年底，除马庄村之外，其余动迁入住正仪嘉馨花园和南星渎各小区的村民已用上管道天然气。

第四章　村域经济

马庄村域素以农业为主，经济结构单一。夏熟作物以小麦、油菜为主；秋熟作物以水稻为主。中华人民共和国成立前，马庄村域小麦亩产不足 75 千克，油菜亩产不满 40 千克，水稻亩产不到 150 千克，生产力低下，农业收成很低。1950 年后，实行土地改革，经过互助组、高级社、大队等生产方式变革，村民收入有所提高。1983 年，实行家庭联产承包责任制，村域分田到户，分户经营，农业产量稳步增长，村民收入明显增加。村域先后在 1988 年、1993 年两次对承包土地做出调整，推行规模经营；积极发展集体和家庭副业生产，先后兴办企业 12 家，村域经济呈现蓬勃发展之势。进入 21 世纪，因建设需要，村域大多数耕地被征用，经济结构随之被打破，第三产业及多元化产业开始兴起。全村农户均有物业、就业和政策性福利收入。村域内家庭运输、废旧物品回收从业人员近 500 人。2012 年，村民仅房屋租金收入就超过 500 万元。2009—2020 年，村民每年还从耕地、社区股份专业合作社取得分红，乐享村域经济多元发展成果。

第一节 农 业

一、生产关系

（一）土地私有制

中华人民共和国成立前，马庄村域内的土地制度为土地私人所有，各阶层土地占有量极为悬殊。全村共有土地 3 559 亩，其中 15 户地主、富农占有耕地 765 亩，户均亩数为 51 亩，占耕地总面积的 21.5%；263 户贫下中农占有耕地 2 794 亩，户均亩数为 10.62 亩，占耕地总面积的 78.5%。无地、少地的农民租种地主、富农的土地，租借土地亩数比实际出租面积要少 10%~15%，收租时要高 10%~15%，即少租地多交租。地主、富农双重剥削雇农。一般平均设定租金交大米 8 斗（1 斗=6 千克），占当时亩产的 65%以上，遇到自然灾害时粮食产量减产，到期还不清租米的租户要被终止租田或以工抵债到地主、富农家去做工，或者租金就按利滚利计算。雇农到地主、富农家去做工，分为长工和短工两种，长工由东家管吃，每年发糙米 5~6 石，短工则按月计算，每月发白米 3~5 斗。看牛囡的（童工）包吃饭，但不付工钱。中华人民共和国成立前马庄村域各阶层占有土地情况如表 4-1 所示。

表 4-1 中华人民共和国成立前马庄村域各阶层占有土地情况表

阶层	户数/户	人数/人	占有耕地面积/亩	人均占有面积/亩
地主	6	40	360	9
富农	9	45	405	9

续表

阶层	户数/户	人数/人	占有耕地面积/亩	人均占有面积/亩
富裕中农	8	40	240	6
中农	137	708	2 055	2.9
下中农	34	102	340	3.3
贫农	79	237	159	0.67
雇农	5	15	—	—
总计	278	1 187	3 559	3

（二）土地改革

1950 年 6 月，中央人民政府颁布《中华人民共和国土地改革法》。是年，全国开展土地改革运动，村域内各村成立农民协会进行土地登记，归户造册，清查各阶层土地占有情况，按农户实有人口、人均占有土地多少，重新划分土地，村域每人平均分得土地 1.8 亩。马庄村域土地改革时期部分贫农分得土地房屋财产情况如表 4-2 所示。

表 4-2　马庄村域土地改革时期部分贫农分得土地房屋财产情况明细表

姓名	人数/人	劳动力/人	原有土地		分得土地/亩	分得财产	
			私田/亩	租田/亩		瓦房/间	小房/间
徐惠芳	5	3	1.5	9	9	—	—
徐巧泉	5	3	1.5	9	9	—	—
姚阿小	1	1	1	—	1.8	—	1
马水根	2	2	1.5	—	3.6	—	2
徐宝祥	5	4	2	—	9	—	—
单春涛	1	1	1	—	1.8	—	1
姚水泉	3	2	2	—	5.4	1.5	—
姚金娥	5	3	1.5	—	9	—	—
陆宗金	4	3	3	—	7.2	—	—
陆阿炳	1	1	1	—	1.8	—	—

续表

姓名	人数/人	劳动力/人	原有土地		分得土地/亩	分得财产	
			私田/亩	租田/亩		瓦房/间	小房/间
戴宗金	3	3	1.5	—	5.4	1.5	1
姚阿翠	3	3	1	—	5.4	1.5	1
陆栋生	6	4	1.5	—	10.8	1.5	1

（三）生产合作社

土地改革之后，土地按人口分，户与户之间劳动力不均衡，大型农具分配不平衡。为了解决农业生产中各自的劳动力、畜力、农具不足等困难，在自愿互利的基础上，在农忙季节组织起来进行换工互助（盘工），盘工有劳动力及生产工具换工两种。

1952年3月，马庄村域内先后成立42个互助组，吸收户数136户，人数558人，土地面积1 427亩。互助组按照“自愿互助”等价交换的原则，实行共同劳动、分散经营，土地、耕畜、农具等生产资料仍旧归私人所有，由于换工互助，在一定程度上提高了劳动生产率，产量一般高于个体农户。1953年，互助组增加至51个，有164户加入。

1954年年底，马庄村掀起了办社热潮，在互助组合并的基础上扩大，更多农户加入，成立初级农业生产合作社。1955年春，马庄村域内马庄、北星甸自然村成立五星第三初级社，吸收农户160户，全社557人中，有男劳动力193人、女劳动力197人，占有耕地2 731亩。高家甸、巷郎、东式庄、西式庄自然村成立五星第二初级社，吸收农户129户，全社370人中有男劳动力183人、女劳动力187人，占有耕地1 798亩。初级社实行民主管理，最高管理机关是社员大会，社员选出社务委员会，设正、副社长各1名，会计1名。社员入社自由，大型农具、土地，经社员集体讨论入社入股，但所有权仍归农户私人所有。初级社实行统一经营、统一管理，在一定程度上解决了单干或互助组无法克服的困难。

1957年春，在初级社基础上成立高级社，各高级社下设若干个生产小队，生产小队设正副队长、会计、记工员各1名。五星第二初级社变更为五星第二高级社，入社农户138户，583人，男、女劳动力408人，耕地面积1 798亩，有5

个生产小队。五星第三初级社变更为五星第三高级社，吸收农户 165 户，全社 989 人，男、女动劳力 689 人，耕地面积 2 731.6 亩，有 12 个生产小队。

（四）人民公社

1958 年 8 月，五星第二高级社、五星第三高级社分别变更为五二大队、五三大队，分别下设 5 个、12 个生产队。

平均主义分配　1958 年，人民公社替代乡政府，成为实行政社合一、工农商学兵相结合的基层单位。人民公社初期，各大队采用营、连、排军事化编制。五二大队、五三大队为正仪人民公社第六营，生产上实行大兵团劳动，生活上实行半供给制。各大队办起大食堂，社员吃饭不要钱，各大队实行“放开肚皮吃饭，鼓足干劲生产”，每人每月发放 5 元零用钱。年终分配由公社统一结算，全社范围内搞平均主义，分配平调社员的私有财产和集体财产。出现“共产风”“命令风”“浮夸风”“瞎指挥风”，生产上开展摆擂台，提出“一天等于二十年，人有多大胆，地有多大产”的口号。这些举措脱离了农业生产发展的实际水平和农民的愿望，挫伤了农民的生产积极性，导致农业生产严重滑坡，水稻亩产仅 150 千克左右，三麦亩产 50 千克左右，油菜亩产 30 千克左右，农民口粮严重不足。

定额包工评工记分　1962 年 9 月，贯彻《农村人民公社工作条例》（修正草案）核心内容：基本核算下放到生产队，确定了三级所有、队为基础的管理体制，生产队实行土地、农具、耕牛、劳动力“四固定”统一经营管理。自负盈亏、收入分配、承认差别，在劳动管理上实行定额包工、评工记分、多劳多得、按劳分配的原则，采用按人数分配基本粮、按劳分配工分粮，取消“大锅饭”，村民的劳动生产积极性大幅提升，粮食产量逐步提高。

大寨式评分　1965 年，上级政府发出了“农业学大寨”口号，推广大寨式评分，社员自报互评，人们称为“先吃精神饭，后吃白米饭”。评工分由两方面组成，政治思想分占 20%，劳动分占 80%，政治思想觉悟高的工分就高。强调以粮为纲，村民业余时间搞家庭副业，则被视为“资本主义”倾向受到抵制，称为“割资本主义尾巴”，提出“宁要社会主义草，不要资本主义苗”口号，农业生产出现低潮。1971 年 12 月，按中共中央指示，恢复劳动定额评工记分，按劳分配。

（五）土地联产承包

家庭联产承包责任制 1978年，中共十一届三中全会后，农村经济体制改革有序深入。农业生产推广定额到人，按件记工，小段包工，死分活评（按一个劳动力一天为10分工分定额，再根据实际完成情况评工分），农民生产积极性有所提高。1982年6月，各生产队再分若干小组，实行包工包产包费用的“三包制”政策，联产计酬、超产奖励、减产赔偿，但改革不彻底，“大锅饭”换“小锅饭”，生产积极性还是不能得到充分调动。

1983年8月，政社分设，人民公社改为乡，大队改为村，各村分别成立村民委员会和经济合作社。12月，村域全面实行以农户为单位的家庭联产承包责任制，按人分口粮田，按劳分责任田，在国家计划指导下，自主经营，自负盈亏，依法交纳农业税、集体公积金、集体管理费（以下简称“二金一费”），余下的部分归农户，土地一包到底，结束了集体化生产的经营方式，农民生产积极性得到充分的调动。这种经济形式被称为分田到户，得到了大多数农户的赞成，亦遭到了少数人的反对。在农民中流传着“辛辛苦苦三十年，一夜回到解放前”，认为此举又是小农经济的生产方式，其后陆续通过加强思想教育、宣传上级政府的方针政策，家庭联产承包责任制得到大家的认可。

村域按农业人口划分口粮田，每人0.6亩，按生产队比例划分自留地，按各生产队剩余田、劳动力划分责任田。做到三点：一是合法，把生产队的所有集体土地全部分到各户；二是合理尊重群众意愿，因地制宜；三是合情分田到户，做到公开、公正、公平。这是第一轮土地承包。

1983年，五二村和五三村建立农业经济合作社综合服务站。经济合作社是村民委员会的经济组织，设社长1人，副社长1至2人，会计1人，其主要职能是统筹全村的作物布局、供应良种、机械作业、灌溉排水、防病治虫、肥药供应工作，实施配套服务。1983—2001年，薛火荣、薛秋林、戴建生先后担任五三村社长，陆云观、陆永先、徐素良先后担任会计。马仕生、顾宗根先后担任五二村社长，顾香泉、周凤元、姚建华先后担任村会计。2001—2020年，顾菊男、浦洪男、郭金华先后担任马庄村社长，陆卫、陆伟新先后担任村会计。

1988年8月，农村实行家庭联产承包责任制后，根据农村劳动力转移，家庭户口增减的实际情况，对家庭承包土地进行第一次合理调整。1993年8月，进行第二次土地承包确权，稳定家庭联产承包责任制，推出农业现代化、商品化、专业化的发展进程。

1998年，村域贯彻中共中央1997年《关于进一步稳定和完善农村土地承包关系的通知》精神，延长第二轮土地承包期30年不变，向承包户颁发农村集体土地经营权证，从根本上保护农民承包土地的合法权益。1998年五三村确权发证398户，合计土地2 058.60亩；1998年五二村确权发证248户，合计土地1 512.21亩。(表4-3、表4-4)。

表4-3　1998年五三村土地承包经营权确权发证统计表

组别	总户数/户	确权人数/人	确权面积/亩	组别	总户数/户	确权人数/人	确权面积/亩
1	42	163.00	214.87	9	24	74.00	118.40
2	25	88.00	110.29	10	28	99.33	119.56
3	35	114.67	140.87	11	24	85.00	127.16
4	24	77.00	123.20	12	17	76.00	116.10
5	39	152.00	226.29	13	23	88.00	119.66
6	45	172.00	221.73	14	19	68.50	118.77
7	17	61.50	110.06	合计	398	1 453	2 058.60
8	36	134.00	191.64				

表4-4　五二村1998年土地承包经营权确权发证统计表

组别	总户数/户	确权人数/人	确权面积/亩	组别	总户数/户	确权人数/人	确权面积/亩
1	35	123	179.61	7	31	113	159.72
2	25	95	190.63	8	28	109	160.44
3	17	61	108.55	9	27	97	141.70
4	28	99	209.44	10	12	52	92.77
5	16	64	107.15	合计	248	908	1 512.21
6	29	95	162.20				

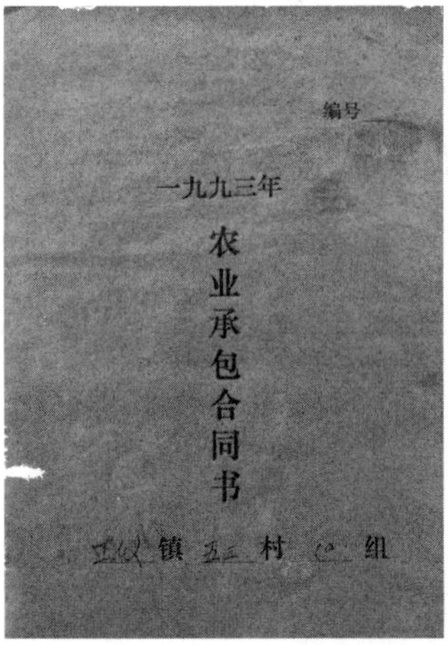
编号

一九九三年

农业承包合同书

五联镇 五三 村 10 组

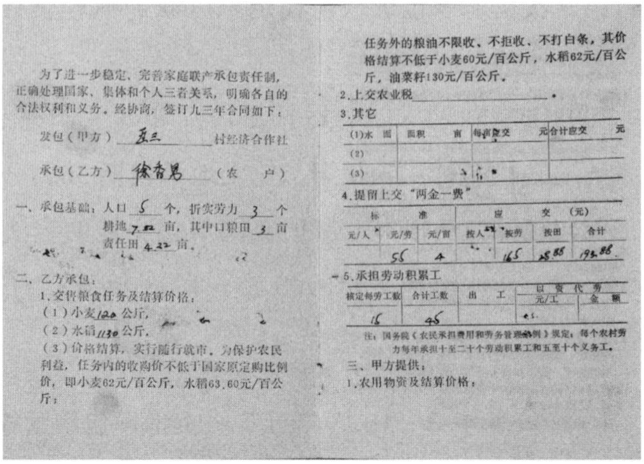
为了进一步稳定、完善家庭联产承包责任制，正确处理国家、集体和个人三者关系，明确各自的合法权利和义务。经协商，签订九三年合同如下：

发包（甲方）五三村经济合作社

承包（乙方）徐香男（农　户）

一、承包基础：人口 5 个，折实劳力 3 个
耕地 7.22 亩，其中口粮田 3 亩
责任田 4.22 亩。

二、乙方承包：
1.交售粮食任务及结算价格：
（1）小麦 120 公斤，
（2）水稻 1130 公斤，
（3）价格结算，实行随行就市。为保护农民利益，任务内的收购价不低于国家原定购比例价，即小麦62元/百公斤，水稻63.60元/百公斤；

任务外的粮油不限收、不拒收、不打白条，其价格结算不低于小麦60元/百公斤，水稻62元/百公斤，油菜籽130元/百公斤。

2.上交农业税＿＿＿＿＿＿。

3.其它

(1)水　面	面积　　亩	每亩应交　　元	合计应交　　元
(2)			
(3)			

4.提留上交"两金一费"

标	准		应	交	（元）	
元/人	元/劳	元/亩	按人	按劳	按田	合计
	55	4		165	28.88	193.88

5.承担劳动积累工

核定每劳工数	合计工数	出　工	以资代劳	
			元/工	金　额
15	45			

注：国务院《农民承担费用和劳务管理条例》规定：每个农村劳力每年承担十至二十个劳动积累工和五至十个义务工。

三、甲方提供：
1.农用物资及结算价格：

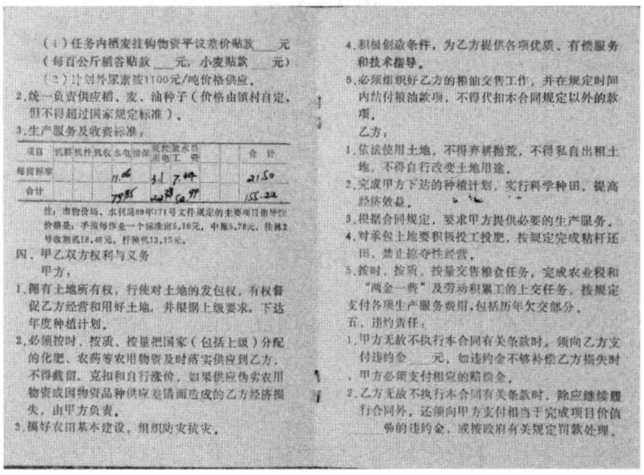
（1）任务内稻麦挂钩物资平议差价贴款＿＿元（每百公斤稻谷贴款＿＿元，小麦贴款＿＿元）
（2）计划外尿素按1100元/吨价格供应。
2.统一负责供应稻、麦、油种子（价格由镇村自定，但不得超过国家规定标准）。
3.生产服务及收费标准：

项目	机耕	机排	机收	水电	植保	机灌用电	泵水员工资			合计
每亩标准				11.46		3.1	7.44			21.50
合计				79.85		22.38	50.99			155.22

注：市物价局、水利局89年171号文件规定的主要项目指导性价格是：手扶每作业一个标准亩5.16元，中拖5.78元，佳林2号收割机18.40元，打揽机13.15元。

四、甲乙双方权利与义务
甲方：
1.拥有土地所有权，行使对土地的发包权，有权督促乙方经营和用好土地，并根据上级要求，下达年度种植计划。
2.必须按时、按质、按量把国家（包括上级）分配的化肥、农药等农用物资及时落实供应到乙方，不得截留、克扣和自行涨价，如果供应伪劣农用物资或因物资品种供应差错而造成的乙方经济损失，由甲方负责。
3.搞好农田基本建设，组织防灾抗灾。
4.积极创造条件，为乙方提供各项优质、有偿服务和技术指导。
5.必须组织好乙方的粮油交售工作，并在规定时间内结付粮油款项，不得代扣本合同规定以外的款项。
乙方：
1.依法使用土地，不得弃耕抛荒，不得私自出租土地，不得自行改变土地用途。
2.完成甲方下达的种植计划，实行科学种田，提高经济效益。
3.根据合同规定，要求甲方提供必要的生产服务。
4.对承包土地要积极投工投肥，按规定完成秸秆还田，禁止掠夺性经营。
5.按时、按质、按量交售粮食任务，完成农业税和"两金一费"及劳动积累工的上交任务，按规定支付各项生产服务费用，包括历年欠交部分。
五、违约责任：
1.甲方无故不执行本合同有关条款时，须向乙方支付违约金＿＿元，如违约金不够补偿乙方损失时，甲方必须支付相应的赔偿金。
2.乙方无故不执行本合同有关条款时，除应继续履行合同外，还须向甲方支付相当于完成项目价值＿＿％的违约金，或按政府有关规定罚款处理。

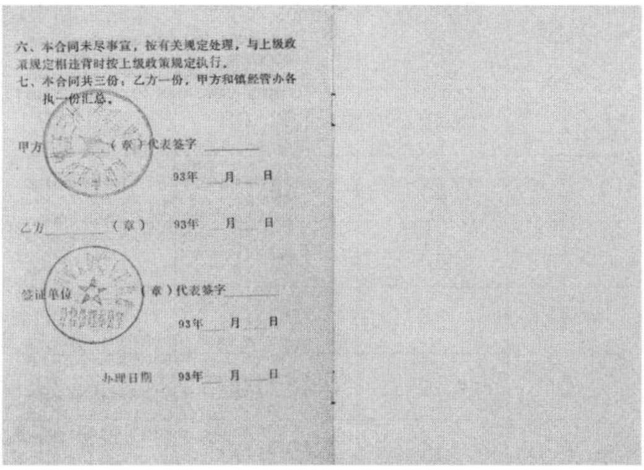
六、本合同未尽事宜，按有关规定处理，与上级政策规定相违背时按上级政策规定执行。
七、本合同共三份：乙方一份，甲方和镇经管办各执一份汇总。

甲方＿＿＿＿（章）代表签字＿＿＿＿
93年＿＿月＿＿日

乙方＿＿＿＿（章）　93年＿＿月＿＿日

签证单位＿＿＿＿（章）代表签字＿＿＿＿
93年＿＿月＿＿日

办理日期　93年＿＿月＿＿日

1993年，五三村第10村民小组徐香男家庭农业承包合同书（2020年，徐惠良提供）

大农户承包　1982年12月，农业实施联产承包。农民的生产积极性得到进一步提高，在搞好第一产业的同时，不断从事第二、第三产业，有进厂务工经商的，有跑短途运输的。村民在城镇购买商品房定居，从事第二、第三产业，原来的承包田让别人代种或留守老人耕种，有的地方出现土地抛荒现象。后经村委会协调，把部分农户的承包田集中起来，发包给大农户耕种，做到规模经营，马庄村域第一批承包大户有6户，总面积1 078亩。1993年，马庄村域第一批大农户承包土地情况如表4-5所示。

表 4-5 1993 年马庄村域第一批大农户承包土地情况统计表

村名	承包人姓名	承包人户籍	面积/亩	承包土地所在组别
五三村	浦小林	马庄村第 1 村民小组	89	4，13
	陆秧根	马庄村第 2 村民小组	97	4，12，13
	马登水	张泾庙村	200	7，8，9，14
五二村	马仕生	马庄村第 5 村民小组	62	1
	顾金泉	马庄村第 7 村民小组	102	8，9
	高健浩	常熟市	528	2，3，4，5，6

二、专业合作社

马庄村土地股份合作社 马庄村域实行家庭联产承包责任制后，随着务工人员的增加，农户承包的土地逐步向大农户流转。2009 年 6 月 17 日，马庄村土地股份合作社经昆山市农业部批准成立。浦洪男为合作社董（理）事长，徐凤明为副董事长，徐凤明、陆伟新、顾翠方、郭晓文为董事，顾宗根为监事会会长，孙菊珍为副会长，陆志敏、姚秀根为监事，入社 748 户，2 733 人。

以合作社股权与土地承包经营权为依据设置入股农户，每亩土地为一股，入社土地为 1 460.5 亩。2009 年，合作社每亩分红 500 元，以后逐年增加。2014—2020 年，合作社每亩分红 700 元。2009—2020 年马庄村土地股份合作社分红情况如表 4-6 所示。

表 4-6 2009—2020 年马庄村土地股份合作社分红情况统计表

年份	每股分红/元	合计/万元	年份	每股分红/元	合计/万元
2009—2010	500	141.70	2016	700	125.30
2011	500	106.31	2017	700	104.58
2012	700	141.38	2018	700	101.04
2013	700	103.99	2019	700	101.28
2014	700	104.45	2020	700	102.04
2015	700	105.88	—	—	—

注：2012 年有补发第 5、8 村民小组村民分红款。2016 年有补发 1998 年确权后死亡人员的分红款。每年土地面积因征用而不同。

马庄村农村社区股份合作社　农村社区股份合作社成立于 2012 年 5 月 15 日，顾玉麟为法定代表人、理事长，浦洪男、徐凤明为理事，顾翠方为监事长，陆伟新、郭晓文为监事。参股户数 921 户，参股人数 2 780 人。

2012 年，马庄村农村社区股份合作社成员出资总额为 472. 33 万元（全都是财产作价出资）。2014 年，总收入 690. 03 万元。按收入分别计提公积金、公益金和公益事业建设基金等费用，当年返还每人一股，每股 100 元，总额 27. 80 万元。自 2018 年起，政经分开后，部分收入归社区股份合作社。2020 年，参股户数 918 户，每股分红 400 元，总额 110. 52 万元。2014—2020 年马庄村农村社区股份合作社分红情况如表 4-7 所示。

表 4-7　2014—2020 年马庄村农村社区股份合作社分红情况统计表

年份	参股户数/户	参加人数/人	合作社总收入/万元	每股分红/元	分红合计/万元
2014	921	2 780	690. 03	100	27. 80
2015	921	2 780	719. 79	150	41. 70
2016	921	2 780	588. 90	200	55. 60
2017	921	2 780	387. 05	250	69. 50
2018	921	2 780	48. 09	300	83. 40
2019	921	2 780	36. 85	350	97. 30
2020	918	2 763	10. 23	400	110. 52

马庄村富民合作社　成立于 2003 年 9 月 25 日，注册资本 50 万元，顾菊男为法定代表人，顾玉麟为董事长，股本金额 50 万元（全部为马庄村集体资产固化股权入股）。

2005 年 4 月，玉山镇政府划拨土地 7 亩，由马庄村富民合作社出资，在昆山高新区燕桥浜村富民五区建造 1 564 平方米标准厂房。自 2006 年起，以每年每平方米 42 元租金出租给有关企业。其中 2007—2008 年由昆山赛红达海绵有限公司承租，上缴租金 13 万元。自 2009 年起，由昆山博特电子有限公司承租，富民合作社收取一定租金。至 2020 年年底，租金总收入 51. 64 万元。

2007 年 9 月，富民合作社吸收王密花等村民入股，股金总额 16 万元，2007 年度股金分红 6 655 元，2008 年度股金分红 9 600 元。2008 年后，受政策因素影响，王密花等村民自动退股，公司仍以集体资产固化股权入股。

2016 年，经玉山镇政府批准，办理马庄村富民合作社资产并入村委会手续。2018 年，政经分开，富民合作社所属厂房属经营性资产划分到马庄村社区合作社。

三、农作物种植

水稻　马庄村域的村民基本按照传统的耕种方式种植水稻，水稻产量一直徘徊在 150~300 千克。这主要与农业技术水平低下直接相关。水稻品种单一，以传统的“阳早十日”“一时兴”“长条籼”等为主。这些水稻品种抗病能力弱，易倒伏。60 年代之后，农技工作得到加强。正仪人民公社有专业农技员下乡指导，做讲座。各大队、各生产队请有文化、有种田经验的人担任大队和生产队技术员，在水稻的病虫害防降方面有突破性进展，尤其在水稻品种的改良方面有持续的发展，淘汰传统品种，逐年更新品种，如苏香粳、武运粳 30 号、南粳 46 号等，水稻产量逐渐提高。2020 年，水稻种植面积 1 364 亩，单产 575 千克，总产 78. 43 万千克。

为了提高产量，自 1973 年起，村域内五二大队第 7 生产队、五三大队第 5 生产队分别被确立为五二大队、五三大队样板队（丰产方），并建立丰产方。根据各大队的实际情况，统一规划，确立一个生产队的农田，将原有的横田改为竖田，田块方正化，每块田宽 14 米，4 块田开 1 条排水沟、1 条隔水沟及灌排二用沟，达到每块田用水灌得进、排得出，消除灌排水田过田串排现象。丰产方建成后，大队负责农业的副书记带领各生产队队长、农技员到样板队参观学习丰产方的经验，并要求各生产队按照样板队丰产方的标准在各生产队建立丰产方。通过建立丰产方，水稻产量由改造前的每亩 390 千克，提高到 420 千克，亩均增产 30 千克，做到增产、增收。

三麦　1949 年后，小麦的品种有“长回黄”“铜柱头”等，大麦、元麦有“尺八三月黄”。60 年代，推广华东 6 号、鄂麦 6 号等小麦品种，后因赤霉病严重，且千粒重轻逐步被淘汰。70 年代，推广扬麦 1 号、万年 2 号，其优点为矮秆抗倒伏、千粒重重，在种植双季稻时扩种大麦、元麦，有早熟 3 号元麦等，大麦有立新 1 号、浙 114 号等。80 年代，小麦改种扬麦 2 号、扬麦 3 号、昆麦 672。1987 年以后，普遍种植扬麦 4 号、扬麦 5 号，大麦、元麦改种沪麦 4 号、浙 114。2000 年以后，小麦种植扬麦 16 号、镇麦 10 号。2020 年，小麦种植面积 1 364 亩，亩产 426 千克，总产 58. 1 万千克。

油菜　中华人民共和国成立前，油菜品种有白菜型、土油菜等，亩产25~35 千克。60 年代初，引进制胜油菜（朝鲜油菜）及军农 1 号等品种。1974 年，推广宁油 7 号。到 1986 年，引进 82-1 新品，亩产提高到 150 千克以上。90 年代，土地由大农户承包，不再种植油菜。1970—1979 年五三大队水稻、小麦、油菜产量分别如表 4-8、表 4-9、表 4-10 所示。

蘑菇　1973 年，随着农业经济结构发生变化，劳动力出现富余，为了增加生产队收入，马庄村域各生产队广开门路，建蘑菇房 2 380 平方米，种植蘑菇 2. 72 万平方米，为集体增加收入 3. 26 万元。至 1983 年，村域实行家庭联产承包责任制，村域不再种植蘑菇。

席草　1970 年后，马庄村域内各生产队开始种席草，种植面积 76 亩，主要利用低洼田种植，请上级技术员进行技术指导，秋天收割席草。收割席草比较辛苦，需要起早收割，再运到空地上翻晒，直至席草被晒干，再将其入库堆好，到了空余时间再装船运到正仪收购站售卖。1978 年，马庄村域内（五三大队）开办织席厂，生产的草席由昆山果品公司收购。1981 年，因受经济效益的影响，村域内各生产队不再种植席草。

黄麻　70 年代，马庄村域各生产队利用空闲旱地种植黄麻，为村域提供生产所需要的材料，主要用于制造积肥用的拖袋布、罱泥用的水巾布绳等。1980 年后不再种植。

表 4-8　1970—1979 年五三大队水稻产量一览表

年份	产量	生产队										合计
		1	2	3	4	5	6	7	8	9	10	
1970	面积/亩	352. 73	350. 54	174. 77	313. 28	294. 06	272. 17	259. 23	243. 57	315. 59	155. 70	2 731. 64
	总产/斤	268 075	263 606	124 436	228 381	224 368	192 696	186 646	184 626	233 537	114 907	2 021 278
1971	面积/亩	352. 73	350. 54	174. 77	313. 28	294. 06	272. 17	259. 23	243. 57	315. 59	155. 70	2 731. 64
	总产/斤	269 133	265 709	126 184	230 260	226 720	194 600	187 941	185 113	231 958	116 150	2 033 768
1972	面积/亩	352. 73	350. 54	174. 77	313. 28	294. 06	272. 17	259. 23	243. 57	315. 59	155. 70	2 731. 64
	总产/斤	275 482	269 565	128 456	232 140	227 896	195 962	189 497	186 331	230 380	116 930	2 052 639
1973	面积/亩	352. 73	350. 54	174. 77	313. 28	294. 06	272. 17	259. 23	243. 57	315. 59	155. 70	2 731. 64
	总产/斤	308 991	304 619	1 388 417	256 263	259 360	219 096	204 791	177 291	257 205	124 715	2 270 748
1974	面积/亩	357. 30	350. 54	174. 77	313. 28	294. 06	272. 17	259. 23	243. 57	315. 59	155. 70	2 731. 64
	总产/斤	303 307	297 608	143 311	260 335	261 713	228 622	212 050	203 380	255 312	130 632	2 296 270
1975	面积/亩	352. 73	350. 54	174. 77	313. 28	294. 06	272. 17	259. 23	243. 57	315. 59	155. 70	2 731. 64
	总产/斤	275 129	267 462	132 126	234 020	232 895	198 684	193 904	181 216	232 274	120 044	2 067 754
1976	面积/亩	352. 73	350. 54	174. 77	313. 28	294. 06	272. 17	259. 23	243. 57	315. 59	155. 70	2 731. 64
	总产/斤	305 464	297 959	145 408	255 323	264 948	228 622	209 976	209 713	254 681	130 165	2 302 259
1977	面积/亩	352. 73	350. 54	174. 77	313. 28	294. 06	272. 17	259. 23	243. 57	315. 59	155. 70	2 731. 64
	总产/斤	297 351	294 123	1 406 889	249 684	260 831	220 185	204 791	201 188	249 000	130 009	2 514 051

续表

年份	产量	生产队										合计
		1	2	3	4	5	6	7	8	9	10	
1978	面积/亩	352. 73	350. 54	174. 77	313. 28	294. 06	272. 17	259. 23	243. 57	315. 59	155. 70	2 731. 64
	总产/斤	313 576	306 021	145 758	266 601	275 240	222 907	215 160	211 906	252 787	131 722	2 341 678
1979	面积/亩	352. 73	350. 54	174. 77	313. 28	294. 06	272. 17	259. 23	243. 57	315. 59	155. 70	2 731. 64
	总产/斤	341 619	337 570	153 622	270 047	295 824	232 977	217 493	218 482	271 702	139 974	2 479 310

表 4-9　1970—1979 年五三大队小麦产量一览表

年份	产量	生产队										合计
		1	2	3	4	5	6	7	8	9	10	
1970	面积/亩	181	175	85	155. 5	151	138	131	123. 5	161	79	1 380
	总产/斤	34 571	33 075	15 725	27 990	29 898	23 598	22 925	23 218	26 565	14 457	252 022
1971	面积/亩	180	176	88	160	150	137	13. 5	124	163	80	1 271. 5
	总产/斤	50 580	46 816	22 264	41 600	42 000	34 250	32 330	30 752	38 468	19 920	358 980
1972	面积/亩	179. 5	175	86	161. 5	148	139. 5	133	122. 5	162	80. 5	1 387. 5
	总产/斤	59 414	57 050	24 768	46 915	48 780	38 920	37 692	36 664	45 052	24 071	419 326
1973	面积/亩	178	173	84	160. 5	147. 3	136. 8	135. 1	123. 3	161	82. 2	1 381. 2
	总产/斤	46 814	44 686	15 876	30 816	36 609	30 260	25 533	27 656	301 339	16 546	576 102
1974	面积/亩	177. 1	172. 3	85. 2	158. 4	146. 6	137. 1	136	122. 9	161	81. 4	1 378
	总产/斤	61 843	58 082	25 688	49 610	51 779	42 761	40 528	40 446	50 183	26 805	447 725

续表

年份	产量	生产队										合计
		1	2	3	4	5	6	7	8	9	10	
1975	面积/亩	177. 1	172. 3	85. 0	156. 8	147. 1	136. 0	134. 6	121. 2	162. 6	82. 3	1 375
	总产/斤	38 714	36 734	16 915	31 689	33 877	26 955	27 135	25 636	33 040	16 904	287 599
1976	面积/亩	175. 6	170. 2	83. 4	155. 0	149. 3	138. 2	135. 5	123. 1	163	84. 1	1 377. 4
	总产/斤	54 330	53 800	24 936	47 786	54 196	43 035	40 866	37 668	49 698	26 356	432 691
1977	面积/亩	178	174. 3	86. 2	156. 1	152. 2	141. 0	137. 0	124. 2	161. 8	85. 4	1 396. 2
	总产/斤	33 143	31 025	13 464	26 740	30 348	24 421	23 167	19 747	25 337	13 954	241 346
1978	面积/亩	177. 4	171. 2	84. 1	154. 4	151. 2	139. 8	138. 2	123. 6	162. 7	85. 6	13 88. 2
	总产/斤	71 953	66 357	30 721	58 224	63 186	55 221	54 174	46 980	61 565	34 368	542 749
1979	面积/亩	179. 6	178. 1	84. 6	156. 2	149. 8	140. 5	139. 1	124. 3	163. 1	87. 8	1 403. 1
	总产/斤	96 337	95 123	39 778	73 273	86 794	69 926	68 047	62 535	74 797	44 040	710 650

表 4-10　1970—1979 年五三大队油菜产量一览表

年份	产量	生产队										合计
		1	2	3	4	5	6	7	8	9	10	
1970	面积/亩	52. 9	51. 8	27. 8	47. 9	45. 1	41. 8	39. 4	37. 5	48. 7	24. 3	417. 2
	总产/斤	9 310	9 169	4 428	7 765	8 132	6 508	6 091	6 472	7 451	4 092	69 418
1971	面积/亩	54. 0	52. 3	28. 6	47. 2	44. 5	43. 1	40. 5	39. 1	49. 3	23. 9	422. 5
	总产/斤	12 960	12 112	5 642	10 049	10 956	8 836	8 043	8 645	9 391	4 691	91 325

续表

年份	产量	生产队										合计
		1	2	3	4	5	6	7	8	9	10	
1972	面积/亩	53.2	51.9	29.1	48.5	44.2	42.3	40.1	36.4	49.1	25.4	420.2
	总产/斤	14 332	14 044	6 439	11 242	12 216	9 229	8 156	9 027	10 345	5 577	100 607
1973	面积/亩	51.6	52.1	28.3	47.1	45.0	41.5	40.0	37.8	47.9	24.8	416.1
	总产/斤	9 340	9 670	4 175	7 225	9 072	6 690	5 964	6 437	7 673	4 151	70 397
1974	面积/亩	53.7	51.2	29.1	46.6	44.5	42.4	38.3	38.2	49.1	23.9	417
	总产/斤	12 598	12 335	5 936	9 851	10 684	8 526	8 001	8 511	9 761	5 035	91 238
1975	面积/亩	55.1	52.6	28.8	49.1	44.3	40.2	38.3	36.5	47.4	25.1	417.4
	总产/斤	9 565	8 857	4 489	7 816	8 001	5 997	5 500	6 208	6 645	3 797	66 875
1976	面积/亩	54.4	50.9	26.9	47.1	46.2	40.6	39.1	37.6	48.1	24.6	415.5
	总产/斤	8 758	7 889	3 631	6 019	7 313	5 347	5 059	5 850	5 733	3 200	58 799
1977	面积/亩	51.9	50.3	28.1	46.3	44.2	42.4	40.7	39.1	48.1	25.3	416.4
	总产/斤	8 210	7 399	3 366	5 352	7 111	5 056	4 860	5 916	5 781	3 306	56 357
1978	面积/亩	49.9	52.0	29.3	45.9	45.5	42.7	40.9	38.3	47.2	23.9	415.6
	总产/斤	11 781	12 885	6 475	10 387	10 947	9 283	8 830	9 234	9 515	5 526	94 863
1979	面积/亩	52.7	51.9	30.2	47.1	44.8	41.6	39.1	37.8	50.2	24.8	420.2
	总产/斤	14 787	14 693	7 384	11 261	12 391	9 576	8 594	10 329	12 033	6 289	107 337

四、土地复耕复种

2003—2020 年，马庄村因国家有关工程和昆山高新区城乡一体化建设需要，先后动迁高家甸、巷郎、东式庄、西式庄、北星甸等 5 个自然村及马庄自然村（习惯上分东马庄、西马庄）部分农户，共流失耕地 3 069.26 亩。2003—2020 年马庄村流失耕地情况如表 4-12 所示。

表 4-12　2003—2020 年马庄村流失耕地情况一览表

自然村名	流失面积/亩	流失原因	流失年份
高家甸	638.14	苏嘉杭高速公路及其他建设	2003
巷郎	139.69	苏嘉杭高速公路、元丰路建设	2003—2004
东式庄	682.55	苏嘉杭高速公路、晨丰路及其他建设	2003—2008
西式庄	123.45	苏嘉杭高速公路建设	2003—2013
东马庄	520.66	元丰路、晨丰路、建学校、印象欧洲房产用地	2004—2015
西马庄	646.27	元丰路、晨丰路、印象欧洲房产用地	2004—2015
北星甸	318.52	正仪振兴砖瓦厂遗留问题	2008—2010
合计	3 069.28	—	—

在动迁农户流失耕地的同时，马庄村村委会十分注意耕地保护工作，坚持边动迁边将流失土地尽可能复耕，使其社会效益、经济效益最大化。2003—2020 年马庄村将村落宅基地、废弃振兴砖瓦厂原址和绕城高速公路 200 米区间及边杂土地复耕 905.47 亩。其中，宅基地复耕 98 亩，边杂地复耕 294.47 亩，其他复耕 513 亩。2003—2019 年马庄村土地复耕情况如表 4-13 所示。

表 4-13　2003—2019 年马庄村土地复耕情况一览表

自然村名	复耕年份	复耕总面积/亩	边杂地/亩	宅基地/亩	其他/亩
东马庄	2003—2006	69	69	—	—
东式庄	2003—2015	125	—	—	125
巷郎	2003—2015	52	—	—	52
北星甸	2011—2018	245	51	35	159
西式庄	2003—2019	90	—	23	67
西马庄	2009—2019	7	7	—	—
高家甸	2015—2019	317	167	40	110
合计	—	905	294	98	513

马庄村在做好土地复耕工作的同时，复耕的土地尽可能种上农作物，不能种农作物的种上树木。至 2020 年，种水稻、三麦复耕土地 392. 47 亩，总收入 656. 58 万元，绿化建造湿地公园 513 亩。2003—2020 年马庄村复耕土地收入情况如表 4-14 所示。

表 4-14　2003—2020 年马庄村复耕土地收入情况表

年份	复耕后种植水稻、三麦、油菜面积/亩	经济收入/元	复耕后绿化面积/米^2
2003	14. 47	15 627	—
2004	14. 47	27 781	—
2005	14. 47	29 518	—
2006	69. 47	157 349	85
2007	69. 47	157 349	155
2008	69. 47	173 204	155
2009	76. 47	173 204	155
2010	76. 47	24 949	207
2011	109. 47	307 202	207
2012	127. 47	307 202	207

续表

年份	复耕后种植水稻、三麦、油菜面积/亩	经济收入/元	复耕后绿化面积/米^2
2013	127.47	307 202	463
2014	127.47	659 847	463
2015	127.47	659 847	463
2016	294.47	659 847	463
2017	294.47	659 847	513
2018	329.47	822 620	513
2019	392.47	851 332	513
2020	392.47	851 332	513

五、农业机具

旧时，村域内农民种田使用农具均为小型农具，用铁耙垦田、木质稻床脱粒（掼稻、麦），农活都靠人工完成。70 年代初，村域内基本保持原有状态，耕田使用畜力。

（一）农耕三车

旧时，用作水稻灌溉的三种木质农具，称为农耕三车，也称取水三车。农耕三车的动力主要有风力、畜力和人力三种。农耕三车中，风力车一般为比较富裕且种田亩数多的农户使用。大多数农户使用的是靠畜力的牛车，种田亩数少的农户使用的是靠人力踏的水车。最穷的农户使用手牵车，牵水种田。70 年代后，农田灌溉、抗洪抗旱等排灌实现电动化，农耕三车已消失。

风力车　俗称甩车（又叫顺风车）。甩车是以风力为动力的戽水车，材质是坚硬的树木，由人字撑脚、高凳、横躺轴、竖躺轴、水躺轴和转动木齿轮的钵度（柮轮）组成。起水的工具称下车，下车有斗板、车厢、绞关竹。甩车的工作原理是借用风力，转动长躺轴带动其他轴，把水戽起来。人字撑脚由两根粗实的毛竹搭成“人”字形撑架，两根毛竹的顶端装有木制的“耳朵”互相咬合在一起。撑架高约 3 米，高凳高约 2.5 米，呈梯形，底边是长约 2 米的正方形，顶端是长约 0.8 米的正方形。顶端由 2 块木板拼成凳面，中间有一个约 15 厘米

风力车（2020年，浦洪男提供）

的轴孔，内装竖轴。横躺轴约4米，两端装有铁轴（呈圆柱形插在横轴中心），直径约0.5厘米，一头装在“人”字形撑架顶端的甩车棒“耳朵”里，一头装在高凳顶端的猢狲墩（可360度旋转）里。横躺轴中心装有一个六眼钵，每眼中装有一根篷墙竹，篷樯竹拉风叶篷共6扇，每扇上有篷竿竹系篷绳以调控篷面受风力的最佳角度。横躺轴和高凳面相交的轴处装有一个齿钵，俗称侧钵。竖轴安装在高凳的中央，上连横躺轴，轴上装有侧钵，竖轴上装上平钵，下端装平钵，下端连水躺轴侧钵。水躺轴长约3米，直径12厘米，两头装有圆形铁轴（称碾头），一头装在高凳底座水躺轴的侧钵上，与竖躺轴下端的大平钵相交，另一头装在跨越水沟塌脚的轴槽里。在与下车相交成“丁”字形的直角部位，装有一个水侧钵与下车的鹤膝链相交。下车长4.5米左右，由2块车墙板和1块车底板组成一个凹槽，俗称车肚，宽30厘米左右，高约25厘米。车墙板上装有护栏，有16个横档相连。横档上面从头到尾装2根通长的托水竹片，叫顺水竹，是鹤膝斗板链循环滑行的跑道，尾部装一个橄榄钵，有6个齿牙，间距9厘米。下车配有戽水的部件鹤膝和斗板。鹤膝有一个头和两只脚、三个眼，呈一个倒着的“丫”字形，一只鹤膝的头部，镶在另一只鹤膝两只脚间，循环成链。两只鹤膝中间套一张斗板，斗板长宽与下车槽相应。鹤膝链关节的距离约9厘米，全车的鹤膝链有125节左右。鹤膝与斗板由竹签紧箍相连，组成循环的链条。水撑竹，将一根竹竿插入河中水车边，上面横上一根绞关竹竿，竹竿上绕着绳子，下面绳子结在下车横档上，随绞关竹竿的转动，可调控下车的吃水深浅。只要有3级以上风力（不管什么风向）就可以启动戽水，每天能戽水灌溉水稻30~50亩，其效率是畜力车的3~5倍或人力车的5~10倍。70年代中期风力车消失。

畜力水车 俗称牛车，主要分上车、下车两大部分，由水躺轴连接。上车由荷叶盘和墩芯组成，下车是戽水车。上车荷叶盘直径为 2.6 米左右，荷叶盘（牛车盘）上有 6 个大弯、6 个小弯，镶成大盘，荷叶盘边缘装有齿牙（称沿宁），形似一把斧头，上面装有 6 根"人"字形车吊。下面底座有一墩芯架，中间竖一根墩芯柱，上端中心装一只铁杯模样的轴孔，车吊交叉处反面有一个小铁轴，插在铁标中心，荷叶盘即可在墩芯上旋转了。荷叶盘上面放一根横木条，叫木关刹。木关刹上系有杏盘、牛腿索、矮头，矮头上系着项颈索。牛套上压头，牛头上带有暗眼（用毛竹做成的），随荷叶盘沿走动，使荷叶盘边缘的齿牙带动水躺轴侧钵上的齿牙转动，使畜力水车鹤膝斗板循环旋转，畜力水车即把河里的水提上来灌溉到田里，每天能灌溉水稻 10 亩。70 年代中期畜力水车消失。

畜力水车（2020 年，浦洪男提供）

人力水车 主要分为手牵车和脚踏车两种。手牵车主要特点是小巧玲珑，方便搬动，造价低，只是在水车上部头上装配两只羊角（中间圆眼插一根小轴，套一个小水钵，小轴两端各装摇臂），两面二根牵杆（又叫牵幌），牵杆可一人使用，也可两人牵动，把河水提升灌到田地里。

脚踏车（2020 年，浦洪男提供）

脚踏车一般两人使用，也有四人使用的。脚踏车原理与蓄力水车相同，靠上车带动下车提水。水车上部装一根水躺轴，装上脚踏板（似木榔头），与水轴平行的上面横着 1 根横竹，人站在上面，脚踩在脚踏板上，人在上面的重力致使轴转动，带动水车转动，将河里的水提上来灌溉到田里，每天能灌溉水稻 5 亩。60 年代中期人力水车消失。

（二）农船

马庄村域内河流密布，农船成为村民生产、生活的主要交通工具。70 年代前，村域内农船一般是木结构的，其结构分为船头、船舱、船艄三部分，每条农船配有木橹 1 条，5 米长铁锁链铁锚 1 个。船舱、船头容积较大，主要是运送物资和人员，载重量在 1~5 吨。

旧时，村域内只有富裕人家有农船。1955 年后，农船归集体所有，每个生产队有载重量 1~5 吨农船 3~5 条，载重量大的农船主要用作生产工具，例如，去上海倒垃圾、阳澄湖里轧草、去苏州运大粪或氨水，小的农船是去正仪、角直、昆山购买生产资料和生活用品的交通工具。70 年代前，村民还将载重量约 5 吨的农船作为村民结婚的接亲船。

70 年代初，村域内木船逐渐减少，被水泥船代替，水泥船载重量与木船相当。80 年代后，村域实行分田到户，生产队的船也随之作价卖给农户，大部分农户为生产方便购置载重量约 5 吨的水泥船 1 条。

进入 21 世纪，元丰路、新城路贯通，大多数村民不再从事农业生产劳动，农船不再作为生产、生活的交通工具，2020 年，村域内农船全部消失。

（三）拖拉机

70 年代中后期，用东风 12 型手扶拖拉机耕田，村域内五二大队、五三大队分别有 9 台和 10 台东风 12 型手扶拖拉机，做到每个生产队拥有 1 台。各大队设立专职机务人员 1 名。五二大队先后担任机务员的有李花生、陆炳兴，五三大队先后担任机务员的有陆秋生、浦金官。各生产队配备司机 1 名。各大队机务员主要负责机械设备维修、保养方面的指导工作，确保机械维持正常工作状态。

（四）收割机

1992 年，五三村购置“桂林”牌联合收割机收割小麦。1993 年，五二村、五三村各购置 1 台上海东风 50 型拖拉机，配套旋耕机、耙田机。1993 年，五二村、五三村共购置 7 台割晒机，用于收割水稻。2000 年前后，农业规模经营进一步发展，土地集中连片经营管理普及，推行机械化插秧、机械化育秧，农业机械化水平进一步提高，水稻、小麦播种，收割，脱粒，运输及植保各方面逐步实现机械化。

（五）全程机械化设备

2017 年，马庄村村民李建飞自筹资金 170 万元，并且在得到政府给予的政策性支持补贴后，创办昆山市玉山镇文佳农机合作社，其业务范围包含农业机械作业、机械设备销售、上门服务、食用农产品销售。稻种播种、机插秧、机耕、机收、粮食运输、植保实现全程机械化作业，作业效率得到提高，经济效益明显增加。农机合作社服务对象为马庄村域内村民，空闲时间亦为周边村提供服务，每季作业面积可达 2 000 亩以上，作业方式达到机械一体化、全程化。每逢农忙季节，合作社到苏北等地聘请有资质的 6~10 名农机操作手到村工作。2020 年昆山市玉山镇文佳农机合作社机械设备情况如表 4-15 所示。

表 4-15　2020 年昆山市玉山镇文佳农机合作社机械设备情况一览表

机械名称	数量/台	马力/匹	主要用途
久保田轮式拖拉机	3	95	耕地
久保田收割机 888 半喂入	2	100	小麦、水稻收割
沃德履带式收割机	4	108	小麦、水稻收割
小型挖掘机	1	60	平整耕地
雷沃植保机	1	35	小麦、水稻喷施农药
上海纽荷兰轮式拖拉机	2	55	耕地
农用车	4	—	运输粮食
久保田旋耕机	20	—	旋耕地
单片开沟机	3	—	小麦开沟
平田机	4	—	耕地平整

文佳农机合作社农机维修厂区
（2020 年，罗英摄）

文佳农机合作社农机维修现场
（2020 年，罗英摄）

第二节 养殖业

1981年，马庄村域内开始集体养殖河蚌和三角蚌，每两年为一个生产周期。1981—1984年，河蚌珠每千克400～500元，三角蚌珠每千克400～1 500元。1985年后，有部分农户开始养蚌育珠。1986年，村域内养殖户数为35户，面积48亩。1990年后，国家取消粮食定购任务和放开粮食价格后，产业结构开始调整，村域开挖鱼塘、虾塘、蟹塘，开展水产养殖。

一、水产养殖

养鱼 马庄村域内河浜较多，水资源丰富，中华人民共和国成立前无人养鱼，村民捕鱼一般用开鱼潭、甩网、赶网、叉鱼等传统方法进行捕捞。

1985年12月，五二村首先利用低洼田开挖鱼塘70亩，养殖水域面积55亩，进行集体承包方式运作。首任场长顾坤元。1992年，农村产业结构调整，马庄村域内利用低洼田开挖鱼塘650亩，承包给农户养鱼，每亩水面上交村租塘费450～500元，扣除养殖成本，每亩获利3 500～4 000元。因经济效益差，2010年后，村域内大部分鱼塘不再养鱼。至2020年，仅有第11村民小组村民姚林荣用35亩鱼塘养鱼。

养虾 2013年，马庄村在西式庄村后开挖虾塘35亩，第11村民小组村民姚林荣承包经营养殖白对虾。每年6月份，他将仔虾放养在池塘中，1个月后，虾种繁殖。虾苗经过5个月的养殖，一般在当年11月初开始捕捞出售，全年亩产50～75千克。2016年后，因经济效益不好，姚林荣不再养殖白对虾。

养蟹 1989年，五二村利用正仪切草场（位于景村）与高家甸交界处地块开挖蟹塘150亩，景村村民凌根水联合浙江水产养殖专业户承包蟹塘。因缺乏养殖技术和管理经验，蟹成活率不高，产量低，经济效应不好。1991 年，凌根水等不再承包蟹塘养殖。

2016 年，村民姚林荣停止养殖白对虾后，利用原来 35 亩虾塘承包养蟹，虽然当年经济效益不好，但积累了一些养蟹技术。第二年，其改变养蟹模式，蟹亩产在 90~100 千克，平均每千克蟹能卖 120 元，亩纯利润在 5 000~6 000 元。至 2020 年，姚林荣还在继续养蟹。

二、畜禽养殖

养猪 中华人民共和国成立前，养猪农户很少，只有少数富户饲养。中华人民共和国成立后至 50 年代中期，部分农户饲养生猪。一般一户饲养 1~2 头猪，供自家食用。人民公社化后，集体开办养猪场，私人养猪一时消失。每个生产队养猪 20~30 头，既能供社员自食，又能出售给国家。1962 年，确定了队为基础、三级管理体制后，村民私人养猪开始发展。

从 1986 年 4 月开始，私人养猪大户出现，马庄村域内有以张才林、翁金元、陆根木等为主的 9 户养猪大户，平均每户猪舍建筑面积 400 平方米，张才林家猪舍建筑面积达 720 平方米，每户生猪存栏量均在 40 头以上，一年饲养两批以上，有 2 户配备饲养母猪，进行自繁自育。2000 年后，由于经济收入不稳定、环境污染及配合新农村改造，养猪大户全部停止饲养，猪舍被拆除。

养牛 马庄村域历史上养牛主要用于农耕灌溉。只有比较富裕的人家养牛，因为富裕户田多，要用牛耕田、打水。合作化时期，生产资料折价归属集体所有，每个生产队有 2~3 头牛，配备专职饲养员，到了春天再临时配备学徒工放牛。随着农业机械化程度提高，用拖拉机耕田和电力灌溉取代了畜力。20 世纪 80 年代后期，耕牛全部被淘汰。

2001 年，马庄村村民陆菊根、戴建生合伙饲养奶牛 55 头，薛秋林、孙菊珍、陆根兴合伙饲养奶牛 40 头。2005 年，由于饲养成本上升，人员工资增加，奶价下降，村域内停止养牛。

养羊 中华人民共和国成立前，村域为饲养的品种主要是山羊。农户多把羊拴在荒田岸边让其自行吃草，这样不仅饲养方便、成本低，还基本上实现了自养自宰。中华人民共和国成立后，从外地引进绵羊，俗称“湖羊”，主要以圈养为主，不仅提供农家肥，羊毛还可作为商品销售，增加经济收入。1983 年后，农户不再养羊。

养鸡、鸭、鹅 中华人民共和国成立前，村域内农户以饲养鸡、鸭、鹅为主，蛋禽肉基本自食。中华人民共和国成立后，饲养量有所增加，每户农户饲养10~15 只不等，但在一段时间里，各农户按人口饲养，禁止多养，一般一人 1 只。70 年代中期，生产队集体开办养禽场，饲养鸡、鸭。五三大队第 10 生产队饲养蛋鸭，生产队指派有饲养经验的老年社员专人负责饲养，年饲养 1 000 只左右，禽蛋供应市场。90 年代后，由于环境整治，防止生态污染，停止养殖鸡、鸭、鹅。

养鸽子 1998 年春，马庄村域内杨小男、杨海根、杨花珍、李海珍、徐文元 5 户农户饲养鸽子。当时规模较小，后积累了一定的经验，扩大养殖规模，每户农户养殖鸽子 300 只以上，每户年收入在 2.5 万元以上。2000 年后，由于环境整治，停止饲养鸽子。

第三节　村域企业

50 年代中期，马庄村域就出现了队办企业。1955 年 2 月，马庄村域五三大队第 3 生产队开办毛纺厂，各生产队农户都去领毛纺纱，纺线加工手工活，每千克获利 0.7~0.8 元。

1960 年，正仪成立收购站，社员编麦柴辫子（用于制作凉帽）出售给收购站补贴家用。1965 年，马庄村域内各农户开始搓绳、踏绳、打草包等副业。1975 年后，这些副业生产在村域内达到顶峰（1982 年开始有踏绳机、草包机），每只草包获利 0.3 元，每户每年增加收入 900 元左右。

70 年代后，村办企业呈现蓬勃发展态势。80 年代后，村办企业前后经历了

“一包三改”（一包指实行厂长经营承包制，三改指改干部任免制为选聘制、改工人录用制为合同制、改固定工资制为浮动工资制）、“五定一奖”（定产值、定利润、定销售、定上交、定费用，完成五定后给予奖励）的改革。1993 年后，企业开始实行体制改革并转资，先是租赁、半租半卖，然后拍卖。2020 年年底，马庄村域内入驻企业 3 家，租赁企业 3 家。

一、村办企业

50 年代，马庄村域开办第一家毛纺厂，并向村民发放毛料进行纺线加工。60 年代，为了方便村民粮食饲料加工，各大队先后开办粮食饲料加工厂。1965 年、1974 年五三、五二大队先后开办粮食饲料加工厂，以集体经营的形式为村民加工口粮、粉碎饲料。

1975 年，五三大队开办线路板厂，为苏州、上海等地的企业加工生产电表线路板，招收工人 20 人，年利润 1 万元。1978 年，五三大队开办织席厂，加工草席、枕席，招收职工 40 人。1986 年，五三村投资 90 万元开办正仪第四砖瓦厂，占地面积 125 亩，生产砖瓦建材。厂长为陆炳良，有职工 115 人，年利润 30 万元。

80 年代初，马庄村域大力发展村办企业，各大队先后创办各种队办企业，五二村先后开办并铁厂、昆山三联化工厂，五三村创办线路板厂、麻袋厂、五金厂、砖瓦厂、江苏 AB 集团五三分厂等。1955—1999 年马庄村域村办企业情况如表 4-16 所示。

表 4-16　1955—1999 年马庄村域村办企业情况一览表

企业名称	负责人	开办年份	停办及转资年份	建厂地点	生产产品
五三毛纺厂	徐香男	1955	1962	钱阿泉家下场屋	纺毛线
五三粮食饲料加工厂	徐宗金	1965	1990	五三村	粮饲加工
五二粮食饲料加工厂	阮云生	1974	1994	五二村	粮饲加工

续表

企业名称	负责人	开办年份	停办及转资年份	建厂地点	生产产品
五三线路板厂	李全荣	1975	1992	五三村	电板、线路板
五三织席厂	薛阿元	1978	1992	五三村	加工草席、枕席
五三黄沙场	徐林妹	1983	1984	五三村	销售黄沙、石子
五二并铁厂	何杏元	1984	1998	五三村	加工铁渣、废铁
五三麻袋厂	陆宗水	1984	1987	五三村	加工麻袋
五三五金厂	陆花根	1986	1989	五三村	瓶盖
正仪第四砖瓦厂	陆炳良	1986	1991	五三村	砖瓦
昆山三联化工厂	周凤元	1990	1997	五二村	盐酸
江苏 AB 集团五三分厂	陆永仙	1992	1999	五三村	服装、内衣

二、租赁企业

1991 年后，进行产权制度改革，对原集体经营的村办企业逐步实行关停并转。马庄村除正仪第四砖瓦厂、江苏 AB 集团五三分厂实行转资之外，其余的集体企业全部关停。

1992 年，马庄村在正仪镇新城南路投资建造标准厂房 880 平方米。2002 年，马庄村成立富民合作有限公司，投资 200 万元，在燕桥浜建造标准厂房 1 564. 65 平方米。2008 年，投资入股昆山市成基新型建材有限公司，对以上集体资产均以租赁形式与企业签订合同，明确上缴租金。2020 年马庄村租赁企业情况如表 4-17 所示。

表 4-17　2020 年马庄村租赁企业情况一览表

租赁企业	法人	主要产品	资产投资	厂房面积/米^2	租赁年份	年租金/万元
昆山惠雅服饰有限公司	戴梅珍	服装加工	标准厂房	880. 00	1992	20. 05

续表

租赁企业	法人	主要产品	资产投资	厂房面积/米^2	租赁年份	年租金/万元
昆山博特科技包装有限公司	张月琴	模具	标准厂房	1 564.65	2002	28.04
昆山市成基新型建材有限公司	—	建材	标准厂房	2 000.00	2008	10.00
合计	—	—	—	—	—	58.09

三、入驻企业

机器人产业园 位于元丰路232号，2008年筹建，2009年成立，占地面积110亩（其中马庄村域内占地85亩，原五二村第3村民小组）。园区建筑面积6.5万平方米，有职工720人，从事机器人智能技术研发。

机器人产业园（2020年，罗英摄）

昆山瑞凌焊接科技有限公司 位于晨丰路9号。2009年12月16日成立，占地面积140亩（其中马庄村域内45亩，建筑面积7万平方米），产品为焊割器材、电源设备、半自动仪器设备等。

昆山瑞凌焊接科技有限公司（2020年，罗英摄）

昆山海格汽车零部件制造有限公司
（2020 年，罗英摄）

昆山海格汽车零部件制造有限公司 位于元丰路 229 号，2013 年 6 月 17 日成立，占地面积 110 亩（其中村域内五二村第 4 村民小组 80 亩）。经营范围为汽车零部件生产、汽车销售及售后服务。

昆山市玉叶智慧农业产业园 亦称优谷来科创中心，又名玉叶蔬菜基地，是昆山市政府和高新区两级政府共同投资建设的政府“菜篮子”工程蔬菜基地，省级农业产业化重点龙头企业、省级农业科技型企业。产业园位于昆山市西部农业一级保护区，核心基地面积 1 160 亩，涉及马庄村面积 305 亩，其中租赁土地面积 88 亩，移交土地面积 217 亩。产业园以生产绿叶蔬菜为主，年产量 2 560 吨，以促保供、集成创新、集中示范、教育培训、创新创业、科技服务为其主要特点。

产业园不断加强与科研院所和高等院校的科技合作，与南京农业大学合作建立了昆山蔬菜产业研究院，设立了企业研究生工作站，和江苏省农科院合作建立了（昆山）现代农业研究中心，获得了农业农村部蔬菜标准园、全国绿色食品示范企业、全国新型职业农民培育示范基地等国家级荣誉 6 项，获得了江苏现代农业科技综合示范基地等省级荣誉 18 项。

产业园倡导绿色生产，坚持质量优先的管理理念。在昆山市获得了首家食用农产品合格证，目前已通过 46 个绿色食品认证，建立了农产品从田间到餐桌的全程质量控制技术体系，获得了 HACCP 体系、ISO 22000 食品安全体系等农产品质量安全管理体系认证，“玉叶”品牌蔬菜获得省级农产品名牌称号。产业园以“玉叶”品牌为载体，入驻了世界 500 强企业欧尚及阿里巴巴旗下的生鲜电商盒马鲜生平台，建立了“玉叶生鲜馆”电子商务平台。

产业园充分依托江苏省农科院和南京农业大学等科研院所和高等院校的科技优势，承担了省级科技研究类项目 10 项，研发了主要叶菜全程机械化生产、设施蔬菜优质安全高效节本生产和废弃物资源化综合利用等产业关键技术 12

项，参与制定了江苏省地方标准和苏州市地方标准 8 项，获得了防虫避雨棚和蔬果立体栽培架等 10 项国家实用新型专利，同时自主研发的产品“玉香 1 号”芹菜通过省品种鉴定。多年来，依托企业平台作用，强化对周边地区蔬菜产业扶持，让更多农民分享产业化经营成果，示范推广“甜蜜蜜”樱桃、番茄等新品种 16 个，定期邀请科研院所专家授课，面向省内外规模基地、农技推广单位、家庭农场、农户等开展各类农业专业技术技能培训与观摩活动，人数达 1 764 人次。

昆山市玉叶智慧农业产业园（玉叶蔬菜基地）（2020 年，罗英摄）

产业园被列入 2018—2020 年昆山市政府实事工程。根据建设规划，科创中心以政府“菜篮子”保供为基础，围绕“智能农业、绿色田园”的现代农业发展思路，构建“花菜共赏，药食共享，百蔬百景，美丽田园”的空间结构，建设智慧农业展示区、循环农业示范区、优质蔬菜保供区、休闲农业体验区四大功能区。产业园以技术展示和推广示范为主要功能，重点培养农业人才和农业新型主体。产业园引进与培育了创新团队，组建了由学校、科研院所和农业技术推广服务部门的相关专家构成的师资队伍，与南京农业大学、江苏省农科院等单位签订了长期科技合作协议，并优先为新型职业农民及农业专业院校毕业生提供就业、创业岗位和服务，重点研究智慧农业、循环农业和高效生产等农业难点与重点领域。

第四节 第三产业

1978年，农村经济进行改革，农业机械化程度逐步提高，生产队富余劳动力增多。为增加集体收入，生产队组织劳动力外出从事运输工作，主要经营建筑材料，施行生产队提供运输船只，定额上交超额奖励，运输人员得工分的办法，为马庄村域发展家庭运输、废旧物资回收等特色经济打下坚实基础。

一、家庭运输业

1983—1999年，马庄村域有464户从事家庭运输业，有载重量12~15吨水泥运输船364只，从业人员906人。从原来的几户家庭合伙运输，逐步过渡到以夫妻二人运输。1987年6月，有部分农户陆续购买铁船运输，载重量最小80吨，最大200吨，全村共购买船只51只，从业人员108人。90年代末期，运输市场不景气，村民逐步转行从事汽车运输。2000年前后，马庄村域内购置出租车112辆，从业人员175人；卡车和货车13辆，从业人员13人；客运大巴4辆，从业人员8人。至2020年年底，仅有少数村民还从事汽车运输，无船舶运输。1983—1999年马庄村域载重量12~15吨水泥船年均运输情况，1989—2020年马庄村域载重量80吨船只年均规模运输情况，2000—2020年马庄村域年均汽车运输、客运出租车情况分别如表4-18、表4-19、表4-20所示。

表 4-18　1983—1999 年马庄村域载重量 12~15 吨水泥船年均运输情况一览表

组别	水泥运输船/只	从业人次/人	每船平均年营收/万元	年均总营收/万元
1	42	122	1.62	68.04
2	35	114	1.57	54.95
3	32	102	1.59	50.88
4	18	51	1.58	28.44
5	29	91	1.53	44.37
6	26	79	1.60	41.60
7	6	15	1.70	10.20
8	8	23	1.61	12.88
9	14	41	1.57	21.98
10	25	49	1.49	37.25
11	23	19	1.53	35.19
12	25	34	1.58	39.50
13	15	31	1.63	24.45
14	14	28	1.61	22.54
15	27	56	1.59	42.93
16	25	51	1.59	39.75
合计	364	906	1.59	574.95

表 4-19　1989—2020 年马庄村域载重量 80 吨船只年均规模运输情况一览表

组别	运输船/只	从业人次/人	每船年均营收/万元	年均总营收/万元
1	1	2	5.80	5.80
2	2	4	5.20	10.40
3	5	10	5.08	25.40
4	5	14	5.30	26.50
5	2	4	5.20	10.40

续表

组别	运输船/只	从业人次/人	每船年均营收/万元	年均总营收/万元
6	2	4	5.60	11.20
7	4	8	5.80	23.20
8	4	8	5.30	21.20
9	7	16	5.30	37.10
10	3	6	5.40	16.20
11	2	4	5.50	11.00
12	4	6	5.05	20.20
14	1	2	5.50	5.50
15	3	6	5.83	17.49
16	6	14	5.50	33.00
合计	51	108	5.42	274.59

表 4-20　2000—2020 年马庄村域年均汽车运输、客运出租车情况一览表

组别	汽车数量/辆	从业人数/人	年均营收/万元	年均总营收/万元
1	2	3	10.20	20.40
2	5	9	10.12	50.60
3	18	28	10.16	183.88
4	11	17	9.64	106.04
5	10	16	9.40	94.00
6	17	27	9.70	164.90
7	7	11	9.84	68.88
8	7	11	9.60	67.20
9	8	12	9.90	79.20
10	5	7	9.40	47.00
11	3	5	9.70	29.10
12	6	9	10.15	60.90

续表

组别	汽车数量/辆	从业人数/人	年均营收/万元	年均总营收/万元
13	3	5	10.30	30.90
14	1	1	10.20	10.20
15	4	6	9.75	39.00
16	5	8	10.38	51.90
合计	112	175	9.9	1 104.10

二、废旧物品回收业

1997 年，马庄村第 16 村民小组徐林生（原五二村 2 组）与人合伙在昆山白马泾开办第一家废铁回收场，场地经营面积 600 平方米，专门从事废旧物品回收。在其带动下，马庄村域陆续开办 50 个废铁回收场，从业人员 200 人以上，经营场地从昆山市区扩展到周边乡镇和上海嘉定、青浦等地。至 2020 年，村域没有人从事废旧物品回收。1997—2020 年马庄村域废旧物品年均回收情况如表 4-21 所示。

表 4-21　1997—2020 年马庄村域废旧物品年均回收情况一览表

所在组别	物品回收场/个	从业人数/人	场年均营收/万元	年均总营收/万元
1	5	22	22.10	110.50
2	7	28	20.86	146.00
3	1	3	24.20	24.20
4	2	7	21.70	43.40
8	3	12	19.80	59.40
10	2	7	22.40	44.80
11	6	25	23.30	139.80
12	6	24	23.10	138.60
13	6	26	21.10	126.60
14	8	30	19.80	158.40
15	4	16	21.55	86.20
合计	50	200	21.81	1 077.90

三、房屋出租业

2012 年 3 月，马庄村元丰路与苏州工业园区中新大道贯通，吸引大批在苏州工业园区上班的外来人口租房居住。2020 年前，马庄村有 215 户农户出租房屋共 1 652 间，出租店铺 67 间，面积 1 979 平方米，全年租金收入在 500 万元以上。至 2020 年年底，仅有 30 户农户出租房屋。

第五章　精神文明建设

马庄村在社会主义建设的过程中，始终坚持把精神文明建设放在重要位置。60 年代，村域开始倡导“学雷锋做好事”精神。80 年代开展“五讲四美三热爱”（讲文明、讲礼貌、讲卫生、讲秩序、讲道德，心灵美、语言美、行为美、环境美，热爱中国共产党、热爱祖国、热爱社会主义）活动，提倡做“四有”（有理想、有道德、有文化、有纪律）新人。

进入 21 世纪，倡导树立社会主义核心价值观，以党建引领为导向，推动以“小举动、大文明”“我承诺、我践行”为主题的精神文明建设系列活动。全村通过党员骨干示范、群众参与，开展树新风、志愿者服务献爱心、争创先锋榜样等活动，营造良好的党风、村风、民风。马庄村先后被评为“江苏省生态村”“全国亿万农民健康促进行动苏州市先进村”“苏州市建设社会主义新农村示范村”“昆山市文明村”“昆山市农村精神文明建设特色村”。

第一节　思想道德教育

一、学习雷锋做好事

60 年代，毛泽东题词“向雷锋同志学习”，举国上下掀起向雷锋学习、争做好人好事的热潮，马庄村域内也涌现出了一些好人好事，青年突击队就是其中代表。

在学雷锋期间，五三大队第 5 生产队薛金秀成立一支由 13 名青年组成的青年突击队，队员有薛金秀、何妹香、沈云珍、孙菊珍、徐林英、沈伏花、沈福花、徐密金、徐密英、徐密香、张介妹、李雪妹、沈草英。青年突击队成员参加生产队集体劳动之余，去各生产队义务帮忙。

二、“五讲四美三热爱”，争做“四有新人”活动

1982 年 3 月，随着全国第一个“文明礼貌月”活动的开展，马庄村开展以“五讲四美”为主要内容的精神文明建设活动。

1983 年后，精神文明建设活动增加“三热爱”和学习张海迪，争做“四有新人”的内容。通过开展学习活动，马庄村域涌现出了许多种田能手。

1993 年，村民陆秧根承包村回收农田 60 多亩，其种植的水稻亩产 445 千克，比当时平均水平每亩多出近 15 千克。

村民浦小林承包村回收农田 50 亩，水稻亩产近 440 千克，比当时平均水平每亩多出近 10 千克。

三、新时代文明实践中心

从2012年开始，马庄村贯彻落实玉山镇《建设新时代文明实践中心工作实施方案》，结合马庄村的实际，开展丰富多彩的新时代文明实践活动，培育和践行社会主义核心价值观（内容为富强、民主、文明、和谐、自由、平等、公正、法治、爱国、敬业、诚信、友善）。

按照新时代文明实践阵地建设“五有标准”（有场所、有队伍、有内容、有活动、有保障），结合马庄村实际，以现有的村级管理服务中心为核心，把分散在各自然村的活动室、活动场所作为支点，连点成片形成合力，建成马庄村新时代实践活动站1个、新时代文明活动站点2个。同时整合原有人力资源，村党总支书记担任新时代文明实践活动中心负责人，各自然村负责人担任新时代文明实践活动点负责人。

马庄村不断壮大志愿者队伍，挖掘村内有爱心、热心和有号召力、影响力的人物，并带头成立由160多人组成的志愿服务队伍，开展各类志愿服务。

村内开展多种形式的宣传活动，通过发放宣传单、建立微信群、绘制文化墙等多种形式推广宣传。2020年年底，马庄村共有宣传社会主义核心价值观等内容的文化墙17处，共270.4平方米。

2019—2020年，马庄村共开展以志愿者服务为主的精神文明建设活动31次，团队志愿者49人，活动人数2 205人次，志愿者服务时长13 120小时。2019—2020年志愿者服务活动情况如表5-1所示。

表5-1 2019—2020年马庄村志愿者服务活动情况一览表

年份	主题	活动日期	平均参加人数/人	次数	主持人
2019	65周岁以上老年人体检秩序维护	5月13日	10	1	唐春兰
	扫黑除恶专项斗争宣传	5月16日	10	1	陆卫
	安全夜查	6月5日	10	1	唐春兰

续表

年份	主题	活动日期	平均参加人数/人	次数	主持人
2019	维护昆山高新区姜巷小学放学秩序	6 月 20 日	10	1	徐亚芬
	夜查	7 月 5 日	10	1	唐春兰
	村庄遮雨棚拆除	8 月 5—6 日	13	2	陆卫
	市容环境大扫除	8 月 16 日	10	1	陆卫
	垃圾分类入户宣传	9 月 20 日	10	1	徐亚芬
	“公共文明日”活动	10 月 8 日	10	1	徐亚芬
	村庄“夹芯板”出租房拆除	10 月 22—23 日	14	2	陆卫
	防止秸秆焚烧巡查	11 月 5 日	10	1	郭金华
	“公共文明日”活动	11 月 15 日	18	1	徐亚芬
	区域大扫除	12 月 3—4 日	12	2	陆卫
	夜查	12 月 3—6 日	8	4	唐春兰
	校园门口秩序维护	12 月 11 日	10	1	徐亚芬
2020	战“疫”志愿服务	1 月 24 日—3 月 13 日	20	44	陆卫
	齐心防“疫”守护家园	3 月 14—27 日	15	14	陆卫
	春季查螺	4 月 21 日	9	1	顾翠方
	公共卫生清扫	4 月 24 日	8	1	陆卫
	参观新时代文明实践基地、昆山档案馆	5 月 9 日	10	1	李守建
	垃圾分类	5 月 19 日	9	1	徐亚芬
	夜查、垃圾分类宣传	5 月 20 日—7 月 9 日	4	4	唐春兰
	夜查、垃圾分类、燃气使用安全宣传	6 月 30 日	9	1	唐春兰

续表

年份	主题	活动日期	平均参加人数/人	次数	主持人
2020	防汛检查、垃圾分类宣传	7月16日	9	1	李守建
	夜查、燃气安全使用、垃圾分类宣传	7月31日—9月19日	9	6	唐春兰
	“大手拉小手”垃圾分类亲子互动	8月18日	9	1	李守建
	公共卫生清扫	8月21日	9	1	陆卫
	爱国卫生运动	9月19日	9	1	陆卫
	公共文明行动日大扫除	10月16日	9	1	陆卫
	党建引领、助力农业	11月10日	9	1	陆卫
	夜查、垃圾分类、燃气使用安全宣传	11月10日—12月18日	9	4	唐春兰
	公共卫生清扫	11月19日	9	1	陆卫
	公共文明行动日	11月20日	9	3	陆卫

第二节　文明创建

一、文明村创建

2006—2020年，马庄村连续开展创建苏州市、江苏省文明村活动。由于组织落实好，目标明确，内容丰富，措施扎实，取得丰硕成果。

创建组织　为响应省、市创建文明村的号召，2006—2020年，马庄村成立村创建文明村工作领导小组，强化对文明创建工作的领导。坚持“政府推动、部门联动、村民主动”的原则，发动群众，提高村民创建积极性，增强主动创建意识。成立村文明创建工作领导小组，坚持“一把手”负责制，村两委会成员齐抓共管，各群团组织各司其职，形成完善的组织网络。同时，制订村文明创建实施计划、方案，明确创建工作的方向、目标和任务。2006—2020 年马庄村创建文明村工作领导小组人员如表 5-2 所示。

表 5-2　2006—2020 年马庄村创建文明村工作领导小组人员

年份	组长	副组长	组员
2006—2012	顾玉麟	徐凤鸣	浦洪男、陆伟新、顾翠方、唐春兰、郭晓文
2013—2018	徐凤明	郭晓文、陆　卫	浦洪男、陆伟新、顾翠方、郭金华、唐春兰
2019—2020	陆　卫	李守建	陆伟新、顾翠方、郭金华、唐春兰、徐亚芬

宣传发动　围绕效率实现农业和农村现代化目标，大力加强农村精神文明建设，以创建文明村、文明户为载体，培养有理想、有道德、有文化、有纪律的新农民。践行社会主义核心价值观，以人与自然和谐发展为主线，以改善村民群众生产生活为根本出发点，结合新农村建设，因地制宜、分类指导、以点带面，坚持以物质文明为保障，开拓创新经济发展理念；坚持“学习型”农村建设，通过“请进来”和“走下去”相结合、“坐下听”和“上去说”相结合、“集中学”和“分散做”相结合，不断提高村民科学文化水平；坚持开展“文明礼仪”“文明餐桌”“文明交通”进农村活动，开展反封建迷信、反邪教组织、反铺张浪费等行动，号召村民在公共场所、公共交往中讲文明、懂礼貌、有素质。

依靠村民综合服务中心，拓展农家书屋、多功能活动室、文化广场；依托村 2 支文体队伍，结合传统节日，开展文化宣传活动；利用村宣传栏，电子显示屏及入户发放宣传资料等方式，开展社会主义核心价值观、“讲文明、树新风”等宣传活动，向全村村民宣传精神文明建设的目的和意义，引导、鼓励村民积极参与创建，让文明深入人心。

通过“331”专项整治、消防安全专项整治、人居环境整治等工程，提升乡村建设成果；创新环境卫生网格化管理模式，提升村庄环境长效管理水平。

全面开展文明创建系列活动，运用活动的辐射、引导效应，加强村民精神文明建设，不断推进乡风文明。

创建活动 开设道德讲堂，坚持开展“文明和谐家庭”“好儿女”“好儿媳”等评选活动，树立身边正面典型事例，达到“评议一件事、教育一群人、影响一大片”的效果。通过“善行义举榜”，每季度宣传身边的平民英雄、凡人善举。开设家长学校、未成年人活动室，每月开展专题培训活动；在寒暑假期间，举办阅读写作、计算机培训、书法绘画等兴趣班活动。与晨丰社区结对共建，通过送戏下乡、文化共享、经验交流等方式，进行资源整合、优势互补，加强村社联动，共创文明新路子。开展乡风文明志愿服务活动。以党员、团员为先锋，组建志愿服务队伍。围绕“困难帮扶、环境卫生、社会安全、教育培训、生活娱乐”等内容开展活动。

创建措施 加强组织领导，坚持一把手亲自抓，把创建工作列入议事日程，定期召开专题会议，研究部署创建工作；加大经费投入，切实保障创建需要；按文明村创建任务和标准，把目标分解落实到人；强化协调督导。村党总支充分发挥职能，加强协调、督导、检查，密切配合，协调联动，形成合力，保证每一项创建任务顺利完成；营造创建氛围，利用黑板报、宣传栏等形式宣传创建工作，积极开展丰富多彩的宣传教育活动，使创建活动深入人心；利用文化教育活动开展创建宣传。请苏州评弹团、昆山锡剧团人员来村进行精神文化、革命传统、文化礼仪等宣传教育活动。

创建成果 2007 年，马庄村获得“昆山市农村精神文明建设特色村”称号，2012 年获得“昆山市文明村”称号。

文化墙（一）（2020 年，罗英）

文化墙（二）（2020 年，罗英）

文化墙（三）（2020 年，罗英）

文化墙（四）（2020 年，罗英）

二、文明家庭评比

文明新风户　2005—2006 年，为推进精神文明建设，村委会组织开展马庄自然村文明新风户评比活动，成立评选小组，组长徐凤明，组员浦洪男、顾翠方、浦东生。评选小组拟定评选条件，对马庄自然村逐户对照评比条件，各自打分后，将评比小组人员的分数合起来对照评比条件，再次各自打分，最后将评比小组人员的分数相加，从高分到低分，评选出文明新风户三星级家庭。2005 年度马庄村三星级家庭有陆志敏、陆玉林、马根生、周根火家庭。2006 年度马庄村三星级家庭有马根生、孙招根、陆玉林、周根火、马建龙家庭。

自 2007 年起，村委会不再进行文明新风户的评比，而是对全村家庭进行文明和谐家庭评比。

陆志敏，出生于 1937 年 12 月，马庄村第 1 村民小组村民，原籍旗南村，被领养至马庄村，养父养母对他视如己出，没有任何苛待。后来养父病故，年轻的陆志敏扛起生计，尽心尽责，勤勤恳恳，任劳任怨，对待养母如亲生母亲一样孝顺体贴，报答着养父母的舐犊之情。他的行为也影响着儿女们，小辈们对他也是尊敬有加，对待祖母也是关心爱护。养母一直安康欢乐，享受着天伦之乐，一直到 103 岁高龄安然离世。

2005 年，在村民们的一片赞扬声中，陆志敏家庭获得“昆山高新区文明新风户三星级家庭”荣誉。

文明和谐家庭　自 2010 年起，由村妇联牵头，对全村家庭进行文明和谐家庭评比。2010—2020 年，全村先后评选出 27 户文明和谐家庭。其中，顾宗根家庭、李明家庭分别被昆山市妇联评为 2015 年“最美邻里家庭”和 2020 年“最美家庭”。

顾宗根，出生于 1944 年 12 月，马庄村第 15 村民小组村民。顾宗根退休前是马庄村老协会长，一直为村里服务，退休后依然心系马庄百姓，主动请缨担任马庄村调解员。而他的家庭是一个传统的四代同堂之家，是有名的和善乐观的家庭，在顾宗根家附近的街坊邻居经常能够听到笑声，虽然隔着墙，仍旧能够感受到里面的融融的温暖氛围。

作为家中的长辈和家长，顾宗根秉持着一颗热爱家庭的心，不但在工作上尽心尽责，而且在家庭里也是一位认真负责、吃苦耐劳的好丈夫、好父亲，他的勤恳、善良和善解人意不但促使家庭和睦、其乐融融，还影响着家庭中的其他成员，家人都怀揣着一颗朴实勤劳、和善热情的心，助人为乐，和谐邻里。他们感染着四周的人，深受村民的喜爱和赞扬。

2015 年，顾宗根家庭被昆山市妇联评为“最美邻里家庭”。

李明，出生于 1973 年 10 月，马庄村第 9 村民小组村民。20 多岁的时候，父亲因车祸去世，家庭的重担一下子就落在了他的身上。面对父亲突然的离世，李明毅然扛起了家庭的重担，和母亲一起扛起了这个家。福无双至，祸不单行，30 多岁时，母亲也因为车祸去世，留下老祖母和刚过而立之年的李明。面对这突如其来的灾祸，李明接过了母亲留下的重担，一边扛起家庭的生计，一边赡养老祖母。而作为李明的贤内助，妻子顾琴芳也默默地支持着丈夫，并竭力为丈夫分担着家计，赡养老人，视其如自家祖母。

十几年来，夫妻俩尽心尽责，精心护理老人。老人年纪大容易生病，夫妻俩都是及时地将老人送到医院治疗，需要陪护的时候就陪护；在吃喝方面，夫妻俩也是尽量把好东西留给祖母。

夫妻二人用满腔的淳朴和爱温暖着整个家庭。在孙子和孙媳妇的照顾下，老祖母也是笑口常开，如今已经是 93 岁高龄，仍然身体康健，精神矍铄。

而夫妻二人的行为也深深地感染着他们的儿子，用行动为儿子树立了榜样，使其成长为一个品德优秀、尊老爱幼的好青年。对于李明家庭，村民们也是赞不绝口。

2020 年，李明家庭被昆山市妇联评为“最美家庭”。

2010—2020年部分年份马庄村文明和谐家庭情况如表5-3所示。

表5-3 2010—2020年部分年份马庄村文明和谐家庭情况统计表

	各年份名单								
	2010	2012	2013	2014	2015	2016	2017	2018	2020
户主姓名	陆志敏	凌林根	孙菊珍	金菊良	顾宗根	马月珍	徐丽星	梅　琴	李　明
	浦东生	姚培坤	—	孙招根	—	—	姚雪青	王小琴	朱福明
	徐素良	陆玉林	—	马进笙	—	—	—	朱福琴	张莉娜
	陆炳兴	薛秋英	—	陆秀妹	—	—	—	—	顾宗根
		戴林妹	—	陆阿林	—	—	—	—	陆凤金、陆三妹

第三节　凡人善举

一、热心为民孙菊珍

孙菊珍（右一）、陆密花等人裹粽子
（2016年，徐亚芬摄）

孙菊珍，女，马庄村第8村民小组村民，出生于1954年8月。1971年，年仅17岁的她被选中担任五三大队民兵营副营长。自1977年起，担任五三大队妇女主任，至2001年五二村、五三村合并组建马庄村，长达28年。任职期间，她熟悉村里每一位育龄妇女和老人，做好优生优育工作，关爱老人。2001年退休后，在村食堂工作，并负责村文艺宣传队工作。2019 年，其子回村担任马庄村党总支书记，孙菊珍主动辞去村里工作，推荐村里有特殊困难的人到村食堂工作。离开村工作岗位后，孙菊珍继续关心村民的日常生活。

村民家中置办婚丧事，总是有孙菊珍的影子，她忙前忙后，有时要烹制十几样饭菜，她也不含糊。每天都是第一个到事主家，离开时又是最后一人，村民要给她辛苦费，她也是象征性接受一些，为此村民家里如果办大事，总是要邀请这位热心的大姐。

自 2003 年起，马庄村大部分村民都动迁至正仪古镇、南星渎小区，人员分散，至 2020 年年底，孙菊珍千方百计抽出时间，自掏腰包买上一点小礼品，走遍了村里每一位老人家里，嘘寒问暖，村民们对其赞不绝口。

孙菊珍的热心助人的品德，得到村民的肯定，同时也得到上级部门的肯定。她先后被评为正仪镇、玉山镇优秀共产党员，1990—1994 年担任昆山市人大代表，1985—2001 年连续担任正仪镇的人大代表，1985 年被评为苏州市先进个人，两次获得昆山市“三八红旗手”称号，2001 年被评为昆山市党员致富能手，其家庭也在 2006 年被评为玉山镇“五好”文明家庭，多次被评为昆山市计划生育先进个人、昆山市优秀妇女工作者。

二、孝老爱亲陆三妹

陆三妹（2020 年，陆晓洲摄）

陆三妹，女，马庄村第 6 村民小组村民，出生于 1962 年 3 月。陆三妹的公婆长期患病，需要一直吃药，经济负担很重。陆三妹没有嫌弃常年患病的公婆，她一边勤恳工作，与丈夫一起承担家庭的经济压力，一边服侍老人。公公因患肺气肿，需要长期吸氧，需要的氧气包，都是她独自去购买和准备的。公公婆婆不舒服需要卧床，她总是服侍在床边，喂汤喂药，在丈夫不在家的时候，支撑起家里的一片天，获得了村民们的一致赞赏。

2000 年 9 月，陆三妹被评为“玉山镇尊老敬老好媳妇”。2012 年 5 月，他们的家庭被评为昆山高新区第二届“文明和谐家庭”。

三、助人为乐沈云良

沈云良，马庄村第 8 村民小组村民，出生于 1963 年 11 月，在昆山市环境卫生管理所从事驾驶工作。2001 年 7 月 1 日，他无意间参加了一次无偿献血活动，献血 400 毫升。在献血完成后，其并未感觉到不适，在意识到自己献血可以拯救他人生命并且对自己的身体也没有什么明显的影响之后，一种使命感和自豪感油然而生，他成为一名固定的无偿献血者，坚持至今。

从 2001 年始，沈云良每年坚持献血，先后获得“全国无偿献血奉献奖金奖”“苏州市无偿献血先进个人奉献银奖”“苏州市无偿献血金奖”等。

沈云良（2020 年，罗英摄）

沈云良献血荣誉证书（2020 年，罗英摄）

四、爱岗敬业马进笙

马进笙，马庄村第 14 村民小组村民，出生于 1965 年 5 月，从事教育工作。1987 年 8 月，任教于五二小学；1994 年 8 月，进入姜巷小学；自 2002 年起，担任姜巷小学教务、教导主任。

马进笙（左）（2020 年，罗英摄）

作为一名教育工作者，马进笙三十年如一日，奋斗在教育事业的第一线，秉承着严谨治学的精神，以科学的方法教授学生。为了让学生更好地接受知识，马进笙寓教于乐，经常将知识重点用风趣幽默的话语展现出来，在吸引学生注意力的情况下，不知不觉地把知识灌输到学生的大脑中，深受学生的喜爱，连学生的家长都非常喜欢这位老师。同时，他还非常热爱钻研，无论是已经掌握的知识，还是新接触的知识，他都有一种求实求证的精神，课余时间都是在钻研学问，研究更好的教学方法。每一个人都能感受他那对教学的热爱与热情，影响着不少马庄村学子投身教育行业。

五、见义勇为李守建

李守建，中共马庄村党总支副书记，出生于1981年5月。他为人勤勉，忠于职守。2020年3月21日，在办事途中，李守建途经界浦大桥，忽然听到呼救声，当即下桥查看，发现有人落水，眼看着落水者就要溺水，他不顾天气寒冷，连外套都顾不得脱，纵身跃入界浦河中，救起了落水村民陈代玉。

李守建（2020年，罗英摄）

事后，村民陈代玉家庭送“见义勇为、尽心尽责”的锦旗给他，李守建也受到了昆山市见义勇为基金会奖励。

六、医者仁心李张寅

李张寅，女，马庄村第7村民小组村民，出生于1986年5月。她幼时丧父，家中还有瘫痪的祖父和听障的祖母，母亲的工作是家中唯一的经济来源，因此家庭生活拮据。虽然家境贫寒，但在亲朋好友、左邻右舍、各界爱心人士关爱下以及母亲良好的教育下，李张寅成为一名懂得感恩、懂得关爱他人、成绩优异的优秀青年。本着实现理想和用自己的知识回馈社会的想法，她成

李张寅（2020年，罗英摄）

为一名医务工作者，就职于昆山市巴城镇社区卫生服务中心，从事护理工作。

工作期间，李张寅认真负责，和善热情，乐于助人，不忘初心，并有多次义举登报。

2014 年 3 月，南星渎茗景苑小区的一名男子打羽毛球时忽然倒地不省人事，恰好李张寅和家人来茗景苑小区喝喜酒，看到这一幕，她迅速上前，第一时间诊断出了男子是严重缺氧，并立即让家人拨打“120”和“110”电话，同时进行急救，最后在多方努力之下，男子成功被救回。

2016 年，社区卫生服务中心接收了一名遭遇车祸被碾压受伤的患者，因为患者的换药是不能间断的，作为负责人的李张寅每 3 天就会上门为患者换药，风雨无阻，从不间断。哪怕自己的两个孩子都在苏州住院，李张寅还是坚持从苏州市立医院开车回昆山，为患者换药，直至一年半后患者康复。其间，患者的父母出于感激，曾想要对李张寅给予物质上的感谢，但被李张寅以“我来换药并不是为了财物，我从小也受到各界的帮助，这是回馈社会，能尽自己的力量帮助到你们其实我自己更开心”的话语拒绝。最后，患者康复后，其家人到单位给李张寅送上了锦旗和感谢信。

李张寅每年累计义务为社区居民上门服务 200 余次，诠释了白衣天使的医者仁心。

2014 年，李张寅被昆山市精神文明指导委员会授予“昆山好人”称号。

第四节　马庄荣誉

马庄村依靠全村党员干部和村民努力拼搏，同心同德，取得了一个又一个辉煌成就，受到了上级部门的肯定和表彰。

一、集体荣誉

据统计，截至2020年年底，马庄村共荣获集体荣誉17项，其中江苏省级4项、苏州市级2项、昆山市级10项、玉山镇级1项。2000—2020年马庄村所获镇级及以上荣誉如表5-4所示。

表5-4 2000—2020年马庄村所获镇级及以上荣誉一览表

荣誉等级	获奖年份	荣誉称号	颁奖单位
江苏省级	2007	江苏省卫生村	江苏省爱国卫生运动委员会
	2007	江苏省生态村	江苏省环境保护委员会
	2012	江苏省和谐社区示范村	江苏省民政厅
	2016	江苏省文明村	江苏省精神文明建设委员会
苏州市级	2007	苏州市“全国亿万农民健康促进行动”先进村	苏州市“全国亿万农民健康促进行动”领导小组
	2008	建设社会主义新农村示范村	中共苏州市委员会、苏州市人民政府
昆山市级	2000	昆山市村民自治模范村	昆山市民政局
	2003	计划生育先进村集体	昆山市计划生育委员会
	2006	村庄建设整治示范村	昆山市委、昆山市人民政府
	2007	爱国卫生工作先进集体	昆山市爱国卫生运动委员会、昆山市人事局
	2007	昆山市农村精神文明建设特色村	昆山市精神文明建设委员会
	2011	敬老爱老助老先进单位	昆山市老龄工作委员会
	2012	昆山市文明村	中共昆山市委员会、昆山市人民政府
	2012	学习型社区	昆山市社区教育办公室
	2013	2012年度民兵工作先进单位	中共昆山市委员会、昆山市人民政府、昆山市人民武装部
	2020	农村人居环境整治红榜	昆山市人居环境整治办公室
玉山镇级	2007	群众文艺先进村	中共玉山镇委员会、玉山镇人民政府

二、个人荣誉

至2020年年底，马庄村村民顾文炳等7名村民先后获得省级及以上荣誉2项、苏州市级荣誉1项、昆山市级荣誉7项。1951—2011年马庄村村民个人荣誉如表5-5所示。

表5-5 1951—2011年马庄村村民个人荣誉

荣誉称号	荣誉等级	姓名	获奖年份	颁奖单位
三等功	—	顾文炳	1951	中国人民志愿军某部
“除四害”先进个人	江苏省	葛宗宝	1958	江苏省农业厅
1985年度计划生育先进工作者	苏州市	孙菊珍	1986	苏州市人民政府
1987年度计划生育先进个人	昆山市	孙菊珍	1988	昆山县人民政府
昆山市三八红旗手	昆山市	孙菊珍	1996	昆山市妇女联合会、昆山市人事局
1996—1997年度昆山市三八红旗手	昆山市	孙菊珍	1998	昆山市妇女联合会、昆山市人事局
1998—1999年度优秀妇女工作者	昆山市	孙菊珍	2000	昆山市妇女联合会、昆山市人事局
2000年度优秀文明职工	昆山市	徐桃花	2001	昆山市总工会
昆山好伉俪	昆山市	陆建芳、徐翠娥	2007	昆山市委宣传部、昆山市妇女联合会
劳动模范	昆山市	顾玉麟	2011	昆山市人民政府

三、党代表、人大代表名录

至2020年年底，马庄村先后有徐香男等17名村民当选昆山市（县）、正仪镇、玉山镇党代表、人大代表。1954—2020年马庄村党代表、人大代表名录如表5-6所示。

表 5-6　1954—2020 年马庄村党代表、人大代表名录

姓名	出生年月	代表名称	当选年份	代表级别
徐香男	1932 年 12 月	人大代表	1954—1959	昆山县
马仕生	1951 年 11 月	人大代表	1983—1988	昆山市
孙菊珍	1954 年 8 月	人大代表	1990—1994	昆山市
徐翠娥	1966 年 5 月	人大代表	2007—2012	昆山市
陆　卫	1980 年 3 月	人大代表	2012—2020	昆山市
顾宗根	1944 年 12 月	党代表	1983—1988	正仪镇
薛秋林	1962 年 7 月	党代表	1995—2001	正仪镇
顾玉麟	1964 年 2 月	党代表	2003—2012	正仪镇
顾宗根	1944 年 12 月	人大代表	1983—1988	正仪镇
孙菊珍	1954 年 8 月	人大代表	1985—2001	正仪镇
戴建生	1967 年 4 月	人大代表	1995—2001	正仪镇
周凤元	1953 年 11 月	人大代表	1995—2000	正仪镇
徐凤明	1964 年 11 月	人大代表	2001—2015	玉山镇
徐翠娥	1966 年 5 月	人大代表	2001—2006	玉山镇
顾翠方	1974 年 4 月	人大代表	2012—2017	玉山镇
葛兴官	1955 年 7 月	人大代表	2012—2017	玉山镇
姚雪良	1965 年 1 月	人大代表	2017—2020	玉山镇

第六章　教育卫生

中华人民共和国成立前，马庄村域内仅有 1 所私塾和 1 所小学，一般村民子女大多不识字。村域内也无医疗技术人员，小病一般不治疗，大病须到正仪或用直私人诊所看病。中华人民共和国成立后，马庄村教育和医疗条件才得到改善。1978 年后，国家实行改革开放政策，马庄村的教育、卫生、健康事业得到发展。2018 年，昆山高新区投资 1. 26 亿元、占地 47 亩的昆山高新区姜巷小学入驻马庄村。马庄村村民普通疾病只需要在邻近的姜巷卫生服务站治疗。全村义务教育、医疗卫生、百姓健康事业得到长足发展。

第一节　教　育

一、学前教育

（一）发展概况

中华人民共和国成立前，马庄村村民学前教育领域处于相对空白状态。中华人民共和国成立后，党和政府重视幼教工作，马庄村域学前教育先后经历了幼托班、幼儿班（园）等办学过程。

1958 年，为了让成年人能够集中精力劳动耕作，解决其照看小孩的后顾之忧，各生产小队相继办起了幼托班，主要是将 3～6 岁的幼儿集中，并配以专人看管。1959 年后，因经济困难，幼托班陆续停办。（表 6–1）

表 6–1　50 年代马庄村域部分自然村幼托班情况一览表

自然村名	开班时间	地址	幼儿/人	保育员	停办时间
东式庄	1958 年 6 月	姚四宝家	8	张杏花	1959 年 6 月
高家甸	1958 年 9 月	顾祥生家	12	王爱林	1959 年 6 月
西马庄	1958 年 9 月	薛仲佰家	25	张菊妹、钱林宝	1959 年 6 月

60—70 年代，各个大队贯彻执行中共中央抚育、培养、教育儿童和少年的政策，相继开办幼儿班（规模大一点的称幼儿园）。幼儿教师是从所在大队有一定文化（初中文化程度及以上）的女青年中选拔，教育经费由大队自负。自 1996 年起，为了改善幼儿教师待遇，幼儿教师的工资由乡镇统筹并统一支付，教师由乡镇中心幼儿园定期组织学习辅导。2001 年，由于幼儿人数减少，同时为了整合幼儿教育资源，五二村幼儿班（幼儿园）并入五三村幼儿园。是年 8

月，五三村幼儿园更名为马庄村幼儿园。2016 年 9 月，马庄村幼儿进入姜巷村幼儿园，马庄村幼儿园撤销。

五三大队（五三村）幼儿园教师先后有沈惠花、徐翠娥、浦月琴、王丽英、王惠燕，五二大队（村）幼儿班（园）教师有顾月仙。（表 6–2）

表 6–2 部分年份马庄村域幼儿班（园）情况表

年份	五三大队（五三村）		五二大队（五二村）	
	幼儿/人	教师/人	幼儿/人	教师/人
1982	25	1	19	1
2001	40	1	15	1
2016	42	2	—	—

（二）教育教学

1958 年，马庄村域内幼托班招收 4~6 周岁幼儿，学制 1—3 年，年龄小的幼儿读 2—3 年，年龄大的幼儿只读 1 年。学制及课程设置都不太严格。课程有语言（讲故事）、音乐、国画、劳作（纸工）和算术等。1978 年后，村域内幼教事业日趋规范，小班年龄为 3 周岁半，中班年龄为 4 周岁半，大班年龄为 5 周岁半。小班每周上课 10 节，每节课 30~35 分钟。1981 年，教育部《幼儿园教育纲要（试行草案）》颁布后，村域内幼儿教育统一开设计算、语言、常识、音乐、美工、体育等 6 门课程。开展多种多样游戏，各项活动具有趣味性，适合儿童心理特点，做到寓教于乐，教育工作逐步走向规范。1996 年，《幼儿园工作规程》颁布后，根据“规程”的精神进行教养，村域各幼儿园采用保教相结合的方式，对幼儿实施德、智、体、美全面发展教育。

二、小学教育

1. 五三小学（马庄小学）

五三小学的前身是马庄小学，始建于 1948 年，校址在西马庄河南薛仲佰家，教师徐爱卿、何仁高，学生 18 人。中华人民共和国成立前，战火不断，学校一度关停。1951 年，马庄小学开在张云华家东龙坊里，学生 20 多人，教师朱卫清（正仪镇下派）。1953 年，马庄小学迁至马庄自然村东堂庙，学生 20 人，教师殷雪珍（正仪镇下派）。1955 年，由于学生的增多，马庄小学搬回张云华家龙坊里，增加教师张杏妹（正仪镇下派），设 1~4 年级复式班，学生 30 多人。1958 年，马庄小学更名为五三小学，校址不变。1964 年，五三大队出资 300 元，在东马庄和西马庄的交界处重建五三小学，面积 96 平方米，有教室 2 间、办公室 1 间，开设 1~4 年级复式班，教师殷雪珍、严晓珍（均为正仪镇下派的公办教师）。1980 年 9 月，北星甸小学合并到五三小学。1988 年，五三小学校舍倒塌，五三村投资 8 万元原地翻建五三小学，面积 400 平方米，有教室 4 间、办公室 1 间，开设 1~5 年级复式班，学生有 90 多人。1948—1996 年，先后任教五三小学的教师有徐爱卿、何仁高、郭火根、陆花荣、张小年、赵绵云、胡文明、钱培玉、黄志英、张金荣、陆水根、陆阿林、徐林男、浦月琴。1996 年，五三小学撤销，五三小学教师和学生分别进入姜巷小学任教和学习。

2. 五二小学（式庄小学）

五二小学前身是式庄小学，始建于 1949 年 2 月，校址在式庄陆根元家的下场头，开设 1~4 年级复式班，教师杨菊官，学生近 30 人。1958 年，式庄小学更名为五二小学。1959 年，五二小学撤销，合并至马庄四集体小学（集体学习、集体用餐、集体住宿、集体劳动）。1960 年 2 月，恢复五二小学，校址在陆金火家圆堂，陆续开设 1~4 年级复式班，学生 30 人。1978 年 6 月高家甸小学合并至五二小学。1986 年 2 月，五二村投入 2.5 万元在原地翻建五二小学，面积 160 平方米，开设 1~5 年级复式班，学生 60 多人。1949—1994 年，先后担任五二小学教师的有姜天善、陆振生、孙忠、李兆铭、金永泉、江长风、姚玉根、顾金水、马笙生、朱凤珍。1994 年，五二小学撤销，施教区学生进入姜巷小学就读。

3. 北星甸小学

北星甸小学创办于 1952 年，校址在北星甸徐海元家下场，开设 1~3 年级，学生 12 人，教师蒋奎生。1958 年 9 月，北星甸小学停办。马庄村域在薛仲佰家开办四集体小学，开设 1~4 年级，8 个班，学生 210 人，校长不详。1959 年年初，北星甸小学复办，校址在徐海元家下场，开设 1~4 年级复式班，学生 30 人。1952—1980 年，先后担任北星甸小学教师的有蒋奎生、胡文明、徐全木、陆阿林、陆水根。1980 年 9 月，北星甸小学并入五三小学。

4. 高家甸小学

高家甸小学始建于1952年，在高家甸顾祥生家弄坊里，开设1~4年级复式班，学生15人，教师王永安。1963年，五二大队在高家甸村西木桥北堍，投入200元建造高家甸小学，有教室、办公室（包括住房）各1间，建筑面积94平方米，开设1~4年级复式班，学生28人，教师李兆铭。1952—1978年，先后担任高家甸小学教师的有王永安、李兆铭、张汉民、吴正明。1978年高家甸小学并入五二小学。

5. 姜巷小学

姜巷小学（2020年，罗英摄）

姜巷小学前身为团结小学，始建于1942年。2004年2月，由玉山镇庙灯学校托管。2018年9月，昆山高新区出资1.25亿元，在昆山高新区新城南路88号（马庄村北侧）重建姜巷小学，学校更名为昆山高新区姜巷小学。2019年9月，姜巷小学正式入驻马庄村。学校为昆山高新区独立建制学校，占地面积36 982平方米，建筑面积26 183.4平方米。2020年年底，学校有15班，600多名学生，教职工52人。校风是诚信友善；教风是言传身教；学风是自主学习；校训是禾聚雅正。

三、教育保障

（一）教育经费保障

在教师待遇方面，1985年前，每个大队都有小学，各小学教师中大多数是民办教师，在政策上享受大队正职干部待遇，每年与社员一样，参加工分分配（根据各生产队前3名男劳动力工分平均数）。1985—1995年，民办教师工资由正仪辅导区统筹发放，每月25元。1996年，民办教师逐步转正，享受公办教师同等待遇。

2006年前，校舍建设经费由镇村两级负担。学生交学杂费、书费，困难户学生减免学杂费。2006 年 9 月后，实行九年制义务教育，学生承担书杂费，免交学费。自 2012 年起，学生免交学费、书费。

（二）助学金保障

从 2006 年开始，对于部分困难家庭，如低保户、低保边缘户、贫困户家庭的幼儿园学生、高中生、大专及以上院校学生由昆山高新区发放助学基金。2016—2019 年，马庄村村民共享受助学金 4.76 万元。其中，幼儿园学生 4 人次 3 200 元，高中及中专学生 8 人次 1.1 万元，大专及以上院校学生 13 人次 3.25 万元。2020 年，马庄村域贫困学生的帮困形式变为由学生提出申请，所在学校审核，村委会盖章证明，学校发放助学金。2016—2019 年，马庄村低保边缘户、贫困户幼儿园学生助学金，贫困户高中、中专学生助学金，贫困户本科大学生助学金发放情况分别如表 6-3、表 6-4、表 6-5 所示。

表 6-3　2016—2019 年马庄村低保边缘户、贫困户幼儿园学生助学金一览表

<table>
<tr><th>年份</th><th>姓名</th><th>性别</th><th>助学金额/元</th><th>生活状况</th><th>毕业年月</th><th>组别</th></tr>
<tr><td>2016</td><td>陆怡清</td><td>女</td><td>800</td><td>低收入</td><td>2016 年 6 月</td><td>9</td></tr>
<tr><td>2017</td><td rowspan="3">陆志诚</td><td rowspan="3">男</td><td>800</td><td rowspan="3">低保边缘</td><td rowspan="3">2020 年 6 月</td><td rowspan="3">6</td></tr>
<tr><td>2018</td><td>800</td></tr>
<tr><td>2019</td><td>800</td></tr>
</table>

表 6-4　2016—2019 年贫困户高中、中专学生助学金一览表

<table>
<tr><th>年份</th><th>姓名</th><th>性别</th><th>助学金额/元</th><th>生活状况</th><th>毕业年月</th><th>组别</th><th>备注</th></tr>
<tr><td rowspan="2">2016</td><td>陆晨琪</td><td>男</td><td>1 000</td><td>低保边缘</td><td>2017 年 6 月</td><td>12</td><td>高中</td></tr>
<tr><td>王林籽</td><td>女</td><td>1 000</td><td>低收入</td><td>2017 年 6 月</td><td>9</td><td>高中</td></tr>
<tr><td rowspan="2">2017</td><td>徐张源</td><td>男</td><td>1 000</td><td rowspan="6">低保边缘</td><td rowspan="6">2020 年 6 月</td><td rowspan="6">1</td><td>高中</td></tr>
<tr><td>徐苏湘</td><td>男</td><td>1 000</td><td>中专</td></tr>
<tr><td rowspan="2">2018</td><td>徐张源</td><td>男</td><td>1 000</td><td>高中</td></tr>
<tr><td>徐苏湘</td><td>男</td><td>2 500</td><td>中专</td></tr>
<tr><td rowspan="2">2019</td><td>徐张源</td><td>男</td><td>1 000</td><td>高中</td></tr>
<tr><td>徐苏湘</td><td>男</td><td>2 500</td><td>中专</td></tr>
</table>

表 6-5　2016—2019 年贫困户本科大学生助学金一览表

年份	姓名	性别	助学金额/元	生活状况	毕业年月	组别
2016	马旭文	男	2 500	低收入	2020 年 6 月	14
	陆　鑫	男	2 500	低保边缘		3
	姜玉华	女	2 500	低收入		9
2017	马旭文	男	2 500	低收入	2019 年 6 月	14
	陆　鑫	男	2 500	低保边缘	2020 年 6 月	3
	姜玉华	女	2 500	低收入		9
	徐逸飞	男	2 500	低保边缘	2021 年 6 月	1
2018	马旭文	男	2 500	低收入	2019 年 6 月	14
	陆　鑫	男	2 500	低保边缘	2020 年 6 月	3
	姜玉华	女	2 500	低收入		9
	徐逸飞	男	2 500	低保边缘	2020 年 6 月	1
2019	陆　鑫	男	2 500	低保边缘	2020 年 6 月	3
	姜玉华	女	2 500	低收入		9

第二节　医疗卫生

一、合作医疗

中华人民共和国成立前，马庄村域缺医少药，没有医务人员，村民小病通过自己“刮痧”、泡“姜汤”等土法自治，生大病一般会外出求医，小孩生病，少数村民采用迷信的方式治疗，以求心理安慰。孕妇生产不去医院，就在家里生产，马庄村有韩阿大、姚阿翠、戴白妹等接生员为村民上门接生。中华人民共和国成立后，马庄村配备一名保健员，药品有红药水、紫药水、人丹等，可进行一般伤口包扎。马庄村第一位保健员是陆大男。

1962—1965年，正仪卫生院在五二大队陆根元家开设了一个卫生室，医务人员有正仪卫生院下派的全科医生殷锦宗，能进行注射、输液等操作，一般的疾病不用出村就可以得到治疗。

从1968年开始，经过昆山县卫生局统一培训，村域赤脚医生应运而生。1969年，马庄村域各大队成立卫生室，五二大队、五三大队赤脚医生分别为徐密英、陆大男。

1969年，村域建立医疗保障制度（以下简称“合作医疗”），由社员个人、生产队共同筹集资金，简称合作基金。参加合作医疗的社员，个人每年只需交2元，集体为每人交4元。社员在合作医疗室就诊，医疗费全免；重病到正仪卫生院就诊，医疗费报销50%；到昆山人民医院、玉山医院就诊，医疗费可报销20%~30%。

1983年起，因外出务工经商人员增多，参加合作医疗的人数减少，全村参保人数减少80%。

自1992年起，村民参加合作医疗，每人每年只需缴纳3元，其余差额由昆山市、正仪镇两级政府拨款，在2000年前报销最高金额不得超过3 000元。从2000年开始，个人每人每年缴纳16元，昆山市、正仪镇财政每人各补贴2元。结算的标准也不尽相同，超过千元补偿20%，超过3 000元不满5 000元补偿25%，5 000元以上补偿30%，住院患者补偿金额按6 000元封顶。

2000—2003年，昆山市政府在完善合作医疗的基础上，逐年完善大病风险基金制度，解决了农民大病看不起的问题，也避免了因病返贫的危险。

自2004年起，昆山市政府提高农村医疗保险缴费标准，每人每年上缴200元，其中个人负担50元，60周岁以上老人免交，其余的由镇、村两级财政负担。

2009年，昆山市调整居民医疗保险档次标准，每人每年缴纳320元，个人缴纳80元，昆山市、正仪镇两级财政补助220元，马庄村集体经济补助20元。调整后的居民医疗保险档次标准及报销比例如下。

（1）门诊、住院起付线与城镇职工医疗保险接轨，60周岁以下起付线调整为 600 元；60 周岁以上门诊起付线调整为 300 元。60 周岁以下住院起付线按一、二、三级医院（包括转外地医院）医院类别，分别调整为 300 元、600 元、1 000 元；60 周岁以上根据一、二、三级医院（包括转外地医院）医院类别分别调整为 200 元、500 元、800 元。

（2）门诊、住院实行各分段统筹基金补助，报销比例在原有的基础上分别提高 5 个百分点。

2012 年，居民合作医疗缴费标准每人每年 550 元，其中个人交费 150 元，集体交 180 元，市补 200 元，村补 20 元。60 周岁以上居民交费由市、镇两级补贴，低保个人交费由市政府补贴，村级集体补贴由镇政府负担。

2020 年底，马庄村参加农村医疗保险人数 303 人，其中退休的医保老人 123 人；参加社会医疗保险 1 227 人，其中退休的农保老人 114 人、在职人员 1 113 人。1962—2002 年五二大队（五二村）合作医疗室、五三大队（五三村）合作医疗室情况分别如表 6-6、表 6-7 所示。

表 6-6　1962—2002 年五二大队（五二村）合作医疗室情况一览表

年份	地址	医务人员	面积/米^2
1962—1967	陆根元家	徐密英	25
1967—1988	在礼堂北旁边东二间	徐密英、殷锦宗、王家莹、周风元、姚玉根	42
1988—2002	原马庄小学东一间	姚玉根、顾翠方、夏志良	56

表 6-7　1962—2002 年五三大队（五三村）合作医疗室情况一览表

年份	地址	医务人员	面积/米^2
1962—1970	顾维云家下场	徐香男、陆大男	20
1970—1972	东堂庙	徐香男、蒋夫生	60
1972—1989	马庄小学东一间	徐香男、戴白妹、葛兴官	50
1989—2002	原大队部西二间	徐香男、戴白妹	55

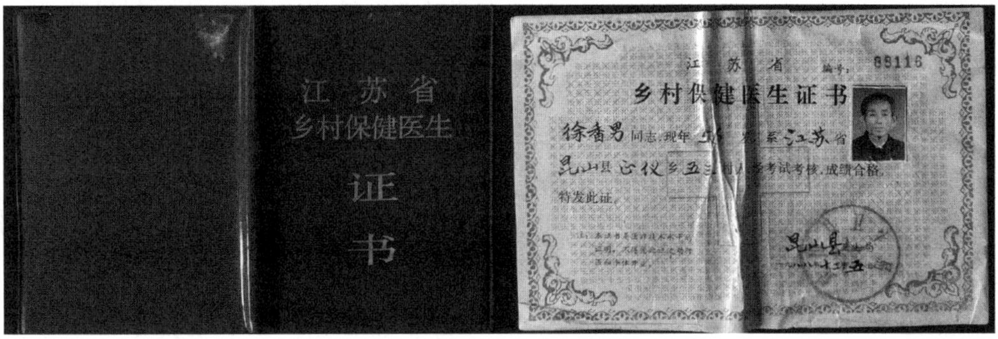

1988 年乡村保健医生证照（2020 年，吴永芳摄）

二、普惠医疗

2018 年 1 月—2020 年，马庄村在册户籍人员及享受村土地补偿人员，享受普惠医疗。当年度患病就医支出较大的村民，在昆山市就医的，用医保卡结算后，根据定点医疗机构医疗发票原件上医疗费用“个人现金支付”金额，给予相应补助；在外地就医的，根据个人医疗费用发票原件中个人实际支付医疗费金额，给予相应补助（转院治疗的提供劳动保障部门报销后的蓝色凭证原件）。

对低保边缘户中患有规定病种的村民，确因疾病需要购买自费药品的，可凭公立医院主治医生开具的病历、对应处方和药品发票原件，给予相应的补助，其中门诊发票单张“个人现金支付”金额必须大于 200 元（含），住院发票不限额度，补助标准以发票加总医疗费用支出金额为准。具体补助标准：自付部分 3 千元至 2 万元（不含 2 万元）的给予自付部分的 10%补助，自付部分2 万～3 万元（不含 3 万元）的给予自付总额的 15%补助，自付部分 3 万～5 万元（不含 5 万元）的给予自付总额的 20%补助，自付部分 5 万元以上的给予自付总额的 25%补助。当年度为低保户、低保边缘户、一户多残的家庭中残疾人员及重症优扶对象、劳动模范、失独父母的村民，本人患病医治发生的医疗自付部分，在上述标准的基础上再提高 10%的补助比例。

对已享受过医疗补助的村民在当年度继续治疗产生的医疗费用，且全年度自付部分总额累计超已享受补助比例的，按年度总额累计的比例补助，已享受补助的进行补差。单个村民当年度累计最高补助额度不超过 5 万元。

低保边缘中患有重病的村民住院，凭出院小结可享受住院期间每天 30 元的护工费补贴，个人当年度可享受护工补贴的天数最高为 30 天。凡当年度为低保户、低保边缘持证本人、一户多残家庭中残疾人员及重点优抚对象、劳动模范、失独父母的村民，本人患病住院的，可享受住院期间每天 60 元的护工费补贴，个人当年度可享受护工补贴的天数最高为 30 天。

三、社区卫生

2002 年，马庄村合作医疗室合并至姜巷社区卫生服务站，地点在姜巷村老年康居中心。服务站有药房 1 间，门诊室 1 间，注射输液室 2 间，换药、处置室各 1 间，患者床位 2 张。医疗服务项目有医疗预防、保健康复、健康教育、计生指导。社区服务站还有家庭医生签约项目，试点签约对象有下列 8 类人员：因病因残困难人员，计生特殊家庭，居家失能或半失能家庭，高血压、糖尿病等慢性病患者，65 周岁以上老年人，孕产妇婴儿，肺结核患者，严重精神障碍患者。

以上 8 类人群能享受以下服务。

（1）一份电子健康档案。为签约居民建立居民健康档案，签约居民可通过中国昆山网络查看档案信息。

（2）一次评估健康体检。为签约居民提供一年一次免费健康体检。

（3）一次慢性病、高危病筛查。结合苏州市健康市民“531”运动（建立并运行五大中心，即市级胸痛中心、卒中中心、创伤救治中心、危重孕产妇孕育中心、危重新生儿救治中心；建立并运行三大机制，即肿瘤、心脑血管疾病、高危妊娠三项筛查机制；建立一个平台，即市民综合管理服务平台），每年为签约居民提供心脑血管疾病项目筛查。

（4）一次健康评估。每年利用健康服务平台为签约居民开展一次健康评估，利用慢性智能化模块，为签约居民提供动脉粥样硬化、心脑血管疾病风险评估，并针对性地进行指导。

（5）一次性健康信息宣传。针对不同服务要求、季节特点、疾病流行情况，通过各种途径和方式，包括微信、短信、电话等定期精准推选，提供健康教育咨询。

（6）一次健康管理计划。为签约居民开展定期随访、用药指导、护理指导、康复指导等服务。

（7）一条就医绿色通道。根据病情需要，将超出诊治范围、要动手术的患者及时转诊到二级及以上医疗机构，按需提供二级及以上医院转诊预约和专家预约，以及优先就诊、优先检查、优先住院等便利措施。

（8）一次签约优惠政策。在“合理、安全、有效”的前提下，对病情较稳定、依从性较好的慢性病签约患者，提供慢性病随访服务，居民医保统筹增加1 000元优惠政策，扩大居民基本用药目录，更好地与二级医院用药衔接，保障签约居民基本用药要求。

2020年，马庄村参加家庭医生签约人员68人，参加免费一次性体检304人，参加慢性病、高危病筛查198人。筛查出高危患者78人，其中经复查确诊为脑梗人员27人，病情严重者及时转诊至昆山第一人民医院，得到及时医治。

四、血吸虫病防治

（一）血吸虫病情况

马庄村域河、浜、溇较多，交叉成网，尤其是北星甸河、马庄港、高家甸河、东庄港、凌界溇、吴底溇、竖庙溇、大溇等地，是寄生虫钉螺的主要繁殖地。

1950年，马庄村域278户村民1 187人中，有740多人患有不同程度的血吸虫病，比较严重的面黄肌瘦，四肢无力，腹部肿大，甚至脾脏肿胀，全身水肿，腹水明显。

中华人民共和国成立后，昆山县政府高度重视血吸虫病防控工作，采取了防治相结合的有力措施，开展了群众性查螺、灭螺运动。

（二）组织保障

1970年，马庄村域各大队配备一名血防大队长，分别是五二大队姚培元、五三大队陆小弟。各大队成立查螺专业队，每个大队抽调一位年轻、视力好的青年参加专业队。各大队与正仪人民公社签订查螺责任状，并采用普查、互查、复查、重点查的形式开展工作，在发现钉螺的地方竖标立牌，从而进行灭螺。

（三）查螺灭螺

1956—1976年，马庄村域采用专业队伍与群众性运动相结合的方法，开展灭螺行动。具体方法有土埋法、五氯酸钠浸杀法、河滩修灭螺带、铲草皮三面光、火烧法等，房前屋后、河道两岸水滩边都洒上“五六粉”（五氯酚钠），并做好粪便处理，粪缸集中加盖，杜绝在河中洗刷马桶等。经过多次的消杀工作，马庄村域消灭了钉螺。1976年后，马庄村每年仍坚持不懈地进行查巡，查杀钉螺，彻底根除血吸虫病的源头。至2020年，马庄村还根据昆山高新区的统一部署，每年组织人员查螺。

（四）血吸虫病患者治疗

1956年，正仪人民公社采用面上治疗与短期集中治疗相结合的方法，分别在东北大队雅泾朗自然村钱大钧花园里、正仪人民公社卫生院设立治疗点。马庄村域2个大队先后有740人得到治疗。治疗方法是用锑-58液剂肌注、静脉注射，用锑-273和846乳油剂口服治疗。对严重的血吸虫病患者，进行切除脾脏治疗。经过多年的治疗，14名血吸虫病患者得到康复。

五、疫情防控

2020年年初，面对突然出现的新冠疫情，根据昆山防控指挥部统一部署，为严防病毒进入区域内，马庄村两委会做好抗击新冠疫情工作，严防死守，精准防控，取得有效的成果。在昆山高新区马庄村疫情防控小组的共同努力、同心协作和村民们的积极配合下，马庄村顺利完成防疫抗疫任务，新冠感染率为零。

六、优生优育

1963年，全国实行优生优育，大力提倡晚婚晚育。1972年，各地大力宣传优生优育。1974年，正仪人民公社成立优生优育管理机构，马庄村域各大队由大队长、妇女主任、团支部书记、民兵营长、赤脚医生组成大队优生优育领导小组。大队长兼任组长，妇女主任抓具体工作。1980年，五二大队、五三大队分别成立优生优育服务室。1984年，五二村、五三村共配备24名优生优育宣传员。1988年，各村分别成立优生优育协会，村委会主任任协会会长，妇女主任任副会长。

（一）政策

1963年起，正仪人民公社采取各种形式向马庄村域内群众宣传优生优育的意义，指导村民避孕。1964年，根据昆山县卫生局有关通知，对马庄村域内施行节育手术而经济困难的群众给予手术费补助。1973年，推广晚婚晚育和优生优育，提出结婚晚一点、间隔稀一点、生得少一点、养得好一点的要求。规定男25周岁、女23周岁以上结婚为晚婚，妇女24周岁以上生育为晚育。

1979年10月，马庄村域开始推广一对夫妇只生一个孩子，并发放独生子女证。

2001年，优生优育技术服务实行国家指导和个人自愿相结合的原则，村民享有避孕方法的知情权、选择权，国家保障公民获得适宜的优生优育技术服务的权利，向农村实行优生优育的育龄夫妻免费提供避孕服务技术，所需经费由地方财政予以保障。

自2002年12月1日起，优生优育政策由江苏省人民政府做出调整。根据《江苏省人口与计划生育条例》规定，女方为农村居民的夫妻符合下列条件之一的可以再生育一个孩子：一方为独生子女，只育有一个孩子的；只生育一个孩子，男方的其他兄弟均无生育条件的；男方到无兄弟的女方家落户并赡养女方父母，只育有一个女孩的（本项规定只适用于女方姐妹中一人）；男方无兄弟且只育有一个姐姐或者妹妹，只育有一个女孩的。2002—2015年，因符合上述规定，马庄村共有17名婴儿出生。

自2009年10月1日起，施行国务院公布的《流动人口实施计划生育工作条例》，马庄村村委会协助玉山镇人民政府，做好流动人口婚育情况登记，对流动人口实施优生优育管理，开展优生优育宣传教育，指导流动人口中的育龄夫妻选择安全有效且适宜的避孕节育措施，依法向育龄夫妻提供国家规定的基本项目的计划生育技术服务。建立流动人口优生优育信息管理系统，核实通报流动人口计划生育信息。

中共十八届五中全会后，2016年1月，正式实施全面放开一对夫妻可以生二孩政策，马庄村18对夫妻生了二孩。

（二）成效

自2007年起，全面实行优生优育家庭奖励扶助金，马庄村共计7户12人申领，其中独生子女死亡家庭6户11人，独生子女残疾家庭1户1人。历年共计6人申领计划生育公益金。实行优生优育政策三十六年来，只生育一孩，并申领独生子女证的有420人。1979年马庄村域领取第一批独生子女村民名录如表6-8所示。

表 6-8 1979 年马庄村域领取第一批独生子女证村民名录

姓名	性别	出生年月	户籍地址	父亲	母亲
徐　建	男	1979 年 3 月	五二大队 2 队	徐道生	徐火珍
姚瑛莺	女	1978 年 12 月	五二大队 3 队	姚玉根	方念花
戴永刚	男	1979 年 2 月	五二大队 4 队	戴菊林	金林宝
张惠琴	女	1973 年 4 月	五二大队 4 队	张爱生	景小妹
顾志华	男	1978 年 12 月	五二大队 6 队	顾坤元	顾本花
顾春良	男	1978 年 3 月	五二大队 7 队	顾兴根	戴引娥
张　燕	男	1978 年 5 月	五二大队 8 队	张海涛	顾宝花
李金龙	男	1971 年 12 月	五二大队 8 队	李花根	张招仙
朱翠华	女	1974 年 4 月	五三大队 12 队	沈金元	朱密珍
沈水红	男	1978 年 2 月	五三大队 12 队	沈花泉	徐金花
徐春凤	女	1979 年 2 月	五三大队 2 队	徐汉生	戴金娥
浦凤珍	女	1977 年 11 月	五三大队 2 队	浦水龙	徐会英
徐菊良	男	1976 年 11 月	五三大队 1 队	徐砍利	周根仙
顾菊芳	女	1976 年 1 月	五三大队 10 队	顾根兴	徐雪花
张秀芳	女	1978 年 9 月	五三大队 3 队	张士中	何妹香
陆伟新	男	1979 年 10 月	五三大队 3 队	陆引林	徐林英
陆　金	男	1979 年 2 月	五三大队 6 队	陆根荣	张介妹
何　芳	女	1978 年 3 月	五三大队 6 队	何多福	陆桂金
徐卫张	男	1979 年 4 月	五三大队 4 队	徐腊狗	汤才英
方　龙	男	1976 年 10 月	五三大队 5 队	方巧元	郭小妹
李　芳	女	1979 年 1 月	五三大队 7 队	李冬良	徐林香
陆水琴	女	1974 年 02 月	五三大队 9 队	陆根兴	李雪妹
徐　强	男	1977 年 11 月	五三大队 9 队	徐阿元	顾秧妹
王正华	男	1977 年 3 月	五三大队 9 队	王雪荣	李利妹
顾密红	女	1967 年 12 月	五三大队 8 队	顾家良	张三妹

注：五二大队 2 队表示五二大队第 2 生产队，以此类推。

第七章　村落文化

马庄村历史源远流长，文化代代相传，文化氛围浓厚，民间文化丰富多彩。1968年，村域各大队成立农村文艺宣传队。进入21世纪，文艺宣传队不断扩充，马庄村建立农家书屋，开展文化宣传和学习。村民们不但传承了传统的庙会、打连厢等民俗活动，而且在地方语言、山歌、民谣等方面也有新的发展与创造，大多数传统游戏得以保存，村民的文化生活日益丰富多彩。

第一节　群众文化

一、文艺宣传队

1968 年，由五三大队团支部、五二大队团支部牵头，分别成立文艺宣传队。五二大队宣传队有顾宗根等 23 人，五三大队宣传队有徐宗林等 27 人。文艺宣传队主要利用空余时间为所在大队群众演出，演出节目有革命样板戏《沙家浜》《红灯记》《智取威虎山》《红色娘子军》等，演出地点在各大队空闲场地。宣传队人员一般白天参加集体生产劳动，晚上排练。每次演出，观众少则几十人，多则几百人，有时还到附近五一大队、团结大队、正仪集镇、南港及吴县胜浦、甪直、淞南等地交流演出，受到当地村民的欢迎。1975 年，因各生产队种植双季稻，农闲时间减少，文艺宣传队停办。1968—1971 年马庄村域文艺宣传队主要队员情况如表 7-1 所示。

表 7-1　1968—1971 年马庄村域文艺宣传队主要队员情况一览表

队别	文艺宣传队主要人员
五二大队（23 人）	顾宗根、阮云生、姚培元、江长风、陆密生、姚根香、蔡近康、顾桃仙、顾抱金、何杏元、张水珍、顾小云花、顾林妹、顾惠娥、陆栋生、姚秀根、徐金风、李小根、顾阿根、周三男、唐杏根、张阿云、夏定兴
五三大队（27 人）	徐宗林、浦水泉、陆金根、朱泉元、徐火根、浦金火、陆花根、陈根林、张汉民、张林荣、张密英、何全荣、何永观、徐根荣、郭兴根、王福根、唐为明、凌苗英、郭秋英、张金风、钱美华、李雅妹、薛关根、徐花妹、徐密金、李全荣、姜弟弟

2003 年，为丰富村民生活，马庄村村民又办起了文艺宣传队。队长张春花，

队员陆炳兴、顾抱金、顾秧根、姚花英、薛密英、陆凤宝、孙菊珍、顾三妹、王凤英、钱龙华、何妹香、徐花珍、徐爱明、张密英、徐雪珍、郭兴根、徐根荣。演出队配备乐器、道具、服装、音响，利用春节、劳动节、国庆节等节假日，在马庄村及南星渎小区、正仪嘉馨花园巡回演出。演出节目有《借黄糠》《私生子》《大雷雨》《陆雅成》《吃麸条》《瑞士的母亲》和其他戏曲片段，受到村民一致好评。2017 年，马庄村大部分自然村动迁，文艺宣传队自行解散。

2013 年马庄村文艺宣传队演出（2013 年，顾翠方摄）

二、农家书屋

60 年代前，马庄村域无书店，只是年前节后有流动书贩在村内推销年画、年历、春联、连环画等。60 年代末，马庄村域各大队成立农村俱乐部，开设图书馆、阅览室。

2012 年 7 月，随着物质生活水平的提高，马庄村农家书屋建成。马庄村农家书屋位于马庄村村委会办公楼三楼，面积 50 平方米，内有书架 4 排、计算机 4 台及阅读架、凳子等设施，藏书 1 000 多册，涉及政治类、经济类、历史类、科学类、文学类等及部分报纸杂志。每到农闲及周末之时，村民及学生来到农家书屋阅读图书，每次少则 10 多人，多则 20 多人。村民还可以向农家书屋借书回家阅读，借阅时间及归还时间为每星期一、三、五的中午 12 点至下午 5 点。

农家书屋（2020 年，罗英摄）

三、百人连厢队

2007 年，随着新农村建设开始，村域文化活动广场相继建成，为群众开展文化活动提供了场所。马庄村组成百人连厢队，开展打连厢表演活动。打连厢道具为一根长 1.2 米，直径 3 厘米的竹竿。竹竿节间雕空分为 4 个部分，内装配若干排铜钱（古钱币），组成连厢。表演者穿上传统礼服，排成 10×10 的方队。表演者（大多数为青壮年妇女）穿上传统礼服，每人一支连厢，配上山歌或民间小调节拍，统一舞步，用连厢竿子击打手、肘、臂、胸、脚、小腿、大腿、

打连厢（2020 年，顾翠方提供）

背、腰等部位，节奏明快、步伐整齐、变化多样、气势宏伟。

四、庙会

马庄村域的庙会，从清末至20世纪末都比较单一，只是烧香、拜佛、宣卷，以及开展小型文艺活动。庙会时间为每年农历八月初一，每次活动由香头（庙会管理者）负责组织，各自然村老年妇女都会提着香篮、背着香袋前去参加。

庙会前一到两天，香头先到村内各户人家落实庙会用的祭拜观音菩萨和佛祖的菜和水果、点心，在庙会当日上午6时前将贡品送到庙里，供放在佛台上。来烧香的人轮流跪拜菩萨，同时放鞭炮。有6个年过半百的妇女手拿木鱼，边敲边念佛经，至此上午拜佛活动结束。下午，开始组织文艺活动，首先是唱宣卷，然后是文艺演出，直到下午4时，庙会结束。

至2020年，各自然村庙会正常举行。每逢农历的初一、十五，香客们一早就到庙里烧香，祈求全家平安。

第二节　方言　俗语

一、方言

马庄村历史悠久，长期以来形成很多方言。有时间类，气象类，地理类，农事、植物、动物、器皿类，生活类，文化类，商贸类，称谓类等方言。方言与普通话对比如表7-2至表7-10所示。

表 7-2　时间类方言与普通话对比表

方言	普通话	方言	普通话
上昼	上午	度个年子	大前年
今朝	今天	春三里	春天
开年	明年	大伏天	大暑天
热天	夏天	下昼	下午
秋章里	秋天	明朝	明天
后日	后天	格年子	前年
日昼心里	中午	黄梅里	夏收夏种
夜头、夜里	晚上	寒场里	冬天
啥晨光	什么时候	格日头	前天
该歇	现在	前格日头	大前天
日里	白天	一歇歇	一会儿
旧年	去年	煞生头里	突然
毫肖	快点	老里巴早	很久以前

表 7-3　气象类方言与普通话对比表

方言	普通话	方言	普通话
雷响	打雷	发冷头	寒潮
秋啦洒	忽雨忽晴	发风	起风
风大	大风	落雨	下雨
起阵头	雷阵雨	迷路	雾
天好	晴天	蒙花雨	毛毛雨
阴司天	阴天	上阴天	阴天
日头	太阳		

表 7-4　地理类方言与普通话对比表

方言	普通话	方言	普通话
宅基	地基	啥场化	啥地方
小江	小河	屋后头	屋后
抄近路	走近路	浜斗	河浜
樯岸	田岸	坟墩头	土坟
娄潭	池塘	田横头	田边
高墩头	土丘	村寨	自然村

表 7-5　农事、植物、动物、器皿类方言与普通话对比表

方言	普通话	方言	普通话
番麦	玉米	长生果	花生
青菜	蔬菜	曲蟮	蚯蚓
老卜	萝卜	知了	蝉
捉稻	割稻	田鸡	青蛙
草头	红花草	河鳜	鳜鱼
白乌几	鹅	挽子	柳条箩
胖鲢头	鲢鱼	铁锴	铁耙
暂节	蟋蟀	啥个老东劲	什么东西
菊蛛	蜘蛛	敌卫	特地
麻将	麻雀	洋山芋	土豆
妻鱼	青鱼	畜生	牲畜
山巴	巴斗	湖羊	绵羊
叉袋	麻袋	雌雄鸡	母公鸡
水关	船舵	亮亮火	萤火虫
平几	船板	偷瓜畜	刺猬
内麦	元麦	癞团	癞蛤蟆
恶壅	肥料	甲鱼	鳖

续表

方言	普通话	方言	普通话
土大	竹泥篓	樯子	桅杆
莳头	锄头	扯篷船	帆船
篙子	竹篙	停船	停泊
背牵	拉纤	落篷	下帆
菜籽	油菜	掉枪	转向
毛豆	黄豆	山芋	红薯
吉子	镰刀	汤吾子	热水袋
柴罗	柴堆	鸭连连	鸭
猪猡	生猪	眯特歇	打个盹
老婆鸡	老母鸡		

表 7-6　生活类方言与普通话对比表

方言	普通话	方言	普通话
客堂	客厅	手巾	毛巾
阶沿石	起步石	打瞌冲	打瞌睡
房里	卧室	做生活	干活
热水瓶	保温瓶	脚踏车	自行车
汏浴	洗澡	开间	左右墙的距离
被头	被褥	门堂子	门框
困告	睡觉	镬子	锅
吃烟	休息	吃饭	午餐
吃粥	早餐	缩粉	粉丝
饭糍	锅巴	满鲤	鳗鱼
柴虾	虾	门扇	门闩
汏衣裳	洗衣服	吊子	水壶
汏脚	洗脚	剃头	理发
衬单	床单	引针	缝衣针

续表

方言	普通话	方言	普通话
蚊厨	蚊帐	吃夜饭	晚饭
揩面	洗脸	大草	金花菜
白相	玩	担饭	送饭

表 7-7　文化类方言与普通话对比表

方言	普通话	方言	普通话
做戏	演戏	白相干	玩具
勃跤	摔跤	放鹞子	放风筝
枉东道	打赌	讲帐	讲话
拌夜猫	捉迷藏	回头嫩	告诉你
千跟斗	翻跟头	唱社	跪拜
开眼瞎子	文盲	担盘	定亲
猜妹妹子	猜谜	唔不	没有
好白相	好玩	师娘	巫婆
拖身体	受孕	犯法	违法
讨娘子	娶妻		

表 7-8　商贸类方言与普通话对比表

方言	普通话	方言	普通话
强	便宜	克称头	缺斤短两
拆账	利润分配	扎账	审计
出账	开支	一侧倒	所有的
会钞	付账	找头	找零
票子铜钿	人民币	租佃	租金
赊钿	欠账	定头佃	定金
货色	货物	拍账	算账

续表

方言	普通话	方言	普通话
利钿	利息	进账	收入
房钿	房金	捞钞票	贪污
赠头	利润	—	—

表 7-9　称谓类方言与普通话对比表

方言	普通话（或含义）
男太太	曾祖父
女太太	曾祖母
外公太太	曾外祖父
外婆太太	曾外祖母
阿爹	爷爷
好婆	奶奶
阿伯	父亲、爸爸
姆妈	母亲、妈妈
阿哥	哥哥
阿姐	姐姐
妹妹	妹妹
阿嫂	嫂子
妹夫	内弟
老伯伯	伯父、伯伯
嫚嫚	伯母
爷叔	叔叔、叔父
婶娘	婶婶、叔母
夫夫	姑父
娘娘	姑妈
娘舅	舅舅

续表

方言	普通话（或含义）
舅妈	舅妈
丈人	岳父
丈母娘	岳母
老公、小官人	丈夫
老婆、家子婆、屋里响	媳妇
寄爷	干爹
寄娘	干妈
过房儿子	干儿子
过房女儿	干女儿
囡姆	女儿
阿侄	侄子
阿侄囡	侄女
外甥囡	外甥女
外甥妮子	外甥
老阿公	公公
老阿婆	婆婆
老姨夫、老娘姨	过房儿子、女儿双方父母的称呼
小娘头	未出嫁的小姑娘
老老头	年长的女人对自己丈夫的称呼
老太婆	年长的男人对自己妻子的称呼
穷爷	本人

表 7-10 其他类方言与普通话对比表

方言	普通话（或含义）	方言	普通话（或含义）
结棍	厉害	刚刚	刚才
来三	能干	老几三	东西
下作	下流	印	冷
倒胃口	恶心	勿灵	不好
白白里	徒劳	不作兴	不可以
适意	舒服	塔杀气	放着不用
推头	推说、借口	曲死	小气
滑头	不诚实	轧淘	结伴
笃定	有把握	小乖人头	耍小聪明
杨树头	立场不稳	勿入流品	道德品质低劣
昏闷	纳闷	稀奇勿煞	自以为是地炫耀
茄门相	不感兴趣	嚼舌头根	闲说、唠叨
看人头	看对象办事	嘴郎功夫	只有表态，没有实际行动
夹嘴舌	挑拨离间	吊长丝瓜	长得细细长长的人
卸肩胛	怕负责任	干瘪枣子	生得瘦弱的人
推板	差劲	尖头把戏	贪小利
寻开心	戏弄别人	空心汤圆	空欢喜一场
洋盘	不精明	淘伙里人	同一圈子里的人
烂料	不节俭	血淋嗒滴	鲜血直流的样子
做人家	节俭	贼脱兮兮	嬉皮笑脸，不严肃的样子
便当	简单、方便	嘞煞吊死	小气，视钱如命
亲眷	亲戚	那末弄僵	某件事情做得非常糟糕
触心	讨厌	煞生头里	突然
门生	学生	闷声发财	处事低调，即使有好事也一声不响
轧姘头	男女关系混乱		
伊格	他们	死活勒特	没有生机的状态

续表

方言	普通话（或含义）	方言	普通话（或含义）
筋出骨出	非常消瘦的形象	柴气	不满意
痴花野咪	想入非非，痴心妄想	瞎三话四	胡说
虚头霍脑	吹牛、胡说	唔	我
呆头木梢	反应迟钝的人	伊	他（她）
扇小扇子	背地里煽风点火，制造事端	摊充	难为情
肩湿木梢	做多余的事	待伊歇	不管他
碰额骨头	碰运气	拆污	大便
额骨头高	运气很好	残过	罪过
夯大看大概	跟人家一样	小干	小孩
偷死怪	偷懒	像模像样	像样
说样话经	试探别人口气	祸样根	原因
阿无乱	没有头脑的人	触客	恶劣
节卡	指甲	一天世界	一塌糊涂
作骨头	无事生非	肉麻	舍不得
青头鬼	流氓木混混	屋拉不出	进退两难
搞拜叶经	乱搞	促壁脚	挑拨离间
鸭连连	鸭子	吾里	我们
困思梦槿	犯困	随便伊	随便他
屁招精	啥也没有	拆水	小便
老嘎嘎	老三老四	轧牢	拘住
阿木林	傻瓜	田横头	田野
青肚皮猢狲	没记性的人	作逆	可惜
勿壳帐	没想到	闯家头	串门
勿搭介	没关系	恶阴恶上	可怕
打相打	打架	看毛病	治病
相信	信任	放夜火	在外说三道四
懊牢	懊恼	孟生头里	突然

续表

方言	普通话（或含义）	方言	普通话（或含义）
困	睡觉	不得了	厉害
摇林带滚	站不稳	讨娘子	娶媳妇
落起来	起身	肚皮拆	拉肚子
家生	工具	操拳勒臂	打架的样子
挤忙作乱	忙上加忙，越帮越忙	刁钻促客	算计别人，捉弄别人
涕拖拉拖	吃相不雅，衣带不整	七歪不牵	很不整齐
煞煞辣辣	爽快，干脆	大约麻酌	马马虎虎
别搭场化	别人的地方	牛皮吊筋	很不爽气
尴尬头浪	不上不下	掸蓬尘	打扫卫生
汗毛凛凛	受到惊吓的意思	夹口嘴	搬弄是非
夹忙头里	别人忙的时候突然加入	斩烂肉	把肉剁成末
敲开木鱼	一直哈哈大笑的状态	说困话	说梦话
肚肠根痒	说话吞吞吐吐，让人听得不爽	勒郎模样	大概，差不多的意思
碰着点啥	有点莫名其妙	甩郎头	说大话
乒乓之响	闹事状态下的响声	花好稻好	完美
盘子活络	办事灵活的人	枉输枉	什么都不怕
精光的滑	非常光滑	三只手	小偷小摸
圆格卢都	物体很圆的样子	得令滚圆	圆整
连档码子	互相勾结，会做坏事	说鬼话	说假话
根牢固实	做事牢靠	棵郎头	脑袋
豆腐肩胛	不愿担责任的人	出趟	上得台面
乱话三四	胡说八道	吃力得勒	累死了
冷陌生头	别人没有准备的时候	砸墩	结实
转弯角子	拐弯	胡调	人云亦云
要紧匆煞	急急忙忙	假嘴假眼	装傻充愣
吃辣火酱	吃苦头，受惩罚	任子夜壶	糊里糊涂

二、俗语

（一）生活俗语

下雨一百个八头，天好一百个热头。

草屋年年新，瓦屋害子孙。

五样六样，不及螺蛳顿酱。

儿子哭娘惊天动地，女儿哭娘着心着意。女婿哭母黄牛叹气，媳妇哭婆嗲声嗲气。

小满的日头，慢娘的拳头。

染坊店里不脱白。

好记性不及烂笔头。

月亮弯，月亮圆，月亮弯弯像条船，月亮圆圆像只盘。弗是船也弗是盘，月亮永远勒天浪，弯弯又圆圆。

拍拍胸，不伤风，拍拍背，不驼背。

今朝礼拜三，老师上昆山，前山勿走走后山，屁股跌得两爿爿。

麻子麻，偷枇杷，枇杷树浪有条蛇，吓得麻子跌倒爬。

嫩姓啥？吾姓黄！啥个黄？草头黄！啥个草？青草！啥个青？碧咧清！啥个碧？毛笔！啥个毛？三毛！啥个山？高山！啥个高？年糕！啥个年？2018年。

笃笃笃，买糖粥，三斤葡萄，四斤壳，吃嫩肉，还嫩壳。

小鸡毛，真美丽，做只毽子大家踢，济脚踢，顺脚踢，就像花朵天空飞。嫩踢五十吾踢百，踢出花样比高低。

一只鹅，走来走扣呒不劲；两只鹅，拍拍翅膀唱唱歌；三只鹅，排仔队伍扣游水；一群鹅，嘎嘎嘎嘎真咔活。

一二三，吾俚侪是木头人，弗许讲张弗许动，还有一个弗许笑。

一只小花狗，眼睛骨碌碌，坐勒门口头，想吃肉骨头。

小花猫，到学堂，老师上课伊困高。左边进，右边出，嫩讲可笑弗可笑。

大蜻蜓，绿眼睛，两只眼睛亮晶晶，飞一飞，停一停，飞来飞扣捉苍蝇。

若要好，老做小。

锣鼓听声，说话听音。

斧头吃凿子，一木吃一木。

有理无理，出在众人嘴里。

只看见人家吃白米，勿看见人家起得起。

墙头上刷白水，白刷白话。

弯扁担不断，直扁担刮哒。

阳澄莲花垛，老的摇船小的坐

拔出萝卜带出泥。

一个螺蛳顶一个壳。

有钿三十称为老，无钿六十卖少年。

无风不起浪。

苍蝇不叮无缝的蛋。

麻子拍粉，蚀煞老本。

千做万做，蚀本生意不做。

人门前人话，鬼门前鬼话。

有力长发，无力长甲（指甲）。

十只节头（手指头）有长短。

车袋里背钉自戳出。

人情不欺理，一礼还一礼。

金窝银窝，不及自家狗窝。

金乡邻，银亲眷。

棉纱线牵到石碑楼。

多做多错，少做少错，不做不错。

脚踏扶梯步步高，芝麻开花节节高。

会哭的孩子多吃奶。

酱缸里的酱虫，酱缸里生，酱缸里死。

头痛医头，脚痛医脚。

树大招风。

人怕出名猪怕壮。

狗改不了吃屎。

一朝被蛇咬，十年怕井绳。

朝见黄狼夜见鼠，不打耳光定打嘴。

讨仔三年饭，做官呒心相。

脚踏西瓜皮，滑到哪里是哪里。

知人知面不知心，画毛画皮难画骨。

一只碗不响，二只碗叮当。

嘴像蜜糖，心如砒霜。

上梁不正，下梁歪。

天上老鹰大，地下娘舅大。

有钿难买老来瘦。

吃食看来方，扎衣看来塘。

烧香不断杭州路，千年不断娘家路。

泥佛佛拜拜，阿要灵。

牙齿和舌头再好，也有相打日。

眼看四方，耳听八方。

千朵桃花一树生，同胞父母看娘面。

藕断丝连，一夜夫妻百夜恩，一年夫妻海洋深。

行得春风换衣绿。

爷有，娘有，不及自有。

皇帝不急急太监。

无事不登三宝殿。

亲兄弟，明算账。

筷下出逆子，棒下出孝子。

人急叫娘，狗急跳墙。

牛吃稻柴鸭吃谷，各人生来各人福。

日里不做亏心事，夜里不怕鬼敲门。

大意失荆州。

人看走来，树看锯开。

革（几家合伙）船革只钉，革牛革根筋。

种田万万年，生意忘不见。

天荒饿不杀手艺人。

常在河边走，哪能不湿鞋。

眼睛一眨，平望八坼。

好煞外头人，恶煞自屋里。

好汉不吃眼前亏。

亲家母，我来告诉你：亲家母倷要勿动气，请你坐好仔，吾来告诉你。你的囡到我家，叫俚淘淘米，在水滩头弄烂泥，叫俚扫扫地，笤帚炳浪出把戏，叫俚烧烧火，火钳头浪爆炒米，说说俚大火气，叫俚拎拎水，滴滴答答弄一地，叫俚买买油，在油店里向搭讪头，叫俚买买线，走错仔店门买错盐，叫俚小菜场去买买菜，知花野面玩东西，拉勒篮里就是菜。亲家母你不要勿动气，请你把囡吾带转去，好好仔教教俚。

山歌好唱口难开，樱桃好吃树难栽，百果饭好吃田难种，鲜鱼汤好喝网难张。

一个姑娘三寸长，勒浪茄树底下乘风凉，拔勒长脚蚂蚁抬仔去，笑煞仔婆婆哭煞仔娘。

叫天子飞来节节高，燕子飞来像剪刀，野鸡飞勒青草里，天鹅飞过吴淞江，蜻蜓飞过要变天，蝗虫飞来灾难到，蝴蝶飞到花丛里，布谷鸟飞来好种稻。

（二）生产俗语

老牛不荒田。

船真屋假牛惹惹。

稀麻密麦全无用。

秧好稻好，娘好囡（女儿）好。

鲎（虹）高日头低，明朝披蓑衣。

鲎（虹）低日头高，明朝晒断腰。

炰（烧）炰田角落，开年（明年）养只大猪猡。

十二、十三磨刀雨，十七、十八巡家雨，廿不落廿一雨，廿三、廿四回龙雨，牵车搁在弄堂里。

吃酒驶顺风，个个好弟兄；橹橹摇逆风，人人板面孔。

杨树头，东风朝西摆，西风朝东摆。

眉毛胡子一把抓。

脖鸽只巴（巴望）甏头兴。

渤篓里格水花，捞起只尺虾（小虾）。

日出一点红，没雨便有风。

干净冬至邋遢年。

三朝迷雾刮西风。

（三）时令俗语

头九暖，二九寒；三九廿七，树头吹得毕咧；四九三十六，摇航船连路宿；五九四十五，网船不捉鱼；六九五十四，杨树青紫紫；七九六十三，棉絮两面甩；八九七十二，黄狗躺阴地；九九八十一，穷人出头日。

白露白迷迷，秋分一时齐，寒露无青稻，霜降一齐倒。

夏至始莳秧，不莳七月秧。

寸麦不怕尺水，尺麦却怕寸水。

萤火虫，夜夜红，屁股浪会点灯笼，飞到东来飞到西，飞到草窠里向捉青虫，捉啊捉弗着，倒拔勒触律刺痛脚，弗好动，只好蹲勒草窠里向望天空。

第三节　民歌民谣、歇后语及谜语

一、民歌民谣

阿龙，阿龙，烧火近拱，塌脱烟囱，压煞阿龙。

小人要唱小山歌，蚌壳里摇船出太湖，燕子衔泥笃断海，旁皮鱼跳过洞庭山。

阿姨长，阿姨短，阿姨头上有只碗，碗里有根萝卜干，一年到头吃不完。

阿三，阿三，蚂蚁爬山。爬到昆山，连忙转弯。捡到一只破篮，讨着二碗冷饭。爷一碗，娘一碗，阿三只好吃空碗。

摇啊摇，摇到外婆桥，买条鱼烧烧，头不熟尾巴焦，吃仔呼啊呼啊快点摇。

摇啊摇啊，摇到外婆桥，外婆在桥上瞧一瞧，瞧见外婆对吾笑，伸出手来把吾抱，连连叫吾好宝宝，亦买团子亦买糕，拉吾小手屋里跑，叫吾歇歇坐坐好，忙得外婆弗得了，米来淘，菜来烧，清炖鲫鱼两头翘，咸肉波菜线粉条，满碗白饭端正好，吃鱼吃肉自己挑，拿起调更把汤烧，外婆眯眯笑，叫我吃饱肚皮仔快点摇。

摇呀摇，摇到外婆桥，外婆叫我好宝宝。糖一包，果一包，还有饼，还有糕，宝宝吃得眯眯笑。

和尚和尚一记尼（耳）光，打到里床，里床有只缸，缸里有只碗，碗里有只蛋，蛋里有个黄，黄里有根洗帚芒，哽煞一个小和尚。

一个姐姐三寸头，茄树底下吹风凉，长脚蚂蚁扛仔扣（去），笑煞姐夫，哭煞娘。

斗斗鸡，拱供飞，飞到天浪（上）吃白米。

阿龙阿龙啦嗒（那里）来？壁角落里钻出出来仔做啥？阿龙出来拾钉头。拾仔钉头做啥？打竹刀；打竹刀做啥？蹲（砍）竹头；蹲仔竹头做啥？劈篾；劈仔篾做啥？做饭箩；做好饭箩做啥？淘米；淘仔米做啥？牵磨；牵仔磨做啥？章（蒸）糕；章仔糕做啥？送外孙；外孙勒浪啦嗒？外孙勒浪天浪；天浪怎样上扣？金车银车开上扣；天浪怎样下来？红绿绢线落下来。

二、歇后语

石头上掼乌龟——硬碰硬。

卫生口罩——嘴上一套。

牯牛身上拔根毛——小意思。

三只指头捉田螺——稳笃笃。

瞎子磨刀——快来实。

驼子跌跤——两头翘。

老四（鼠）钻在风箱里——两头受气。

一个柴罗两头拔——完得快。

背心上拉胡琴——挨（轮）不着。

瞎子吃馄饨——心中有数。

造屋请着箍桶匠——不对路（外行）。

鸡蛋碰石头——不自量力。

鸡蛋里挑骨头——扳错头。

黄鼠狼躲在鸡棚上——不吃也是吃。

叫花子吃死蟹——只只好。

癞蛤蟆想吃天鹅肉——想也白想。

黄鼠狼给鸡拜年——不安好心。

棺材里伸手——死要。

初三的月亮——有搭无（没有）一样。

老孵鸡生疮——毛里有病。

床底下放鹞子——高不了。

戴着箬帽亲嘴——差远了。

蜻蜓吃尾巴——自吃自。

鸭吃砻糠——空喜欢。

缺嘴拖鼻涕——顺路。

顶是石臼做戏——吃力不讨好。

老虎头上拍苍蝇——狗胆包天。

肉骨头敲铜鼓——昏冬冬。

三、谜语

（一）自然类谜语

（1）兄弟六个本同娘，相貌身材弗一样：老大眼泪汪汪——雨；老二素衣白裳——雪；老三无影无踪——风；老四骨头硬——雹；老五打鼓出场——雷；老六浑身闪光——闪电。

（2）千条线，万条线，落到河里看不见——雨。

（3）弯弯一座彩色桥，高高挂在半山腰，七色鲜艳真好看，一会工夫不见了——彩虹。

（4）说像糖它不甜，说像盐它不咸，冬天有时一片，夏天谁都不见——雪。

（5）到处乱跑谁也捉不到，跑过树林树木都弯腰，跑过大海海浪高又高——风。

（二）生活类谜语

（1）生一碗，熟一碗，吃脱一碗，还有一碗——螺蛳。

（2）十条田岸九条沟，条条田岸有盖头——十指头。

（3）一根木头造幢屋，拔脱门闩就塌屋——雨伞。

（4）弯背老公公，一烧就要红——虾。

（5）圆圆娘，刷刷娘，光头络托扁头娘——铜勺、洗帚、铲刀。

（6）小小两只船，没浆又没橹，白天到处游，夜里停在床前头——鞋。

（7）丁零零，丁零零，一头说话一头听——电话。

（8）远看乌云，近看乌轮，打开城门，吃脱活人——门。

（9）炮打没洞，刀劈无缝——水。

（10）爷蓬头，娘蓬头，养个儿子尖头——竹。

（11）兄弟七八个，围着柱子坐，只要一分开，衣服就扯破——大蒜头。

（12）一个小姑娘，生在水中央，身穿粉红衫，坐在绿绿船上——荷花。

（13）一身绿衣裳，肚里水汪汪，生的子儿多，子黑脸膛红——西瓜。

（14）驼背公公，力大无穷，爱驮车水马龙——桥。

（15）身披花外袄，唱歌顶呱呱，田里捉害虫，丰收立功劳——青蛙。

（16）头戴大红花身，穿什锦衣，好像当家人，一早催人起——公鸡。

（17）嘴像小铲刀，脚像小扇子，走路左右摆，水上划船快——鸭。

（18）小小姑娘满身黑，秋去南方春来归，从小立志除害虫，身带剪刀满天飞——燕子。

（19）高高个儿一身青，金黄圆脸喜盈盈，天天对着太阳笑，结的果实数不清——向日葵。

（20）有时候圆又圆，有时候弯又弯，有时晚上出来走，有时晚上看不见——月亮。

（21）用手拿不起，用刀劈不开，煮饭和洗衣服都得请我来——水。

（22）好像一架小飞机，前后翅膀挨一起，睁大眼睛找小虫，吞到细细肚子里——蜻蜓。

（23）天上一只鸟，用线拴得牢，不怕大风吹，就怕细雨飘——风筝。

（24）蒲鸡蒲在手里，尾巴甩到嘴里——水烟筒。

（25）蒲鸡蒲在地上，尾巴甩到梁上——灶头。

（26）金鸟笼，银鸟笼，碰碎过不笼——蛋。

（27）四角方方一座城，外装兵马里装人，城外杀得轰轰叫，城里不伤一个人——蚊帐。

（28）寺旁有只牛，二人抬根木，双木不成林，目下弯弯曲——特来相见。

（29）女王帝头上生二只角——姜。

（30）南阳诸葛亮，独坐在中央，摆起八卦城，活擒飞来将——蜘蛛。

（31）红被头，白夹里，十个小娘扎杀伊——橘子。

（32）一条田岸笔立直，赤脚灵丁走得——锯子。

（33）有脚不会走，无脚到处跑，有嘴不会讲，无嘴闹汪汪——凳、球、壶、锣。

第四节 村落游戏

一、车铁箍

车铁箍图（2020年，卢智昱绘）

30—40年代，马庄村小孩就会车铁箍，50—60年代车铁箍时兴，60年代末逐渐消失。车铁箍是一种很简单的游戏，只需选用铁箍一只，另用一根铁丝，一头弯成凹形钩子，一头扎在一根40厘米左右长的细竹竿上，然后用凹铁钩钩住铁箍往前推。随着推力，铁箍便向前滚动，并发出“哐啷哐啷”的声音。车铁箍熟练的孩子在小田岸上进行车铁箍比赛，看谁推得既快又稳，铁箍先掉在田里为输。

二、打铜板

打铜板图（2020 年，卢智昱绘）

村域小孩打铜板源起于清末，时兴于 50 年代，70 年代初逐渐消失。这种游戏由两个以上小孩玩耍，人越多越有趣。首先选一个比较宽敞平坦的场地，找一块比较大的平的方砖，参加者每人出一个铜板放在方砖上，然后用猜拳的方法，决定出场的次序。第一位出场者在方砖边选择一个合适的位子，站好后不许移动，第二位出场者将每人拿出的铜板叠在方砖中间，第一位出场者用铜板照准方砖中间铜板打，如果把铜板从方砖上打落到地上，铜板归自己。剩下的铜板叠好，依次打，直到方砖上的铜板被打完为止。人数少的时候两人就可以玩这种游戏，最多可有十几个小孩子参加。

三、滚铜板

滚铜板是村域十余岁小孩玩的游戏。源起于清末，兴于 50 年代，70 年代逐渐消失。这种游戏需要先选一块大小十几平方米且比较平整的场地，再找两块砖头，将两块砖搭成一个斜面，然后在离砖台 5～8 米的地方画一条横线，最后用猜铜板正反面决定出场次序。先出场者捏住铜板，对准砖面，松手，用巧劲将铜板向前滚（用力地方法不同，铜板滚的方向不同），如铜板滚出横线，已越过规定范围，只能

滚铜板图（2020 年，卢智昱绘）

等下一轮（本轮取消资格）。参与者全部滚完后，铜板离横线最近的为胜者，然后拿自己的铜板，击周围最容易击中的铜板，被击中的铜板归自己，并可连击，直至击不中，再让位给后者。依此类推，击完为止。在滚铜板过程中，也要讲究策略，如大局对自己不利，可以用巧妙的方法滚得离别的铜板远些，让其他参与者击不中，称作逃避。

四、踢方格

踢方格是村域十余岁小孩玩的游戏。兴起于60年代，80年代逐渐消失。这个游戏一般两人以上玩，对场地要求不高，选择一块比较平整的场地，画一个十字方格，竖6格，横2排4格，每格是约0.5平方米的正方形。参加者每人自选一块比较合适的（3~5厘米）瓦片，出场者将瓦片放在第一格，连续踢完10个格为胜者。中途瓦片压线、出格或脚踏线即停止。参加者踢完后，看踢的格子多少排名次。

踢方格图（2020年，卢智昱绘）

五、打弹子

打弹子兴起于40—50年代，70年代逐渐消失。这种游戏是村域内男孩玩得比较多的游戏，人数不限，玻璃弹子是从货郎那儿换来的。活动前先在玩的场地上挖4个比弹子大的泥洞，前3个洞距离相等，最后1个洞远一点（根据场地长短而定），称“老虎洞”。再用猜拳的方法，确定出场先后次序。规则：球滚进第四个洞，即“老虎洞”，就成“老虎”，然后“老虎”在洞边守着，未当“老虎”的

打弹子图（2020年，卢智昱绘）

球滚到哪儿就停在哪儿。滚完后，“老虎”开始击球，击中的球归自己，并可连击。击不中的球停在那儿不再动，让后面未当“老虎”的人，继续向“老虎洞”“进军”。当上“老虎”的人可以击别人的球，依次进行，直至场上球击完为止。

六、削水片

削水片图（2020 年，卢智昱绘）

削水片是一项传统游戏，20 世纪初逐渐消失。这种游戏是村域村民平时散步或劳动歇息，一时高兴时开展的一种游戏。活动前村民在河边、墙角捡一些碎瓦片或缸片，方法是手捏瓦片或缸片，走到河滩边，使劲将瓦片或缸片甩向水面，随着“嗒嗒嗒”的响声，水面上出现一串漂亮的水花。削水片看似简单，却十分讲究，要有一定的技巧。一是要有力，二是要使瓦片、缸片紧贴水面，掠水而行。瓦片或缸片出没跳跃，能在水面上激起一串串涟漪，涟漪由近及远、由大而小，在水面上划出一串串美丽的水花，给人以无穷的乐趣。

七、跳橡皮筋

跳橡皮筋图（2020 年，卢智昱绘）

跳橡皮筋兴起于 70 年代初，2018 年仍然流行。这种游戏也叫跳牛皮筋，是村域女孩子们特别喜欢的一项活动。在不少弄堂、院落，经常可以看到女孩子们哼着童谣和着节奏在跳橡皮筋。活动前，把参赛者分成两组，每组选出跳橡皮筋高手，并分别率领自己的队伍参加比赛，哪个组全体队员均闯过关，那么这个组便获胜。

八、扇洋片

扇洋片兴起于80年代，至2018年村域仍然流行。洋片又叫娱乐片，是一种彩色的卡片，画面都为《三国演义》《水浒传》等故事中的人物。要想全部集齐各类兵器的洋片很不容易。货郎担上有整板成条出售的洋片，买回来将其剪成单张，用橡皮筋绷住、藏好。每当放学后，一帮顽童蹲在墙角边的空地上或庭院、路边进行活动。将自己的洋片，多张正面朝下摞起，参与者先猜拳决出出场顺序，然后用手掌扇洋片。所谓扇，就是将洋片的正面翻出，即获得胜利。扇时根据各人掌握的技巧与力度，利用手掌扇动时产生的风力将洋片翻过来。有时一扇能扇翻一两张，扇翻的洋片归赢者。当然也有可能一张都没翻动。

扇洋片图（2020年，卢智昱绘）

九、挑绷绷

挑绷绷兴起于20世纪初，至2018年时已极少出现。这种游戏村域内的女孩玩得较多。活动前，活动者先取一根长0.8米扎底线，把线的两头打结拴住，然后你来我往，利用自己双手的十个指头，钩成各种形状，再让别人挑，即可变成另一种形状。形状的变化可多了，有大方砖、梭子块、大手巾、真是变幻无穷，让人目不暇接。最后解不开者便输。

挑绷绷图（2020年，卢智昱绘）

十、跳绳

跳绳图（2020 年，卢智昱绘）

跳绳兴起于清末，历史悠久，男女皆宜。跳绳加伴唱的游戏，娱乐性很强，能使少年儿童的身体得到锻炼，因此跳绳运动在村域中一直流传至今。跳绳活动简便，只要有一根绳，场地到处都是，随时随地都可以开展，是一项适合大众的体育健身运动。跳绳花样繁多，可简可繁，村民们至今仍经常开展这项活动。

十一、放风筝

放风筝图（2020 年，卢智昱绘）

放风筝也叫放鹞子，源起于春秋时期，时兴于 20 世纪初，至今村域仍流行。风筝制作比较简单，用竹子做成骨架，再用纸或绢糊在骨架上，最后在骨架上系一根长线就制作完成了。用纸或绢可以做成蝴蝶、百脚、蜻蜓等各种形状的风筝，现在多在玩具店购买。放风筝者放风筝时要选择有三四级微风的晴天，找一块空旷的地，乘着风势，放出长线，逆风时用手抖一抖牵引风筝，让风筝得到风力后飞起来。随着风筝起飞，逐渐放线，风筝会越飞越高，这时放风筝者捏紧长线，随风筝奔跑，煞是有趣。

十二、老鹰捉小鸡

老鹰捉小鸡兴起于 20 世纪初，至今仍存在，是村内好多孩童一起玩的游戏，七八个小孩一起玩为宜。参加者先推荐两个比较灵活、身高高一点的孩子，一个做老鹰，一个做母鸡，其余小孩依次抓住前面一个人的衣边，连成一条龙扮作小鸡。母鸡挡住老鹰，小鸡跟着母鸡，跌跌撞撞，躲来躲去，不让老鹰捉住，直到一只只小鸡被老鹰捉完为止。

老鹰捉小鸡图（2020年，卢智昱绘）

十三、笃金益

笃金益也叫甩砖头，兴起于清末，到70年代中期在村域消失。这个游戏适合7岁以上的小朋友玩。第一次笃时每人半块砖头，其中有一块竖直放在地上，这时小朋友排好队一个一个甩砖头，谁能打倒竖起的砖头就算第一局赢，可以参加第二次笃。第二次笃的小朋友先把自己手上的砖头笃出去一步远，再跨出去必须踩在刚才甩出去的砖头上，并且嘴里要叫一声“金益”，然后把踩住的砖头拿起来笃前面竖直的砖头，如前方竖直的砖头倒下就算第二局赢。如果砖头没倒，可以参加第三次游戏，第三次笃的小朋友这时可以把自己手上的砖头扔出去两步远，同时跨两步，在跨第一步时叫一声“金益”，跨第二步时叫一声“波罗”，这时脚必须踩住扔出去的砖头，然后把踩住的砖头拿起来放在自己的脚踝处双脚夹住，然后跳起来甩出去，使前面竖直的砖头倒下就算赢，如果没有打倒就算输，游戏继续。

笃金益图（2020年，卢智昱绘）

十四、翻蛤蜊

翻蛤蜊兴起于清朝，20世纪末逐渐消失，这种游戏是村域孩子玩得比较多的游戏。活动前，孩子请成人帮忙从河里抓起蛤蜊，开壳后去除蛤蜊肉并洗净，留下蛤蜊壳。两名孩子各手持一枚蛤蜊壳抛向地面，蛤蜊壳正面朝上为赢，背面朝上为输，若双方抛向地面的蛤蜊壳样式一样，则重新游戏，直到一方获胜，胜利者可以获得地上的蛤蜊壳。

翻蛤蜊图（2020 年，卢智昱绘）

堆雪人图（2020 年，卢智昱绘）

十五、堆雪人

堆雪人的历史可以追溯到宋代，不过，那时候的古人堆的并不是雪人，而是雪狮子。一直到清代，出现了一些有趣的变化，才有了堆雪人，至今仍在村域流行。制作方法：下雪后用铁锹弄一个小雪球，慢慢将雪球滚大、压实，当作雪人的身体，再用同样的方法滚一个稍微小一点的雪球作雪人的头，然后把头和身体连接到一起，这时用双手抹拍雪人的身体和头使雪人光滑，再用两颗黑色的纽扣卡进雪人的眼睛处当作眼睛，用一根胡萝卜插在鼻子位置当作鼻子，然后用玉米粒塞在鼻子下面当作嘴巴，最后用两根树枝插进大雪球的身体上做大雪人的手，这样雪人就堆好了。

十六、斗鸡

斗鸡兴起于 30—40 年代，到 80 年代末逐渐消失。这种游戏是村域男孩玩得比较多的游戏。两人为一组，双方各自抱住自己的一条腿，使膝盖与腿呈 90°直角，两人开始互相用膝盖碰撞，有的会坚持很长一段时间分不

斗鸡图（2020 年，卢智昱绘）

出胜负，有的会受不了膝盖的疼痛使脚落地败下阵来，这时赢的一方可以去刮输的一方的鼻子，刮鼻子的次数双方事先商量好，有时输的一方鼻子被刮得通红，有的甚至眼泪都流了出来。

十七、捉迷藏

捉迷藏兴起于50—60年代，80年代在村域逐渐消失，这游戏适合两人以上的小孩一起玩。通过协商、排序、抓阄、黑面白面（手心手背）及剪刀、石头、布等，找出一个人做“寻找别人的人”。其他的小朋友想尽一切办法隐藏好自己不被找到，如果找的人把隐藏的小朋友全部找到就赢了，如果一直找不到隐藏好的小朋友，而是他们自己走出来的，那么隐藏的小朋友就赢了，更换寻找的人重新开始。

捉迷藏图（2020年，卢智昱绘）

十八、扎娇娇

扎娇娇起于40—50年代，到70年代初逐渐消失。这种游戏是村域小孩玩得比较多（人数越多越好玩）的游戏。先把人员分成两组，背靠墙壁一字排列，口令一响，两组人员同时用力往对方的方向挤，直到把对方人员挤出来，这时被挤出来的一方为输。游戏可反复进行。

扎娇娇图（2020年，卢智昱绘）

十九、丢沙包

丢沙包起源于远古时代，人类的祖先会用石头等硬物来击打猎物，现代则发展成沙包击人的游戏。在60—70年代曾经风靡一时，到80年代末在村域逐渐消失。这个游戏比较适合十多岁的小孩玩，至少三人参与。两人分别站在两头丢沙包，其余的人就在中间躲来躲去，中间的人若被沙包击中就得充当“投手”。如果用手直接抓住了丢过来的沙包则要增加一次“生存的机会”继续游戏。

丢沙包图（2020 年，卢智昱绘）

丢手绢图（2020 年，卢智昱绘）

二十、丢手绢

丢手绢兴起于 70—80 年代，在村域内一直流行至今。多人围坐一圈，首先选一人拎着手绢在圈外慢跑，坐着的小朋友一边拍手，一边齐唱：“丢手绢，丢手绢，轻轻地放在小朋友的后面，大家不要告诉他，快点快点抓住他。”丢手绢的人走着走着，乘人不备，悄悄把手绢丢在其中一个人的后面，然后继续跑，如果丢下的手绢被这个人发现了，此人就必须拿起手绢赶紧去追，追上丢手绢的人后，丢手绢的人就得站在圈中为大家表演节目，表演完后继续在圈外丢手绢。若没追上，丢手绢的人已顺圈跑到这个人原来的位置上，那么这个人就得在圈外丢手绢。在拍手和歌声中，游戏重新开始。

第八章　礼仪习俗

礼仪习俗是一个国家或民族中广大人民所创造、遵循和传承的生活文化。随着社会的进步、经济的发展，马庄村也逐步形成了属于马庄村村民的礼仪习俗，如婚嫁、出生、辞世等个人礼节和代代相传的传统节日。

中华人民共和国成立后，社会发生了天翻地覆的变化，政府提倡移风易俗，新风旧俗开始融合发展，一些不健康的习俗逐步被人们抛弃，逐渐发展出新的社会风尚。

第一节　岁时习俗

一、传统节日

（一）春节

春节从农历年初一开始，至正月十五结束，历时半个月，也是所有节日中最隆重的一个。

正月初一天亮之前，须放鞭炮，叫“开门鞭炮”。先放两个大炮仗，后放小炮仗。人们认为在农历新年第一天，燃放鞭炮可以辟邪驱魂，对一年的平安起到关键作用。现在开门鞭炮一般提前到午夜零点之后。

放好“开门鞭炮”以后，要在大门上更换去年贴的春联和“福”字。进入21世纪，春联和“福”字大年夜就要更换好，“福”字可倒着贴，福“倒”意为福“到”，就是福气到了的意思。

贴好春联和“福”字，接着就在客堂正面悬挂三星轴子、点香烛、供奉糕点果品，然后男女老少依次祭拜，祈求先人保佑来年平安。拜好祖先，小辈开始给长辈拜年，长辈给小辈压岁钱，这一习俗延续至今。

大年初一，男主人亲自下厨做早饭，因为男主人是一家之主，有着养家糊口的责任，这样就意味着全家一年到头可以吃饱饭。早餐必须是干饭（年初一早上不能吃粥，吃粥意味着生活很清贫，也不可以到别人家吃饭，吃别人家的饭，意味着“讨饭”，这都是非常不吉利的），菜要以素为主，寓意勤俭持家。进入21世纪，村民的生活节奏加快了，年初一不吃早饭而吃肉包、大团子、汤圆、面条、年糕等，意味着年年高升、团团圆圆、健康长寿，也没有了大年初一不能去别人家吃饭的习俗。

早在大年三十刚过的半夜，村民们就会去寺庙排队烧香。

年初一是农历年的第一天，这个日子非常重要，也有不少禁忌。

（1）不可扫地。马庄村村民一般认为，屋里地上的垃圾都是散财，随处可捡，永不会穷，不能随意处置。这些垃圾是不能倒到外面去的，那会倒掉“财气”，必须聚集起来到年初五才能往外倒。这个习俗在老一辈人的观念中仍然很重要，流传至今。

（2）不可乞火。所谓乞火，就是到别人家里去借火种（火柴、打火机）。因为火代表“旺”，不能开口向人借，别人也不会借给你，即使是亲朋好友，也不会相借。因为所有的过年用品在年前早就准备妥当了，不可能疏忽最重要的火种。如今，每家都用天然气，乞火的现象不会发生了。

（3）不可动刀。初一这天男人若是动了刀，会断绝一年的财路，或者在外经常会与人发生口角，甚至造成血案。

（4）不说不吉利的话。至今民间尚有这样的规矩，大人们很谨慎，也会教小孩不要随便乱说话。

此外，大年初一，嫁出去的女儿这天是不可以回娘家的，上门女婿当然也要“照章办事”。据说这天若要回娘家，娘家要被“吃穷”。

大年初五，马庄村有接路头的习俗。路头就是财神爷。“接财神”非同小可，每家每户都很看重，生意人更是大张旗鼓迎接财神。深夜1点开始，接财神的鞭炮声便接连不断，一直到大天亮才恢复平静。进入21世纪后，这些习俗在年轻一代中已经渐渐消失了。

（二）元宵节

正月初五接了财神，年的味道渐渐趋于平淡。正月十五元宵节又把年的气氛推向高潮。

元宵节重在一个“闹”字，俗称闹元宵。中华人民共和国成立初期，放鞭炮、赶庙会、看龙灯、吃团子、炱田角落。

闹元宵放鞭炮是一个风俗。元宵节晚上一般吃面和圆子。面象征长寿，圆子就是白糖圆子，意味着团团圆圆、甜甜蜜蜜。炱田角落，吃过晚饭后男人和男孩子们拿着稻柴去自留田及房屋四周，手拿燃着的稻柴，一边奔跑，一边不停地念着：“炱炱田角落，野茅朔朔朔，田鸡落落落，开年养只大猪猡，每亩要收三石陆。”这都是种田人美好的愿望。到80年代，凫田角落习俗绝迹。

（三）清明节

清明既是一个节气，也是一个节日，清明节与农历七月十五中元节、十月十五下元节合称“三生冥节”，因为这三天都与祭祀鬼神有关。

上坟是清明节扫墓的主要方式。马庄村村民称扫墓为“上坟”。清明过后至谷雨的这一段日子里，任何一天都可以上坟，而新亡者的第一个清明节，称谓“新清明”，亲人必须当天去上坟。上坟时无论贫富，家家户户都要在祖先的坟上拔草填土，重新整修一番。现在坟墓大多是石墓，只要清理干净，然后进行祭奠即可。祭扫仪式是焚香、燃烛，然后摆设供品。供品有青团子、水果糕点，以及亡者生前喜爱的食品。摆完贡品后，按辈分长幼磕头跪拜，最后焚烧纸锭。

在上坟之前，每家要挑选日子，在家置备黄酒、香烛及一桌三荤三素的酒菜，用以祭拜祖先。有的人家会在上坟的日子之前祭拜祖先，如果家中有分了家的兄弟姐妹，祭拜祖先的日子就要错开。

2007年12月，清明节正式成为法定假日，放假一天。

（四）立夏

马庄村立夏节有尝三鲜（三鲜指新蚕豆、新竹笋、新腌猪头肉）和称体重的习俗。在马庄村的传说中，称体重对健康有利，特别是小孩，立夏节称了体重，整个夏天不会疰夏（生病）。有的人家当年立夏称了体重，记录下来，到来年立夏再称时进行对比，以此观察健康状况。

立夏节这天，小孩胸前挂红蛋，大人用彩色头绳织小网袋，将焐熟的蛋染上红色，放进小网袋，挂在孩子胸前，据说可以辟邪防止孩子疰夏。

（五）端午节

农历五月初五端午这天，每家每户都要在大门一侧上方悬挂菖蒲和艾草，还挂上一束大蒜头。据说，这样可以辟邪驱病，驱蛇虫、百蚁。

端午有吃粽子习俗。粽子有咸、甜两种，有鲜肉粽、腊肉粽、白水粽、赤豆粽。

2007年12月，端午节正式成为法定假日，放假一天。

（六）乞巧节

农历七月初七为乞巧节。这天，长辈要给孙辈做一只童子鸡吃，寓意是孩子吃了童子鸡，读书记性好、身体营养好，表达长辈对孩童的关爱。

（七）中元节

农历七月十五是中元节，也称鬼节。马庄村域当年亡故者，家人农历七月十五在家烧三荤三素一桌菜，加上黄酒、香烛祭拜已故者，而其他人家则是在农历七月十四前后在家祭拜祖先。如果家中有分了家的兄弟姐妹，兄弟姐妹之间需要错开祭拜祖先的时间，这种习俗延续至今。

（八）中秋节

中秋节俗称八月半、团圆节。中秋节家家户户有吃糖芋艿、吃月饼、赏月亮、烧香点烛的习俗。晚上，一家人团坐月下，吃月饼、水果，赏月亮，看中秋文艺晚会，欢聚到深夜。21 世纪后，过中秋节已成亲人团圆、万家欢乐的一大乐事。这天即便是在外工作的，也要克服困难，千里迢迢回家和家人共度中秋，亲朋好友皆互赠月饼，以示问候。

2008 年，国务院规定中秋节成为法定假日，放假一天。

（九）重阳节

农历九月初九是重阳节。因糕与“高”谐音，表示喜利。登高吃糕，有避灾之说。所以，重阳节家家户户都要吃重阳糕。从 1989 年开始，国家将此日定为老年节，提倡敬老爱老社会新风尚。21 世纪后，重阳节这天，马庄村每年为 60 周岁以上老人按照年龄发放相应敬老金。

（十）冬至

马庄村其实并不过冬至，只有当年有离世者家在冬至的前夜，即“冬至夜”，在逝者的位台上点香烛、供祭品，到冬至这天早上，又在位台上摆上一桌酒菜，以示对逝者的思念。家有逝者满两周年的，则在冬至夜为逝者准备一桌（三荤三素）酒菜以供祭拜；到黄昏时，将位台上的牌位等物品带到野外焚烧，晚上大家吃大团子。

（十一）送灶君（送灶公公）

农历十二月二十四夜（俗称廿四夜），时兴送灶君上天，每家都要吃大团子，团子大多为肉馅。送灶君必须用黄糖做馅、第一碗盛起来的黄糖大团子，

送灶君（2019 年，徐惠良摄）

必须先敬灶神爷。因为灶神爷辛苦，今夜送灶神爷上天，希望灶神爷吃了糖团子，嘴巴甜甜的，上天呈好事，下凡保平安。拜过灶神爷后才能享用接下来的糖团子。在廿四夜前，家家户户掸檐尘（扫尘），辞旧迎新，干干净净过新年。中华人民共和国成立前，在外做长工、短工的也要回家过年，现在的公司、工厂也要放假过年，所以有“手不动廿四”之说。

（十二）除夕（大年夜）

除夕是合家团圆的日子，家家户户要吃年夜饭，这是一年之中最后的晚饭，也是最重要的晚饭。有钱人家餐桌上准备各种菜肴，琳琅满目。但无论贫富，大年夜的餐桌上，有几样菜是必不可少的，此俗延续至今。

（1）红烧鱼。一般不会动它，让它完整地保留到明年，有年年有余的说法。

（2）烧蛋饺。蛋饺因颜色金黄，且形状像元宝，寓意为财源滚滚来。

（3）炒黄豆芽。黄豆芽有别称叫金镶玉如意，寓意为年年称心如意。

（4）炒芹菜。芹菜有勤劳致富之意。

（5）炒青菜。青菜（又名安乐菜），寓意为清清白白保平安。

饭后，长辈们给子孙发压岁钱。大年夜有点特殊性，所谓“一夜连二岁，五更分二半”。吃好年夜饭，一家人围桌而坐，吃瓜子、花生、糖果，喝喝茶、看看春晚、发发红包，至亲好友互相问候祝福，一直持续到子夜。

按照习俗，除夕需要守岁，守岁的时候成年人到天亮都不睡，就算小孩至少也要过深夜十二点才睡。深夜十二点前，大人去放关门鞭炮。过了深夜十二点后，又放开门鞭炮，接连到天亮，有辞旧迎新的意思。接着大人们又开始放鞭炮，预祝来年风调雨顺，一年平安。

二、现代节日

（一）元旦

改革开放前，因需要进行秋收秋种，以农业为主要生产方式的马庄村村民对元旦节日并不重视，当日仍需进行农耕。

改革开放后，随着产业结构的改变和生活水平的提高，加上元旦节日一般会和周末一起连休，马庄村年轻村民一般会选择在这一天进行短途旅行。

（二）劳动节

劳动节又称五一国际劳动节，是一个世界性的节日，全世界劳动人民共同庆祝这个节日。1949 年 12 月，我国将这一节日定为法定节日，放假一天。1999 年，国务院发布《国务院关于修改〈全国年节及纪念日放假办法〉的决定》，劳动节放假加上调休，全国放假 7 天，形成“五一黄金周”。后国务院又多次修改五一劳动节放假时间，直至 2020 年 11 月，五一劳动节休假调整为 5 天。

改革开放前，因与春耕备耕冲突，五一劳动节并未受到马庄村村民的重视，在这一天，村民们仍旧会劳作。

改革开放后，尤其是 1999 年后，“五一黄金周”的形成、产业结构的变化及生活水平的提升，让五一长假逐渐成为马庄村村民们旅行、游玩的首选节日之一，并延续至今。

（三）国庆节

改革开放前，马庄村村民会在国庆节放假一天，举行一个升旗仪式。在升旗仪式之后，生产队会宰杀饲养的生猪，并把猪肉分给社员以改善生活。全村村民还会观看大队文艺宣传队的演出、走亲访友，甚至在这一天举行定亲、婚礼等仪式。

改革开放后，村民生活水平逐渐提高，村民会在电视上观看国庆节庆典和阅兵仪式。1999 年后，国庆节的法定休假时间改为 3 天，并将前后两个周末调整在一起休假，国庆假期变为 7 天，俗称“国庆七天假”，后又改为“国庆黄金周”。近年来，“国庆黄金周”逐渐成为马庄村村民旅游的首选节日之一，并延续至今。

第二节　婚嫁习俗

自古以来，婚嫁就是人生大事。中华人民共和国成立前，村域男女青年到了十五六岁就要谈婚论嫁。中华人民共和国成立后，随着时代的进步和第一部《中华人民共和国婚姻法》的颁布，自由恋爱风气形成，男女青年一般到十八九岁谈恋爱，在经过一段婚恋过程之后，结婚成家。

马庄村的婚嫁一般要经过定亲、迎娶、婚礼等过程，一直延续至今。

一、定亲

中华人民共和国成立前，在封建社会的包办婚姻之下，男婚女嫁一般是“父母之命，媒妁之言”，讲究的是“门当户对”，这在一些大户人家，尤为看重。

旧时，定亲的时候需要男方请媒人到女方家提亲，如果双方家长都有意向，那么女方家长就要将女儿的生辰八字写在红纸上，称为贴头，交给媒人送至男方家中，由男方将双方的生辰八字交给算命先生测算。如男女生辰八字不合，则男方将生辰八字退还女方；如两者相合，男方要选黄道吉日备好礼品，在媒人的带领下送往女方家中，称为担盘，又称攀亲。之后就可以定下婚约，并且择日邀请至亲好友，摆定亲宴，完成定亲。

1978 年，改革开放之后，社会自由恋爱风气已经形成，大多数男女青年自由恋爱，确定恋爱关系之后，男方和女方就会择日在一方家中或饭店聚会，双方互赠信物，就算是定亲。不再请至亲好友，家中也不收礼钱。

至 2020 年年底，男女青年确定恋爱关系后，一般没有定亲仪式。

二、迎娶

中华人民共和国成立前，结婚一般有副落桌、正落桌、正日三天的排场，大户人家一般会有四天排场。

结婚第一天，谓之副落桌，即厨师进场，杀猪、杀鸡等开始备菜，为第二天、第三天做准备。

第二天是正落桌，直系亲属（娘舅、姑父）要到场，也称“吃开厨”。

第三天是正日，结婚的男女双方家里人一早起来，布好酒菜，用两只八仙桌并放，称作摆喜酒，也叫请祖宗。中午，亲朋好友陆续进场，茶水师傅备茶水，账房师傅进账房。贺喜的人会准备礼钿，给予办喜事的人家，俗称“出人情”。这里还有一句俗话，叫作“人情不欺利，一礼还一礼”。长辈是要出重头人情，舅舅为大，大舅第一个入账。等吃过中饭，新郎要在伴郎的陪伴下，带好喜烟、喜糖和抬着盘的相帮人一起去女方家接新娘。还要选一雌一雄两只长得漂亮的鸡，雄的代表新郎，雌的代表新娘，这两只鸡女方也要收下，寓意永不分离。相帮人抬着的盘里，第一盘要有一块肋条肉（称“肚皮痛肉”），女方要收下，作为岳母生女儿时痛苦的一种回报；第二盘装的是一只猪前腿，这只猪前腿是要退还给男方的，称为回盘，寓意结婚后，人要来回走动，常回家看看，孝敬长辈；第三盘装的是条鲤鱼，寓意鲤鱼跳龙门，这条鱼也要退回男方的，说是要游来游去，是有来有去的意思。剩下的还有糕点、水果等，由女方收下。

中华人民共和国成立前后，新郎迎娶新娘时，新娘是坐船去男方家的。

首先，男方需要准备一艘迎亲用的船，装饰得喜气洋洋，装上二橹摇到女方家，女方也要准备一艘船，装饰一新，装上所有的嫁妆，作为行嫁船。再请4位或6位男乡邻（逢双）把船摇到男方家，称为摇行嫁船，并负责把嫁妆搬至男方新房中，男方要给红包、香烟表示谢意。其次，新娘的兄弟要与新娘同船一起去男方家喝酒，俗称“新阿舅吃汤罐水”。女方还要让祖母或母亲带一个小孩（一般是带女方哥哥、弟弟的子女）一同前往男家吃晚饭，俗称“做满月”。男方要为小孩准备红包，称“摸袋袋”。

改革开放后，尤其是20世纪末，不再使用婚船，都是用轿车迎亲，车辆6

至8辆不等，取意“六六大顺”“八八大发”，并增加了录像等环节，记录一天的喜事。

三、婚礼

50年代左右，迎娶新娘要请乐队。马庄自然村有一个乐队班子，司仪由薛关根担任，其余有拉胡琴、吹笛、打板等乐手。当日，吃好晚饭后，就开始举行婚礼，当时称为结亲，整个过程由司仪主持。村上的男女老少都来看热闹。

首先新郎、新娘入场，等新郎与新娘父母、主婚人、证婚人、介绍人（媒人）进场落座后，婚礼开始。先要点燃花烛，鸣放鞭炮。然后奏乐，一般奏的是《梅花三弄》和《结亲调》。经过一番热闹之后，新郎、新娘三鞠躬，交换饰物，完成结婚礼，并向宾客致谢，之后由花烛手将新郎、新娘送入洞房。村上的男女青年还要闹新房，一般到很晚才闹罢回家。

60年代后，提倡自由恋爱，婚事简办，少收聘礼或不收聘礼。70年代有一段时间，用铁锴等农具作为嫁妆，设宴也很简单，仅发点喜糖而已。

90年代，随着人民生活条件的改善，婚嫁之事渐趋讲究，女方的要求也越来越高，要有漂亮的新房，送礼数额也年年看涨。

21世纪初，村民结婚仪式大多在所在的社区会所进行，并请婚庆公司司仪主持婚礼。有的前后历时两天（第二天作为正日），有的一天，也有一部分有条件年轻人的婚礼在大酒店举行，请专职司仪、乐队，热闹非凡，也有极个别男女青年旅行结婚。

四、走三朝和消厨饭

婚后第三天，新郎要陪新娘回门望爷娘，也称“走三朝”。首先由女方哥嫂、弟媳到男方家来接新郎、新娘回娘家，称“候三早”。男方要备好早点、茶水招待哥嫂、弟媳，然后回娘家。男方还要备三早饼到女方家，派发给三乡四邻，守到天黑才能回家，即“望不见烟囱才回家”。

第三天又是荡厨，也称“消厨板”。一般直系亲属都要到场吃饭喝酒。吃完之后，打扫卫生、清理场所，才算是婚事完毕。

进入21世纪后，走三朝和消厨板逐渐简化。

五、吃蹄子与送拜节

婚后第一个春节，等过了年初一，为了拜访双方亲戚（认亲），新婚夫妻要到男女双方的长辈家吃蹄子，也称“吃拜节酒”。男方舅舅家先去，然后按照辈分，相继拜节。

中华人民共和国成立前，吃蹄子是非常讲究的。首先，新郎要带好红毡单（也称“拜单”）和红包，到了长辈家，先要叩拜祖宗。吃完饭后，把红包放在蹄子盆里。东家要准备面汤水（洗脸水），让新郎、新娘洗脸。舅、姑、叔、伯等把蹄子吃完之后，男方也要设宴回敬长辈，谓之送拜节，又称“上门认亲”。女方长辈要准备几盘拜节饼，作为上门认亲的礼品，派发给男方的左邻右舍。

21 世纪后，吃蹄子与送拜节基本消失。

第三节　人生礼仪

马庄村村民一般都要经历催生、满月（也有双满月）等习俗，男做十、女做十三，还有做寿、辞世等阶段的礼节。

一、催生

催生是人生第一个礼节，是一个在出生之前的礼节，是女方母亲为女儿腹中的胎儿出生前举办的一个催生活动。

在活动前，女方父母准备好婴衣、尿布、草纸、肉、鱼、鸡蛋、面等送到男方家，并在女婿家煮面分碗，加上浇头，送给男方的左邻右舍享用，每家一碗，俗称“担面”。吃到面的左邻右舍及亲戚朋友也要进行回礼，因为孕妇产后按民俗称“舍姆娘”，所以回礼就叫作舍姆羹，即亲戚要出礼钱，左邻右舍拿白糖、云片糕等上门贺喜。而男方收到舍姆羹也要回发红单连同喜蛋回敬对方。该习俗延续至今。

二、满月与周岁

满月，称“下摇篮”，是婴儿出生满一个月的礼节。主人要办满月酒，凡是送舍姆羹的人都要到场，女方的至亲好友也要到男方家赴宴，并且外公外婆要为小孩准备摇篮、坐车、立桶、金木鱼，还有脚镯、手镯、长命锁和小衣裳等礼品，相当隆重。进入21世纪后，也有到婴儿出生满2个月时才办满月酒的，称“双满月酒”。随着生活条件的上升，满月酒宴席也越来越丰盛。

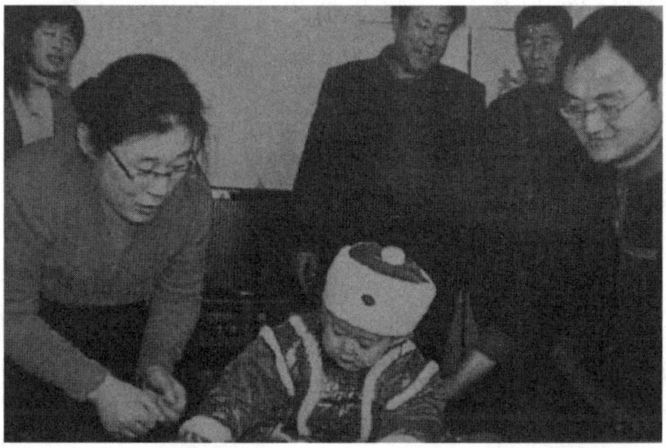
周岁（2020年，戴成仁摄）

周岁，婴儿出生满一年的习俗。这一天，外公外婆要准备镜子、剪刀、算盘、书、笔、钞票等物，放在匾里。镜子、剪刀用以压邪，然后叫小孩在匾里摸。如果小孩摸到书与笔，表示小孩聪明；如果摸到算盘，表示今后小孩会算数；摸到钞票，表示今后小孩要发财。一番热闹之后，主人要设周岁酒席，宴请客人。此俗至今仍流行。

三、男做十岁、女做十三岁

家里男孩到十岁或者女孩到十三岁时，男的理发要留“桃子”，女的要留辫子，就像过年贴在门上的童男、童女一样，不能够再留一样的发式。父母要为孩子选定“受头”日子，再请上双方的亲朋好友，在亲友见证下，举行“受头”活动，之后宴请亲朋好友，受邀的宾客也会准备红包，以示庆贺。这种习俗至今流行。

四、拉耳朵饭

在马庄村域一带，自古就有一道特有风俗：在女儿长大成人出嫁前，娘家主要亲属（舅、伯、叔、姑等）要请即将出嫁的姑娘吃饭，俗称“拉耳朵饭”，顾名思义，姑娘长大要告别娘家到夫家生活了，叮嘱姑娘不要断娘家路，常回家看看，多来亲戚家走动，学习和公婆相处，敬老爱幼，勤俭持家，做一个好媳妇。改革开放前，吃饭较为简单，只邀请姑娘本人简单吃一顿饭，作为一种礼节。改革开放后，生活得到改善，请客吃饭一般在饭店举行，邀请人员相应增加2~3桌不等，未来女婿也一同参加，此风俗保留至今。

五、做寿（做当头）

做寿，也叫作大寿，也叫作当头，一般男性为做寿，女性为做当头，是子女表达对父母的孝敬而举行的一种仪式。家中父母到了寿辰就要做寿（寿辰最小为六十岁，以十年为单位）。按照寿辰，一般做六十大寿、七十大寿，随着人的寿命的增长，现在也有做八十大寿、九十大寿、一百大寿的。一般做寿一生只做一次，一些条件好的人家，到了寿辰之后，每十年都会做一次寿。

做大寿时，中饭要吃素，晚上才开荤。并且当天要请宣卷先生来唱宣卷，客堂中央挂着巨幅寿字及寿星图，点上寿香、寿烛，燃放鞭炮。条件好的还会请戏班子来唱戏，一起热闹。

小辈要向寿星跪拜叩头，祝寿星健康长寿。寿星要给小辈发红包，红包发得越多越好，说明子孙满堂。吃开夜饭时，各种乐器齐奏，吹吹唱唱，非常热闹，直到深夜才散场。

六、辞世

三天追悼 人过世后，家族要为死者举行隆重的送葬、追悼仪式，仪式一般要进行三天两夜。如果是在当天24点前过世，就只有两天一夜。人一旦过世，要通知亲朋好友和左邻右舍，一般左邻右舍先到场，为丧家点燃地灯、蜡烛，焚烧出胎窠；相帮人卷帐抽席，抛于屋面，在场上搭起丧棚，同时请念佛婆两位。然后亲属给逝者净身，并将换下的衣服与“纸轿”一起焚烧。相帮人在客堂里搁好板门，将逝者从房中转出，逝者头南脚北，安放在板门上，称“转尸”。接着为逝者穿新衣，衣服一般是五到七件单数，即便是盛夏也是如此。给逝者穿衣，必须先通过“筒衣”，男性逝者由儿子穿衣，女性逝者由女儿进行。

相帮人用一杆秤，把逝者的衣服象征性称一下，并高喊："这衣服是啥人的?"儿子和女儿回答说，"是我父亲的"或"是我母亲的"。然后把逝者的衣服从内到外一件一件"筒"在子女手上，再穿到逝者身上。穿衣结束后，有理发师给逝者理发或修面。理好发后，用新被单（面）盖上，面盖白布，将一巴斗夹在两脚之间，头前挂白幔或蚊帐，称"孝幕"。孝幕前横放一只八仙桌，点一盏素油火，昼夜不熄灭，桌上点燃香烛并放上祭品，桌前放一只铁锅，焚化纸锭。子女、亲属要穿白衣、白鞋、扎白带，称"戴孝"，昼夜守在板门前哭泣，称"守灵"。亲友吊唁时系白带，乡邻相帮系黑布。

人过世当天要讣告亲友，称"报丧"。在通信不发达的时候，报丧者要靠步行，报丧者一定要熟悉对方住址，不能走错人家。现在信息灵通了，报丧者都用手机通知，这一套风俗就不存在了。第二天要请道士到场，吹吹打打，子女、亲属依次排队，绕逝者遗体转圈，每人手中拿 1 支香，称作"躺尸转奠"。至 2020 年年底，还保存这种传统。

出殡　第三天是大殓，请来民间乐队，奏哀乐。乐队人员中（乐队一般 5 人组成）还有代哭丧的，代儿子、儿媳哭，代女儿、女婿哭，还要代孙子、孙女等小辈哭。

马庄村村民一般是吃午饭，中午 12 点钟之前出殡。出殡时由长子扶死者的头，次子或长嫂抬脚，将遗体放入棺中，另外有相帮人叫喊，按照辈分相继在逝者前跪拜叩头，向遗体告别，儿子、儿媳们跪在灵台前依次还礼。然后摔碗摔盆（其实是摔"孝盆"，其意义将孝家的丧气摔出去，将众人烧给逝者的纸钱通过大地送入"地府"；摔碎"孝盆"预示此家从此不再使用，更不再发丧，而逝者一定来生转世顺利）。摔了"孝盆"，就要送往火化，乐队须在最前奏哀乐，其后长子披麻戴孝，头戴三梁冠，两手端盘，盘里放遗像牌位、桅灯、触骨棒、一把雨伞，在前面缓行。后面是 4 个年富力强的村民抬着棺材，再后面跟着亲戚朋友，一路撒纸钿。家里的相帮人等到棺材抬出，一人要用大扫帚一直把垃圾扫到大门外，意思是扫脱晦气，男相帮人则要马上拆除丧棚。

1970 年前，马庄村域都是土葬，70 年代起改为火葬。21 世纪后，马庄村流行热葬（即逝者遗体火化完后，直接将骨灰盒安葬在坟墓，安葬完后回家）。送葬队伍回丧将近到家时，要先放鞭炮（年轻逝者除外），告知丧家。然后由相帮人点燃用麦柴扎好的“三灯火旺”及逝者用的衣被、草席，送殡者都必须经过此地，并用脚在火上跨一下（去晦气），然后才可以回到办丧事人家。若是年龄大的逝者，丧家要叫厨师烧好一盆豆腐干，回丧的每人吃一块，还要发饼干、小糖等。下午5点，回丧者开始吃丧葬酒。中华人民共和国成立前，丧葬酒一般以豆腐、蔬菜为主，俗称“吃豆腐”。由于生活条件的限制，纸钿也是很小的，一般是几角钱。随着经济条件的好转，纸钿都要成百上千，因此丧葬酒的档次也随之提高。但古人素来就有“厚养薄葬”的教诲，丧事不宜过于奢华。这些习俗至今流传。

“五七”追修祭日指从逝者过世当日算起，每七天为一个“七”，第一个“七”称“头七”，其后依次称“二七”“三七”……指到第七个“七”称“断七”。其中“五七”最为隆重，女儿要烧羹饭，摆满满一大桌，有十八个菜或二十四个大菜，甚至更多。有的人家还要摆上各种水果、甜点小吃等。“五七”当日，村民要请道士做道场，以示逝者对生前的忏悔。逝者死后一百天称“百日”，一年称“周年”，也都要祭祀。所设灵台在逝者过世二周年之后冬至夜拆除，并将逝者牌位保存好。一般人家把它放在客堂上方的龛（称“家堂”）内，1949年前，有家祠的大户人家则入本宗祠堂。小辈孝服三年期满，称“脱孝”。进入20世纪，小辈孝服一般过“五七”就“脱孝”。

第四节 建房习俗

一、破土

中华人民共和国成立前，村民相信太岁。太岁为土地之神，不能冒犯，否则就会遭灾。一年之中，只有清明、冬至日及大寒时节这几天才能破土建房。

而如果要在其他日子建房，则必须举行一个仪式，即在动土日凌晨时分先祭拜祖先，在旧房四周脚上放上钱粮、香烛等，然后点上蜡烛，并叩头说好话。

二、上梁

新房上梁的日子，主家会选择一个黄道吉日，并选择最佳的时辰。在上梁日，主家岳母家会送上鞭炮、猪蹄和制作精巧的糖果、糕点、馒头、红包等物，称为“上梁盘”，其他亲朋好友也会送上礼物（大米等）。上梁前，正梁中间要用古钱币钉上三根红绿彩条，贴上写有“福星高照”“五福临门”等吉利语的红纸，还要挂上装有万年青的红布袋，表示房屋永久牢固。上梁时辰至时，工匠领队要脚蹬梯子爬上上梁处（木工在东，瓦工在西），口中要说一通吉利话，然后架上正梁。此时要鞭炮齐鸣，工匠领队首先抛下红绿被面，由女主人接住，寓意接住财宝。然后，要向四周洒下糖果、糕点、馒头等，前来看热闹的男女老幼争抢，人越多越好，此举名为“抛梁”，意为财源滚滚。之后，主家还要给工匠领队红包、香烟。上梁仪式结束后，要请工匠、亲友吃面，并在晚上备好丰盛的酒席作为“上梁酒”，宴请工匠、帮工及亲朋好友。

三、竣工

房子盖上瓦或建得差不多快要完工的时候，主家就要办“完工酒”，又称“圆屋酒”。亲朋好友、工匠及在建房上提供过帮助的所有人都在邀请之列，酒席要放在新造的房子内，大家热闹一场，表示祝贺，并寓意新屋落成后兴旺发达。屋主人当天要住在新屋内，称“住房脚”。

四、进屋

当新屋完成，主家要入住新屋时，要办“进屋酒”。选择黄道吉日，确定进屋时辰后，女主人娘家人要送上猪腿肉、鲤鱼、糖果、糕点、家用电器、碗筷、鞭炮等用品，称为“办盘”，然后，再邀请亲朋好友参加酒席。90 年代前，酒席在新房内举行。90 年代后，一般在新房中用餐，晚餐在酒店进行。

第九章　村民生活

中华人民共和国成立前，马庄村村民收入以农业收入为主，经济收入单一，大部分耕田被极少数人占有，多数村民世代租田耕种，其他一些自耕户也只有几亩薄田，并且生产方式落后、抵御自然灾害能力差，生活得不到保障，仅能维持生计。

中华人民共和国成立后，在中国共产党领导下，马庄村域实行土地改革，村民分得土地，政府颁发土地证，农民的土地使用权得到法律保护。50 年代，马庄村域各村先后成立初级社、高级社及人民公社，走上集体化道路，村民生活开始好转。80 年代，随着农村改革深化，马庄村村民生活水平普遍提高。进入 21 世纪，各项公共事业蓬勃发展。至 2020 年年底，村民生活从吃饱穿暖变为富足、健康的小康生活，生活质量发生了根本性变化。

第一节　收入与支出

一、收入

中华人民共和国成立前，马庄村域村民收入甚微。

中华人民共和国成立后，经过土地改革、合作社运动、人民公社化运动，农业走上社会主义集体化道路，人民生活水平逐步提高。1957年，五星第二高级社、五星第三高级社人均分配百元左右。

1978年，中共十一届三中全会后，农村实行家庭联产承包责任制，实施规模经营、成立土地股份合作社，生产关系发生了巨大变化，人民生活水平有了很大提高。1982年，五二大队、五三大队人均分配200元上下。

80—90年代，马庄村域村民人均收入从200元逐步提高到1 000元。至2020年，马庄村村民工资性总收入3 000万元，经营性总收入7 570万元，投资性总收入190万元，资产性总收入1 640万元，政策福利性总收入620万元，其他收入20万元，收入总量为1.3亿元，人均年纯收入5.18万元。

二、支出

中华人民共和国成立前，马庄村村民的支出相对较少。1949—1978年，村民经济收入略有提高，支出也逐年增多。1978—2019年，随着党和政府改革开放政策落实并不断深入贯彻，村民收入显著提高，其衣食住行支出显著增加。

2020年，马庄村村民平均每户消费支出39 734元。其中，食品烟酒支出3 914元、衣着支出3 300元、居住支出2 110元、生活用品支出8 700元、交通运输支出4 880元、教育文化娱乐支出4 260元、医疗保健支出1 870元、婚丧事支出 3 520 元、缴纳社会保险支出 3 560 元、交纳医疗保障金支出 1 500 元、其他支出 2 120 元。2007—2020 年部分年份马庄村域村民年人均纯收入情况、1970—1979 年五三大队人均收入情况分别如表 9-1、表 9-2 所示。

表 9-1　2007—2020 年马庄村域村民年人均纯收入情况选年表

年份	年人均纯收入/元	年份	年人均纯收入/元
2007	12 606	2017	39 960
2010	18 183	2018	42 766
2012	23 360	2020	51 828
2016	36 693	—	—

表 9-2　1970—1979 年五三大队人均收入情况一览表

年份	各生产队人均收入/元										大队人均收入/元
	1	2	3	4	5	6	7	8	9	10	
1970	131. 20	125. 20	108. 00	109. 60	138. 80	110. 60	105. 70	109. 40	115. 30	113. 90	116. 77
1971	140. 70	138. 60	123. 30	119. 20	151. 90	121. 70	114. 60	121. 20	109. 30	122. 40	126. 29
1972	146. 30	143. 60	127. 90	125. 60	158. 50	129. 60	118. 70	130. 80	112. 40	125. 50	131. 89
1973	153. 50	147. 60	132. 40	138. 60	168. 60	133. 50	121. 50	137. 40	119. 70	133. 00	138. 58
1974	145. 50	140. 30	125. 90	130. 20	160. 50	125. 50	115. 50	129. 50	114. 00	126. 70	131. 36
1975	131. 40	130. 50	118. 50	115. 50	150. 50	121. 40	110. 50	121. 50	109. 60	116. 30	122. 57
1976	140. 50	139. 10	116. 40	120. 60	161. 20	129. 30	117. 50	126. 80	114. 50	121. 60	128. 75
1977	135. 20	134. 10	110. 60	116. 20	155. 90	124. 30	114. 60	123. 90	111. 50	113. 80	124. 01
1978	134. 50	137. 40	118. 40	119. 80	159. 30	128. 50	116. 40	125. 40	112. 80	115. 20	126. 77
1979	187. 20	185. 70	173. 50	154. 00	205. 74	167. 01	143. 90	168. 40	143. 10	143. 90	167. 25

从表 9-2 可以看出，五三大队 10 年间人均收入增加 51. 99 元。

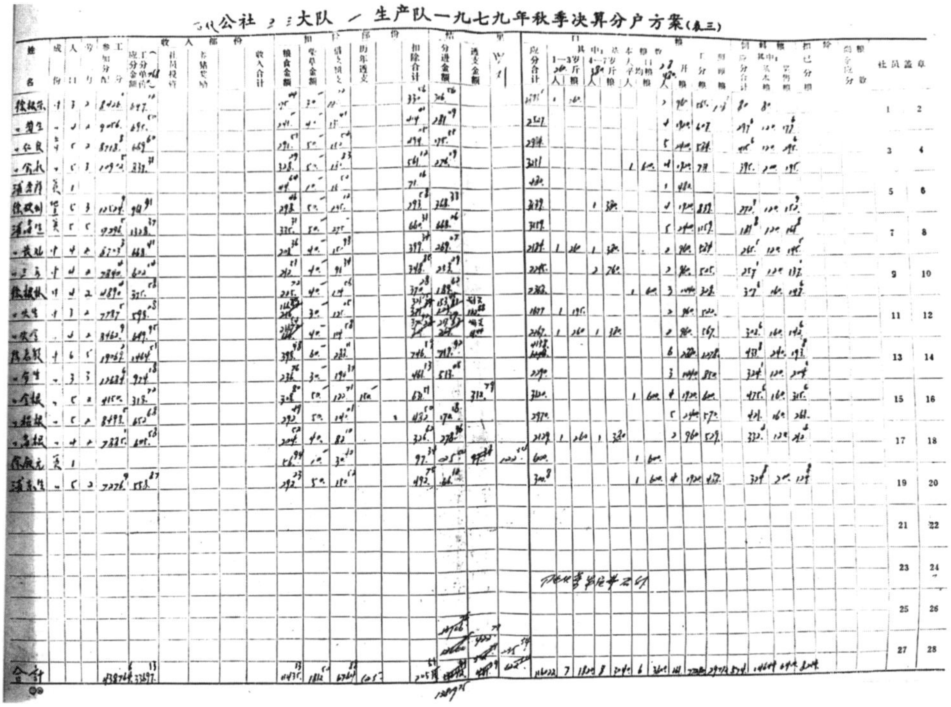

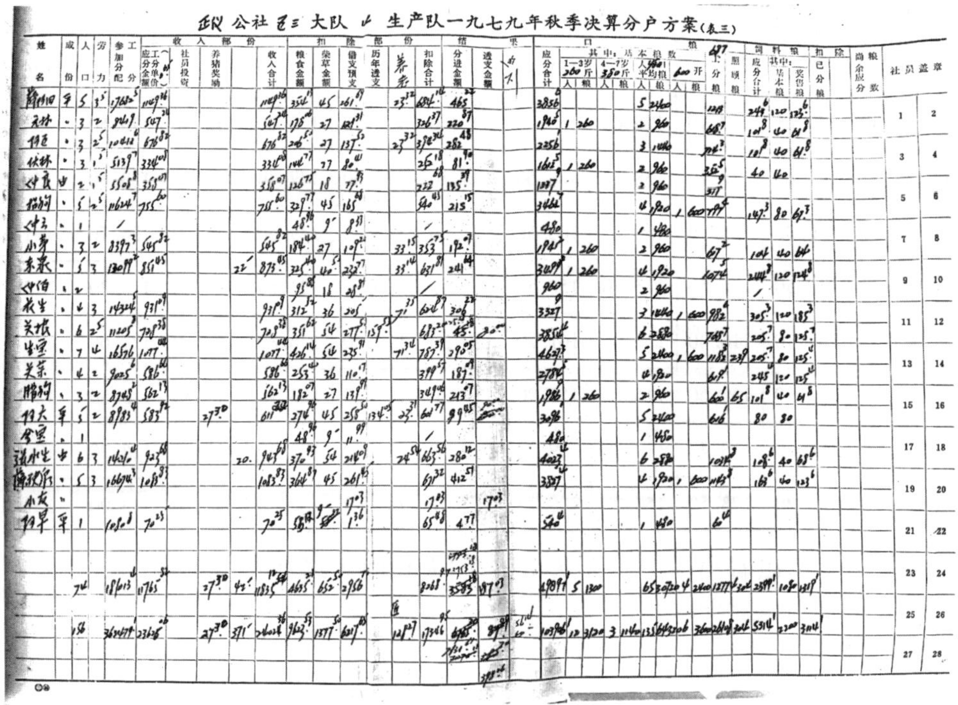

正仪公社五三大队第1、4生产队一九七九年秋季决算分户方案(表三)

第二节 生活变迁

中华人民共和国成立后，随着村民经济收入增加，村民衣食住行不断发生变化。1978年以后，乡镇企业经济迅速发展，个体企业增多，给村民带来了前所未有的发展机遇，生活水平年年提高，住房、服饰、交通、道路、饮食等方面发生明显变化。

一、住房

1949年5月，马庄村域总户数278户，其中平瓦房户249户、草房户21户、泥打墙屋户1户、无房产户7户。总建筑面积15 621平方米，人均居住面积13.16平方米。房屋大多数十分简陋，居住条件普遍较差。

中华人民共和国成立后，居住条件逐年好转。70年代末，随着改革开放，马庄村域经济明显增长，村民收入不断增加。村民拆除了老平瓦房、草房、泥打墙房，建起“七路一转头”平瓦房，人均居住面积20.91平方米，比1949年增加7.75平方米，居住条件得到明显提升。

80—90年代，马庄村域经济大幅度增长，大多数村民将“七路一转头”的平瓦房，翻建成二上二下或三上三下的楼房再加2间灶间，平均建筑面积达230平方米。90年代末，马庄村域楼房总建筑面积128 021平方米，人均居住面积60.04平方米，比1949年增加45.74平方米（不包括极少数村民在市镇购买商品房）。自1995年起，部分人家所建楼房，开始出现装饰，装饰一般是内外墙涂上涂料，门窗涂漆吊天棚。地面水泥刷一层彩漆，费用在1万~2万元，居住条件大幅提升。

进入21世纪，大部分村民陆续在正仪镇、昆山市区买商品房，讲究房屋装饰，即使在马庄自然村的房屋也和商品房一样装饰。一套建筑面积 80~100 平方米商品房，花费 4 万~6 万元装修费不等。2018 年，房屋装修讲究质量、美观、大方、舒适，装饰一套 80~100 平方米的商品房，一般花费 30 万~50 万元不等（含各种家具、家电等）。2020 年，马庄村 579 户家庭中有自建房 579 套、动迁安置房 936 套，购置商品房 648 套、别墅 31 套，总面积 247 632 平方米，人均居住面积 94.62 平方米，居住环境日趋舒适。

二、交通

20 世纪 70 年代前，马庄村域村民出行主要是步行，到正仪、角直、昆山一带还要乘船。

70 年代中期，马庄村域中部分年轻人有自行车，如果拥有上海“凤凰”“永久”牌等自行车，更是令人羡慕。1985 年，家家户户有自行车，甚至每户劳动者人均 1 辆。80 年代初，年轻人开始购买摩托车。一辆“幸福 250”型摩托车价格在 3 000~6 000 元，而上牌照需要花费上万元。20 世纪末，家用轿车、电动自行车开始进入村民家庭。

1981 年，村民戴大男购入马庄村域第一辆摩托车。1996 年 5 月，李菊明购入马庄村域第一辆轿车。是年，村民徐道花购入马庄村域第一辆电动自行车。到 2020 年年底，马庄村有各类轿车 668 辆、电动车 1 452 辆。汽车和电动自行车成为村民出行的主要交通工具。

三、道路

中华人民共和国成立前，马庄村域连接各自然村的道路都是泥路，而且弯弯曲曲，有的地段连路基都没有，多是利用田埂进行连接。下雨天，道路泥泞不堪，难以行走。

50 年代末 60 年代初，马庄村域对连接各自然村的道路进行一定程度的整修调整，弯路改直，路基拓宽至 1 米左右，但仍旧是泥路。70 年代中期，马庄村域再一次对连接各自然村的道路进行修筑，路基在原来的基础上拓宽至 1.5 米，并铺上“黑脚子”（昆山化肥厂下脚料），从此村民下雨天都不用担心道路泥泞难以行走了。80 年代后期，五三大队创办砖瓦厂，连接各自然村的道路因为运输需求再一次进行修筑，道路全部铺上“三和土”（由石灰、碎砖、细沙混合而成），路面在原来基础上拓宽至 3 米，村民基本告别泥泞土路。

2006 年，马庄村对连接各自然村道路进行全面硬化，全部浇筑水泥。2020 年年底，元丰路、新城南路、晨丰路穿村而过，马庄自然村道路全部是水泥路面，大大方便村民出行。

四、通信

旧时，马庄村域村民几乎没有远程通信手段。中华人民共和国成立之初，大多数人以书信作为通信手段，村民要到马庄村 7 千米以外的正仪邮电支局寄信；如果有急事，就到正仪邮电支局发电报。

1967 年，五二大队、五三大队在各大队部装上一部手摇电话。1976 年，正仪邮电支局在五三大队代销店装设电话分机，打电话须通过分机转接。80 年代中期，手摇电话机改为程控电话机，部分村民开始安装家庭电话。1996 年 10—11 月，马庄村域安装家庭电话 493 部，每月电话费在 30 元左右。20 世纪末，通信业迅速发展，部分村民开始用 BP 机、手机等移动通信设备。1983 年 5 月，村民戴大男购入全村第一部手机（大哥大），价格近万元。

进入 21 世纪，很少有人再以书信形式联系，取而代之的是以手机联系，即以短信、微信、QQ、微博等作为通信手段。手机也渐渐具备支付功能，年轻人直接以支付宝、微信等扫二维码的形式支付来进行购物。个别家庭的小孩还有电话手表。至 2020 年年底，马庄村村民拥有手机 1 962 部，家庭拥有计算机 485 台。

手摇电话（2016 年，徐惠良摄）

BP 机（2016 年，徐惠良摄）

五、衣着

中华人民共和国成立前，村民衣服均为手工缝制，一些家庭条件好的，则会请裁缝到家中量身定制。布料一般去布店购买，大部分是土布。多数人家一衣多用，即冬衣改棉衣，秋衣改为单衣，补了又补，大人不穿的衣服改为小孩穿，正所谓“拖一块，补一块，像拖尿布”。

中华人民共和国成立后，村民穿衣情况有所好转。1954 年，实行计划经济，棉布实行统购统销，每人每年发放布票一丈六尺，凭布票购买布。少量化纤、混纺布上市，村民的购布要求基本得到满足。

60 年代，村民穿着开始跟随潮流，年轻人服饰不分男女，皆以穿草绿色军装为主。当时，拥有一件草绿色军装、军帽、军裤、军鞋是非常值得自豪的事情。70 年代中后期，的确良布开始流入市场，村民们的服饰多数以此布为原料，做成衬衫、裤子，颜色从单一的军绿色逐渐变为粉色、米色等颜色。80 年代初，全面实行改革开放，马庄村域的经济也日趋发展，年轻人的服饰出现了喇叭裤、蝙蝠衫，还出现了健美裤、连衣裙等。

老衣服（2016 年，徐惠良摄）

进入 21 世纪，村民的服饰消费开始注重时尚。腈纶、涤纶等化纤布料不再受村民的青睐，取而代之的是真丝、纯棉及多种皮革为原材料做成的服饰。近年来，部分村民冬天穿的羽绒服也变成羊绒服，穿上去轻而暖，一件羊绒服价格从几百元到上万元不等。

六、鞋子

中华人民共和国成立前，马庄村域内村民穿的鞋子一般是妇女手纳的布鞋，冬天则穿棉布鞋。而贫困人家只能穿自己用秋草编织的草鞋，冬天则是穿秋草和芦苇花交织而成的草鞋。村民在下雨天时，会穿着类似木屐的鞋子。

中华人民共和国成立后，马庄村域村民结束穿草鞋历史，全部能穿上布鞋，条件稍好一点的还能穿上跑鞋（胶鞋）。

80年代初，马庄村域村民开始购买各式布鞋、胶鞋、皮鞋。鞋的款式也逐渐增多，个别女青年也开始穿高跟鞋，布鞋几乎很少有人穿。

21世纪后，随着村民消费水平不断提高，年轻人以穿皮鞋、运动鞋为主；中老年人穿运动鞋、保健鞋。有些老年人重新穿起了从百货超市买回的布鞋。运动鞋、旅游鞋、皮鞋的价格每双少则几十元，高档的几百元，甚至上千元。

草鞋（2016年，徐惠良摄）

布鞋（2016年，徐惠良摄）

七、首饰

中华人民共和国成立前，马庄村域大多数村民维持一般生活，谈不上佩戴金银首饰，少数富裕人家才佩戴一些金银戒指。

中华人民共和国成立后，条件稍好一点的村民家庭，其子女结婚时，会买一些金银首饰。

80年代，马庄村域村民生活水平明显提高，妇女兴起扎耳眼（打耳洞），戴耳环及戴手镯、戒指、项链。

自21世纪起，青年订婚，一般有“三金”（金戒指、金耳环、金项链），首饰品质有黄金、铂金、钻石，每件首饰从几千元到上万元不等。每家小孩出生也要戴金镯子、金木鱼、生肖黄金首饰等，价格不菲。

八、主食

旧时，马庄村域大多村民勉强吃饱。中华人民共和国成立后，大多数村民以大米、面粉搭配粗粮解决一日三餐，极少数贫困户依旧缺衣少粮。

1958年，人民公社兴起吃饭不交钱、大办集体食堂运动，马庄村域内五二、五三大队也纷纷办起了大队集体食堂。社员无须在家吃饭，均按时到大队集体食堂吃饭，并按定粮发放粮票，凭票打饭。

50 年代末至 60 年代初，全国经济困难时期，马庄村村民生活极度困难，人均每天吃粮 5 两 3 钱（16 两制），村民多半以野菜充饥，持续时间达半年之久。

1961 年，集体食堂解散，口粮分配到户。当时大米不足，各生产队种一些山芋（地瓜），或到常熟买萝卜、南瓜作为食物，以补充粮食不足。

60 年代中期，经济逐渐好转，村民生活水平逐渐提高，每年人均口粮可达 150 千克。再加自留田所种粮食，村民基本能吃饱。

1983 年，马庄村域实行家庭联产承包责任制，实行分田到户，村民在完成国家征购粮食任务同时，家家皆有余粮。

21 世纪初，大多数村民不再从事农业劳动，其饮食结构发生变化，主食不再以米饭、面食为主，而是注重粗细粮搭配，健康饮食。

老票据（2016 年，徐惠良摄）

九、菜肴

早年，马庄村域村民主要靠房前屋后的宅基地种些蔬菜，大多数村民菜肴以蔬菜为主，很少吃到荤菜。每年过春节，马庄村只有大户人家能够杀猪宰鸡，丰富餐桌。而贫困人家只能做一顿相对平时而言较好的年夜饭，少有或者基本没有肉菜。

中华人民共和国成立后，一般村民吃的蔬菜还是靠自己种植，也有一部分村民除夕前杀一头过年猪，猪肉可供家庭一年食用。60 年代中期到 70 年代初，马庄村村民还是以素食为主。八九十年代，农副产品供应丰富，村民可以自由挑选、购买食品，村民的饮食逐渐丰富。

进入21世纪后，村民生活水平不断提高，平时无荤不吃饭，逢年过节招待亲朋好友的菜肴更是丰盛。家庭操办婚丧事开始大摆宴席，每桌菜肴有20多道，再加点心、水果等。2010年之后，有的家庭时兴在酒店里吃年夜饭。

2015年以后，饮食注重质量，菜肴种类多样化，荤素搭配日趋多样化，饮食结构更讲究合理，糕点、奶制品、干果、水果、蔬菜、肉、禽蛋、水产品均出现在村民的餐桌上。随着生活水平的提高和日常生活节奏的加快，富起来的马庄村村民常常会外出饮食。法国大菜、意大利比萨、日本料理、韩国烧烤等国外餐食也逐渐出现在马庄村村民的餐桌上。

十、酒席

80年代前，马庄村域村民婚丧事都在自己家中办，基本不讲究排场，根据自身条件，置办菜席，一般都是五菜一汤，碗底以粗粮打底，均由村里会做饭的村民过来帮忙烧制，村民大都请不起厨师。酒席上用的桌椅都是提前2天从其他村民家里借来的。90年代后，马庄村域办喜事时，请专门的厨师到家做菜，讲究排场，餐具由厨师自带，桌凳还是到各家去借。婚宴一般3天，第一天开厨，第二天正日，第三天消厨。开厨和消厨一般有2~3桌，主家的长辈都要到。正日亲朋好友全都来贺喜，一般15~20桌，每桌菜成本在300~400元。

进入21世纪，红白事一般在村民家附近搭棚，桌凳、餐具全部由厨师带来，厨师也由1人增加到4~5人。有的人家还搭木园堂（用木板和铁管搭成的简易房，里边还可以装空调）。正日的桌数也增加到20~25桌，甚至更多。2013年以后，大部分自然村拆迁后，村民就在小区物业会所内操办酒席，条件好的人家酒席在饭店举办。

十一、雨具

早年，马庄村域村民经济条件差，买不起雨鞋，一般人家下雨穿木套（用木头做的鞋），也有人雨天出门穿钉鞋（在鞋底下加防滑钉，并在鞋面涂上桐油）。

从60年代中期开始，村民在雨天时穿小圆筒、低筒雨鞋和元宝低筒雨鞋。80年代以后，穿高筒雨鞋。

中华人民共和国成立前，村民在雨天穿的雨衣是自己用稻草编制而成的蓑衣。60年代初，经济困难时期，村民基本无经济收入，雨衣还是用稻草编制的，头上戴箬帽（斗笠）。70年代中期，市面上有了塑料雨衣，村民购买塑料雨衣、雨披防雨。下雨天不劳动时，村民常用雨伞，旧时用油纸伞，后来用油布伞。90年代后期，村民用自动雨伞。进入21世纪，村民都使用高档的自动晴雨伞。

十二、用水

水井（2020年，罗英摄）

70年代前，村民用的是河浜里的水。每天早晨，在村民还没有到河里洗衣、洗菜、倒马桶前，一般每户男主人用提桶将河里的水提到家里的水缸里，等水沉淀后再用。条件好的人家在水缸里放少许明矾。80年代初，家家户户在自家空地上打井取水，这种井水冬暖夏凉，深得村民喜爱。90年代中期，每户村民都用上了正仪新华水厂供应的自来水。

进入21世纪，村民全部用上昆山自来水厂生产的自来水。

十三、照明

中华人民共和国成立前，马庄村域村民家庭照明一直使用油盏灯（将菜油放入碗中，用一根棉纱或灯草作为灯芯）照明。村民晚上出门大多没有照明条件，有条件的用灯笼（用竹篾、透明油纸糊成圆柱体，中间有一根点燃的蜡烛）。中华人民共和国成立后，照明条件略有好转，村民开始用洋油灯（煤油灯）照明，夜间出行开始使用手电筒。

1972年后，村民用美孚灯、桅灯，结婚人家办喜宴时用汽油灯照明。1978年6月，马庄村域527户农户全部用电灯照明，村域内部分用电来自昆山、吴县。煤油灯、蜡烛不再是主要照明物品，只是在停电时偶尔用之。20世纪末，村民照明用电全部来自昆山供电局，一年内很少停电。

十四、家庭卫生设施

中华人民共和国成立前，马庄村域村民一般在外如厕，多为露天粪坑，在家如厕用木质马桶。

中华人民共和国成立后至60年代初，村民如厕一直以用木质马桶为主。60年代中期，各生产队有专人负责统一将各户粪便集中后倒入粪缸。80年代后，建造三格式化粪池。2003年后，马庄村出资在所有村民家中安装水冲式抽水马桶581套，彻底告别用木质马桶如厕、河里洗马桶的历史。

十五、文化娱乐

2015年村民在马庄停车场看戏
（2015年，唐春兰摄）

60年代前，马庄村域村民无广播、收音机，很少有文化娱乐活动，仅有极少数人到甪直去看戏。60年代后，各大队装有广播喇叭，村民家里也先后装有广播喇叭，村民可以收听到新闻及一些革命歌曲。70年代初，部分村民买收音机和收录机，青年们开始收听到一些流行歌曲。昆山县第五电影放映队每月到各大队放映一些纪录片和故事片，村民们像过节一样招待亲朋好友来家里吃饭，饭后便到大队所属小学操场上看电影。70年代中期，各队陆续购买黑白电视机，晚饭后，有空的村民就会去看电视。各生产大队有文艺宣传队，利用农闲时间演出一些革命样板戏，如《沙家浜》《红灯记》。70年代末至90年代，各家各户先后购买彩色电视机、平板电视机，空闲下来就可以直接观看电视节目，了解国家大事。21世纪后，尤其是2012年后，村民们大多数都有智能手机，直接打开手机看新闻。进入4G、5G网络时代后，村民的文化生活更精彩，年轻人不再以看电视为主，而是利用网络社交，及时了解国家大事，大部分村民都能进行网购。

十六、婚嫁

旧时，马庄村域男女婚姻与附近村庄一样，一般是男婚女嫁，也有少数是女方招女婿，即女婚男嫁。2000年后，随着第一代独生子女达到婚育年龄，女方条件尚可的情况下出现了两家并家的婚姻，即女儿不算嫁，儿子不算做女婿，大多数家庭各自在家里设婚房，男方也不需要给女方彩礼，只是给女方买戒指、项链、手镯等，费用一般在3万~5万，条件好的女方也会给男方买相应的金银首饰，有条件的男女双方家庭也会单独在双方父母居住较近的小区买婚房，有的小夫妻会周一至周五生活在一方父母家，周末会带孩子到另一方父母家生活。

旧时，马庄村域村民所生小孩一般随父亲姓，入赘的随母亲姓。婚姻状况变化后，子女的姓氏也发生变化，对于“并家”家庭，一般所生第一个孩子随父亲姓，第二个随母亲姓；也有的家庭第一个孩子随母亲姓，第二个随父亲姓。

十七、语言

马庄村地处昆山高新区西南，与苏州工业园区隔界浦河相望，村民的语言大都是吴地方言。80年代后，农村分田到户，村民外出经商，部分村民到厂里、公司上班，相当一部分从事个体运输，接触人员广泛，部分村民用带有方言的普通话对外交流。2008年后，农户出租房屋吸引了大量外来人员，村民大都用“洋泾浜普通话”与人交流，年轻一代都用普通话交流。2020年，马庄村村民即使在家里，也大多用普通话交流，小孩子一般不会讲马庄方言，也听不懂马庄方言了。

十八、称谓

80年代前出生的小孩称父、母为阿伯、姆妈；称哥哥、姐姐为阿哥、阿姐；称舅舅、舅妈为娘舅、舅妈；称大伯、大妈为老伯伯、嫚嫚；称干爹、干妈为寄爷、寄娘；称爷爷、奶奶为阿爹、好婆。第一代独生子女出生后，孩子对家庭人员的称呼也随之用普通话称谓。2000年后，马庄村的婚姻情况发生变化，即招外地媳妇、女婿增多，家庭的称呼也都用普通话称谓。独生子女结婚后，所生子女一般对爷爷、外公统称爷爷，奶奶、外婆统称奶奶，几乎听不到外公、外婆的称呼，老人也都将子女所生小孩统称为孙子、孙女，很少再称外孙、外孙女。

第三节　休闲健身

一、篮球场

2006年，马庄村在村委会办公室西侧建有标准篮球场1座，面积250平方米，作为在外工作青年空闲时的打球场所，马庄村村民也可在此自发组织篮球赛。2016年，居民生活条件改善，家家户户都有私家车1~2辆，为了解决停车难的问题，马庄村把该篮球场改为停车场。篮球场易地重建。

二、门球场

2004年，马庄村投资10万元建设标准门球场1座，组建业余门球队，第一任队长陆桃根，队员有顾宗根、马仕生、薛关根、陆志敏、薛火荣、李林荣、李花林、孙招根、唐金男、陆桃根等。年龄最大78岁，最小65岁。其后，队长分别为顾宗根、薛火荣。2017年，门球队获得昆山高新区流动红旗赛冠军1次、亚军1次，昆山市二分会比赛第三名。2018年，门球队获昆山高

门球场（2020年，罗英摄）

新区流动红旗赛冠军1次、亚军1次。2019年，门球队获昆山高新区流动红旗赛冠军1次、亚军1次。

三、健身锻炼

健身场（2020年，罗英摄）

老年活动中心　2020年，马庄村60岁及以上老人有790人，占总人口的29.8%。为了给老年人提供一个健身娱乐场所，村委会对老年活动中心进行扩建与整合，配置健身器材，活动中心场地铺设草坪砖。活动中心总面积850平方米，其中建筑面积500平方米，场地面积350平方米，总投入25万元。老年活动中心设施配套齐全，功能完善，设有老年学校1所，占地25平方米；图书阅览室面积35平方米，其中藏书800册；棋牌室面积86平方米，有麻将桌、纸牌、台球；电视室面积116平方米，有电视机2台、DVD播放机2台、各类卡带45盒；健身器材1组、健身路径1套（包括双人太空漫步等11件）

马庄村老年健身舞（2020年，罗英摄）

老年健身舞　马庄村原有7个自然村，至2020年已经拆除5个自然村，大多数村民移居正仪镇、南星渎社区，老年人分别参加所在小区的中老年健身舞蹈队。马庄自然村还有1支以孙菊珍为领队，由25人组成的中老年健身舞蹈队，时常开展活动。2016年后，马庄村中老年人大部分随子女移居玉山镇、巴城镇等小区，中老年健身舞蹈队随之解散。

第十章　物产美食

马庄村域属江南水乡，气候湿润、土地肥沃、物产丰富。自古至今，村域内以种植水稻、小麦、油菜为主，还常年种植各类蔬菜、水果，以及各种花草树木。村民利用村域地理位置的优势，养殖水产品和家畜、家禽，为日常生活饮食提供物质保障。世代的传统饮食习俗形成了 30 余道农家土菜肴和时令小吃，真可谓是一方物产，造就一方美食。

第一节 物产

马庄村域西邻界浦河，南有吴淞江，村域内水系如网，土地肥沃，物产富饶，作物以稻、麦为主，还生长有20余种林（竹）木和数十种蔬菜、瓜果，动植物资源丰富。

一、植物类物产

（一）粮油

（1）主粮：水稻有籼稻、粳稻、糯稻，三麦有小麦、大麦、元麦。

（2）杂粮：玉米、高粱、山芋（地瓜）、芋艿。

（3）油料：油菜、向日葵、大豆和芝麻（供榨油）。

（二）蔬菜、食用菌

（1）叶类：小白菜、鸡毛菜、青菜、蓬花菜、雪里蕻、韭菜、金花菜、红花草、苋菜、菠菜、大白菜、卷心菜。此外，还有荠菜、马兰头、枸杞头等野菜。

（2）根茎类：白萝卜、黄萝卜（胡萝卜）、红萝卜、洋山芋（土豆）、芋艿、慈姑、藕、茭白、大头菜、竹笋、莴笋、大蒜头、洋葱头。

（3）食用菌：金针菇、平菇。

（三）瓜果

黄瓜、茄子、辣椒、丝瓜、冬瓜、南瓜、北瓜、生瓜、甜瓜、番茄、桃、梨、橘子、枇杷、甘蔗、西瓜、葡萄、香瓜、草莓。此外，还有野生四角菱、二角菱、红菱、馄饨菱。

（四）药材

马庄村域有野生的益母草（苦草）、枸杞、车前草、蒲公英、马齿苋、佩兰叶、荷叶、莲子、半边草、桑叶、野薄荷、地丁草、芦荟、金钱草、芦根、女贞、百合、白菊花、臭梧桐等药材。

（五）木竹花草

树木 中华人民共和国成立前，马庄村域内无成片树林，仅家庭房前屋后、河边、坟地等种植一些树木。种类有杨树、榉树、桑树、楝树、榆树、槐树、银杏树、朴树、冬青树、柏树等多个品种。70 年代，引进泡桐树、刺槐树、水杉等。80 年代，道路建设加快，引进香樟树、梧桐树、白玉兰、雪松、桂花、蜡梅、广玉兰、紫罗兰、杜英、红枫、红叶李、黄杨球、棕榈等品种。

榉树（2020 年，戴成仁摄）

榆树（2020 年，戴成仁摄）

竹 中华人民共和国成立前，村民在宅基地旁开辟一块小地种上杜竹、蒲基竹、五月季、红头笋。其中，竹园面积达 1 亩以上的村民有姚四宝、张金狗、张冬生、张雪生、张金木、马宗根、陆荣根、顾风珍、顾宗根 9 家，0.5 亩以上但不足 1 亩的有 16 家，不足 0.5 亩的有 18 家。中华人民共和国成立后，家庭竹园逐渐减少。至 2020 年年底，村域仅剩村民王伟根、薛寿根 2 家有竹园，竹园面积各 0.2 亩左右。

花卉 鸡冠花、月季花、菊花、玫瑰花、一串红、凤仙花、美人蕉、海棠花、迎春花。

草本植物 稗草、三角草、牛筋草、野荸荠、小蓟草、将军草、鸭舌头、看麦娘、婆乱头。

水生植物 水葫芦、水花生、绿藻、网金边草、芦荟草、菖蒲、水浮莲、水牛筋草。

二、动物类物产

（一）家畜

1. 牛

80年代中期以前，马庄村域内有少量水牛、黄牛养殖。此后，机械化替代牛耕，村域内停止饲养牛。

2. 羊

70年代，一小部分村民家庭饲养绵羊、山羊，部分生产队也养殖。1975年后，集体停止养羊，只有极少数农户养殖数量极少的山羊供自己食用。2020年后，村域内没有人再养羊。

3. 猪

至2018年年底，除村中极少数村民养1~2只猪外，集体和绝大部分村民不再养猪。

4. 兔

马庄村域内兔的主要品种有长毛兔。1985年后，村民不再饲养兔。

（二）家禽

马庄村域内家禽主要有鸡、鸭、鹅、鸽。至2020年年底，马庄自然村少数家庭饲养鸡、鸭、鹅。

（三）水产品

鱼类：鳙鱼、鲫鱼、黑鱼、鲢鱼、鲇鱼、黄牛鱼、塘鳢鱼、草鱼、青鱼、银鱼、鳊鱼、串条鱼、郎哥鱼、鳑鲏鱼、鲤鱼、黄尚鱼、尖嘴鱼、鳜鱼、鳗鱼、黄鳝、泥鳅、横川鱼、鸡疙郎（小季郎鱼）。

贝类：螺蛳、河蚌、田螺。

甲壳类：螃蟹、河虾、小龙虾、罗氏沼虾、南美白对虾。

三、土特产

马庄村溇浜棋布，水面广阔，有着种植菱角的天然条件。菱是马庄的著名特产。菱的品种很多，四只角的称“四角菱”，红色的四角菱称“四角大红菱”，青色的四角菱称“四角大青菱”，两只角的称“二角菱”，没有角的菱称“馄饨菱”。马庄村域一般种二角菱和四角大青菱居多。1976 年，村域五二大队第 8、第 9 生产队种菱面积 25 亩，采摘下来的菱大多数卖到城里。红菱成熟期最早，在农历八月中旬上市，其他品种在农历八月下旬上市，到农历九月中旬结束，因此有“九九重阳，菱塘销烊”的谚语。不通外河的死水溇潭，一般不采鲜菱，留作老菱，到年终抽干水，称干溇潭，既捉鱼又收菱。此时收起来的老菱，农家统称“浆菱”，容易储存。老菱口感糯、甜，若焐来吃，既香又饱腹。还可以加工成菱粉，能长期储藏，也留部分作为种子。1985 年，五三大队第 8 生产队周二男种植 20 亩菱，1990 年逐渐减少，2018 年后不再种植。

四、野生动物

鸟类：麻雀、燕子、野鸭、野鸡、野鸽、喜鹊、啄木鸟、乌鸦、白头翁、黄莺、猫头鹰、布谷鸟、画眉、百灵鸟、大雁、老鹰。

哺乳类：老鼠、田鼠、黄鼠狼、野猫、刺猬、蝙蝠。

两栖爬行类：水蛇、赤练蛇、瞎地遍（蝮蛇）、乌青蛇、七步蛇、鳖（甲鱼）、乌龟（王八）、青蛙、牛蛙、癞蛤蟆。

昆虫类：蝴蝶、蜻蜓、蝉（知了）、螳螂、蜈蚣、蜗牛、蟋蟀、地鳖虫、天牛、刺毛虫、萤火虫、蚂蚱、纺织娘、蝼蛄、蜘蛛、红蛉子、蚂蚁、蚊子、苍蝇、跳蚤、蚂蟥、螟虫、地老虎、蚜虫、纵卷叶螟、大螟、稻飞褐、灰飞褐等。

第二节　农家菜

50—60年代，马庄村村民生活处于温饱时期，饮食常以瓜果、蔬菜、豆制品、咸菜、萝卜、酱菜等素食为当家饭菜。1978年，中共十一届三中全会后，村民生活水平逐步改善，传统的农家菜肴开始出现在村民家中的餐桌上，其中最具特色的有20余种。

一、蹄子、东坡肉

这两道菜是村民操办婚丧事的主菜。食材：蹄子肉，用猪腿的下部、猪脚的上部，斩1.25~1.5千克的一段；东坡肉，用肋条上的五花肉切一方块1千克左右。蹄子、东坡肉在马庄村村民中有两种烧法。

第一种是走油。首先把肉焯一下水，捞起后洗净，再放入锅内加水、盐、姜、黄酒焐半熟，捞起来沥干水分，放进装入沸油的锅内，盖上锅盖油炸，一直炸到肉皮发黄捞起晾干，然后再次入油锅进行第二次发泡，后再加上佐料文火烧煮，片刻即可食用。走油蹄子、东坡肉，肉质酥松，肥而不腻。

第二种为红烧。红烧蹄子、糖东坡肉的做法为：把肉在沸水中焯一次水后洗净，直接放入锅中加水，放入生姜、黄酒、茴香、海鲜酱，先用大火烧开，后用文火慢炖，最后加适量的冰糖、少许的味精，待肉烂透后出锅装盆，即可食用。这种红烧蹄子、糖东坡，筷子戳皮即破，外肥内瘦，皮脂毫无肥腻之感，入口即化，瘦肉滑而不柴（不柴指肉不干不硬，有味道），遇齿则烂，无齿的老年人特别喜欢吃糖东坡。村民章成龙从小学艺拜师，学做这两道菜，凭所烧的红烧蹄子、糖东坡肉，在马庄村小有名气。

红烧蹄子（2020 年，罗英摄）

走油蹄子（2020 年，罗英摄）

二、腌笃鲜

将农家腌制的腊肉、新鲜的猪肉切块，与本地产的时鲜竹笋或莴笋搭配，加入调料，用砂锅文火炖煮至熟。文火炖出来的腌笃鲜汤特别鲜，因此有“吃着腌笃鲜，还想把饭添”的俗语。

腌笃鲜（2020 年，罗英摄）

三、塘鳢鱼炖蛋

俗话说“菜花黄，塘鳢忙”，每年春天，到油菜花开盛时，正好是钓塘鳢鱼（又名菜花鱼）的时节。若捕捉到的塘鳢鱼较多，一时吃不完，就用盐腌制 1~2 天，用铁丝串起来晒干。吃时放少许食用油、黄酒和几个鸡蛋，然后一起清炖，最后撒上小葱，再淋上少许酱油，吃起来既香又鲜，回味无穷。

四、清蒸白丝鱼

清蒸白丝鱼（2020 年，罗英摄）

白丝鱼通体银白（有名白鱼），体修长、扁薄、鳞细，肉质肥嫩鲜美。村民将捕到的白丝鱼杀好洗净，沥干水分，加适量食盐（农家称之为“跑盐鱼”），放在相应的瓷盆内。食用时加老姜丝、黄酒、小葱，上笼清蒸。蒸半小时左右，看鱼眼睛是否泛白突出来判断烹饪程度。清蒸白丝鱼，鱼体银白，生姜丝金黄，小葱翠绿，味道鲜美无比。

五、腊肉炖蛋

七八十年代，一般的农户都要养一头“年夜猪”（过年时宰杀的猪），饲料是用清糠、麸皮、豆饼加青草。猪的品种是小头细脚棒的黑猪，饲养期为9~10个月。这种猪出肉率高、肉质好。冬至后宰杀，腌制成腊肉。腊肉一刀切开来颜色红、喷喷香，切成肉丁，打上几个鸡蛋，加香葱、料酒清炖，清香扑鼻，味道鲜美。

六、小虾饼

将鲜活的小虾、鸡蛋调匀，加好佐料。待油锅烧烫后，用勺子把调好的蛋糊放入油锅中，炸至金黄色，捞起装盘，味道鲜美，口感极佳。

七、酱爆螺蛳

酱爆螺蛳（2020年，罗英摄）

清明、稻熟两个时节，螺蛳肉丰满肥嫩，是吃螺蛳的最佳时期。原料：螺蛳、豆瓣酱、干红辣椒、葱、姜、香菜、料酒、啤酒、麻油、糖、味精。做法：将螺蛳清洗干净，去除泥沙，剪去尾尖。炒锅放油加热，放入干红辣椒、葱、姜、豆瓣酱爆炒出香味，放入螺蛳后翻炒。加入少许白糖、料酒，倒入啤酒盖上锅盖稍焖一下。最后收汁，加入少许味精。淋上少许麻油出锅，撒上香菜，即可装盘。有“吃稻熟清明螺，赛过吃只鹅”的民谚，还有“五样、六样，不及螺蛳炖酱”的说法。

八、面拖蟹

面拖蟹（2020 年，罗英摄）

原料：螃蟹（亦称“六月黄”）若干只、毛豆子，面粉，调料（黄酒、葱、姜、盐、味精、胡椒粉）。做法：先将蟹洗净，用刀一切两半，断面蘸上面粉。待油锅内油温七分热，将蟹蘸有面粉的一面放入锅中煎至金黄色，然后加料酒、葱姜、酱油、毛豆子、水，水要盖过蟹身，盐少许，大火烧开，改中火。约 10 分钟后，将加水调匀的稀糊状面粉倒入锅内勾芡，然后不断翻炒，最后放入少许味精出锅。这道菜中的蟹黄鲜嫩，肉质细软，比大闸蟹更胜一筹。

九、面筋鸡血汤

先用新麸皮或新面粉制作面筋，然后包上切好的猪肉，就是通称的肉包面筋。再把家养的土草鸡杀好、洗净后，加盐、老姜、黄酒、小葱，然后加适量的水炖煮，等煮熟后将土草鸡捞起，将面筋用手揪成小块，包上肉放入汤锅里，与蘑菇、鸡血同煮，煮开后用文火再煮约 2 分钟，待面筋个个浮起后撒上葱花，即可出锅。这道菜外温内烫，味道鲜美。

十、凉拌马兰头、马兰头干烧腊肉

将新鲜的马兰头用沸水焯了之后，加盐、糖、味精、熟菜油拌来吃，清凉可口。

用腊肉和马兰头干一起烧，马兰头干的清香与腊肉的厚重融为一体，独具风味。

十一、豆瓣酱

旧时，农家都要做点豆瓣酱，它是农家一年四季的常备菜。做法：用新鲜的干蚕豆，捣成糨糊状，与面粉一起揉成长条，再切成 2 厘米左右的小方块，放在阴凉处，任其发酵。待发酵的菌丝由白变黄后成为酱黄，将发酵好的酱黄放在烈日下暴晒7~8天，然后将其装在酱缸内，放入适量冷开水与盐。酱缸露天存放，晒一周后把缸内的酱黄捣成酱状，再晒10余天。待缸内的酱呈暗红色，并有浓烈的酱香味，表示酱已制好。豆瓣酱可炖肉、螺蛳等，是农家常年备用的家常菜和调料。

十二、菜汤糊

准备好新鲜的肉汤（选不油腻的蔬菜肉汤），如白菜炒猪肉剩余的汤汁。将汤汁倒入锅内加适量水烧开，同时准备好一个盆，盆内放入适量水和面粉，拌至稀糊状。锅内汤汁煮沸后开小火，将盆内拌好的面粉倒入，一边倒入一边快速搅匀，随后加入适当调味料即可，盛入碗中便是一道传统美味的菜汤糊。

十三、烧腊肉

将560克左右的腊肉洗净，将整块腊肉放入锅中，加水（水要浸过腊肉位置）、黄酒、生姜一起蒸煮，煮到用筷子能戳破肉皮，腊肉就煮熟了。这时把腊肉捞起来，晾5分钟左右，然后切成小块装入碗中，香气四溢、味道鲜美。

第三节　时令小吃

一、青团子

青团子是马庄村有名的甜点之一。一到清明节，村民们就会到野外去割“浆麦青草”。青草打烂沥青汁，再加少量石灰粉点浆。糯米粉用清水搅拌，揉成粉团，再反复用力揉成黏且软的软条。把赤豆焐酥成糊状，再用纱布把赤豆糊沥干，加上猪油、白糖，还有的用百果做馅（枣子去核，配以桂花、松仁、白糖等）。青团子吃起来甜而不腻、压舌生香。

青团子（2020年，罗英摄）

二、粽子

农历五月初五端午节前后，家家户户都要裹粽子。先将淘好的糯米沥干水分，闷涨1小时后，用芦苇叶包裹，俗称“三角粽”。粽子分咸肉粽、红枣粽、赤豆粽、白水粽等。裹好后的粽子放入锅中，加水及少量食用碱，焖煮2~3小时，停火后，再焖3小时左右即可食用。粽子香美可口，是村民莳秧黄梅（指夏种大忙）带到田间的首选点心。

粽子（2020年，罗英摄）

三、汆麻叶

麻叶是马庄村村民对其特有的称呼，有的地方称“汆油鸡”，也有的称“汆巧果”。莳秧黄梅结束后，老人们用新鲜面粉，加糖、芝麻，擀成薄片状，切成方块，再用剪刀剪成各种形状，晾干后，放入油锅里煎到颜色金黄时捞起，即可食用，香脆爽口。每年农历七月初七，农家有祭牛郎、织女的习俗，后来发展到七月初七这一天，外婆送外孙时，带上汆好的麻叶，还要送上一只童子鸡，祝愿外孙今后爱情顺利。

四、南瓜饼

南瓜饼（2020年，罗英摄）

临近春节，马庄村村民都要做南瓜饼。老南瓜煮烂、沥干，糯米粉揉成粉团，赤豆煮烂、沥浆，加糖、脂油做馅，做成塌饼状，既可以上笼蒸，又可以在油锅里煎。南瓜饼做成后颜色金黄，带有一股南瓜香味。

五、炒年糕

临近春节，马庄村域家家户户都要做年糕。将糯米粉用绢罗筛过后，加水、糖、枣和红豆，和成硬一点的面团，装入糕桶，蒸熟即成。民间有一说法：“男人吃了挑担不腰痛，女人吃了弯腰腰不痛。”所以每年的农历二月二，家家户户都要炒年糕。炒年糕，又叫“撑腰糕”。将自制的年糕切块煮熟，在锅中的炒至七成熟，加入适量的糖继续翻炒，炒熟后出锅，撒上葱花即可。

六、寿桃

寿桃（2020 年，戴成仁摄）

寿桃，象征着晚辈对长辈的孝敬，每当老人过生日时，做儿女的都要送寿桃给老人，以祝老人健康、长寿、幸福。做寿糕时，把糯米研磨成糯米粉，加入适量的水拌匀放入蒸笼里，入锅旺火蒸 20 分钟左右，至米粉呈玉色时取出，倒在案板上。待熟粉稍冷，分成若干个小团团，加入豆沙馅，再用手搓揉至圆形，并捏成桃形，最后在顶部用红色的浆点缀一下，将做好的寿桃上笼屉蒸 20 分钟左右即可。寿桃色泽红润，香甜松软，入口糯韧。

七、麦老丝

麦老丝又叫“面疙瘩”。首先将面粉加少许水搅成糊状。锅内烧水，等水烧开时用勺将面糊舀出来放入锅内，并用勺子不停地搅拌使麦老丝不粘在锅底，旺火煮至麦老丝个个都浮出水面即可。

八、红糖糯米饼

将糯米粉加凉开水和成面团，搓成长条分成小块，再将小块按压成糯米小饼备用。红糖放开水搅匀。锅烧油达到一定温度后放入糯米小饼，煎至两面金黄倒入糖水，最后大火收干汤汁就是一道清爽的红糖糯米饼了。

九、酒酿

将糯米洗净，用清水浸泡 24 小时左右捞出后沥干，将其放入垫有蒸笼的蒸桶中蒸熟。蒸好的糯米饭放入容器中加入凉开水，用筷子拌匀，温度控制在35~40 摄氏度，然后加入酒曲拌匀，拌匀后糯米饭粒粒分明。把拌匀后的糯米饭放入容器中，中间放一只酒瓶，用勺子把酒瓶四周的糯米饭压平后将酒瓶取出，中间留一个孔，方便观察它的出酒状态，盖好盖子，放到温暖的地方发酵 2~3 天，方可食用。做好的酒酿打开后有浓浓的酒香，入口清爽、甘甜。村民浦洪男每年春夏都有做酒酿的习惯。

十、韭菜面衣

将细嫩的韭菜洗净、切细和面粉一起搅拌均匀，加入适量水和盐搅拌成糊状，待油锅烧烫后把米糊倒入锅内用锅铲均匀地压实到锅边，煎到金黄色时翻过来煎另一面，同样的方法煎到金黄色时，捞起装盘。韭菜面衣入口酥嫩，油而不腻，香飘十里。

韭菜面衣（2020 年，罗英摄）

十一、咸菜面条

将面粉用冷开水搅拌，揉成粉团，再反复用力揉成条块，用菜刀切成条状，咸菜洗净切细倒入油锅炒熟，加水烧开后，把切好的面条倒入锅中，用大火煮到面条浮到水面上，再加一点鸡精，即可食用。这种咸菜面条，吃上去面条爽滑可口，汤汁鲜美。

十二、花草干饭

将花草干切成米粒状，用温水泡洗，再起油锅进行翻炒，然后将淘洗干净的米放入锅中加水（和平时做饭的水量差不多），加入适量盐、鸡精，煮熟。打开锅盖，花草干的清香与白米饭的香味融为一体，独具风味。

第十一章　四季农活

马庄村域地属太湖流域，吴淞江畔，土地肥沃、水系畅通、雨量充沛、四季分明，适宜水稻、小麦、元麦、油菜生长。自古至今，村民主要从事水稻、三麦、油菜等种植，凭借着对劳动的热爱和对美好生活的追求，辛勤耕作。村民顺应春耕备耕、夏收夏种、秋收秋种、冬闲冬藏的四季农事的自然规律，推广科学种田，农业生产水平提高。1983 年，各村分田到户，生产经营发生变化。2013 年后，马庄村大部分耕地被国家征用。至 2020 年年底，剩余耕地面积 1 450 亩左右，全部发包给种植大户耕作。

第一节　春季农活

农历从除夕到正月，马庄村村民们欢欢喜喜过春节。俗话说："手不动二十四。"就是讲到了腊月二十四后就准备过年的事情，不再从事农活了。农历正月初十后，又有俗话说："只有年初十，没有年十一，过了十六就开禁。"每年农历正月十五后，马庄村村民就要从事春耕、备耕及小麦、油菜管理和病虫害防治等农活，期待着夏熟能够有好的收成。

一、备耕

做秧田　水稻收割结束以后，按水稻面积和秧田面积 10∶1 的比例，留足秧田，通常选择灌排水方便的冬闲田或红花草田作为秧田。60—70 年代，清明节前后先用耕牛多次翻耕，再人工整平并起沟，在田的四周都要起好沟，每块秧板宽度约为 5 尺，然后用木板推平，秧板平光，开始播种。70 年代后，用农机翻耕，再用人工起沟整平，待播好种以后，用稻柴灰或泥浆覆盖，即播种结束。播种结束以后，还要做好秧苗水浆管理、追施肥料、防病治虫等农活。

做秧田（2020 年，罗英摄）

2000 年后，机械化插秧普及，对育秧技术提出新要求。

备足秧田，四周起好沟，每块秧板宽度为 1.5~1.6 米。

育秧前准备：备足育秧盘，

一般每亩大田用秧盘 25 盘，秧盘规格为 30 厘米×60 厘米，备好营养土（泥），用壮秧剂（每亩大田用量 1 包）与过筛的细土充分拌匀后装入秧盘，然后秧盘摆盘并放整齐、靠紧。

播种，适时适量均匀播种（一般每亩大田用种 4 千克，播种前先上足苗床水，然后播种覆土再上足水，最后盖上无纺布，做到保温、保湿、防虫）。

秧苗管理，关键是水浆管理，1~10 天内做到秧田干干湿湿。10 天后，村民开始炼苗，确保降湿促根，秧龄期要求在 15~18 天内移栽，超过秧龄期对产量有一定的影响。

铡岸脚、坌岸脚 60 年代，村域内耕作粗放，田岸边、大岸边的土是牢实的。到了春天，妇女用铡在田岸边铡土，再用铁锴坌翻土，此后还要“倒岸脚”，直到田地四角没有荒草。80 年代末，这两项农活已经不存在。

割青草 青草肥力较高。春天女性劳动力空余，利用这段时间，妇女割青草、翻潭，增加田地自然肥力。割青草也有任务，用挽子计量，一挽子记 0.5 个工分，一般一个人一天能割 20 挽子青草。80 年代末，这两项农活已经不存在。

修泥潭 一过春节，村民大搞积肥，主要以罱泥、拖泥、扒浪渣、阳澄湖轧草、澄湖扒水草、沙河扎草为主，积好的肥料，必须存放在潭里。泥潭经过一个冬天，潭泥疏松到潭底，必须把泥潭整修到不漏水，把疏松的潭泥和杂草清理干净。80 年代末，这两项农活已经不存在。

放养“三水一绿” “三水”，即水花生、水葫芦、水浮莲；“一绿”，即绿萍。1964 年，正仪人民公社副业公司蒋寿根牵头，五二大队、五三大队组织人员，到浙江省嘉善县引进水花生，并陆续引进水葫芦、水浮莲、绿萍。放养“三水一绿”时，由各大队副业主任负责，每个生产队有一个专业人员放养和管理“三水”。马庄村域河面基本放养满上述植物。“三水”放养开始时，量比较大，管理也有一定难度。管理难度最大的是水中绿苔多，会抑制“三水”的生长，所以要用一定的磷肥和草木灰、硫酸铜等消除绿苔。农家罱泥时，“三水”作为物料加到泥潭里和河泥拌匀后发酵。“三水”也作为猪附加饲料，因为养猪有精饲料，必须加一定的粗饲料，这样能降低养猪成本。把水葫芦、水浮莲捞起来，用粉碎机打成浆，再放入缸里发酵，这样可减少寄生虫，猪吃了也便于消化吸收。

在60年代初，绿萍主要补充农家肥料。绿萍放养，从冬天保养开始，开好长方形泥塘，放上水，盖好塑料薄膜，在背阴面盖上一层稻草保苗过冬。春天，绿萍开始繁殖，用花草田、冬闲田作绿萍床田，施磷肥，到了小麦收割以后，田翻耕好，灌满水，就开始放绿萍。马庄村域各生产队在水稻移栽前每块田都放养绿萍。放养绿萍主要是作为水稻田基本肥料，也能帮助去除田间杂草，绿萍覆盖田面后杂草无法生长，同时可提高水稻产量。1970年，开始种植双季稻，田地不再放养绿萍。1983年，“三水一绿”不再放养。1992年，马庄村组织劳动力把“三水”全部清理干净，马庄村域内水质慢慢变清了。

精选稻种 俗话说“秧好半熟稻”。稻种处理是关键工序。中华人民共和国成立初期，村民不重视精选良种。60年代中期，开始选稻种、麦种。在收割前到稻田里，选种及拔杂草、稗草、杂稻。收割以后，到了春天精选稻种。村民把稻种放在篮里，逐粒精选、筛选，选择谷粒饱满、大小基本一致的稻种。选出稻种后还要进行试芽，发芽率达到85%才算有效。小麦选种方法和水稻选种方法一样。2000年后，为提高粮食产量，农业部门统一提供良种，农户不再自行留种，选种农活自此不再出现。

旱育秧细泥准备 旱育秧在旱地上做成秧板，播种以后必须用细泥覆盖。所用的细泥来源于旱地、大田、岸滩，经过一个冬天冰冻和风吹日晒，用铲子将其铲下来，用筛子筛，好使细泥粗细均匀。2020年，马庄村农业种植大户还保留这项农活。

收秧灰 用稻柴烧出来的灰覆盖秧板比较好。农户都有存储稻柴灰的习惯，在用的时候，提前把稻柴灰收集起来，堆在秧田横头，用稻柴盖好备用。20世纪末，这项农活已经消失。

二、小麦管理

越冬后的小麦到了春天天气变暖时需要大量的营养肥料和精细管理。开春后，村民就着手给小麦施肥、清沟、除草和防治病虫。

2月底3月初，巧施返青肥，一般每亩施尿素10~12.5千克。3月15至20日左右，施好拔节孕穗肥，一般每亩施尿素5~7.5千克。清沟理沟，清除麦田积水，降低地下水渍，做到养根保叶。对麦田杂草严重的田块补用“骠马”“爱秀”、炔草酯等除草剂，对麦田中有阔叶杂草的田块用“凯兴”除草剂，二次稀释后均匀喷洒。

70—80 年代马庄村域三麦病虫害主要有纹枯病、赤霉病、白粉病，具体防治方法如表 11-1 所示。

表 11-1　70—80 年代马庄村域三麦病虫害防治情况表

病虫害名称	防治方法		备注
	农业防治	药物防治	
纹枯病	选用抗病力强的品种，合理轮作密植	唑多菌类、乐买宝、三唑酮	喷雾
赤霉病	选用抗病力强的品种，降水降湿	唑多菌类、乐买宝、三唑酮	喷雾
白粉病	选用抗病力强的品种，合理播种，施磷、钾肥	唑多菌类、丙环咪鲜胺	喷雾
蚜虫	铲除农田周围禾本科类杂草	吡虫啉、一片净	喷雾

三、油菜管理

油菜经过越冬以后，叶子冬害比较严重，肥料基本耗尽，春季须适时施好返青肥和做好清沟、除草、防病除虫，使油菜生长有力。3 月初，施抽薹肥每亩尿素 7.5 千克；清沟理沟，排水除渍，保根养叶，确保稳产、高产；化学除草，一般用“精稳杀得”除草剂，每亩用药 0.15 千克，兑水喷洒。70—80 年代马庄村域油菜病虫害防治情况如表 11-2 所示。

表 11-2　70—80 年代马庄村域油菜病虫害防治情况表

病虫害名称	防治方法		
	农业防治	药物防治	备注
蚜虫病	选用抗病力强的品种	一片净	喷雾
霜霉病	土地轮作、种子消毒、适时播种	多菌灵	喷雾
菌核病	—	多菌灵、粉霉净	喷雾

第二节　夏季农活

夏天，油菜、小麦进入收割季节，村民忙于割小麦、拔油菜及小麦、油菜脱粒等农事，同时还要做好水稻育秧、移栽及前期的田间管理工作等农活。

一、夏收

小麦收割、脱粒　50年代前，村民收割小麦由人工完成。其方法是用镰刀把麦割下来，捆成碗口粗的小捆在田里晒干，再用稻索扣起来，从田里人工挑到船上，运到家里（集体时运到公场）摞起来，等水稻移栽结束后再脱粒。小麦挑到船上必须叠起来，叠麦船看起来简单，实际操作起来是一项技术性农活。五二大队夏根水、顾福元，五三大队徐水林、顾阿二叠出来的麦船，非常平稳，不会翻船，也不会泻入河中。开始先把下面船舱叠平，一层叠一层，麦梢都要压牢，防止泻脱，这样才能平稳地运送。

60年代前，依靠人工掼麦，一个壮劳力一天只能掼一亩田的麦。60年代中期，使用10马力柴油机，配置直径50厘米、长3米的两节木滚筒组成脱粒工具，每个劳动力平均脱粒3亩小麦。1975年，各生产队逐步购置铁滚筒，配用2.5千瓦电动机脱粒及大风力电风扇，对脱粒下来的麦子进行风净扬清。1983年，实行家庭联产

联合收割机割麦

承包责任制，村民用小型脱粒机脱粒。1992 年，五三村购置了“桂林”牌联合收割机，每小时能收割小麦 4~5 亩，一天收割小麦 40~50 亩。2000 年后，马庄村购置“久保田”收割机，每天收割小麦 70~80 亩，收割的同时秸秆还田，作为有机肥料，既提高了工作效率，减轻了劳动强度，又确保适时收割小麦。

小麦脱粒以后必须把麦柴摞好，等到空闲时，一部分卖到正仪供销社，一部分留作社员烧饭用。摞麦柴罗是技术性农活，麦柴干而滑，不好摞。五二大队杨小男擅长摞麦柴罗。

油菜收割、脱粒 长期以来，收割油菜的基本方法是油菜成熟后（一般成熟期为 5 月下旬）开始收割（拔油菜）。拔油菜很讲究，一是油菜不能完全成熟（完全成熟后，拔时菜籽荚容易脱落），二是要在太阳光较弱时拔，否则油菜菜籽荚易开裂脱落而造成损失。因此，拔油菜都是在出太阳（日出）之前或吃晚饭后（傍晚）进行。油菜拔好后最好下一场小雨，再经太阳暴晒 3~4 天，对“玉”（揉的意思）菜籽有利，菜荚易分开。“玉”菜籽一般在上午 10 点后到下午 5 点前最宜，其一般步骤如下：先把菜萁堆在一张长宽各 4 米的帆布（油布）上，搬时要小心谨慎，防止油菜籽脱落；后用麦泥耙（木棍）敲掉菜根上的泥，再拍打菜荚；再用柴棒把留在菜荚中的油菜籽敲尽；最后用谷筛分拣几次，将油菜籽与菜壳分离。分拣完成后油菜籽运回，菜萁大部分运回家作为燃料，也有部分村民还会将菜萁运到砖厂换取砖头、瓦等建筑材料。

1970 年后，油菜收割用镰刀割根，根茬留得较长，最后脱下来的菜萁、菜壳及根茎全部还田，作为有机肥料。1973—1974 年，为了腾出空田，提早种植双季稻，把油菜连根拔下来，运到集体公场堆起来，等到双季稻插秧结束后再脱粒。这种方式工作效率低、耗时长，油菜籽烂掉较多，油菜产量减少，经济损失严重。

1981 年，开始提倡菜萁还田。各大队领导班子组织专人到生产队检查并宣传菜萁还田的益处，督促各生产队执行规定。

1983 年，实行分田到户后，菜萁同样要求还田。但也有个别农户贪图方便省力，一把火烧掉，后来发展到大部分农户都去烧掉菜萁。到了傍晚，烟雾弥漫，环境受到严重污染。正仪镇和五二村、五三村两级领导组织人员到各村民小组进行宣传教育，阻止烧菜萁行为，同时规定，村中若有出现燃烧菜萁情况的，村领导及村民将受到相应的处罚。此后再无这种情况发生，菜萁还田率达到100%。

粜菜籽、粜麦 1952年前，属私人种田，油菜籽运到苏州陆慕油坊里榨油，作为日常生活所用，菜饼运回当作水稻田基肥；生产出来的麦子作为村民口粮，也用作牛、猪、鸡、鸭饲料。大集体生产时，油菜籽、麦子卖给昆山粮库，完成国家征购任务，再返还菜籽油每人1.8~3千克。1987年以后，油菜籽由私人到农户收购，农户不再出去卖菜油籽。麦子则由粮管所下乡收购。

90年代初，马庄村开始实行农业规模经营，粮食管理部门派人直接到经营户验收，卡车运送。2000年后，联合收割机把稻谷用输送带送入运粮车运往粮库。

二、夏种

发旱担 夏季农作物收割后，为夏种做准备。首先把麦田、油菜田翻耕，土壤晒干，在上水前，把肥料从泥潭里挑到田里，这就叫发旱担。对这项农活，大队大队长相当重视，因为挑泥比较吃力，所以须安排生产队青壮年男劳动力完成。挑好泥以后上水，用学徒工把泥甩开、甩匀，再用牛耙平，然后用牛冲田（犁田）再人工落沟，整平、耙平后开始插秧。

翻土平地 中华人民共和国成立初期，翻土平地主要靠人力、畜力。一般人家没有牛，主要靠人力搭配铁锫翻地，而有牛的农户则用牛拉犁耕翻土地，然后用耙平整，劳动效率低下。自1975年起，各生产队逐渐购置“东风12型”手扶拖拉机，用拖拉机翻田，然后耙平。1993年，五二村、五三村各购置一台上海“东风50型”拖拉机，再配套旋耕机、耙田机，每台拖拉机每天能耕田50亩，耙田80亩。

“丰收”牌旋耕机

拔秧插秧（莳秧） 拔秧是技术性农活，秧拔得好不好对插秧有一定的影响。拔秧时，既要把秧拔起来，又要减少断秧（秧拔断了不能成活），拔好秧再用稻柴捆扎牢。秧拔得好和整齐，插秧则速度快，浅插易发棵。拔秧都是在早上，一个上午拔秧，下午插秧。秧拔好，挑到田里，把秧甩开、甩匀（俗称把秧），开始经绳。旧时插秧从来不经绳，不讲究质量。60 年代初，开始经绳插秧。开始时用一根竹竿，根据行距大小而定，一般一根竹竿 5 行，再结上 10 米稻草绳。安排专人专门负责，插秧人到了，把绳往后拖，到了田横头把绳绕起来，换另外地方再经出去。这不仅相当麻烦，而且拖出来的行距较弯，后来用塑料绳从头到尾一经到底，经绳速度快、方便，插出来的秧较直。1993 年后，开始直播稻，经绳插秧结束。

人工插秧（2020 年，罗英）

水稻移栽 水稻移栽经历了从人工移栽，到旱育秧（机插），再到直播稻（种子直接播种到田里）的过程。1995 年前，水稻都是人工移栽的，村民面朝黄土背朝天地劳作，极其辛苦，其移栽是粗放型，行距大、株距大、棵头大，每亩仅移栽 1.5 万棵秧苗。60 年代，各大队学习推广大寨的小株密植法，每行株距比较适中，每亩移栽 3 万棵秧苗，每棵3~4 株，苗 12 万株左右。80 年代，提倡科学种田，每亩棵数减少，推广小群体、壮个体、大穗型品种，使产量提高五成。80 年代，正仪农科站引进日本肥床旱育技术，利用旱地做成秧田，适量浇水，培育水稻旱秧。旱秧有根系发达、茎有分蘖、苗健壮的优势，适当降低移栽密度，运用促早发稳长、争足穗、攻大穗

机器插秧（2020 年，罗英）

的肥水培育技术实现增产、增收。旱育秧可以省做秧田，省水、省种、省肥，有利于浅栽促分蘖、促早发。村内采用该项技术的农户，基本做到增产增收。1995 年开始，村内大部分农户试种直播稻，将已催芽露白的稻种谷撒在田里，每台直播机一天直播面积 100 亩。利用直播机直播的水稻生长茂盛，劳动强度减少，达到增产增收的效果。2000 年后，随着农业机械化水平的提高，普及机械化插秧。采用机械化插秧省工、省时、质量高，宽行窄距，可充分利用阳光，透气性好，有利于水稻早期分蘖，植株根系发达，有利于肥料的吸收，增产效果明显，增产幅度大，可达 5%以上，机器每天能插秧 50~60 亩。

三、“双抢”黄梅（“三抢”黄梅）

“双抢”黄梅，即抢收、抢种；“三抢”黄梅，除抢收、抢种之外，增加抢管（农活）。1970 年，开始种植双季稻，以后逐年增加。1978 年，全部种植双季稻。有一种说法：“两个矮子（前季稻+后季稻）总比一个长子（单季晚稻）长。”经过几年种植，实践证明产量稍微提高一点，但种植双季稻用工量大，生产成本高，经济效益低，至 1980 年结束双季稻种植，恢复单季晚稻种植。双季稻前季稻从 4 月 25 日开始至 5 月 28 日结束，后季稻至 7 月底结束。

“三抢”大忙来临，正仪人民公社召开“三抢”大忙动员大会，全体大队干部和各生产队长出席，亦称“三级干部会议”。会后，各大队召开“三抢”动员大会，全体村民参加，要求全体村民集中精力搞好“三抢”大忙。“三抢”大忙一般从 7 月 20 日开始，于 8 月 10 日结束，前后 20 天。在这个阶段，时间紧、天气热、蚊虫多，早上 2 点钟出工，晚上天黑回家；早上起早拔秧，上午收割，中午脱粒，下午插秧，做到“上午一片黄，下午一片绿”。

1970 年，开始种双季稻时，缺少经验，无机械化机器。村民首先把前季稻割下来，用稻柴做成符子，捆成大捆用草包做成两片包，再用扁担把稻挑起来，俗称“丰收担”，装到船上，运到公场；之后板田立马上水，把已积好的草塘泥挑到田里，把泥甩开再按每亩 25 千克施上碳酸氢铵化肥，用牛翻耕，将田来回耙平，然后经绳插秧。双季稻前季稻脱粒和单季晚稻有所区别，因天气比较热，在脱粒时必须搭好风凉棚。开始时，两台脱粒机由 6 个人负责脱粒，另 4 个人要把稻传到脱粒人手里，这样脱粒费工费时。“三抢”大忙时劳动力紧张，后来发明了“老虎机”——把柴油桶劈成两半，上面开 30 厘米×30 厘米的口子，固定在脱粒机中间架牢，然后让一个人把稻添进去。通过实践证明，使用“老虎机”一个人能抵 6 个人的工作，加快了脱粒速度，节省了劳动力。1980 年，停止种植双季稻，就不再出现“三抢”黄梅。

四、水稻管理

除草 稻田草害有以稗草、千斤草、三角草为主的禾本科单子叶杂草；以异形、莎草为主的莎草科杂草；以矮慈姑、鸭舌头为主的阔叶杂草。

中华人民共和国成立后到 60 年代中期，各大队水稻除草基本都是靠人工，其方法是：先拔草，再耥稻，然后三次耘稻，最后两次拔长草、稗草。60 年代三年困难时期，稻田草荒严重，严重影响产量，各大队为鼓励农民拔草，规定每拔一亩田草，均有粮食补贴（时称工分粮，也叫草荒粮）。1976 年后，稻田的杂草品种发生变化，人工除草改为化学除草。2000 年后，除草方式发生改变，第一次除草用“亮镰”除草剂，在插秧后 5 日内，亩用药量在 350~400 克，第二次除草用“苄卡”除草剂，在插秧后 15 日内，亩用药量在 700~750 克。对杂草多的田块进行第三次除草，用“千金”除千金子草，“稻杰”除稗草，阔叶杂草用“灭草松”除。

施肥 60 年代前，马庄村域的农户在水稻施肥方面主要是施农家肥，包括绿肥、红花草、猪粪、草塘泥，占用肥总量的 90%以上。60 年代后，增加菜籽饼还田，扩大绿肥面积。70 年代，随着化学肥料品种的增多和化肥用量的增加，有机肥料下降到 60%左右。80 年代，绿肥面积大幅度减少，菜饼作为鱼饲料，大田基本使用化肥，而很少使用农家肥。

猪窠是主要的传统农家肥，有谚语称“养猪不赚钱，回头看田肥”。中华人民共和国成立初期至 80 年代，生产队农户都有养猪的习惯，年底当作年猪食用，或卖给供销社，增加家庭收入，猪窠提供给生产队作肥料，一担猪窠（50 千克）按 0.5 元结算给农户。90 年代后，村域内农户不养猪，不再使用猪窠。

20 世纪末，水稻施肥除一部分用农家肥之外，大部分用化肥。进入 21 世纪，马庄村域农户全部用氮肥和磷肥或复合肥。施肥总的要求是每亩水稻田施 160~180 个标准肥（碳酸氢铵 1 千克折 1 个标准肥，硫铵 1 千克折 1 个标准肥，尿素 0.5 千克折 2 个标准肥，复合肥 75 千克折 1 个标准肥）。方法上掌握前重中稳后轻，即前期施 70%左右肥，后期施 30%左右肥。

防病除虫　中华人民共和国成立初期，马庄村域农户对农作物病虫防治乏术，病虫发生时采用人工剪枯心苗，拔白穗、稻包虫叶片等费工费力的原始方法，其效果很差，逢病虫害高发年份，只能听天由命。60 年代初，各级政府十分重视农作物的病虫害防治工作，坚持防重于治、以防为主和防治并举的原则。水稻病虫害主要有二化螟、三化螟、纹枯病、稻瘟病、稻飞虱。马庄村域发动家家户户采用灯诱蛾（用三根木棍做成三脚架，中间点一盏桅灯，下面放一个盛水容器，水里放一点柴油，利用飞蛾的喜光原理，诱导飞蛾掉进水里）、人工采卵、挖除前虫蛹寄生的稻根、拔枯心苗等“土”办法，尽可能减少虫害。随着新农技的应用与推广，药物防治逐渐代替人工防治。70 年代，正仪人民公社成立农科站，大队配设农技员，马庄村配备了专业技术员，农技员亲临一线监测调查记载，并分析研判，掌握农作物病情、虫情，及时发出具体防治指令，达到防治的最佳效果。防治害虫病一般用药剂防治，90 年代前用桶兑水泼浇，20 世纪后采用喷雾机、植保机、无人机等机械兑水喷洒，作业效率和质量都得到提高。马庄村水稻病虫害防治情况如表 11-3 所示。

表 11-3　马庄村水稻病虫害防治情况表

病虫害名称	防治方法		备注
	农业防治	药物防治	
稻瘟病	选用抗病力强的品种稀播育壮秧	多菌灵、克井	破口期克井喷 1 次，隔 5 天喷第 2 次
纹枯病	宽行移栽合理轮作适时适度烤田	井冈霉素、菌刀	喷雾
恶苗病	选用抗病力强品种晒种常温破口	浸种灵	喷雾
二化三化螟	调整播种期，适当推迟移栽期	氰虫·甲虫肼、60%烯啶·呋虫胺	喷雾

续表

病虫害名称	防治方法		备注
	农业防治	药物防治	
稻飞虱	—	吡蚜酮，20%呋虫胺	喷雾
纵卷叶虫	—	20%甲维茚虫威	喷雾
条纹叶枯病	—	叶枯灵	喷雾

水浆管理　水浆管理时先建立一个管水员队伍，人员由各生产队分别选派一名有种田经验的、对工作负责的人组成。冬季由他们负责做水渠、修水渠、制闸门等为水渠除杂草的前期准备工作。

插秧时坚持浅水移栽、深水活棵、浅水发棵，田间保持1~2寸水，促使其成活早。每年7月15日前后水稻发棵阶段，坚持浅水勤灌。7月20日后，开始轻搁田、多搁田。搁田做到田里四周不发白、中间不淹脚，根系可生长，到立秋前搁好田，控制无效分蘖。马庄村域曾流传着一句话："秋前不搁田，秋后不怪天。"搁田以后，保持稻田干湿交替，扬花期适当脱水，干花湿籽，处暑前后在稻田灌大水，满足水稻吸水需求；后期水稻田保持干干湿湿，以湿为主，前朝水看不见后朝水，做到养根保叶，活熟到老（养老稻），增加谷粒重量（千粒重）。

第三节　秋季农活

俗话说："寒露无青稻，霜降一齐到。"秋季是收获季节，是农村中大熟季节，也是一年中第二个大忙季节，即秋收秋种。村域秋收主要是水稻的收割、脱粒和粜（卖出去）谷；秋种主要是油菜秧苗培育、移栽，小麦的播种及小麦、油菜的前期田间管理。

一、秋收

割稻 80年代前，村民一直用镰刀割稻，效率低，人辛苦。1993年，五二村、五三村共购置7台割晒机，为种田大户割稻，每台机器每天能割30亩水稻。2000年后，种田大户用“久保田”牌联合收割机，收割脱粒一次性完成，每台收割机每天能收割50~60亩水稻。

晚稻脱粒 中华人民共和国成立初至1958年，马庄村域内水稻脱粒大多采用老式工具，用稻床来掼稻，工作效率较低。60年代，改用滚筒，并利用打水船上的机器进行脱粒。1970年后，全面推广双季稻种植，在集体公场上用“大炮筒”脱粒，还要搭风凉棚给村民防暑降温。1975年以后，马庄村域各生产队购置铁滚筒，配2台5千瓦电动机脱粒。1983年，实行家庭联产承包责任制后，推广小型脱粒机，在脱粒时有的农户相互帮工，有的农户则独立完成脱粒，脱粒后把稻柴摞好。稻谷晒干后归仓。2000年后，承包耕地大农户采用大型收割机收割，实现收割脱粒一体化。

粜谷 中华人民共和国成立前，马庄村域较富裕的农户，稻谷收起来之后，要用牛力牵砻，加工成糙米，糙米加工后计量装袋，计量方法用斗、石，一斗约为6千克，十斗为一石。农户家里有定做的麻叉袋，可装37.5千克糙米，点袋数来计量。贫困的农户交完租米后，余下的便是一年全家口粮。富家收糙米后还要加工成白米，到米行出售。

中华人民共和国成立后，粮食由粮食管理部门统一收购，农户留足一年口粮后，多余部分都是出售给国家，称为卖余粮（粜粮）。1958年10月，成立人民公社，以生产队为基础，除分足农户口粮、饲料粮之外，多余的稻谷全部出售给国家。

1962年，国家下达粮食征购任务，为了鼓励农户多卖粮食，在完成征购任务后，多出售部分作为议价粮结算。其间，五二大队、五三大队粜粮先在正仪粮库（正仪泰记米厂边），后到昆山西门粮库。1983年，分田到户，粮食部门为了方便各家各户售粮，下乡收购。是年，在五三村设收购地点，正仪粮管所指派验粮员到村售粮点现场验粮。验粮时用一根验粮铁扦插入稻谷内，取样确立稻谷是否符合出售要求。通过验收后直接过地磅，装上运输船送往粮库。90年代初，开始实行农业规模经营，粮食管理部门派人直接到规模经营大户验收，用吸谷机、卡车直接收运。2000年后，经营大户用“久保田”联合收割机，稻谷用输送带送入停在田头的货车，送往粮库。

二、秋种

（一）油菜育秧

油菜育秧历来用苗床（菜秧地）。20世纪60年代前，各大队油菜种植面积较少，利用杂边旱地作为菜秧地，8月上旬，将菜秧地翻耕，下旬播种，秧田与大田比例为1∶8~1∶10。每亩菜秧地播种量为1千克，播后用麦泥耙拍平，施上人粪或化肥作为盖籽肥。出苗后进行2~3次间苗、治虫、浇水管理，移栽前达到壮秧标准——矮脚六叶齐。拔苗移栽前3天施好起身肥、治好虫，达到带肥带药移栽。

（二）播种三麦（小麦、大麦、元麦）

1. 播种耕翻麦

中华人民共和国成立初期，村民耕作粗放，播种耕翻麦有两种方式：一是用人工铁锆翻田作麦坨削细播种；二是用牛犁翻耕，再用耙耙平，作坨削细播种，亩产量较低。

1958年，土地深耕，五二大队、五三大队到正仪农具厂订购双铧犁（一张犁配有前后差20厘米的两个犁头）。村民用两头牛牵引双铧犁翻土，由于两头牛用力不一，是年就停用双铧犁。

60年代，耕作方式变为浅耕细削。1969年，学习推广塘桥三麦高产经验。三麦高产经验的中心环节是改善三麦一套沟。是年，用塘桥专用铲开沟，达到0.6米深，并配套腰沟、横沟连接，有效控制田面不积水，降低地下水，达到“一方麦田，两头出水，三沟配套，四面托起”。

70年代，提倡精耕细作，消灭“鸡蛋块”。具体做法是首先用牛耕翻土地，再用人工翻倒成小块再细削，坨头做成“公路式”，主要利于排水和充分利用土地，消灭“三籽”（深籽、重籽、露籽），产量每亩提高20~50千克。

1990年后，在播种方式上采用机械化耕作，在水稻收割后播麦种10千克，施足基肥，用高效复合肥，每亩40千克，尿素每亩10千克，用开沟机进行坨坨开沟，降低地下水位，防止渍害，小麦播种期在每年的11月上旬，在次年的5月下旬收获。精耕细作一般要求：耕深耕透，施足肥，精做坨面，消灭“三籽”。播种量从原来每亩12.5千克减少到每亩9千克，主攻大穗夺高产。

2. 播种套播麦

从80年代开始，在晚稻收割前4~5天，用人工将麦种均匀撒在稻田里，这种方法既解决水稻养老稻，又解决小麦适时播种矛盾，且麦子易保湿全苗。但播种后若天气连续阴雨，田间出现积水，易发生烂芽；播种过早，稻麦共生期过长，麦苗细长、黄瘦等。水稻收割后，及时追施氮肥和复合肥，结合化学除草、防治蚜虫，开好“丰”字沟。麦苗四叶期，一般用开沟机进行坨坨开沟。

播种油菜 60年代前，移栽油菜的方法是将稻板田用牛犁或人坌翻后，人工做坨头，坨头宽1.2米，沟深0.2米。坨面踏结实后，用菜花柱（圆锥形石锤上装木柄）打成碗口大小的潭，潭内施上粪肥加河泥浆，每潭种两棵油菜苗。这种移栽方法，坨窄沟宽，株距大，冬季还需松土（挨菜籽），亩栽3 000棵左右，正常年亩产35千克上下能保肥保水。

60年代中期后，马庄村域内开始试种“胜利”油菜，采用阔坨深沟、套肋条栽的方法（坨宽2米，沟深0.2米，沟宽0.3米），淘汰传统打潭移栽油菜的老方法，土地利用率在75%以上，亩栽5 000棵以上。70年代改良品种，改变移栽方式。在板田上套肋，增加密度，每亩种8 000~10 000棵，每4棵油菜开一条沟，施足基肥，种菜籽前施复合肥每亩50千克，亩产125~150千克。

随着油菜种植面积逐步扩大，劳动力出现紧缺。从80年代开始，土地不再翻耕，直接在板田上用勺子种菜籽，即免耕种油菜，又叫板田菜籽。移栽后，亩施25千克复合肥，4行油菜开一条沟为一坨，土地利用率达100%。免耕种油菜省工、省时，受到农民普遍欢迎，种植比例一度占夏熟面积的40%左右。免耕油菜增产优势明显，亩产基本稳定在180千克左右。

第四节　冬季农活

冬季，是一年中最闲的时候，俗称冬闲。事实上冬闲并不闲，村民为了来年夏熟作物有更好的收成，对油菜、小麦进行冬季管理；同时还要参加冬季积肥、冬季水利建设和做好秧板田以及打稻索、修农具等一些杂活，为春耕做准备。冬季积肥、打稻索这些农活自实行规模经营后不再出现。

一、田间管理

小麦冬季管理　小麦冬季管理主要是让小麦“吃饱”、“着暖”、麦田无杂草。60 年代前，小麦冬季管理主要是做好播种以后到越冬之前的压麦泥、清理沟系、追施腊肥等农活。60 年代后，改用手扶拖拉机装上铁滚筒压麦、镇麦，确保小麦温暖过冬。70 年代后，小麦冬季田间管理主要农活是：重施足腊肥，一般每亩施尿素 7.5 千克；拍麦泥，整压保暖，护苗壮根；清理三沟，畅通出水，降低小麦田间地下水；越冬前做好化学除草。2000 年后，对小麦的管理主要是清理三沟，降低地下水位，俗话说“一寸麦不怕一尺水，一尺麦怕一寸水”。施足肥料，12 月上旬施尿素 10～12.5 千克。做好化学除草，杂草主要有看麦娘、牛繁缕、野燕草、猪殃殃、婆婆纳、早熟禾等。在小麦三叶期至分蘖前期用药，使用时每亩用 120～140 克苯磺异丙隆二次稀释，每亩上述用药量兑水 50 千克，均匀喷洒，除草效果较好，再同时做好防病除虫等农活。

油菜冬季管理　油菜冬季管理基本方法主要有：抄沟壅土，防止冻害，确保沟系畅通，松土、培根保持根系发达；12 月初追施腊肥，一般每亩尿素 7.5 千克；清理沟系，确保出水畅通；油菜形成冬壮春发长势，越冬前做好化学除草并防治病虫害。

二、农闲杂活

做秧板 冬季按大田比例把秧田面积留足。70年代前一般做水秧田，冬季把秧田翻耕晒干，到秧田播种时上水，用牛多次翻耕耙平，再人工铲沟，用门板压平、拖平后即成秧板。70年代中期后，做旱秧板，冬天把秧田留足，同时人工开好沟，翻好土，到春天再人工多次翻倒，达到泥松且细，田基本整平，播种时上水，整平、拖平。50年代秧田与大田比例为1∶15，70年代后秧田与大田的比例为1∶7，90年代后采用机械化插秧比例为1∶100。

修农具 70年代前，马庄村域传统农具有木船、犁、耙、牛车等，通常在农闲时（主要是冬季），请各生产队有修理经验的社员修理，其中，修理木船是修农具的主要工作，因为其修理技术要求高，修理时间短则10多天，长则1个月，各生产队一般在播种结束后7—8月进行。马庄村域各生产队修理木船的老木匠有张小弟、薛学言、张汉明、薛爱生、唐为明等人，修理木船一般经过拔船上岸、清洗船体、船体维修、船体保养、木船下河等5个环节。70年代末后，水泥船出现，大部分木船逐渐被淘汰，修理木船的工作自此消失。各生产队使用手扶拖拉机代替牛耕田、耙田等，修理犁、耙、牛车的工作也不再出现。各生产队有1名机修工，会利用农闲季节对农业机械设备进行维修，以备在农忙中使用。

打稻索 打稻索是冬天或2—3月份农闲时或下雨天做的农活，一般参与者是妇女。稻索是用稻草绞成每根长度约2米的草绳，用于收取稻、麦时将其捆成担。打稻索方法：三人为一组，工具为长凳、摇车头、转钩、竹棍，把摇车头固定在长凳上，转钩挂在腰里，一人摇车，两人添柴草，稻索到2米长时两根合并在一起，增加其韧性。20世纪末，这项农活已不存在。

第五节　广积肥料

"肥料是个宝，种田少不了"，一年四季中，村民除了做好夏收夏种、秋收秋种等农活外，还要利用农闲时间抓紧积肥、造肥。积造肥料主要是在村内罱泥、轧草，外出掭黑泥、收垃圾、倒大粪、倒氨水、割青草、捞水草等。男劳动力外出积肥，女劳动力就地造肥，四季积肥，从不懈怠。至1984年，积肥农活不再存在。

一、开泥潭

开泥潭是一项简单又要有技巧并费力的农活。泥潭一般是长宽各3米的正方形，深度1.2米。要求做到四面拍结实，确保不漏水。生产队规定：1.5亩田开一只泥潭，每个劳动力每天定额开一只泥潭。五二大队马林元是开泥潭高手，他每天开两只泥潭，并且质量能保证，开起来的泥一层层堆放平整均匀、没有空隙，依次进行直至达到开挖潭的深度，最后四周拍踏结实，修平，四边用铧锹将草铲光，做到既光滑又结实，且不漏水。

二、罱泥

水稻、小麦生长所需要的农家肥一般都以罱起来的河泥为主。中华人民共和国成立前，每年农历正月十六罱泥（称"开禁"）。罱泥积肥辅助的原料是稻柴、猪窠、水花生、"上海运来的垃圾"等，和罱起来的泥拌匀，有的用猪窠作为辅料。罱泥在农活中是一项既要技巧又要体力的农活。一般3个人为一组，用一条载重量5吨的船，每天定额4舱泥，每个生产队2~3条农船，一个春季下来能完成农家积肥任务。罱泥工具所需材料须到甪直购买。五二大队夏根水、何金荣，五三大队张阿二做的网杆和网质量好，用他们做出来的网及网杆罱泥，既省力又能保证泥的质量。罱泥也有一定的技巧，它有 2 根网杆，上面一根叫豁杆（掌握方向），下面一根叫挺杆（是用力把河底的浮泥铲进网中），先用 2 根网杆将网袋撑开，沉入河底后，再将网杆撑开使泥进入网中再合拢，用力挺起来后将泥倒入船舱。西式庄阮火荣老师傅力气大、技术高，罱泥稳、速度快，质量又好，并且身上、脚上不湿水。

三、拖泥

首先要有一个好的拖泥工具，工具包括拖泥链条、网袋、稻柴打成的拖泥索。因为角直铁匠店打的链条比较实用，质量比较好，拖得进泥，马庄村村民一般到角直铁匠店购买拖泥链条。拖泥用的网袋是用水巾布做成的布袋。以上三种工具组合起来，就是一整套拖泥工具。拖泥主要是在本地河道内拖泥。在苏州拖的黑泥，可用于秧田肥料和种菜籽使用，有助于壮秧和油菜提早活棵。去苏州拖泥一般 3 个人为一组，2 天一船泥。拖泥也有技巧，摇船也有一定的讲究，掌握拖泥拖袋，操作者力气要大，拖袋尽量往船艄后扔，越后越好（称“扔后袋”）。在拖袋起水后开始倒泥时，船慢慢摇动，这样拖袋扔下去，船正好启动，此时加快前行速度。摇船要熟悉当地河道的情况，这样才能拖得到泥。东马庄村民李全荣力气大、拖泥技术高，拖泥总能第一个完成任务，同时双脚做到不沾水。

四、掂泥

主要用于田圩中长 100 米以上的田块和几丘田（几丘田指一个田圩中出现长为 120 米以上多个田块群），解决因田块太长引起作物肥料不足和农忙中不便于挑泥的问题。掂泥相当辛苦，一般在春天去阳澄湖掂泥，一天一人只能掂一船泥，因为每一担泥距离都是一样（60~120 米）的，一天下来相当累。

五、翻潭

60 年代末，翻潭是把潭里的泥吊起来放在潭的四周，潭四周拍实，确保不漏水，潭泥才能发酵。翻潭过程中加上花草或青草等拌料，再放到潭里，一层泥一层拌料，浇上水，层层拌匀发酵。翻潭的农活一般由妇女主导，每人定额一天翻一个潭。质量要求是确保一个星期不断水，然后才能发酵。翻潭10天后，生产队长逐个检查，要看到潭面泛起绿泡，发黑发臭即潭面臭烘烘，才能算合格，并记上工分；不合格的潭告知责任人，并要求其返工，直到合格为止。

六、堆肥造肥

堆肥造肥农活一般在秋收前（10月1日后）进行。把当地生产队区域内大岸上的草、水沟里的草、田岸上的草用铧锹连泥带草一起铲起来，做到大岸、水沟、田岸“三面光”，加上集体公场剩下的烂柴草集中在一起堆好，表面用河泥或烂泥封好，做好堆肥不漏气，确保其充分发酵，过10天后要再翻堆，检查是否均匀发酵，做到上下四周一个样。经过堆肥造出的肥料用于小麦播种后齐苗。在越冬时（12月中旬温度在0摄氏度左右）盖在麦垅头上，起到增肥保暖、小麦安全越冬的作用。

七、阳澄湖轧草

阳澄湖轧的草能使土壤疏松，增加土壤的肥力。每年春夏季，马庄村域内各生产队就会派村民到阳澄湖轧草。轧草时，一般用一条载重量为5吨的驶篷船（木船），三人为一组，用专用的带有长的竹头的铁锴把河底的河草轧起来，定额一天一船草。阳澄湖湖面大，湖下泥草丛生，有时会一天轧2船草。一般早晨就开船去轧草，午饭村民自带或在船上煮，至下午3点回来。

八、倒垃圾

60—80年代初，马庄村域外出积肥还要倒垃圾（从外地运拉圾回村作肥料）、倒大粪、倒氨水。倒垃圾时间一般在每年的3~4月，倒大粪、倒氨水在6月。这种农活由男劳动力承担。倒回来的氨水、大粪及生活垃圾须及时施到农田里，作为有机肥料。

上述8种积肥农活至1984年，已不再存在。

第十二章　马庄人物

中华人民共和国成立后，马庄村人才辈出，村民有考入全国名牌大学、出国留学的；有担任市、镇领导干部的；还有立功军人、人民教师、医生、各种能工巧匠等。至 2020 年年底，马庄村户籍大学生 93 人，能工巧匠 171 人，马庄村籍教师 42 人，部分在外工作人员 6 人。

第一节　人物简介

一、葛兴官

葛兴官，出生于1955年7月，马庄村第8村民小组村民。1971年从正仪中学初中毕业后回到五三大队第8生产队务农。1972—1981年，他先后担任五三大队合作医疗站赤脚医生、第8生产队队长、民兵排长、生产队会计。1983年，葛兴官带领五三村村民徐林根、徐长林、张长兴、张阿毛和郁港村村民唐金服共同购买2条载重量15吨水泥船进行个体运输，其中1号拖船有葛兴官、徐林根、徐长林、张长兴、唐金服、张阿毛，2号拖船有陆引林、徐林兴、徐腊狗、徐金妹、顾福兴、张才林，货物全部由12人装卸，每人每月净利150~300元。

1988年，葛兴官等人各自买一条15吨水泥挂机船，夫妻二人搭档开始从事货物运输。1999年，葛兴官因身体原因，卖掉运输船，与郁港村村民唐素良共同投资80万元，在昆山虹桥路租地3亩，开办钢管出租公司，主要从事建筑钢管、扣件的出租业务，年获利近10万。不满足现状的葛兴官，在2000年将钢管出租公司交给妻子和唐素良经营，开始从事市政工程业务。2008年，葛兴官开始承建厂房、桥梁工程以及开发房产，期间挂靠城南建筑公司、江苏五环公司。

2009年，葛兴官以独立法人注册成立昆山市俊麟建设有限公司，注册资本1 200万元，成为昆山一家正规的建筑企业。2019年，为扩大业务，提升公司资质，注册成立江苏旭昌建设有限公司，注册资本5 000万，葛兴官成为两家公司的董事长。2020年，两家公司有管理人员60多人（不含施工人员），本科及以上学历人数15人，其中一级建造师2人、二级建造师21人、工程师14人，安全员12人等，年营业额8 000万元左右。

2008年，四川汶川地震葛兴官委托千灯镇人民政府个人捐款2 500元地震灾区。2013—2016年，葛兴官先后资助马庄村因病致困家庭5户、千灯镇贫困户3户。2012年，葛兴官被马庄村民推荐为玉山镇十九届人大代表，当上镇人大代表后，他走村串巷，就向镇人民代表大会提交重视村级配套设施建设的议案，要让农村老人老有所爱，老有所乐。随后马庄村两委会对村老年活动内部设施改造提升。葛兴官为老年活动设施购置立式空调2台和娱乐设施。

作为人大代表，葛兴官是政府与群众的联系纽带，做了力所能及的工作，受到了村民的一致好评。

葛兴官（2020年，吴永芳摄）

江苏旭昌建设有限公司（2020年，吴永芳摄）

二、陆飞龙

陆飞龙
（2020年，陆飞龙提供）

陆飞龙，出生于1963年5月，马庄村第6村民小组村民。1979年高中毕业，是年，参加江苏省中等专业学校招生考试，获得昆山县文化成绩第一名，被苏州铁路技术学校内燃机车专业录取。1981年7月，进入上海铁路局南京分局机务段工作，曾先后担任机车司机、安全员、助理工程师、段长办公室秘书、安全科长等职务，其间参加中央党校经济专业函授大专班学习。2003年5月，入职新长铁路有限责任公司，担任主任部员、监察、专务等职务。2017年3月至2020年年底，先后担任淮安新港铁路有限公司董事、总经理、党支部书记等职务。

三、姚巧林

姚巧林
（2020年，昆山开放大学提供）

姚巧林，出生于1963年7月，马庄村第12村民小组村民。1987年毕业于南京师范大学。2010年，任昆山开放大学副教授、社区培训学员办公室主任。从事社区教育理论建设、项目管理，指导各区镇社区教育工作。曾任太仓师范学校数学教研室主任、年级主任，苏州健雄职业技术学院教师，工作期间发表多篇论文，如《浅说中国数学思想特点》《2020年全国高考数学（19）题的图像解法》《浅谈立体几何的入门教学》。

四、陆益民

陆益民（2020年，
昆山市第一人民医院提供）

陆益民，出生于1964年11月，马庄村第9村民小组村民。1987年毕业于镇江医学院医学系，先后在上海交通大学附属瑞金医院进修呼吸内科，在法国巴黎亨利·孟德尔医院进修呼吸与危重症医学科。2015年，获南京中医药大学博士毕业证书及博士学位证书。

1987—1988年，在昆山市卫生进修学校任教。1988—2020年，历任昆山市第一人民医院内科、呼吸内科主任，内科支部书记，医院党委委员、副院长，兼任江苏省中西医结合学会呼吸专业委员、苏州市医学会呼吸专业副主任委员、昆山医学会呼吸专业委员会主任委员。1995年9月晋升为主治医师，2001年9月晋升为副主任医师，2007年9月晋升为主任医师，2015年9月晋升为江苏大学副教授、硕士生导师，2020年9月任苏州大学博士生导师。

陆益民发表论著 50 余篇，其中北大中文核心期刊论文 16 篇（第一作者），SCI 论文 4 篇（第一作者）。2013 年获“江苏省卫生系统人感染 H7N9 先进个人”，2018 年获江苏医学科技奖 1 项，2019 年作为第一完成人获江苏省医学新技术引进二等奖 1 项，2020 年获第五届江苏省“百名医德之星”荣誉。

陆益民在昆山地区率先独立开展电子支气管镜诊治、睡眠呼吸监测治疗、呼吸重症机械通气等技术，专业技术处于江苏省领先水平。主持江苏省卫生厅科研课题 1 项、苏州市科技局项目 1 项。

2020 年陆益民获得第五届江苏省“百名医德之星”荣誉（2020 年，昆山市第一人民医院提供）

2019 年陆益民获得江苏省医学新技术引进二等奖（2020 年，昆山市第一人民医院提供）

五、姚雪良

姚雪良，出生于 1965 年 1 月，马庄村第 10 村民小组村民。1980 年 7 月，正仪中学高中毕业后回家务农。1985 年 2 月，进入昆山阳澄湖水泥厂工作。1988 年，辞职从事船上运输工作。1996—2003 年，在昆山巨峰机械制造有限公司工作，先后担任领班、生产科长、生产厂长职务。2003 年 2 月，自主创业，成立昆山协诚机械制造厂。该厂是一家制造各类纺织印染、人造革、涂层及后处理机械设备的专业厂商，有员工 40 多人。2007 年，独立投资 300 多万元，租地 5 亩，建造 2 000 平方米的厂房。2011 年，成立昆山希钰机电设备有限公司，姚雪良任董事长，注册金额 100 万元。到 2020 年，拥有设计研发人员数十名，公司经营方向为各类纺织印涤、人造革、涂层及后整理机械设备的研发设计、组装检测，公司年收入 2 000 万元左右。

2008 年，汶川地震后，姚雪良率所属厂全体员工委托昆山市红十字会向地震灾区捐款近万元，其中姚雪良个人捐款 5 000 元。

2015 年，为丰富村里老人闲余生活，姚雪良个人出资邀请戏曲剧团在马庄村进行现场演出。

2017 年，姚雪良当选为玉山镇第十九届人大代表，他积极履行一名镇人大代表的职责，为百姓排忧解难，在马庄村赢得良好口碑。

姚雪良（2020 年，姜希摄）

昆山希钰机电设备有限公司（2020 年，姜希摄）

六、罗英

罗英（2020 年，罗英提供）

罗英，女，出生于 1969 年 9 月，马庄村第 8 村民小组村民。1989—2019 年先后在江苏 AB 集团、昆山市玉山镇计生办、昆山高新区规建局工作，2019 年 9 月退休，现任昆山高新区摄影协会副会长，中国摄影家协会会员。

罗英自幼爱好文艺，尤其喜爱摄影。自 2010 年起，其利用休息时间到昆山各地采风摄影。2015—2017 年先后加入江苏省摄影协会、中国摄影著作权协会、中国摄影家协会，其拍摄的很多作品在省级、国家级摄影比赛中获奖。自2014年起，先后有10余幅摄影作品在全国摄影大赛中获优秀奖并发表。其中，作品《秋声》获第十六届全国艺术摄影大赛铜奖；作品《古镇夜雨》获中国摄影家协会主办的“南浔全国摄影大展”优秀奖；作品《绿意》获《大众摄影》影像社区第10期优秀作品奖。2019年，作品《水乡（组照）》获评第23届江苏摄影艺术展纪实类收藏作品。2020年6月，由昆山市委宣传部指导，昆山市文体广旅局举办罗英“醉里吴音·百姓戏台”摄影作品展。

七、何翠英

何翠英
（2020年，昆山市医疗保障局提供）

何翠英，女，出生于1970年10月，马庄村第6村民小组村民。毕业于苏州大学财经学院，历任昆山市航运公司经理办公室秘书、办公室副主任、经理助理、办公室主任、工会主席。其间，兼任昆山市交通局团委书记。担任昆山市团市委副书记、市青联副主席期间，在中央党校函授学院经济管理专业进修，学成之后因其个人优异的表现，升任昆山市纪委常委、市监察局副局长，先后任巴城镇党委副书记、镇长，陆家镇党委副书记、镇长。在陆家镇任职期间，其又在江苏省委党校世界经济专业进修，成为一名硕士研究生，后又担任昆山市妇联主席，中共昆山市委办公室副主任，昆山市政府办公室副主任，昆山市物价局党组书记、局长。2019年，任昆山市医疗保障局党组书记、局长。

何翠英因优异的表现和踏实办事的态度，被苏州市团委评为“优秀团干部”，被苏州市委、市政府评为“抗洪救灾先进个人”，被苏州市人事局及妇联评为“三八红旗手”，被生态环境部评为“创建全国环境优美乡镇优秀领导”，被全国妇联评为“全国维护妇女儿童权益先进个人”，被苏州市政府授予个人二等功。

八、姚建英

姚建英
（2020 年，昆山市第一人民医院提供）

姚建英，女，出生于 1975 年 1 月，马庄村第 12 村民小组村民。1990 年 8 月考取常州卫生学校临床医学专业。2004—2008 年，就读于苏州大学临床医学专业。1994 年 8 月，任职于昆山市正仪卫生院。2006 年 1 月至今，在昆山市第一人民医院重症医学科工作，有主任医师职称。

姚建英作为一名重症医学科医生，熟练掌握专业技术，对危重病的抢救有丰富的治疗经验，成功救治多例在死亡边缘的危重患者，同时在逢重大、突发事件中，积极参加抢救工作。作为抗菌药物管理组成员，规范临床抗感染药物应用行为，促进临床合理使用抗菌药物，抵御多重耐药与泛耐药细菌感染的流行。积极参与学科帮扶，定期定点下基层开设专家专科指导工作；认真带教青年医生，把专业业务知识不断传授于他们，以便他们更好地服务于患者。同时还负责全院医生急救技能的培训和考核工作。2020 年年初，新型冠状病毒突如其来，姚建英作为重症医学科的一名医生，积极参与昆山市第一人民医院发热门诊专家组救治排查工作，维护人民身体健康。

2017—2019 年，先后被评为昆山市第一人民医院“优秀感控医师”“杰出医师”。

九、张文华

张文华，出生于 1974 年 12 月，马庄村第 16 村民小组村民。1993 年 9 月至 1997 年 7 月，就读于扬州大学，本科学历。2005 年 6 月，加入中国共产党。现任昆山市教育局组织人事科副科长。

1997 年 8 月至 2012 年，任职于昆山广播电视大学（现昆山开放大学），先后担任学生处副主任、普专管理部主任兼学工党支部书记、财经管理系主任兼党支部书记。2012年2月调至昆山市教育局，先后担任职业教育与社会教育科副科长、人事科副科长。曾多次荣获昆山市教育系统优秀共产党员、昆山市优秀教育工作者等称号。

张文华
（2020年，昆山市教育局提供）

十、钱振强

钱振强，出生于1978年11月，马庄村第4村民小组村民。2002年毕业于南京医科大学，同年9月进入昆山市中医院工作，并于2006年7月加入中国共产党，先后任昆山市中医院党政办科员、副主任、主任等职务。他为人勤勉刻苦，对人和善热情。2017年9月，任昆山高新区江浦社区卫生服务中心主任、党支部书记。2018年12月，任昆山市精神卫生中心（现巴城人民医院）院长。2020年3月，对口支援新疆克州阿图什市，任阿图什市人民医院院长。

钱振强
（2020年，昆山市精神康复中心提供）

十一、顾振华

顾振华，出生于1979年2月，马庄村第15村民小组村民。毕业于南京大学化学系。2007年，在中国科学院上海有机所获得理学博士学位。是年7月，出国留学，在美国加州大学伯克利分校从事博士后工作。2012年，任中国科学技术大学化学系教师，是年5月晋升教授、博士生导师。2019年，兼任闽江学院海洋学院学术院长。研究主要集中在过渡金属催化的有机合成化学，发展温和、高效的有机合成新方法，包括不对称催化及复杂天然产物的全合成。

自工作以来，顾振华在国内外知名期刊上发表论文超过40篇。2010年，基于炔烃和联烯的一些反应化学研究，获得上海市科学技术一等奖。2012 年，提出“扭转张力促进开环”的新概念，获得中共中央组织部资助，2016 年，获国家自然科学基金委员会优秀青年科学基金。

顾振华（2020 年，徐林楠提供）

2010 年顾振华获得上海市科学技术奖一等奖（2020 年，中国科学技术大学提供）

第二节　军人风采

一、部分退伍军人简介

顾文炳　马庄村第 15 村民小组村民，出生于 1922 年 10 月，1951 年 4 月入伍，参加抗美援朝战争，1955 年 1 月退伍。

张仁岐　马庄村第 3 村民小组村民，出生于 1926 年 5 月，1951 年 4 月入伍，参加抗美援朝战争，荣立三等功，1954 年 12 月退伍。

王引弟　马庄村第12村民小组村民，出生于1928年4月，1953年2月入伍，同年4月参加抗美援朝战争，1954年10月退伍。

浦根火　马庄村第2村民小组村民，出生于1932年9月，1951年4月入伍，参加抗美援朝战争，1954年12月退伍。退伍后任五三大队大队长。1962年7月加入中国共产党。

夏小男　马庄村第16村民小组村民，出生于1933年2月，1954年12月入伍，1957年12月退伍，1965年3月加入中国共产党。退伍后任五二大队民兵营长。

徐根元　马庄村第15村民小组村民，出生于1933年6月，1953年1月入伍，同年4月，参加抗美援朝战争，1957年1月退伍。退伍后自1962年3月起至1963年，担任五二大队大队长。1964年至1975年12月，任五二大队党支部书记。

徐水荣　马庄村第5村民小组村民，出生于1949年12月，1970年入伍，1975年3月加入中国共产党，同年7月退伍。退伍后分配至正仪机械厂成为一名工人。1995年正仪机械厂关闭，自谋职业。

陆道林　马庄村第3村民小组村民，出生于1954年2月，1974年12月入伍，参加对越自卫还击战。入伍期间，先后获得“连队嘉奖”4次。1979年6月加入中国共产党，同年12月退伍。退伍后任五三大队治保主任，直至退休。

二、退伍军人名录

至2020年年底，马庄村村籍退伍军人共57名（含已故），36名为中国共产党党员，占退伍军人人数的63.2%，其中女退伍军人1名，大专文化程度（含大专）以上11人，占退伍军人人数的19.3%。1950—2020年马庄村村籍退伍军人名录如表12-1所示。

表 12-1 1950—2020 年马庄村村籍退伍军人名录

序号	姓名	出生年月	政治面貌	服役年月	退伍年月	备注
1	单春涛	1918 年 6 月	党员	1949 年 3 月	1950 年 3 月	已故
2	张仁岐	1926 年 5 月	群众	1951 年 4 月	1954 年 12 月	已故
3	浦根火	1932 年 8 月	党员	1951 年 4 月	1954 年 12 月	已故
4	顾文炳	1922 年 10 月	群众	1951 年 4 月	1955 年 1 月	已故
5	徐宗元	1930 年 2 月	党员	1951 年 4 月	1952 年 4 月	—
6	徐根元	1933 年 6 月	群众	1953 年 1 月	1957 年 1 月	已故
7	王引弟	1928 年 4 月	群众	1953 年 2 月	1954 年 10 月	已故
8	夏小男	1933 年 2 月	党员	1954 年 12 月	1957 年 12 月	已故
9	陆阿林	1943 年 9 月	党员	1965 年 1 月	1969 年 1 月	—
10	徐水荣	1949 年 12 月	党员	1970 年 11 月	1975 年 7 月	—
11	薛火荣	1948 年 11 月	党员	1971 年 1 月	1975 年 3 月	—
12	李花林	1953 年 10 月	党员	1973 年 1 月	1976 年 3 月	—
13	顾坤元	1954 年 5 月	党员	1973 年 1 月	1976 年 3 月	—
14	陆根荣	1955 年 2 月	群众	1974 年 12 月	1978 年 4 月	—
15	陆金官	1954 年 2 月	党员	1974 年 12 月	1978 年 12 月	—
16	戴菊林	1954 年 9 月	党员	1974 年 12 月	1978 年 12 月	—
17	陆道林	1954 年 2 月	党员	1974 年 12 月	1979 年 12 月	—
18	陆炳良	1955 年 8 月	党员	1976 年 2 月	1981 年 1 月	—
19	徐阿二	1955 年 1 月	党员	1976 年 2 月	1981 年 1 月	—
20	姚永兴	1958 年 2 月	党员	1976 年 12 月	1980 年 12 月	—
21	张菊根	1957 年 8 月	党员	1976 年 12 月	1980 年 12 月	已故
22	姚玉良	1960 年 6 月	群众	1978 年 3 月	1981 年 1 月	—
23	徐根泉	1959 年 4 月	群众	1978 年 3 月	1981 年 10 月	—
24	朱白男	1959 年 1 月	党员	1978 年 3 月	1983 年 4 月	—
25	陆云根	1960 年 9 月	群众	1978 年 3 月	1981 年 10 月	—
26	张惠男	1959 年 3 月	党员	1978 年 12 月	1992 年 7 月	—

续表

序号	姓名	出生年月	政治面貌	服役年月	退伍年月	备注
27	浦洪男	1960 年 6 月	党员	1979 年 1 月	1982 年 1 月	—
28	薛秋林	1962 年 7 月	群众	1981 年 11 月	1985 年 9 月	—
29	陆才根	1963 年 11 月	群众	1981 年 11 月	1986 年 1 月	—
30	顾学明	1963 年 12 月	群众	1981 年 11 月	1986 年 10 月	—
31	毛志明	1964 年 12 月	党员	1982 年 11 月	1986 年 10 月	—
32	汤福全	1963 年 4 月	党员	1982 年 11 月	1985 年 11 月	—
33	张士明	1965 年 5 月	党员	1984 年 10 月	2000 年 8 月	—
34	张翠明	1966 年 11 月	党员	1984 年 10 月	2000 年 8 月	—
35	顾雪明	1967 年 9 月	党员	1986 年 10 月	1990 年 12 月	—
36	王水良	1968 年 2 月	群众	1986 年 11 月	1990 年 12 月	已故
37	戴建生	1967 年 4 月	党员	1986 年 10 月	1990 年 6 月	—
38	张建荣	1968 年 2 月	党员	1987 年 10 月	1990 年 12 月	—
39	姚文龙	1970 年 8 月	党员	1990 年 3 月	1992 年 12 月	—
40	张　明	1971 年 10 月	群众	1990 年 11 月	1994 年 11 月	—
41	袁华林	1973 年 10 月	党员	1992 年 11 月	1996 年 12 月	—
42	戴明建	1976 年 5 月	群众	1995 年 12 月	1998 年 12 月	—
43	张　鹏	1979 年 6 月	群众	1999 年 12 月	2001 年 12 月	—
44	陆　明	1981 年 11 月	党员	2000 年 12 月	2002 年 12 月	—
45	郭晓文	1982 年 12 月	党员	2001 年 12 月	2003 年 12 月	—
46	顾　健	1981 年 10 月	党员	2002 年 12 月	2004 年 12 月	—
47	徐　威	1986 年 8 月	党员	2004 年 12 月	2006 年 12 月	—
48	徐　夏	1993 年 6 月	党员	2011 年 12 月	2013 年 12 月	—
49	姚建刚	1987 年 6 月	群众	2005 年 12 月	2007 年 12 月	—
50	张一菲（女）	1988 年 6 月	党员	2006 年 12 月	2008 年 12 月	—
51	张九龙	1988 年 10 月	党员	2007 年 12 月	2009 年 12 月	—
52	徐　华	1990 年 6 月	群众	2008 年 12 月	2010 年 12 月	—
53	陆春晨	1992 年 3 月	党员	2010 年 12 月	2012 年 12 月	—

续表

序号	姓名	出生年月	政治面貌	服役年月	退伍年月	备注
54	徐尉谦	1992 年 9 月	群众	2012 年 12 月	2014 年 12 月	—
55	汪　磊	1993 年 10 月	群众	2012 年 12 月	2014 年 12 月	—
56	徐钲翔	1998 年 6 月	团员	2017 年 9 月	2019 年 9 月	—
57	薛　成	1998 年 5 月	群众	2017 年 9 月	2018 年 6 月	—

第三节　村籍教师

至 2020 年年底，42 名马庄村村籍教师在马庄村域内学校或其他学校任教，其中在职教师 32 人、退休教师 10 人。

一、在职教师

至 2020 年 12 月，有 32 名马庄村村籍教师任职于大、中、小学校和幼儿园，其中大学教师 3 人、中学教师 7 人、小学教师 19 人、幼儿园教师 3 人。2020 年马庄村村籍在职教师名录如表 12-2 所示。

表 12-2　2020 年马庄村村籍在职教师名录

序号	姓名	性别	出生年月	毕业院校	任职学校
1	姚巧林	男	1963 年 7 月	南京师范大学	昆山开放大学
2	马进笙	男	1965 年 5 月	江苏教育学院（函授）	昆山高新区姜巷小学
3	浦香男	男	1966 年 8 月	苏州师范专科学校	昆山市正仪中学
4	顾雪龙	男	1967 年 2 月	苏州教育学院	昆山市正仪中学

续表

序号	姓名	性别	出生年月	毕业院校	任职学校
5	顾振华	男	1979 年 2 月	南京大学	中国科学技术大学
6	徐险明	男	1980 年 8 月	苏州大学	昆山市正仪中心小学
7	徐　刚	男	1981 年 1 月	中国地质大学	硅湖职业技术学院
8	夏君君	女	1985 年 6 月	江苏省新苏师范学校	柏庐实验小学
9	陈亚娟	女	1985 年 12 月	徐州师范学院	昆山市玉山中学
10	顾琳玲	女	1987 年 4 月	太仓师范学校	昆山市信义小学
11	李　玲	女	1987 年 9 月	江苏大学	昆山市娄江实验小学
12	顾维洁	女	1988 年 5 月	南京师范大学泰州学院	昆山市蓬朗中心小学
13	徐琳芳	女	1989 年 2 月	南京应天职业技术学院	昆山市张浦镇周巷幼儿园
14	夏庆雯	女	1989 年 10 月	南京师范大学泰州学院	昆山市实验小学
15	陆梦倩	女	1991 年 5 月	南京师范大学泰州学院	昆山市实验小学
16	何　静	女	1991 年 8 月	南京师范大学泰州学院	昆山市娄江实验学校
17	徐倩芳	女	1991 年 9 月	南京师范大学泰州学院	昆山市张浦镇周巷小学
18	凌佳松	男	1992 年 10 月	江苏理工学院	江苏省吴中区中等专业学校
19	张雪婷	女	1993 年 10 月	南京师范大学泰州学院	昆山市正仪中心小学
20	顾思义	女	1993 年 10 月	扬州大学	昆山市第二中学
21	马晓琴	女	1993 年 11 月	苏州科技大学	昆山市信义小学
22	钱梦娟	女	1993 年 12 月	江苏师范大学	花桥集善中学
23	周海燕	女	1994 年 7 月	南通大学	苏州聋哑学校
24	马渝澜	女	1994 年 8 月	南通大学	昆山市周市镇金澄幼儿园
25	戴静怡	女	1995 年 7 月	淮阴师范学院	昆山市千灯中学（现昆山市亭林中学）
26	沈文琪	女	1995 年 11 月	江苏大学	昆山高新区西塘实验小学

续表

序号	姓名	性别	出生年月	毕业院校	任职学校
27	张梦雪	女	1995 年 12 月	湖州师范学院	昆山开发区世茂蝶湖湾小学
28	顾辰妍	女	1996 年 6 月	南通大学	昆山青阳港小学
29	马旭文	男	1997 年 6 月	盐城师范学院	苏州市吴中区光福中心小学
30	马冰娴	女	1997 年 11 月	江苏师范大学	昆山高新区美陆小学
31	顾嘉晖	男	1998 年 5 月	苏州大学	昆山市正仪幼儿园
32	顾静怡	女	1998 年 9 月	常熟理工学院	昆山市高新区南星渎小学

二、退休教师

至 2020 年年底，先后有 10 名马庄村村籍教师退休。2020 年马庄村村籍退休教师名录如表 12-3 所示。

表 12-3　2020 年马庄村村籍退休教师名录

序号	姓名	性别	出生年月	毕业院校	任教学校
1	江长风	男	1940 年 2 月	苏州地区师范学校（函授）	昆山市正仪中心小学校
2	陆阿林	男	1943 年 9 月	江苏省洛社师范学校（函授）	昆山市正仪中心小学校
3	郭火根	男	1944 年 10 月	江苏省洛社师范学校（函授）	昆山市姜巷小学
4	吴正明	男	1945 年 6 月	江苏省洛社师范学校（函授）	昆山市正仪中心小学校
5	许　峰	男	1946 年 3 月	苏州地区师范学校	苏州景苑中学
6	陆花荣	男	1946 年 8 月	江苏省洛社师范学校（函授）	昆山市姜巷小学

续表

序号	姓名	性别	出生年月	毕业院校	任教学校
7	陆水根	男	1957 年 6 月	江苏省吴江师范学校（函授）	昆山市姜巷小学
8	顾金水	男	1957 年 7 月	江苏省洛社师范学校（函授）	昆山市姜巷小学
9	徐林男	男	1960 年 3 月	江苏省吴江师范学院（函授）	昆山市姜巷小学
10	朱凤珍	女	1963 年 3 月	昆山教师进修学校（函授）	昆山市黄泥山小学

第四节　村籍大学生

1977 年恢复高考制度后，马庄村不少青年考入大学。据统计，至 2020 年年底，马庄村村籍本科及以上学历学生 93 人，其中博士研究生 1 人、硕士研究生 7 人、本科生 85 人。2020 年马庄村村籍本科及以上学历学生名录如表 12-4 所示。

表 12-4　2020 年马庄村村籍本科及以上学历学生名录

组别	姓名	出生年月	性别	学历	毕业院校
1	浦庆晨	1986 年 10 月	男	本科	金陵科技学院
1	浦秋萍	1986 年 11 月	女	本科	江苏工业学院怀德学院
1	陆海燕	1987 年 10 月	女	本科	南京师范大学泰州学院
1	陆梦倩	1991 年 5 月	女	本科	南京师范大学泰州学院

续表

组别	姓名	出生年月	性别	学历	毕业院校
2	王可利	1981 年 6 月	女	本科	中国地质大学
2	徐　刚	1981 年 8 月	男	本科	南京理工大学
2	徐芳兰	1982 年 3 月	女	本科	南京农业大学
2	徐亚芬	1985 年 3 月	女	本科（在职）	北京大学
3	徐险明	1980 年 8 月	男	本科	苏州大学
3	张亚静	1986 年 9 月	女	本科	苏州大学
3	陆晓洲	1989 年 12 月	男	本科	常州大学
3	张金海	1990 年 1 月	男	本科	中国石油大学
3	张雪婷	1993 年 10 月	女	本科	南京师范大学泰州学院
3	沈喜伟	1995 年 8 月	女	本科	南京医科大学
3	徐倩文	1996 年 2 月	女	本科	徐州医科大学
3	张艳岚	1998 年 1 月	女	本科	南京林业大学
3	顾嘉伟	1998 年 3 月	男	本科	南京晓庄学院
3	陆　鑫	1998 年 4 月	男	硕士研究生	上海理工大学
3	顾静怡	1998 年 9 月	女	本科	常熟理工学院
4	徐倩芳	1991 年 9 月	女	本科	南京师范大学泰州学院
4	钱梦娟	1993 年 12 月	女	本科	江苏师范大学
4	钱梦飞	1998 年 12 月	男	本科	南京航空航天大学
4	张奕雯	1998 年 12 月	女	本科	南京中医药大学
4	徐广成	1999 年 8 月	男	本科	南京财经大学
4	陆　芸	2002 年 7 月	女	本科	南京师范大学
4	薛　芬	1982 年 3 月	女	本科	南京财经大学
4	薛娟芳	1987 年 10 月	女	本科	中国矿业大学
4	薛丽雅	1988 年 6 月	女	本科	南通大学
4	薛晓峰	1991 年 4 月	男	本科	扬州大学广陵学院
5	薛　伟	1979 年 11 月	男	本科	吉林大学
5	徐静芳	1985 年 6 月	女	硕士研究生	苏州大学
5	徐静晨	1989 年 9 月	男	本科	苏州大学应用技术学院

续表

组别	姓名	出生年月	性别	学历	毕业院校
5	薛苏静	1990 年 12 月	女	本科	江苏大学京江学院
6	朱　虹	1981 年 11 月	女	本科	南京审计大学
6	徐　伟	1989 年 2 月	男	本科	淮海工学院
6	徐惠康	1990 年 4 月	男	本科	苏州科技大学
6	何　静	1991 年 8 月	女	本科	南京师范大学泰州学院
6	徐国荣	1991 年 11 月	男	本科	东南大学成贤学院
6	朱翊婷	1994 年 7 月	女	本科	南京审计大学金审学院
6	张梦雪	1995 年 12 月	女	本科	湖州师范学院
6	徐书伟	1997 年 11 月	男	本科	扬州大学广陵学院
7	郭金华	1986 年 5 月	男	本科	华中科技大学
7	沈文琪	1995 年 11 月	女	本科	江苏大学
8	陆　卫	1980 年 3 月	男	本科	华中科技大学
8	陆雨麒	1995 年 10 月	男	本科	南京晓庄学院
8	王宇鑫	1997 年 12 月	男	本科	上海理工大学
9	李卫平	1981 年 11 月	男	本科	扬州大学
9	李永刚	1985 年 3 月	男	硕士研究生	美国国立大学
9	陈亚娟	1985 年 12 月	女	本科	徐州师范学院
9	郭孝成	1991 年 12 月	男	本科	南京邮电大学
10	戴玉兰	1982 年 10 月	女	本科	南京财经大学
10	徐正国	1982 年 12 月	男	本科	华东理工大学
10	姚玉萍	1988 年 10 月	女	本科	江南大学
10	沈　容	1990 年 1 月	男	本科	南京信息工程大学
10	徐娟娟	1990 年 6 月	女	本科	南京审计大学
10	姚俊义	1993 年 7 月	男	本科	宁波万里学院
10	戴静怡	1995 年 7 月	女	本科	淮阴师范学院
11	夏文雯	1985 年 6 月	女	本科	南京师范大学泰州学院
11	姚春娟	1988 年 3 月	女	本科	河海大学

续表

组别	姓名	出生年月	性别	学历	毕业院校
11	姚梦娟	1989 年 11 月	女	本科	常州大学
11	周倾婷	1991 年 11 月	女	本科	江苏大学
11	姚俊琪	1996 年 6 月	男	本科	绍兴文理学院
12	姚燕芳	1989 年 2 月	女	硕士研究生	南通大学杏林学院
12	陆少华	1991 年 9 月	男	本科	扬州大学广陵学院
12	金国华	1992 年 6 月	男	本科	徐州医学院（今徐州医科大学）
13	陆浩奇	1981 年 9 月	男	本科	河海大学
13	李　超	1981 年 10 月	男	本科	西南科技大学
13	李文娟	1985 年 12 月	女	硕士研究生	南京医科大学
13	凌佳松	1992 年 10 月	男	本科	江苏理工学院
13	夏梦婷	1993 年 8 月	女	本科	南京晓庄学院
13	陆　琪	1993 年 11 月	男	本科	云南大学旅游文化学院（今丽江文化旅游学院）
13	陆薪宇	1998 年 5 月	女	本科	常熟理工学院
13	俞珏鑫	1998 年 10 月	男	硕士研究生	江苏大学
14	马雪刚	1985 年 10 月	男	本科	扬州大学
14	马晓琴	1993 年 11 月	女	本科	苏州科技大学
14	马旭文	1997 年 6 月	男	本科	盐城师范学院
14	张佳琦	2001 年 2 月	男	本科	淮南师范学院
15	顾留德	1983 年 1 月	男	本科	南京师范学院
15	周　萍	1986 年 8 月	男	本科	南京理工大学
15	周无围	1988 年 8 月	男	本科	中国矿业大学
15	顾卫国	1989 年 12 月	男	硕士研究生	常州工业学院
15	顾振华	1979 年 2 月	男	博士研究生	南京大学
15	顾鸿达	1987 年 3 月	男	本科	淮安工业院
15	顾雅洁	1992 年 10 月	女	本科	北华大学

续表

组别	姓名	出生年月	性别	学历	毕业院校
15	顾思义	1993 年 10 月	女	本科	扬州大学
16	顾　伟	1987 年 11 月	男	本科	西南财经大学
16	周海燕	1994 年 7 月	女	本科	南通大学
16	顾辰妍	1996 年 6 月	女	本科	南通大学
16	顾俊杰	2011 年 11 月	男	本科	常州大学
16	唐启明	1967 年 3 月	男	本科	江苏大学
16	张文华	1974 年 12 月	男	本科	扬州大学
16	张　琴	1985 年 8 月	女	本科	南京财经大学
16	顾求文	1991 年 12 月	男	本科	中南大学

第五节　知识青年与落户人员

60—70 年代，68 名来自苏州的知识青年到马庄村域 19 个生产队插队落户；江长风、王侃章 2 人从昆山城区安家落户至马庄村域内（户口从昆山县城迁至农村）。1979 年后，多数知识青年返城，王侃章仍居住在马庄村域内。

一、插队知识青年

1964 年，城市知识青年响应毛泽东主席“上山下乡”号召，到农村插队落户当农民。马庄村域内五二大队、五三大队分别安置 68 名苏州市知识青年。马庄村域插队知识青年名录如表 12-5 所示。

表 12-5　马庄村域插队知识青年名录

序号	姓名	性别	家庭住址	落户地址	插队时间	返城时间
1	张舜华	男	苏州	五二大队第 1 生产队	1968 年 10 月	1976 年 2 月
2	刘连文	男	苏州	五二大队第 1 生产队	1968 年 10 月	1975 年 12 月
3	张敏敏	女	苏州	五二大队第 1 生产队	1968 年 12 月	1978 年 12 月
4	谢珠瑛	女	苏州	五二大队第 1 生产队	1968 年 12 月	1976 年 2 月
5	徐元荪	男	苏州	五二大队第 2 生产队	1968 年 12 月	1979 年 8 月
6	浦荣根	男	苏州	五二大队第 2 生产队	1968 年 12 月	1979 年 8 月
7	宁志刚	男	苏州	五二大队第 2 生产队	1968 年 12 月	1979 年 8 月
8	胡小刚	男	苏州	五二大队第 2 生产队	1968 年 12 月	1970 年 4 月
9	周志强	男	苏州	五二大队第 2 生产队	1968 年 12 月	1970 年 4 月
10	朱明娟	女	苏州	五二大队第 3 生产队	1968 年 10 月	1970 年 4 月
11	陆振琰	男	苏州	五二大队第 3 生产队	1968 年 10 月	1970 年 4 月
12	李抚安	男	苏州	五二大队第 3 生产队	1968 年 10 月	1970 年 4 月
13	陈蓉莉	女	苏州	五二大队第 3 生产队	1968 年 10 月	1970 年 3 月
14	蔡延康	男	苏州	五二大队第 4 生产队	1968 年 12 月	1971 年 12 月
15	贾桢荣	男	苏州	五二大队第 4 生产队	1968 年 12 月	1979 年 8 月
16	叶歆菁	女	苏州	五二大队第 4 生产队	1968 年 10 月	1980 年 2 月
17	余志珍	女	苏州	五二大队第 4 生产队	1968 年 10 月	1970 年 4 月
18	江永和	男	苏州	五二大队第 5 生产队	1968 年 10 月	1978 年 4 月
19	陈仕豪	男	苏州	五二大队第 5 生产队	1968 年 10 月	1978 年 4 月
20	许　峰	男	苏州	五二大队第 6 生产队	1968 年 10 月	1973 年 1 月
21	陆家骏	男	苏州	五二大队第 6 生产队	1968 年 10 月	1970 年 4 月
22	乔　镇	男	苏州	五二大队第 6 生产队	1968 年 12 月	1974 年 2 月
23	田建华	男	苏州	五二大队第 6 生产队	1968 年 12 月	1973 年 1 月

续表

序号	姓名	性别	家庭住址	落户地址	插队时间	返城时间
24	徐智梁	男	苏州	五二大队第 7 生产队	1968 年 10 月	1969 年 3 月
25	吴金官	男	苏州	五二大队第 7 生产队	1968 年 10 月	1969 年 3 月
26	黄家襄	女	苏州	五二大队第 7 生产队	1968 年 12 月	1976 年 2 月
27	夏定兴	男	苏州	五二大队第 8 生产队	1968 年 12 月	1974 年 2 月
28	吴正玮	男	苏州	五二大队第 8 生产队	1968 年 12 月	1972 年 12 月
29	王锦舒	女	苏州	五二大队第 8 生产队	1968 年 10 月	1972 年 12 月
30	黄家莹	男	苏州	五二大队第 8 生产队	1968 年 10 月	1976 年 2 月
31	程克强	男	苏州	五二大队第 9 生产队	1968 年 10 月	1976 年 2 月
32	吴正明	男	苏州	五二大队第 9 生产队	1968 年 10 月	1985 年 1 月
33	潘玉榕	女	苏州	五三大队第 1 生产队	1968 年 10 月	1979 年 1 月
34	陈　云	男	苏州	五三大队第 1 生产队	1968 年 10 月	1976 年 2 月
35	李积琪	女	苏州	五三大队第 1 生产队	1968 年 10 月	1976 年 2 月
36	李积薇	女	苏州	五三大队第 1 生产队	1968 年 10 月	1976 年 2 月
37	叶宏伟	男	苏州	五三大队第 2 生产队	1968 年 12 月	1976 年 2 月
38	徐福祥	男	苏州	五三大队第 2 生产队	1968 年 12 月	1976 年 2 月
39	潘家乐	女	苏州	五三大队第 2 生产队	1968 年 10 月	1979 年 1 月
40	薛心一	男	苏州	五三大队第 2 生产队	1968 年 12 月	1979 年 1 月
41	徐根源	男	苏州	五三大队第 2 生产队	1968 年 12 月	1979 年 1 月
42	周兰珍	女	苏州	五三大队第 3 生产队	1968 年 12 月	1979 年 1 月
43	高梅琳	女	苏州	五三大队第 3 生产队	1968 年 12 月	1979 年 1 月
44	顾蓓茜	女	苏州	五三大队第 4 生产队	1968 年 12 月	1974 年 2 月
45	陶镇欧	女	苏州	五三大队第 4 生产队	1968 年 12 月	1979 年 8 月
46	蒋富生	男	苏州	五三大队第 4 生产队	1968 年 10 月	1970 年 12 月
47	朱大元	男	苏州	五三大队第 4 生产队	1968 年 10 月	1971 年 12 月

续表

序号	姓名	性别	家庭住址	落户地址	插队时间	返城时间
48	傅　钰	女	苏州	五三大队第5生产队	1968年10月	1971年12月
49	方兴生	男	苏州	五三大队第5生产队	1968年12月	1971年12月
50	徐　晖	男	苏州	五三大队第5生产队	1968年12月	1971年12月
51	郑乃君	女	苏州	五三大队第5生产队	1968年10月	1971年12月
52	黄之莹	女	苏州	五三大队第6生产队	1968年10月	1979年1月
53	林伟民	男	苏州	五三大队第6生产队	1968年12月	1979年1月
54	王芹仙	女	苏州	五三大队第6生产队	1968年10月	1976年4月
55	俞芹芳	女	苏州	五三大队第7生产队	1968年10月	1976年4月
56	吴纪文	女	苏州	五三大队第7生产队	1968年10月	1976年4月
57	唐培玉	女	苏州	五三大队第7生产队	1968年10月	1978年4月
58	朱　云	女	苏州	五三大队第8生产队	1968年12月	1971年12月
59	夏美芳	女	苏州	五三大队第8生产队	1968年12月	1971年12月
60	赵祖荣	男	苏州	五三大队第8生产队	1968年10月	1969年2月
61	钱文粱	男	苏州	五三大队第8生产队	1968年10月	1969年2月
62	钱美华	女	苏州	五三大队第9生产队	1968年12月	1978年6月
63	钱耀忠	男	苏州	五三大队第9生产队	1968年12月	1976年12月
64	顾其礼	男	苏州	五三大队第9生产队	1968年10月	1976年3月
65	高文生	男	苏州	五三大队第9生产队	1968年10月	1970年10月
66	蒋国强	男	苏州	五三大队第9生产队	1968年10月	1969年2月
67	李雅梅	女	苏州	五三大队第10生产队	1968年10月	1969年3月
68	李雅洁	女	苏州	五三大队第10生产队	1968年10月	1969年3月

二、安家落户人员

1962—1964年，王侃章夫妇、江长风从正仪市镇、昆山城区分别落户至五二大队第6生产队及第2生产队。江长风于1977年8月转为公办教师，其家庭落户在正仪镇。王侃章及家庭没有返城，落户在马庄村。

第六节　能工巧匠

马庄村域能工巧匠指泥水匠、木匠、漆匠、竹匠及裁缝师、理发师、电工、水管工等一批手艺人。能工巧匠一般都拜师学艺或祖传其技艺。他们活跃在乡间，发挥一技之长，为村民提供修房造屋、砌灶、做家具、缝制衣服、美容美发等服务。能工巧匠们农忙务农，闲时做工。进入21世纪，大部分能工巧匠转行，特别是缝纫师在农村已被淘汰，只有手艺精湛的极少数人员仍在从事相关工作。

据统计，马庄村有泥水匠70人、木匠54人、电工11人、裁缝师12人、理发师10人、电焊工8人、漆匠3人、篾匠2人、圆匠1人，共计171人。

一、泥水匠

泥水匠是民间修建工匠的通俗叫法，即从事房屋建筑中砌砖铺瓦和墙体粉刷的匠人。至2020年年底，马庄村域先后有70人成为泥水匠。80年代后，马庄村域泥水匠承包村域及邻近村庄房屋修建工作，其中凌腊狗、王义生匠龄最长，手艺最为精湛，在村民中口碑极好。2020年马庄村泥水匠名录如表12-7所示。

表12-7　2020年马庄村泥水匠名录

序号	姓名	组别	出生年月	工作去向
1	浦长泉	1	1942年8月	退休
2	陆桂良	1	1968年7月	自谋职业
3	徐秋根	1	1968年8月	昆山校车驾驶员
4	浦金明	1	1964年3月	苏州春秋客运有限公司驾驶员

续表

序号	姓名	组别	出生年月	工作去向
5	浦林元	2	1933 年 10 月	已故
6	陆金宝	2	1938 年 10 月	已故
7	徐桃林	2	1968 年 5 月	马庄村大农户
8	夏根兴	2	1966 年 7 月	昆山客运公司驾驶员
9	徐海元	2	1934 年 1 月	已故
10	徐玉明	2	1971 年 2 月	出租车驾驶员
11	顾花生	3	1949 年 10 月	退休
12	张惠男	3	1958 年 7 月	退休
13	张小明	3	1968 年 8 月	已故
14	陆金明	3	1970 年 2 月	自谋职业
15	李根香	3	1968 年 8 月	出租车驾驶员
16	方学明	3	1973 年 12 月	个体服装厂负责人
17	陆武明	3	1972 年 12 月	巴城电力站职工
18	沈方荣	3	1972 年 2 月	昆山保安公司保安
19	张永生	4	1946 年 9 月	退休
20	薛生泉	4	1947 年 8 月	退休
21	薛金荣	5	1954 年 1 月	退休
22	陆月忠	5	1967 年 4 月	江苏阳澄电力有限公司驾驶员
23	薛金良	5	1966 年 5 月	玉山环卫所驾驶员
24	朱水龙	6	1965 年 10 月	自谋职业
25	张花根	6	1966 年 4 月	出租车驾驶员
26	朱林忠	6	1964 年 5 月	出租车驾驶员
27	徐爱明	6	1970 年 8 月	自谋职业
28	徐凤根	6	1967 年 10 月	出租车驾驶员
29	张志学	6	1965 年 12 月	出租车驾驶员
30	徐文元	6	1969 年 8 月	出租车驾驶员
31	何　明	6	1972 年 7 月	个体业主

续表

序号	姓名	组别	出生年月	工作去向
32	浦建明	6	1969 年 1 月	个体经营
33	浦小良	6	1977 年 5 月	出租车驾驶员
34	徐文良	6	1968 年 1 月	自谋职业
35	郭雪良	7	1969 年 7 月	自谋职业
36	凌林根	7	1964 年 8 月	出租车驾驶员
37	凌金根	7	1968 年 12 月	出租车驾驶员
38	凌香男	7	1961 年 8 月	自谋职业
39	沈芳明	7	1971 年 12 月	自谋职业
40	凌白男	7	1957 年 8 月	退休
41	孙建明	7	1969 年 2 月	出租车驾驶员
42	沈雪平	7	1972 年 2 月	自谋职业
43	凌腊狗	7	1934 年 11 月	已故
44	钱龙华	8	1960 年 6 月	退休
45	沈玉芳	8	1968 年 4 月	出租车驾驶员
46	周永明	8	1964 年 12 月	自谋职业
47	陈建国	9	1968 年 4 月	出租车驾驶员
48	陆林明	9	1965 年 3 月	自谋职业
49	李金泉	9	1938 年 3 月	退休
50	王义生	9	1935 年 5 月	退休
51	王惠良	9	1964 年 9 月	自谋职业
52	王惠明	9	1968 年 2 月	出租车驾驶员
53	周长林	10	1948 年 8 月	已故
54	周良中	10	1971 年 10 月	自谋职业
55	马风元	10	1966 年 1 月	自谋职业
56	徐根全	11	1959 年 4 月	已故
57	张建良	12	1968 年 8 月	个体货车驾驶员
58	张建德	12	1966 年 2 月	自谋职业

续表

序号	姓名	组别	出生年月	工作去向
59	徐宗根	12	1937 年 1 月	已故
60	姚雪龙	13	1967 年 5 月	玉山环卫所驾驶员
61	凌学明	13	1969 年 6 月	出租车驾驶员
62	张玉良	13	1965 年 2 月	自谋职业
63	夏晓明	13	1971 年 1 月	昆山合兴包装工业有限公司职工
64	周建男	13	1969 年 2 月	自谋职业
65	马建龙	14	1971 年 1 月	出租车驾驶员
66	陆兴福	14	1971 年 6 月	自谋职业
67	毛卫明	15	1968 年 5 月	自谋职业
68	归兴龙	15	1970 年 12 月	昆山市威荣公司司机
69	夏阿四	16	1968 年 6 月	江苏阳澄电力有限公司职工
70	李根泉	16	1968 年 5 月	自谋职业

二、木匠

木匠亦称木工，是使用手工工具或者机器工具制作家具、门窗或其他木制品的匠人，活跃在建筑、装饰、广告等行业。至 2020 年年底，马庄村域先后有 54 人成为木匠，其中，尤以村民张小弟、薛爱生从事时间最长，技艺最为娴熟，做工最好，在村民中颇有名气。2020 年马庄村木匠名录如表 12-8 所示。

表 12-8　2020 年马庄村木匠名录

序号	姓名	组别	出生年月	工作去向
1	唐为明	2	1952 年 1 月	退休
2	徐全男	2	1964 年 9 月	自谋职业
3	徐坤林	2	1916 年 3 月	已故
4	徐永芳	2	1971 年 2 月	江苏阳澄电力公司职工
5	张小弟	3	1940 年 6 月	退休

续表

序号	姓名	组别	出生年月	工作去向
6	张建荣	3	1968 年 2 月	自谋职业
7	张兴男	3	1962 年 5 月	自谋职业
8	陆方龙	3	1971 年 8 月	出租车驾驶员
9	张美荣	3	1957 年 8 月	退休
10	张建明	3	1966 年 9 月	出租车驾驶员
11	张汉明	3	1942 年 3 月	退休
12	张雪荣	3	1964 年 10 月	苏州瑞祥工业锅科技有限公司职工
13	徐敖中	3	1951 年 12 月	退休
14	张介根	3	1948 年 11 月	退休
15	徐勤明	3	1972 年 8 月	出租车驾驶员
16	沈菊泉	3	1952 年 8 月	退休
17	张雪明	3	1968 年 12 月	超市店主
18	徐金妹	3	1943 年 12 月	退休
19	薛爱生	4	1920 年 7 月	已故
20	薛林男	4	1953 年 8 月	退休
21	薛金男	4	1955 年 4 月	退休
22	薛　文	4	1969 年 11 月	出租车驾驶员
23	李建飞	4	1981 年 11 月	马庄村大农户
24	姚兴龙	5	1968 年 11 月	自谋职业
25	薛金忠	5	1969 年 12 月	出租车驾驶员
26	薛学言	5	1926 年 3 月	已故
27	徐仁元	5	1936 年 5 月	已故
28	徐宗福	6	1945 年 2 月	退休
29	徐文良	6	1968 年 11 月	出租车驾驶员
30	朱炳荣	6	1950 年 9 月	退休
31	张美男	6	1963 年 4 月	出租车驾驶员
32	孙招根	7	1944 年 11 月	退休

续表

序号	姓名	组别	出生年月	工作去向
33	郭秋良	7	1963 年 6 月	自谋职业
34	郭秋平	7	1969 年 1 月	自谋职业
35	顾家东	8	1946 年 7 月	退休
36	王金荣	9	1963 年 4 月	自谋职业
37	王水良	9	1968 年 2 月	已故
38	李菊明	9	1961 年 6 月	自谋职业
39	李菊林	9	1957 年 6 月	退休
40	陆月明	9	1963 年 8 月	自谋职业
41	李巧生	9	1941 年 11 月	退休
42	沈兴泉	10	1964 年 4 月	自谋职业
43	徐凤明	11	1964 年 11 月	南星渎办事处副主任
44	戴雪兴	11	1968 年 2 月	自谋职业
45	陆雪峰	12	1973 年 3 月	出租车驾驶员
46	沈香男	13	1933 年 5 月	已故
47	陆持岗	13	1970 年 2 月	自谋职业
48	周长林	13	1967 年 6 月	自谋职业
49	徐海龙	13	1968 年 12 月	出租车驾驶员
50	朱永青	14	1965 年 8 月	个体货车驾驶员
51	戴兴元	15	1962 年 9 月	出租车驾驶员
52	顾兴林	15	1965 年 2 月	自谋职业
53	周炳荣	16	1962 年 1 月	自谋职业
54	周炳兴	16	1964 年 10 月	自谋职业

三、电工

电工是指从事电力生产和电气制造、维修、安装等行业的人员。70 年代，马庄村全面通电之后，电工也随之产生，主要负责村民日常的通电和电力维修等工作。马庄村域先后有 11 人成为电工，其中村民陆花根经验最丰富，维修技术最好，在村民中享有很好的口碑。2020 年马庄村电工名录如表 12-9 所示。

表 12-9 2020 年马庄村电工名录

序号	姓名	组别	出生年月	工作去向
1	徐玉明	1	1971 年 2 月	出租车驾驶员
2	浦建荣	1	1970 年 3 月	江苏阳澄电力公司职工
3	浦敖中	1	1963 年 8 月	昆山电力公司职工
4	陆泽雄	1	1964 年 10 月	昆山鹿城电力公司职工
5	唐秧明	2	1971 年 9 月	自谋职业
6	徐白男	2	1960 年 4 月	退休
7	张雪荣	3	1964 年 10 月	苏州工业园区瑞翔工业炉科技有限公司职工
8	薛伏林	4	1954 年 11 月	退休
9	陆兴发	6	1944 年 11 月	退休
10	沈根良	7	1947 年 5 月	已故
11	陆花根	9	1941 年 11 月	退休

四、裁缝

裁缝是指从事衣物的裁剪、缝制、制作或拆改的匠人。旧时在马庄村，村民每年新衣服的缝制和旧衣服的改制都是由裁缝来做。改革开放以来，随着人民生活水平的提升和购物越来越便捷，马庄村的裁缝已越来越少，大多是老裁缝。至 2020 年年底，马庄村域先后有裁缝 12 人。其中，村民顾安生做得最久，做工最为精细，享誉四邻。2020 年马庄村裁缝名录如表 12-10 所示。

表 12-10 2020 年马庄村裁缝名录

序号	姓名	组别	出生年月	工作去向
1	徐全木	2	1946 年 11 月	已故
2	徐汉根	2	1948 年 11 月	退休
3	浦洪生	2	1905 年 6 月	已故

续表

序号	姓名	组别	出生年月	工作去向
4	陆金元	3	1921 年 7 月	已故
5	顾良明	8	1970 年 8 月	自谋职业
6	陆宗水	8	1959 年 8 月	已故
7	徐炳荣	12	1961 年 12 月	残疾已退休
8	邵杏生	12	1914 年 6 月	已故
9	邵长全	12	1935 年 7 月	已故
10	陆宗福	12	1933 年 8 月	已故
11	毛雨平	15	1965 年 9 月	苏州纽开丽清洁用品公司职工
12	顾安生	16	1905 年 3 月	已故

五、理发师

至 2020 年年底，马庄村域有理发师 10 人。其中，村民陈火林、王侃章技艺最为精湛，在四邻中颇有名气。2020 年马庄村理发师名录如表 12-11 所示。

表 12-11　2020 年马庄村理发师名录

序号	姓名	性别	组别	出生年月	工作去向
1	浦菊香	女	1	1966 年 1 月	已故
2	浦芳琴	女	2	1972 年 10 月	正仪开理发店
3	徐金龙	男	5	1961 年 8 月	自由职业
4	徐小花	女	6	1972 年 4 月	正仪开理发店
5	陆菊花	女	8	1967 年 3 月	退休
6	李海仙	女	9	1968 年 8 月	退休
7	陈火林	男	9	1924 年 3 月	已故
8	陈根林	男	9	1935 年 2 月	已故
9	单春涛	男	13	1918 年 1 月	已故
10	王侃章	男	15	1936 年 12 月	退休

六、电焊工

电焊工是在机械制造和机械加工行业中从事特殊金属焊接工作的人员。80年代初，电焊工逐渐出现在马庄村，为村民修理农具、运输船等。马庄村域有电焊工 8 人。其中，唐杏根手艺最为精湛，名气最大。2020 年马庄村电焊工名录如表 12-12 所示。

表 12-12　2020 年马庄村电焊工名录

序号	姓名	组别	出生年月	工作去向
1	徐凤男	2	1964 年 12 月	昆山市鑫筑源新型建筑材料有限公司职工
2	张汉明	3	1942 年 10 月	退休
3	薛林男	4	1952 年 8 月	退休
4	张香明	10	1968 年 8 月	苏州中心精密工业有限公司职工
5	陆雪林	10	1969 年 2 月	出租车驾驶员
6	马方良	14	1974 年 1 月	个体经营
7	顾建良	16	1972 年 11 月	个体经营
8	唐杏根	16	1945 年 4 月	退休

七、其他巧匠

漆匠是指做漆器和涂漆的工匠。马庄村域内共有漆匠 3 人，其中陆秋荣所做的漆器和涂漆手艺最好，受到村民们的一致好评。

篾匠是以制作竹制器具为主的手工艺者，可以把一根完整的竹子做成各种竹制器具，即篾器，如扁担、筛子、凉席等。马庄村域内共有篾匠 2 人，其中毛阿龙做工最好。

圆匠是指制作诸如木桶、脚桶、糕桶等木制器物的工匠，马庄村域内有圆匠 1 人。2020 年马庄村其他巧匠名录如表 12-13 所示。

表 12-13　2020 年马庄村其他巧匠名录

序号	姓名	组别	类别	出生年月	工作去向
1	夏建明	3	漆匠	1972 年 11 月	自谋职业
2	陆秋荣	8	漆匠	1957 年 6 月	退休
3	姚武良	12	漆匠	1972 年 10 月	自谋职业
4	俞海仙	13	圆匠	1950 年 8 月	退休
5	毛阿龙	15	篾匠	1928 年 7 月	已故
6	毛志龙	15	篾匠	1945 年 10 月	退休

第十三章　乡村记忆

马庄村历史悠久，人杰地灵，村民世代在这片土地上耕作、生活。至2020年，马庄村还有始建于明清时的广安桥、永兴桥及宅、坟、井、树、寺等遗迹。在日常生产生活中，村民们不但创造出各种富有智慧的生产生活工具，还发生了不少内容丰富有趣的故事。

第一节　马庄第一

一、住宅开店第一家

1949 年前，马庄村域内无商店，只有外面来的挑担小商贩走村串巷叫卖一些生活必需品。中华人民共和国成立初期，正仪乡成立供销合作社，到各大队开办商店，主要经营日用百货，1969 年，改为代购代销店，简称“双代店”。80 年代中期双代店消失。

1983 年，马庄村域实行家庭联产承包责任制，村民薛招狗房屋坐落在马庄自然村中心，又在马庄村路边，交通方便，地理位置优越。1983 年 6 月，薛招狗开店，店铺面积 15 平方米，主要经营日用百货、烟酒、糖果等一些日常生活用品。薛招狗成为马庄村域内第一户个体经营户。

二、开出租车家庭第一户

90 年代初，昆山市区只有少量出租车，有固定候车区，地点设在昆山朝阳路，原昆山汽车客运站北侧，后逐步发展为招手即停。1996 年 5 月，村民李菊明购置大众桑塔纳汽车，经营出租客运业务，成为马庄村域内第一户经营出租车家庭。2000 年前后，马庄村域内村民家庭先后购置出租车 112 辆，有从业人员 175 人。

三、废旧物品回收第一人

徐林生是马庄村域内第一户开办家庭废铁回收场的家庭。

1997 年，徐林生在昆山前进路北侧樾河东开办废铁回收场，经营场地 600

平方米，专门从事废旧物品回收，产品销往浙江等地，经济效益显著。在其影响下，马庄村域内陆续开办50多家废旧品回收企业，经营场地从昆山市区扩展到周边乡镇及昆山市外，如上海嘉定、青浦和常熟等地。

四、合伙运输第一批

1978年，中共十一届三中全会召开后，农村经济开始改革，为增加集体收入，各生产队组织劳动力外出运输。

1980年2月，何全荣、朱炳荣、徐林生3人合伙租用生产队机动船从事水上运输业务，为马庄村域合伙运输第一批村民。当时主要经营建筑材料，一般到苏州西山石厂装沙石料，运到昆山各建筑工地。

第二节　古迹遗存

一、古宅

很早以前，在马庄张泾郎有一户张姓大户人家，其房屋前后有两个大厅，中间有天井，两边有厢房，门前有照墙。这原本是一家做官人家，后因其小辈心术不正，将其家业败光后，把房屋卖给当地农户。1985年10月，五三村第5村民小组薛火荣等9户在此建楼房。

古宅（2020年，卢智昱绘）

二、古坟

古坟（太太坟）位于马庄张泾桥西南边，坟中安葬一位明清时大官周孝子，坟上有一棵大树。1955 年 11 月，该坟被铲平，其土地划给五三大队第 5 生产队农户种蔬菜。

古坟（2020 年，卢智昱绘）

三、古井

据村民回忆，清末，村民徐梅生家屋内有一口古井，用青石砌成，内径约 50 厘米。20 世纪 50 年代，徐梅生家翻建平房时此井被废弃。

古井（2020 年，罗英摄）

四、古庙

（一）永安寺

永安寺位于马庄自然村河北岸，永安桥北，始建于 1869 年 1 月。寺庙南北长 10 米，东西宽 4 米，1965 年被拆除。

（二）永福寺

永福寺位于马庄港张泾河东南岸角上，建于明朝。寺庙东西宽 4 米，南北长 12 米左右，内有两厅，大厅上有 8 尊泥塑像，全部镀金。寺庙地面用方砖砌成，中间有一方天井，西厢房放置孔子泥塑像，东厢房为看庙公公住宿间，前厅东间有关公等猛将泥塑像。1974 年 5 月，永福寺被拆除。

五、古树

据老人们回忆，位于马庄村永安寺天井东南角有一棵大柏树，于 1869 年 4 月种植。50 年代初，树高 12 米左右，直径 2 米左右。1953 年 4 月，马庄村村民将其砍掉用于修造一座木桥。

永安寺前有两棵大榉树，高 10 米，直径约 2 米。1956 年 5 月，榉树被砍，用于各生产队修农船。

古树（2020 年，卢智昱绘）

六、古桥

（一）广安桥

广安桥位于东马庄、西马庄两村交界处，呈南北走向，横跨于马庄港上，为花岗石砌筑单孔桥梁，桥面长 5.3 米，宽 1.7 米。该桥始建于明朝，万历二十二年（1592）中秋重建，清顺治六年（1649）六月重修。1949 年后，曾多次进行修缮维护。2013 年，为保证村民过桥

广安桥（2020 年，罗英摄）

安全，桥西侧安装防护栏。2020年年底，桥依然存在，行人可以通行。

（二）永兴桥

永兴桥（2020年，罗英摄）

永兴桥位于马庄村中心地段，呈南北走向，跨于马庄港上，桥为花岗石砌单孔桥梁。桥面长4.65米，宽1.5米。该桥始建于清同治八年（1869）十月。1949年后，多次进行修缮维护。2013年，为保证村民过桥安全，桥西侧安装防护栏。至2020年年底，桥依然存在，行人可以通行。

（三）留思桥

留思桥又名张家桥，位于式浦港东，东式庄北面，横跨式浦港，呈东西走向。始建于1921年，木结构，因长期失修成了断桥。

据传，东式庄张姓大户家中有一位名叫张红章的人在县里当差。1920年某日，张红章回东式庄探亲，看到桥已坍塌，次年就自己出资，用3年时间重建此桥。建成后，桥宽4米，两边桥坡各有15级台阶，上面铺有0.6米长石板。由于此桥方便了百姓生产生活，故又被取名为留思桥。百姓为感谢张府又取名叫张家桥。2009年，因玉山镇水利规划建设需要拆除原桥，改建成水泥墩桥。2011年，村庄动迁，该桥拆除。

（四）龙里桥

1861年，东式庄搬迁至式浦港西边，东式庄村民自筹资金在马庄港河上建造一座木桥，呈南北走向。1971年，五二大队拆除小桥，在原址上建成双曲拱桥，桥宽5米，长10米。2011年，东式庄动迁，龙里桥不再使用，但桥保留了下来。

七、古弄

民国初期，马庄村域徐荣明家房屋外有一条弄堂，用石片铺成，全长30米，宽 1.5 米。1989 年 3 月，徐素良建楼房时弄堂被铲掉。

30 年代初，北星甸村民陆生泉房屋边有一条弄堂，全部用小石片铺就，长 30 米，宽 1.2 米。1988 年 10 月，陆秧根建楼房时铲掉此弄堂。

第五节　传统用具

马庄村域村民沿水而居，依水生息、依田劳作，在日常生产生活中创造了多种生产生活用具。进入 21 世纪，随着科学技术的创新发展和新材料、新工艺、新用品的出现，一些传统用具已经被现代生活器具所替代。传统用具虽然已经消失，它们却是村民们生产生活演变的见证。

一、生产用具

纺车　50 年代，马庄村域每家都有村民纺毛。60 年代末结束纺毛，从此纺车消失。

纺车（村民张菊根提供）（2020 年，罗英摄）

柴包机 1966年开始织草包，开始时两人合作织草包，后使用新型草包机，只需一人即可，效率提高。1987年后，柴包机不再使用。

柴包机（村民浦洪男提供）（2020年，罗英摄）

踏绳机 70年代，村民用它踏草绳。1987年后，踏草机不再使用。

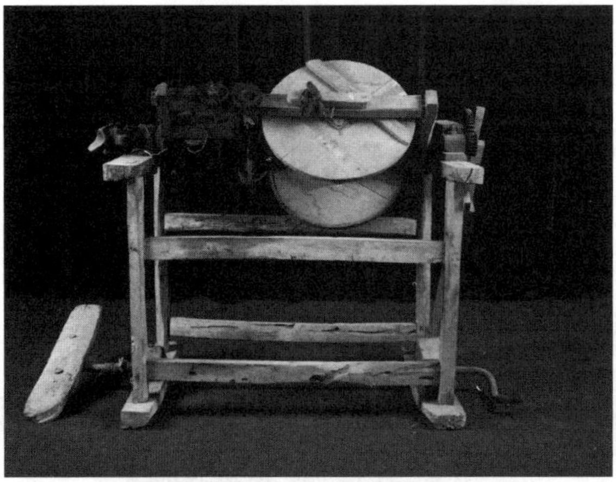

踏绳机（村民薛关根提供）（2020年，罗英摄）

摇线架 1973年，村民陆续开始用摇线架经绳插秧，开沟经绳。2003年后，摇线架消失。

摇线架（村民顾宗根提供）（2020年，罗英摄）

挽子 主要用于搬运粮，2010年后不再使用。

挽子（村民浦洪男提供）（2020年，罗英摄）

栈条 主要用于家庭储粮，2000年后消失。

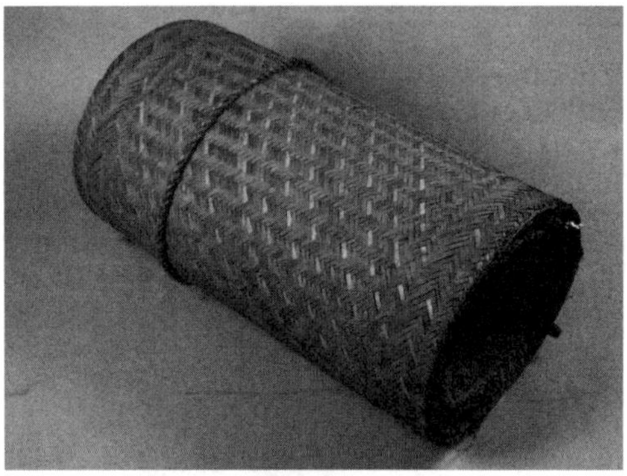

栈条（村民徐惠良提供）（2020年，罗英摄）

谷大 旧时村民用于分离稻谷、小麦、油菜籽中的杂物，至今还有农户使用。

谷大（村民徐惠良提供）（2020年，罗英摄）

大筛 村民用于筛去粮食中小杂物，2016 年后不再使用。

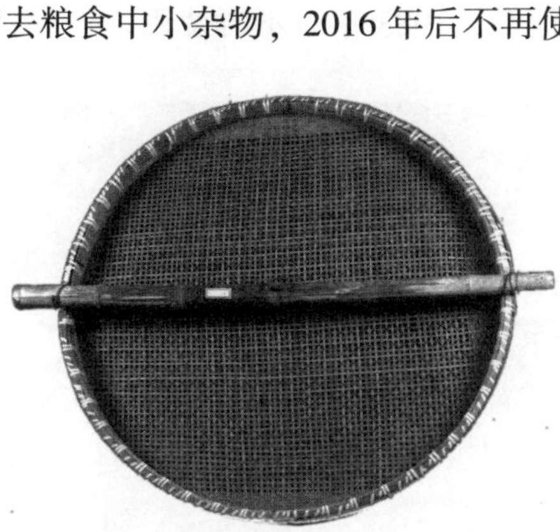

大筛（村民徐惠良提供）（2020 年，罗英摄）

拔秧凳 1973 年开始用于拔秧，1995 年后不再使用。

拔秧凳（村民姚秀根提供）（2020 年，罗英摄）

铡刀 旧时用于铡牛吃的饲料、积肥稻柴等，1983 年后不再使用。

铡刀（村民浦洪男提供）（2020 年，罗英摄）

土筥　旧时用于挑泥等，1983 年后不再使用。

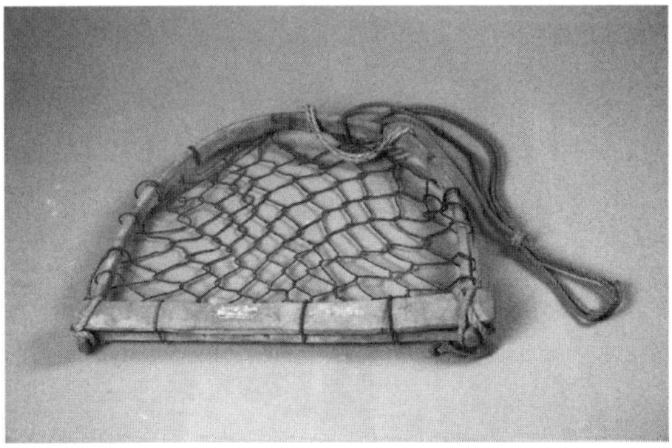

土筥（村民薛关根提供）（2020 年，罗英摄）

扁担　用于挑泥、挑货，至今仍在使用。

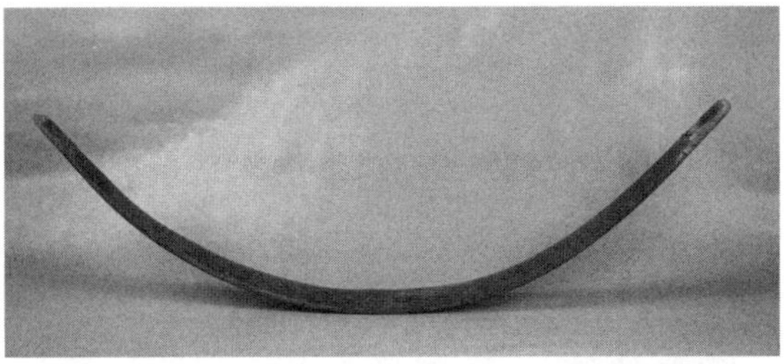

扁担（村民徐惠良提供）（2020 年，罗英摄）

压头　用水牛犁田时，压在牛颈部的农具，1983 年后不再使用。

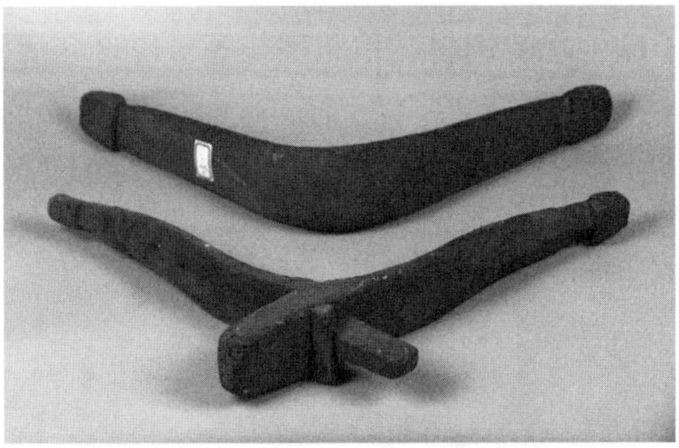

压头（村民张菊根提供）（2020 年，罗英摄）

稻床　用于水稻、三麦、油菜脱粒，1970 年后不再使用。

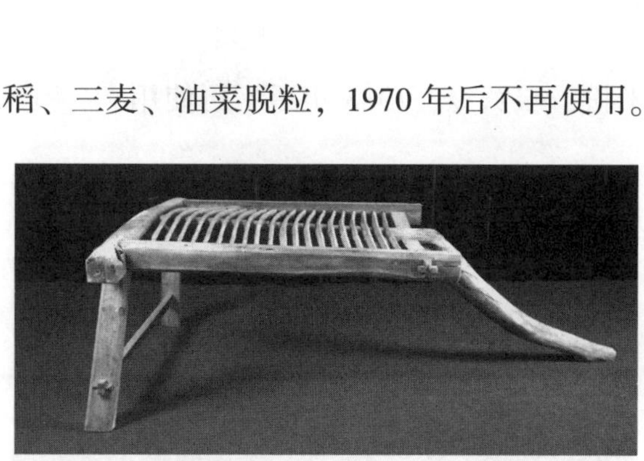

稻床（村民薛关根提供）（2020 年，罗英摄）

手摇风车　用于水稻、三麦、油菜风净籽粒，1974 年后不再使用。

手摇风车（村民徐惠良提供）（2020 年，罗英摄）

菜花柱　用于种植油菜打潭，1968 年后不再使用。

菜花柱（村民浦洪男提供）（2020 年，罗英摄）

磨子 用于碾米粉、碾黄豆，1983 年后不再使用。

磨子（村民顾宗根提供）（2020 年，罗英摄）

华锹 用于开沟铲平沟底，仍在使用。

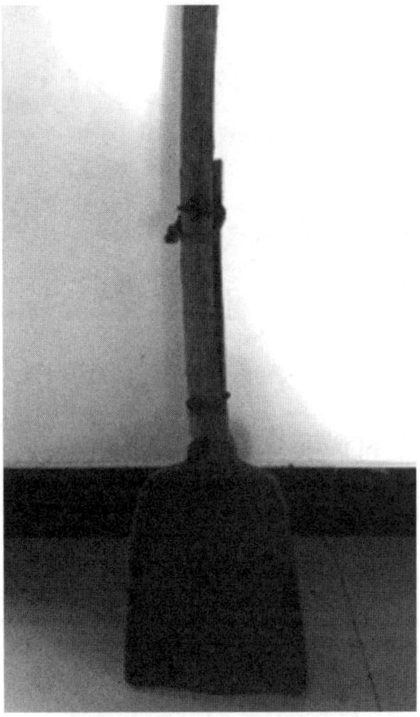

华锹（村民浦洪男提供）（2020 年，罗英摄）

铁锴　用于坌田、翻田做麦垄，至今仍在使用。

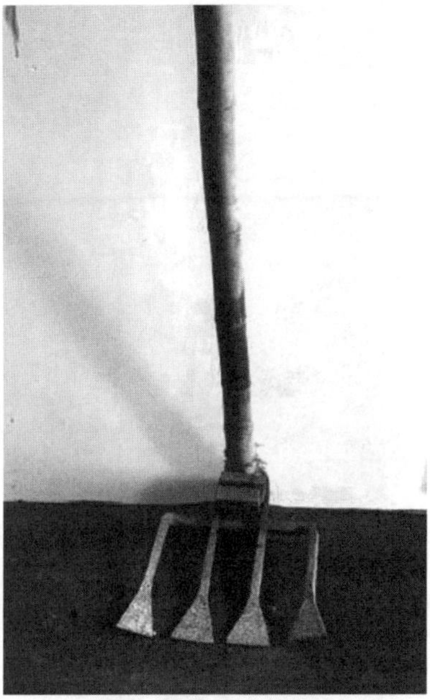

铁锴（村民张菊根提供）（2020 年，罗英摄）

铡欠　用于田岸四周铡土、平沟，2008 年后不再使用。

铡欠（村民徐惠良提供）（2020 年，罗英摄）

塘桥锹 1975年起用于三麦、油菜开深沟，2008年后不再使用。

塘桥锹（村民徐惠良提供）（2020年，罗英摄）

秧水桶 旧时两人用秧水桶把河里的水拷到秧田里，1954年后不再使用。

秧水桶（村民薛关根提供）（2020年，罗英摄）

粪桶　用于积肥、挑污泥、挑大粪、挑水，至今仍在使用。

粪桶（村民姚秀根提供）（2020年，罗英摄）

罱泥网　用于积肥，1986年后不再使用。

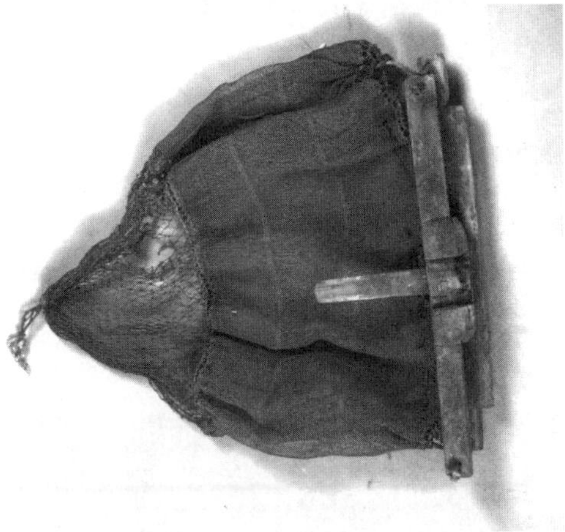

罱泥网（村民徐惠良提供）（2020年，罗英摄）

喷雾机 1958年开始用于农药喷洒，防治水稻、三麦、油菜、蔬菜病虫害，至今还在使用。

喷雾机（村民徐惠良提供）（2020年，罗英摄）

大风力电风扇 自1973年起用于风净稻谷、三麦、扬草秸，2008年后不再使用。

大风力电风扇（村民浦洪男提供）（2020年，罗英摄）

弥雾机 用于水稻、三麦、油菜防治病虫害，至今仍在使用。

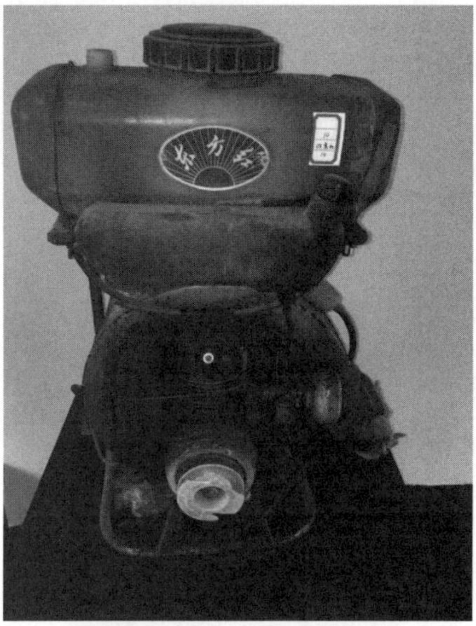

弥雾机（村民张菊根提供）（2020年，罗英摄）

箩头 用于捉鱼时存放鱼，至今仍在使用。

箩头（村民浦洪男提供）（2020年，罗英摄）

鱼叉 捉鱼工具，至今仍在使用。

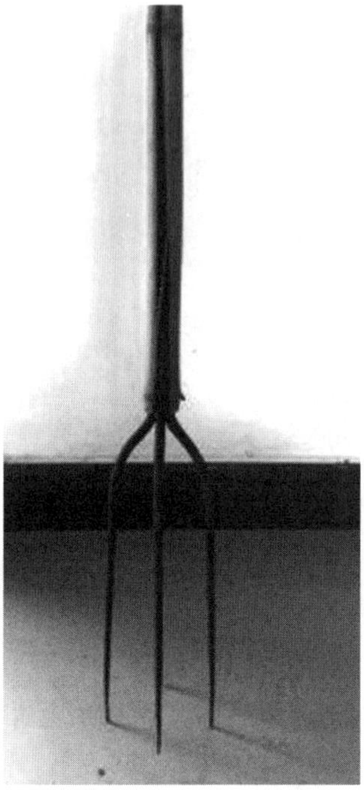

鱼叉（村民薛关根提供）（2020年，罗英摄）

栳 旧时用于量米、谷、麦的量具，1949年10月后不再使用。

栳（村民薛关根提供）（2020年，罗英摄）

竹匾 用于晾晒物品，2006 年后很少使用。

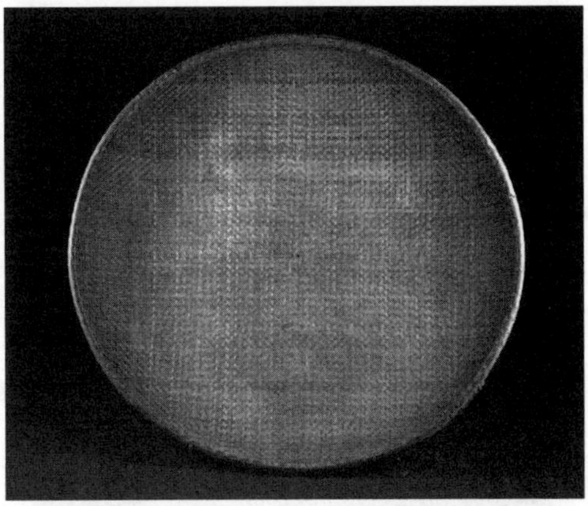

竹匾（村民徐惠良提供）（2020 年，罗英摄）

摇车头转勾 用于打稻索用，2000 年后不再使用。

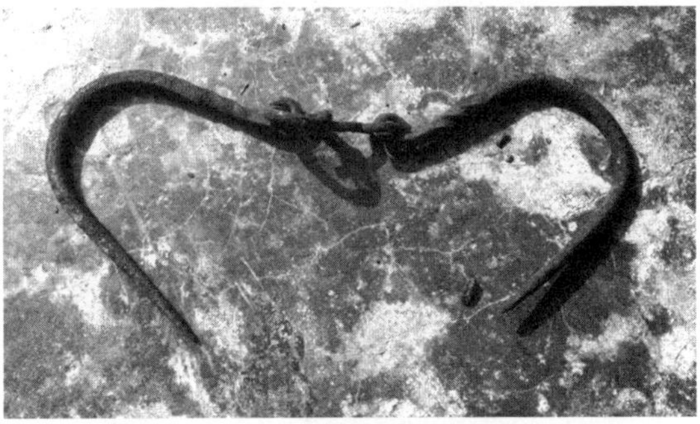

摇车头转勾（村民徐惠良提供）（2020 年，罗英摄）

犁 旧时耕翻土地使用，1983 年后不再使用。

犁（村民徐惠良提供）（2020 年，罗英摄）

后催 用水牛犁地时连接压头和犁的农具，20 世纪 80 年代后消失。

后催（村民徐惠良提供）（2020 年，罗英摄）

墙夹板 旧时固定驶篷船桅杆和力索的木板，80 年代后消失。

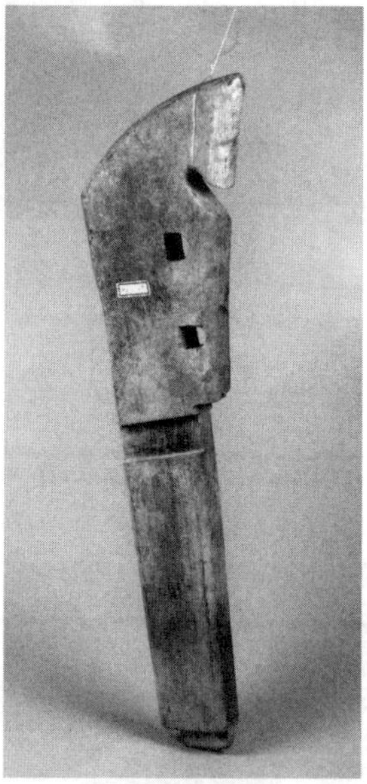

墙夹板（村民徐惠良提供）（2020 年，罗英摄）

牵步　旧时罱泥、拖泥后，将泥拷入泥潭里使用的农具，80 年代后消失。

牵步（村民徐惠良提供）（2020 年，罗英摄）

耥　旧时用于稻田除草的农具，70 年代后消失。

耥（村民徐惠良提供）（2020 年，罗英摄）

摇头车　打稻索用的农具，2000 年后不再使用。

摇头车（村民徐惠良提供）（2020 年，罗英摄）

牛食桶 旧时饲养耕牛时存放牛饲料的容器，70 年代后消失。

牛食桶（村民徐惠良提供）（2020 年，罗英摄）

二、生活用具

甏 旧时用于盛放粮食，1999 年消失。

甏（村民徐惠良提供）（2020 年，罗英摄）

藏篮 旧时担年夜饭时使用，50 年代后消失。

藏篮（村民浦洪男提供）（2020 年，罗英摄）

小方凳　旧时小孩吃饭时使用，至今仍在使用。

小方凳（村民浦洪男提供）（2020 年，罗英摄）

称凳　旧时村民乘凉时使用，90 年代后消失。

称凳（村民顾宗根提供）（2020 年，罗英摄）

古式标沿床　旧时结婚使用，70 年代后消失。

古式标沿床（村民薛关根提供）（2020 年，罗英摄）

古式二门大衣橱 存放衣被，至今仍有少数老年人使用。

古式二门大衣橱（村民姚秀根提供）（2020 年，罗英摄）

首饰盒 旧时女士梳妆用品，存放首饰，60 年代后消失。

首饰盒（村民张菊根提供）（2020 年，罗英摄）

加盖套桶 旧时盛放衣物，个别老人沿用至今。

加盖套桶（村民张菊根提供）（2020 年，罗英摄）

煤油灯 用于照明的工具，60 年代广泛使用，70 年代后消失。

煤油灯（村民张菊根提供）（2020 年，罗英摄）

大米桶 旧时盛放粮食的工具，70 年代后消失。

大米桶（村民薛关根提供）（2020 年，罗英摄）

铜茶壶 旧时泡茶的工具，70 年代后消失。

铜茶壶（村民顾宗根提供）（2020 年，罗英摄）

长凳 配八仙桌使用的坐具，至今仍在使用。

长凳（村民薛关根提供）（2020年，罗英摄）

㧐勺 取水用的工具，70年代后消失。

㧐勺（村民姚秀根提供）（2020年，罗英摄）

桅灯　用于照明的工具，70 年代起用，现今办丧事仍沿用。

桅灯（村民姚秀根提供）（2020 年，罗英摄）

坐车　旧时供小孩使用的工具，70 年代后消失。

坐车（村民徐惠良提供）（2020 年，罗英摄）

坐便桶 旧时小孩上厕所的用具，70年代后消失。

坐便桶（村民顾宗根提供）（2020年，罗英摄）

马桶 旧时村民如厕的用具，现部分老人仍使用。

马桶（村民顾宗根提供）（2020年，罗英摄）

木套桶 旧时用于盛放衣物，70 年代后弃用。

木套桶（村民薛关根提供）（2020 年，罗英摄）

木困桶 旧时小孩睡觉的用具，70 年代后消失。

木困桶（村民姚秀根提供）（2020 年，罗英摄）

竹摇篮 旧时小孩睡觉的用具，70 年代后消失。

竹摇篮（村民薛关根提供）（2020 年，罗英摄）

木质大脚桶　村民洗澡时的用具，70 年代后消失。

木质大脚桶（村民徐惠良提供）（2020 年，罗英摄）

木质小脚桶　村民洗脚、洗衣服的用具，80 年代后不再使用。

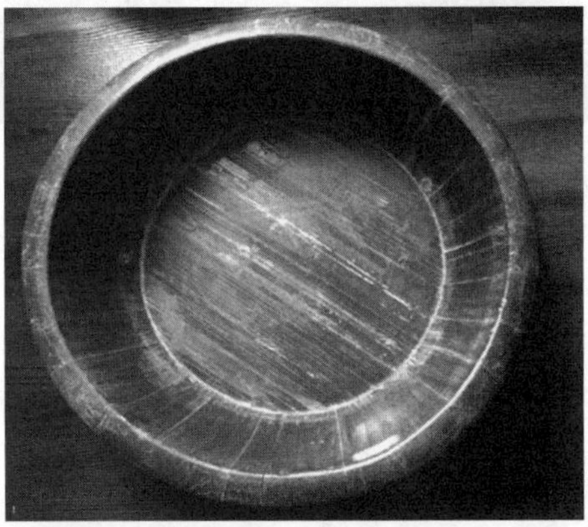

木质小脚桶（村民徐惠良提供）（2020 年，罗英摄）

直口钵头　旧时腌鱼、鸡等时使用，至今仍有使用。

直口钵头（村民徐惠良提供）（2020 年，罗英摄）

米库　主要用于盛米，80 年代后消失。

米库（村民薛关根提供）（2020 年，罗英摄）

立桶　旧时小孩站立时使用，70 年代后消失。

立桶（村民徐惠良提供）（2020 年，罗英摄）

大饭箩　旧时淘米、淘种子时使用，80 年代后不再使用。

大饭箩（村民薛关根提供）（2020 年，罗英摄）

提桶　旧时取水时使用，80 年代后消失。

提桶（村民顾宗根提供）（2020 年，罗英摄）

盛水缸 旧时在灶间盛水用，80 年代后不再使用，极少村民用于腌肉、鱼、菜等。

盛水缸（村民姚秀根提供）（2020 年，罗英摄）

铜勺、广勺 旧时在灶头上取水用，90 年代后弃用。

铜勺、广勺（村民姚秀根提供）（2020 年，罗英摄）

铜铲刀 旧时盛饭、炒菜时使用，90 年代后弃用。

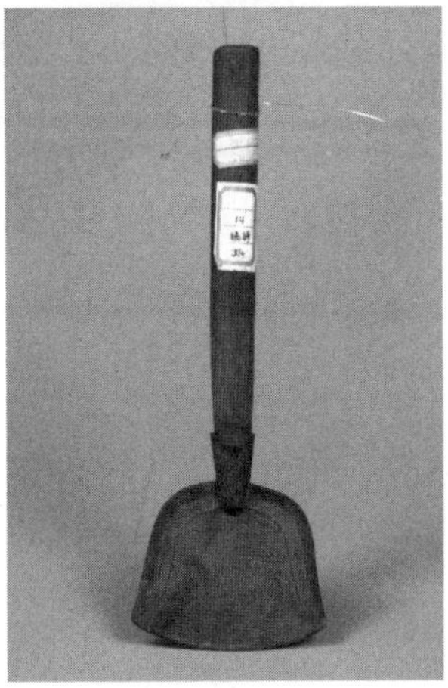

铜铲刀（村民浦洪男提供）（2020 年，罗英摄）

木面盆 洗脸用，70年代后不再使用。

木面盆（村民浦洪男提供）（2020年，罗英摄）

盐钵头 灶头盛盐容器，90年代后弃用。

盐钵头（村民浦洪男提供）（2020年，罗英摄）

西瓜桶 旧时船上盛米时使用，70年代后消失。

西瓜桶（村民浦洪男提供）（2020年，罗英摄）

蓑衣 旧时下雨天防雨时使用，70 年代后消失。

蓑衣（村民浦洪男提供）（2020 年，罗英摄）

佛台 旧时农户客厅点香烛使用，至今沿用。

佛台（村民张菊根提供）（2020 年，罗英摄）

水烟筒　旧时吸水烟的工具，70 年代后弃用。

水烟筒（村民张菊根提供）（2020 年，罗英摄）

腾嘴　旧时扎米库、脚罗窠、草窠的工具，80 年代后消失。

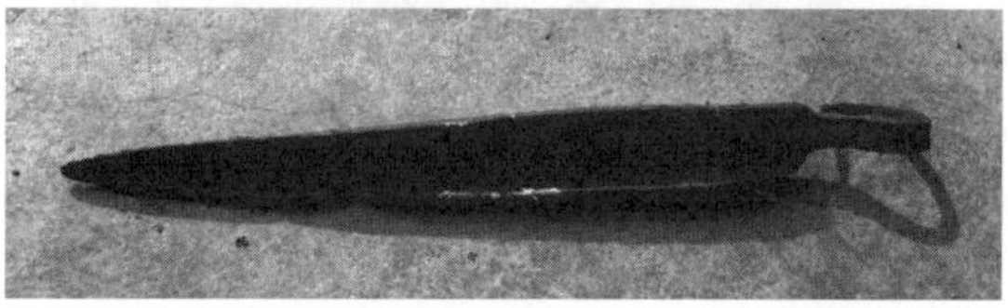

腾嘴（村民徐惠良提供）（2020 年，罗英摄）

脚炉　旧时用于取暖的工具，80 年后弃用。

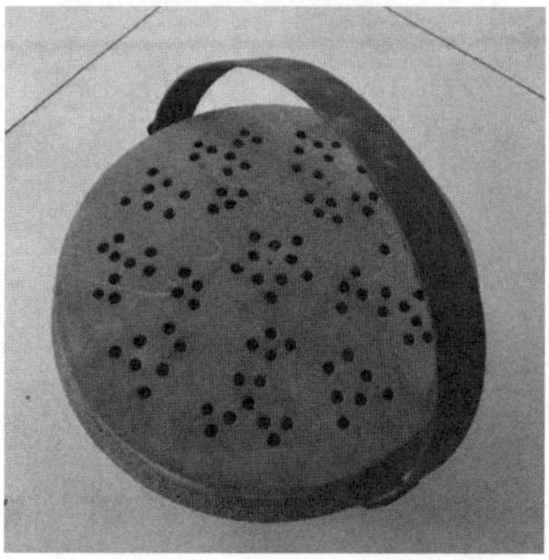

脚炉（村民浦洪男提供）（2020 年，罗英摄）

盘 旧时办喜事做寿，用于装糕、装寿桃，沿用至今。

盘（村民薛关根提供）（2020 年，罗英摄）

鞋桶 旧时用于盛放鞋子的容器，70 年代后消失。

鞋桶（村民薛关根提供）（2020 年，罗英摄）

铜方贡 旧时办喜事，做寿点香烛用，沿用至今。

铜方贡（村民徐惠良提供）（2020 年，罗英摄）

锡酒壶　旧时盛放酒的容器，60 年代后消失。

锡酒壶（村民薛关根提供）（2020 年，罗英摄）

猪食槽　旧时村民养猪存放饲料的容器，80 年代后消失。

猪食槽（村民徐惠良提供）（2020 年，罗英摄）

木榔头　旧时村民趺柴用的工具，80 年代后消失。

木榔头（村民徐惠良提供）（2020 年，罗英摄）

羌席 旧时老式木床固定蚊帐的工具，70 年代后消失。

羌席（村民徐惠良提供）（2020 年，罗英摄）

茶壶 旧时存放开水和茶水用的容器，至今仍在使用。

茶壶（村民徐惠良提供）（2020 年，罗英摄）

团扁 旧时妇女存放针线织物等用品的器具，80 年代后消失。

团扁（村民徐惠良提供）（2020 年，罗英摄）

鸡罩　旧时农户饲养家禽时，圈养和喂养家禽的工具，80 年代后逐渐消失。

鸡罩（村民徐惠良提供）（2020 年，罗英摄）

肖栏　旧时村民捕鱼的工具，至今仍在使用。

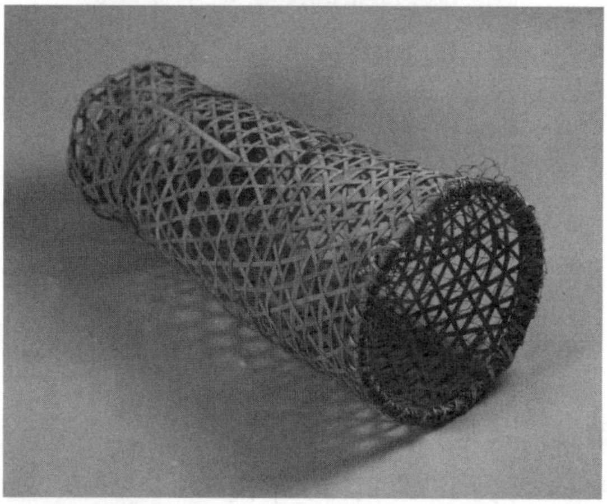

肖栏（村民徐惠良提供）（2020 年，罗英摄）

饭罩 村民保护饭食，防范蝇虫的用具，至今仍在使用。

饭罩（村民徐惠良提供）（2020 年，罗英摄）

鏊 旧时村民制作糕点的用具，90 年代以后逐渐消失。

鏊（村民徐惠良提供）（2020 年，罗英摄）

秤 旧时村民用来称量货物重量的用具，50 年代前为 16 两制（1 斤为 16 两），50 年代起改为 10 两制。进入 21 世纪，马庄大多数老人仍使用秤。

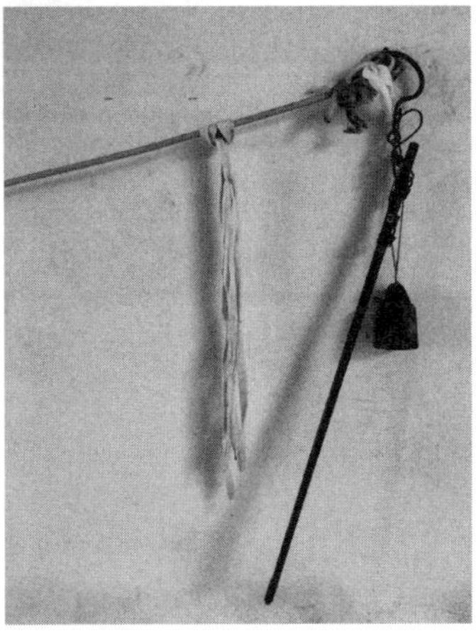

秤（村民徐惠良提供）（2021 年，罗英）

小铃铛 旧时马庄村域2~3岁孩子常戴在脖子上的装饰品，80年代中期后逐渐消失。

小铃铛（村民徐惠良提供）（2021年，王伟民摄）

跋

盛世修志，鉴古知今。《马庄村志》记载着马庄村的盛衰变迁、风俗人情和发展传承，让后代不忘乡音，铭记乡情，记住“我从哪里来”；也为他们立身、治世及发展提供借鉴，明白“我要到哪里去”。

马庄村位于昆山高新区（玉山镇）西南角，东面与景村相接，南靠吴淞江，西依界浦河，北与姜巷村相连。马庄村由东式庄、西式庄、巷郎、高家甸、东马庄、西马庄、北星甸等七个自然村组成，历来是江南富庶之地。中华人民共和国成立后，在中国共产党的领导下，马庄村人在这里辛勤耕耘，开拓创新，繁衍生息，为建设美好家园奉献着智慧和力量，涌现出了众多仁人志士、能工巧匠。特别是改革开放以来，村民解放思想，开拓进取，逐渐富起来了，家家户户建造了小楼，购买了小汽车，从贫穷落后的乡村，逐步成了富裕的小康村。

我出生在东式庄，可以说是地地道道的马庄人，从小耳濡目染了父辈和乡亲们勤劳、淳朴、善良、自强不息的村风民风，虽然高中毕业以后就离开了家乡，但家乡给我留下了难以忘怀的情愫。今天看到《马庄村志》，许多事情都历历在目，农家小吃、农事农活、儿时游戏、礼仪习俗等，仿佛发生在昨天。编纂《马庄村志》就是为了继承前人的优良传统，厘清马庄村发展脉络，为后人决策提供真实可贵的资料。《马庄村志》从文化层面上贯通了邻里的人文意识和道德理念，是一项上承祖宗、下惠子孙的伟大工程，意义深远。

《马庄村志》体裁篇目设置精确、合理，既考量大局，符合新时代发展理念，又从细微处入手，选择有价值与有代表性的人、事、物，予以浓墨重彩描绘，成为真实、有趣的村志读本。我相信，阅读这本村志，不仅可以感受人世沧桑，感知村庄历史变迁，感悟生活启示，还可以从一个村庄的发展轨迹中看到整个国家逐步向前发展的辉煌历史。

文化是一个国家、一个民族的灵魂。文化兴则国运兴，文化强则民族强。但愿这部村志能给读者带来文化的享受、道德的滋养和情感的融通，从而让新老马庄村人不忘初心、牢记使命，砥砺前行，创造更美好的生活。

姚巧林

昆山开放大学副教授

昆山开放大学社区教育办公室主任

2023年6月

编后记

《马庄村志》在昆山高新区党工委、管委会和村党总支、村委会的正确领导下，在昆山市地方志编纂委员会办公室、昆山高新区（玉山镇）村志系列丛书编纂办公室的悉心指导及村志编纂人员的努力下，历经两年多，数易其稿，终于问世。

2020 年 5 月，根据昆山高新区（玉山镇）村志办统一部署，马庄村党总支、村委会正式启动《马庄村志》的编纂工作，并成立《马庄村志》编纂委员会，由马庄村党总支书记陆卫任编纂委员会主任。编纂委员会下设编纂组，聘请多名熟悉村情的老同志，从事村志的资料征集和编纂工作。

马庄村党总支、村委会对村志编纂工作十分重视。村党总支书记陆卫统筹村志编纂，并安排一名村干部具体抓好村志编纂工作，编志工作有序开展。

在资料征集过程中，昆山高新区（玉山镇）村志办印发了昆山高新区（玉山镇）村志编纂参考篇目、昆山高新区（玉山镇）村志编纂资料征集指南等文件，并提供了大量编志需要的原始资料，村两委会成员、老党员、信息员、广大村民和各界人士提供了大量的资料，使《马庄村志》编纂工作顺利开展。编纂人员采用走出去、请进来、打电话、发微信等多种方法，在广大村民中收集了近百条的口述资料，丰富了村志内容。何翠英等多名在外工作的原马庄村村籍人员为村志的编写提供了大量的原始资料。徐凤明、顾玉麟、姚巧林、马进笙、张金荣、邵兴木等老书记、老教师、老同志对志书编纂提出了宝贵意见。徐翠娥、徐林男、施永珍曾先后参与志稿编纂。

在此，向所有关心支持和指导帮助《马庄村志》编纂工作的人员一并表示衷心的感谢。

《马庄村志》编纂组

2023 年 10 月

昆山高新区（玉山镇）村志系列丛书

马庄村志

村民家庭记载

MAZHUANG CUNZHI CUNMIN JIATING JIZAI

昆山高新区（玉山镇）村志系列丛书编纂委员会 编

苏州大学出版社
Soochow University Press

图书在版编目（CIP）数据

马庄村志．村民家庭记载／陆卫主编；昆山高新区（玉山镇）村志系列丛书编纂委员会编．—苏州：苏州大学出版社，2023．12

（昆山高新区（玉山镇）村志系列丛书）

ISBN 978-7-5672-4668-3

Ⅰ．①马…　Ⅱ．①陆…　②昆…　Ⅲ．①村史-昆山　Ⅳ．①K295．35

中国国家版本馆CIP数据核字（2023）第239765号

马庄村志　村民家庭记载

编　　者	昆山高新区（玉山镇）村志系列丛书编纂委员会
主　　编	陆　卫
责任编辑	王晓磊
装帧设计	刘　俊
出版发行	苏州大学出版社
地　　址	苏州市十梓街1号
邮　　编	215006
电　　话	0512-67481020
网　　址	http://www.sudapress.com
邮　　箱	sdcbs@suda.edu.cn
印　　刷	苏州市越洋印刷有限公司
开　　本	787 mm×1 092 mm　1/16　插页16　印张41.75（共两册）　字数716千
版　　次	2023年12月第1版
印　　次	2023年12月第1次印刷
书　　号	ISBN 978-7-5672-4668-3
定　　价	120.00元（共两册）

目 录

村民家庭记载

村民家庭记载

2020年年底，马庄村共有16个村民小组，昆山市公安局吴淞江派出所户籍在册登记569户2 520人，其中男性1 233人，女性1 287人。

本记载将569户家庭逐户列表，悉数载入其中，实际生活在马庄户籍家庭户中，户口不在马庄村人员，本着自愿原则也记入其中，共记载569户2 815人，其中男性1 382人，女性1 433人。家庭大事记栏目所记内容为对家庭住房、用品、交通工具和个人发生变化的记述，不作为动迁安置、财产统计等事项的佐证资料。

一、马庄村村民小组、户数、人数一览表

马庄村村民小组、户数、人数一览表

组别	户数/户	人数/人	男/人	女/人	组别	户数/户	人数/人	男/人	女/人
1	40	198	96	102	9	42	205	104	101
2	38	210	97	113	10	29	159	73	86
3	55	264	129	135	11	20	93	49	44
4	41	206	100	106	12	24	92	45	47
5	36	181	82	99	13	25	104	50	54
6	39	173	93	80	14	16	86	45	41
7	31	159	80	79	15	49	240	126	114
8	34	158	79	79	16	50	287	135	152

二、马庄村村民家庭记载

马庄村第 1 村民小组

	姓名	与户主关系	性别	出生日期	民族	已故家属	
						称呼	姓名
现有家庭成员	浦林泉	户主	男	1936 年 1 月	汉	父亲	浦安生
						母亲	谢阿凤
家庭大事							

	姓名	与户主关系	性别	出生日期	民族	已故家属	
						称呼	姓名
现有家庭成员	徐砍生	户主	男	1954 年 4 月	汉		
	陆素妹	妻子	女	1957 年 12 月	汉		
	徐春兰	女儿	女	1981 年 11 月	汉		
	徐　皓	外孙	男	2004 年 8 月	汉		
家庭大事	1995 年 2 月建造三上三下楼房 6 间，面积 200 平方米 1997 年 10 月购水泥运输船 1 条 2006 年 4 月购商品房 1 套 2016 年 4 月分到动迁房 3 套						

	姓名	与户主关系	性别	出生日期	民族	已故家属	
						称呼	姓名
现有家庭成员	徐全元	户主	男	1945 年 10 月	汉	父亲	徐福康
	徐黑男	妻子	女	1946 年 5 月	汉	母亲	戴金妹
	徐定花	长女	女	1968 年 3 月	汉		
	陆桂良	长婿	男	1968 年 7 月	汉		
	徐燕龙	外孙	男	1991 年 5 月	汉		
	徐诗颖	曾外孙女	女	2015 年 1 月	汉		
家庭大事	1984 年 2 月购水泥运输船 1 条 1986 年 12 月建造二上二下楼房 4 间，面积 160 平方米 2000 年 4 月购出租车 1 辆，9 月购汽车 1 辆 2004 年 3 月开铁场 1 家 2006 年 3 月购商品房 1 套 2016 年 4 月分到动迁房 3 套						

	姓名	与户主关系	性别	出生日期	民族	已故家属	
						称呼	姓名
现有家庭成员	沈云花	户主	女	1947 年 8 月	汉	丈夫	徐菊生
	徐文祥	孙子	男	1996 年 5 月	汉	儿子	徐凤明
家庭大事	1988 年 2 月建造三上三下楼房 6 间，面积 220 平方米 2016 年 4 月分到动迁房 3 套						

<table>
<tr><td rowspan="7">现有
家庭成员</td><td rowspan="2">姓名</td><td rowspan="2">与户主关系</td><td rowspan="2">性别</td><td rowspan="2">出生日期</td><td rowspan="2">民族</td><td colspan="2">已故家属</td></tr>
<tr><td>称呼</td><td>姓名</td></tr>
<tr><td>徐坤元</td><td>户主</td><td>男</td><td>1944 年 8 月</td><td>汉</td><td>父亲</td><td>徐慕荣</td></tr>
<tr><td>张金花</td><td>妻子</td><td>女</td><td>1947 年 11 月</td><td>汉</td><td>母亲</td><td>徐巧英</td></tr>
<tr><td>徐玉明</td><td>儿子</td><td>男</td><td>1971 年 2 月</td><td>汉</td><td></td><td></td></tr>
<tr><td>徐琴花</td><td>儿媳</td><td>女</td><td>1971 年 3 月</td><td>汉</td><td></td><td></td></tr>
<tr><td>徐晓兰</td><td>孙女</td><td>女</td><td>1994 年 2 月</td><td>汉</td><td></td><td></td></tr>
<tr><td>家庭大事</td><td colspan="7">1984 年 3 月购水泥运输船 1 条
1990 年 2 月建造三上三下楼房 6 间，面积 210 平方米
2003 年 7 月开管子场 1 家
2004 年 4 月购汽车 1 辆
2014 年 11 月购商品房 1 套
2016 年 4 月分到动迁房 3 套
2017 年 5 月购汽车 1 辆</td></tr>
</table>

<table>
<tr><td rowspan="4">现有
家庭成员</td><td rowspan="2">姓名</td><td rowspan="2">与户主关系</td><td rowspan="2">性别</td><td rowspan="2">出生日期</td><td rowspan="2">民族</td><td colspan="2">已故家属</td></tr>
<tr><td>称呼</td><td>姓名</td></tr>
<tr><td>陆云根</td><td>户主</td><td>男</td><td>1960 年 9 月</td><td>汉</td><td>父亲</td><td>陆火荣</td></tr>
<tr><td>浦金翠</td><td>妻子</td><td>女</td><td>1958 年 12 月</td><td>汉</td><td>母亲</td><td>徐金英</td></tr>
<tr><td>家庭大事</td><td colspan="7">1977 年 2 月建造平房 3 间及转居屋 1 间，面积 140 平方米
1978 年 3 月陆云根参军入伍，1981 年 10 月退伍
1990 年 2 月购商品房 1 套
2010 年 8 月购汽车 1 辆
2016 年 4 月分到动迁房 2 套</td></tr>
</table>

<table>
<tr><td rowspan="10">现有
家庭成员</td><td rowspan="2">姓名</td><td rowspan="2">与户主关系</td><td rowspan="2">性别</td><td rowspan="2">出生日期</td><td rowspan="2">民族</td><td colspan="2">已故家属</td></tr>
<tr><td>称呼</td><td>姓名</td></tr>
<tr><td>浦大林</td><td>户主</td><td>男</td><td>1947 年 7 月</td><td>汉</td><td>祖父</td><td>浦秀祥</td></tr>
<tr><td>沈金秀</td><td>妻子</td><td>女</td><td>1948 年 12 月</td><td>汉</td><td>祖母</td><td>浦六妹</td></tr>
<tr><td>浦月花</td><td>长女</td><td>女</td><td>1969 年 6 月</td><td>汉</td><td>父亲</td><td>浦阿火</td></tr>
<tr><td>徐秋根</td><td>长婿</td><td>男</td><td>1968 年 8 月</td><td>汉</td><td>母亲</td><td>陆大妹</td></tr>
<tr><td>浦怡洁</td><td>外孙女</td><td>女</td><td>1991 年 8 月</td><td>汉</td><td></td><td></td></tr>
<tr><td>浦佳伟</td><td>外孙</td><td>男</td><td>2001 年 8 月</td><td>汉</td><td></td><td></td></tr>
<tr><td>陆鹏宇</td><td>曾外孙</td><td>男</td><td>2015 年 9 月</td><td>汉</td><td></td><td></td></tr>
<tr><td>浦月琴</td><td>次女</td><td>女</td><td>1971 年 2 月</td><td>汉</td><td></td><td></td></tr>
<tr><td>家庭大事</td><td colspan="7">1987 年 9 月浦月琴于五三小学任教师，1990 年 9 月于五三村幼儿园任教师
1988 年 2 月建造三上三下楼房 6 间，面积 230 平方米
1991 年 5 月购水泥运输船 1 条
2000 年 7 月购客运车 1 辆
2004 年 2 月购商品房 1 套
2007 年 3 月购货车 1 辆
2011 年 1 月购汽车 1 辆
2016 年 4 月分到动迁房 3 套</td></tr>
</table>

<table>
<tr><td rowspan="7">现有
家庭成员</td><td rowspan="2">姓名</td><td rowspan="2">与户主关系</td><td rowspan="2">性别</td><td rowspan="2">出生日期</td><td rowspan="2">民族</td><td colspan="2">已故家属</td></tr>
<tr><td>称呼</td><td>姓名</td></tr>
<tr><td>浦金男</td><td>户主</td><td>男</td><td>1964 年 3 月</td><td>汉</td><td>父亲</td><td>浦林根</td></tr>
<tr><td>张密珍</td><td>妻子</td><td>女</td><td>1964 年 2 月</td><td>汉</td><td></td><td></td></tr>
<tr><td>浦夏青</td><td>女儿</td><td>女</td><td>1987 年 5 月</td><td>汉</td><td></td><td></td></tr>
<tr><td>李彦骏</td><td>外孙</td><td>男</td><td>2013 年 7 月</td><td>汉</td><td></td><td></td></tr>
<tr><td>徐阿三</td><td>母亲</td><td>女</td><td>1940 年 9 月</td><td>汉</td><td></td><td></td></tr>
<tr><td>家庭大事</td><td colspan="7">1986 年 4 月购水泥运输船 1 条
1988 年 2 月建造三上三下楼房 6 间及转居屋 1 间，面积 250 平方米
1994 年 3 月购铁船 1 条
2002 年 10 月购汽车 1 辆
2005 年 7 月开铁场 1 家
2010 年 6 月购商品房 1 套
2016 年 4 月分到动迁房 3 套</td></tr>
</table>

<table>
<tr><td rowspan="8">现有
家庭成员</td><th rowspan="2">姓名</th><th rowspan="2">与户主关系</th><th rowspan="2">性别</th><th rowspan="2">出生日期</th><th rowspan="2">民族</th><th colspan="2">已故家属</th></tr>
<tr><th>称呼</th><th>姓名</th></tr>
<tr><td>浦小男</td><td>户主</td><td>男</td><td>1944 年 9 月</td><td>汉</td><td></td><td></td></tr>
<tr><td>唐桃英</td><td>妻子</td><td>女</td><td>1946 年 7 月</td><td>汉</td><td></td><td></td></tr>
<tr><td>浦梅花</td><td>次女</td><td>女</td><td>1968 年 10 月</td><td>汉</td><td></td><td></td></tr>
<tr><td>徐春男</td><td>次婿</td><td>男</td><td>1966 年 6 月</td><td>汉</td><td></td><td></td></tr>
<tr><td>浦玲霖</td><td>长外孙女</td><td>女</td><td>1989 年 8 月</td><td>汉</td><td></td><td></td></tr>
<tr><td>浦晓红</td><td>次外孙女</td><td>女</td><td>1995 年 12 月</td><td>汉</td><td></td><td></td></tr>
<tr><td>家庭大事</td><td colspan="7">1987 年 2 月购水泥运输船 1 条
1988 年 10 月建造三上三下楼房 6 间及转居屋 1 间，面积 260 平方米
2000 年 5 月购出租车 1 辆
2009 年 2 月购汽车 1 辆
2013 年 4 月购商品房 1 套
2016 年 4 月分到动迁房 3 套</td></tr>
</table>

<table>
<tr><td rowspan="9">现有
家庭成员</td><th rowspan="2">姓名</th><th rowspan="2">与户主关系</th><th rowspan="2">性别</th><th rowspan="2">出生日期</th><th rowspan="2">民族</th><th colspan="2">已故家属</th></tr>
<tr><th>称呼</th><th>姓名</th></tr>
<tr><td>浦金火</td><td>户主</td><td>男</td><td>1948 年 7 月</td><td>汉</td><td>父亲</td><td>浦洪生</td></tr>
<tr><td>徐金英</td><td>妻子</td><td>女</td><td>1948 年 11 月</td><td>汉</td><td>母亲</td><td>何金妹</td></tr>
<tr><td>浦建荣</td><td>儿子</td><td>男</td><td>1970 年 3 月</td><td>汉</td><td></td><td></td></tr>
<tr><td>徐燕珍</td><td>儿媳</td><td>女</td><td>1970 年 5 月</td><td>汉</td><td></td><td></td></tr>
<tr><td>浦炜康</td><td>孙子</td><td>男</td><td>1993 年 3 月</td><td>汉</td><td></td><td></td></tr>
<tr><td>龚雯雯</td><td>孙媳</td><td>女</td><td>1993 年 10 月</td><td>汉</td><td></td><td></td></tr>
<tr><td>浦煜祺</td><td>曾孙</td><td>男</td><td>2019 年 2 月</td><td>汉</td><td></td><td></td></tr>
<tr><td>家庭大事</td><td colspan="7">1986 年 2 月建造三上三下楼房 6 间，面积 220 平方米
1995 年 10 月购商品房 1 套
2016 年 4 月分到动迁房 3 套
2017 年 1 月购汽车 1 辆</td></tr>
</table>

<table>
<tr><td rowspan="5">现有
家庭成员</td><td rowspan="2">姓名</td><td rowspan="2">与户主关系</td><td rowspan="2">性别</td><td rowspan="2">出生日期</td><td rowspan="2">民族</td><td colspan="2">已故家属</td></tr>
<tr><td>称呼</td><td>姓名</td></tr>
<tr><td>浦敖中</td><td>户主</td><td>男</td><td>1963 年 8 月</td><td>汉</td><td></td><td></td></tr>
<tr><td>邵雪珍</td><td>妻子</td><td>女</td><td>1963 年 11 月</td><td>汉</td><td></td><td></td></tr>
<tr><td>浦秋萍</td><td>女儿</td><td>女</td><td>1986 年 11 月</td><td>汉</td><td></td><td></td></tr>
<tr><td>家庭大事</td><td colspan="7">1989 年 12 月建造三上三下楼房 6 间及转居屋 1 间，面积 280 平方米
2015 年 3 月购商品房 1 套
2015 年 9 月浦秋萍考取江苏工业学院怀德学院（今常州大学怀德学院）
2016 年 4 月分到动迁房 3 套</td></tr>
</table>

<table>
<tr><td rowspan="10">现有
家庭成员</td><td rowspan="2">姓名</td><td rowspan="2">与户主关系</td><td rowspan="2">性别</td><td rowspan="2">出生日期</td><td rowspan="2">民族</td><td colspan="2">已故家属</td></tr>
<tr><td>称呼</td><td>姓名</td></tr>
<tr><td>徐会元</td><td>户主</td><td>男</td><td>1938 年 9 月</td><td>汉</td><td>岳父</td><td>陆阿妹</td></tr>
<tr><td>陆二媛</td><td>妻子</td><td>女</td><td>1941 年 6 月</td><td>汉</td><td>岳母</td><td>顾金妹</td></tr>
<tr><td>陆菊男</td><td>儿子</td><td>男</td><td>1964 年 1 月</td><td>汉</td><td></td><td></td></tr>
<tr><td>徐明花</td><td>儿媳</td><td>女</td><td>1964 年 12 月</td><td>汉</td><td></td><td></td></tr>
<tr><td>陆　青</td><td>孙女</td><td>女</td><td>1987 年 1 月</td><td>汉</td><td></td><td></td></tr>
<tr><td>顾俊华</td><td>孙婿</td><td>男</td><td>1985 年 5 月</td><td>汉</td><td></td><td></td></tr>
<tr><td>陆子航</td><td>曾孙</td><td>男</td><td>2012 年 1 月</td><td>汉</td><td></td><td></td></tr>
<tr><td>顾馨语</td><td>曾孙女</td><td>女</td><td>2017 年 12 月</td><td>汉</td><td></td><td></td></tr>
<tr><td>家庭大事</td><td colspan="7">1984 年 2 月购水泥运输船 1 条
1988 年 11 月建造三上三下楼房 6 间及转居屋 1 间，面积 200 平方米
1996 年 3 月购商品房 1 套
2015 年 1 月购汽车 1 辆
2016 年 4 月分到动迁房 3 套</td></tr>
</table>

<table>
<tr><td rowspan="7">现有
家庭成员</td><td rowspan="2">姓名</td><td rowspan="2">与户主关系</td><td rowspan="2">性别</td><td rowspan="2">出生日期</td><td rowspan="2">民族</td><td colspan="2">已故家属</td></tr>
<tr><td>称呼</td><td>姓名</td></tr>
<tr><td>邵林福</td><td>户主</td><td>男</td><td>1957 年 9 月</td><td>汉</td><td>祖父</td><td>邵木生</td></tr>
<tr><td>周雪珍</td><td>妻子</td><td>女</td><td>1957 年 9 月</td><td>汉</td><td>祖母</td><td>陆杏宝</td></tr>
<tr><td>邵　兴</td><td>儿子</td><td>男</td><td>1981 年 9 月</td><td>汉</td><td>父亲</td><td>邵水根</td></tr>
<tr><td>陆建芬</td><td>儿媳</td><td>女</td><td>1982 年 3 月</td><td>汉</td><td>母亲</td><td>陆素宝</td></tr>
<tr><td>邵雨泽</td><td>孙子</td><td>男</td><td>2008 年 5 月</td><td>汉</td><td></td><td></td></tr>
<tr><td>家庭大事</td><td colspan="7">1984 年 10 月购水泥运输船 1 条
1989 年 2 月建造三上三下楼房 6 间，面积 210 平方米
2002 年 1 月开管子场 1 家
2007 年 3 月购商品房 1 套
2016 年 4 月分到动迁房 3 套</td></tr>
</table>

<table>
<tr><td rowspan="4">现有
家庭成员</td><td rowspan="2">姓名</td><td rowspan="2">与户主关系</td><td rowspan="2">性别</td><td rowspan="2">出生日期</td><td rowspan="2">民族</td><td colspan="2">已故家属</td></tr>
<tr><td>称呼</td><td>姓名</td></tr>
<tr><td>浦根男</td><td>户主</td><td>男</td><td>1948 年 4 月</td><td>汉</td><td>父亲</td><td>浦金泉</td></tr>
<tr><td>陆招宝</td><td>妻子</td><td>女</td><td>1948 年 11 月</td><td>汉</td><td>母亲</td><td>朱阿林</td></tr>
<tr><td>家庭大事</td><td colspan="7">1983 年 10 月购水泥运输船 1 条
1988 年 3 月建造三上三下楼房 6 间及转居屋 1 间，面积 230 平方米
2006 年 10 月购商品房 1 套
2016 年 4 月分到动迁房 3 套
2017 年 1 月购汽车 1 辆</td></tr>
</table>

	姓名	与户主关系	性别	出生日期	民族	已故家属	
						称呼	姓名
现有家庭成员	浦长泉	户主	男	1942 年 8 月	汉	父亲	浦佰生
	浦金明	儿子	男	1964 年 3 月	汉	母亲	谢珍妹
	金凤珍	儿媳	女	1962 年 8 月	汉	妻子	沈花妹
	浦晓清	孙子	男	1987 年 1 月	汉		
	浦程皓	曾孙	男	2013 年 7 月	汉		
家庭大事	1984 年 3 月购水泥运输船 1 条 1991 年 2 月建造三上三下楼房 6 间及转居屋 1 间，面积 250 平方米 2005 年 5 月购客运车 1 辆 2016 年 4 月分到动迁房 3 套 2019 年 3 月购汽车 1 辆，6 月购商品房 1 套						

	姓名	与户主关系	性别	出生日期	民族	已故家属	
						称呼	姓名
现有家庭成员	浦金官	户主	男	1947 年 1 月	汉	父亲	浦云生
	方多妹	妻子	女	1947 年 10 月	汉	母亲	顾小妹
	浦建芳	次女	女	1970 年 10 月	汉		
	戴建生	次婿	男	1967 年 4 月	汉		
	浦戴莹	外孙女	女	1991 年 6 月	汉		
	浦皓轩	曾外孙	男	2020 年 2 月	汉		
家庭大事	1986 年 11 月戴建生参军入伍，1989 年 5 月加入中国共产党，1990 年 6 月退伍 1988 年 3 月购水泥运输船 1 条 1989 年 10 月建设三上三下楼房 6 间及转居屋 1 间，面积 240 平方米 2006 年 4 月购商品房 1 套 2016 年 4 月分到动迁房 3 套 2020 年 5 月购汽车 1 辆						

	姓名	与户主关系	性别	出生日期	民族	已故家属	
						称呼	姓名
现有家庭成员	浦兴男	户主	男	1963 年 4 月	汉		
	邵林英	妻子	女	1963 年 8 月	汉		
	浦晓洪	儿子	男	1986 年 3 月	汉		
	浦一凡	孙子	男	2013 年 4 月	汉		
家庭大事	1983 年 6 月购水泥运输船 1 条 1989 年 2 月建造三上三下楼房 6 间及转居屋 1 间，面积 260 平方米 2001 年 3 月购出租车 1 辆 2007 年 10 月购商品房 1 套 2010 年 2 月购汽车 1 辆 2016 年 4 月分到动迁房 3 套						

	姓名	与户主关系	性别	出生日期	民族	已故家属	
						称呼	姓名
现有家庭成员	浦桂男	户主	男	1957 年 9 月	汉	父亲	浦风元
	徐水仙	妻子	女	1960 年 5 月	汉		
	浦春林	儿子	男	1983 年 4 月	汉		
	金　花	儿媳	女	1983 年 4 月	汉		
	浦晨曦	长孙女	女	2009 年 5 月	汉		
	金晨蕾	次孙女	女	2012 年 6 月	汉		
家庭大事	1984 年 6 月购水泥运输船 1 条 1989 年 2 月建造三上三下楼房 6 间及转居屋 1 间，面积 240 平方米 2010 年 2 月购商品房 1 套 2015 年 1 月购汽车 1 辆 2016 年 4 月分到动迁房 3 套						

	姓名	与户主关系	性别	出生日期	民族	已故家属	
						称呼	姓名
现有家庭成员	浦小林	户主	男	1949 年 9 月	汉	儿子	浦春明
	张秋英	妻子	女	1950 年 6 月	汉		
家庭大事	1984 年 8 月购水泥运输船 1 条 1990 年 1 月建造三上三下楼房 6 间及转居屋 1 间，面积 230 平方米 2016 年 4 月分到动迁房 3 套						

	姓名	与户主关系	性别	出生日期	民族	已故家属	
						称呼	姓名
现有家庭成员	顾菊妹	户主	女	1957 年 2 月	汉	丈夫	浦兴观
	浦大琴	长女	女	1981 年 8 月	汉		
	褚萱琦	次外孙女	女	2003 年 3 月	汉		
	浦奕琦	三外孙女	女	2007 年 11 月	汉		
	浦小琴	次女	女	1981 年 8 月	汉		
	钱　媛	长外孙女	女	2002 年 6 月	汉		
	钱　曦	外孙	男	2009 年 8 月	汉		
家庭大事	1986 年 2 月购水泥船 1 条 1990 年 1 月建造三上三下楼房 6 间及转居屋 1 间，面积 220 平方米 2001 年 5 月购商品房 1 套 2016 年 4 月分到动迁房 3 套						

	姓名	与户主关系	性别	出生日期	民族	已故家属	
						称呼	姓名
现有家庭成员	浦金龙	户主	男	1963 年 8 月	汉		
	陆菊珍	妻子	女	1962 年 4 月	汉		
	浦庆晨	儿子	男	1986 年 10 月	汉		
	浦悦荻	孙女	女	2014 年 11 月	汉		
家庭大事	1985 年 3 月购水泥运输船 1 条 1993 年 2 月购客运车 1 辆 1995 年 11 月建造三上三下楼房 6 间及转居屋 1 间，面积 300 平方米 2005 年 9 月浦庆晨考取金陵科技学院 2007 年 6 月购商品房 1 套，10 月购汽车 1 辆 2016 年 4 月分到动迁房 3 套						

	姓名	与户主关系	性别	出生日期	民族	已故家属	
						称呼	姓名
现有家庭成员	徐秋云	户主	女	1953 年 7 月	汉	公公	徐永林
	徐　芳	女儿	女	1978 年 4 月	汉	婆婆	徐火英
	熊　皓	女婿	男	1971 年 8 月	汉	伯父	徐祥根
	徐书婷	外孙女	女	2002 年 3 月	汉	丈夫	徐金根
	徐文龙	儿子	男	1981 年 3 月	汉		
家庭大事	1984 年 3 月购水泥运输船 1 条 1991 年 2 月建造三上三下楼房 6 间及转居屋 1 间，面积 250 平方米 2007 年 1 月购商品房 1 套，5 月购汽车 1 辆 2016 年 4 月分到动迁房 3 套						

<table>
<tr><th rowspan="2"></th><th rowspan="2">姓名</th><th rowspan="2">与户主关系</th><th rowspan="2">性别</th><th rowspan="2">出生日期</th><th rowspan="2">民族</th><th colspan="2">已故家属</th></tr>
<tr><th>称呼</th><th>姓名</th></tr>
<tr><td rowspan="7">现有家庭成员</td><td>浦林男</td><td>户主</td><td>男</td><td>1963 年 4 月</td><td>汉</td><td>父亲</td><td>浦根生</td></tr>
<tr><td>徐菊花</td><td>妻子</td><td>女</td><td>1965 年 1 月</td><td>汉</td><td></td><td></td></tr>
<tr><td>浦敏华</td><td>儿子</td><td>男</td><td>1986 年 4 月</td><td>汉</td><td></td><td></td></tr>
<tr><td>王　燕</td><td>儿媳</td><td>女</td><td>1989 年 2 月</td><td>汉</td><td></td><td></td></tr>
<tr><td>浦晨瀚</td><td>长孙</td><td>男</td><td>2010 年 8 月</td><td>汉</td><td></td><td></td></tr>
<tr><td>浦晨桐</td><td>次孙</td><td>男</td><td>2016 年 11 月</td><td>汉</td><td></td><td></td></tr>
<tr><td>李秀云</td><td>母亲</td><td>女</td><td>1935 年 10 月</td><td>汉</td><td></td><td></td></tr>
<tr><td>家庭大事</td><td colspan="7">1986 年 7 月购水泥运输船 1 条
1991 年 2 月建造三上三下楼房 6 间及转居屋 1 间，面积 230 平方米
2012 年 11 月购商品房 1 套
2014 年 1 月购汽车 1 辆
2016 年 4 月分到动迁房 3 套</td></tr>
</table>

<table>
<tr><th rowspan="2"></th><th rowspan="2">姓名</th><th rowspan="2">与户主关系</th><th rowspan="2">性别</th><th rowspan="2">出生日期</th><th rowspan="2">民族</th><th colspan="2">已故家属</th></tr>
<tr><th>称呼</th><th>姓名</th></tr>
<tr><td rowspan="5">现有家庭成员</td><td>浦长官</td><td>户主</td><td>男</td><td>1947 年 7 月</td><td>汉</td><td></td><td></td></tr>
<tr><td>李桃凤</td><td>妻子</td><td>女</td><td>1951 年 12 月</td><td>汉</td><td></td><td></td></tr>
<tr><td>浦金良</td><td>儿子</td><td>男</td><td>1974 年 3 月</td><td>汉</td><td></td><td></td></tr>
<tr><td>徐建芳</td><td>儿媳</td><td>女</td><td>1977 年 3 月</td><td>汉</td><td></td><td></td></tr>
<tr><td>浦　静</td><td>孙女</td><td>女</td><td>1999 年 4 月</td><td>汉</td><td></td><td></td></tr>
<tr><td>家庭大事</td><td colspan="7">1984 年 2 月购水泥运输船 1 条
1991 年 3 月建造三上三下楼房 6 间及转居屋 1 间，面积 240 平方米
2001 年 5 月购出租车 1 辆
2006 年 1 月购商品房 1 套
2016 年 4 月分到动迁房 3 套
2017 年 2 月购汽车 1 辆</td></tr>
</table>

<table>
<tr><td rowspan="7">现有
家庭成员</td><th rowspan="2">姓名</th><th rowspan="2">与户主关系</th><th rowspan="2">性别</th><th rowspan="2">出生日期</th><th rowspan="2">民族</th><th colspan="2">已故家属</th></tr>
<tr><th>称呼</th><th>姓名</th></tr>
<tr><td>浦三男</td><td>户主</td><td>男</td><td>1949 年 12 月</td><td>汉</td><td></td><td></td></tr>
<tr><td>谢秋花</td><td>妻子</td><td>女</td><td>1950 年 11 月</td><td>汉</td><td></td><td></td></tr>
<tr><td>浦文明</td><td>儿子</td><td>男</td><td>1973 年 6 月</td><td>汉</td><td></td><td></td></tr>
<tr><td>吴秀梅</td><td>儿媳</td><td>女</td><td>1976 年 11 月</td><td>汉</td><td></td><td></td></tr>
<tr><td>浦佳豪</td><td>孙子</td><td>男</td><td>1999 年 2 月</td><td>汉</td><td></td><td></td></tr>
<tr><td>家庭大事</td><td colspan="7">1984 年 3 月购水泥运输船 1 条
1990 年 2 月建造三上三下楼房 6 间，面积 240 平方米
1998 年 5 月购商品房 1 套
2014 年 6 月购汽车 1 辆
2016 年 4 月分到动迁房 3 套</td></tr>
</table>

<table>
<tr><td rowspan="7">现有
家庭成员</td><th rowspan="2">姓名</th><th rowspan="2">与户主关系</th><th rowspan="2">性别</th><th rowspan="2">出生日期</th><th rowspan="2">民族</th><th colspan="2">已故家属</th></tr>
<tr><th>称呼</th><th>姓名</th></tr>
<tr><td>徐小男</td><td>户主</td><td>男</td><td>1955 年 7 月</td><td>汉</td><td></td><td></td></tr>
<tr><td>陆素珍</td><td>妻子</td><td>女</td><td>1955 年 3 月</td><td>汉</td><td></td><td></td></tr>
<tr><td>徐金芬</td><td>女儿</td><td>女</td><td>1979 年 10 月</td><td>汉</td><td></td><td></td></tr>
<tr><td>徐张源</td><td>外孙</td><td>男</td><td>2002 年 6 月</td><td>汉</td><td></td><td></td></tr>
<tr><td>张绪红</td><td>非亲属</td><td>男</td><td>1972 年 1 月</td><td>汉</td><td></td><td></td></tr>
<tr><td>家庭大事</td><td colspan="7">1984 年 2 月购水泥运输船 1 条
1989 年 12 月建造三上三下楼房 6 间及转居屋 1 间，面积 270 平方米
2009 年 4 月购商品房 1 套
2016 年 4 月分到动迁房 3 套</td></tr>
</table>

	姓名	与户主关系	性别	出生日期	民族	已故家属	
						称呼	姓名
现有家庭成员	徐火金	户主	男	1952 年 7 月	汉	父亲	徐根林
	浦惠珍	妻子	女	1953 年 9 月	汉	母亲	王云弟
	徐金芳	长女	女	1976 年 12 月	汉	次女	徐寒芳
	顾小良	长婿	男	1976 年 4 月	汉		
	徐　成	外孙	男	2000 年 12 月	汉		
家庭大事	1984 年 10 月购水泥运输船 1 条 1989 年 1 月建造三上三下楼房 6 间及转居屋 1 间，面积 250 平方米，3 月购商品房 1 套 2012 年 10 月购汽车 1 辆 2016 年 4 月分到动迁房 3 套						

	姓名	与户主关系	性别	出生日期	民族	已故家属	
						称呼	姓名
现有家庭成员	陆志敏	户主	男	1937 年 12 月	汉	父亲	陆惠伦
	戴兴妹	妻子	女	1936 年 9 月	汉	母亲	孙小妹
	陆泽雄	儿子	男	1964 年 10 月	汉	儿媳	浦菊香
	陆海燕	孙女	女	1987 年 10 月	汉		
	刘亮亮	孙婿	男	1984 年 10 月	汉		
	陆以家	长曾孙女	女	2013 年 3 月	汉		
	刘以程	次曾孙女	女	2014 年 11 月	汉		
家庭大事	1984 年 10 月购水泥运输船 1 条 1988 年 10 月建造三上三下楼房 6 间及转居屋 1 间，面积 300 平方米 1989 年 5 月开理发店 1 家 1997 年 5 月购商品房 1 套 1999 年 7 月陆泽雄加入中国共产党 2000 年 1 月购汽车 1 辆 2009 年 10 月陆海燕加入中国共产党 2013 年 4 月开设饭店 1 家 2016 年 4 月分到动迁房 3 套						

<table>
<tr><td rowspan="8">现有
家庭成员</td><td rowspan="2">姓名</td><td rowspan="2">与户主关系</td><td rowspan="2">性别</td><td rowspan="2">出生日期</td><td rowspan="2">民族</td><td colspan="2">已故家属</td></tr>
<tr><td>称呼</td><td>姓名</td></tr>
<tr><td>徐林花</td><td>户主</td><td>女</td><td>1957 年 8 月</td><td>汉</td><td>公公</td><td>陆介生</td></tr>
<tr><td>陆水根</td><td>丈夫</td><td>男</td><td>1957 年 6 月</td><td>汉</td><td>婆婆</td><td>周小弟</td></tr>
<tr><td>陆喜敏</td><td>儿子</td><td>男</td><td>1983 年 1 月</td><td>汉</td><td></td><td></td></tr>
<tr><td>许　耐</td><td>儿媳</td><td>女</td><td>1986 年 11 月</td><td>汉</td><td></td><td></td></tr>
<tr><td>陆梦瑶</td><td>长孙女</td><td>女</td><td>2007 年 2 月</td><td>汉</td><td></td><td></td></tr>
<tr><td>陆梦婷</td><td>次孙女</td><td>女</td><td>2015 年 8 月</td><td>汉</td><td></td><td></td></tr>
<tr><td>家庭大事</td><td colspan="7">1984 年建造三上三下楼房 6 间及转居屋 1 间，面积 240 平方米
2000 年 5 月购商品房 1 套
2016 年 4 月分到动迁房 3 套
2019 年 3 月购汽车 1 辆</td></tr>
</table>

<table>
<tr><td rowspan="7">现有
家庭成员</td><td rowspan="2">姓名</td><td rowspan="2">与户主关系</td><td rowspan="2">性别</td><td rowspan="2">出生日期</td><td rowspan="2">民族</td><td colspan="2">已故家属</td></tr>
<tr><td>称呼</td><td>姓名</td></tr>
<tr><td>徐梅花</td><td>户主</td><td>女</td><td>1948 年 1 月</td><td>汉</td><td>次子</td><td>陆潇先</td></tr>
<tr><td>陆金根</td><td>丈夫</td><td>男</td><td>1947 年 1 月</td><td>汉</td><td></td><td></td></tr>
<tr><td>陆永先</td><td>长子</td><td>男</td><td>1966 年 10 月</td><td>汉</td><td></td><td></td></tr>
<tr><td>徐桃花</td><td>长媳</td><td>女</td><td>1968 年 1 月</td><td>汉</td><td></td><td></td></tr>
<tr><td>陆　珏</td><td>孙女</td><td>女</td><td>1989 年 9 月</td><td>汉</td><td></td><td></td></tr>
<tr><td>家庭大事</td><td colspan="7">1970 年 2 月建造平瓦房 3 间，面积 110 平方米
1990 年 4 月购商品房 1 套
2016 年 4 月分到动迁房 2 套</td></tr>
</table>

<table>
<tr><td rowspan="2"></td><td rowspan="2">姓名</td><td rowspan="2">与户主关系</td><td rowspan="2">性别</td><td rowspan="2">出生日期</td><td rowspan="2">民族</td><td colspan="2">已故家属</td></tr>
<tr><td>称呼</td><td>姓名</td></tr>
<tr><td rowspan="5">现有
家庭成员</td><td>陆福根</td><td>户主</td><td>男</td><td>1951 年 1 月</td><td>汉</td><td></td><td></td></tr>
<tr><td>顾林英</td><td>妻子</td><td>女</td><td>1952 年 9 月</td><td>汉</td><td></td><td></td></tr>
<tr><td>陆国良</td><td>长子</td><td>男</td><td>1975 年 11 月</td><td>汉</td><td></td><td></td></tr>
<tr><td>陆桃芳</td><td>长媳</td><td>女</td><td>1977 年 3 月</td><td>汉</td><td></td><td></td></tr>
<tr><td>陆奕婷</td><td>孙女</td><td>女</td><td>1998 年 8 月</td><td>汉</td><td></td><td></td></tr>
<tr><td>家庭大事</td><td colspan="7">1983 年 8 月购水泥运输船 1 条
1989 年 3 月建造三上三下楼房 6 间及转居屋 1 间，面积 230 平方米
1997 年 2 月购商品房 1 套
2015 年 1 月购汽车 1 辆
2016 年 4 月分到动迁房 3 套</td></tr>
</table>

<table>
<tr><td rowspan="2"></td><td rowspan="2">姓名</td><td rowspan="2">与户主关系</td><td rowspan="2">性别</td><td rowspan="2">出生日期</td><td rowspan="2">民族</td><td colspan="2">已故家属</td></tr>
<tr><td>称呼</td><td>姓名</td></tr>
<tr><td rowspan="6">现有
家庭成员</td><td>陆招根</td><td>户主</td><td>男</td><td>1947 年 9 月</td><td>汉</td><td></td><td></td></tr>
<tr><td>戴林秀</td><td>妻子</td><td>女</td><td>1948 年 7 月</td><td>汉</td><td></td><td></td></tr>
<tr><td>陆马仙</td><td>长子</td><td>男</td><td>1968 年 11 月</td><td>汉</td><td></td><td></td></tr>
<tr><td>浦建珍</td><td>长媳</td><td>女</td><td>1968 年 11 月</td><td>汉</td><td></td><td></td></tr>
<tr><td>陆梦倩</td><td>孙女</td><td>女</td><td>1991 年 5 月</td><td>汉</td><td></td><td></td></tr>
<tr><td>陆雪良</td><td>三子</td><td>男</td><td>1972 年 4 月</td><td>汉</td><td></td><td></td></tr>
<tr><td>家庭大事</td><td colspan="7">1983 年 5 月购水泥运输船 1 条
1990 年 12 月建造三上三下楼房 6 间及转居屋 1 间，面积 260 平方米
2002 年 2 月购商品房 1 套
2016 年 4 月分到动迁房 3 套
2020 年 4 月购汽车 1 辆</td></tr>
</table>

	姓名	与户主关系	性别	出生日期	民族	已故家属	
						称呼	姓名
现有家庭成员	浦傲林	户主	男	1965 年 11 月	汉	祖父	浦阿二
	徐火仙	妻子	女	1966 年 9 月	汉	祖母	凌大妹
	浦春龙	儿子	男	1988 年 7 月	汉		
	浦弈诺	孙子	男	2016 年 2 月	汉		
	浦水泉	父亲	男	1938 年 3 月	汉		
	浦金妹	母亲	女	1938 年 10 月	汉		
家庭大事	1983 年 2 月购水泥运输船 1 条 1993 年 12 月建造三上三下楼房 6 间及转居屋 1 间，面积 240 平方米 2006 年 3 月开铁场 1 家 2007 年 2 月购商品房 1 套 2013 年 1 月购汽车 1 辆 2016 年 4 月分到动迁房 3 套						

	姓名	与户主关系	性别	出生日期	民族	已故家属	
						称呼	姓名
现有家庭成员	戴林妹	户主	女	1946 年 10 月	汉	婆婆	徐木云
	徐永男	儿子	男	1971 年 2 月	汉	丈夫	徐会泉
	徐晓丽	孙女	女	1993 年 6 月	汉	女儿	徐建娥
	张琴仙	非亲属	女	1971 年 2 月	汉		
家庭大事	1993 年 2 月建造三上三下楼房 6 间及转居屋 1 间，面积 230 平方米 2016 年 4 月分到动迁房 3 套						

	姓名	与户主关系	性别	出生日期	民族	已故家属	
						称呼	姓名
现有家庭成员	徐砍利	户主	男	1950年1月	汉	父亲	徐全元
	周根仙	妻子	女	1954年11月	汉	母亲	朱阿香
	徐菊良	儿子	男	1976年11月	汉		
	黄容君	儿媳	女	1975年6月	汉		
	徐苏湘	孙子	男	2000年2月	汉		
家庭大事	1983年2月购水泥运输船1条 1997年4月建造三上三下楼房6间及转居屋1间，面积240平方米 2015年8月购商品房1套 2016年4月分到动迁房3套						

	姓名	与户主关系	性别	出生日期	民族	已故家属	
						称呼	姓名
现有家庭成员	浦黑男	户主	男	1955年5月	汉	父亲	浦福生
	谢春花	妻子	女	1955年2月	汉	母亲	徐阿三
	浦林芳	长女	女	1980年2月	汉		
	陆国民	长婿	男	1978年6月	汉		
	浦俊奕	外孙	男	2004年2月	汉		
	浦怡晨	外孙女	女	2014年2月	汉		
家庭大事	1989年2月购水泥运输船1条 1993年3月建造三上三下楼房6间及转居屋1间，面积250平方米 2000年5月购商品房1套 2005年3月购汽车1辆 2016年4月分到动迁房3套						

	姓名	与户主关系	性别	出生日期	民族	已故家属	
						称呼	姓名
现有家庭成员	浦东生	户主	男	1942 年 11 月	汉	父亲	浦金生
	浦凤妹	妻子	女	1946 年 8 月	汉	母亲	周云妹
	浦建花	长女	女	1968 年 12 月	汉		
	顾学男	长女婿	男	1965 年 11 月	汉		
	顾秋萍	外孙女	女	1989 年 8 月	汉		
家庭大事	1972 年 4 月浦东生加入中国共产党 1988 年 11 月建造三上三下楼房 6 间及转居屋 1 间，面积 220 平方米 2000 年 6 月购商品房 1 套 2015 年 1 月购汽车 1 辆 2016 年 4 月分到动迁房 3 套						

	姓名	与户主关系	性别	出生日期	民族	已故家属	
						称呼	姓名
现有家庭成员	徐根荣	户主	男	1954 年 11 月	汉	父亲	徐仁元
	徐雪宝	妻子	女	1954 年 11 月	汉	母亲	陈三宝
	徐梅芳	次女	女	1982 年 12 月	汉	长女	徐玉芳
家庭大事	1983 年 2 月购水泥运输船 1 条 1989 年 1 月建造三上三下楼房 6 间及转居屋 1 间，面积 240 平方米 2003 年 2 月开管子场 1 家，9 月开铁场 1 家 2004 年 3 月购商品房 1 套 2014 年 1 月购汽车 1 辆 2016 年 4 月分到动迁房 3 套						

	姓名	与户主关系	性别	出生日期	民族	已故家属	
						称呼	姓名
现有家庭成员	浦巧男	户主	男	1958 年 9 月	汉		
	王月花	妻子	女	1958 年 1 月	汉		
	浦翠娟	女儿	女	1981 年 11 月	汉		
	陆　雨	女婿	男	1979 年 1 月	汉		
	浦依芸	外孙女	女	2002 年 8 月	汉		
	浦天宇	外孙	男	2009 年 2 月	汉		
家庭大事	1987 年 2 月购水泥运输船 1 条 1990 年 12 月建造三上三下楼房 6 间及转居屋 1 间，面积 270 平方米 2000 年 1 月购商品房 1 套 2014 年 12 月购汽车 1 辆 2016 年 4 月分到动迁房 3 套						

	姓名	与户主关系	性别	出生日期	民族	已故家属	
						称呼	姓名
现有家庭成员	浦荣官	户主	男	1955 年 1 月	汉		
	谢林珍	妻子	女	1955 年 8 月	汉		
	浦春华	儿子	男	1979 年 10 月	汉		
	浦　玥	孙女	女	2005 年 12 月	汉		
家庭大事	1987 年 3 月购水泥运输船 1 条 1988 年 11 月建造三上三下楼房 6 间及转居屋 1 间，面积 230 平方米 2016 年 4 月分到动迁房 3 套						

马庄村第 2 村民小组

	姓名	与户主关系	性别	出生日期	民族	已故家属	
						称呼	姓名
现有家庭成员	浦海龙	户主	男	1957 年 8 月	汉	父亲	浦阿玉
	邹科秀	妻子	女	1961 年 1 月	汉	母亲	徐密花
	浦雪芳	女儿	女	1984 年 9 月	汉		
	浦铱凌	外孙女	女	2010 年 4 月	汉		
家庭大事	1952 年 7 月浦阿玉加入中国共产党 1990 年 2 月建造三上三下楼房 6 间及转居屋 1 间，面积 240 平方米 2014 年 6 月购商品房 1 套 2015 年 2 月购汽车 1 辆 2016 年 4 月分到动迁房 3 套						

	姓名	与户主关系	性别	出生日期	民族	已故家属	
						称呼	姓名
现有家庭成员	徐全男	户主	男	1964 年 9 月	汉	父亲	徐水生
	夏春花	妻子	女	1967 年 3 月	汉	母亲	唐花宝
	徐晓兰	女儿	女	1991 年 5 月	汉		
家庭大事	1993 年 3 月购水泥运输船 1 条 1995 年 10 月建造三上三下楼房 6 间及转居屋 1 间，面积 250 平方米 2012 年 1 月购商品房 1 套 2016 年 4 月分到动迁房 3 套						

<table>
<tr><td rowspan="7">现有
家庭成员</td><th rowspan="2">姓名</th><th rowspan="2">与户主关系</th><th rowspan="2">性别</th><th rowspan="2">出生日期</th><th rowspan="2">民族</th><th colspan="2">已故家属</th></tr>
<tr><th>称呼</th><th>姓名</th></tr>
<tr><td>徐月珍</td><td>户主</td><td>女</td><td>1947 年 8 月</td><td>汉</td><td>丈夫</td><td>徐菊泉</td></tr>
<tr><td>徐金林</td><td>次子</td><td>男</td><td>1969 年 11 月</td><td>汉</td><td></td><td></td></tr>
<tr><td>钱月珍</td><td>次媳</td><td>女</td><td>1969 年 10 月</td><td>汉</td><td></td><td></td></tr>
<tr><td>徐晓文</td><td>孙子</td><td>男</td><td>1992 年 9 月</td><td>汉</td><td></td><td></td></tr>
<tr><td>戴佳琪</td><td>孙媳</td><td>女</td><td>1995 年 1 月</td><td>汉</td><td></td><td></td></tr>
<tr><td>家庭大事</td><td colspan="7">1986 年 1 月购水泥运输船 1 条
1988 年 2 月开铁场 1 家
1990 年 12 月建造三上三下楼房 6 间及转居屋 1 间，面积 240 平方米
2016 年 4 月分到动迁房 3 套</td></tr>
</table>

<table>
<tr><td rowspan="8">现有
家庭成员</td><th rowspan="2">姓名</th><th rowspan="2">与户主关系</th><th rowspan="2">性别</th><th rowspan="2">出生日期</th><th rowspan="2">民族</th><th colspan="2">已故家属</th></tr>
<tr><th>称呼</th><th>姓名</th></tr>
<tr><td>徐仁花</td><td>户主</td><td>女</td><td>1950 年 1 月</td><td>汉</td><td>丈夫</td><td>徐汉根</td></tr>
<tr><td>徐翠琴</td><td>长女</td><td>女</td><td>1969 年 11 月</td><td>汉</td><td></td><td></td></tr>
<tr><td>夏根兴</td><td>长婿</td><td>男</td><td>1966 年 7 月</td><td>汉</td><td></td><td></td></tr>
<tr><td>徐玉兰</td><td>外孙女</td><td>女</td><td>1992 年 3 月</td><td>汉</td><td></td><td></td></tr>
<tr><td>唐予安</td><td>曾外孙女</td><td>女</td><td>2018 年 11 月</td><td>汉</td><td></td><td></td></tr>
<tr><td>徐雪琴</td><td>次女</td><td>女</td><td>1971 年 9 月</td><td>汉</td><td></td><td></td></tr>
<tr><td>家庭大事</td><td colspan="7">1989 年 1 月购水泥运输船 1 条
1992 年 2 月建造三上三下楼房 6 间及转居屋 1 间，面积 250 平方米
2001 年 3 月购客运车 1 辆
2003 年 7 月购商品房 1 套
2005 年 1 月购汽车 1 辆
2016 年 4 月分到动迁房 3 套</td></tr>
</table>

	姓名	与户主关系	性别	出生日期	民族	已故家属	
						称呼	姓名
现有家庭成员	徐桃男	户主	男	1963 年 8 月	汉		
	顾火英	妻子	女	1964 年 8 月	汉		
	徐惠娟	女儿	女	1986 年 7 月	汉		
	徐书妍	外孙女	女	2019 年 5 月	汉		
家庭大事	1993 年 7 月购铁船 1 条 1996 年 3 月购水泥运输船 1 条 1997 年 12 月建造三上三下楼房 6 间及转居屋 1 间，面积 280 平方米 2000 年 2 月购货车 1 辆 2003 年 10 月购出租车 1 辆 2008 年 3 月开铁场 1 家 2014 年 10 月购汽车 1 辆 2016 年 4 月分到动迁房 3 套						

	姓名	与户主关系	性别	出生日期	民族	已故家属	
						称呼	姓名
现有家庭成员	徐秋生	户主	男	1946 年 4 月	汉	父亲	徐佰全
	顾金凤	妻子	女	1947 年 12 月	汉	母亲	徐密宝
	徐永明	长子	男	1968 年 12 月	汉		
	徐良花	长媳	女	1971 年 1 月	汉		
	徐晓衡	孙子	男	1991 年 11 月	汉		
	刘亚南	孙媳	女	1991 年 5 月	汉		
	徐依然	曾孙	男	2017 年 9 月	汉		
家庭大事	1990 年 2 月建造三上三下楼房 6 间及转居屋 1 间，面积 220 平方米 2000 年 5 月开铁场 1 家 2016 年 4 月分到动迁房 3 套 2018 年 8 月购汽车 1 辆						

<table>
<tr><td rowspan="2"></td><td rowspan="2">姓名</td><td rowspan="2">与户主关系</td><td rowspan="2">性别</td><td rowspan="2">出生日期</td><td rowspan="2">民族</td><td colspan="2">已故家属</td></tr>
<tr><td>称呼</td><td>姓名</td></tr>
<tr><td rowspan="8">现有
家庭成员</td><td>徐金荣</td><td>户主</td><td>男</td><td>1954 年 2 月</td><td>汉</td><td></td><td></td></tr>
<tr><td>薛阿二</td><td>妻子</td><td>女</td><td>1952 年 11 月</td><td>汉</td><td></td><td></td></tr>
<tr><td>徐建伟</td><td>儿子</td><td>男</td><td>1977 年 12 月</td><td>汉</td><td></td><td></td></tr>
<tr><td>顾慕华</td><td>儿媳</td><td>女</td><td>1979 年 2 月</td><td>汉</td><td></td><td></td></tr>
<tr><td>徐浩翔</td><td>孙子</td><td>男</td><td>2007 年 4 月</td><td>汉</td><td></td><td></td></tr>
<tr><td>徐秋芳</td><td>女儿</td><td>女</td><td>1981 年 7 月</td><td>汉</td><td></td><td></td></tr>
<tr><td>赵亚洲</td><td>女婿</td><td>男</td><td>1980 年 12 月</td><td>汉</td><td></td><td></td></tr>
<tr><td>徐赵晟</td><td>外孙</td><td>男</td><td>2007 年 2 月</td><td>汉</td><td></td><td></td></tr>
<tr><td>家庭大事</td><td colspan="7">1987 年 1 月购水泥运输船 1 条
1992 年 12 月建造三上三下楼房 6 间及转居屋 1 间，面积 240 平方米
2003 年 4 月购商品房 1 套
2016 年 4 月分到动迁房 3 套
2017 年 5 月购汽车 1 辆</td></tr>
</table>

<table>
<tr><td rowspan="2"></td><td rowspan="2">姓名</td><td rowspan="2">与户主关系</td><td rowspan="2">性别</td><td rowspan="2">出生日期</td><td rowspan="2">民族</td><td colspan="2">已故家属</td></tr>
<tr><td>称呼</td><td>姓名</td></tr>
<tr><td rowspan="6">现有
家庭成员</td><td>浦月男</td><td>户主</td><td>男</td><td>1957 年 10 月</td><td>汉</td><td>父亲</td><td>浦根火</td></tr>
<tr><td>徐海英</td><td>妻子</td><td>女</td><td>1957 年 12 月</td><td>汉</td><td>母亲</td><td>姚阿林</td></tr>
<tr><td>浦建华</td><td>儿子</td><td>男</td><td>1981 年 11 月</td><td>汉</td><td></td><td></td></tr>
<tr><td>浦伊涛</td><td>孙子</td><td>男</td><td>2005 年 5 月</td><td>汉</td><td></td><td></td></tr>
<tr><td>浦伊晨</td><td>孙女</td><td>女</td><td>2015 年 1 月</td><td>汉</td><td></td><td></td></tr>
<tr><td>孟　晗</td><td>非亲属</td><td>女</td><td>1983 年 10 月</td><td>汉</td><td></td><td></td></tr>
<tr><td>家庭大事</td><td colspan="7">1951 年 4 月浦根火参军入伍，1954 年 12 月退伍，1962 年 7 月加入中国共产党
1985 年 1 月购水泥运输船 1 条
1986 年 3 月建造三上三下楼房 6 间，面积 230 平方米
2005 年 9 月购商品房 1 套
2014 年 1 月购汽车 1 辆
2016 年 4 月分到动迁房 3 套</td></tr>
</table>

<table>
<tr><td rowspan="8">现有
家庭成员</td><td rowspan="2">姓名</td><td rowspan="2">与户主关系</td><td rowspan="2">性别</td><td rowspan="2">出生日期</td><td rowspan="2">民族</td><td colspan="2">已故家属</td></tr>
<tr><td>称呼</td><td>姓名</td></tr>
<tr><td>邵云妹</td><td>户主</td><td>女</td><td>1933 年 5 月</td><td>汉</td><td>公公</td><td>徐吾春</td></tr>
<tr><td>徐花根</td><td>长子</td><td>男</td><td>1956 年 10 月</td><td>汉</td><td>婆婆</td><td>陈小妹</td></tr>
<tr><td>沈雪琴</td><td>长媳</td><td>女</td><td>1957 年 5 月</td><td>汉</td><td>丈夫</td><td>徐海元</td></tr>
<tr><td>徐芳兰</td><td>孙女</td><td>女</td><td>1982 年 3 月</td><td>汉</td><td></td><td></td></tr>
<tr><td>王志贤</td><td>孙婿</td><td>男</td><td>1983 年 11 月</td><td>汉</td><td></td><td></td></tr>
<tr><td>王一晨</td><td>曾外孙</td><td>男</td><td>2011 年 3 月</td><td>汉</td><td></td><td></td></tr>
<tr><td>家庭大事</td><td colspan="7">1980 年 1 月建造一上一下楼房，面积 130 平方米
1985 年 12 月购水泥运输船 1 条
1990 年 2 月翻建二上二下楼房 4 间，面积 180 平方米
2000 年开铁场 1 家
2001 年 9 月徐芳兰考取南京农业大学，2005 年 9 月于昆山第六人民医院任职
2010 年 3 月购商品房 1 套
2014 年 3 月购汽车 1 辆
2016 年 4 月分到动迁房 3 套</td></tr>
</table>

<table>
<tr><td rowspan="5">现有
家庭成员</td><td rowspan="2">姓名</td><td rowspan="2">与户主关系</td><td rowspan="2">性别</td><td rowspan="2">出生日期</td><td rowspan="2">民族</td><td colspan="2">已故家属</td></tr>
<tr><td>称呼</td><td>姓名</td></tr>
<tr><td>徐白男</td><td>户主</td><td>男</td><td>1960 年 4 月</td><td>汉</td><td></td><td></td></tr>
<tr><td>沈四妹</td><td>妻子</td><td>女</td><td>1960 年 7 月</td><td>汉</td><td></td><td></td></tr>
<tr><td>徐芳芳</td><td>女儿</td><td>女</td><td>1982 年 11 月</td><td>汉</td><td></td><td></td></tr>
<tr><td>家庭大事</td><td colspan="7">1994 年 2 月建造三上三下楼房 6 间及转居屋 1 间，面积 250 平方米
2013 年 12 月购汽车 1 辆
2016 年 4 月分到动迁房 3 套</td></tr>
</table>

	姓名	与户主关系	性别	出生日期	民族	已故家属	
						称呼	姓名
现有家庭成员	徐火根	户主	男	1950 年 2 月	汉	祖父	徐汉章
	沈花英	妻子	女	1950 年 3 月	汉	祖母	张二妹
	徐琴良	儿子	男	1975 年 2 月	汉	父亲	徐水泉
	陆文青	儿媳	女	1977 年 4 月	汉	母亲	徐云花
	徐思月	孙女	女	1999 年 12 月	汉		
家庭大事	1990 年 1 月建造三上三下楼房 6 间及转居屋 1 间，面积 260 平方米 2003 年 4 月购商品房 1 套 2010 年 5 月购汽车 1 辆 2016 年 4 月分到动迁房 3 套						

	姓名	与户主关系	性别	出生日期	民族	已故家属	
						称呼	姓名
现有家庭成员	浦凤珍	户主	女	1977 年 11 月	汉	父亲	浦水龙
	徐永芳	丈夫	男	1971 年 2 月	汉	母亲	徐会英
	浦艳晴	女儿	女	1999 年 1 月	汉		
	浦聪奕	儿子	男	2006 年 4 月	汉		
家庭大事	1995 年 5 月建造三上三下楼房 6 间及转居屋 1 间，面积 230 平方米 2016 年 4 月分到动迁房 3 套						

	姓名	与户主关系	性别	出生日期	民族	已故家属	
						称呼	姓名
现有家庭成员	徐二男	户主	男	1947 年 2 月	汉		
	徐福妹	妻子	女	1951 年 6 月	汉		
	徐方明	儿子	男	1974 年 5 月	汉		
	李红梅	儿媳	女	1976 年 1 月	汉		
	徐群龙	孙子	男	2000 年 12 月	汉		
家庭大事	1984 年 3 月购水泥运输船 1 条 1986 年 2 月建造三上三下楼房 6 间及转居屋 1 间，面积 270 平方米 2002 年 1 月购货车 1 辆 2012 年 9 月购商品房 1 套 2016 年 4 月分到动迁房 3 套						

	姓名	与户主关系	性别	出生日期	民族	已故家属	
						称呼	姓名
现有家庭成员	邵兴木	户主	男	1958 年 3 月	汉	祖父	邵金生
	唐会英	妻子	女	1956 年 8 月	汉	祖母	沈金妹
	邵富琴	女儿	女	1981 年 10 月	汉	父亲	邵宗泉
	唐学平	女婿	男	1975 年 10 月	汉		
	邵佳瑶	长外孙女	女	2004 年 9 月	汉		
	唐佳悦	次外孙女	女	2012 年 9 月	汉		
	邵宗宝	母亲	女	1940 年 5 月	汉		
家庭大事	1987 年 3 月购水泥运输船 1 条 1990 年 1 月建造三上三下楼房 6 间及转居屋 1 间，面积 253 平方米 2009 年 9 月购商品房 1 套 2014 年 1 月购汽车 1 辆 2016 年 4 月分到动迁房 3 套						

	姓名	与户主关系	性别	出生日期	民族	已故家属	
						称呼	姓名
现有家庭成员	徐金兴	户主	男	1967 年 11 月	汉	父亲	徐菊泉
	浦瑞花	妻子	女	1966 年 11 月	汉		
	徐晓叶	女儿	女	1990 年 9 月	汉		
	沈鹏飞	女婿	男	1988 年 10 月	汉		
	沈煜祺	长外孙	男	2014 年 4 月	汉		
	徐晟珂	次外孙	男	2016 年 10 月	汉		
家庭大事	1985 年 12 月建造三上三下楼房 6 间，面积 190 平方米 1986 年 7 月购水泥运输船 1 条 1988 年 1 月开铁场 1 家 2014 年 2 月购汽车 1 辆 2016 年 4 月分到动迁房 3 套						

	姓名	与户主关系	性别	出生日期	民族	已故家属	
						称呼	姓名
现有家庭成员	徐方龙	户主	男	1975 年 4 月	汉	祖父	徐全大
	张花芳	妻子	女	1976 年 4 月	汉	祖母	徐会宝
	徐逸飞	儿子	男	1998 年 3 月	汉	父亲	徐水明
	顾林妹	母亲	女	1949 年 11 月	汉		
家庭大事	1989 年 2 月建造三上三下楼房 6 间及转居屋 1 间，面积 230 平方米 1998 年 5 月购商品房 1 套 2016 年 4 月分到动迁房 3 套						

<table>
<tr><th rowspan="2"></th><th rowspan="2">姓名</th><th rowspan="2">与户主关系</th><th rowspan="2">性别</th><th rowspan="2">出生日期</th><th rowspan="2">民族</th><th colspan="2">已故家属</th></tr>
<tr><th>称呼</th><th>姓名</th></tr>
<tr><td rowspan="7">现有
家庭成员</td><td>徐密林</td><td>户主</td><td>女</td><td>1943 年 8 月</td><td>汉</td><td>丈夫</td><td>徐秋火</td></tr>
<tr><td>徐桃泉</td><td>次子</td><td>男</td><td>1965 年 11 月</td><td>汉</td><td></td><td></td></tr>
<tr><td>徐燕花</td><td>次媳</td><td>女</td><td>1968 年 1 月</td><td>汉</td><td></td><td></td></tr>
<tr><td>徐小君</td><td>孙女</td><td>女</td><td>1989 年 4 月</td><td>汉</td><td></td><td></td></tr>
<tr><td>杜思睿</td><td>曾外孙女</td><td>女</td><td>2012 年 8 月</td><td>汉</td><td></td><td></td></tr>
<tr><td>徐桃林</td><td>三子</td><td>男</td><td>1968 年 5 月</td><td>汉</td><td></td><td></td></tr>
<tr><td>徐桃良</td><td>四子</td><td>男</td><td>1971 年 10 月</td><td>汉</td><td></td><td></td></tr>
<tr><td>家庭大事</td><td colspan="7">1988 年 2 月购水泥运输船 1 条
1989 年 3 月建造三上三下楼房 6 间及转居屋 1 间，面积 240 平方米
1998 年 3 月购水泥运输船 1 条
2000 年 12 月建造三上三下楼房 6 间及转居屋 1 间，面积 250 平方米
2002 年 5 月购货车 1 辆
2010 年 12 月徐小君加入中国共产党
2013 年 3 月购商品房 1 套
2015 年 1 月购汽车 2 辆
2015 年 4 月分到动迁房 3 套
2016 年 4 月分到动迁房 3 套</td></tr>
</table>

	姓名	与户主关系	性别	出生日期	民族	已故家属	
						称呼	姓名
现有家庭成员	徐小男	户主	男	1935 年 5 月	汉		
	薛四妹	妻子	女	1938 年 12 月	汉		
	徐桃根	长子	男	1963 年 12 月	汉		
	顾金仙	长媳	女	1963 年 8 月	汉		
	徐　威	孙子	男	1986 年 8 月	汉		
	刘松芹	孙媳	女	1982 年 5 月	汉		
	徐　满	曾孙女	女	2013 年 5 月	汉		
	徐已航	曾孙	男	2014 年 7 月	汉		
家庭大事	1987 年 2 月购水泥运输船 1 条 1990 年 3 月建造三上三下楼房 6 间及转居屋 1 间，面积 260 平方米 2003 年 2 月购客运车 1 辆 2005 年 5 月购货运车 1 辆 2006 年 11 月徐威加入中国共产党 2008 年 2 月购商品房 1 套 2010 年 5 月购汽车 1 辆 2016 年 4 月分到动迁房 3 套						

	姓名	与户主关系	性别	出生日期	民族	已故家属	
						称呼	姓名
现有家庭成员	浦桃妹	户主	女	1937 年 11 月	汉	公公	徐坤林
	徐凤男	儿子	男	1964 年 12 月	汉	丈夫	徐梅泉
	徐水花	儿媳	女	1964 年 7 月	汉		
	徐佳音	孙女	女	1988 年 8 月	汉		
家庭大事	1982 年 10 月建造三上三下楼房 6 间，面积 190 平方米 1995 年 7 月购商品房 1 套 2006 年 9 月徐佳音考入江苏师范大学 2014 年 2 月购汽车 1 辆 2016 年 4 月分到动迁房 3 套						

	姓名	与户主关系	性别	出生日期	民族	已故家属	
						称呼	姓名
现有家庭成员	徐巧泉	户主	男	1947 年 7 月	汉	父亲	徐汉如
	景桂珍	妻子	女	1950 年 12 月	汉	母亲	徐巧英
	徐建良	儿子	男	1972 年 8 月	汉		
	顾春香	儿媳	女	1972 年 2 月	汉		
	徐慧娴	孙女	女	1995 年 3 月	汉		
	包思琪	孙婿	男	1995 年 8 月	汉		
	包舒昱	曾外孙	男	2021 年 8 月	汉		
家庭大事	1984 年 3 月购水泥运输船 1 条 1989 年 4 月建造三上三下楼房 6 间及转居屋 1 间，面积 270 平方米 2014 年 8 月购商品房 1 套 2016 年 4 月分到动迁房 3 套						

	姓名	与户主关系	性别	出生日期	民族	已故家属	
						称呼	姓名
现有家庭成员	徐春凤	户主	女	1979 年 2 月	汉	祖父	徐老坤
						祖母	姚招宝
						父亲	徐汉生
家庭大事	1975 年 2 月建造平房 3 间，面积 100 平方米 2016 年 4 月分到动迁房 1 套						

	姓名	与户主关系	性别	出生日期	民族	已故家属	
						称呼	姓名
现有家庭成员	周云花	户主	女	1931 年 4 月	汉	公公	浦水大
	浦洪男	儿子	男	1960 年 6 月	汉	婆婆	徐桂宝
	徐林凤	儿媳	女	1960 年 4 月	汉		
	浦振华	孙子	男	1983 年 10 月	汉		
	杨　迪	孙媳	女	1983 年 12 月	汉		
	杨宇青	曾孙女	女	2007 年 3 月	汉		
	浦宇程	曾孙	男	2010 年 1 月	汉		
家庭大事	1979 年 1 月浦洪男参军入伍，1982 年 1 月退伍；1984 年 6 月任五三村村主任；1986 年 7 月加入中国共产党；1988 年 3 月任五三村村书记；2005 年 3 月任马庄村经济合作社社长 1982 年 3 月建造 4 间平瓦房及转居屋 2 间，面积 160 平方米 1993 年 8 月购商品房 1 套 2008 年 2 月购汽车 1 辆 2016 年 4 月分到动迁房 2 套						

	姓名	与户主关系	性别	出生日期	民族	已故家属	
						称呼	姓名
现有家庭成员	浦会男	户主	男	1950 年 3 月	汉	祖父	浦彩如
	浦妹香	妻子	女	1951 年 8 月	汉	父亲	浦林元
	浦芳琴	女儿	女	1972 年 10 月	汉		
	浦景宇	外孙	男	1993 年 6 月	汉		
家庭大事	1984 年 4 月购水泥运输船 1 条 1994 年 3 月建造三下四上楼房 7 间，面积 250 平方米 2000 年 2 月开理发店 1 家 2006 年 9 月购商品房 1 套 2012 年 12 月购商品房 1 套 2016 年 4 月分到动迁房 3 套，10 月购汽车 1 辆						

	姓名	与户主关系	性别	出生日期	民族	已故家属	
						称呼	姓名
现有家庭成员	沈全元	户主	男	1949 年 3 月	汉	岳父	朱水宝
	朱密珍	妻子	女	1951 年 2 月	汉		
	朱翠华	女儿	女	1974 年 4 月	汉		
	朱坚鑫	外孙	男	1995 年 11 月	汉		
家庭大事	1984 年 2 月购水泥运输船 1 条 1989 年 11 月建造三上三下楼房 6 间及转居屋 1 间，面积 270 平方米 2002 年 5 月购商品房 1 套 2016 年 4 月分到动迁房 3 套 2020 年 2 月购汽车 1 辆						

	姓名	与户主关系	性别	出生日期	民族	已故家属	
						称呼	姓名
现有家庭成员	徐招男	户主	男	1946 年 11 月	汉	父亲	徐宗根
	王会英	妻子	女	1952 年 10 月	汉		
	徐建国	长子	男	1972 年 5 月	汉		
	徐爱玉	长媳	女	1974 年 12 月	汉		
	徐　燕	孙女	女	1995 年 5 月	汉		
家庭大事	1987 年 5 月建造三上三下楼房 6 间及转居屋 1 间，面积 210 平方米 2001 年 3 月购商品房 1 套 2013 年 10 月购汽车 1 辆 2016 年 4 月分到动迁房 3 套						

	姓名	与户主关系	性别	出生日期	民族	已故家属	
						称呼	姓名
现有家庭成员	唐培元	户主	男	1924 年 11 月	汉	父亲	唐杏泉
	唐会明	儿子	男	1952 年 1 月	汉	母亲	姜二宝
	陆秧妹	儿媳	女	1951 年 4 月	汉	妻子	唐金巧
	唐雪男	孙子	男	1977 年 4 月	汉		
	腾　云	孙媳	女	1981 年 10 月	汉		
	唐译超	曾孙	男	2002 年 11 月	汉		
家庭大事	1984 年 2 月购水泥运输船 1 条 1985 年 3 月建造二上四下楼房 6 间，面积 260 平方米 1994 年 5 月购客运车 1 辆 1996 年 12 月购商品房 1 套 2014 年 1 月购汽车 1 辆 2016 年 4 月分到动迁房 3 套						

	姓名	与户主关系	性别	出生日期	民族	已故家属	
						称呼	姓名
现有家庭成员	徐金花	户主	女	1952 年 12 月	汉	父亲	徐桃生
	沈花泉	丈夫	男	1953 年 1 月	汉	母亲	徐秀林
	沈水洪	儿子	男	1978 年 12 月	汉		
	高美仙	儿媳	女	1981 年 5 月	汉		
	沈　莹	长孙女	女	2004 年 8 月	汉		
	沈佳瑜	次孙女	女	2017 年 8 月	汉		
家庭大事	1982 年 2 月购水泥运输船 1 条 1987 年 1 月建造三上四下楼房 7 间，面积 300 平方米 1996 年 5 月购商品房 1 套 2000 年 1 月购汽车 1 辆 2016 年 4 月分到动迁房 3 套						

	姓名	与户主关系	性别	出生日期	民族	已故家属	
						称呼	姓名
现有家庭成员	陆小男	户主	男	1944 年 1 月	汉	父亲	陆品生
	徐金花	妻子	女	1947 年 10 月	汉	母亲	陆金秀
	陆香花	长女	女	1965 年 11 月	汉	哥哥	陆金宝
	周三男	长婿	男	1964 年 8 月	汉		
	陆静芳	外孙女	女	1987 年 12 月	汉		
	陆文强	外孙	男	1992 年 4 月	汉		
	王皓轩	长外曾孙	男	2012 年 12 月	汉		
	陆予辰	次外曾孙	男	2019 年 2 月	汉		
家庭大事	1986 年 4 月购水泥运输船 1 条 1989 年 2 月建造三上三下楼房 6 间及转居屋 1 间，面积 250 平方米 1994 年 5 月购运输船 1 条 2001 年 3 月购出租车 1 辆 2003 年 4 月开管子场 1 家 2006 年 1 月开铁场 1 家 2007 年 2 月购汽车 1 辆，6 月购商品房 1 套 2016 年 4 月分到动迁房 3 套						

	姓名	与户主关系	性别	出生日期	民族	已故家属	
						称呼	姓名
现有家庭成员	陆秧根	户主	男	1952 年 10 月	汉	祖父	陆腊子
	徐秧花	妻子	女	1951 年 7 月	汉	祖母	陆小妹
	陆方荣	儿子	男	1973 年 12 月	汉	父亲	陆生泉
	滕会芬	儿媳	女	1974 年 1 月	汉	母亲	王夫妹
	陆　雅	孙女	女	1998 年 7 月	汉		
家庭大事	1983 年 4 月购水泥运输船 1 条 1988 年 2 月建造三上三下楼房 6 间及转居屋 1 间，面积 260 平方米 2002 年 3 月开铁场 1 家 2007 年 5 月购商品房 1 套 2016 年 4 月分到动迁房 3 套						

<table>
<tr><td rowspan="2"></td><td rowspan="2">姓名</td><td rowspan="2">与户主关系</td><td rowspan="2">性别</td><td rowspan="2">出生日期</td><td rowspan="2">民族</td><td colspan="2">已故家属</td></tr>
<tr><td>称呼</td><td>姓名</td></tr>
<tr><td rowspan="6">现有家庭成员</td><td>唐长林</td><td>户主</td><td>男</td><td>1957 年 1 月</td><td>汉</td><td></td><td></td></tr>
<tr><td>徐花珍</td><td>妻子</td><td>女</td><td>1955 年 3 月</td><td>汉</td><td></td><td></td></tr>
<tr><td>唐丽华</td><td>女儿</td><td>女</td><td>1981 年 10 月</td><td>汉</td><td></td><td></td></tr>
<tr><td>陶红高</td><td>女婿</td><td>男</td><td>1975 年 9 月</td><td>汉</td><td></td><td></td></tr>
<tr><td>唐彬彬</td><td>外孙女</td><td>女</td><td>2003 年 4 月</td><td>汉</td><td></td><td></td></tr>
<tr><td>李阿二</td><td>母亲</td><td>女</td><td>1930 年 9 月</td><td>汉</td><td></td><td></td></tr>
<tr><td>家庭大事</td><td colspan="7">1986 年 1 月购水泥运输船 1 条
1990 年 10 月建造三上三下楼房 6 间及转居屋 1 间，面积 240 平方米
2000 年 3 月购货车 1 辆
2005 年 9 月购商品房 1 套
2016 年 4 月分到动迁房 3 套</td></tr>
</table>

<table>
<tr><td rowspan="2"></td><td rowspan="2">姓名</td><td rowspan="2">与户主关系</td><td rowspan="2">性别</td><td rowspan="2">出生日期</td><td rowspan="2">民族</td><td colspan="2">已故家属</td></tr>
<tr><td>称呼</td><td>姓名</td></tr>
<tr><td rowspan="5">现有家庭成员</td><td>唐金元</td><td>户主</td><td>男</td><td>1938 年 1 月</td><td>汉</td><td></td><td></td></tr>
<tr><td>张水英</td><td>妻子</td><td>女</td><td>1945 年 8 月</td><td>汉</td><td></td><td></td></tr>
<tr><td>唐秧明</td><td>儿子</td><td>男</td><td>1971 年 9 月</td><td>汉</td><td></td><td></td></tr>
<tr><td>金　芬</td><td>儿媳</td><td>女</td><td>1971 年 12 月</td><td>汉</td><td></td><td></td></tr>
<tr><td>唐晓杰</td><td>孙子</td><td>男</td><td>1994 年 9 月</td><td>汉</td><td></td><td></td></tr>
<tr><td>家庭大事</td><td colspan="7">1966 年 3 月唐金元加入中国共产党
1984 年 7 月购水泥运输船 1 条
1997 年 2 月建造三上三下楼房 6 间及转居屋 1 间，面积 250 平方米
1999 年 1 月购卡车 1 辆
2008 年 3 月购商品房 1 套
2010 年 1 月购汽车 1 辆
2016 年 4 月分到动迁房 3 套</td></tr>
</table>

	姓名	与户主关系	性别	出生日期	民族	已故家属	
						称呼	姓名
现有家庭成员	徐全福	户主	男	1955 年 7 月	汉		
	金巧珍	妻子	女	1957 年 1 月	汉		
	徐　刚	儿子	男	1981 年 1 月	汉		
	王可利	儿媳	女	1981 年 6 月	汉		
	徐田源	孙女	女	2006 年 5 月	汉		
	徐成源	孙子	男	2012 年 9 月	汉		
家庭大事	1982 年 5 月购水泥运输船 1 条 1989 年 2 月建造三上三下楼房 6 间及转居屋 1 间，面积 250 平方米 1999 年 9 月王可利考取中国地质大学 1999 年 9 月徐刚考取北京交通大学，2005 年 9 月于硅湖职业技术学院任教师 2001 年 12 月购商品房 1 套 2012 年 2 月购汽车 1 辆 2016 年 4 月分到动迁房 3 套						

	姓名	与户主关系	性别	出生日期	民族	已故家属	
						称呼	姓名
现有家庭成员	唐长兴	户主	男	1954 年 1 月	汉	父亲	唐巧元
	唐芳仙	女儿	女	1978 年 5 月	汉	妻子	谢海珍
	唐　宇	外孙	男	2008 年 7 月	汉		
	李凡凡	外孙女	女	2015 年 8 月	汉		
	唐再良	儿子	男	1981 年 4 月	汉		
	刘　华	儿媳	女	1980 年 12 月	苗族		
	唐　果	孙女	女	2018 年 8 月	汉		
家庭大事	1984 年 2 月购水泥运输船 1 条 1994 年 12 月建造三上三下楼房 6 间及转居屋 1 间，面积 240 平方米 2016 年 4 月分到动迁房 3 套 2017 年 1 月购汽车 1 辆						

	姓名	与户主关系	性别	出生日期	民族	已故家属	
						称呼	姓名
现有家庭成员	戴白妹	户主	女	1947 年 5 月	汉	公公	徐小坤
	徐爱明	儿子	男	1968 年 1 月	汉	婆婆	景小妹
	徐艺赫	孙女	女	2006 年 12 月	汉	丈夫	徐全木
	徐爱琴	女儿	女	1969 年 9 月	汉		
	徐　夏	长外孙	男	1993 年 1 月	汉		
	王少千	次外孙	男	2001 年 8 月	汉		
	王　芳	非亲属	女	1974 年 11 月	汉		
家庭大事	1966 年 3 月戴白妹加入中国共产党，1972 年 4 月任五三村赤脚医生 1985 年 2 月建造三上三下楼房 6 间，面积 200 平方米 1986 年 5 月购商品房 1 套 2011 年 12 月徐夏参军入伍，2013 年 6 月加入中国共产党，12 月退伍 2016 年 4 月分到动迁房 3 套						

	姓名	与户主关系	性别	出生日期	民族	已故家属	
						称呼	姓名
现有家庭成员	周巧珍	户主	女	1935 年 5 月	汉	公公	徐根元
	徐水良	儿子	男	1954 年 8 月	汉	婆婆	徐招大
	陆金花	儿媳	女	1954 年 2 月	汉	丈夫	徐和生
	徐春芳	孙女	女	1979 年 4 月	汉		
	徐　华	孙子	男	1982 年 3 月	汉		
	余金芳	孙媳	女	1983 年 7 月	汉		
	徐俊冀	曾孙	男	2005 年 3 月	汉		
家庭大事	1983 年 3 月购水泥运输船 1 条 1988 年 2 月建造三上三下楼房 6 间，面积 210 平方米 2001 年 4 月购商品房 1 套 2016 年 4 月分到动迁房 3 套 2018 年 1 月购汽车 1 辆						

	姓名	与户主关系	性别	出生日期	民族	已故家属	
						称呼	姓名
现有家庭成员	徐燕男	户主	男	1965 年 9 月	汉	祖父	徐松堂
	徐小花	妻子	女	1969 年 1 月	汉	祖母	徐小妹
	徐雅青	女儿	女	1993 年 6 月	汉	父亲	徐水林
	徐震青	儿子	男	1994 年 7 月	汉	母亲	沈为英
	马陈诚	儿媳	女	1994 年 11 月	汉		
	徐铭泽	孙子	男	2018 年 3 月	汉		
家庭大事	1987 年 2 月建造三上三下楼房 6 间，面积 190 平方米 2003 年 3 月开管子场 1 家 2003 年 5 月购商品房 1 套 2010 年 1 月购汽车 1 辆 2016 年 4 月分到动迁房 3 套						

	姓名	与户主关系	性别	出生日期	民族	已故家属	
						称呼	姓名
现有家庭成员	陆培根	户主	男	1959 年 9 月	汉		
	周定花	妻子	女	1960 年 3 月	汉		
	陆夏芳	女儿	女	1982 年 6 月	汉		
	陆俊华	女婿	男	1982 年 8 月	汉		
	陆星成	长外孙	男	2004 年 10 月	汉		
	陆子成	次外孙	男	2008 年 8 月	汉		
家庭大事	1984 年 4 月购水泥运输船 1 条 1985 年 12 月建造三上三下楼房 6 间，面积 260 平方米 2006 年 1 月开铁场 1 家 2008 年 10 月购汽车 1 辆 2013 年 1 月购商品房 1 套 2016 年 4 月分到动迁房 3 套						

<table>
<tr><td rowspan="7">现有
家庭成员</td><td rowspan="2">姓名</td><td rowspan="2">与户主关系</td><td rowspan="2">性别</td><td rowspan="2">出生日期</td><td rowspan="2">民族</td><td colspan="2">已故家属</td></tr>
<tr><td>称呼</td><td>姓名</td></tr>
<tr><td>周云妹</td><td>户主</td><td>女</td><td>1931 年 8 月</td><td>汉</td><td>公公</td><td>徐焕卿</td></tr>
<tr><td>徐林男</td><td>儿子</td><td>男</td><td>1960 年 3 月</td><td>汉</td><td>婆婆</td><td>顾杏英</td></tr>
<tr><td>陆福珍</td><td>儿媳</td><td>女</td><td>1962 年 9 月</td><td>汉</td><td>丈夫</td><td>徐招生</td></tr>
<tr><td>徐亚芬</td><td>孙女</td><td>女</td><td>1985 年 3 月</td><td>汉</td><td></td><td></td></tr>
<tr><td>徐景奕</td><td>曾孙</td><td>男</td><td>2013 年 1 月</td><td>汉</td><td></td><td></td></tr>
<tr><td>家庭大事</td><td colspan="7">1979 年 8 月徐林男于姜巷小学任教师
1992 年 7 月建造三上三下楼房 6 间及转居屋 1 间，面积 290 平方米
2003 年 7 月购商品房 1 套
2010 年 9 月购汽车 1 辆
2011 年 7 月徐亚芬加入中国共产党，2015 年 9 月任马庄村团支部书记
2016 年 4 月分到动迁房 3 套</td></tr>
</table>

马庄村第3村民小组

<table>
<tr><td rowspan="4">现有
家庭成员</td><td rowspan="2">姓名</td><td rowspan="2">与户主关系</td><td rowspan="2">性别</td><td rowspan="2">出生日期</td><td rowspan="2">民族</td><td colspan="2">已故家属</td></tr>
<tr><td>称呼</td><td>姓名</td></tr>
<tr><td>徐密金</td><td>户主</td><td>女</td><td>1949年11月</td><td>汉</td><td>公公</td><td>张仁岐</td></tr>
<tr><td>张林荣</td><td>丈夫</td><td>男</td><td>1949年12月</td><td>汉</td><td>婆婆</td><td>张定花</td></tr>
<tr><td>家庭大事</td><td colspan="7">1951年4月张仁岐参军入伍，1954年12月退伍
1983年12月建造三上三下楼房6间，面积200平方米</td></tr>
</table>

<table>
<tr><td rowspan="9">现有
家庭成员</td><td rowspan="2">姓名</td><td rowspan="2">与户主关系</td><td rowspan="2">性别</td><td rowspan="2">出生日期</td><td rowspan="2">民族</td><td colspan="2">已故家属</td></tr>
<tr><td>称呼</td><td>姓名</td></tr>
<tr><td>陆金明</td><td>户主</td><td>男</td><td>1970年2月</td><td>汉</td><td></td><td></td></tr>
<tr><td>徐培芳</td><td>妻子</td><td>女</td><td>1970年6月</td><td>汉</td><td></td><td></td></tr>
<tr><td>陆艳红</td><td>女儿</td><td>女</td><td>1992年12月</td><td>汉</td><td></td><td></td></tr>
<tr><td>沈一宸</td><td>外孙</td><td>男</td><td>2017年2月</td><td>汉</td><td></td><td></td></tr>
<tr><td>陆伊冉</td><td>外孙女</td><td>女</td><td>2019年11月</td><td>汉</td><td></td><td></td></tr>
<tr><td>陆阿林</td><td>父亲</td><td>男</td><td>1943年9月</td><td>汉</td><td></td><td></td></tr>
<tr><td>王定花</td><td>母亲</td><td>女</td><td>1946年12月</td><td>汉</td><td></td><td></td></tr>
<tr><td>家庭大事</td><td colspan="7">1965年1月陆阿林参军入伍，1969年1月退伍
1966年8月陆阿林加入中国共产党
1970年7月陆阿林于五三小学任教师
1991年5月建造三上三下楼房6间，面积220平方米
2005年8月购商品房1套
2016年3月购汽车1辆</td></tr>
</table>

	姓名	与户主关系	性别	出生日期	民族	已故家属	
						称呼	姓名
现有家庭成员	陆小雪根	户主	男	1932 年 5 月	汉	妻子	陆花宝
	陆凤明	三子	男	1967 年 2 月	汉		
	徐学英	三媳	女	1969 年 8 月	汉		
	陆林杰	孙子	男	1990 年 1 月	汉		
家庭大事	1986 年 3 月购水泥运输船 1 条 1991 年 10 月建造四上四下楼房 8 间，面积 280 平方米 1993 年 3 月购铁船 1 条 1998 年 8 月购商品房 1 套 2000 年 3 月购汽车 1 辆 2003 年 3 月开办水泥制品厂 1 家						

	姓名	与户主关系	性别	出生日期	民族	已故家属	
						称呼	姓名
现有家庭成员	陆引木	户主	男	1947 年 7 月	汉	父亲	陆金元
	张金凤	妻子	女	1950 年 10 月	汉		
	陆芳龙	儿子	男	1971 年 8 月	汉		
	顾建云	儿媳	女	1972 年 6 月	汉		
	陆春雅	孙女	女	1994 年 4 月	汉		
家庭大事	1984 年 2 月购水泥运输船 1 条 1990 年 10 月建造三上三下楼房 6 间，面积 220 平方米 2001 年 8 月购货车 1 辆 2010 年 4 月购出租车 1 辆 2012 年 12 月购商品房 1 套 2016 年 5 月购汽车 1 辆						

	姓名	与户主关系	性别	出生日期	民族	已故家属	
						称呼	姓名
现有家庭成员	张密英	户主	女	1948年9月	汉	丈夫	陆引泉
	陆　芳	次女	女	1972年1月	汉	公公	陆雪根
	李根香	次婿	男	1968年8月	汉		
	陆晓龙	外孙	男	1992年12月	汉		
	陆饮溪	曾外孙女	女	2017年10月	汉		
家庭大事	1984年3月购水泥运输船1条 1991年5月建造三上三下楼房6间，面积220平方米 2001年6月购出租车1辆 2010年8月购商品房1套 2016年12月购汽车1辆						

	姓名	与户主关系	性别	出生日期	民族	已故家属	
						称呼	姓名
现有家庭成员	张根荣	户主	男	1950年10月	汉	父亲	张云良
	陆引仙	妻子	女	1952年1月	汉	母亲	顾小妹
	张　华	长子	男	1975年6月	汉		
	张　伟	次子	男	1977年6月	汉		
	俞骋岚	长媳	女	1978年11月	汉		
	陆美萍	次媳	女	1979年10月	汉		
	张欣怡	长孙女	女	2003年4月	汉		
	陆惟一	次孙女	女	2004年5月	汉		
家庭大事	1985年1月建造三上三下楼房6间，面积200平方米						

	姓名	与户主关系	性别	出生日期	民族	已故家属	
						称呼	姓名
现有家庭成员	张白男	户主	男	1955 年 2 月	汉		
	顾白妹	妻子	女	1957 年 8 月	汉		
	张宇龙	儿子	男	1981 年 6 月	汉		
	倪秀英	儿媳	女	1983 年 2 月	汉		
家庭大事	1984 年 6 月购水泥运输船 1 条 1989 年 3 月建造三上三下楼房 6 间，面积 220 平方米 2008 年 6 月购商品房 1 套						

	姓名	与户主关系	性别	出生日期	民族	已故家属	
						称呼	姓名
现有家庭成员	陆仙妹	户主	女	1951 年 12 月	汉	丈夫	张阿兴
	张　叶	长女	女	1977 年 1 月	汉		
	方月明	长婿	男	1973 年 12 月	汉		
	张艳岚	外孙女	女	1998 年 1 月	汉		
家庭大事	1989 年 9 月建造三上三下楼房 6 间，面积 220 平方米 2001 年 4 月购商品房 1 套 2008 年 10 月购汽车 1 辆 2016 年 9 月张艳岚考取南京林业大学						

	姓名	与户主关系	性别	出生日期	民族	已故家属	
						称呼	姓名
现有家庭成员	陆武明	户主	男	1971 年 12 月	汉		
	徐秋娥	妻子	女	1972 年 1 月	汉		
	陆永金	儿子	男	1995 年 2 月	汉		
家庭大事	1987 年 9 月建造三上三下楼房 6 间，面积 220 平方米 2002 年 3 月购商品房 1 套 2018 年 6 月购汽车 1 辆						

	姓名	与户主关系	性别	出生日期	民族	已故家属	
						称呼	姓名
现有家庭成员	张火林	户主	男	1943 年 12 月	汉	妻子	陆火英
	张雪龙	儿子	男	1966 年 6 月	汉		
	薛金珍	儿媳	女	1966 年 10 月	汉		
	张　枫	长孙女	女	1988 年 12 月	汉		
	张余希	曾孙女	女	2018 年 4 月	汉		
	张雪婷	次孙女	女	1993 年 10 月	汉		
家庭大事	1983 年 12 月购水泥运输船 1 条 1990 年 3 月建造三上三下楼房 6 间，面积 230 平方米 2001 年 7 月购货车 1 辆 2013 年 7 月张雪婷考取南京师范大学泰州学院 2015 年 9 月张雪婷于昆山市正仪中心小学校任教师 2016 年 4 月购商品房 1 套 2018 年 9 月购汽车 1 辆						

	姓名	与户主关系	性别	出生日期	民族	已故家属	
						称呼	姓名
现有家庭成员	张士中	户主	男	1954 年 8 月	汉		
	何妹香	妻子	女	1955 年 9 月	汉		
	张秀芳	女儿	女	1978 年 9 月	汉		
	陆建青	女婿	男	1977 年 5 月	汉		
	张芸芸	外孙女	女	1999 年 12 月	汉		
家庭大事	1984 年 4 月购水泥运输船 1 条 1990 年 3 月建造三上三下楼房 6 间，面积 230 平方米 2006 年 12 月购商品房 1 套 2008 年 4 月分到动迁房 3 套 2015 年 8 月购汽车 1 辆						

	姓名	与户主关系	性别	出生日期	民族	已故家属	
						称呼	姓名
现有家庭成员	陆根木	户主	男	1955 年 2 月	汉	母亲	陆阿金
	徐水珍	妻子	女	1956 年 12 月	汉		
	陆喜华	女儿	女	1980 年 10 月	汉		
家庭大事	1984 年 3 月购水泥运输船 1 条 1990 年 9 月建造三上三下楼房 6 间，面积 230 平方米 2010 年 6 月购商品房 1 套						

	姓名	与户主关系	性别	出生日期	民族	已故家属	
						称呼	姓名
现有家庭成员	张兴荣	户主	男	1957 年 11 月	汉		
	陆桂英	妻子	女	1958 年 3 月	汉		
	张志良	儿子	男	1982 年 8 月	汉		
	张思语	孙女	女	2008 年 6 月	汉		
	张惠明	父亲	男	1938 年 3 月	汉		
家庭大事	1985 年 10 月购水泥运输船 1 条 1989 年 3 月建造三上三下楼房 6 间，面积 230 平方米 2006 年 4 月购商品房 1 套						

	姓名	与户主关系	性别	出生日期	民族	已故家属	
						称呼	姓名
现有家庭成员	张美荣	户主	男	1957 年 8 月	汉		
	张菊珍	妻子	女	1963 年 5 月	汉		
	张　梅	女儿	女	1985 年 12 月	汉		
	张靖泽	外孙	男	2018 年 3 月	汉		
家庭大事	1976 年 4 月建造平房 3 间，面积 80 平方米 1986 年 4 月购水泥运输船 1 条 1991 年 5 月购铁船 1 条 1996 年 10 月购商品房 1 套 2000 年 3 月购汽车 1 辆						

<table>
<tr><td rowspan="4">现有家庭成员</td><td rowspan="2">姓名</td><td rowspan="2">与户主关系</td><td rowspan="2">性别</td><td rowspan="2">出生日期</td><td rowspan="2">民族</td><td colspan="2">已故家属</td></tr>
<tr><td>称呼</td><td>姓名</td></tr>
<tr><td>张家荣</td><td>户主</td><td>男</td><td>1955 年 10 月</td><td>汉</td><td>妻子</td><td>顾秀珍</td></tr>
<tr><td>张林华</td><td>儿子</td><td>男</td><td>1981 年 12 月</td><td>汉</td><td></td><td></td></tr>
<tr><td>家庭大事</td><td colspan="7">1984 年 6 月购水泥运输船 1 条
1990 年 10 月建造三上三下楼房 6 间，面积 240 平方米
1991 年 6 月购铁船 1 条</td></tr>
</table>

<table>
<tr><td rowspan="4">现有家庭成员</td><td rowspan="2">姓名</td><td rowspan="2">与户主关系</td><td rowspan="2">性别</td><td rowspan="2">出生日期</td><td rowspan="2">民族</td><td colspan="2">已故家属</td></tr>
<tr><td>称呼</td><td>姓名</td></tr>
<tr><td>陆道林</td><td>户主</td><td>男</td><td>1954 年 2 月</td><td>汉</td><td></td><td></td></tr>
<tr><td>沈福花</td><td>妻子</td><td>女</td><td>1954 年 9 月</td><td>汉</td><td></td><td></td></tr>
<tr><td>家庭大事</td><td colspan="7">1974 年 12 月陆道林参军入伍，1978 年 6 月加入中国共产党，1979 年 12 月退伍
1985 年 6 月购水泥运输船 1 条
1989 年 10 月建造三上三下楼房 6 间，面积 230 平方米
1998 年 12 月购商品房 1 套
2008 年 4 月分到动迁房 3 套</td></tr>
</table>

<table>
<tr><td rowspan="6">现有家庭成员</td><td rowspan="2">姓名</td><td rowspan="2">与户主关系</td><td rowspan="2">性别</td><td rowspan="2">出生日期</td><td rowspan="2">民族</td><td colspan="2">已故家属</td></tr>
<tr><td>称呼</td><td>姓名</td></tr>
<tr><td>沈伏花</td><td>户主</td><td>女</td><td>1951 年 6 月</td><td>汉</td><td>父亲</td><td>沈祥元</td></tr>
<tr><td>顾花生</td><td>丈夫</td><td>男</td><td>1949 年 10 月</td><td>汉</td><td>母亲</td><td>沈小妹</td></tr>
<tr><td>沈芳英</td><td>女儿</td><td>女</td><td>1971 年 10 月</td><td>汉</td><td></td><td></td></tr>
<tr><td>沈志强</td><td>儿子</td><td>男</td><td>1976 年 4 月</td><td>汉</td><td></td><td></td></tr>
<tr><td>家庭大事</td><td colspan="7">1983 年 11 月建造三上三下楼房 6 间，面积 200 平方米
1998 年 12 月购商品房 1 套</td></tr>
</table>

	姓名	与户主关系	性别	出生日期	民族	已故家属	
						称呼	姓名
现有家庭成员	沈宗元	户主	男	1941 年 12 月	汉		
	陆阿菊	妻子	女	1942 年 9 月	汉		
	沈方荣	儿子	男	1972 年 2 月	汉		
	陆瑞琴	儿媳	女	1972 年 4 月	汉		
	沈婷玮	长孙女	女	1999 年 3 月	汉		
	沈舒玮	次孙女	女	2000 年 7 月	汉		
家庭大事	1984 年 7 月购水泥运输船 1 条 1990 年 5 月建造三上三下楼房 6 间，面积 230 平方米 2009 年 8 月购商品房 1 套 2015 年 12 月购汽车 1 辆 2018 年 9 月沈舒玮考取东北大学						

	姓名	与户主关系	性别	出生日期	民族	已故家属	
						称呼	姓名
现有家庭成员	张菊明	户主	男	1968 年 9 月	汉	父亲	张林生
	薛玉英	妻子	女	1968 年 9 月	汉	母亲	张彩云
	张　静	女儿	女	1991 年 2 月	汉		
	张晨毅	外孙	男	2017 年 8 月	汉		
家庭大事	1983 年 12 月购水泥运输船 1 条 1989 年 3 月建造三上三下楼房 6 间，面积 230 平方米 1998 年 12 月购出租车 1 辆 2001 年 2 月购商品房 1 套 2008 年 4 月分到动迁房 3 套 2015 年 12 月购汽车 1 辆						

<table>
<tr><td rowspan="2"></td><td rowspan="2">姓名</td><td rowspan="2">与户主关系</td><td rowspan="2">性别</td><td rowspan="2">出生日期</td><td rowspan="2">民族</td><td colspan="2">已故家属</td></tr>
<tr><td>称呼</td><td>姓名</td></tr>
<tr><td rowspan="3">现有
家庭成员</td><td>张惠云</td><td>户主</td><td>女</td><td>1936 年 6 月</td><td>汉</td><td>丈夫</td><td>张阿毛</td></tr>
<tr><td>张士林</td><td>次子</td><td>男</td><td>1959 年 6 月</td><td>汉</td><td></td><td></td></tr>
<tr><td>沈菊香</td><td>次媳</td><td>女</td><td>1963 年 10 月</td><td>汉</td><td></td><td></td></tr>
<tr><td>家庭大事</td><td colspan="7">1986 年 3 月购水泥运输船 1 条
1993 年 5 月建造三上三下楼房 6 间，面积 220 平方米
1999 年 6 月购汽车 1 辆
2005 年 9 月购商品房 1 套
2008 年 4 月分到动迁房 3 套</td></tr>
</table>

<table>
<tr><td rowspan="2"></td><td rowspan="2">姓名</td><td rowspan="2">与户主关系</td><td rowspan="2">性别</td><td rowspan="2">出生日期</td><td rowspan="2">民族</td><td colspan="2">已故家属</td></tr>
<tr><td>称呼</td><td>姓名</td></tr>
<tr><td rowspan="6">现有
家庭成员</td><td>陆建芳</td><td>户主</td><td>男</td><td>1967 年 3 月</td><td>汉</td><td>母亲</td><td>王阿四</td></tr>
<tr><td>徐翠娥</td><td>妻子</td><td>女</td><td>1966 年 5 月</td><td>汉</td><td>父亲</td><td>陆桃元</td></tr>
<tr><td>陆晓洲</td><td>儿子</td><td>男</td><td>1989 年 12 月</td><td>汉</td><td></td><td></td></tr>
<tr><td>蔡耀珍</td><td>儿媳</td><td>女</td><td>1988 年 9 月</td><td>汉</td><td></td><td></td></tr>
<tr><td>陆瑾萱</td><td>长孙女</td><td>女</td><td>2014 年 2 月</td><td>汉</td><td></td><td></td></tr>
<tr><td>陆瑾芝</td><td>次孙女</td><td>女</td><td>2017 年 1 月</td><td>汉</td><td></td><td></td></tr>
<tr><td>家庭大事</td><td colspan="7">1983 年 12 月购水泥运输船 1 条
1986 年 2 月徐翠娥于五三村幼儿园任教师
1989 年 4 月建造三上三下楼房 6 间，面积 230 平方米
1993 年 7 月购铁船 1 条
1994 年 3 月购货车 1 辆
2000 年 6 月开铁场 1 家
2007 年 3 月购商品房 1 套
2010 年 7 月购汽车 1 辆
2015 年 12 月陆晓洲加入中国共产党，2019 年 12 月于马庄村村委会任工作人员</td></tr>
</table>

<table>
<tr><th rowspan="5">现有
家庭成员</th><th rowspan="2">姓名</th><th rowspan="2">与户主关系</th><th rowspan="2">性别</th><th rowspan="2">出生日期</th><th rowspan="2">民族</th><th colspan="2">已故家属</th></tr>
<tr><th>称呼</th><th>姓名</th></tr>
<tr><td>张全生</td><td>户主</td><td>男</td><td>1943 年 2 月</td><td>汉</td><td>妻子</td><td>顾金巧</td></tr>
<tr><td>王林英</td><td>儿媳</td><td>女</td><td>1968 年 3 月</td><td>汉</td><td>儿子</td><td>张小明</td></tr>
<tr><td>张海峰</td><td>孙子</td><td>男</td><td>1991 年 7 月</td><td>汉</td><td></td><td></td></tr>
<tr><th>家庭大事</th><td colspan="7">1978 年 4 月建造平房 3 间，面积 60 平方米
1990 年 3 月建造三上三下楼房 6 间，面积 230 平方米
2008 年 4 月分到动迁房 3 套</td></tr>
</table>

<table>
<tr><th rowspan="8">现有
家庭成员</th><th rowspan="2">姓名</th><th rowspan="2">与户主关系</th><th rowspan="2">性别</th><th rowspan="2">出生日期</th><th rowspan="2">民族</th><th colspan="2">已故家属</th></tr>
<tr><th>称呼</th><th>姓名</th></tr>
<tr><td>张长兴</td><td>户主</td><td>男</td><td>1957 年 3 月</td><td>汉</td><td></td><td></td></tr>
<tr><td>葛梅珍</td><td>妻子</td><td>女</td><td>1958 年 2 月</td><td>汉</td><td></td><td></td></tr>
<tr><td>张火龙</td><td>儿子</td><td>男</td><td>1982 年 9 月</td><td>汉</td><td></td><td></td></tr>
<tr><td>蔡小利</td><td>儿媳</td><td>女</td><td>1984 年 1 月</td><td>汉</td><td></td><td></td></tr>
<tr><td>张轶然</td><td>长孙</td><td>男</td><td>2006 年 1 月</td><td>汉</td><td></td><td></td></tr>
<tr><td>张皓然</td><td>次孙</td><td>男</td><td>2013 年 7 月</td><td>汉</td><td></td><td></td></tr>
<tr><th>家庭大事</th><td colspan="7">1984 年 10 月购水泥运输船 1 条
1990 年 4 月建造三上三下楼房 6 间，面积 230 平方米
2006 年 7 月购商品房 1 套
2014 年 11 月购汽车 1 辆</td></tr>
</table>

	姓名	与户主关系	性别	出生日期	民族	已故家属	
						称呼	姓名
现有家庭成员	张兴男	户主	男	1962 年 5 月	汉		
	张美英	妻子	女	1962 年 6 月	汉		
	张　平	儿子	男	1985 年 11 月	汉		
	张恒毅	孙子	男	2013 年 10 月	汉		
	张恒雨	孙女	女	2015 年 10 月	汉		
	张金翠	母亲	女	1939 年 4 月	汉		
家庭大事	1991 年 3 月建造三上三下楼房 6 间，面积 230 平方米 2001 年 7 月购出租车 1 辆 2008 年 1 月购商品房 1 套，4 月分到动迁房 3 套						

	姓名	与户主关系	性别	出生日期	民族	已故家属	
						称呼	姓名
现有家庭成员	陆炳福	户主	男	1952 年 11 月	汉	父亲	陆泉根
	陆琴发	儿子	男	1974 年 8 月	汉	母亲	陆全云
	汤海霞	儿媳	女	1976 年 5 月	汉	妻子	徐桃花
	陆　鑫	孙子	男	1998 年 4 月	汉		
家庭大事	1991 年 4 月建造三上三下楼房 6 间，面积 230 平方米 2006 年 12 月购商品房 1 套						

<table>
<tr><td rowspan="7">现有
家庭成员</td><td rowspan="2">姓名</td><td rowspan="2">与户主关系</td><td rowspan="2">性别</td><td rowspan="2">出生日期</td><td rowspan="2">民族</td><td colspan="2">已故家属</td></tr>
<tr><td>称呼</td><td>姓名</td></tr>
<tr><td>陆引林</td><td>户主</td><td>男</td><td>1955 年 9 月</td><td>汉</td><td>母亲</td><td>陆阿妹</td></tr>
<tr><td>徐林英</td><td>妻子</td><td>女</td><td>1955 年 6 月</td><td>汉</td><td></td><td></td></tr>
<tr><td>陆伟新</td><td>儿子</td><td>男</td><td>1979 年 10 月</td><td>汉</td><td></td><td></td></tr>
<tr><td>孟淑梅</td><td>儿媳</td><td>女</td><td>1979 年 1 月</td><td>汉</td><td></td><td></td></tr>
<tr><td>陆铭轩</td><td>孙子</td><td>男</td><td>2007 年 2 月</td><td>汉</td><td></td><td></td></tr>
<tr><td>家庭大事</td><td colspan="7">1984 年 4 月购水泥运输船 1 条
1991 年 5 月建造三上三下楼房 6 间，面积 230 平方米
1998 年 12 月购商品房 1 套
2008 年 4 月分到动迁房 3 套
2008 年 5 月购汽车 1 辆</td></tr>
</table>

<table>
<tr><td rowspan="6">现有
家庭成员</td><td rowspan="2">姓名</td><td rowspan="2">与户主关系</td><td rowspan="2">性别</td><td rowspan="2">出生日期</td><td rowspan="2">民族</td><td colspan="2">已故家属</td></tr>
<tr><td>称呼</td><td>姓名</td></tr>
<tr><td>张建明</td><td>户主</td><td>男</td><td>1966 年 9 月</td><td>汉</td><td></td><td></td></tr>
<tr><td>徐月珍</td><td>妻子</td><td>女</td><td>1967 年 1 月</td><td>汉</td><td></td><td></td></tr>
<tr><td>张金海</td><td>儿子</td><td>男</td><td>1990 年 1 月</td><td>汉</td><td></td><td></td></tr>
<tr><td>张予彤</td><td>孙女</td><td>女</td><td>2015 年 3 月</td><td>汉</td><td></td><td></td></tr>
<tr><td>家庭大事</td><td colspan="7">1985 年 9 月购水泥运输船 1 条
1992 年 3 月购铁船 1 条
1994 年 10 月建造三上三下楼房 6 间及转居屋 1 间，面积 240 平方米
2002 年 8 月购商品房 1 套
2012 年 9 月张金海考取中国石油大学
2013 年 5 月购汽车 1 辆</td></tr>
</table>

<table>
<tr><td rowspan="8">现有
家庭成员</td><td rowspan="2">姓名</td><td rowspan="2">与户主关系</td><td rowspan="2">性别</td><td rowspan="2">出生日期</td><td rowspan="2">民族</td><td colspan="2">已故家属</td></tr>
<tr><td>称呼</td><td>姓名</td></tr>
<tr><td>陆月瑛</td><td>户主</td><td>女</td><td>1956 年 10 月</td><td>汉</td><td></td><td></td></tr>
<tr><td>陆云观</td><td>丈夫</td><td>男</td><td>1956 年 12 月</td><td>汉</td><td></td><td></td></tr>
<tr><td>陆程路</td><td>女儿</td><td>女</td><td>1981 年 9 月</td><td>汉</td><td></td><td></td></tr>
<tr><td>李永哲</td><td>女婿</td><td>男</td><td>1982 年 9 月</td><td>汉</td><td></td><td></td></tr>
<tr><td>陆理涵</td><td>外孙</td><td>男</td><td>2009 年 4 月</td><td>汉</td><td></td><td></td></tr>
<tr><td>陆安谊</td><td>外孙女</td><td>女</td><td>2013 年 5 月</td><td>汉</td><td></td><td></td></tr>
<tr><td>家庭大事</td><td colspan="7">1983 年 8 月陆云观任五三村会计，1988 年 3 月任五三村村主任，1990 年 4 月加入中国共产党
1987 年 3 月建造三上三下楼房 6 间，面积 230 平方米
1998 年 7 月建造平瓦房 3 间及转居屋 1 间，辅助用房 3 间，总面积 460 平方米
2014 年 2 月购汽车 1 辆</td></tr>
</table>

<table>
<tr><td rowspan="5">现有
家庭成员</td><td rowspan="2">姓名</td><td rowspan="2">与户主关系</td><td rowspan="2">性别</td><td rowspan="2">出生日期</td><td rowspan="2">民族</td><td colspan="2">已故家属</td></tr>
<tr><td>称呼</td><td>姓名</td></tr>
<tr><td>张雪荣</td><td>户主</td><td>男</td><td>1964 年 10 月</td><td>汉</td><td></td><td></td></tr>
<tr><td>陆金珍</td><td>妻子</td><td>女</td><td>1965 年 6 月</td><td>汉</td><td></td><td></td></tr>
<tr><td>张　俊</td><td>儿子</td><td>男</td><td>1987 年 7 月</td><td>汉</td><td></td><td></td></tr>
<tr><td>家庭大事</td><td colspan="7">1984 年 3 月购水泥运输船 1 条
1989 年 5 月建造三上三下楼房 6 间，面积 240 平方米
2009 年 9 月购商品房 1 套
2012 年 12 月购汽车 1 辆</td></tr>
</table>

	姓名	与户主关系	性别	出生日期	民族	已故家属	
						称呼	姓名
现有家庭成员	徐敖中	户主	男	1951 年 12 月	汉	父亲	徐梅生
	陆翠云	妻子	女	1952 年 4 月	汉		
	徐振芳	长女	女	1975 年 5 月	汉		
	徐方明	长婿	男	1975 年 6 月	汉		
	徐钲翔	外孙	男	1998 年 6 月	汉		
家庭大事	1984 年 7 月购水泥运输船 1 条 1990 年 5 月建造三上三下楼房 6 间，面积 230 平方米 1998 年 9 月购商品房 1 套 2017 年 9 月徐钲翔参军入伍，2019 年 7 月退伍						

	姓名	与户主关系	性别	出生日期	民族	已故家属	
现有家庭成员						称呼	姓名
	徐根荣	户主	男	1956 年 4 月	汉		
家庭大事	1994 年 7 月建造平房 2 间，面积 40 平方米 2008 年 3 月分到动迁房 2 套						

	姓名	与户主关系	性别	出生日期	民族	已故家属	
						称呼	姓名
现有家庭成员	徐密香	户主	女	1956 年 11 月	汉	丈夫	沈秋泉
	沈　刚	儿子	男	1982 年 9 月	汉		
	沈诗懿	孙女	女	2006 年 3 月	汉		
家庭大事	1983 年 12 月购水泥运输船 1 条 1988 年 9 月建造三上三下楼房 6 间及转居屋 1 间，面积 220 平方米 1992 年 5 月购铁船 1 条 2004 年 3 月购商品房 1 套 2014 年 10 月购汽车 1 辆						

	姓名	与户主关系	性别	出生日期	民族	已故家属	
						称呼	姓名
现有家庭成员	沈秋根	户主	男	1967 年 10 月	汉	父亲	沈海元
	张菊花	妻子	女	1966 年 3 月	汉	母亲	沈洪宝
	沈小琴	女儿	女	1990 年 12 月	汉		
	王依冉	长外孙女	女	2012 年 4 月	汉		
	沈馨冉	次外孙女	女	2015 年 2 月	汉		
家庭大事	1984 年 7 月购水泥运输船 1 条 1990 年 4 月建造三上三下楼房 6 间，面积 230 平方米 2000 年 5 月购出租车 1 辆 2008 年 8 月购商品房 1 套 2014 年 6 月购汽车 1 辆						

	姓名	与户主关系	性别	出生日期	民族	已故家属	
						称呼	姓名
现有家庭成员	徐美弟	户主	男	1965 年 1 月	汉	父亲	徐大男
	甘义萍	妻子	女	1972 年 4 月	汉		
	徐小兵	儿子	男	1989 年 7 月	汉		
	刘彩霞	儿媳	女	1989 年 6 月	汉		
	徐子轩	孙子	男	2013 年 12 月	汉		
	徐洛浠	孙女	女	2018 年 1 月	汉		
	张阿小	母亲	女	1931 年 9 月	汉		
家庭大事	1986 年 9 月建造三上三下楼房 6 间及转居屋 1 间，面积 220 平方米 1988 年 3 月购水泥运输船 1 条 2015 年 8 月购商品房 1 套 2016 年 4 月分到动迁房 3 套 2018 年 12 月购汽车 1 辆						

现有家庭成员	姓名	与户主关系	性别	出生日期	民族	已故家属	
						称呼	姓名
	陆凤官	户主	男	1964 年 3 月			
	徐秧花	妻子	女	1965 年 6 月			
	徐晓君	长女	女	1987 年 8 月			
	张蓓汐	外孙女	女	2010 年 8 月			
	徐梓熤	外孙	男	2015 年 4 月			
	徐晓玲	次女	女	1992 年 9 月			
家庭大事	1985 年 6 月购水泥运输船 1 条 2009 年 9 月购商品房 1 套 2015 年 3 月购汽车 1 辆						

现有家庭成员	姓名	与户主关系	性别	出生日期	民族	已故家属	
						称呼	姓名
	徐金妹	户主	男	1943 年 12 月	汉		
	徐星妹	妻子	女	1945 年 11 月	汉		
家庭大事	1984 年 4 月建造三上三下楼房 6 间及转居屋 1 间，面积 200 平方米						

<table>
<tr><th rowspan="2"></th><th rowspan="2">姓名</th><th rowspan="2">与户主关系</th><th rowspan="2">性别</th><th rowspan="2">出生日期</th><th rowspan="2">民族</th><th colspan="2">已故家属</th></tr>
<tr><th>称呼</th><th>姓名</th></tr>
<tr><td rowspan="7">现有
家庭成员</td><td>顾秋香</td><td>户主</td><td>女</td><td>1936 年 7 月</td><td>汉</td><td>丈夫</td><td>徐香男</td></tr>
<tr><td>徐惠良</td><td>儿子</td><td>男</td><td>1960 年 5 月</td><td>汉</td><td></td><td></td></tr>
<tr><td>张凤花</td><td>儿媳</td><td>女</td><td>1960 年 6 月</td><td>汉</td><td></td><td></td></tr>
<tr><td>徐慧芬</td><td>孙女</td><td>女</td><td>1983 年 3 月</td><td>汉</td><td></td><td></td></tr>
<tr><td>叶振挺</td><td>孙婿</td><td>男</td><td>1977 年 7 月</td><td>汉</td><td></td><td></td></tr>
<tr><td>叶语川</td><td>长曾外孙女</td><td>女</td><td>2006 年 10 月</td><td>汉</td><td></td><td></td></tr>
<tr><td>徐语萱</td><td>次曾外孙女</td><td>女</td><td>2012 年 6 月</td><td>汉</td><td></td><td></td></tr>
<tr><td>家庭大事</td><td colspan="7">1958 年 1 月徐香男担任五三大队赤脚医生
1983 年 12 月徐惠良担任正仪水产养殖场会计，1987 年 1 月加入中国共产党，1991 年 7 月任正仪建筑安装工程公司会计，1993 年 7 月任五三村党支部书记
1988 年 9 月建造三上三下楼房 6 间及转居屋 1 间，面积 230 平方米
1996 年 5 月购商品房 1 套
2010 年 3 月购汽车 1 辆</td></tr>
</table>

<table>
<tr><th rowspan="2"></th><th rowspan="2">姓名</th><th rowspan="2">与户主关系</th><th rowspan="2">性别</th><th rowspan="2">出生日期</th><th rowspan="2">民族</th><th colspan="2">已故家属</th></tr>
<tr><th>称呼</th><th>姓名</th></tr>
<tr><td rowspan="8">现有
家庭成员</td><td>徐林根</td><td>户主</td><td>男</td><td>1952 年 7 月</td><td>汉</td><td></td><td></td></tr>
<tr><td>葛火英</td><td>妻子</td><td>女</td><td>1952 年 1 月</td><td>汉</td><td></td><td></td></tr>
<tr><td>徐　明</td><td>长子</td><td>男</td><td>1976 年 6 月</td><td>汉</td><td></td><td></td></tr>
<tr><td>潘洪芹</td><td>长媳</td><td>女</td><td>1975 年 3 月</td><td>汉</td><td></td><td></td></tr>
<tr><td>徐文杰</td><td>长孙</td><td>男</td><td>1999 年 6 月</td><td>汉</td><td></td><td></td></tr>
<tr><td>徐险明</td><td>次子</td><td>男</td><td>1980 年 8 月</td><td>汉</td><td></td><td></td></tr>
<tr><td>冯银平</td><td>次媳</td><td>女</td><td>1986 年 2 月</td><td>汉</td><td></td><td></td></tr>
<tr><td>徐梓杰</td><td>次孙</td><td>男</td><td>2007 年 5 月</td><td>汉</td><td></td><td></td></tr>
<tr><td>家庭大事</td><td colspan="7">1983 年 12 月购水泥运输船 1 条
1993 年 4 月建造三上三下楼房 6 间，面积 240 平方米
2005 年 7 月徐险明于昆山市正仪中心小学校任教师
2008 年 10 月购商品房 1 套</td></tr>
</table>

	姓名	与户主关系	性别	出生日期	民族	已故家属	
						称呼	姓名
现有家庭成员	顾根兴	户主	男	1955 年 6 月	汉		
	徐雪花	妻子	女	1954 年 12 月	汉		
	顾菊芳	女儿	女	1976 年 1 月	汉		
	夏建明	女婿	男	1972 年 11 月	汉		
	顾嘉伟	外孙	男	1998 年 3 月	汉		
家庭大事	1985 年 7 月购水泥运输船 1 条 1990 年 3 月建造三上三下楼房 6 间，面积 230 平方米 2006 年 7 月购出租车 1 辆 2007 年 4 月购商品房 1 套 2015 年 11 月购汽车 1 辆						

	姓名	与户主关系	性别	出生日期	民族	已故家属	
						称呼	姓名
现有家庭成员	顾桃生	户主	男	1937 年 10 月	汉	妻子	葛云囡
	顾海林	儿子	男	1961 年 8 月	汉		
	周桂花	儿媳	女	1961 年 10 月	汉		
	顾晓华	孙子	男	1985 年 3 月	汉		
	顾子函	曾孙	男	2011 年 1 月	汉		
	金子蒽	曾孙女	女	2013 年 8 月	汉		
	顾海珍	女儿	女	1964 年 2 月	汉		
家庭大事	1985 年 6 月购水泥运输船 1 条 1991 年 3 月建造三上三下楼房 6 间及转居屋 1 间，面积 230 平方米 2005 年 8 月购商品房 1 套 2013 年 10 月购货车 1 辆 2014 年 12 月购汽车 1 辆						

	姓名	与户主关系	性别	出生日期	民族	已故家属	
						称呼	姓名
现有家庭成员	汪凤宝	户主	女	1957 年 7 月	汉	公公	顾桂林
	顾雪兴	丈夫	男	1957 年 3 月	汉	婆婆	顾根妹
	顾志华	儿子	男	1981 年 11 月	汉		
	王锦娟	儿媳	女	1981 年 9 月	汉		
	顾天成	孙子	男	2006 年 10 月	汉		
家庭大事	1982 年 4 月建造平房 4 间，面积 100 平方米 1992 年 1 月顾雪兴任五三村村主任，1993 年 3 月加入中国共产党 1995 年 5 月购商品房 1 套 2008 年 10 月分到动迁房 2 套 2009 年 11 月购汽车 1 辆						

	姓名	与户主关系	性别	出生日期	民族	已故家属	
						称呼	姓名
现有家庭成员	顾福兴	户主	男	1953 年 2 月	汉	父亲	顾桂林
	顾凤英	妻子	女	1954 年 5 月	汉		
	顾卫娟	长女	女	1977 年 12 月	汉		
	戴经国	长婿	男	1974 年 9 月	汉		
	顾静怡	外孙女	女	1998 年 9 月	汉		
	顾利娟	次女	女	1980 年 8 月	汉		
家庭大事	1985 年 4 月购水泥运输船 1 条 1989 年 9 月建造三上三下楼房 6 间，面积 230 平方米 2013 年 3 月购商品房 1 套 2016 年 9 月顾静怡考入常熟理工学院，2020 年 9 月于昆山高新区南星渎小学任教师 2020 年 9 月购汽车 1 辆						

	姓名	与户主关系	性别	出生日期	民族	已故家属	
						称呼	姓名
现有家庭成员	张汉明	户主	男	1942 年 3 月	汉		
	金凤秀	妻子	女	1944 年 6 月	汉		
	张雪明	次子	男	1968 年 11 月	汉		
	顾香英	次媳	女	1967 年 10 月	汉		
	张　霞	孙女	女	1991 年 10 月	汉		
	张欣语	曾孙女	女	2016 年 12 月	汉		
家庭大事	1985 年 4 月购水泥运输船 1 条 1990 年 6 月建造三上三下楼房 6 间，面积 240 平方米 1996 年 3 月购商品房 1 套 2000 年 6 月购汽车 1 辆						

	姓名	与户主关系	性别	出生日期	民族	已故家属	
						称呼	姓名
现有家庭成员	张介根	户主	男	1948 年 11 月	汉	母亲	张全英
	陆阿火	妻子	女	1948 年 11 月	汉		
	张叶仙	女儿	女	1969 年 4 月	汉		
	朱利平	女婿	男	1971 年 12 月	汉		
	张徐杰	长外孙	男	1991 年 6 月	汉		
	张　义	次外孙	男	1999 年 1 月	汉		
家庭大事	1984 年 11 月购水泥运输船 1 条 1990 年 3 月建造三上三下楼房 6 间，面积 240 平方米 2010 年 6 月购商品房 1 套						

	姓名	与户主关系	性别	出生日期	民族	已故家属	
						称呼	姓名
现有家庭成员	张傲珍	户主	女	1964 年 1 月	汉		
	张正霞	女儿	女	1987 年 2 月	汉		
	袁　朗	外孙	男	2013 年 8 月	汉		
	张叶华	儿子	男	1993 年 2 月	汉		
	张书窈	孙女	女	2016 年 12 月	汉		
	张敏男	非亲属	男	1964 年 7 月	汉		
家庭大事	1983 年 1 月购水泥运输船 1 条 1990 年 4 月建造三上三下楼房 6 间，面积 230 平方米 1992 年 6 月购铁船 1 条 2001 年 7 月购出租车 1 辆 2007 年 4 月购商品房 1 套 2008 年 4 月分到动迁房 3 套 2010 年 10 月购汽车 1 辆						

	姓名	与户主关系	性别	出生日期	民族	已故家属	
						称呼	姓名
现有家庭成员	张傲林	户主	男	1952 年 6 月	汉	父亲	张阿二
	张傲全	弟弟	男	1955 年 2 月	汉	母亲	张福宝
家庭大事							

	姓名	与户主关系	性别	出生日期	民族	已故家属	
						称呼	姓名
现有家庭成员	张银生	户主	男	1929 年 2 月	汉	父亲	张云高
	张宗宝	妻子	女	1932 年 10 月	汉	母亲	陆洪妹
	张士荣	儿子	男	1963 年 9 月	汉		
	徐素珍	儿媳	女	1963 年 5 月	汉		
	张亚静	孙女	女	1986 年 9 月	汉		
	张翊宸	长曾孙	男	2012 年 10 月	汉		
	邵翊旸	次曾孙	男	2019 年 4 月	汉		
家庭大事	1966 年 2 月张银生加入中国共产党 1983 年 4 月购水泥运输船 1 条 1989 年 9 月建造三上三下楼房 6 间，面积 230 平方米 2000 年 3 月购出租车 1 辆 2004 年 8 月购商品房 1 套 2008 年 4 月分到动迁房 3 套 2009 年 6 月张亚静加入中国共产党，7 月毕业于苏州大学 2014 年 12 月购汽车 1 辆						

	姓名	与户主关系	性别	出生日期	民族	已故家属	
						称呼	姓名
现有家庭成员	张金荣	户主	男	1955 年 2 月	汉		
	陆珍凤	妻子	女	1954 年 10 月	汉		
	张振宇	儿子	男	1978 年 12 月	汉		
	张　虹	女儿	女	1982 年 12 月	汉		
	朱明晖	女婿	男	1982 年 4 月	汉		
	朱沁辰	外孙女	女	2008 年 4 月	汉		
	朱沁昊	外孙	男	2017 年 1 月	汉		
家庭大事	1976—1983 年张金荣任五三大队团支部书记，1983—1984 年任五三村团支部书记，1980—1984 年任五三小学民办教师 1988 年 9 月建造三上三下楼房 6 间，面积 230 平方米 2008 年 4 月分到动迁房 3 套						

	姓名	与户主关系	性别	出生日期	民族	已故家属	
						称呼	姓名
现有家庭成员	薛伏英	户主	女	1950 年 7 月	汉	丈夫	徐林妹
	徐琴明	长子	男	1972 年 8 月	汉		
	胡培群	长媳	女	1972 年 8 月	汉		
	徐倩文	孙女	女	1996 年 2 月	汉		
家庭大事	1977 年 7 月徐林妹加入中国共产党 1990 年 9 月建造四上四下楼房 8 间，面积 280 平方米 1996 年 7 月购商品房 1 套 2005 年 2 月购出租车 1 辆 2019 年 7 月徐倩文毕业于徐州医科大学，9 月于昆山市中医院任职						

	姓名	与户主关系	性别	出生日期	民族	已故家属	
						称呼	姓名
现有家庭成员	沈宗泉	户主	男	1938 年 4 月	汉		
	顾金大	妻子	女	1938 年 7 月	汉		
	沈菊林	儿子	男	1958 年 4 月	汉		
	浦秀珍	儿媳	女	1957 年 2 月	汉		
	沈　金	孙子	男	1981 年 12 月	汉		
	沈书瑜	长曾孙女	女	2012 年 4 月	汉		
	凌书瑶	次曾孙女	女	2016 年 5 月	汉		
家庭大事	1988 年 3 月购水泥运输船 1 条 1989 年 9 月建造三上三下楼房 6 间，面积 230 平方米 2004 年 7 月购出租车 1 辆 2007 年 3 月购商品房 1 套 2008 年 4 月分到动迁房 3 套						

<table>
<tr><td rowspan="7">现有
家庭成员</td><td rowspan="2">姓名</td><td rowspan="2">与户主关系</td><td rowspan="2">性别</td><td rowspan="2">出生日期</td><td rowspan="2">民族</td><td colspan="2">已故家属</td></tr>
<tr><td>称呼</td><td>姓名</td></tr>
<tr><td>沈菊泉</td><td>户主</td><td>男</td><td>1952 年 8 月</td><td>汉</td><td></td><td></td></tr>
<tr><td>陆寿花</td><td>妻子</td><td>女</td><td>1951 年 11 月</td><td>汉</td><td></td><td></td></tr>
<tr><td>沈叶青</td><td>长女</td><td>女</td><td>1974 年 10 月</td><td>汉</td><td></td><td></td></tr>
<tr><td>陆继祥</td><td>长婿</td><td>男</td><td>1972 年 5 月</td><td>汉</td><td></td><td></td></tr>
<tr><td>沈喜伟</td><td>外孙女</td><td>女</td><td>1995 年 8 月</td><td>汉</td><td></td><td></td></tr>
<tr><td>家庭大事</td><td colspan="7">1983 年 3 月购水泥运输船 1 条
1984 年 9 月建造三上三下楼房 6 间，面积 220 平方米
2017 年 7 月沈喜伟毕业于连云港中医药高等职业技术学校，2017 年 9 月于昆山市第四人民医院任职
2012 年 3 月购商品房 1 套
2019 年 12 月购汽车 1 辆</td></tr>
</table>

<table>
<tr><td rowspan="8">现有
家庭成员</td><td rowspan="2">姓名</td><td rowspan="2">与户主关系</td><td rowspan="2">性别</td><td rowspan="2">出生日期</td><td rowspan="2">民族</td><td colspan="2">已故家属</td></tr>
<tr><td>称呼</td><td>姓名</td></tr>
<tr><td>顾根全</td><td>户主</td><td>男</td><td>1965 年 1 月</td><td>汉</td><td></td><td></td></tr>
<tr><td>卿立艳</td><td>妻子</td><td>女</td><td>1969 年 3 月</td><td>汉</td><td></td><td></td></tr>
<tr><td>顾玉凤</td><td>女儿</td><td>女</td><td>1989 年 11 月</td><td>汉</td><td></td><td></td></tr>
<tr><td>顾邹彦</td><td>外孙</td><td>男</td><td>2016 年 5 月</td><td>汉</td><td></td><td></td></tr>
<tr><td>顾根生</td><td>父亲</td><td>男</td><td>1928 年 1 月</td><td>汉</td><td></td><td></td></tr>
<tr><td>顾密林</td><td>母亲</td><td>女</td><td>1931 年 9 月</td><td>汉</td><td></td><td></td></tr>
<tr><td>家庭大事</td><td colspan="7">1991 年 9 月建造三上三下楼房 6 间，面积 240 平方米
2008 年 4 月分到动迁房 3 套</td></tr>
</table>

	姓名	与户主关系	性别	出生日期	民族	已故家属	
						称呼	姓名
现有家庭成员	徐友良	户主	男	1966 年 11 月	汉		
	张月花	妻子	女	1968 年 12 月	汉		
	徐伟成	儿子	男	1992 年 10 月	汉		
家庭大事	1986 年 7 月购水泥运输船 1 条 1991 年 10 月建造三上三下楼房 6 间，面积 250 平方米 2001 年 7 月购出租车 1 辆 2006 年 5 月购商品房 1 套 2017 年 3 月购汽车 1 辆						

	姓名	与户主关系	性别	出生日期	民族	已故家属	
						称呼	姓名
现有家庭成员	徐林中	户主	男	1954 年 10 月	汉	母亲	陆小妹
	浦秋香	妻子	女	1955 年 7 月	汉		
	徐金华	儿子	男	1981 年 12 月	汉		
家庭大事	1984 年 2 月购水泥运输船 1 条 1990 年 10 月建造三上三下楼房 6 间，面积 240 平方米 1998 年 5 月购商品房 1 套						

	姓名	与户主关系	性别	出生日期	民族	已故家属	
						称呼	姓名
现有家庭成员	沈菊生	户主	男	1956 年 11 月	汉		
	徐美香	妻子	女	1962 年 1 月	汉		
	沈　龙	儿子	男	1982 年 11 月	汉		
	朱玉凤	儿媳	女	1984 年 9 月	汉		
	沈佳欣	长孙女	女	2009 年 8 月	汉		
	沈曦美	次孙女	女	2014 年 2 月	汉		
家庭大事	1984 年 7 月购水泥运输船 1 条 1990 年 5 月建造三上三下楼房 6 间，面积 250 平方米 2008 年 4 月分到动迁房 4 套 2012 年 9 月购商品房 1 套						

马庄村第4村民小组

	姓名	与户主关系	性别	出生日期	民族	已故家属	
						称呼	姓名
现有家庭成员	徐水良	户主	男	1963年6月	汉	母亲	徐杏宝
	薛培花	妻子	女	1963年6月	汉		
	徐琴红	长女	女	1986年9月	汉		
	徐倩妤	长外孙女	女	2010年5月	汉		
	徐霏妤	次外孙女	女	2015年5月	汉		
家庭大事	1984年5月购水泥运输船1条 1988年10月建造三上三下楼房6间及转居屋1间，面积220平方米 2001年5月购出租车1辆 2007年6月购汽车1辆 2008年5月分到动迁房3套 2014年5月购商品房1套						

	姓名	与户主关系	性别	出生日期	民族	已故家属	
						称呼	姓名
现有家庭成员	钱敖根	户主	男	1950年3月	汉	母亲	钱金妹
	唐林花	妻子	女	1953年11月	汉		
	钱振强	儿子	男	1978年10月	汉		
	钱思睿	孙女	女	2007年10月	汉		
家庭大事	1984年3月购水泥运输船1条 1989年11月建造三上三下楼房6间及转居屋1间，面积230平方米 2002年10月购商品房1套 2008年5月分到动迁房3套						

	姓名	与户主关系	性别	出生日期	民族	已故家属	
						称呼	姓名
现有家庭成员	张香官	户主	男	1966 年 2 月	汉	母亲	马阿妹
	聂淑琼	妻子	女	1967 年 9 月	汉		
	毕　进	儿子	男	1987 年 4 月	汉		
家庭大事	2012 年 5 月分到动迁房 1 套						

	姓名	与户主关系	性别	出生日期	民族	已故家属	
						称呼	姓名
现有家庭成员	汤才英	户主	女	1955 年 4 月	汉	婆婆	徐阿招
	徐卫强	儿子	男	1979 年 4 月	汉	丈夫	徐腊狗
	姚燕勤	儿媳	女	1983 年 1 月	汉		
	徐佳聪	孙子	男	2004 年 8 月	汉		
	姚静雯	孙女	女	2012 年 3 月	汉		
家庭大事	1983 年 10 月购水泥运输船 1 条 1988 年 10 月建造三上三下楼房 6 间及转居屋 1 间，面积 220 平方米 2004 年 6 月购商品房 1 套 2015 年 6 月购汽车 1 辆						

	姓名	与户主关系	性别	出生日期	民族	已故家属	
						称呼	姓名
现有家庭成员	张林官	户主	男	1953 年 9 月	汉	父亲	张水生
	张亮珍	女儿	女	1981 年 5 月	汉	妻子	姚巧英
	徐　震	女婿	男	1979 年 6 月	汉		
	徐君炎	外孙	男	2002 年 8 月	汉		
	张君兰	外孙女	女	2018 年 5 月	汉		
家庭大事	1984 年 8 月购水泥运输船 1 条 2008 年 5 月分到动迁房 2 套						

	姓名	与户主关系	性别	出生日期	民族	已故家属	
						称呼	姓名
现有家庭成员	陆香元	户主	男	1965年5月	汉	祖父	陆仲云
	沈梅花	妻子	女	1965年1月	汉	母亲	陆金姐
	陆文静	女儿	女	1989年1月	汉		
	方一凡	外孙	男	2013年11月	汉		
	陆依依	外孙女	女	2015年12月	汉		
家庭大事	1983年7月购水泥运输船1条 1989年10月建造三上三下楼房6间及转居屋1间，面积220平方米 2011年4月购货车1辆 2013年10月购汽车1辆 2015年4月购商品房1套						

	姓名	与户主关系	性别	出生日期	民族	已故家属	
						称呼	姓名
现有家庭成员	徐雪珍	户主	女	1955年8月	汉	母亲	徐老金
	徐文华	儿子	男	1978年12月	汉	丈夫	王根木
	胡彩迪	儿媳	女	1976年12月	汉		
	徐晨阳	孙子	男	2002年10月	汉		
家庭大事	1983年8月购水泥运输船1条 1988年12月建造三上三下楼房6间及转居屋1间，面积220平方米 2009年5月购商品房1套						

<table>
<tr><th rowspan="2"></th><th rowspan="2">姓名</th><th rowspan="2">与户主关系</th><th rowspan="2">性别</th><th rowspan="2">出生日期</th><th rowspan="2">民族</th><th colspan="2">已故家属</th></tr>
<tr><th>称呼</th><th>姓名</th></tr>
<tr><td rowspan="5">现有家庭成员</td><td>李海英</td><td>户主</td><td>女</td><td>1954 年 2 月</td><td>汉</td><td>公公</td><td>张阿东</td></tr>
<tr><td>张雨青</td><td>长女</td><td>女</td><td>1977 年 8 月</td><td>汉</td><td>丈夫</td><td>张玉林</td></tr>
<tr><td>金金冬</td><td>长婿</td><td>男</td><td>1975 年 5 月</td><td>汉</td><td></td><td></td></tr>
<tr><td>张奕雯</td><td>外孙女</td><td>女</td><td>1998 年 12 月</td><td>汉</td><td></td><td></td></tr>
<tr><td>张雨虹</td><td>次女</td><td>女</td><td>1982 年 5 月</td><td>汉</td><td></td><td></td></tr>
<tr><td>家庭大事</td><td colspan="7">1983 年 5 月购水泥运输船 1 条
1988 年 10 月建造三上三下楼房 6 间及转居屋 1 间，面积 230 平方米
2001 年 3 月购出租车 1 辆
2013 年 10 月购商品房 1 套
2014 年 3 月购汽车 1 辆
2017 年 9 月张奕雯考取南京中医药大学</td></tr>
</table>

<table>
<tr><th rowspan="2"></th><th rowspan="2">姓名</th><th rowspan="2">与户主关系</th><th rowspan="2">性别</th><th rowspan="2">出生日期</th><th rowspan="2">民族</th><th colspan="2">已故家属</th></tr>
<tr><th>称呼</th><th>姓名</th></tr>
<tr><td rowspan="5">现有家庭成员</td><td>薛生泉</td><td>户主</td><td>男</td><td>1947 年 8 月</td><td>汉</td><td>父亲</td><td>薛银林</td></tr>
<tr><td>薛志明</td><td>长子</td><td>男</td><td>1969 年 1 月</td><td>汉</td><td>母亲</td><td>薛爱大</td></tr>
<tr><td>张建珍</td><td>长媳</td><td>女</td><td>1969 年 12 月</td><td>汉</td><td>妻子</td><td>陆火仙</td></tr>
<tr><td>薛俊龙</td><td>孙子</td><td>男</td><td>1992 年 1 月</td><td>汉</td><td></td><td></td></tr>
<tr><td>薛嘉祈</td><td>曾孙</td><td>男</td><td>2018 年 9 月</td><td>汉</td><td></td><td></td></tr>
<tr><td>家庭大事</td><td colspan="7">1988 年 10 月建造三上三下楼房 6 间及转居屋 1 间，面积 220 平方米
2003 年 10 月开铁场 1 家
2014 年 4 月购商品房 1 套
2017 年 4 月购汽车 1 辆</td></tr>
</table>

	姓名	与户主关系	性别	出生日期	民族	已故家属	
						称呼	姓名
现有家庭成员	陆香林	户主	男	1957 年 11 月	汉		
	徐水花	妻子	女	1958 年 3 月	汉		
	陆晓红	女儿	女	1981 年 11 月	汉		
	凌瑞雪	长外孙	男	2004 年 1 月	汉		
	陆雪诚	次外孙	男	2009 年 5 月	汉		
	陆寿福	父亲	男	1935 年 8 月	汉		
家庭大事	1983 年 7 月购水泥运输船 1 条 1988 年 10 月建造三上三下楼房 6 间及转居屋 1 间，面积 230 平方米 2001 年 5 月购货车 1 辆 2016 年 5 月购商品房 1 套						

	姓名	与户主关系	性别	出生日期	民族	已故家属	
						称呼	姓名
现有家庭成员	陆花根	户主	男	1954 年 12 月	汉	母亲	陆阿二
	薛伏金	妻子	女	1954 年 10 月	汉		
	陆月琴	长女	女	1978 年 12 月	汉		
	雷华峰	长婿	男	1976 年 10 月	汉		
	陆　芸	长外孙女	女	2002 年 7 月	汉		
	陆馨予	次外孙女	女	2011 年 8 月	汉		
	陆美琴	次女	女	1982 年 1 月	汉		
家庭大事	1983 年 6 月购水泥运输船 1 条 1988 年 3 月建造三上三下楼房 6 间及转居屋 1 间，面积 230 平方米 1998 年 5 月购商品房 1 套 2012 年 7 月购货车 1 辆 2015 年 5 月购商品房 1 套 2016 年 5 月购汽车 1 辆 2020 年 9 月陆芸考取南京师范大学						

	姓名	与户主关系	性别	出生日期	民族	已故家属	
						称呼	姓名
现有家庭成员	徐永良	户主	男	1951 年 12 月	汉	岳父	徐阿三
	徐水珍	妻子	女	1954 年 4 月	汉		
	徐国华	儿子	男	1976 年 12 月	汉		
	钱振华	儿媳	女	1976 年 6 月	汉		
	徐广成	孙子	男	1999 年 8 月	汉		
家庭大事	1984 年 2 月购水泥运输船 1 条 1988 年 10 月建造三上三下楼房 6 间及转居屋 1 间，面积 210 平方米 2015 年 5 月购商品房 1 套 2017 年 9 月徐广成考取南京财经大学						

	姓名	与户主关系	性别	出生日期	民族	已故家属	
						称呼	姓名
现有家庭成员	陆夫生	户主	男	1956 年 4 月	汉	父亲	陆阿关
	浦花珍	妻子	女	1956 年 7 月	汉	母亲	陆巧林
	陆志方	儿子	男	1981 年 8 月	汉		
家庭大事	1984 年 3 月购水泥运输船 1 条 1989 年 10 月建造三上三下楼房 6 间及转居屋 1 间，面积 270 平方米 2005 年 5 月购商品房 1 套 2008 年 5 月购汽车 1 辆						

	姓名	与户主关系	性别	出生日期	民族	已故家属	
						称呼	姓名
现有家庭成员	张才林	户主	男	1956 年 6 月	汉	母亲	张小娘
	陆林珍	妻子	女	1958 年 2 月	汉		
	张惠龙	儿子	男	1981 年 10 月	汉		
家庭大事	1983 年 10 月购水泥运输船 1 条 1988 年 10 月建造三上三下楼房 6 间及转居屋 1 间，面积 230 平方米 2013 年 6 月购汽车 1 辆 2015 年 5 月购商品房 1 套						

	姓名	与户主关系	性别	出生日期	民族	已故家属	
						称呼	姓名
现有家庭成员	汤阿荣	户主	男	1963 年 6 月	汉	父亲	汤宗泉
	陆桃花	妻子	女	1964 年 3 月	汉	母亲	汤阿二
	汤晓英	女儿	女	1987 年 7 月	汉		
	李建飞	女婿	男	1981 年 11 月	汉		
	汤承佳	外孙	男	2007 年 4 月	汉		
	李诗雅	外孙女	女	2012 年 10 月	汉		
家庭大事	1984 年 3 月购水泥运输船 1 条 1990 年 10 月建造三上三下楼房 6 间及转居屋 1 间，面积 240 平方米 1999 年 5 月购汽车 1 辆 2008 年 5 月分到动迁房 3 套						

	姓名	与户主关系	性别	出生日期	民族	已故家属	
						称呼	姓名
现有家庭成员	徐长林	户主	男	1954 年 3 月	汉	父亲	徐大根
	薛伏云	妻子	女	1952 年 4 月	汉		
	徐翠芳	女儿	女	1977 年 12 月	汉		
	徐思语	外孙女	女	2005 年 1 月	汉		
	徐翠龙	儿子	男	1980 年 7 月	汉		
	戴永娟	儿媳	女	1982 年 1 月	汉		
	徐智超	孙子	男	2003 年 11 月	汉		
家庭大事	1983 年 8 月购水泥运输船 1 条 1988 年 10 月建造三上三下楼房 6 间及转居屋 1 间，面积 220 平方米 1998 年 3 月开管子场 1 家 2008 年 6 月购商品房 1 套 2010 年 5 月购汽车 1 辆						

	姓名	与户主关系	性别	出生日期	民族	已故家属	
						称呼	姓名
现有家庭成员	张永生	户主	男	1946 年 9 月	汉	父亲	张云元
	徐多妹	妻子	女	1950 年 1 月	汉	母亲	张全宝
	张春花	女儿	女	1969 年 2 月	汉		
	薛海龙	女婿	男	1969 年 1 月	汉		
	张雪成	外孙	男	1991 年 12 月	汉		
	张馨悦	曾外孙女	女	2014 年 12 月	汉		
家庭大事	1988 年 10 月建造三上三下楼房 6 间及转居屋 1 间，面积 220 平方米 1991 年 5 月购铁船 1 条 2010 年 3 月购商品房 1 套，5 月开管子场 1 家						

<table>
<tr><td rowspan="5">现有
家庭成员</td><td rowspan="2">姓名</td><td rowspan="2">与户主关系</td><td rowspan="2">性别</td><td rowspan="2">出生日期</td><td rowspan="2">民族</td><td colspan="2">已故家属</td></tr>
<tr><td>称呼</td><td>姓名</td></tr>
<tr><td>徐长根</td><td>户主</td><td>男</td><td>1968 年 3 月</td><td>汉</td><td>母亲</td><td>徐凤宝</td></tr>
<tr><td>薛海琴</td><td>妻子</td><td>女</td><td>1970 年 11 月</td><td>汉</td><td></td><td></td></tr>
<tr><td>徐冰艳</td><td>女儿</td><td>女</td><td>1991 年 11 月</td><td>汉</td><td></td><td></td></tr>
<tr><td>家庭大事</td><td colspan="7">1986 年 3 月购水泥运输船 1 条
1989 年 10 月建造三上三下楼房 6 间及转居屋 1 间，面积 220 平方米
1992 年 4 月购铁船 1 条
2001 年 3 月开管子场 1 家
2003 年 6 月购汽车 1 辆
2005 年 7 月徐长根加入中国共产党
2007 年 9 月徐冰艳于昆山市淀山湖人民医院任护士
2008 年 5 月分到动迁房 3 套</td></tr>
</table>

<table>
<tr><td rowspan="6">现有
家庭成员</td><td rowspan="2">姓名</td><td rowspan="2">与户主关系</td><td rowspan="2">性别</td><td rowspan="2">出生日期</td><td rowspan="2">民族</td><td colspan="2">已故家属</td></tr>
<tr><td>称呼</td><td>姓名</td></tr>
<tr><td>徐素良</td><td>户主</td><td>男</td><td>1969 年 2 月</td><td>汉</td><td>父亲</td><td>徐荣明</td></tr>
<tr><td>戴美珍</td><td>妻子</td><td>女</td><td>1969 年 6 月</td><td>汉</td><td></td><td></td></tr>
<tr><td>徐倩芳</td><td>女儿</td><td>女</td><td>1991 年 9 月</td><td>汉</td><td></td><td></td></tr>
<tr><td>徐屹星</td><td>外孙</td><td>男</td><td>2017 年 5 月</td><td>汉</td><td></td><td></td></tr>
<tr><td>家庭大事</td><td colspan="7">1954 年 2 月徐荣明加入中国共产党，1954 年 3 月任五星第三高级社会计，1955 年 4 月任五三大队支部书记
1988 年 10 月建造三上三下楼房 6 间及转居屋 1 间，面积 220 平方米
1992 年 7 月徐素良任五三村会计，1995 年 6 月加入中国共产党
2009 年 8 月徐倩芳考取南京师范大学泰州学院，2013 年 9 月于昆山市张浦镇周巷小学任教师
2015 年 6 月购商品房 1 套</td></tr>
</table>

<table>
<tr><th rowspan="2"></th><th rowspan="2">姓名</th><th rowspan="2">与户主关系</th><th rowspan="2">性别</th><th rowspan="2">出生日期</th><th rowspan="2">民族</th><th colspan="2">已故家属</th></tr>
<tr><th>称呼</th><th>姓名</th></tr>
<tr><td rowspan="6">现有家庭成员</td><td>钱阿木</td><td>户主</td><td>男</td><td>1941 年 11 月</td><td>汉</td><td>父亲</td><td>钱阿泉</td></tr>
<tr><td>陆夫云</td><td>妻子</td><td>女</td><td>1946 年 8 月</td><td>汉</td><td></td><td></td></tr>
<tr><td>钱学明</td><td>儿子</td><td>男</td><td>1968 年 3 月</td><td>汉</td><td></td><td></td></tr>
<tr><td>张建花</td><td>儿媳</td><td>女</td><td>1969 年 8 月</td><td>汉</td><td></td><td></td></tr>
<tr><td>钱梦娟</td><td>孙女</td><td>女</td><td>1993 年 12 月</td><td>汉</td><td></td><td></td></tr>
<tr><td>钱梦飞</td><td>孙子</td><td>男</td><td>1998 年 12 月</td><td>汉</td><td></td><td></td></tr>
<tr><td>家庭大事</td><td colspan="7">1984 年 4 月购水泥运输船 1 条
1989 年 10 月建造三上三下楼房 6 间及转居屋 1 间，面积 230 平方米
2001 年 4 月购出租车 1 辆
2005 年 4 月开管子场 1 家
2011 年 5 月购商品房 1 套
2012 年 5 月购汽车 1 辆
2012 年 8 月钱梦娟考取江苏师范大学，2016 年 9 月于昆山市花桥集善中学任教师
2017 年 9 月钱梦飞考取南京航空航天大学</td></tr>
</table>

	姓名	与户主关系	性别	出生日期	民族	已故家属	
						称呼	姓名
现有家庭成员	薛关根	户主	男	1941 年 5 月	汉	父亲	薛生宝
	陆夫英	妻子	女	1944 年 2 月	汉		
	薛伏珍	长女	女	1963 年 6 月	汉		
	张惠荣	长婿	男	1963 年 8 月	汉		
	薛晓芬	外孙女	女	1986 年 4 月	汉		
	章成龙	外孙婿	男	1978 年 8 月	汉		
	薛章妍	曾外孙女	女	2010 年 5 月	汉		
	薛晓峰	外孙	男	1991 年 4 月	汉		
	薛书然	曾外孙	男	2018 年 6 月	汉		

家庭大事	1983 年 5 月购水泥运输船 1 条 1986 年 12 月建造三上三下楼房 6 间及转居屋 1 间，面积 210 平方米 1990 年 3 月购铁船 1 条 2001 年 3 月购出租车 1 辆 2002 年 3 月开铁场 1 家 2007 年 4 月购面包车 1 辆 2008 年 6 月购商品房 1 套 2009 年 9 月薛晓峰考取扬州大学，2012 年 12 月加入中国共产党 2015 年 4 月购汽车 1 辆

<table>
<tr><th rowspan="2"></th><th rowspan="2">姓名</th><th rowspan="2">与户主关系</th><th rowspan="2">性别</th><th rowspan="2">出生日期</th><th rowspan="2">民族</th><th colspan="2">已故家属</th></tr>
<tr><th>称呼</th><th>姓名</th></tr>
<tr><td rowspan="6">现有家庭成员</td><td>薛珍荣</td><td>户主</td><td>男</td><td>1964 年 3 月</td><td>汉</td><td></td><td></td></tr>
<tr><td>孙林香</td><td>妻子</td><td>女</td><td>1965 年 11 月</td><td>汉</td><td></td><td></td></tr>
<tr><td>薛　巍</td><td>长子</td><td>男</td><td>1986 年 12 月</td><td>汉</td><td></td><td></td></tr>
<tr><td>薛宇成</td><td>孙子</td><td>男</td><td>2012 年 11 月</td><td>汉</td><td></td><td></td></tr>
<tr><td>薛晓童</td><td>次子</td><td>男</td><td>1993 年 3 月</td><td>汉</td><td></td><td></td></tr>
<tr><td>薛花生</td><td>父亲</td><td>男</td><td>1933 年 12 月</td><td>汉</td><td></td><td></td></tr>
<tr><td>家庭大事</td><td colspan="7">1984 年 5 月购水泥运输船 1 条
1989 年 10 月建造三上三下楼房 6 间及转居屋 1 间，面积 240 平方米
2001 年 3 月购出租车 1 辆
2004 年 10 月购商品房 1 套
2006 年 8 月购汽车 1 辆</td></tr>
</table>

<table>
<tr><th rowspan="2"></th><th rowspan="2">姓名</th><th rowspan="2">与户主关系</th><th rowspan="2">性别</th><th rowspan="2">出生日期</th><th rowspan="2">民族</th><th colspan="2">已故家属</th></tr>
<tr><th>称呼</th><th>姓名</th></tr>
<tr><td rowspan="6">现有家庭成员</td><td>薛元林</td><td>户主</td><td>男</td><td>1952 年 3 月</td><td>汉</td><td>父亲</td><td>薛阿四</td></tr>
<tr><td>顾三妹</td><td>妻子</td><td>女</td><td>1954 年 7 月</td><td>汉</td><td></td><td></td></tr>
<tr><td>薛　刚</td><td>儿子</td><td>男</td><td>1981 年 2 月</td><td>汉</td><td></td><td></td></tr>
<tr><td>梅　琴</td><td>儿媳</td><td>女</td><td>1978 年 3 月</td><td>汉</td><td></td><td></td></tr>
<tr><td>薛佳怡</td><td>长孙女</td><td>女</td><td>2003 年 11 月</td><td>汉</td><td></td><td></td></tr>
<tr><td>薛欣怡</td><td>次孙女</td><td>女</td><td>2012 年 6 月</td><td>汉</td><td></td><td></td></tr>
<tr><td>家庭大事</td><td colspan="7">1988 年 4 月建造三上三下楼房 6 间及转居屋 1 间，面积 220 平方米
2014 年 5 月购商品房 1 套
2016 年 6 月购汽车 1 辆</td></tr>
</table>

	姓名	与户主关系	性别	出生日期	民族	已故家属	
						称呼	姓名
现有家庭成员	薛秋林	户主	男	1962 年 7 月	汉	母亲	薛水英
	张金花	妻子	女	1963 年 7 月	汉		
	薛卿燕	女儿	女	1986 年 11 月	汉		
	郁心媛	外孙女	女	2011 年 3 月	汉		
	薛诚宇	外孙	男	2014 年 3 月	汉		
家庭大事	1981 年 1 月薛秋林入伍，1985 年 9 月退伍 1990 年 5 月建造三上三下楼房 6 间及转居屋 1 间，面积 230 平方米 1996 年 6 月购商品房 1 套 2004 年 6 月购汽车 1 辆						

	姓名	与户主关系	性别	出生日期	民族	已故家属	
						称呼	姓名
现有家庭成员	薛秋根	户主	男	1952 年 10 月	汉	父亲	薛东泉
	葛兴珍	妻子	女	1953 年 1 月	汉	母亲	薛云花
	薛健金	长女	女	1977 年 7 月	汉	儿子	薛建国
	钱建根	长婿	男	1972 年 8 月	汉		
	薛　成	长外孙	男	1998 年 5 月	汉		
	薛子皓	次外孙	男	2013 年 3 月	汉		
	薛建美	次女	女	1989 年 6 月	汉		
家庭大事	1982 年 6 月购水泥运输船 1 条 1987 年 5 月建造三上三下楼房 6 间及转居屋 1 间，面积 220 平方米 2003 年 3 月开管子场 1 家 2003 年 4 月购面包车 1 辆 2004 年 10 月购商品房 1 套 2005 年 11 月购汽车 1 辆 2017 年 9 月薛成入伍，2018 年 6 月退伍						

	姓名	与户主关系	性别	出生日期	民族	已故家属	
						称呼	姓名
现有家庭成员	浦小弟	户主	男	1954 年 12 月	汉		
	薛　花	妻子	女	1953 年 11 月	汉		
	薛　强	儿子	男	1981 年 7 月	汉		
	薛子为	孙子	男	2012 年 10 月	汉		
家庭大事	1984 年 2 月购水泥运输船 1 条 1988 年 10 月建造三上三下楼房 6 间及转居屋 1 间，面积 230 平方米 2001 年 9 月购商品房 1 套 2003 年 4 月开管子场 1 家 2004 年 5 月购汽车 1 辆						

	姓名	与户主关系	性别	出生日期	民族	已故家属	
						称呼	姓名
现有家庭成员	薛　明	户主	男	1968 年 12 月	汉	祖母	邵宝英
	徐密云	妻子	女	1969 年 4 月	汉		
	薛晓晨	儿子	男	1991 年 9 月	汉		
	薛语晗	孙女	女	2015 年 1 月	汉		
	薛招狗	父亲	男	1942 年 4 月	汉		
家庭大事	1963 年 6 月薛招狗出任五三大队团支部书记 1984 年 5 月购水泥运输船 1 条 1988 年 10 月建造三上三下楼房 6 间及转居屋 1 间，面积 220 平方米 2001 年 3 月购出租车 1 辆 2005 年 10 月购汽车 1 辆 2006 年 10 月购商品房 1 套						

	姓名	与户主关系	性别	出生日期	民族	已故家属	
						称呼	姓名
现有家庭成员	薛雪兴	户主	男	1965 年 10 月	汉	祖父	薛仲良
	张雪芳	妻子	女	1966 年 10 月	汉		
	薛丽雅	女儿	女	1988 年 6 月	汉		
	薛思齐	外孙	男	2017 年 10 月	汉		
	薛菊妹	母亲	女	1940 年 10 月	汉		
家庭大事	1984 年 3 月购水泥运输船 1 条 1988 年 12 月建造三上三下楼房 6 间及转居屋 1 间，面积 220 平方米 1995 年 8 月开综合批发部一家 1999 年 10 月购商品房 1 套 2007 年 8 月建造标准厂房 2 幢 2006 年 8 月薛丽雅考取南通大学，2010 年 8 月在昆山工商银行任职，2012 年 9 月加入中国共产党 2010 年 9 月购汽车 1 辆						

	姓名	与户主关系	性别	出生日期	民族	已故家属	
						称呼	姓名
现有家庭成员	薛伏林	户主	男	1954 年 6 月	汉		
	景阿凤	妻子	女	1954 年 12 月	汉		
	薛良芳	长女	女	1978 年 11 月	汉		
	戴盛卫	长婿	男	1974 年 11 月	汉		
	薛戴毅	外孙	男	2000 年 11 月	汉		
	薛娟芳	次女	女	1987 年 10 月	汉		
家庭大事	1990 年 10 月建造三上三下楼房 6 间及转居屋 1 间，面积 230 平方米 1994 年 8 月戴盛卫于上海铁路局上海工务段任职，2005 年 9 月加入中国共产党 1997 年 9 月薛良芳于昆山市正仪中心幼儿园任教师 1999 年 10 月自建别墅 1 套 2006 年 8 月薛娟芳考取中国矿业大学，2009 年 10 月加入中国共产党 2009 年 10 月购汽车 1 辆						

现有家庭成员	姓名	与户主关系	性别	出生日期	民族	已故家属	
						称呼	姓名
	薛阿五	户主	男	1932 年 11 月	汉	父亲	薛士英
	薛招林	妻子	女	1929 年 3 月	汉	母亲	顾金宝
家庭大事							

现有家庭成员	姓名	与户主关系	性别	出生日期	民族	已故家属	
						称呼	姓名
	薛林男	户主	男	1952 年 8 月	汉	父亲	薛爱生
	陆美琴	妻子	女	1951 年 3 月	汉		
	薛梅红	女儿	女	1974 年 2 月	汉		
	薛　超	外孙	男	1995 年 1 月	汉		
	莫子萱	外孙女	女	2011 年 8 月	汉		
家庭大事	1985 年 3 月建造三上三下楼房 6 间及转居屋 1 间，面积 220 平方米 1999 年 5 月购商品房 1 套 2008 年 4 月分到动迁房 3 套 2017 年 9 月购汽车 1 辆						

现有家庭成员	姓名	与户主关系	性别	出生日期	民族	已故家属	
						称呼	姓名
	孙翠娥	户主	女	1960 年 4 月	汉	丈夫	薛花林
	薛东芳	女儿	女	1985 年 1 月	汉		
	薛朱敏	外孙	男	2010 年 9 月	汉		
家庭大事	1991 年 5 月建平瓦房 3 间，面积 90 平方米 2008 年 4 月分到动迁房 2 套 2016 年 7 月购商品房 1 套						

<table>
<tr><td rowspan="6">现有
家庭成员</td><th rowspan="2">姓名</th><th rowspan="2">与户主关系</th><th rowspan="2">性别</th><th rowspan="2">出生日期</th><th rowspan="2">民族</th><th colspan="2">已故家属</th></tr>
<tr><th>称呼</th><th>姓名</th></tr>
<tr><td>薛培荣</td><td>户主</td><td>男</td><td>1955 年 8 月</td><td>汉</td><td>父亲</td><td>薛秧泉</td></tr>
<tr><td>徐菊英</td><td>妻子</td><td>女</td><td>1956 年 10 月</td><td>汉</td><td></td><td></td></tr>
<tr><td>薛寒芳</td><td>长女</td><td>女</td><td>1980 年 12 月</td><td>汉</td><td></td><td></td></tr>
<tr><td>薛晨曦</td><td>外孙女</td><td>女</td><td>2005 年 9 月</td><td>汉</td><td></td><td></td></tr>
<tr><td>家庭大事</td><td colspan="7">1983 年 10 月购水泥运输船 1 条
1988 年 10 月建造三上三下楼房 6 间及转居屋 1 间，面积 220 平方米
2000 年 5 月购商品房 1 套
2014 年 6 月购汽车 1 辆</td></tr>
</table>

<table>
<tr><td rowspan="7">现有
家庭成员</td><th rowspan="2">姓名</th><th rowspan="2">与户主关系</th><th rowspan="2">性别</th><th rowspan="2">出生日期</th><th rowspan="2">民族</th><th colspan="2">已故家属</th></tr>
<tr><th>称呼</th><th>姓名</th></tr>
<tr><td>薛海明</td><td>户主</td><td>男</td><td>1967 年 10 月</td><td>汉</td><td>父亲</td><td>薛阿六</td></tr>
<tr><td>薛丽珍</td><td>妻子</td><td>女</td><td>1967 年 12 月</td><td>汉</td><td></td><td></td></tr>
<tr><td>薛　静</td><td>女儿</td><td>女</td><td>1990 年 5 月</td><td>汉</td><td></td><td></td></tr>
<tr><td>薛宇涵</td><td>外孙</td><td>男</td><td>2017 年 4 月</td><td>汉</td><td></td><td></td></tr>
<tr><td>王小娘</td><td>母亲</td><td>女</td><td>1942 年 12 月</td><td>汉</td><td></td><td></td></tr>
<tr><td>家庭大事</td><td colspan="7">1984 年 2 月购水泥运输船 1 条
1988 年 10 月建造三上三下楼房 6 间及转居屋 1 间，面积 220 平方米
1990 年 7 月购铁船 1 条
2001 年 3 月购出租车 1 辆
2008 年 6 月购商品房 1 套
2013 年 3 月购汽车 1 辆</td></tr>
</table>

现有家庭成员	姓名	与户主关系	性别	出生日期	民族	已故家属	
						称呼	姓名
	薛关荣	户主	男	1948 年 1 月	汉		
	张伏英	妻子	女	1947 年 10 月	汉		
	薛　文	儿子	男	1969 年 11 月	汉		
	陆琴芳	儿媳	女	1969 年 6 月	汉		
	薛晨杰	孙子	男	1992 年 4 月	汉		
	薛思妍	曾孙女	女	2017 年 2 月	汉		
家庭大事	1984 年 4 月购水泥运输船 1 条 1988 年 12 月建造三上三下楼房 6 间及转居屋 1 间，面积 220 平方米 2001 年 5 月购出租车 1 辆 2003 年 1 月开铁场 1 家 2007 年 10 月购商品房 1 套 2008 年 8 月购汽车 1 辆						

现有家庭成员	姓名	与户主关系	性别	出生日期	民族	已故家属	
						称呼	姓名
	薛信荣	户主	男	1954 年 9 月	汉	母亲	徐招英
	顾凤金	妻子	女	1955 年 10 月	汉		
	薛小华	儿子	男	1979 年 8 月	汉		
	薛利卿	孙女	女	2003 年 7 月	汉		
	薛　芬	女儿	女	1982 年 3 月	汉		
	潘曼祯	长外孙女	女	2008 年 3 月	汉		
	潘曼祺	次外孙女	女	2008 年 3 月	汉		
家庭大事	1983 年 5 月购水泥运输船 1 条 1988 年 10 月建造三上三下楼房 6 间及转居屋 1 间，面积 220 平方米 1999 年 10 月购商品房 1 套 2000 年 5 月购汽车 1 辆 2001 年 9 月薛芬考取南京财经大学						

	姓名	与户主关系	性别	出生日期	民族	已故家属	
						称呼	姓名
现有家庭成员	薛全男	户主	男	1955 年 4 月	汉	母亲	薛阿二
	陆秀珍	妻子	女	1957 年 12 月	汉		
	薛　冰	儿子	男	1981 年 7 月	汉		
	田　娟	儿媳	女	1982 年 8 月	土家族		
	薛佳玲	孙女	女	2004 年 5 月	汉		
家庭大事	1984 年 3 月购水泥运输船 1 条 1989 年 10 月建造三上三下楼房 6 间及转居屋 1 间，面积 306 平方米 2005 年 10 月购商品房 1 套 2010 年 1 月购汽车 1 辆						

	姓名	与户主关系	性别	出生日期	民族	已故家属	
						称呼	姓名
现有家庭成员	徐林珍	户主	女	1956 年 11 月	汉	父亲	徐和尚
	徐云英	长女	女	1981 年 9 月	汉	母亲	徐花宝
	贾代宏	长婿	男	1979 年 4 月	汉	丈夫	徐海忠
	徐梦怡	外孙女	女	2004 年 6 月	汉		
	徐梦杰	外孙	男	2012 年 2 月	汉		
	徐云芳	次女	女	1988 年 6 月	汉		
家庭大事	1984 年 3 月购水泥运输船 1 条 1993 年 5 月建造三上三下楼房 6 间及转居屋 1 间，面积 220 平方米 1996 年 12 月购汽车 1 辆 2014 年 5 月购商品房 1 套						

	姓名	与户主关系	性别	出生日期	民族	已故家属	
						称呼	姓名
现有家庭成员	徐小男	户主	男	1936 年 3 月	汉	岳父	徐小弟
	徐林兴	儿子	男	1962 年 2 月	汉	妻子	徐星宝
	薛　英	儿媳	女	1962 年 2 月	汉		
	徐晓新	孙子	男	1986 年 5 月	汉		
	徐熙宸	曾孙子	男	2012 年 2 月	汉		
家庭大事	1983 年 10 月购水泥运输船 1 条 1987 年 3 月购铁船 1 条 1988 年 10 月建造三上三下楼房 6 间及转居屋 1 间，面积 220 平方米 1990 年 3 月开管子场 1 家 2001 年 12 月购汽车 1 辆 2003 年 5 月购商品房 1 套						

	姓名	与户主关系	性别	出生日期	民族	已故家属	
						称呼	姓名
现有家庭成员	薛　良	户主	男	1965 年 12 月	汉		
	陆凤仙	妻子	女	1967 年 1 月	汉		
	薛艳萍	女儿	女	1988 年 10 月	汉		
	薛子宸	外孙	男	2013 年 10 月	汉		
	丁佑宸	次外孙	男	2016 年 5 月	汉		
	薛小妹	母亲	女	1933 年 9 月	汉		
家庭大事	1983 年 10 月购水泥运输船 1 条 1988 年 10 月建造三上三下楼房 6 间及转居屋 1 间，面积 220 平方米 1990 年 3 月开管子场 1 家 2005 年 6 月购商品房 1 套 2006 年 5 月购汽车 1 辆 2008 年 4 月分到动迁房 3 套						

	姓名	与户主关系	性别	出生日期	民族	已故家属	
现有家庭成员						称呼	姓名
	薛根荣	户主	男	1955 年 10 月	汉		
	薛林花	母亲	女	1933 年 12 月	汉		
家庭大事	2012 年建平房 3 间，面积 110 平方米						

马庄村第 5 村民小组

	姓名	与户主关系	性别	出生日期	民族	已故家属	
						称呼	姓名
现有家庭成员	薛　明	户主	男	1972 年 11 月	汉	父亲	薛云泉
	薛　珍	妻子	女	1971 年 7 月	汉		
	薛佳伟	儿子	男	1996 年 4 月	汉		
	顾惠英	母亲	女	1949 年 1 月	汉		
家庭大事	1994 年 5 月购水泥运输船 1 条 1987 年 10 月建造三上三下楼房 6 间及转居屋 1 间，面积 220 平方米 2017 年 5 月购商品房 1 套 2020 年 2 月购汽车 1 辆						

	姓名	与户主关系	性别	出生日期	民族	已故家属	
						称呼	姓名
现有家庭成员	薛林荣	户主	男	1957 年 9 月	汉	父亲	薛金水
	徐林香	妻子	女	1964 年 9 月	汉	母亲	薛素林
	薛秋兰	女儿	女	1985 年 8 月	汉		
	张镇麟	外孙	男	2009 年 3 月	汉		
	薛　强	儿子	男	1995 年 2 月	汉		
家庭大事	1984 年 2 月购水泥运输船 1 条 1986 年 11 月建造三上三下楼房 6 间及转居屋 1 间，面积 220 平方米 2017 年 5 月购商品房 1 套 2019 年 6 月购汽车 1 辆						

<table>
<tr><th rowspan="2"></th><th rowspan="2">姓名</th><th rowspan="2">与户主关系</th><th rowspan="2">性别</th><th rowspan="2">出生日期</th><th rowspan="2">民族</th><th colspan="2">已故家属</th></tr>
<tr><th>称呼</th><th>姓名</th></tr>
<tr><td rowspan="4">现有
家庭成员</td><td>薛勤良</td><td>户主</td><td>男</td><td>1971 年 10 月</td><td>汉</td><td>父亲</td><td>薛凤泉</td></tr>
<tr><td>李琴仙</td><td>妻子</td><td>女</td><td>1971 年 7 月</td><td>汉</td><td></td><td></td></tr>
<tr><td>薛婉燕</td><td>女儿</td><td>女</td><td>1995 年 7 月</td><td>汉</td><td></td><td></td></tr>
<tr><td>薛金凤</td><td>母亲</td><td>女</td><td>1946 年 12 月</td><td>汉</td><td></td><td></td></tr>
<tr><td>家庭大事</td><td colspan="7">1984 年 5 月购水泥运输船 1 条
1987 年 10 月建造三上三下楼房 6 间及转居屋 1 间，面积 220 平方米
2010 年 10 月购商品房 1 套
2018 年 5 月购汽车 1 辆</td></tr>
</table>

<table>
<tr><th rowspan="2"></th><th rowspan="2">姓名</th><th rowspan="2">与户主关系</th><th rowspan="2">性别</th><th rowspan="2">出生日期</th><th rowspan="2">民族</th><th colspan="2">已故家属</th></tr>
<tr><th>称呼</th><th>姓名</th></tr>
<tr><td rowspan="4">现有
家庭成员</td><td>薛秋生</td><td>户主</td><td>男</td><td>1963 年 8 月</td><td>汉</td><td>父亲</td><td>薛金泉</td></tr>
<tr><td>沈福珍</td><td>妻子</td><td>女</td><td>1963 年 2 月</td><td>汉</td><td>母亲</td><td>郭林妹</td></tr>
<tr><td>薛　娟</td><td>长女</td><td>女</td><td>1986 年 7 月</td><td>汉</td><td></td><td></td></tr>
<tr><td>薛　丹</td><td>次女</td><td>女</td><td>1991 年 1 月</td><td>汉</td><td></td><td></td></tr>
<tr><td>家庭大事</td><td colspan="7">1984 年 2 月购水泥运输船 1 条
1992 年 10 月建造三上三下楼房 6 间及转居屋 1 间，面积 220 平方米
2018 年 5 月购商品房 1 套
2020 年 3 月购汽车 1 辆</td></tr>
</table>

	姓名	与户主关系	性别	出生日期	民族	已故家属	
						称呼	姓名
现有家庭成员	薛荣根	户主	男	1948 年 9 月	汉	父亲	薛水根
	方定花	妻子	女	1950 年 9 月	汉		
	薛　青	长女	女	1971 年 11 月	汉		
	姚兴龙	长婿	男	1968 年 4 月	汉		
	薛兵华	外孙	男	1992 年 8 月	汉		
	薛宁烨	曾外孙女	女	2020 年 12 月	汉		
家庭大事	1983 年 11 月购水泥运输船 1 条 1987 年 10 月建造三上三下楼房 6 间及转居屋 1 间，面积 230 平方米 2006 年 5 月购汽车 1 辆 2015 年 4 月购商品房 1 套						

	姓名	与户主关系	性别	出生日期	民族	已故家属	
						称呼	姓名
现有家庭成员	薛荣生	户主	男	1963 年 5 月	汉	母亲	薛花宝
	顾美香	妻子	女	1963 年 4 月	汉		
	薛　刚	儿子	男	1986 年 3 月	汉		
	卢安芹	儿媳	女	1989 年 4 月	汉		
	薛欣怡	孙女	女	2009 年 8 月	汉		
家庭大事	1984 年 3 月购水泥运输船 1 条 1987 年 6 月建造三上三下楼房 6 间及转居屋 1 间，面积 220 平方米 2005 年 8 月购商品房 1 套 2017 年 5 月购汽车 1 辆						

<table>
<tr><td rowspan="4">现有
家庭成员</td><td rowspan="2">姓名</td><td rowspan="2">与户主关系</td><td rowspan="2">性别</td><td rowspan="2">出生日期</td><td rowspan="2">民族</td><td colspan="2">已故家属</td></tr>
<tr><td>称呼</td><td>姓名</td></tr>
<tr><td>薛金荣</td><td>户主</td><td>男</td><td>1954 年 1 月</td><td>汉</td><td>父亲</td><td>薛火根</td></tr>
<tr><td>薛　花</td><td>妻子</td><td>女</td><td>1954 年 12 月</td><td>汉</td><td></td><td></td></tr>
<tr><td>家庭大事</td><td colspan="7">1983 年 12 月购水泥运输船 1 条
1988 年 10 月建造三上三下楼房 6 间及转居屋 1 间，面积 230 平方米
1999 年 12 月开管子场 1 家
2000 年 4 月购商品房 1 套
2017 年 5 月购汽车 1 辆</td></tr>
</table>

<table>
<tr><td rowspan="7">现有
家庭成员</td><td rowspan="2">姓名</td><td rowspan="2">与户主关系</td><td rowspan="2">性别</td><td rowspan="2">出生日期</td><td rowspan="2">民族</td><td colspan="2">已故家属</td></tr>
<tr><td>称呼</td><td>姓名</td></tr>
<tr><td>金泉妹</td><td>户主</td><td>女</td><td>1930 年 1 月</td><td>汉</td><td></td><td></td></tr>
<tr><td>薛金男</td><td>次子</td><td>男</td><td>1962 年 4 月</td><td>汉</td><td></td><td></td></tr>
<tr><td>张士花</td><td>次媳</td><td>女</td><td>1963 年 4 月</td><td>汉</td><td></td><td></td></tr>
<tr><td>薛春伟</td><td>孙子</td><td>男</td><td>1986 年 4 月</td><td>汉</td><td></td><td></td></tr>
<tr><td>薛振勋</td><td>曾孙</td><td>男</td><td>2013 年 9 月</td><td>汉</td><td></td><td></td></tr>
<tr><td>家庭大事</td><td colspan="7">1984 年 4 月购水泥运输船 1 条
1988 年 10 月建造三上三下楼房 6 间及转居屋 1 间，面积 220 平方米
2001 年 9 月购出租车 1 辆
2010 年 8 月购汽车 1 辆
2013 年 5 月购商品房 1 套</td></tr>
</table>

<table>
<tr><th rowspan="2"></th><th rowspan="2">姓名</th><th rowspan="2">与户主关系</th><th rowspan="2">性别</th><th rowspan="2">出生日期</th><th rowspan="2">民族</th><th colspan="2">已故家属</th></tr>
<tr><th>称呼</th><th>姓名</th></tr>
<tr><td rowspan="5">现有家庭成员</td><td>徐水英</td><td>户主</td><td>女</td><td>1946 年 12 月</td><td>汉</td><td>公公</td><td>薛阿元</td></tr>
<tr><td>薛火荣</td><td>丈夫</td><td>男</td><td>1948 年 11 月</td><td>汉</td><td></td><td></td></tr>
<tr><td>薛　芳</td><td>女儿</td><td>女</td><td>1969 年 10 月</td><td>汉</td><td></td><td></td></tr>
<tr><td>陆月忠</td><td>女婿</td><td>男</td><td>1967 年 4 月</td><td>汉</td><td></td><td></td></tr>
<tr><td>薛苏静</td><td>外孙女</td><td>女</td><td>1990 年 12 月</td><td>汉</td><td></td><td></td></tr>
<tr><td>家庭大事</td><td colspan="7">1966 年 3 月薛阿元加入中国共产党
1971 年 1 月薛火荣参军入伍，1972 年 5 月加入中国共产党，1975 年 3 月退伍，1983 年 6 月任五三村经济合作社社长
1975 年 12 月徐水英加入中国共产党，任五三大队妇女主任
1984 年 7 月购水泥运输船 1 条
1986 年 10 月建造三上三下楼房 6 间及转居屋 1 间，面积 220 平方米
2002 年 5 月购出租车 1 辆
2009 年 9 月薛苏静考取江苏大学京江学院</td></tr>
</table>

<table>
<tr><th rowspan="2"></th><th rowspan="2">姓名</th><th rowspan="2">与户主关系</th><th rowspan="2">性别</th><th rowspan="2">出生日期</th><th rowspan="2">民族</th><th colspan="2">已故家属</th></tr>
<tr><th>称呼</th><th>姓名</th></tr>
<tr><td rowspan="9">现有家庭成员</td><td>薛巧荣</td><td>户主</td><td>男</td><td>1953 年 3 月</td><td>汉</td><td>母亲</td><td>凌招男</td></tr>
<tr><td>沈林珍</td><td>妻子</td><td>女</td><td>1953 年 2 月</td><td>汉</td><td></td><td></td></tr>
<tr><td>薛　燕</td><td>女儿</td><td>女</td><td>1978 年 3 月</td><td>汉</td><td></td><td></td></tr>
<tr><td>张　鹏</td><td>女婿</td><td>男</td><td>1979 年 6 月</td><td>汉</td><td></td><td></td></tr>
<tr><td>张晟浩</td><td>外孙</td><td>男</td><td>2005 年 5 月</td><td>汉</td><td></td><td></td></tr>
<tr><td>薛　锋</td><td>儿子</td><td>男</td><td>1981 年 6 月</td><td>汉</td><td></td><td></td></tr>
<tr><td>姚雪芳</td><td>儿媳</td><td>女</td><td>1979 年 10 月</td><td>汉</td><td></td><td></td></tr>
<tr><td>薛晟涛</td><td>长孙</td><td>男</td><td>2004 年 6 月</td><td>汉</td><td></td><td></td></tr>
<tr><td>姚晟涵</td><td>次孙</td><td>男</td><td>2014 年 5 月</td><td>汉</td><td></td><td></td></tr>
<tr><td>家庭大事</td><td colspan="7">1983 年 5 月购水泥运输船 1 条
1987 年 10 月建造三上三下楼房 6 间及转居屋 1 间，面积 220 平方米
1999 年 12 月张鹏参军入伍，2001 年 12 月退伍
2002 年 3 月购商品房 1 套
2017 年 2 月购汽车 1 辆</td></tr>
</table>

<table>
<tr><td rowspan="7">现有家庭成员</td><td rowspan="2">姓名</td><td rowspan="2">与户主关系</td><td rowspan="2">性别</td><td rowspan="2">出生日期</td><td rowspan="2">民族</td><td colspan="2">已故家属</td></tr>
<tr><td>称呼</td><td>姓名</td></tr>
<tr><td>陆泉英</td><td>户主</td><td>女</td><td>1941 年 12 月</td><td>汉</td><td></td><td></td></tr>
<tr><td>薛林芳</td><td>次子</td><td>男</td><td>1968 年 3 月</td><td>汉</td><td></td><td></td></tr>
<tr><td>徐飞金</td><td>次媳</td><td>女</td><td>1968 年 1 月</td><td>汉</td><td></td><td></td></tr>
<tr><td>薛程成</td><td>孙子</td><td>男</td><td>1991 年 2 月</td><td>汉</td><td></td><td></td></tr>
<tr><td>薛哲希</td><td>曾孙</td><td>男</td><td>2015 年 5 月</td><td>汉</td><td></td><td></td></tr>
<tr><td>家庭大事</td><td colspan="7">1983 年 10 月购水泥运输船 1 条
1991 年 5 月建造三上三下楼房 6 间及转居屋 1 间，面积 220 平方米
2001 年 3 月购出租车 1 辆
2002 年 6 月购商品房 1 套
2015 年 3 月购汽车 1 辆</td></tr>
</table>

<table>
<tr><td rowspan="8">现有家庭成员</td><td rowspan="2">姓名</td><td rowspan="2">与户主关系</td><td rowspan="2">性别</td><td rowspan="2">出生日期</td><td rowspan="2">民族</td><td colspan="2">已故家属</td></tr>
<tr><td>称呼</td><td>姓名</td></tr>
<tr><td>薛爱根</td><td>户主</td><td>男</td><td>1957 年 10 月</td><td>汉</td><td></td><td></td></tr>
<tr><td>付卫琴</td><td>妻子</td><td>女</td><td>1958 年 6 月</td><td>汉</td><td></td><td></td></tr>
<tr><td>薛正刚</td><td>儿子</td><td>男</td><td>1981 年 5 月</td><td>汉</td><td></td><td></td></tr>
<tr><td>王俊芳</td><td>儿媳</td><td>女</td><td>1979 年 2 月</td><td>汉</td><td></td><td></td></tr>
<tr><td>薛雯月</td><td>孙女</td><td>女</td><td>2007 年 6 月</td><td>汉</td><td></td><td></td></tr>
<tr><td>薛苏益</td><td>孙子</td><td>男</td><td>2014 年 8 月</td><td>汉</td><td></td><td></td></tr>
<tr><td>家庭大事</td><td colspan="7">1993 年 10 月购水泥运输船 1 条
1988 年 12 月建造三上三下楼房 6 间及转居屋 1 间，面积 260 平方米
2008 年 8 月购汽车 1 辆
2010 年 4 月购商品房 1 套</td></tr>
</table>

<table>
<tr><td rowspan="7">现有家庭成员</td><td rowspan="2">姓名</td><td rowspan="2">与户主关系</td><td rowspan="2">性别</td><td rowspan="2">出生日期</td><td rowspan="2">民族</td><td colspan="2">已故家属</td></tr>
<tr><td>称呼</td><td>姓名</td></tr>
<tr><td>顾小妹</td><td>户主</td><td>女</td><td>1957 年 11 月</td><td>汉</td><td>丈夫</td><td>汤木泉</td></tr>
<tr><td>汤伟锋</td><td>儿子</td><td>男</td><td>1981 年 12 月</td><td>汉</td><td></td><td></td></tr>
<tr><td>廖秋红</td><td>儿媳</td><td>女</td><td>1985 年 11 月</td><td>汉</td><td></td><td></td></tr>
<tr><td>汤弋萱</td><td>长孙女</td><td>女</td><td>2010 年 6 月</td><td>汉</td><td></td><td></td></tr>
<tr><td>汤弋芪</td><td>次孙女</td><td>女</td><td>2015 年 10 月</td><td>汉</td><td></td><td></td></tr>
<tr><td>家庭大事</td><td colspan="7">1984 年 3 月购水泥运输船 1 条
1987 年 11 月建造三上三下楼房 6 间及转居屋 1 间，面积 220 平方米
2014 年 5 月购汽车 1 辆
2015 年 10 月购商品房 1 套</td></tr>
</table>

<table>
<tr><td rowspan="7">现有家庭成员</td><td rowspan="2">姓名</td><td rowspan="2">与户主关系</td><td rowspan="2">性别</td><td rowspan="2">出生日期</td><td rowspan="2">民族</td><td colspan="2">已故家属</td></tr>
<tr><td>称呼</td><td>姓名</td></tr>
<tr><td>方金元</td><td>户主</td><td>男</td><td>1954 年 1 月</td><td>汉</td><td>父亲</td><td>方阿五</td></tr>
<tr><td>薛密金</td><td>妻子</td><td>女</td><td>1954 年 11 月</td><td>汉</td><td>母亲</td><td>方火宝</td></tr>
<tr><td>方　明</td><td>儿子</td><td>男</td><td>1982 年 6 月</td><td>汉</td><td></td><td></td></tr>
<tr><td>王　萍</td><td>儿媳</td><td>女</td><td>1982 年 8 月</td><td>汉</td><td></td><td></td></tr>
<tr><td>方思琪</td><td>孙女</td><td>女</td><td>2008 年 6 月</td><td>汉</td><td></td><td></td></tr>
<tr><td>家庭大事</td><td colspan="7">1983 年 10 月购水泥运输船 1 条
1992 年 6 月建造三上三下楼房 6 间及转居屋 1 间，面积 220 平方米
2015 年 7 月购汽车 1 辆
2018 年 10 月购商品房 1 套</td></tr>
</table>

	姓名	与户主关系	性别	出生日期	民族	已故家属	
						称呼	姓名
现有家庭成员	薛金良	户主	男	1966 年 5 月	汉	父亲	薛大男
	钱三妹	妻子	女	1968 年 3 月	汉		
	薛晓琴	女儿	女	1989 年 2 月	汉		
	杨鑫瑞	外孙	男	2018 年 5 月	汉		
家庭大事	1988 年 5 月购水泥运输船 1 条 1997 年 4 月建造三上三下楼房 6 间及转居屋 1 间，面积 220 平方米 2012 年 4 月购商品房 1 套 2019 年 3 月购汽车 1 辆						

	姓名	与户主关系	性别	出生日期	民族	已故家属	
						称呼	姓名
现有家庭成员	徐建龙	户主	男	1966 年 7 月	汉		
	方金仙	妻子	女	1968 年 11 月	汉		
	徐彩萍	女儿	女	1990 年 7 月	汉		
	张曦媛	长外孙女	女	2012 年 4 月	汉		
	徐翎轩	次外孙女	女	2017 年 12 月	汉		
家庭大事	1983 年 10 月购水泥运输船 1 条 1989 年 5 月建造三上三下楼房 6 间及转居屋 1 间，面积 220 平方米 2002 年 3 月购出租车 1 辆 2005 年 5 月购商品房 1 套 2013 年 10 月购汽车 1 辆						

<table>
<tr><td rowspan="2"></td><td rowspan="2">姓名</td><td rowspan="2">与户主关系</td><td rowspan="2">性别</td><td rowspan="2">出生日期</td><td rowspan="2">民族</td><td colspan="2">已故家属</td></tr>
<tr><td>称呼</td><td>姓名</td></tr>
<tr><td rowspan="6">现有
家庭成员</td><td>徐水荣</td><td>户主</td><td>男</td><td>1949 年 12 月</td><td>汉</td><td>父亲</td><td>徐宗金</td></tr>
<tr><td>陆二妹</td><td>妻子</td><td>女</td><td>1951 年 5 月</td><td>汉</td><td></td><td></td></tr>
<tr><td>徐春华</td><td>儿子</td><td>男</td><td>1976 年 2 月</td><td>汉</td><td></td><td></td></tr>
<tr><td>顾奕芳</td><td>儿媳</td><td>女</td><td>1978 年 2 月</td><td>汉</td><td></td><td></td></tr>
<tr><td>徐俊犟</td><td>孙子</td><td>男</td><td>2005 年 4 月</td><td>汉</td><td></td><td></td></tr>
<tr><td>徐菊华</td><td>女儿</td><td>女</td><td>1978 年 10 月</td><td>汉</td><td></td><td></td></tr>
<tr><td>家庭大事</td><td colspan="7">1962 年 2 月徐宗金加入中国共产党
1970 年 10 月徐水荣参军入伍，1975 年 7 月退伍，1976 年加入中国共产党
1983 年 10 月购水泥运输船 1 条
1989 年 10 月建造三上三下楼房 6 间及转居屋 1 间，面积 220 平方米
2003 年 5 月购汽车 1 辆
2005 年 4 月购商品房 1 套</td></tr>
</table>

<table>
<tr><td rowspan="2"></td><td rowspan="2">姓名</td><td rowspan="2">与户主关系</td><td rowspan="2">性别</td><td rowspan="2">出生日期</td><td rowspan="2">民族</td><td colspan="2">已故家属</td></tr>
<tr><td>称呼</td><td>姓名</td></tr>
<tr><td rowspan="4">现有
家庭成员</td><td>方宗全</td><td>户主</td><td>男</td><td>1947 年 12 月</td><td>汉</td><td></td><td></td></tr>
<tr><td>薛凤金</td><td>妻子</td><td>女</td><td>1949 年 7 月</td><td>汉</td><td></td><td></td></tr>
<tr><td>方　荣</td><td>儿子</td><td>男</td><td>1974 年 7 月</td><td>汉</td><td></td><td></td></tr>
<tr><td>方梦佳</td><td>孙女</td><td>女</td><td>1998 年 6 月</td><td>汉</td><td></td><td></td></tr>
<tr><td>家庭大事</td><td colspan="7">1984 年 5 月购水泥运输船 1 条
1992 年 10 月建造三上三下楼房 6 间及转居屋 1 间，面积 230 平方米
2010 年 5 月购汽车 1 辆
2014 年 5 月购商品房 1 套
2016 年 4 月开包装厂 1 家</td></tr>
</table>

	姓名	与户主关系	性别	出生日期	民族	已故家属	
						称呼	姓名
现有家庭成员	钱菊全	户主	男	1963 年 9 月	汉	祖父	钱宗林
	薛巧英	妻子	女	1962 年 11 月	汉	祖母	王福林
	钱美娟	女儿	女	1986 年 7 月	汉		
	钱思予	外孙女	女	2015 年 5 月	汉		
	钱菊香	妹妹	女	1968 年 11 月	汉		
	薛寿根	父亲	男	1940 年 10 月	汉		
	钱林宝	母亲	女	1942 年 12 月	汉		
家庭大事	1983 年 7 月购水泥运输船 1 条 1986 年 12 月建造三上三下楼房 6 间及转居屋 1 间，面积 230 平方米 1991 年 5 月购铁船 1 条 2003 年 5 月购汽车 1 辆 2007 年 6 月购商品房 1 套						

	姓名	与户主关系	性别	出生日期	民族	已故家属	
						称呼	姓名
现有家庭成员	王金明	户主	男	1967 年 3 月	汉		
	王　芳	妻子	女	1972 年 8 月	汉		
	王晓芬	女儿	女	1996 年 8 月	汉		
家庭大事	1990 年 10 月建造三上三下楼房 6 间及转居屋 1 间，面积 220 平方米						

	姓名	与户主关系	性别	出生日期	民族	已故家属	
						称呼	姓名
现有家庭成员	王金山	户主	男	1964 年 11 月	汉	父亲	王伟根
	方定仙	妻子	女	1964 年 4 月	汉		
	王喜刚	儿子	男	1988 年 1 月	汉		
	张　娜	儿媳	女	1984 年 6 月	汉		
	王奕皓	长孙	男	2011 年 3 月	汉		
	王奕恺	次孙	男	2018 年 5 月	汉		
	王老大	母亲	女	1931 年 12 月	汉		
家庭大事	1983 年 8 月购水泥运输船 1 条 1992 年 10 月建造三上三下楼房 6 间及转居屋 1 间，面积 220 平方米 2001 年 4 月购出租车 1 辆 2008 年 4 月购商品房 1 套 2019 年 5 月购汽车 1 辆						

	姓名	与户主关系	性别	出生日期	民族	已故家属	
						称呼	姓名
现有家庭成员	徐金龙	户主	男	1961 年 8 月	汉	父亲	徐仁元
	孙菊云	妻子	女	1965 年 3 月	汉		
	徐晓平	儿子	男	1985 年 12 月	汉		
	柏　玲	儿媳	女	1989 年 6 月	汉		
	徐浩宇	孙子	男	2014 年 11 月	汉		
	陆银宝	母亲	女	1936 年 1 月	汉		
家庭大事	1991 年 3 月购水泥运输船 1 条 2000 年 1 月建造三上三下楼房 6 间及转居屋 1 间，面积 220 平方米 2013 年 2 月购汽车 1 辆 2020 年 4 月购商品房 1 套						

	姓名	与户主关系	性别	出生日期	民族	已故家属	
						称呼	姓名
现有家庭成员	王花妹	户主	女	1940 年 11 月	汉	丈夫	徐宗根
	徐雪金	女儿	女	1963 年 5 月	汉		
	徐金星	女婿	男	1959 年 12 月	汉		
	徐静芳	外孙女	女	1985 年 5 月	汉		
	李唯依	长曾外孙女	女	2012 年 9 月	汉		
	徐静晨	外孙	男	1989 年 9 月	汉		
	徐卓远	曾外孙	男	2015 年 2 月	汉		
	顾卓悦	次曾外孙女	女	2018 年 3 月	汉		
家庭大事	1986 年 1 月购水泥运输船 1 条 1990 年 5 月建造三上四下楼房 7 间及转居屋 1 间，面积 260 平方米 2007 年 2 月购出租车 1 辆 2003 年 8 月徐静芳考取西南交通大学，2005 年 10 月加入中国共产党，2017 年 6 月获得苏州大学硕士研究生学位 2009 年 6 月徐静晨考取苏州大学应用技术学院，2012 年 9 月加入中国共产党 2010 年 10 月购商品房 1 套 2014 年 6 月购汽车 1 辆 2016 年 5 月购商品房 1 套，7 月购汽车 1 辆						

<table>
<tr><th rowspan="2"></th><th rowspan="2">姓名</th><th rowspan="2">与户主关系</th><th rowspan="2">性别</th><th rowspan="2">出生日期</th><th rowspan="2">民族</th><th colspan="2">已故家属</th></tr>
<tr><th>称呼</th><th>姓名</th></tr>
<tr><td rowspan="6">现有家庭成员</td><td>方大金元</td><td>户主</td><td>男</td><td>1958 年 1 月</td><td>汉</td><td></td><td></td></tr>
<tr><td>钱凤珍</td><td>妻子</td><td>女</td><td>1958 年 3 月</td><td>汉</td><td></td><td></td></tr>
<tr><td>方　亮</td><td>儿子</td><td>男</td><td>1983 年 1 月</td><td>汉</td><td></td><td></td></tr>
<tr><td>卿玉福</td><td>儿媳</td><td>女</td><td>1981 年 6 月</td><td>汉</td><td></td><td></td></tr>
<tr><td>方智铖</td><td>孙子</td><td>男</td><td>2005 年 6 月</td><td>汉</td><td></td><td></td></tr>
<tr><td>方智怡</td><td>孙女</td><td>女</td><td>2008 年 11 月</td><td>汉</td><td></td><td></td></tr>
<tr><td>家庭大事</td><td colspan="7">1984 年 4 月购水泥运输船 1 条
1985 年 4 月开管子场 1 家
1994 年 5 月建造三上三下楼房 6 间及转居屋 1 间，面积 240 平方米
2010 年 5 月购汽车 1 辆
2012 年 10 月开厂
2014 年 6 月购商品房 1 套</td></tr>
</table>

<table>
<tr><th rowspan="2"></th><th rowspan="2">姓名</th><th rowspan="2">与户主关系</th><th rowspan="2">性别</th><th rowspan="2">出生日期</th><th rowspan="2">民族</th><th colspan="2">已故家属</th></tr>
<tr><th>称呼</th><th>姓名</th></tr>
<tr><td rowspan="5">现有家庭成员</td><td>徐金荣</td><td>户主</td><td>男</td><td>1954 年 1 月</td><td>汉</td><td>母亲</td><td>沈金花</td></tr>
<tr><td>王根花</td><td>妻子</td><td>女</td><td>1954 年 8 月</td><td>汉</td><td></td><td></td></tr>
<tr><td>徐政华</td><td>儿子</td><td>男</td><td>1978 年 11 月</td><td>汉</td><td></td><td></td></tr>
<tr><td>王丽珍</td><td>儿媳</td><td>女</td><td>1976 年 9 月</td><td>汉</td><td></td><td></td></tr>
<tr><td>徐欣雨</td><td>孙女</td><td>女</td><td>2002 年 4 月</td><td>汉</td><td></td><td></td></tr>
<tr><td>家庭大事</td><td colspan="7">1986 年 4 月购水泥运输船 1 条
1988 年 10 月建造三上三下楼房 6 间及转居屋 1 间，面积 220 平方米
2017 年 10 月购汽车 1 辆</td></tr>
</table>

	姓名	与户主关系	性别	出生日期	民族	已故家属	
						称呼	姓名
现有家庭成员	汤福泉	户主	男	1963 年 4 月	汉	父亲	汤金水
	薛桂花	妻子	女	1963 年 6 月	汉	儿子	汤伟华
	汤忆薇	女儿	女	2010 年 7 月	汉		
	张小妹	母亲	女	1927 年 2 月	汉		
家庭大事	1984 年 3 月购水泥运输船 1 条 1986 年 12 月建造三上三下楼房 6 间及转居屋 1 间，面积 260 平方米 2020 年 3 月购商品房 1 套						

	姓名	与户主关系	性别	出生日期	民族	已故家属	
						称呼	姓名
现有家庭成员	顾素英	户主	女	1947 年 8 月	汉	丈夫	方宗林
	方金学	儿子	男	1966 年 12 月	汉		
	顾秧仙	儿媳	女	1966 年 6 月	汉		
	方文刚	孙子	男	1989 年 8 月	汉		
	方梓萱	曾孙女	女	2014 年 4 月	汉		
家庭大事	1984 年 3 月购水泥运输船 1 条 1986 年 12 月建造三上三下楼房 6 间及转居屋 1 间，面积 220 平方米 2004 年 3 月购出租车 1 辆 2017 年 10 月购汽车 1 辆 2020 年 3 月购商品房 1 套						

<table>
<tr><td rowspan="2"></td><td rowspan="2">姓名</td><td rowspan="2">与户主关系</td><td rowspan="2">性别</td><td rowspan="2">出生日期</td><td rowspan="2">民族</td><td colspan="2">已故家属</td></tr>
<tr><td>称呼</td><td>姓名</td></tr>
<tr><td rowspan="7">现有家庭成员</td><td>薛建荣</td><td>户主</td><td>男</td><td>1964 年 2 月</td><td>汉</td><td></td><td></td></tr>
<tr><td>浦木香</td><td>妻子</td><td>女</td><td>1963 年 10 月</td><td>汉</td><td></td><td></td></tr>
<tr><td>薛新叶</td><td>女儿</td><td>女</td><td>1987 年 12 月</td><td>汉</td><td></td><td></td></tr>
<tr><td>薛书淼</td><td>外孙</td><td>男</td><td>2014 年 1 月</td><td>汉</td><td></td><td></td></tr>
<tr><td>王书忆</td><td>外孙女</td><td>女</td><td>2020 年 3 月</td><td>汉</td><td></td><td></td></tr>
<tr><td>薛小元</td><td>父亲</td><td>男</td><td>1944 年 5 月</td><td>汉</td><td></td><td></td></tr>
<tr><td>孙根宝</td><td>母亲</td><td>女</td><td>1944 年 1 月</td><td>汉</td><td></td><td></td></tr>
<tr><td>家庭大事</td><td colspan="7">1983 年 10 月购水泥运输船 1 条
1986 年 10 月建造三上三下楼房 6 间及转居屋 1 间，面积 210 平方米
1991 年 4 月购铁船 1 条
2007 年 10 月购商品房 1 套
2009 年 9 月薛新叶于昆山第一人民医院任护士
2013 年 10 月购汽车 1 辆</td></tr>
</table>

<table>
<tr><td rowspan="2"></td><td rowspan="2">姓名</td><td rowspan="2">与户主关系</td><td rowspan="2">性别</td><td rowspan="2">出生日期</td><td rowspan="2">民族</td><td colspan="2">已故家属</td></tr>
<tr><td>称呼</td><td>姓名</td></tr>
<tr><td rowspan="5">现有家庭成员</td><td>薛本林</td><td>户主</td><td>男</td><td>1958 年 11 月</td><td>汉</td><td>母亲</td><td>薛水宝</td></tr>
<tr><td>戴密珍</td><td>妻子</td><td>女</td><td>1956 年 5 月</td><td>汉</td><td></td><td></td></tr>
<tr><td>薛文杰</td><td>儿子</td><td>男</td><td>1982 年 9 月</td><td>汉</td><td></td><td></td></tr>
<tr><td>王楠楠</td><td>儿媳</td><td>女</td><td>1986 年 4 月</td><td>汉</td><td></td><td></td></tr>
<tr><td>薛淑雅</td><td>孙女</td><td>女</td><td>2012 年 5 月</td><td>汉</td><td></td><td></td></tr>
<tr><td>家庭大事</td><td colspan="7">1983 年 10 月购水泥运输船 1 条
1987 年 4 月建造三上三下楼房 6 间及转居屋 1 间，面积 220 平方米
2007 年 5 月购汽车 1 辆
2014 年 7 月购商品房 1 套</td></tr>
</table>

	姓名	与户主关系	性别	出生日期	民族	已故家属	
						称呼	姓名
现有家庭成员	薛金林	户主	男	1962 年 6 月	汉		
	王凤英	妻子	女	1961 年 9 月	汉		
	薛晓伟	儿子	男	1986 年 7 月	汉		
	苏　娟	儿媳	女	1986 年 4 月	汉		
	薛佑辰	孙子	男	2010 年 3 月	汉		
	薛伊婷	孙女	女	2012 年 7 月	汉		
家庭大事	1984 年 5 月购水泥运输船 1 条 1987 年 10 月建造三上三下楼房 6 间及转居屋 1 间，面积 220 平方米 2010 年 3 月购商品房 1 套 2019 年 5 月购汽车 1 辆						

	姓名	与户主关系	性别	出生日期	民族	已故家属	
						称呼	姓名
现有家庭成员	薛密宝	户主	女	1949 年 11 月	汉	丈夫	徐福生
	薛金忠	儿子	男	1969 年 12 月	汉		
	周玉英	儿媳	女	1969 年 11 月	汉		
	薛丹芩	孙女	女	1990 年 10 月	汉		
	薛封冠	曾孙	男	2016 年 9 月	汉		
家庭大事	2004 年 2 月购出租车 1 辆 2012 年 3 月购汽车 1 辆 2014 年 2 月建造二上二下楼房 4 间和转居屋 1 间，面积 190 平方米 2015 年 10 月购商品房 1 套						

现有家庭成员	姓名	与户主关系	性别	出生日期	民族	已故家属	
						称呼	姓名
	王金宝	户主	女	1935 年 1 月	汉	丈夫	方全生
	方巧元	儿子	男	1953 年 5 月	汉		
	郭小妹	儿媳	女	1951 年 11 月	汉		
	方　龙	孙子	男	1976 年 10 月	汉		
	徐雪英	孙媳	女	1976 年 10 月	汉		
	方思懿	曾孙女	女	1999 年 9 月	汉		
家庭大事	1983 年 5 月购水泥运输船 1 条 1986 年 10 月建造三上三下楼房 6 间及转居屋 1 间，面积 220 平方米 1997 年 3 月购商品房 1 套 2020 年 6 月购汽车 1 辆						

现有家庭成员	姓名	与户主关系	性别	出生日期	民族	已故家属	
						称呼	姓名
	薛桃英	户主	女	1952 年 3 月	汉	丈夫	钱云元
	钱志强	儿子	男	1974 年 6 月	汉		
家庭大事	1985 年 2 月购水泥运输船 1 条 1987 年 5 月建造三上三下楼房 6 间及转居屋 1 间，面积 220 平方米 2000 年 3 月购商品房 1 套，5 月购汽车 1 辆						

现有家庭成员	姓名	与户主关系	性别	出生日期	民族	已故家属	
						称呼	姓名
	方阿二	户主	女	1927 年 10 月	汉	丈夫	姚腊狗
家庭大事							

	姓名	与户主关系	性别	出生日期	民族	已故家属	
						称呼	姓名
现有家庭成员	薛金芳	户主	男	1965 年 11 月	汉	父亲	薛凤男
	方秋英	妻子	女	1965 年 9 月	汉		
	薛文华	儿子	男	1988 年 8 月	汉		
	薛予安	长孙	男	2014 年 2 月	汉		
	陆予康	次孙	男	2016 年 11 月	汉		
家庭大事	1986 年 10 月建造三上三下楼房 6 间及转居屋 1 间，面积 220 平方米						

	姓名	与户主关系	性别	出生日期	民族	已故家属	
						称呼	姓名
现有家庭成员	薛爱男	户主	男	1954 年 2 月	汉		
	薛巧妹	妻子	女	1956 年 9 月	汉		
	薛　伟	儿子	男	1979 年 11 月	汉		
	李芳芳	儿媳	女	1984 年 5 月	汉		
	薛　凯	孙子	男	2010 年 10 月	汉		
家庭大事	1989 年 3 月建造三上三下楼房 6 间及转居屋 1 间，面积 220 平方米 1999 年 9 月薛伟考取长春电子科技与工程学院 2007 年 7 月李芳芳加入中国共产党						

马庄村第 6 村民小组

现有家庭成员	姓名	与户主关系	性别	出生日期	民族	已故家属	
						称呼	姓名
	张月花	户主	女	1943 年 12 月	汉		
家庭大事	1975 年 3 月建造平房 4 间，面积 100 平方米 1998 年 6 月购商品房 1 套 2013 年 5 月分到动迁房 1 套						

现有家庭成员	姓名	与户主关系	性别	出生日期	民族	已故家属	
						称呼	姓名
	张凤林	户主	男	1944 年 1 月	汉		
	张建芳	儿子	男	1965 年 10 月	汉		
	徐花珍	儿媳	女	1963 年 5 月	汉		
	张一菲	孙女	女	1988 年 6 月	汉		
家庭大事							

现有家庭成员	姓名	与户主关系	性别	出生日期	民族	已故家属	
						称呼	姓名
	陈文良	户主	男	1968 年 1 月	汉	岳父	陆金木
	陆米珍	妻子	女	1970 年 10 月	汉	岳母	王风英
	陆晨超	儿子	男	1991 年 8 月	汉		
	姚佳丽	儿媳	女	1992 年 4 月	汉		
家庭大事	1993 年 6 月购水泥运输船 1 条 1994 年 12 月建造三上四下楼房 6 间，面积 285 平方米 2012 年 3 月购商品房 1 套						

	姓名	与户主关系	性别	出生日期	民族	已故家属	
						称呼	姓名
现有家庭成员	陆根荣	户主	男	1955 年 2 月	汉	父亲	陆二男
	张介妹	妻子	女	1954 年 12 月	汉		
	陆　金	儿子	男	1979 年 2 月	汉		
	魏　蓝	儿媳	女	1979 年 9 月	汉		
	陆良晓	孙子	男	2002 年 10 月	汉		
家庭大事	1974 年 12 月陆根荣参军入伍，1978 年 4 月退伍 1985 年 2 月购水泥运输船 1 条 1990 年 9 月建造三上三下楼房 6 间，面积 230 平方米 2000 年 1 月购商品房 1 套 2015 年 6 月购汽车 1 辆						

	姓名	与户主关系	性别	出生日期	民族	已故家属	
						称呼	姓名
现有家庭成员	陆兴发	户主	男	1944 年 11 月	汉		
	景招仙	妻子	女	1946 年 8 月	汉		
	陆文明	儿子	男	1969 年 3 月	汉		
	陆春晨	孙子	男	1992 年 3 月	汉		
家庭大事	1986 年 3 月购水泥运输船 1 条 1989 年 9 月建造三上三下楼房 6 间，面积 240 平方米 2009 年 6 月购汽车 1 辆 2010 年 12 月陆春晨参军入伍，2012 年 11 月加入中国共产党，12 月退伍 2015 年 10 月购商品房 1 套						

现有家庭成员	姓名	与户主关系	性别	出生日期	民族	已故家属	
						称呼	姓名
	徐汉根	户主	男	1965 年 10 月	汉	母亲	徐根宝
	邵雪英	妻子	女	1966 年 5 月	汉	父亲	徐林泉
	徐　伟	儿子	男	1989 年 2 月	汉		
	徐逸辰	孙子	男	2019 年 9 月	汉		
家庭大事							

现有家庭成员	姓名	与户主关系	性别	出生日期	民族	已故家属	
						称呼	姓名
	何巧福	户主	男	1964 年 9 月	汉		
	张建花	妻子	女	1967 年 8 月	汉		
	张九龙	儿子	男	1988 年 10 月	汉		
	张天豪	孙子	男	2016 年 2 月	汉		
家庭大事							

现有家庭成员	姓名	与户主关系	性别	出生日期	民族	已故家属	
						称呼	姓名
	朱雪男	户主	男	1955 年 10 月	汉	父亲	朱小木
	李文英	妻子	女	1957 年 1 月	汉		
	朱　虹	女儿	女	1981 年 11 月	汉		
	朱辰熠	外孙	男	2004 年 9 月	汉		
家庭大事							

	姓名	与户主关系	性别	出生日期	民族	已故家属	
						称呼	姓名
现有家庭成员	朱祥妹	户主	女	1943 年 10 月	汉	丈夫	朱水根
						次子	朱林根
家庭大事							

	姓名	与户主关系	性别	出生日期	民族	已故家属	
						称呼	姓名
现有家庭成员	朱水龙	户主	男	1965 年 10 月	汉	父亲	朱小男
	钱菊花	妻子	女	1966 年 7 月	汉	母亲	张银宝
	朱明杰	儿子	男	1988 年 9 月	汉	妹妹	朱梅花
	朱芮呈	孙子	男	2011 年 5 月	汉		
	吴若溪	孙女	女	2013 年 6 月	汉		
家庭大事	1984 年 3 月购水泥运输船 1 条 1995 年 9 月建造三上三下楼房 6 间，面积 220 平方米 2007 年 4 月购商品房 1 套 2018 年 6 月购汽车 1 辆						

	姓名	与户主关系	性别	出生日期	民族	已故家属	
						称呼	姓名
现有家庭成员	黄素珍	户主	女	1950 年 7 月	汉	丈夫	张杏根
	张　明	儿子	男	1971 年 10 月	汉		
	陈　娟	儿媳	女	1977 年 2 月	汉		
	张　云	孙子	男	1997 年 12 月	汉		
家庭大事	1990 年 3 月购水泥运输船 1 条 1990 年 11 月张明参军入伍，1994 年 12 月退伍 1993 年 3 月建造三上三下楼房 6 间及转居屋 1 间，面积 220 平方米 2015 年 8 月购商品房 1 套 2020 年 1 月购汽车 1 辆						

	姓名	与户主关系	性别	出生日期	民族	已故家属	
						称呼	姓名
现有家庭成员	张花根	户主	男	1966 年 4 月	汉	父亲	张小林
	夏秀珍	妻子	女	1965 年 10 月	汉		
	沈宗妹	母亲	女	1946 年 6 月	汉		
家庭大事							

	姓名	与户主关系	性别	出生日期	民族	已故家属	
						称呼	姓名
现有家庭成员	张白男	户主	男	1952 年 9 月	汉	父亲	张阿三
	陆银花	妻子	女	1952 年 10 月	汉		
	张　妹	女儿	女	1979 年 4 月	汉		
家庭大事	1966 年 3 月张阿三加入中国共产党 1984 年 9 月购水泥运输船 1 条 1990 年 4 月建造三上三下楼房 6 间及转居屋 1 间，面积 230 平方米 1991 年 10 月购铁船 1 条 1995 年 12 月购商品房 1 套						

	姓名	与户主关系	性别	出生日期	民族	已故家属	
						称呼	姓名
现有家庭成员	朱炳荣	户主	男	1950 年 9 月	汉		
	顾凤英	妻子	女	1950 年 6 月	汉		
	朱福民	儿子	男	1973 年 10 月	汉		
	王春芳	儿媳	女	1972 年 12 月	汉		
	朱嘉雯	孙女	女	1996 年 11 月	汉		
家庭大事							

	姓名	与户主关系	性别	出生日期	民族	已故家属	
						称呼	姓名
现有家庭成员	徐林生	户主	男	1943 年 1 月	汉	妻子	顾阿三
	徐密芳	长女	女	1972 年 4 月	汉		
	支建国	长婿	男	1970 年 7 月	汉		
	徐尉谦	长外孙	男	1992 年 9 月	汉		
	徐乐希	曾外孙女	女	2017 年 5 月	汉		
	徐爱芳	次女	女	1993 年 7 月	汉		
	王浠语	外孙女	女	2017 年 8 月	汉		
	王奕霖	次外孙	男	2020 年 4 月	汉		
家庭大事							

	姓名	与户主关系	性别	出生日期	民族	已故家属	
						称呼	姓名
现有家庭成员	姜杏花	户主	女	1944 年 2 月	汉	丈夫	翁金狗
	翁建根	儿子	男	1967 年 1 月	汉		
	戴金宝	儿媳	女	1968 年 7 月	汉		
	翁成龙	孙子	男	1990 年 6 月	汉		
家庭大事							

	姓名	与户主关系	性别	出生日期	民族	已故家属	
						称呼	姓名
现有家庭成员	翁金妹	户主	女	1944 年 10 月	汉	丈夫	徐桃生
	徐凤根	儿子	男	1967 年 10 月	汉		
	徐花云	儿媳	女	1969 年 2 月	汉		
	徐惠康	孙子	男	1990 年 7 月	汉		
	徐卫萍	孙女	女	1996 年 8 月	汉		
家庭大事							

<table>
<tr><th rowspan="2"></th><th rowspan="2">姓名</th><th rowspan="2">与户主关系</th><th rowspan="2">性别</th><th rowspan="2">出生日期</th><th rowspan="2">民族</th><th colspan="2">已故家属</th></tr>
<tr><th>称呼</th><th>姓名</th></tr>
<tr><td rowspan="7">现有
家庭成员</td><td>徐宗林</td><td>户主</td><td>男</td><td>1942 年 1 月</td><td>汉</td><td></td><td></td></tr>
<tr><td>张素珍</td><td>妻子</td><td>女</td><td>1944 年 12 月</td><td>汉</td><td></td><td></td></tr>
<tr><td>徐文元</td><td>儿子</td><td>男</td><td>1969 年 8 月</td><td>汉</td><td></td><td></td></tr>
<tr><td>沈玉宝</td><td>儿媳</td><td>女</td><td>1966 年 10 月</td><td>汉</td><td></td><td></td></tr>
<tr><td>徐　华</td><td>孙子</td><td>男</td><td>1990 年 6 月</td><td>汉</td><td></td><td></td></tr>
<tr><td>徐泽宇</td><td>长曾孙</td><td>男</td><td>2013 年 5 月</td><td>汉</td><td></td><td></td></tr>
<tr><td>张泽奕</td><td>次曾孙</td><td>男</td><td>2017 年 10 月</td><td>汉</td><td></td><td></td></tr>
<tr><td>家庭大事</td><td colspan="7">1966 年 2 月徐宗林加入中国共产党
1986 年 5 月购水泥运输船 1 条
1989 年 10 月建造三上三下楼房 6 间，面积 230 平方米
2008 年 12 月徐华参军入伍，2010 年 12 月退伍
2019 年 12 月购商品房 1 套</td></tr>
</table>

<table>
<tr><th rowspan="2"></th><th rowspan="2">姓名</th><th rowspan="2">与户主关系</th><th rowspan="2">性别</th><th rowspan="2">出生日期</th><th rowspan="2">民族</th><th colspan="2">已故家属</th></tr>
<tr><th>称呼</th><th>姓名</th></tr>
<tr><td rowspan="5">现有
家庭成员</td><td>陆多男</td><td>户主</td><td>男</td><td>1953 年 12 月</td><td>汉</td><td></td><td></td></tr>
<tr><td>马三云</td><td>妻子</td><td>女</td><td>1952 年 3 月</td><td>汉</td><td></td><td></td></tr>
<tr><td>陆　明</td><td>儿子</td><td>男</td><td>1981 年 11 月</td><td>汉</td><td></td><td></td></tr>
<tr><td>李冰西</td><td>儿媳</td><td>女</td><td>1985 年 6 月</td><td>汉</td><td></td><td></td></tr>
<tr><td>陆俊毅</td><td>孙子</td><td>男</td><td>2006 年 8 月</td><td>汉</td><td></td><td></td></tr>
<tr><td>家庭大事</td><td colspan="7">1990 年 4 月建造三上三下楼房 6 间，面积 230 平方米
2000 年 12 月陆明参军入伍，2002 年 12 月退伍，2008 年 7 月加入中国共产党
2017 年 5 月购商品房 1 套
2018 年 6 月购汽车 1 辆</td></tr>
</table>

	姓名	与户主关系	性别	出生日期	民族	已故家属	
						称呼	姓名
现有家庭成员	何　明	户主	男	1972 年 7 月	汉	父亲	何金荣
	张桂花	妻子	女	1972 年 1 月	汉	母亲	凌苗英
	何苏成	儿子	男	1995 年 4 月	汉		
	何悦滔	孙子	男	2018 年 4 月	汉		
家庭大事							

	姓名	与户主关系	性别	出生日期	民族	已故家属	
						称呼	姓名
现有家庭成员	徐密根	户主	男	1957 年 8 月	汉		
	陈桂花	妻子	女	1955 年 8 月	汉		
家庭大事							

	姓名	与户主关系	性别	出生日期	民族	已故家属	
						称呼	姓名
现有家庭成员	褚林妹	户主	女	1937 年 1 月	汉	丈夫	徐林元
	戴云秀	儿媳	女	1967 年 4 月	汉	儿子	徐汉生
	徐　俊	孙子	男	1991 年 2 月	汉		
家庭大事	1990 年 1 月购水泥运输船 1 条 1994 年 12 月建造三上三下楼房 6 间，面积 230 平方米 2005 年 4 月购商品房 1 套						

	姓名	与户主关系	性别	出生日期	民族	已故家属	
						称呼	姓名
现有家庭成员	张招林	户主	男	1957 年 6 月	汉	母亲	景阿东
	沈金娥	妻子	女	1962 年 5 月	汉		
	张雅琴	女儿	女	1983 年 10 月	汉		
	杨友欢	女婿	男	1981 年 10 月	汉		
	张梦佳	外孙女	女	2005 年 1 月	汉		
家庭大事	1985 年 3 月购水泥运输船 1 条 1990 年 4 月建造三上三下楼房 6 间及转居屋 1 间，面积 230 平方米 2006 年 11 月购商品房 1 套 2018 年 3 月购汽车 1 辆						

	姓名	与户主关系	性别	出生日期	民族	已故家属	
						称呼	姓名
现有家庭成员	何永观	户主	男	1946 年 2 月	汉	父亲	何仁高
	徐花妹	妻子	女	1948 年 8 月	汉	母亲	何大妹
	何翠金	长女	女	1969 年 1 月	汉		
	浦建明	长婿	男	1969 年 1 月	汉		
	何　静	长外孙女	女	1991 年 8 月	汉		
	何　颖	次外孙女	女	2002 年 1 月	汉		
家庭大事	1986 年 6 月购水泥运输船 1 条 1988 年 5 月建造三上三下楼房 6 间及转居屋 1 间，面积 230 平方米 1996 年 10 月购商品房 1 套 2012 年 12 月购汽车 1 辆 2013 年 9 月何静考取南京师范大学泰州学院，2017 年 9 月于昆山市娄江实验学校任教师 2020 年 9 月何颖考入厦门华夏学院						

	姓名	与户主关系	性别	出生日期	民族	已故家属	
						称呼	姓名
现有家庭成员	徐宗木	户主	男	1941 年 12 月	汉		
	沈木英	妻子	女	1947 年 8 月	汉		
	徐林花	长女	女	1968 年 9 月	汉		
	张志学	长婿	男	1965 年 12 月	汉		
	徐晓东	外孙	男	1989 年 7 月	汉		
家庭大事	1986 年 3 月购水泥运输船 1 条 1994 年 9 月建造三上三下楼房 6 间及转居屋 1 间，面积 230 平方米 2011 年 8 月购商品房 1 套 2017 年 2 月购汽车 1 辆						

	姓名	与户主关系	性别	出生日期	民族	已故家属	
						称呼	姓名
现有家庭成员	徐爱明	户主	男	1970 年 8 月	汉	父亲	徐火根
	张小平	妻子	女	1971 年 8 月	苗	母亲	王阿五
	徐书伟	儿子	男	1997 年 11 月	汉		
家庭大事							

	姓名	与户主关系	性别	出生日期	民族	已故家属	
						称呼	姓名
现有家庭成员	顾林妹	户主	女	1931 年 9 月	汉	丈夫	徐大男
	徐伏元	儿子	男	1966 年 7 月	汉		
	徐凤珍	儿媳	女	1965 年 8 月	汉		
	徐国龙	孙子	男	1989 年 6 月	汉		
家庭大事							

<table>
<tr><th rowspan="2"></th><th rowspan="2">姓名</th><th rowspan="2">与户主关系</th><th rowspan="2">性别</th><th rowspan="2">出生日期</th><th rowspan="2">民族</th><th colspan="2">已故家属</th></tr>
<tr><th>称呼</th><th>姓名</th></tr>
<tr><td rowspan="5">现有
家庭成员</td><td>张美男</td><td>户主</td><td>男</td><td>1963 年 4 月</td><td>汉</td><td>母亲</td><td>张云花</td></tr>
<tr><td>周海珍</td><td>妻子</td><td>女</td><td>1964 年 11 月</td><td>汉</td><td>儿子</td><td>张伟超</td></tr>
<tr><td>张叶超</td><td>女儿</td><td>女</td><td>1990 年 4 月</td><td>汉</td><td></td><td></td></tr>
<tr><td>张家祺</td><td>外孙</td><td>男</td><td>2012 年 8 月</td><td>汉</td><td></td><td></td></tr>
<tr><td>周佳奕</td><td>外孙女</td><td>女</td><td>2014 年 10 月</td><td>汉</td><td></td><td></td></tr>
<tr><td>家庭大事</td><td colspan="7">1986 年 1 月购水泥运输船 1 条
1990 年 3 月建造三上三下楼房 6 间及转居屋 2 间，面积 230 平方米
2002 年 2 月购出租车 1 辆
2011 年 3 月购汽车 1 辆
2015 年 11 月购商品房 1 套</td></tr>
</table>

<table>
<tr><th rowspan="2"></th><th rowspan="2">姓名</th><th rowspan="2">与户主关系</th><th rowspan="2">性别</th><th rowspan="2">出生日期</th><th rowspan="2">民族</th><th colspan="2">已故家属</th></tr>
<tr><th>称呼</th><th>姓名</th></tr>
<tr><td rowspan="7">现有
家庭成员</td><td>陆全男</td><td>户主</td><td>男</td><td>1957 年 12 月</td><td>汉</td><td>父亲</td><td>陆根土</td></tr>
<tr><td>金海英</td><td>妻子</td><td>女</td><td>1965 年 12 月</td><td>汉</td><td></td><td></td></tr>
<tr><td>陆　青</td><td>儿子</td><td>男</td><td>1988 年 9 月</td><td>汉</td><td></td><td></td></tr>
<tr><td>林　月</td><td>儿媳</td><td>女</td><td>1990 年 5 月</td><td>汉</td><td></td><td></td></tr>
<tr><td>陆浩轩</td><td>孙子</td><td>男</td><td>2012 年 2 月</td><td>汉</td><td></td><td></td></tr>
<tr><td>陆梓萱</td><td>孙女</td><td>女</td><td>2016 年 1 月</td><td>汉</td><td></td><td></td></tr>
<tr><td>陆桂英</td><td>母亲</td><td>女</td><td>1927 年 7 月</td><td>汉</td><td></td><td></td></tr>
<tr><td>家庭大事</td><td colspan="7">1990 年 5 月购水泥运输船 1 条
1999 年 10 月建造三上三下楼房 6 间，面积 240 平方米</td></tr>
</table>

	姓名	与户主关系	性别	出生日期	民族	已故家属	
						称呼	姓名
现有家庭成员	徐宗福	户主	男	1945 年 2 月	汉		
	顾林香	妻子	女	1946 年 12 月	汉		
	徐文良	儿子	男	1968 年 11 月	汉		
	朱群花	儿媳	女	1969 年 9 月	汉		
	徐国荣	孙子	男	1991 年 11 月	汉		
家庭大事							

	姓名	与户主关系	性别	出生日期	民族	已故家属	
						称呼	姓名
现有家庭成员	徐林福	户主	男	1949 年 8 月	汉		
	顾白妹	妻子	女	1951 年 6 月	汉		
	徐雪龙	儿子	男	1974 年 1 月	汉		
	徐小花	儿媳	女	1972 年 4 月	汉		
	徐叶辉	孙子	男	1997 年 1 月	汉		
家庭大事	1982 年 8 月购水泥运输船 1 条 1989 年 2 月建造三上三下楼房 6 间，面积 240 平方米 1994 年 7 月购铁船 1 条 1995 年 11 月购商品房 1 套 2001 年 7 月购出租车 1 辆 2003 年 12 月购汽车 1 辆						

<table>
<tr><td rowspan="7">现有
家庭成员</td><td rowspan="2">姓名</td><td rowspan="2">与户主关系</td><td rowspan="2">性别</td><td rowspan="2">出生日期</td><td rowspan="2">民族</td><td colspan="2">已故家属</td></tr>
<tr><td>称呼</td><td>姓名</td></tr>
<tr><td>何多福</td><td>户主</td><td>男</td><td>1952 年 8 月</td><td>汉</td><td></td><td></td></tr>
<tr><td>陆桂金</td><td>妻子</td><td>女</td><td>1954 年 12 月</td><td>汉</td><td></td><td></td></tr>
<tr><td>何　芳</td><td>女儿</td><td>女</td><td>1978 年 3 月</td><td>汉</td><td></td><td></td></tr>
<tr><td>浦小良</td><td>女婿</td><td>男</td><td>1977 年 5 月</td><td>汉</td><td></td><td></td></tr>
<tr><td>何宇杰</td><td>外孙</td><td>男</td><td>2000 年 9 月</td><td>汉</td><td></td><td></td></tr>
<tr><td>家庭大事</td><td colspan="7">1984 年 4 月购水泥运输船 1 条
1988 年 5 月建造三上四下楼房 7 间，面积 240 平方米
2001 年 7 月购出租车 1 辆
2005 年 11 月购商品房 1 套，12 月购汽车 1 辆</td></tr>
</table>

<table>
<tr><td rowspan="6">现有
家庭成员</td><td rowspan="2">姓名</td><td rowspan="2">与户主关系</td><td rowspan="2">性别</td><td rowspan="2">出生日期</td><td rowspan="2">民族</td><td colspan="2">已故家属</td></tr>
<tr><td>称呼</td><td>姓名</td></tr>
<tr><td>翁金元</td><td>户主</td><td>男</td><td>1954 年 5 月</td><td>汉</td><td>父亲</td><td>翁炳生</td></tr>
<tr><td>龚水仙</td><td>妻子</td><td>女</td><td>1956 年 7 月</td><td>汉</td><td>母亲</td><td>翁木英</td></tr>
<tr><td>翁建良</td><td>儿子</td><td>男</td><td>1980 年 4 月</td><td>汉</td><td></td><td></td></tr>
<tr><td>翁志辉</td><td>孙子</td><td>男</td><td>2008 年 10 月</td><td>汉</td><td></td><td></td></tr>
<tr><td>家庭大事</td><td colspan="7">1985 年 3 月购水泥运输船 1 条
1995 年 10 月建造三上三下楼房 6 间及转居屋 1 间，面积 230 平方米
2008 年 4 月分到动迁房 3 套
2018 年 2 月购汽车 1 辆</td></tr>
</table>

<table>
<tr><td rowspan="6">现有
家庭成员</td><td rowspan="2">姓名</td><td rowspan="2">与户主关系</td><td rowspan="2">性别</td><td rowspan="2">出生日期</td><td rowspan="2">民族</td><td colspan="2">已故家属</td></tr>
<tr><td>称呼</td><td>姓名</td></tr>
<tr><td>徐伏金</td><td>户主</td><td>男</td><td>1953 年 5 月</td><td>汉</td><td></td><td></td></tr>
<tr><td>顾林妹</td><td>妻子</td><td>女</td><td>1955 年 8 月</td><td>汉</td><td></td><td></td></tr>
<tr><td>徐文龙</td><td>儿子</td><td>男</td><td>1981 年 7 月</td><td>汉</td><td></td><td></td></tr>
<tr><td>徐嵘淇</td><td>孙子</td><td>男</td><td>2004 年 3 月</td><td>汉</td><td></td><td></td></tr>
<tr><td>家庭大事</td><td colspan="7">1990 年 5 月建造三上三下楼房 6 间，面积 240 平方米
2015 年 1 月购汽车 1 辆</td></tr>
</table>

<table>
<tr><td rowspan="8">现有
家庭成员</td><td rowspan="2">姓名</td><td rowspan="2">与户主关系</td><td rowspan="2">性别</td><td rowspan="2">出生日期</td><td rowspan="2">民族</td><td colspan="2">已故家属</td></tr>
<tr><td>称呼</td><td>姓名</td></tr>
<tr><td>陆小弟</td><td>户主</td><td>男</td><td>1933 年 11 月</td><td>汉</td><td>孙子</td><td>陆晓华</td></tr>
<tr><td>张凤金</td><td>妻子</td><td>女</td><td>1937 年 11 月</td><td>汉</td><td></td><td></td></tr>
<tr><td>陆玉林</td><td>儿子</td><td>男</td><td>1961 年 8 月</td><td>汉</td><td></td><td></td></tr>
<tr><td>陆三妹</td><td>儿媳</td><td>女</td><td>1962 年 3 月</td><td>汉</td><td></td><td></td></tr>
<tr><td>陆易诚</td><td>长曾孙</td><td>男</td><td>2010 年 6 月</td><td>汉</td><td></td><td></td></tr>
<tr><td>陆志诚</td><td>次曾孙</td><td>男</td><td>2013 年 11 月</td><td>汉</td><td></td><td></td></tr>
<tr><td>家庭大事</td><td colspan="7">1959 年 4 月陆小弟加入中国共产党
1986 年 3 月购水泥运输船 1 条
1992 年 9 月建造三上三下楼房 6 间及转居屋 1 间，面积 230 平方米
2002 年 5 月购出租车 1 辆
2010 年 4 月购商品房 1 套
2015 年 8 月购汽车 1 辆</td></tr>
</table>

	姓名	与户主关系	性别	出生日期	民族	已故家属	
						称呼	姓名
现有家庭成员	陆兴良	户主	男	1947 年 3 月	汉		
	顾宗宝	妻子	女	1951 年 10 月	汉		
	陆建华	儿子	男	1971 年 11 月	汉		
	陆　艳	孙女	女	1994 年 9 月	汉		
	马月仙	非亲属	女	1970 年 3 月	汉		
家庭大事	1984 年 3 月购水泥运输船 1 条 1990 年 9 月建造三上三下楼房 6 间及转居屋 1 间，面积 220 平方米 2000 年 11 月购商品房 1 套 2018 年 1 月购汽车 1 辆						

	姓名	与户主关系	性别	出生日期	民族	已故家属	
						称呼	姓名
现有家庭成员	郭证泉	户主	男	1944 年 11 月	汉	母亲	朱阿招
	朱密花	妻子	女	1949 年 11 月	汉		
	朱永敏	长子	男	1969 年 1 月	汉		
	朱翊婷	孙女	女	1994 年 7 月	汉		
家庭大事							

<table>
<tr><td rowspan="7">现有
家庭成员</td><td rowspan="2">姓名</td><td rowspan="2">与户主关系</td><td rowspan="2">性别</td><td rowspan="2">出生日期</td><td rowspan="2">民族</td><td colspan="2">已故家属</td></tr>
<tr><td>称呼</td><td>姓名</td></tr>
<tr><td>陆水花</td><td>户主</td><td>女</td><td>1950 年 8 月</td><td>汉</td><td></td><td></td></tr>
<tr><td>张招梅</td><td>丈夫</td><td>男</td><td>1946 年 11 月</td><td>汉</td><td></td><td></td></tr>
<tr><td>张　琴</td><td>长女</td><td>女</td><td>1972 年 8 月</td><td>汉</td><td></td><td></td></tr>
<tr><td>范广生</td><td>长婿</td><td>男</td><td>1964 年 8 月</td><td>汉</td><td></td><td></td></tr>
<tr><td>张梦雪</td><td>外孙女</td><td>女</td><td>1995 年 12 月</td><td>汉</td><td></td><td></td></tr>
<tr><td>家庭大事</td><td colspan="7">1990 年 4 月建造三上三下楼房 6 间及转居屋 1 间，面积 230 平方米
2010 年 3 月开店铺 1 间
2014 年 9 月张梦雪考取湖州师范学院，2018 年 9 月于昆山开发区世贸蝶湖湾小学任教师
2015 年 5 月购商品房 1 套
2018 年 1 月购汽车 1 辆</td></tr>
</table>

<table>
<tr><td rowspan="7">现有
家庭成员</td><td rowspan="2">姓名</td><td rowspan="2">与户主关系</td><td rowspan="2">性别</td><td rowspan="2">出生日期</td><td rowspan="2">民族</td><td colspan="2">已故家属</td></tr>
<tr><td>称呼</td><td>姓名</td></tr>
<tr><td>朱林宗</td><td>户主</td><td>男</td><td>1964 年 5 月</td><td>汉</td><td></td><td></td></tr>
<tr><td>沈金珍</td><td>妻子</td><td>女</td><td>1965 年 3 月</td><td>汉</td><td></td><td></td></tr>
<tr><td>朱晓程</td><td>儿子</td><td>男</td><td>1986 年 4 月</td><td>汉</td><td></td><td></td></tr>
<tr><td>朱星霓</td><td>孙女</td><td>女</td><td>2013 年 6 月</td><td>汉</td><td></td><td></td></tr>
<tr><td>朱一诺</td><td>孙子</td><td>男</td><td>2019 年 2 月</td><td>汉</td><td></td><td></td></tr>
<tr><td>家庭大事</td><td colspan="7"></td></tr>
</table>

马庄村第 7 村民小组

	姓名	与户主关系	性别	出生日期	民族	已故家属	
						称呼	姓名
现有家庭成员	陆阿密	户主	女	1951 年 11 月	汉	丈夫	李海荣
	李　明	儿子	男	1977 年 1 月	汉		
	顾芳英	儿媳	女	1978 年 1 月	汉		
	李俊涛	孙子	男	1999 年 12 月	汉		
家庭大事	1991 年 7 月建造三上三下楼房 6 间，面积 220 平方米 2005 年 5 月购出租车 1 辆 2010 年 6 月购商品房 1 套						

	姓名	与户主关系	性别	出生日期	民族	已故家属	
						称呼	姓名
现有家庭成员	郭小青	户主	男	1973 年 12 月	汉		
	王琴花	妻子	女	1973 年 12 月	汉		
	郭紫文	儿子	男	1996 年 11 月	汉		
	郭火根	父亲	男	1944 年 10 月	汉		
	沈小娘	母亲	女	1946 年 6 月	汉		
家庭大事	1967 年 9 月郭火根于五三小学任教师 1989 年 7 月建造三上三下楼房 6 间，面积 220 平方米 2005 年 1 月购商品房 1 套 2008 年 2 月购汽车 1 辆，5 月分到动迁房 3 套 2009 年 7 月郭小青加入中国共产党						

<table>
<tr><td rowspan="8">现有
家庭成员</td><td rowspan="2">姓名</td><td rowspan="2">与户主关系</td><td rowspan="2">性别</td><td rowspan="2">出生日期</td><td rowspan="2">民族</td><td colspan="2">已故家属</td></tr>
<tr><td>称呼</td><td>姓名</td></tr>
<tr><td>凌香男</td><td>户主</td><td>男</td><td>1961 年 8 月</td><td>汉</td><td>母亲</td><td>陆秀英</td></tr>
<tr><td>金巧花</td><td>妻子</td><td>女</td><td>1963 年 1 月</td><td>汉</td><td></td><td></td></tr>
<tr><td>凌　芳</td><td>女儿</td><td>女</td><td>1985 年 7 月</td><td>汉</td><td></td><td></td></tr>
<tr><td>蔡永明</td><td>女婿</td><td>男</td><td>1984 年 2 月</td><td>汉</td><td></td><td></td></tr>
<tr><td>凌晨航</td><td>外孙</td><td>男</td><td>2008 年 6 月</td><td>汉</td><td></td><td></td></tr>
<tr><td>凌晨璐</td><td>外孙女</td><td>女</td><td>2009 年 12 月</td><td>汉</td><td></td><td></td></tr>
<tr><td>家庭大事</td><td colspan="7">1989 年 10 月建造三上三下楼房 6 间，面积 220 平方米
2001 年 3 月购出租车 1 辆
2005 年 6 月购商品房 1 套
2008 年 8 月购汽车 1 辆</td></tr>
</table>

<table>
<tr><td rowspan="10">现有
家庭成员</td><td rowspan="2">姓名</td><td rowspan="2">与户主关系</td><td rowspan="2">性别</td><td rowspan="2">出生日期</td><td rowspan="2">民族</td><td colspan="2">已故家属</td></tr>
<tr><td>称呼</td><td>姓名</td></tr>
<tr><td>郭秋良</td><td>户主</td><td>男</td><td>1963 年 6 月</td><td>汉</td><td>父亲</td><td>姜梅妹</td></tr>
<tr><td>郭金华</td><td>儿子</td><td>男</td><td>1986 年 5 月</td><td>汉</td><td></td><td></td></tr>
<tr><td>郭嘉懿</td><td>长孙</td><td>男</td><td>2010 年 2 月</td><td>汉</td><td></td><td></td></tr>
<tr><td>路嘉玮</td><td>次孙</td><td>男</td><td>2015 年 6 月</td><td>汉</td><td></td><td></td></tr>
<tr><td>郭秋娥</td><td>妹妹</td><td>女</td><td>1966 年 1 月</td><td>汉</td><td></td><td></td></tr>
<tr><td>郭静雯</td><td>外甥女</td><td>女</td><td>1988 年 6 月</td><td>汉</td><td></td><td></td></tr>
<tr><td>王馨悦</td><td>外甥孙女</td><td>女</td><td>2016 年 6 月</td><td>汉</td><td></td><td></td></tr>
<tr><td>郭鑫玮</td><td>外甥孙</td><td>男</td><td>2019 年 3 月</td><td>汉</td><td></td><td></td></tr>
<tr><td>家庭大事</td><td colspan="7">1970 年 5 月建造平房 3 间及转居屋 1 间，面积 100 平方米
1998 年 5 月购商品房 1 套
2002 年 12 月开铁场 1 家
2003 年 3 月购汽车 1 辆
2013 年 7 月郭金华加入中国共产党，2015 年 9 月任马庄村民兵连连长，2019 年 6 月任马庄村经济合作社社长</td></tr>
</table>

	姓名	与户主关系	性别	出生日期	民族	已故家属	
						称呼	姓名
现有家庭成员	凌白男	户主	男	1957 年 8 月	汉	父亲	凌腊狗
	郭云娥	妻子	女	1956 年 2 月	汉		
	凌宵华	儿子	男	1982 年 5 月	汉		
	凌梓棠	长孙	男	2008 年 2 月	汉		
	范凌源	次孙	男	2017 年 1 月	汉		
家庭大事	1989 年 8 月建造三上三下楼房 6 间，面积 230 平方米 2002 年 12 月开铁场 1 家 2004 年 5 月购商品房 1 套 2004 年 11 月购汽车 1 辆						

	姓名	与户主关系	性别	出生日期	民族	已故家属	
						称呼	姓名
现有家庭成员	汪火根	户主	男	1952 年 7 月	汉	父亲	汪火忠
	杨桂珍	妻子	女	1953 年 8 月	汉	母亲	汪小妹
	汪国良	长子	男	1976 年 12 月	汉		
	沈春芳	长媳	女	1979 年 4 月	汉		
	汪　炎	长孙	男	2000 年 2 月	汉		
	汪国强	次子	男	1978 年 6 月	汉		
	杨国芹	次媳	女	1980 年 11 月	汉		
	汪诗缘	长孙女	女	2005 年 8 月	汉		
	汪诗童	次孙女	女	2017 年 3 月	汉		
家庭大事	1989 年 3 月建造三上三下楼房 6 间，面积 220 平方米 2000 年 7 月汪国强毕业于南通大学，8 月于昆山开发区高级中学任教师 2001 年 7 月购铁船 1 条 2002 年 8 月购汽车 1 辆 2005 年 5 月购商品房 1 套 2020 年 3 月赴新疆克州阿图什市支教						

	姓名	与户主关系	性别	出生日期	民族	已故家属	
						称呼	姓名
现有家庭成员	景林英	户主	女	1948 年 9 月	汉	母亲	王金大
	沈密荣	儿子	男	1972 年 11 月	汉	丈夫	沈根良
	李香珍	儿媳	女	1971 年 7 月	汉		
	沈文琪	孙女	女	1995 年 11 月	汉		
家庭大事	1992 年 8 月建造三上三下楼房 6 间，面积 220 平方米 2005 年 7 月购出租车 1 辆 2009 年 8 月购汽车 1 辆 2013 年 3 月购商品房 1 套 2014 年 9 月沈文琪考取江苏大学						

	姓名	与户主关系	性别	出生日期	民族	已故家属	
						称呼	姓名
现有家庭成员	郭秋平	户主	男	1969 年 1 月	汉	母亲	郭招花
	唐秧珍	妻子	女	1969 年 6 月	汉	儿子	郭天宇
	郭梓炫	孙子	男	2017 年 1 月	汉		
家庭大事	1991 年 7 月建造三上三下楼房 6 间，面积 220 平方米 2002 年 12 月开铁场 1 家 2008 年 8 月购商品房 1 套 2014 年 6 月购汽车 1 辆						

	姓名	与户主关系	性别	出生日期	民族	已故家属	
						称呼	姓名
现有家庭成员	顾秧生	户主	男	1950 年 4 月	汉	岳父	汪小忠
	汪水珍	妻子	女	1951 年 8 月	汉	岳母	汪凤金
	汪阿芳	女儿	女	1972 年 11 月	汉	女婿	张学明
	汪　磊	外孙	男	1993 年 10 月	汉		
家庭大事	1987 年 7 月建造三上三下楼房 6 间，面积 220 平方米 1998 年 7 月购商品房 1 套 2005 年 5 月购出租车 1 辆 2011 年 10 月汪磊参军入伍，2014 年 5 月退伍						

	姓名	与户主关系	性别	出生日期	民族	已故家属	
						称呼	姓名
现有家庭成员	李海泉	户主	男	1946 年 1 月	汉	父亲	李金元
	汪长宝	妻子	女	1949 年 1 月	汉	母亲	李阿花
	李建华	长子	男	1968 年 1 月	汉		
	李良花	长媳	女	1967 年 10 月	汉		
	李艳春	孙女	女	1990 年 10 月	汉		
	李建龙	次子	男	1970 年 5 月	汉		
	李宗延	孙子	男	2008 年 9 月	汉		
家庭大事	1992 年 8 月建造三上三下楼房 6 间，面积 230 平方米 1998 年 10 月购出租车 1 辆 2006 年 8 月购商品房 1 套						

	姓名	与户主关系	性别	出生日期	民族	已故家属	
						称呼	姓名
现有家庭成员	沈培荣	户主	男	1950 年 11 月	汉	岳父	沈阿根
	沈叶宝	妻子	女	1953 年 2 月	汉	岳母	沈银宝
	沈菊荣	儿子	男	1974 年 1 月	汉		
	俞美芳	儿媳	女	1977 年 1 月	汉		
	沈　煜	孙子	男	1997 年 10 月	汉		
家庭大事	1988 年 8 月建造三上三下楼房 6 间，面积 210 平方米 2001 年 4 月购出租车 1 辆 2007 年 5 月购商品房 1 套 2012 年 6 月购汽车 1 辆						

	姓名	与户主关系	性别	出生日期	民族	已故家属	
						称呼	姓名
现有家庭成员	沈小弟	户主	男	1951 年 7 月	汉	父亲	沈招生
	郭秋英	妻子	女	1949 年 10 月	汉	母亲	沈金大
	沈惠琴	女儿	女	1976 年 10 月	汉		
	李卫林	女婿	男	1970 年 11 月	汉		
	沈灵语	长外孙女	女	2002 年 2 月	汉		
	李灵妍	次外孙女	女	2011 年 2 月	汉		
家庭大事	1990 年 5 月建造三上三下楼房 6 间，面积 210 平方米 2001 年 4 月购铁船 1 条 2005 年 3 月购商品房 1 套 2008 年 5 月购出租车 1 辆						

	姓名	与户主关系	性别	出生日期	民族	已故家属	
						称呼	姓名
现有家庭成员	李冬良	户主	男	1954年9月	汉		
	徐林香	妻子	女	1953年5月	汉		
	李　芳	女儿	女	1979年1月	汉		
	沈小芳	女婿	男	1971年1月	汉		
	李雯雯	外孙女	女	1999年11月	汉		
家庭大事	1976年6月建造二上三下楼房6间及转居屋1间，面积200平方米 1999年5月购商品房1套 2008年5月分到动迁房2套						

	姓名	与户主关系	性别	出生日期	民族	已故家属	
						称呼	姓名
现有家庭成员	李根生	户主	男	1930年6月	汉	妻子	沈小妹
	李良英	长女	女	1964年7月	汉		
	张五男	长婿	男	1964年11月	汉		
	李　玲	外孙女	女	1987年9月	汉		
	周　帅	外孙婿	男	1982年5月	汉		
	周琦俊	曾外孙	男	2013年2月	汉		
家庭大事	1991年5月建造三上三下楼房6间，面积220平方米 1997年9月购出租车1辆 2008年5月分到动迁房3套 2010年1月购汽车1辆 2011年9月李玲于昆山市娄江实验学校任教师						

<table>
<tr><td rowspan="2"></td><td rowspan="2">姓名</td><td rowspan="2">与户主关系</td><td rowspan="2">性别</td><td rowspan="2">出生日期</td><td rowspan="2">民族</td><td colspan="2">已故家属</td></tr>
<tr><td>称呼</td><td>姓名</td></tr>
<tr><td rowspan="6">现有家庭成员</td><td>汪林珍</td><td>户主</td><td>女</td><td>1963 年 5 月</td><td>汉</td><td></td><td></td></tr>
<tr><td>石秋生</td><td>丈夫</td><td>男</td><td>1963 年 10 月</td><td>汉</td><td></td><td></td></tr>
<tr><td>汪金华</td><td>儿子</td><td>男</td><td>1989 年 6 月</td><td>汉</td><td></td><td></td></tr>
<tr><td>邵晶晶</td><td>儿媳</td><td>女</td><td>1989 年 1 月</td><td>汉</td><td></td><td></td></tr>
<tr><td>汪嘉昕</td><td>孙女</td><td>女</td><td>2013 年 1 月</td><td>汉</td><td></td><td></td></tr>
<tr><td>汪嘉航</td><td>孙子</td><td>男</td><td>2016 年 10 月</td><td>汉</td><td></td><td></td></tr>
<tr><td>家庭大事</td><td colspan="7">1994 年 5 月建造楼房 1 栋，面积 300 平方米
2005 年 4 月购商品房 1 套
2009 年 10 月购汽车 1 辆</td></tr>
</table>

<table>
<tr><td rowspan="2"></td><td rowspan="2">姓名</td><td rowspan="2">与户主关系</td><td rowspan="2">性别</td><td rowspan="2">出生日期</td><td rowspan="2">民族</td><td colspan="2">已故家属</td></tr>
<tr><td>称呼</td><td>姓名</td></tr>
<tr><td rowspan="4">现有家庭成员</td><td>凌金根</td><td>户主</td><td>男</td><td>1968 年 12 月</td><td>汉</td><td></td><td></td></tr>
<tr><td>周正花</td><td>妻子</td><td>女</td><td>1968 年 12 月</td><td>汉</td><td></td><td></td></tr>
<tr><td>凌鸿飞</td><td>儿子</td><td>男</td><td>1991 年 9 月</td><td>汉</td><td></td><td></td></tr>
<tr><td>凌熙峻</td><td>孙子</td><td>男</td><td>2018 年 10 月</td><td>汉</td><td></td><td></td></tr>
<tr><td>家庭大事</td><td colspan="7">1995 年 2 月建造三上三下楼房 6 间，面积 220 平方米
1999 年 3 月购汽车 1 辆
2005 年 6 月购商品房 1 套</td></tr>
</table>

	姓名	与户主关系	性别	出生日期	民族	已故家属	
						称呼	姓名
现有家庭成员	孙建荣	户主	男	1969 年 1 月	汉		
	浦傲花	妻子	女	1968 年 3 月	汉		
	孙美华	女儿	女	1991 年 8 月	汉		
	王梓玥	长外孙女	女	2018 年 6 月	汉		
	孙芷蕾	次外孙女	女	2020 年 6 月	汉		
	薛花英	母亲	女	1945 年 11 月	汉		
家庭大事	1987 年 3 月建造三上三下楼房 6 间，面积 230 平方米 1998 年 6 月购商品房 1 套 2005 年 7 月购汽车 1 辆						

	姓名	与户主关系	性别	出生日期	民族	已故家属	
						称呼	姓名
现有家庭成员	孙海荣	户主	男	1950 年 12 月	汉	父亲	孙水根
	金菊英	妻子	女	1952 年 10 月	汉		
	孙　良	长子	男	1974 年 8 月	汉		
	孙建良	次子	男	1976 年 9 月	汉		
	方　叶	次媳	女	1978 年 11 月	汉		
	孙宇航	孙子	男	2000 年 7 月	汉		
	姚杏金	母亲	女	1930 年 2 月	汉		
家庭大事	1988 年 5 月建造三上三下楼房 6 间，面积 230 平方米 2005 年 8 月购出租车 1 辆 2008 年 10 月购汽车 1 辆 2015 年 11 月购商品房 1 套						

	姓名	与户主关系	性别	出生日期	民族	已故家属	
						称呼	姓名
现有家庭成员	张小弟	户主	男	1948 年 12 月	汉	岳父	沈根元
	沈惠珍	妻子	女	1949 年 11 月	汉	岳母	王宝云
	沈雪平	儿子	男	1972 年 2 月	汉		
	方　琴	儿媳	女	1971 年 2 月	汉		
	沈梦婷	孙女	女	1994 年 2 月	汉		
	周嗣宇	曾孙	男	2020 年 7 月	汉		
家庭大事	1990 年 5 月建造三上三下楼房 6 间，面积 210 平方米 1995 年 8 月购汽车 1 辆 2005 年 10 月购商品房 1 套						

	姓名	与户主关系	性别	出生日期	民族	已故家属	
						称呼	姓名
现有家庭成员	金翠林	户主	女	1945 年 8 月	汉	丈夫	王小弟
	王金男	儿子	男	1964 年 11 月	汉	公公	王海洪
						婆婆	李招英
家庭大事	1989 年 5 月建造三上三下楼房 6 间，面积 210 平方米						

	姓名	与户主关系	性别	出生日期	民族	已故家属	
						称呼	姓名
现有家庭成员	孙敖明	户主	男	1966 年 6 月	汉		
	陆春英	妻子	女	1967 年 5 月	汉		
	孙静刚	儿子	男	1989 年 11 月	汉		
	徐杏妹	母亲	女	1937 年 3 月	汉		
家庭大事	1987 年 3 月建造三上三下楼房 6 间，面积 220 平方米 2003 年 8 月购出租车 1 辆 2008 年 7 月购商品房 1 套 2015 年 8 月购汽车 1 辆						

<table>
<tr><th rowspan="2"></th><th rowspan="2">姓名</th><th rowspan="2">与户主关系</th><th rowspan="2">性别</th><th rowspan="2">出生日期</th><th rowspan="2">民族</th><th colspan="2">已故家属</th></tr>
<tr><th>称呼</th><th>姓名</th></tr>
<tr><td rowspan="4">现有
家庭成员</td><td>孙招根</td><td>户主</td><td>男</td><td>1944 年 11 月</td><td>汉</td><td>父亲</td><td>孙小木</td></tr>
<tr><td>孙文荣</td><td>次子</td><td>男</td><td>1970 年 9 月</td><td>汉</td><td>母亲</td><td>浦白妹</td></tr>
<tr><td>顾花仙</td><td>次媳</td><td>女</td><td>1971 年 8 月</td><td>汉</td><td></td><td></td></tr>
<tr><td>孙　燕</td><td>孙女</td><td>女</td><td>1993 年 3 月</td><td>汉</td><td></td><td></td></tr>
<tr><td>家庭大事</td><td colspan="7">1990 年 5 月建造三上三下楼房 6 间，面积 230 平方米
1998 年 3 月购出租车 1 辆
2005 年 8 月购商品房 1 套
2008 年 10 月购汽车 1 辆</td></tr>
</table>

<table>
<tr><th rowspan="2"></th><th rowspan="2">姓名</th><th rowspan="2">与户主关系</th><th rowspan="2">性别</th><th rowspan="2">出生日期</th><th rowspan="2">民族</th><th colspan="2">已故家属</th></tr>
<tr><th>称呼</th><th>姓名</th></tr>
<tr><td rowspan="3">现有
家庭成员</td><td>郭雪良</td><td>户主</td><td>男</td><td>1969 年 7 月</td><td>汉</td><td>父亲</td><td>郭兴根</td></tr>
<tr><td>王小妹</td><td>妻子</td><td>女</td><td>1970 年 11 月</td><td>汉</td><td>母亲</td><td>姚凤妹</td></tr>
<tr><td>郭嘉城</td><td>儿子</td><td>男</td><td>1994 年 4 月</td><td>汉</td><td></td><td></td></tr>
<tr><td>家庭大事</td><td colspan="7">1995 年 5 月建造三上三下楼房 6 间，面积 210 平方米
2016 年 6 月购汽车 1 辆</td></tr>
</table>

	姓名	与户主关系	性别	出生日期	民族	已故家属	
						称呼	姓名
现有家庭成员	郭全英	户主	女	1952 年 11 月	汉	丈夫	张火根
	郭优来	长女	女	1977 年 5 月	汉	父亲	郭林根
	朱　禾	长外孙女	女	2008 年 10 月	汉	母亲	方阿三
	郭晓兰	次女	女	1982 年 7 月	汉		
	杨　兵	次婿	男	1973 年 5 月	汉		
	郭佳贝	外孙	男	2005 年 10 月	汉		
	杨芷宁	次外孙女	女	2017 年 3 月	汉		
家庭大事	1992 年 7 月建造三上三下楼房 6 间，面积 220 平方米 2001 年 8 月购商品房 1 套 2008 年 5 月购汽车 1 辆						

	姓名	与户主关系	性别	出生日期	民族	已故家属	
						称呼	姓名
现有家庭成员	凌林根	户主	男	1964 年 8 月	汉		
	陆月兰	妻子	女	1965 年 8 月	汉		
	凌冠华	儿子	男	1988 年 5 月	汉		
	凌瑞辰	孙子	男	2014 年 11 月	汉		
	丁奕心	孙女	女	2019 年 5 月	汉		
	顾金凤	母亲	女	1938 年 12 月	汉		
家庭大事	1982 年 5 月建造平瓦房 3 间，面积 120 平方米 2002 年 8 月购铁船 1 条 2008 年 5 月购商品房 1 套 2012 年 8 月购出租车 1 辆						

	姓名	与户主关系	性别	出生日期	民族	已故家属	
						称呼	姓名
现有家庭成员	顾引根	户主	男	1961 年 9 月	汉	父亲	凌小男
	郭会英	妻子	女	1962 年 2 月	汉		
	顾卫红	儿子	男	1985 年 7 月	汉		
	顾徐阳	长孙	男	2008 年 5 月	汉		
	徐子鑫	次孙	男	2014 年 5 月	汉		
家庭大事	1966 年 6 月凌小男加入中国共产党 1992 年 5 月建造三上三下楼房 6 间，面积 220 平方米 1999 年 6 月购汽车 1 辆 2004 年 7 月购商品房 1 套						

	姓名	与户主关系	性别	出生日期	民族	已故家属	
						称呼	姓名
现有家庭成员	孙建明	户主	男	1969 年 2 月	汉		
	徐　英	妻子	女	1970 年 12 月	汉		
	孙梦洁	女儿	女	1992 年 2 月	汉		
	俞　暖	外孙女	女	2019 年 7 月	汉		
	孙　易	外孙	男	2021 年 3 月	汉		
	孙进根	父亲	男	1935 年 8 月	汉		
家庭大事	1990 年 8 月建造三上三下楼房 6 间，面积 220 平方米 2002 年 4 月购出租车 1 辆 2008 年 6 月购商品房 1 套 2012 年 9 月购汽车 1 辆						

	姓名	与户主关系	性别	出生日期	民族	已故家属	
						称呼	姓名
现有家庭成员	沈芳明	户主	男	1971年12月	汉	父亲	沈花生
	姚菊妹	妻子	女	1973年9月	汉		
	沈文怡	女儿	女	1994年4月	汉		
	王雪花	母亲	女	1950年12月	汉		
家庭大事	1994年3月建造三上三下楼房6间，面积220平方米 2001年1月购出租车1辆 2008年3月购商品房1套						

	姓名	与户主关系	性别	出生日期	民族	已故家属	
						称呼	姓名
现有家庭成员	沈根水	户主	男	1944年3月	汉	父亲	沈失木
	孙阿凤	妻子	女	1946年6月	汉		
	沈发明	儿子	男	1974年6月	汉		
	金今仙	儿媳	女	1975年10月	汉		
	沈星慧	孙女	女	1997年6月	汉		
家庭大事	1989年5月建造三上三下楼房6间，面积220平方米 1998年3月购汽车1辆 2005年8月购商品房1套						

<table>
<tr><th rowspan="7">现有
家庭成员</th><th rowspan="2">姓名</th><th rowspan="2">与户主关系</th><th rowspan="2">性别</th><th rowspan="2">出生日期</th><th rowspan="2">民族</th><th colspan="2">已故家属</th></tr>
<tr><th>称呼</th><th>姓名</th></tr>
<tr><td>李多男</td><td>户主</td><td>男</td><td>1947 年 2 月</td><td>汉</td><td>岳父</td><td>李阿福</td></tr>
<tr><td>李玉英</td><td>妻子</td><td>女</td><td>1947 年 1 月</td><td>汉</td><td>岳母</td><td>李会宝</td></tr>
<tr><td>李香花</td><td>女儿</td><td>女</td><td>1968 年 3 月</td><td>汉</td><td></td><td></td></tr>
<tr><td>薛　强</td><td>女婿</td><td>男</td><td>1970 年 5 月</td><td>汉</td><td></td><td></td></tr>
<tr><td>徐逸琪</td><td>外孙女</td><td>女</td><td>1992 年 12 月</td><td>汉</td><td></td><td></td></tr>
<tr><th>家庭大事</th><td colspan="7">1987 年 3 月建造四上四下楼房 8 间，面积 230 平方米
1995 年 6 月购商品房 1 套
2005 年 8 月购汽车 1 辆</td></tr>
</table>

<table>
<tr><th rowspan="4">现有
家庭成员</th><th rowspan="2">姓名</th><th rowspan="2">与户主关系</th><th rowspan="2">性别</th><th rowspan="2">出生日期</th><th rowspan="2">民族</th><th colspan="2">已故家属</th></tr>
<tr><th>称呼</th><th>姓名</th></tr>
<tr><td>王金花</td><td>户主</td><td>女</td><td>1967 年 9 月</td><td>汉</td><td></td><td></td></tr>
<tr><td>王　浩</td><td>儿子</td><td>男</td><td>1998 年 6 月</td><td>汉</td><td></td><td></td></tr>
<tr><th>家庭大事</th><td colspan="7"></td></tr>
</table>

马庄村第 8 村民小组

	姓名	与户主关系	性别	出生日期	民族	已故家属	
						称呼	姓名
现有家庭成员	顾宗根	户主	男	1943 年 1 月	汉		
	顾巧珍	妻子	女	1945 年 12 月	汉		
	顾跃明	儿子	男	1968 年 4 月	汉		
	李菊花	儿媳	女	1967 年 9 月	汉		
	顾晓莉	孙女	女	1990 年 12 月	汉		
	戴馨彤	长曾孙女	女	2014 年 7 月	汉		
	顾馨淇	次曾孙女	女	2018 年 4 月	汉		
家庭大事	1982 年 3 月建造平瓦房 3 间及转居屋 1 间，面积 100 平方米 1990 年 5 月购水泥运输船 1 条						

	姓名	与户主关系	性别	出生日期	民族	已故家属	
						称呼	姓名
现有家庭成员	顾坤林	户主	男	1953 年 7 月	汉	父亲	顾阿木
	张菊英	妻子	女	1955 年 7 月	汉	母亲	张大宝
	顾青青	长女	女	1979 年 3 月	汉		
	薛志刚	长婿	男	1977 年 8 月	汉		
	顾亦扬	外孙	男	2001 年 8 月	汉		
	顾英英	次女	女	1981 年 4 月	汉		
家庭大事							

	姓名	与户主关系	性别	出生日期	民族	已故家属	
						称呼	姓名
现有家庭成员	郭证妹	户主	女	1948 年 8 月	汉	丈夫	葛炳根
	葛兴明	儿子	男	1972 年 8 月	汉		
	沈秋琴	儿媳	女	1970 年 12 月	汉		
	葛煜伟	孙子	男	1995 年 4 月	汉		
家庭大事	1990 年 2 月建造三上四下楼房 7 间，面积 250 平方米 2001 年 2 月购出租车 1 辆 2008 年 6 月购商品房 1 套						

	姓名	与户主关系	性别	出生日期	民族	已故家属	
						称呼	姓名
现有家庭成员	葛宗宝	户主	男	1932 年 7 月	汉		
	王大宝	妻子	女	1929 年 3 月	汉		
家庭大事	1954 年 7 月葛宗宝加入中国共产党						

	姓名	与户主关系	性别	出生日期	民族	已故家属	
						称呼	姓名
现有家庭成员	沈玉芳	户主	男	1968 年 4 月	汉		
	陆春花	妻子	女	1968 年 8 月	汉		
	沈晓平	儿子	男	1993 年 7 月	汉		
家庭大事	1991 年 5 月建造三上三下楼房 6 间，面积 230 平方米 2008 年 2 月购出租车 1 辆 2010 年 6 月购商品房 1 套						

	姓名	与户主关系	性别	出生日期	民族	已故家属	
						称呼	姓名
现有家庭成员	沈培根	户主	男	1943 年 8 月	汉	妻子	蔡雪花
	沈玉良	儿子	男	1964 年 12 月	汉	父亲	沈阿六
	沈　平	孙子	男	1989 年 11 月	汉	儿媳	薛惠妹
	沈佳琪	曾孙女	女	2019 年 8 月	汉		
家庭大事	1993 年 2 月建造三上三下楼房 6 间，面积 230 平方米 2000 年 5 月购汽车 1 辆 2010 年 3 月购商品房 1 套						

	姓名	与户主关系	性别	出生日期	民族	已故家属	
						称呼	姓名
现有家庭成员	陆秋荣	户主	男	1957 年 6 月	汉	父亲	陆福元
	陆美娟	女儿	女	1989 年 1 月	汉		
	谢皓舟	外孙	男	2014 年 4 月	汉		
家庭大事	1979 年 3 月建造平房 3 间及转居屋 1 间，面积 100 平方米 2001 年 5 月购商品房 1 套 2004 年 6 月购汽车 1 辆						

	姓名	与户主关系	性别	出生日期	民族	已故家属	
						称呼	姓名
现有家庭成员	周根男	户主	男	1963 年 3 月	汉	父亲	周阿泉
	顾花珍	妻子	女	1962 年 2 月	汉	母亲	李水英
	周　峰	儿子	男	1986 年 12 月	汉		
	朱石婧	儿媳	女	1986 年 10 月	汉		
	周玥彤	长孙女	女	2012 年 5 月	汉		
	朱孝石	次孙女	女	2016 年 12 月	汉		
家庭大事							

	姓名	与户主关系	性别	出生日期	民族	已故家属	
						称呼	姓名
现有家庭成员	孙菊良	户主	男	1963 年 12 月	汉	父亲	孙全元
	陆寒珍	妻子	女	1963 年 9 月	汉	母亲	韩福妹
	孙　洁	儿子	男	1986 年 10 月	汉		
	孙天笑	孙子	男	2014 年 2 月	汉		
家庭大事	1991 年 3 月建造三上三下楼房 6 间，面积 230 平方米 2003 年 5 月购出租车 1 辆 2005 年 6 月购商品房 1 套 2005 年 8 月孙洁考取扬州大学，2009 年 6 月作为江苏省委组织部选聘大学生村官于昆山高新区南星渎村村委会任职，为马庄村籍第 1 个大学生村官						

	姓名	与户主关系	性别	出生日期	民族	已故家属	
						称呼	姓名
现有家庭成员	薛凤林	户主	男	1940 年 10 月	汉	岳父	周小根
	周全英	妻子	女	1944 年 12 月	汉	岳母	徐凤英
	周永明	长子	男	1964 年 12 月	汉		
	徐花林	长媳	女	1964 年 9 月	汉		
	周　刚	孙子	男	1988 年 8 月	汉		
	周辰皓	曾孙	男	2011 年 10 月	汉		
	周永良	次子	男	1967 年 2 月	汉		
家庭大事	1972 年 5 月建造平瓦房 4 间，面积 110 平方米 1988 年 3 月建造三上三下楼房 6 间，面积 230 平方米 2001 年 5 月购出租车 1 辆 2005 年 8 月购商品房 1 套 2008 年 6 月购商品房 1 套 2009 年 1 月购汽车 1 辆						

<table>
<tr><td rowspan="2"></td><td rowspan="2">姓名</td><td rowspan="2">与户主关系</td><td rowspan="2">性别</td><td rowspan="2">出生日期</td><td rowspan="2">民族</td><td colspan="2">已故家属</td></tr>
<tr><td>称呼</td><td>姓名</td></tr>
<tr><td rowspan="4">现有
家庭成员</td><td>周建良</td><td>户主</td><td>男</td><td>1976 年 5 月</td><td>汉</td><td>父亲</td><td>周二男</td></tr>
<tr><td>沈小英</td><td>妻子</td><td>女</td><td>1978 年 7 月</td><td>汉</td><td>母亲</td><td>顾素珍</td></tr>
<tr><td>周晨茜</td><td>长女</td><td>女</td><td>1999 年 4 月</td><td>汉</td><td></td><td></td></tr>
<tr><td>沈晨月</td><td>次女</td><td>女</td><td>2015 年 8 月</td><td>汉</td><td></td><td></td></tr>
<tr><td>家庭大事</td><td colspan="7"></td></tr>
</table>

<table>
<tr><td rowspan="2"></td><td rowspan="2">姓名</td><td rowspan="2">与户主关系</td><td rowspan="2">性别</td><td rowspan="2">出生日期</td><td rowspan="2">民族</td><td colspan="2">已故家属</td></tr>
<tr><td>称呼</td><td>姓名</td></tr>
<tr><td rowspan="6">现有
家庭成员</td><td>葛兴官</td><td>户主</td><td>男</td><td>1955 年 7 月</td><td>汉</td><td></td><td></td></tr>
<tr><td>唐素英</td><td>妻子</td><td>女</td><td>1954 年 11 月</td><td>汉</td><td></td><td></td></tr>
<tr><td>葛奕宏</td><td>儿子</td><td>男</td><td>1981 年 1 月</td><td>汉</td><td></td><td></td></tr>
<tr><td>武廷廷</td><td>儿媳</td><td>女</td><td>1980 年 1 月</td><td>汉</td><td></td><td></td></tr>
<tr><td>葛亭秀</td><td>孙女</td><td>女</td><td>2004 年 1 月</td><td>汉</td><td></td><td></td></tr>
<tr><td>葛俊麟</td><td>孙子</td><td>男</td><td>2007 年 10 月</td><td>汉</td><td></td><td></td></tr>
<tr><td>家庭大事</td><td colspan="7">1989 年 5 月建造四上四下楼房 8 间，面积 300 平方米
1990 年 5 月购铁船 1 条
2000 年 8 月购汽车 1 辆
2002 年 6 月购商品房 1 套</td></tr>
</table>

	姓名	与户主关系	性别	出生日期	民族	已故家属	
						称呼	姓名
现有家庭成员	沈培良	户主	男	1947 年 11 月	汉	母亲	沈小妹
	孙阿林	妻子	女	1948 年 6 月	汉		
	沈福明	儿子	男	1973 年 12 月	汉		
	周梅秀	儿媳	女	1975 年 7 月	汉		
	沈婷婷	孙女	女	1996 年 11 月	汉		
家庭大事	1988 年 8 月建造三上三下楼房 6 间，面积 220 平方米 2016 年 1 月购出租车 1 辆 2018 年 2 月购商品房 1 套						

	姓名	与户主关系	性别	出生日期	民族	已故家属	
						称呼	姓名
现有家庭成员	沈培德	户主	男	1953 年 11 月	汉		
	孙秀云	妻子	女	1952 年 1 月	汉		
	沈芬燕	女儿	女	1980 年 8 月	汉		
	张成宇	外孙	男	2006 年 5 月	汉		
家庭大事	1989 年 3 月建造三上三下楼房 6 间，面积 220 平方米 1998 年 5 月购汽车 1 辆 2004 年 6 月购商品房 1 套						

	姓名	与户主关系	性别	出生日期	民族	已故家属	
						称呼	姓名
现有家庭成员	陆玉龙	户主	男	1965 年 1 月	汉	父亲	陆银生
	马志林	妻子	女	1970 年 2 月	汉	母亲	陆杏宝
	陆仙良	儿子	男	1990 年 8 月	汉		
家庭大事	1979 年 3 月建造平房 3 间及转居屋 1 间，面积 80 平方米 2008 年 5 月分到动迁房 2 套						

	姓名	与户主关系	性别	出生日期	民族	已故家属	
						称呼	姓名
现有家庭成员	郭金观	户主	男	1954年10月	汉	父亲	郭福根
	李凤华	妻子	女	1954年10月	汉	母亲	孙腊宝
	郭雪芬	长女	女	1979年1月	汉		
	黄涵悦	长外孙女	女	2005年1月	汉		
	郭晨雲	三外孙女	女	2011年11月	汉		
	郭小芬	次女	女	1980年11月	汉		
	陆子清	次外孙女	女	2006年12月	汉		
家庭大事	1987年5月建造四上四下楼房8间，面积280平方米 1990年3月购铁船1条 2008年5月购汽车1辆 2014年6月购商品房1套						

	姓名	与户主关系	性别	出生日期	民族	已故家属	
						称呼	姓名
现有家庭成员	沈云良	户主	男	1963年11月	汉	父亲	沈夫根
	孙翠花	妻子	女	1963年11月	汉	母亲	沈阿凤
	沈丹萍	女儿	女	1986年10月	汉		
	沈晗昱	长外孙	男	2012年2月	汉		
	周晗瑞	次外孙	男	2016年3月	汉		
家庭大事	1959年2月沈夫根加入中国共产党 1995年5月建造三上三下楼房6间，面积279平方米 2008年5月分到动迁房3套 2010年3月购汽车1辆						

<table>
<tr><td rowspan="2"></td><td rowspan="2">姓名</td><td rowspan="2">与户主关系</td><td rowspan="2">性别</td><td rowspan="2">出生日期</td><td rowspan="2">民族</td><td colspan="2">已故家属</td></tr>
<tr><td>称呼</td><td>姓名</td></tr>
<tr><td rowspan="6">现有
家庭成员</td><td>沈福良</td><td>户主</td><td>男</td><td>1956 年 5 月</td><td>汉</td><td></td><td></td></tr>
<tr><td>陆云珍</td><td>妻子</td><td>女</td><td>1957 年 8 月</td><td>汉</td><td></td><td></td></tr>
<tr><td>沈　华</td><td>儿子</td><td>男</td><td>1981 年 11 月</td><td>汉</td><td></td><td></td></tr>
<tr><td>刘丽华</td><td>儿媳</td><td>女</td><td>1981 年 11 月</td><td>汉</td><td></td><td></td></tr>
<tr><td>沈志涵</td><td>孙子</td><td>男</td><td>2005 年 12 月</td><td>汉</td><td></td><td></td></tr>
<tr><td>沈芷萱</td><td>孙女</td><td>女</td><td>2015 年 2 月</td><td>汉</td><td></td><td></td></tr>
<tr><td>家庭大事</td><td colspan="7">1989 年 4 月建造三上三下楼房 6 间，面积 230 平方米
2001 年 5 月购汽车 1 辆
2014 年 6 月购商品房 1 套</td></tr>
</table>

<table>
<tr><td rowspan="2"></td><td rowspan="2">姓名</td><td rowspan="2">与户主关系</td><td rowspan="2">性别</td><td rowspan="2">出生日期</td><td rowspan="2">民族</td><td colspan="2">已故家属</td></tr>
<tr><td>称呼</td><td>姓名</td></tr>
<tr><td rowspan="5">现有
家庭成员</td><td>陆菊英</td><td>户主</td><td>女</td><td>1960 年 9 月</td><td>汉</td><td>丈夫</td><td>陆宗水</td></tr>
<tr><td>陆志良</td><td>儿子</td><td>男</td><td>1982 年 11 月</td><td>汉</td><td></td><td></td></tr>
<tr><td>戴利娟</td><td>儿媳</td><td>女</td><td>1985 年 1 月</td><td>汉</td><td></td><td></td></tr>
<tr><td>戴　芸</td><td>长孙女</td><td>女</td><td>2008 年 7 月</td><td>汉</td><td></td><td></td></tr>
<tr><td>陆　茜</td><td>次孙女</td><td>女</td><td>2011 年 12 月</td><td>汉</td><td></td><td></td></tr>
<tr><td>家庭大事</td><td colspan="7">1987 年 8 月建造三上三下楼房 6 间，面积 220 平方米
1995 年 6 月购汽车 1 辆
2005 年 7 月购商品房 1 套</td></tr>
</table>

	姓名	与户主关系	性别	出生日期	民族	已故家属	
						称呼	姓名
现有家庭成员	陆凤妹	户主	女	1938 年 8 月	汉	丈夫	陆桃根
	陆菊根	儿子	男	1964 年 10 月	汉		
	顾全花	儿媳	女	1964 年 4 月	汉		
	陆俊程	孙子	男	1987 年 10 月	汉		
	陆孜瑜	曾孙	男	2010 年 12 月	汉		
	王孜芮	曾孙女	女	2015 年 2 月	汉		
家庭大事							

	姓名	与户主关系	性别	出生日期	民族	已故家属	
						称呼	姓名
现有家庭成员	顾宗生	户主	男	1940 年 1 月	汉	妻子	薛梅花
	顾玉明	长子	男	1965 年 6 月	汉		
	徐秋英	长媳	女	1967 年 9 月	汉		
	顾丽芬	孙女	女	1988 年 7 月	汉		
	顾秋明	次子	男	1967 年 9 月	汉		
	李香花	次媳	女	1968 年 2 月	汉		
	顾星辰	孙子	男	1990 年 5 月	汉		
	顾恒睿	曾孙	男	2015 年 2 月	汉		
家庭大事	1990 年 6 月建造三上三下楼房 6 间，面积 230 平方米 2001 年 5 月购汽车 1 辆 2005 年 6 月购商品房 1 套						

<table>
<tr><td rowspan="6">现有家庭成员</td><td rowspan="2">姓名</td><td rowspan="2">与户主关系</td><td rowspan="2">性别</td><td rowspan="2">出生日期</td><td rowspan="2">民族</td><td colspan="2">已故家属</td></tr>
<tr><td>称呼</td><td>姓名</td></tr>
<tr><td>王泉木</td><td>户主</td><td>男</td><td>1949 年 1 月</td><td>汉</td><td>父亲</td><td>王海元</td></tr>
<tr><td>金云囡</td><td>妻子</td><td>女</td><td>1946 年 6 月</td><td>汉</td><td>母亲</td><td>王阿招</td></tr>
<tr><td>王　琴</td><td>长女</td><td>女</td><td>1971 年 7 月</td><td>汉</td><td></td><td></td></tr>
<tr><td>王培茜</td><td>外孙女</td><td>女</td><td>1995 年 1 月</td><td>汉</td><td></td><td></td></tr>
<tr><td>家庭大事</td><td colspan="7">1986 年 4 月购水泥运输船 1 条
1992 年 6 月建造三上三下楼房 6 间，面积 230 平方米
1998 年 5 月购汽车 1 辆</td></tr>
</table>

<table>
<tr><td rowspan="4">现有家庭成员</td><td rowspan="2">姓名</td><td rowspan="2">与户主关系</td><td rowspan="2">性别</td><td rowspan="2">出生日期</td><td rowspan="2">民族</td><td colspan="2">已故家属</td></tr>
<tr><td>称呼</td><td>姓名</td></tr>
<tr><td>顾家良</td><td>户主</td><td>男</td><td>1951 年 11 月</td><td>汉</td><td>母亲</td><td>顾福宝</td></tr>
<tr><td>张三妹</td><td>妻子</td><td>女</td><td>1951 年 6 月</td><td>汉</td><td></td><td></td></tr>
<tr><td>家庭大事</td><td colspan="7">1978 年 5 月建造平瓦房 3 间及转居屋 1 间，面积 80 平方米</td></tr>
</table>

<table>
<tr><td rowspan="8">现有家庭成员</td><td rowspan="2">姓名</td><td rowspan="2">与户主关系</td><td rowspan="2">性别</td><td rowspan="2">出生日期</td><td rowspan="2">民族</td><td colspan="2">已故家属</td></tr>
<tr><td>称呼</td><td>姓名</td></tr>
<tr><td>顾家东</td><td>户主</td><td>男</td><td>1946 年 7 月</td><td>汉</td><td>父亲</td><td>顾维英</td></tr>
<tr><td>周巧英</td><td>妻子</td><td>女</td><td>1947 年 3 月</td><td>汉</td><td></td><td></td></tr>
<tr><td>顾良明</td><td>儿子</td><td>男</td><td>1970 年 8 月</td><td>汉</td><td></td><td></td></tr>
<tr><td>周建英</td><td>儿媳</td><td>女</td><td>1973 年 3 月</td><td>汉</td><td></td><td></td></tr>
<tr><td>顾紫燕</td><td>孙女</td><td>女</td><td>1995 年 11 月</td><td>汉</td><td></td><td></td></tr>
<tr><td>顾志成</td><td>孙子</td><td>男</td><td>2000 年 6 月</td><td>汉</td><td></td><td></td></tr>
<tr><td>家庭大事</td><td colspan="7"></td></tr>
</table>

	姓名	与户主关系	性别	出生日期	民族	已故家属	
						称呼	姓名
现有家庭成员	陆秋生	户主	男	1948 年 9 月	汉	父亲	陆宗元
	陆阿招	妻子	女	1949 年 6 月	汉	母亲	陆小妹
	陆建明	儿子	男	1973 年 1 月	汉		
	姚月芳	儿媳	女	1974 年 6 月	汉		
	陆雨麒	孙子	男	1995 年 10 月	汉		
家庭大事	1991 年 2 月建造三上三下楼房 6 间，面积 230 平方米 1998 年 5 月购汽车 1 辆 2005 年 6 月购商品房 1 套 2010 年 8 月陆雨麒考取南京晓庄学院						

	姓名	与户主关系	性别	出生日期	民族	已故家属	
						称呼	姓名
现有家庭成员	王水木	户主	男	1951 年 8 月	汉		
	唐多妹	妻子	女	1952 年 9 月	汉		
	王琴芳	长女	女	1974 年 2 月	汉		
	王雪芳	次女	女	1977 年 1 月	汉		
	杜红仪	次婿	男	1974 年 6 月	汉		
	王宇鑫	外孙	男	1997 年 12 月	汉		
家庭大事	1986 年 5 月购水泥运输船 1 条 1988 年 7 月建造三上三下楼房 6 间，面积 230 平方米 2001 年 5 月购汽车 1 辆 2016 年 9 月王宇鑫考取上海理工大学						

	姓名	与户主关系	性别	出生日期	民族	已故家属	
						称呼	姓名
现有家庭成员	顾元生	户主	男	1949 年 11 月	汉	父亲	顾维恒
	顾良妹	女儿	女	1979 年 10 月	汉		
	凌顾晨	外孙	男	2013 年 5 月	汉		
家庭大事	1978 年 3 月建造平瓦房 3 间，面积 80 平方米 1990 年 2 月购铁船 1 条						

	姓名	与户主关系	性别	出生日期	民族	已故家属	
						称呼	姓名
现有家庭成员	陆花荣	户主	男	1946 年 8 月	汉	母亲	陆三宝
	王密花	妻子	女	1946 年 11 月	汉		
家庭大事	1966 年 2 月王密花加入中国共产党 1968 年 9 月陆花荣于五三小学任教师 1990 年 3 月建造三上三下楼房 6 间，面积 250 平方米 1996 年 3 月购汽车 1 辆 2006 年 5 月购商品房 1 套						

	姓名	与户主关系	性别	出生日期	民族	已故家属	
						称呼	姓名
现有家庭成员	陆大男	户主	男	1937 年 8 月	汉		
	陆云花	妻子	女	1938 年 5 月	汉		
	陆　明	儿子	男	1967 年 5 月	汉		
	陆叶芳	儿媳	女	1967 年 12 月	汉		
	陆晓文	孙子	男	1990 年 1 月	汉		
	陆昱樾	曾孙	男	2014 年 2 月	汉		
家庭大事	1958 年 2 月陆大男担任五三大队赤脚医生，1982 年 8 月在正仪乡兽医站任兽医 1992 年 5 月建造三上四下楼房 7 间，面积 280 平方米 1998 年 5 月购汽车 1 辆 2005 年 6 月购商品房 1 套						

	姓名	与户主关系	性别	出生日期	民族	已故家属	
						称呼	姓名
现有家庭成员	陆秋根	户主	男	1956 年 10 月	汉		
	孙菊珍	妻子	女	1954 年 8 月	汉		
	陆　卫	儿子	男	1980 年 3 月	汉		
	陆雨岑	孙女	女	2006 年 10 月	汉		
家庭大事	1977 年 7 月孙菊珍加入中国共产党 1989 年 5 月建造三上三下楼房 6 间，面积 250 平方米 2001 年 5 月购汽车 1 辆 2005 年 6 月购商品房 1 套 2013 年 7 月陆卫加入中国共产党，2018 年 11 月任马庄村党总支书记，2018 年 12 月华中科技大学在职本科毕业						

	姓名	与户主关系	性别	出生日期	民族	已故家属	
						称呼	姓名
现有家庭成员	陆秋林	户主	男	1964 年 9 月	汉		
	王天惠	妻子	女	1969 年 9 月	汉		
	陆　璐	女儿	女	1995 年 8 月	汉		
家庭大事	1978 年 5 月建造平房 3 间及转居屋 1 间，面积 80 平方米 2000 年 3 月开 AB 服装批发公司 1 家 2001 年 4 月购汽车 1 辆 2014 年 8 月陆璐考取苏州大学 2017 年 3 月购商品房 1 套						

	姓名	与户主关系	性别	出生日期	民族	已故家属	
						称呼	姓名
现有家庭成员	周春良	户主	男	1969 年 3 月	汉		
	陆本花	妻子	女	1969 年 10 月	汉		
	周俊文	儿子	男	1991 年 12 月	汉		
	周梓睿	长孙	男	2014 年 12 月	汉		
	张铭瑞	次孙	男	2020 年 1 月	汉		
家庭大事	1991 年 10 月建造三上三下楼房 6 间，面积 230 平方米 2008 年 1 月购汽车 1 辆 2007 年 10 月购商品房 1 套						

	姓名	与户主关系	性别	出生日期	民族	已故家属	
						称呼	姓名
现有家庭成员	钱龙华	户主	男	1960 年 6 月	汉		
	陆菊花	妻子	女	1967 年 3 月	汉		
	钱梦怡	次女	女	1994 年 8 月	汉		
家庭大事							

	姓名	与户主关系	性别	出生日期	民族	已故家属	
						称呼	姓名
现有家庭成员	顾三男	户主	男	1953 年 5 月	汉	母亲	姚冬宝
	孙爱英	妻子	女	1956 年 11 月	汉		
	顾良德	儿子	男	1978 年 11 月	汉		
	顾安琪	孙女	女	2003 年 3 月	汉		
家庭大事	1990 年 5 月建造三上三下楼房 6 间，面积 230 平方米 1991 年 3 月购水泥运输船 1 条 2002 年 5 月购商品房 1 套 2008 年 4 月分到动迁房 2 套						

马庄村第 9 村民小组

	姓名	与户主关系	性别	出生日期	民族	已故家属	
						称呼	姓名
现有家庭成员	李全荣	户主	男	1952 年 7 月	汉	父亲	李小根
	王多妹	妻子	女	1951 年 7 月	汉	母亲	李爱妹
	李建伟	儿子	男	1975 年 8 月	汉	儿媳	薛春芳
	李心悦	孙女	女	2003 年 10 月	汉		
	李建花	女儿	女	1977 年 2 月	汉		
	赵红江	女婿	男	1975 年 8 月	汉		
	赵心怡	外孙女	女	2001 年 1 月	汉		
家庭大事	1989 年 3 月建造三上三下楼房 6 间，面积 270 平方米 2004 年 5 月购商品房 1 套 2005 年 10 月购汽车 1 辆						

	姓名	与户主关系	性别	出生日期	民族	已故家属	
						称呼	姓名
现有家庭成员	郭阿三	户主	女	1927 年 9 月	汉	丈夫	李利生
	李　明	孙子	男	1973 年 10 月	汉	女婿	陆金福
	顾琴芳	孙媳	女	1976 年 1 月	汉		
	李泽琦	曾孙	男	1997 年 5 月	汉		
家庭大事	1992 年 5 月建造三上三下楼房 6 间，面积 220 平方米 1999 年 7 月购汽车 1 辆 2009 年 5 月购商品房 1 套						

	姓名	与户主关系	性别	出生日期	民族	已故家属	
						称呼	姓名
现有家庭成员	李菊林	户主	男	1957 年 6 月	汉		
	沈草英	妻子	女	1955 年 3 月	汉		
	李卫平	儿子	男	1981 年 11 月	汉		
	陈亚娟	儿媳	女	1985 年 12 月	汉		
	李珮瑜	长孙女	女	2010 年 10 月	汉		
	李沛蒙	次孙女	女	2015 年 9 月	汉		
家庭大事	1994 年 7 月建造三上三下楼房 6 间，面积 220 平方米 2000 年 6 月购铁船 1 条 2001 年 9 月李卫平考取河海大学 2004 年 7 月陈亚娟考取徐州师范大学（今江苏师范大学） 2008 年 5 月购汽车 1 辆 2012 年 3 月购商品房 1 套						

	姓名	与户主关系	性别	出生日期	民族	已故家属	
						称呼	姓名
现有家庭成员	陈建荣	户主	男	1957 年 11 月	汉	父亲	陈根林
	凌金英	妻子	女	1957 年 4 月	汉		
家庭大事	1989 年 2 月建造三上三下楼房 6 间，面积 260 平方米 2002 年 3 月购铁船 1 条 2008 年 5 月购商品房 1 套 2010 年 10 月购汽车 1 辆						

	姓名	与户主关系	性别	出生日期	民族	已故家属	
						称呼	姓名
现有家庭成员	陆漱良	户主	男	1950 年 7 月	汉	父亲	陆根福
	陆素英	妻子	女	1951 年 10 月	汉		
	陆文军	儿子	男	1973 年 5 月	汉		
	李　英	儿媳	女	1974 年 3 月	汉		
	陆　晨	孙女	女	1996 年 3 月	汉		
家庭大事	1959 年 2 月陆根福加入中国共产党 1990 年 4 月购水泥运输船 1 条 1993 年 7 月建造三上三下楼房 6 间，面积 220 平方米 2002 年 5 月购商品房 1 套 2008 年 3 月购汽车 1 辆						

	姓名	与户主关系	性别	出生日期	民族	已故家属	
						称呼	姓名
现有家庭成员	陆月明	户主	男	1963 年 8 月	汉		
	徐密珍	妻子	女	1963 年 10 月	汉		
	陆晓明	儿子	男	1986 年 3 月	汉		
	陆紫萱	孙女	女	2012 年 7 月	汉		
	周子阳	孙子	男	2017 年 11 月	汉		
	陆花根	父亲	男	1941 年 11 月	汉		
家庭大事	1989 年 3 月建造三上三下楼房 6 间，面积 220 平方米 1990 年 3 月购水泥运输船 1 条 2007 年 10 月购商品房 1 套 2010 年 3 月购汽车 1 辆						

	姓名	与户主关系	性别	出生日期	民族	已故家属	
						称呼	姓名
现有家庭成员	李林荣	户主	男	1951 年 11 月	汉		
	薛秋花	妻子	女	1950 年 6 月	汉		
	李　平	儿子	男	1975 年 6 月	汉		
	王瑞花	儿媳	女	1978 年 5 月	汉		
	李宇恒	孙子	男	2003 年 7 月	汉		
家庭大事	1990 年 6 月建造三上三下楼房 6 间，面积 230 平方米 2009 年 8 月购商品房 1 套 2011 年 3 月购汽车 1 辆						

	姓名	与户主关系	性别	出生日期	民族	已故家属	
						称呼	姓名
现有家庭成员	张福英	户主	男	1953 年 4 月	汉	父亲	张海根
	沈根宝	妻子	女	1953 年 10 月	汉		
	张国华	长子	男	1977 年 11 月	汉		
	张心伊	孙女	女	2006 年 9 月	汉		
	张　华	次子	男	1982 年 10 月	汉		
家庭大事	1993 年 5 月建造三上三下楼房 6 间，面积 220 平方米						

<table>
<tr><td rowspan="2"></td><td rowspan="2">姓名</td><td rowspan="2">与户主关系</td><td rowspan="2">性别</td><td rowspan="2">出生日期</td><td rowspan="2">民族</td><td colspan="2">已故家属</td></tr>
<tr><td>称呼</td><td>姓名</td></tr>
<tr><td rowspan="4">现有
家庭成员</td><td>陆炳良</td><td>户主</td><td>男</td><td>1955 年 8 月</td><td>汉</td><td>女儿</td><td>陆文梅</td></tr>
<tr><td>徐敖珍</td><td>妻子</td><td>女</td><td>1957 年 8 月</td><td>汉</td><td></td><td></td></tr>
<tr><td>陆怡清</td><td>女儿</td><td>女</td><td>2011 年 4 月</td><td>汉</td><td></td><td></td></tr>
<tr><td>戴金秀</td><td>母亲</td><td>女</td><td>1930 年 11 月</td><td>汉</td><td></td><td></td></tr>
<tr><td>家庭大事</td><td colspan="7">1976 年 2 月陆炳良参军入伍，1979 年 9 月加入中国共产党，1981 年 3 月退伍，1983 年 8 月任五三村村主任，1984 年 6 月至 1988 年 3 月任五三村村书记
1989 年 3 月建造三上三下楼房 6 间，面积 220 平方米
2001 年 5 月购汽车 1 辆
2008 年 9 月购商品房 1 套</td></tr>
</table>

<table>
<tr><td rowspan="2"></td><td rowspan="2">姓名</td><td rowspan="2">与户主关系</td><td rowspan="2">性别</td><td rowspan="2">出生日期</td><td rowspan="2">民族</td><td colspan="2">已故家属</td></tr>
<tr><td>称呼</td><td>姓名</td></tr>
<tr><td rowspan="4">现有
家庭成员</td><td>李菊明</td><td>户主</td><td>男</td><td>1961 年 6 月</td><td>汉</td><td></td><td></td></tr>
<tr><td>陈建英</td><td>妻子</td><td>女</td><td>1961 年 5 月</td><td>汉</td><td></td><td></td></tr>
<tr><td>李永刚</td><td>儿子</td><td>男</td><td>1985 年 6 月</td><td>汉</td><td></td><td></td></tr>
<tr><td>李淼然</td><td>孙女</td><td>女</td><td>2013 年 6 月</td><td>汉</td><td></td><td></td></tr>
<tr><td>家庭大事</td><td colspan="7">1990 年 5 月购铁船 1 条
1993 年 5 月建造三上三下楼房 6 间，面积 220 平方米
2000 年 2 月购出租车 1 辆
2005 年 7 月购商品房 1 套
2008 年 8 月购汽车 1 辆
2009 年 4 月李永刚考取美国国立大学，2010 年 10 月获得工商管理硕士学位</td></tr>
</table>

	姓名	与户主关系	性别	出生日期	民族	已故家属	
						称呼	姓名
现有家庭成员	陈建国	户主	男	1968 年 4 月	汉		
	李海仙	妻子	女	1968 年 8 月	汉		
	陆继宏	儿子	男	1991 年 8 月	汉		
	陆芯妍	孙女	女	2018 年 3 月	汉		
	陆秀妹	母亲	女	1935 年 10 月	汉		
家庭大事	1990 年 3 月建造三上三下楼房 6 间，面积 220 平方米 2005 年 8 月购商品房 1 套 2010 年 5 月购汽车 1 辆						

	姓名	与户主关系	性别	出生日期	民族	已故家属	
						称呼	姓名
现有家庭成员	陈建明	户主	男	1966 年 3 月	汉		
	顾林凤	妻子	女	1967 年 12 月	汉		
	陆文娟	女儿	女	1989 年 5 月	汉		
家庭大事	1985 年 3 月建造三上三下楼房 6 间，面积 220 平方米 2008 年 4 月分到动迁房 3 套 2009 年 5 月购汽车 1 辆 2010 年 8 月购汽车 1 辆						

	姓名	与户主关系	性别	出生日期	民族	已故家属	
						称呼	姓名
现有家庭成员	陆林明	户主	男	1965 年 3 月	汉		
	浦翠花	妻子	女	1966 年 7 月	汉		
	陆文涛	儿子	男	1988 年 12 月	汉		
	陆晟晔	孙子	男	2013 年 1 月	汉		
	金泉英	母亲	女	1941 年 5 月	汉		
家庭大事	1991 年 10 月建造三上三下楼房 6 间，面积 220 平方米 2001 年 1 月购汽车 1 辆 2005 年 6 月购商品房 1 套						

	姓名	与户主关系	性别	出生日期	民族	已故家属	
						称呼	姓名
现有家庭成员	陆根兴	户主	男	1952 年 11 月	汉	父亲	陆秀根
	李雪妹	妻子	女	1951 年 10 月	汉	母亲	浦杏妹
	陆水琴	女儿	女	1974 年 3 月	汉		
	金　星	女婿	男	1971 年 10 月	汉		
	陆　琪	长外孙女	女	1995 年 8 月	汉		
	金璐瑶	次外孙女	女	2006 年 12 月	汉		
家庭大事	1989 年 3 月购水泥运输船 1 条 1991 年 8 月建造三上三下楼房 6 间，面积 200 平方米 2005 年 5 月购商品房 1 套 2008 年 1 月购汽车 1 辆						

	姓名	与户主关系	性别	出生日期	民族	已故家属	
						称呼	姓名
现有家庭成员	李全林	户主	男	1963 年 4 月	汉		
	张才花	妻子	女	1964 年 12 月	汉		
	李建峰	儿子	男	1986 年 5 月	汉		
	李晨睿	孙子	男	2013 年 6 月	汉		
家庭大事	1990 年 5 月建造四上四下楼房 8 间，面积 230 平方米 2005 年 3 月购出租车 1 辆 2008 年 8 月购商品房 1 套 2010 年 5 月购汽车 1 辆						

	姓名	与户主关系	性别	出生日期	民族	已故家属	
						称呼	姓名
现有家庭成员	李金泉	户主	男	1938 年 3 月	汉	父亲	李维善
	孙福英	妻子	女	1938 年 9 月	汉		
	李小明	儿子	男	1965 年 3 月	汉		
	顾秀花	儿媳	女	1965 年 10 月	汉		
	李燕娜	孙女	女	1988 年 1 月	汉		
	王冠栋	孙婿	男	1986 年 10 月	汉		
	李具择	曾孙	男	2011 年 12 月	汉		
	王梓瑷	曾孙女	女	2013 年 7 月	汉		
家庭大事							

	姓名	与户主关系	性别	出生日期	民族	已故家属	
						称呼	姓名
现有家庭成员	戴三妹	户主	女	1944 年 6 月	汉	公公	陆仁兴
	陆水福	丈夫	男	1940 年 12 月	汉	婆婆	唐金大
	陆益民	长子	男	1964 年 11 月	汉		
	盛志琴	长媳	女	1965 年 7 月	汉		
	陆志毅	孙子	男	1989 年 12 月	汉		
	陆竟文	长孙女	女	2003 年 12 月	汉		
	陆文明	次子	男	1968 年 3 月	汉		
	许　燕	次媳	女	1971 年 3 月	汉		
	陆奕聪	次孙女	女	1997 年 1 月	汉		
家庭大事	1966 年 2 月戴三妹加入中国共产党						

	姓名	与户主关系	性别	出生日期	民族	已故家属	
						称呼	姓名
现有家庭成员	李水根	户主	男	1931 年 7 月	汉	妻子	夏阿香
家庭大事							

	姓名	与户主关系	性别	出生日期	民族	已故家属	
						称呼	姓名
现有家庭成员	王玉良	户主	男	1965 年 8 月	汉		
	吴玉英	妻子	女	1964 年 11 月	汉		
	王龙飞	儿子	男	1988 年 11 月	汉		
	王瑾瑜	长孙女	女	2012 年 6 月	汉		
	王佳琪	次孙女	女	2015 年 7 月	汉		
家庭大事	1989 年 2 月建造三上三下楼房 6 间，面积 220 平方米 2005 年 5 月购商品房 1 套 2012 年 8 月购汽车 1 辆						

<table>
<tr><td rowspan="9">现有
家庭成员</td><td rowspan="2">姓名</td><td rowspan="2">与户主关系</td><td rowspan="2">性别</td><td rowspan="2">出生日期</td><td rowspan="2">民族</td><td colspan="2">已故家属</td></tr>
<tr><td>称呼</td><td>姓名</td></tr>
<tr><td>王金良</td><td>户主</td><td>男</td><td>1962 年 11 月</td><td>汉</td><td>父亲</td><td>王全福</td></tr>
<tr><td>沈惠花</td><td>妻子</td><td>女</td><td>1964 年 1 月</td><td>汉</td><td></td><td></td></tr>
<tr><td>王　洁</td><td>儿子</td><td>男</td><td>1985 年 11 月</td><td>汉</td><td></td><td></td></tr>
<tr><td>陈　娅</td><td>儿媳</td><td>女</td><td>1988 年 2 月</td><td>汉</td><td></td><td></td></tr>
<tr><td>王玥榕</td><td>长孙女</td><td>女</td><td>2012 年 11 月</td><td>汉</td><td></td><td></td></tr>
<tr><td>王玥溪</td><td>次孙女</td><td>女</td><td>2019 年 2 月</td><td>汉</td><td></td><td></td></tr>
<tr><td>沈小妹</td><td>母亲</td><td>女</td><td>1938 年 11 月</td><td>汉</td><td></td><td></td></tr>
<tr><td>家庭大事</td><td colspan="7">1983 年 9 月沈惠花于五三村幼儿园任教师
1990 年 3 月建造三上三下楼房 6 间，面积 240 平方米
2006 年 5 月购出租车 1 辆
2012 年 6 月购商品房 1 套
2016 年 7 月购汽车 1 辆</td></tr>
</table>

<table>
<tr><td rowspan="4">现有
家庭成员</td><td rowspan="2">姓名</td><td rowspan="2">与户主关系</td><td rowspan="2">性别</td><td rowspan="2">出生日期</td><td rowspan="2">民族</td><td colspan="2">已故家属</td></tr>
<tr><td>称呼</td><td>姓名</td></tr>
<tr><td>王富群</td><td>户主</td><td>女</td><td>1976 年 8 月</td><td>汉</td><td>丈夫</td><td>王水良</td></tr>
<tr><td>王林籽</td><td>女儿</td><td>女</td><td>1997 年 1 月</td><td>汉</td><td></td><td></td></tr>
<tr><td>家庭大事</td><td colspan="7">1986 年 11 月王水良参军入伍，1990 年 12 月退伍
1991 年 2 月建造三上三下楼房 6 间，面积 220 平方米
2008 年 3 月购商品房 1 套
2010 年 5 月购汽车 1 辆</td></tr>
</table>

	姓名	与户主关系	性别	出生日期	民族	已故家属	
						称呼	姓名
现有家庭成员	王金荣	户主	男	1963 年 4 月	汉		
	夏秋香	妻子	女	1964 年 11 月	汉		
	王孝通	儿子	男	1986 年 2 月	汉		
	王梦妍	孙女	女	2009 年 10 月	汉		
	王奕杰	孙子	男	2012 年 10 月	汉		
	陆小花	母亲	女	1939 年 2 月	汉		
家庭大事	1992 年 3 月建造三上三下楼房 6 间，面积 270 平方米 2003 年 6 月购商品房 1 套 2010 年 1 月购汽车 1 辆						

	姓名	与户主关系	性别	出生日期	民族	已故家属	
						称呼	姓名
现有家庭成员	王密荣	户主	男	1952 年 9 月	汉	父亲	王阿东
	王惠芬	长女	女	1977 年 2 月	汉	母亲	薛小妹
	袁华林	长婿	男	1973 年 10 月	汉	妻子	凌玉娥
	王雨洁	外孙女	女	1998 年 1 月	汉		
	王玉红	次女	女	1979 年 6 月	汉		
	陈　波	次婿	男	1973 年 11 月	汉		
	袁毅勤	外孙	男	2003 年 5 月	汉		
家庭大事	1991 年 3 月建造三上三下楼房 6 间，面积 220 平方米 1994 年 6 月袁华林加入中国共产党 2001 年 5 月购商品房 1 套 2006 年 1 月购汽车 1 辆						

	姓名	与户主关系	性别	出生日期	民族	已故家属	
						称呼	姓名
现有家庭成员	李利妹	户主	女	1954 年 5 月	汉	丈夫	王雪荣
	王正华	儿子	男	1977 年 3 月	汉		
	顾惠花	儿媳	女	1979 年 2 月	汉		
	王依萍	孙女	女	2002 年 3 月	汉		
家庭大事	1989 年 8 月建造三上三下楼房 6 间，面积 230 平方米 2003 年 3 月购商品房 1 套 2010 年 5 月购汽车 1 辆						

	姓名	与户主关系	性别	出生日期	民族	已故家属	
						称呼	姓名
现有家庭成员	姜弟弟	户主	男	1940 年 2 月	汉		
	徐秀珍	妻子	女	1954 年 1 月	汉		
	姜福琴	长女	女	1976 年 5 月	汉		
	李　毅	长婿	男	1975 年 9 月	汉		
	姜玉华	外孙女	女	1998 年 8 月	汉		
家庭大事	1995 年 7 月建造三上三下楼房 6 间，面积 220 平方米 2015 年 5 月购商品房 1 套						

	姓名	与户主关系	性别	出生日期	民族	已故家属	
						称呼	姓名
现有家庭成员	王林珍	户主	女	1957 年 5 月	汉	丈夫	郭桂男
	郭静娜	次女	女	1982 年 12 月	汉	公公	郭宗根
	沈子懿	长外孙	男	2011 年 9 月	汉	婆婆	郭秀宝
	郭沈子嘉	次外孙	男	2016 年 12 月	汉		
家庭大事	1991 年 11 月建造三上三下楼房 6 间，面积 220 平方米 2005 年 10 月购商品房 1 套 2008 年 5 月购汽车 1 辆						

	姓名	与户主关系	性别	出生日期	民族	已故家属	
						称呼	姓名
现有家庭成员	郭家乐	户主	男	1949 年 11 月	汉	妻子	钱玉英
	郭美芳	长女	女	1975 年 1 月	汉	父亲	郭全根
	李建中	长婿	男	1973 年 11 月	汉	母亲	郭大小娘
	郭梦洁	外孙女	女	1996 年 9 月	汉		
家庭大事	1983 年 5 月购水泥运输船 1 条 1989 年 10 月建造三上三下楼房 6 间，面积 220 平方米 2001 年 11 月购商品房 1 套						

	姓名	与户主关系	性别	出生日期	民族	已故家属	
						称呼	姓名
现有家庭成员	王伟明	户主	男	1968 年 2 月	汉		
	顾水英	妻子	女	1970 年 5 月	汉		
	王险峰	儿子	男	1991 年 5 月	汉		
	王书珩	孙子	男	2018 年 2 月	汉		
	孙福妹	母亲	女	1935 年 10 月	汉		
家庭大事	1989 年 3 月建造三上三下楼房 6 间，面积 220 平方米 2001 年 5 月购汽车 1 辆 2008 年 3 月购商品房 1 套						

	姓名	与户主关系	性别	出生日期	民族	已故家属	
						称呼	姓名
现有家庭成员	徐小娘	户主	女	1939 年 10 月	汉	丈夫	郭水根
	郭雪明	儿子	男	1968 年 6 月	汉		
	王金花	儿媳	女	1967 年 9 月	汉		
	郭孝成	孙子	男	1991 年 12 月	汉		
家庭大事	1993 年 4 月建造三上三下楼房 6 间，面积 220 平方米 2008 年 5 月购汽车 1 辆 2010 年 9 月郭孝成考取南京邮电大学 2012 年 8 月购商品房 1 套						

	姓名	与户主关系	性别	出生日期	民族	已故家属	
						称呼	姓名
现有家庭成员	李水明	户主	男	1950 年 12 月	汉	父亲	李福生
	徐明珍	妻子	女	1951 年 11 月	汉		
	李建良	次子	男	1977 年 2 月	汉		
	沈小兰	次媳	女	1976 年 12 月	汉		
	李佳怡	孙女	女	2001 年 5 月	汉		
家庭大事	1989 年 5 月建造三上三下楼房 6 间，面积 220 平方米 2002 年 8 月购商品房 1 套 2006 年 3 月购汽车 1 辆						

<table>
<tr><td rowspan="2"></td><td rowspan="2">姓名</td><td rowspan="2">与户主关系</td><td rowspan="2">性别</td><td rowspan="2">出生日期</td><td rowspan="2">民族</td><td colspan="2">已故家属</td></tr>
<tr><td>称呼</td><td>姓名</td></tr>
<tr><td rowspan="6">现有
家庭成员</td><td>郭桃泉</td><td>户主</td><td>男</td><td>1956 年 7 月</td><td>汉</td><td>父亲</td><td>郭木生</td></tr>
<tr><td>方秋妹</td><td>妻子</td><td>女</td><td>1956 年 8 月</td><td>汉</td><td>母亲</td><td>张福宝</td></tr>
<tr><td>郭志良</td><td>长子</td><td>男</td><td>1981 年 6 月</td><td>汉</td><td></td><td></td></tr>
<tr><td>徐政妹</td><td>长媳</td><td>女</td><td>1981 年 10 月</td><td>汉</td><td></td><td></td></tr>
<tr><td>郭雨涛</td><td>孙子</td><td>男</td><td>2004 年 6 月</td><td>汉</td><td></td><td></td></tr>
<tr><td>郭晓文</td><td>次子</td><td>男</td><td>1982 年 12 月</td><td>汉</td><td></td><td></td></tr>
<tr><td>家庭大事</td><td colspan="7">1988 年 3 月建造三上三下楼房 6 间，面积 250 平方米
2001 年 9 月郭晓文参军入伍，2003 年 3 月退伍，7 月加入中国共产党
2008 年 8 月购商品房 1 套
2011 年 3 月购汽车 1 辆</td></tr>
</table>

<table>
<tr><td rowspan="2"></td><td rowspan="2">姓名</td><td rowspan="2">与户主关系</td><td rowspan="2">性别</td><td rowspan="2">出生日期</td><td rowspan="2">民族</td><td colspan="2">已故家属</td></tr>
<tr><td>称呼</td><td>姓名</td></tr>
<tr><td rowspan="6">现有
家庭成员</td><td>徐阿二</td><td>户主</td><td>男</td><td>1955 年 1 月</td><td>汉</td><td></td><td></td></tr>
<tr><td>朱社英</td><td>妻子</td><td>女</td><td>1956 年 7 月</td><td>汉</td><td></td><td></td></tr>
<tr><td>徐许峰</td><td>儿子</td><td>男</td><td>1981 年 11 月</td><td>汉</td><td></td><td></td></tr>
<tr><td>朱艳林</td><td>儿媳</td><td>女</td><td>1985 年 8 月</td><td>汉</td><td></td><td></td></tr>
<tr><td>郭鸿溢</td><td>长孙</td><td>男</td><td>2005 年 11 月</td><td>汉</td><td></td><td></td></tr>
<tr><td>郭鸿兵</td><td>次孙</td><td>男</td><td>2012 年 8 月</td><td>汉</td><td></td><td></td></tr>
<tr><td>家庭大事</td><td colspan="7">1976 年 2 月徐阿二参军入伍，1978 年 9 月加入中国共产党，1981 年 5 月退伍
1992 年 5 月建造三上三下楼房 6 间，面积 220 平方米
2007 年 6 月购商品房 1 套
2012 年 3 月购汽车 1 辆</td></tr>
</table>

	姓名	与户主关系	性别	出生日期	民族	已故家属	
						称呼	姓名
现有家庭成员	王义生	户主	男	1935 年 5 月	汉		
	王惠良	长子	男	1964 年 9 月	汉		
	陆秀妹	长媳	女	1964 年 9 月	汉		
	王晨华	孙子	男	1987 年 11 月	汉		
	王梓涵	长曾孙女	女	2012 年 8 月	汉		
	戴瑾涵	次曾孙女	女	2014 年 4 月	汉		
家庭大事	1985 年 5 月建造三上三下楼房 6 间，面积 230 平方米 2006 年 3 月购出租车 1 辆 2008 年 5 月购汽车 1 辆 2013 年 6 月购商品房 1 套						

	姓名	与户主关系	性别	出生日期	民族	已故家属	
						称呼	姓名
现有家庭成员	郭梅根	户主	男	1935 年 1 月	汉	孙女	郭小华
	郭雪元	儿子	男	1957 年 1 月	汉		
	张瑞珍	儿媳	女	1962 年 3 月	汉		
	郭丽华	孙女	女	1983 年 8 月	汉		
	郭骜阳	长曾孙	男	2006 年 4 月	汉		
	张子豪	次曾孙	男	2014 年 4 月	汉		
家庭大事	1992 年 3 月建造三上三下楼房 6 间，面积 220 平方米 2005 年 6 月购商品房 1 套						

	姓名	与户主关系	性别	出生日期	民族	已故家属	
						称呼	姓名
现有家庭成员	戴沛生	户主	男	1949 年 11 月	汉	妻子	郭红英
	郭　青	女儿	女	1972 年 5 月	汉		
	毛雪龙	女婿	男	1971 年 12 月	汉		
	郭俊威	外孙	男	1998 年 5 月	汉		
	郭　明	儿子	男	1974 年 2 月	汉		
	袁　翠	儿媳	女	1980 年 6 月	汉		
家庭大事	1989 年 5 月建造三上三下楼房 6 间，面积 220 平方米 2001 年 2 月购汽车 1 辆 2009 年 3 月购商品房 1 套						

	姓名	与户主关系	性别	出生日期	民族	已故家属	
						称呼	姓名
现有家庭成员	李水雪	户主	男	1954 年 12 月	汉		
	孙秀梅	妻子	女	1967 年 11 月	汉		
	李　青	女儿	女	1988 年 10 月	汉		
	李哲凯	外孙	男	2010 年 5 月	汉		
家庭大事	1992 年 4 月建造三上三下楼房 6 间，面积 220 平方米 2003 年 6 月购商品房 1 套 2007 年 1 月购汽车 1 辆						

<table>
<tr><td rowspan="2"></td><td rowspan="2">姓名</td><td rowspan="2">与户主关系</td><td rowspan="2">性别</td><td rowspan="2">出生日期</td><td rowspan="2">民族</td><td colspan="2">已故家属</td></tr>
<tr><td>称呼</td><td>姓名</td></tr>
<tr><td rowspan="4">现有
家庭成员</td><td>王爱生</td><td>户主</td><td>男</td><td>1938 年 12 月</td><td>汉</td><td></td><td></td></tr>
<tr><td>王水荣</td><td>次子</td><td>男</td><td>1965 年 4 月</td><td>汉</td><td></td><td></td></tr>
<tr><td>王晓兰</td><td>孙女</td><td>女</td><td>1987 年 10 月</td><td>汉</td><td></td><td></td></tr>
<tr><td>陆兴花</td><td>非亲属</td><td>女</td><td>1965 年 8 月</td><td>汉</td><td></td><td></td></tr>
<tr><td>家庭大事</td><td colspan="7">1990 年 5 月建造三上三下楼房 6 间，面积 220 平方米
2006 年 7 月购商品房 1 套
2008 年 3 月购汽车 1 辆</td></tr>
</table>

<table>
<tr><td rowspan="2"></td><td rowspan="2">姓名</td><td rowspan="2">与户主关系</td><td rowspan="2">性别</td><td rowspan="2">出生日期</td><td rowspan="2">民族</td><td colspan="2">已故家属</td></tr>
<tr><td>称呼</td><td>姓名</td></tr>
<tr><td rowspan="6">现有
家庭成员</td><td>王坤荣</td><td>户主</td><td>男</td><td>1955 年 3 月</td><td>汉</td><td></td><td></td></tr>
<tr><td>王玉珍</td><td>妻子</td><td>女</td><td>1956 年 8 月</td><td>汉</td><td></td><td></td></tr>
<tr><td>王红伟</td><td>长子</td><td>男</td><td>1981 年 4 月</td><td>汉</td><td></td><td></td></tr>
<tr><td>苏福霞</td><td>长媳</td><td>女</td><td>1981 年 6 月</td><td>汉</td><td></td><td></td></tr>
<tr><td>王俊翔</td><td>孙子</td><td>男</td><td>2005 年 8 月</td><td>汉</td><td></td><td></td></tr>
<tr><td>王红刚</td><td>次子</td><td>男</td><td>1982 年 12 月</td><td>汉</td><td></td><td></td></tr>
<tr><td>家庭大事</td><td colspan="7">1991 年 8 月建造三上三下楼房 6 间，面积 220 平方米
2001 年 5 月购商品房 1 套
2003 年 7 月购汽车 1 辆</td></tr>
</table>

<table>
<tr><td rowspan="7">现有
家庭成员</td><td rowspan="2">姓名</td><td rowspan="2">与户主关系</td><td rowspan="2">性别</td><td rowspan="2">出生日期</td><td rowspan="2">民族</td><td colspan="2">已故家属</td></tr>
<tr><td>称呼</td><td>姓名</td></tr>
<tr><td>王云良</td><td>户主</td><td>男</td><td>1964 年 10 月</td><td>汉</td><td>父亲</td><td>王泉根</td></tr>
<tr><td>陆夏英</td><td>妻子</td><td>女</td><td>1964 年 5 月</td><td>汉</td><td>母亲</td><td>顾百妹</td></tr>
<tr><td>王　毅</td><td>儿子</td><td>男</td><td>1987 年 9 月</td><td>汉</td><td></td><td></td></tr>
<tr><td>王梓暄</td><td>孙女</td><td>女</td><td>2012 年 7 月</td><td>汉</td><td></td><td></td></tr>
<tr><td>陆梓睿</td><td>孙子</td><td>男</td><td>2016 年 5 月</td><td>汉</td><td></td><td></td></tr>
<tr><td>家庭大事</td><td colspan="7">1989 年 7 月建造三上三下楼房 6 间，面积 220 平方米
1994 年 3 月购铁船 1 条
2008 年 5 月购商品房 1 套
2010 年 3 月购汽车 1 辆</td></tr>
</table>

<table>
<tr><td rowspan="7">现有
家庭成员</td><td rowspan="2">姓名</td><td rowspan="2">与户主关系</td><td rowspan="2">性别</td><td rowspan="2">出生日期</td><td rowspan="2">民族</td><td colspan="2">已故家属</td></tr>
<tr><td>称呼</td><td>姓名</td></tr>
<tr><td>徐阿元</td><td>户主</td><td>男</td><td>1952 年 12 月</td><td>汉</td><td></td><td></td></tr>
<tr><td>顾秧妹</td><td>妻子</td><td>女</td><td>1954 年 4 月</td><td>汉</td><td></td><td></td></tr>
<tr><td>徐　强</td><td>儿子</td><td>男</td><td>1977 年 11 月</td><td>汉</td><td></td><td></td></tr>
<tr><td>徐高英</td><td>儿媳</td><td>女</td><td>1977 年 10 月</td><td>汉</td><td></td><td></td></tr>
<tr><td>徐　劲</td><td>孙子</td><td>男</td><td>2001 年 11 月</td><td>汉</td><td></td><td></td></tr>
<tr><td>家庭大事</td><td colspan="7">1990 年 3 月建造三上三下楼房 6 间，面积 220 平方米
2008 年 5 月购商品房 1 套
2009 年 1 月购汽车 1 辆</td></tr>
</table>

<table>
<tr><td rowspan="5">现有
家庭成员</td><td rowspan="2">姓名</td><td rowspan="2">与户主关系</td><td rowspan="2">性别</td><td rowspan="2">出生日期</td><td rowspan="2">民族</td><td colspan="2">已故家属</td></tr>
<tr><td>称呼</td><td>姓名</td></tr>
<tr><td>李巧生</td><td>户主</td><td>男</td><td>1941 年 11 月</td><td>汉</td><td>儿子</td><td>李全男</td></tr>
<tr><td>浦阿二</td><td>妻子</td><td>女</td><td>1945 年 3 月</td><td>汉</td><td></td><td></td></tr>
<tr><td>李晓康</td><td>孙子</td><td>男</td><td>1987 年 3 月</td><td>汉</td><td></td><td></td></tr>
<tr><td>家庭大事</td><td colspan="7">1991 年 3 月建造三上三下楼房 6 间，面积 220 平方米
2008 年 4 月分到动迁房 3 套
2010 年 5 月购汽车 1 辆
2011 年 6 月李晓康考取南京中医药大学</td></tr>
</table>

<table>
<tr><td rowspan="3">现有
家庭成员</td><td rowspan="2">姓名</td><td rowspan="2">与户主关系</td><td rowspan="2">性别</td><td rowspan="2">出生日期</td><td rowspan="2">民族</td><td colspan="2">已故家属</td></tr>
<tr><td>称呼</td><td>姓名</td></tr>
<tr><td>徐银水</td><td>户主</td><td>男</td><td>1932 年 1 月</td><td>汉</td><td>妻子</td><td>郭阿娥</td></tr>
<tr><td>家庭大事</td><td colspan="7">1966 年 3 月徐银水加入中国共产党</td></tr>
</table>

马庄村第 10 村民小组

	姓名	与户主关系	性别	出生日期	民族	已故家属	
						称呼	姓名
现有家庭成员	戴大男	户主	男	1946 年 9 月	汉	母亲	景大妹
	凌林香	妻子	女	1949 年 8 月	汉		
	戴建明	长子	男	1971 年 11 月	汉		
	顾勤仙	长媳	女	1971 年 12 月	汉		
	戴静怡	孙女	女	1995 年 7 月	汉		
家庭大事	1982 年 3 月购水泥运输船 1 条 1987 年 4 月建造四上四下楼房 8 间及转居屋 1 间，面积 300 平方米 1991 年 8 月购汽车 1 辆 2001 年 8 月购商品房 1 套 2013 年 9 月戴静怡考取淮阴师范学院 2020 年 1 月分到动迁房 3 套						

	姓名	与户主关系	性别	出生日期	民族	已故家属	
						称呼	姓名
现有家庭成员	戴白男	户主	男	1959 年 8 月	汉	父亲	戴金根
	凌雪珍	妻子	女	1961 年 9 月	汉		
	戴玉兰	女儿	女	1982 年 10 月	汉		
	陈亚杰	女婿	男	1983 年 6 月	汉		
	戴陈宇	外孙	男	2007 年 8 月	汉		
家庭大事	1983 年 4 月购水泥运输船 1 条 1987 年 4 月建造四上四下楼房 8 间及转居屋 1 间，面积 280 平方米 2001 年 9 月戴玉兰考取南京经济学院（今南京财经大学） 2005 年 8 月购商品房 1 辆 2010 年 10 月购汽车 1 辆 2020 年 1 月分到动迁房 3 套						

	姓名	与户主关系	性别	出生日期	民族	已故家属	
						称呼	姓名
现有家庭成员	姜培秀	户主	女	1968 年 9 月	汉	父亲	阮云生
	阮玉芳	女儿	女	1991 年 10 月	汉	丈夫	阮林根
	钱智浩	外孙	男	2011 年 10 月	汉		
家庭大事	1965 年 3 月阮云生加入中国共产党 1970 年 4 月建造 3 间平房及转居屋 1 间，面积 80 平方米 2018 年 10 月分到动迁房 2 套						

	姓名	与户主关系	性别	出生日期	民族	已故家属	
						称呼	姓名
现有家庭成员	阮火荣	户主	男	1962 年 10 月	汉		
	唐林香	妻子	女	1962 年 9 月	汉		
	阮丽丽	长女	女	1986 年 1 月	汉		
	阮丽菁	长外孙女	女	2007 年 4 月	汉		
	张丽芯	次外孙女	女	2011 年 11 月	汉		
	徐小娘	母亲	女	1936 年 11 月	汉		
家庭大事	1984 年 4 月购水泥运输船 1 条 1989 年 9 月建造三上三下楼房 6 间及转居屋 1 间，面积 200 平方米 2010 年 9 月购出租车 1 辆 2015 年 10 月购商品房 1 辆 2020 年 1 月分到动迁房 3 套						

	姓名	与户主关系	性别	出生日期	民族	已故家属	
						称呼	姓名
现有家庭成员	姚雪良	户主	男	1965年1月	汉	母亲	徐密英
	顾海花	妻子	女	1966年9月	汉		
	姚玉萍	女儿	女	1988年1月	汉		
	姜　希	女婿	男	1986年12月	汉		
	姚奕成	外孙	男	2018年5月	汉		
	姚沁妤	外孙女	女	2012年3月	汉		
	顾水明	父亲	男	1941年5月	汉		
家庭大事	1958年8月徐密英担任五二大队赤脚医生，1965年3月加入中国共产党 1964年3月顾水明担任五二大队会计 1985年3月购水泥运输船1条 1991年8月建造四上四下楼房8间及转居屋1间，面积260平方米 1995年1月购汽车1辆 2000年1月购商品房1辆 2003年3月姚雪良开办昆山协诚机械制造厂 2003年9月姚玉萍考取江南大学 2020年1月分到动迁房3套						

<table>
<tr><td rowspan="8">现有
家庭成员</td><td rowspan="2">姓名</td><td rowspan="2">与户主关系</td><td rowspan="2">性别</td><td rowspan="2">出生日期</td><td rowspan="2">民族</td><td colspan="2">已故家属</td></tr>
<tr><td>称呼</td><td>姓名</td></tr>
<tr><td>姚锡荣</td><td>户主</td><td>男</td><td>1962 年 3 月</td><td>汉</td><td></td><td></td></tr>
<tr><td>顾秋香</td><td>妻子</td><td>女</td><td>1962 年 7 月</td><td>汉</td><td></td><td></td></tr>
<tr><td>姚文浩</td><td>长子</td><td>男</td><td>1985 年 9 月</td><td>汉</td><td></td><td></td></tr>
<tr><td>周利萍</td><td>长媳</td><td>女</td><td>1989 年 12 月</td><td>汉</td><td></td><td></td></tr>
<tr><td>姚昊希</td><td>孙子</td><td>男</td><td>2012 年 11 月</td><td>汉</td><td></td><td></td></tr>
<tr><td>姚沁希</td><td>孙女</td><td>女</td><td>2010 年 11 月</td><td>汉</td><td></td><td></td></tr>
<tr><td>家庭大事</td><td colspan="7">1984 年 3 月购水泥运输船 1 条
1991 年 9 月建造四上四下楼房 8 间及转居屋 1 间，面积 260 平方米
2001 年 1 月开管子场 1 家
2006 年 10 月购商品房 1 套
2009 年 6 月姚文浩加入中国共产党
2010 年 2 月购汽车 1 辆
2020 年 1 月分到动迁房 3 套</td></tr>
</table>

<table>
<tr><td rowspan="9">现有
家庭成员</td><td rowspan="2">姓名</td><td rowspan="2">与户主关系</td><td rowspan="2">性别</td><td rowspan="2">出生日期</td><td rowspan="2">民族</td><td colspan="2">已故家属</td></tr>
<tr><td>称呼</td><td>姓名</td></tr>
<tr><td>姚菊仙</td><td>户主</td><td>女</td><td>1971 年 4 月</td><td>汉</td><td></td><td></td></tr>
<tr><td>张香明</td><td>丈夫</td><td>男</td><td>1968 年 8 月</td><td>汉</td><td></td><td></td></tr>
<tr><td>姚俊义</td><td>儿子</td><td>男</td><td>1993 年 7 月</td><td>汉</td><td></td><td></td></tr>
<tr><td>时冬萍</td><td>儿媳</td><td>女</td><td>1993 年 12 月</td><td>汉</td><td></td><td></td></tr>
<tr><td>姚沐歌</td><td>孙女</td><td>女</td><td>2021 年 8 月</td><td>汉</td><td></td><td></td></tr>
<tr><td>顾汉明</td><td>父亲</td><td>男</td><td>1947 年 2 月</td><td>汉</td><td></td><td></td></tr>
<tr><td>李海妹</td><td>母亲</td><td>女</td><td>1947 年 2 月</td><td>汉</td><td></td><td></td></tr>
<tr><td>家庭大事</td><td colspan="7">1984 年 3 月购水泥运输船 1 条
1993 年 4 月建造四上四下楼房 8 间及转居屋 1 间，面积 260 平方米
2001 年 8 月购汽车 1 辆
2011 年 9 月姚俊义考取浙江万里学院
2018 年 10 月分到动迁房 3 套</td></tr>
</table>

	姓名	与户主关系	性别	出生日期	民族	已故家属	
						称呼	姓名
现有家庭成员	徐海元	户主	男	1945 年 10 月	汉	父亲	徐佰泉
	沈根妹	妻子	女	1946 年 3 月	汉		
	徐秋男	长子	男	1967 年 7 月	汉		
	顾雪香	长媳	女	1967 年 9 月	汉		
	徐娟娟	孙女	女	1990 年 6 月	汉		
	方　伟	孙婿	男	1990 年 12 月	汉		
	徐奕铭	曾外孙	男	2021 年 6 月	汉		
家庭大事	1983 年 3 月购水泥运输船 1 条 1996 年 4 月建造四上四下楼房 8 间及转居屋 1 间，面积 300 平方米 2006 年 3 月购商品房 1 套 2010 年 9 月徐娟娟考取南京审计大学 2017 年 10 月购汽车 1 辆 2020 年 1 月分到动迁房 4 套						

	姓名	与户主关系	性别	出生日期	民族	已故家属	
						称呼	姓名
现有家庭成员	王连东	户主	男	1947 年 1 月	汉	父亲	王全根
	徐海妹	妻子	女	1947 年 12 月	汉	母亲	王巧金
	王良花	长女	女	1970 年 1 月	汉		
	王良珍	次女	女	1973 年 4 月	汉		
	姚雪明	次婿	男	1970 年 3 月	汉		
	王文怡	外孙女	女	1994 年 3 月	汉		
家庭大事	1983 年 3 月购水泥运输船 1 条 1989 年 9 月建造四上四下楼房 8 间及转居屋 1 间，面积 260 平方米 1998 年 5 月购商品房 1 套 2007 年 12 月购汽车 1 辆 2020 年 1 月分到动迁房 3 套						

	姓名	与户主关系	性别	出生日期	民族	已故家属	
						称呼	姓名
现有家庭成员	周良中	户主	男	1971年10月	汉	父亲	周长林
	陆建青	妻子	女	1975年2月	汉		
	周　杰	儿子	男	1995年11月	汉		
	钱秋珍	母亲	女	1949年7月	汉		
家庭大事	1988年9月建造三上三下楼房6间及转居屋1间，面积240平方米 2015年6月购商品房1套 2018年8月购汽车1辆 2020年1月分到动迁房3套						

	姓名	与户主关系	性别	出生日期	民族	已故家属	
						称呼	姓名
现有家庭成员	方腊妹	户主	女	1936年9月	汉	丈夫	周云生
	周长兴	长子	男	1966年2月	汉		
	薛建英	儿媳	女	1966年9月	汉		
	周新伟	孙子	男	1988年11月	汉		
	周佳妤	长曾孙女	女	2012年11月	汉		
	周芯妤	次曾孙女	女	2015年6月	汉		
家庭大事	1984年4月购水泥运输船1条 1993年10月建造三上三下楼房6间及转居屋1间，面积240平方米 2005年3月购出租车1辆 2020年1月分到动迁房3套						

<table>
<tr><th rowspan="2"></th><th rowspan="2">姓名</th><th rowspan="2">与户主关系</th><th rowspan="2">性别</th><th rowspan="2">出生日期</th><th rowspan="2">民族</th><th colspan="2">已故家属</th></tr>
<tr><th>称呼</th><th>姓名</th></tr>
<tr><td rowspan="4">现有家庭成员</td><td>徐招根</td><td>户主</td><td>男</td><td>1962 年 10 月</td><td>汉</td><td></td><td></td></tr>
<tr><td>顾林娥</td><td>妻子</td><td>女</td><td>1962 年 6 月</td><td>汉</td><td></td><td></td></tr>
<tr><td>徐兰英</td><td>长女</td><td>女</td><td>1985 年 11 月</td><td>汉</td><td></td><td></td></tr>
<tr><td>徐诗语</td><td>外孙女</td><td>女</td><td>2014 年 1 月</td><td>汉</td><td></td><td></td></tr>
<tr><td>家庭大事</td><td colspan="7">1984 年 3 月购水泥运输船 1 条
1995 年 4 月建造三上三下楼房 6 间及转居屋 1 间，面积 240 平方米
2011 年 3 月购商品房 1 套
2020 年 1 月分到动迁房 3 套</td></tr>
</table>

<table>
<tr><th rowspan="2"></th><th rowspan="2">姓名</th><th rowspan="2">与户主关系</th><th rowspan="2">性别</th><th rowspan="2">出生日期</th><th rowspan="2">民族</th><th colspan="2">已故家属</th></tr>
<tr><th>称呼</th><th>姓名</th></tr>
<tr><td rowspan="6">现有家庭成员</td><td>徐招弟</td><td>户主</td><td>男</td><td>1964 年 3 月</td><td>汉</td><td></td><td></td></tr>
<tr><td>杜凤妹</td><td>妻子</td><td>女</td><td>1965 年 10 月</td><td>汉</td><td></td><td></td></tr>
<tr><td>徐明明</td><td>儿子</td><td>男</td><td>1988 年 1 月</td><td>汉</td><td></td><td></td></tr>
<tr><td>周艳伟</td><td>儿媳</td><td>女</td><td>1986 年 2 月</td><td>汉</td><td></td><td></td></tr>
<tr><td>徐志彦</td><td>长孙</td><td>男</td><td>2011 年 9 月</td><td>汉</td><td></td><td></td></tr>
<tr><td>徐志诚</td><td>次孙</td><td>男</td><td>2017 年 6 月</td><td>汉</td><td></td><td></td></tr>
<tr><td>家庭大事</td><td colspan="7">1984 年 3 月购水泥运输船 1 条
1997 年 10 月建造三上三下楼房 6 间及转居屋 1 间，面积 240 平方米
2014 年 3 月购商品房 1 套
2018 年 10 月购汽车 1 辆
2020 年 1 月分到动迁房 3 套</td></tr>
</table>

<table>
<tr><th rowspan="2"></th><th rowspan="2">姓名</th><th rowspan="2">与户主关系</th><th rowspan="2">性别</th><th rowspan="2">出生日期</th><th rowspan="2">民族</th><th colspan="2">已故家属</th></tr>
<tr><th>称呼</th><th>姓名</th></tr>
<tr><td rowspan="6">现有
家庭成员</td><td>徐火根</td><td>户主</td><td>男</td><td>1938 年 7 月</td><td>汉</td><td></td><td></td></tr>
<tr><td>李全妹</td><td>妻子</td><td>女</td><td>1938 年 7 月</td><td>汉</td><td></td><td></td></tr>
<tr><td>徐招良</td><td>三子</td><td>男</td><td>1966 年 5 月</td><td>汉</td><td></td><td></td></tr>
<tr><td>徐　清</td><td>孙女</td><td>女</td><td>1989 年 6 月</td><td>汉</td><td></td><td></td></tr>
<tr><td>褚宇瑞</td><td>长曾孙</td><td>男</td><td>2015 年 10 月</td><td>汉</td><td></td><td></td></tr>
<tr><td>徐宇泽</td><td>次曾孙</td><td>男</td><td>2020 年 9 月</td><td>汉</td><td></td><td></td></tr>
<tr><td>家庭大事</td><td colspan="7">1984 年 3 月购水泥运输船 1 条
1993 年 4 月建造三上三下楼房 6 间及转居屋 1 间，面积 240 平方米
2020 年 1 月分到动迁房 3 套</td></tr>
</table>

<table>
<tr><th rowspan="2"></th><th rowspan="2">姓名</th><th rowspan="2">与户主关系</th><th rowspan="2">性别</th><th rowspan="2">出生日期</th><th rowspan="2">民族</th><th colspan="2">已故家属</th></tr>
<tr><th>称呼</th><th>姓名</th></tr>
<tr><td rowspan="6">现有
家庭成员</td><td>徐木根</td><td>户主</td><td>男</td><td>1957 年 8 月</td><td>汉</td><td></td><td></td></tr>
<tr><td>戴云花</td><td>妻子</td><td>女</td><td>1958 年 3 月</td><td>汉</td><td></td><td></td></tr>
<tr><td>徐　明</td><td>儿子</td><td>男</td><td>1981 年 11 月</td><td>汉</td><td></td><td></td></tr>
<tr><td>梁　燕</td><td>儿媳</td><td>女</td><td>1982 年 12 月</td><td>汉</td><td></td><td></td></tr>
<tr><td>徐语瞳</td><td>孙女</td><td>女</td><td>2006 年 3 月</td><td>汉</td><td></td><td></td></tr>
<tr><td>徐一然</td><td>孙子</td><td>男</td><td>2014 年 6 月</td><td>汉</td><td></td><td></td></tr>
<tr><td>家庭大事</td><td colspan="7">1984 年 3 月购水泥运输船 1 条
1985 年 10 月建造三上三下楼房 6 间及转居屋 1 间，面积 230 平方米
2016 年 4 月购汽车 1 辆
2020 年 1 月分到动迁房 3 套
2020 年 5 月购商品房 1 套</td></tr>
</table>

	姓名	与户主关系	性别	出生日期	民族	已故家属	
						称呼	姓名
现有家庭成员	徐全宝	户主	女	1932 年 6 月	汉	丈夫	姜炳根
	徐青发	次子	男	1965 年 11 月	汉		
	何明霞	次媳	女	1969 年 9 月	汉		
	徐晨杰	孙子	男	1996 年 5 月	汉		
家庭大事	1970 年 4 月建造平房 3 间及转居屋 1 间，面积 120 平方米 2018 年 10 月分到动迁房 2 套 2019 年 10 月购汽车 1 辆						

	姓名	与户主关系	性别	出生日期	民族	已故家属	
						称呼	姓名
现有家庭成员	邵宗福	户主	男	1966 年 7 月	汉		
	陆香妹	妻子	女	1967 年 10 月	汉		
	邵周伟	儿子	男	1989 年 11 月	汉		
	徐　树	儿媳	女	1991 年 10 月	土家族		
	邵梓萱	孙女	女	2013 年 8 月	汉		
	邵禹丞	孙子	男	2016 年 7 月	土家族		
家庭大事	1983 年 3 月购水泥运输船 1 条 1990 年 10 月建造三上三下楼房 6 间及转居屋 1 间，面积 240 平方米 2005 年 3 月购商品房 1 套 2011 年 3 月购汽车 1 辆 2020 年 1 月分到动迁房 3 套						

	姓名	与户主关系	性别	出生日期	民族	已故家属	
						称呼	姓名
现有家庭成员	周巧花	户主	女	1950 年 6 月	汉	母亲	徐春宝
现有家庭成员	徐卫福	丈夫	男	1948 年 1 月	汉		
现有家庭成员	徐晓龙	长子	男	1973 年 1 月	汉		
现有家庭成员	马芳仙	长媳	女	1975 年 12 月	汉		
现有家庭成员	徐　益	孙子	男	1995 年 11 月	汉		
家庭大事	1990 年 4 月建造三上三下楼房 6 间及转居屋 1 间，面积 240 平方米 2007 年 10 月购汽车 1 辆 2010 年 10 月购商品房 1 套 2020 年 1 月分到动迁房 3 套						

	姓名	与户主关系	性别	出生日期	民族	已故家属	
						称呼	姓名
现有家庭成员	姜志英	户主	女	1966 年 1 月	汉	母亲	姜梅香
现有家庭成员	姜沈华	儿子	男	1986 年 10 月	汉		
现有家庭成员	武小方	儿媳	女	1989 年 5 月	汉		
现有家庭成员	姜雨欣	长孙女	女	2009 年 7 月	汉		
现有家庭成员	姜梦蕊	次孙女	女	2014 年 6 月	汉		
家庭大事	1985 年 3 月购水泥运输船 1 条 1992 年 4 月建造三上三下楼房 6 间及转居屋 1 间，面积 260 平方米 2016 年 8 月购商品房 1 套 2020 年 1 月分到动迁房 3 套						

	姓名	与户主关系	性别	出生日期	民族	已故家属	
						称呼	姓名
现有家庭成员	马林元	户主	男	1955 年 10 月	汉		
	沈秋香	妻子	女	1955 年 1 月	汉		
	马文娟	长女	女	1979 年 10 月	汉		
	钱志兴	长婿	男	1978 年 12 月	汉		
	马欣悦	外孙女	女	2002 年 6 月	汉		
家庭大事	1984 年 3 月购水泥运输船 1 条 1989 年 4 月建造三上三下楼房 6 间及转居屋 1 间，面积 260 平方米 2007 年 4 月购汽车 1 辆 2012 年 3 月购商品房 1 套 2020 年 1 月分到动迁房 3 套						

	姓名	与户主关系	性别	出生日期	民族	已故家属	
						称呼	姓名
现有家庭成员	徐金妹	户主	女	1943 年 12 月	汉	丈夫	沈秋林
	沈雪珍	女儿	女	1964 年 9 月	汉		
	沈雪根	儿子	男	1966 年 12 月	汉		
	杨金珍	儿媳	女	1966 年 6 月	汉		
	沈　容	孙子	男	1990 年 1 月	汉		
	孙周叶	孙媳	女	1988 年 8 月	汉		
	孙铭茹	长曾孙女	女	2014 年 4 月	汉		
	沈铭语	次曾孙女	女	2018 年 5 月	汉		
家庭大事	1984 年 3 月购水泥运输船 1 条 1994 年 4 月建造三上三下楼房 6 间及转居屋 1 间，面积 240 平方米 2007 年 9 月沈容考取南京信息工程大学 2001 年 3 月购出租车 1 辆 2007 年 3 月购商品房 1 套 2012 年 10 月购汽车 1 辆 2020 年 1 月分到动迁房 3 套						

<table>
<tr><td rowspan="2"></td><td rowspan="2">姓名</td><td rowspan="2">与户主关系</td><td rowspan="2">性别</td><td rowspan="2">出生日期</td><td rowspan="2">民族</td><td colspan="2">已故家属</td></tr>
<tr><td>称呼</td><td>姓名</td></tr>
<tr><td rowspan="4">现有
家庭成员</td><td>陆雪中</td><td>户主</td><td>男</td><td>1964 年 12 月</td><td>汉</td><td></td><td></td></tr>
<tr><td>沈瑞香</td><td>妻子</td><td>女</td><td>1966 年 8 月</td><td>汉</td><td></td><td></td></tr>
<tr><td>陆　华</td><td>儿子</td><td>男</td><td>1987 年 7 月</td><td>汉</td><td></td><td></td></tr>
<tr><td>陆辛言</td><td>孙子</td><td>男</td><td>2015 年 11 月</td><td>汉</td><td></td><td></td></tr>
<tr><td>家庭大事</td><td colspan="7">1985 年 3 月购水泥运输船 1 条
1989 年 8 月构建四上四下楼房 8 间及转居屋 1 间，面积 300 平方米
2000 年 8 月购出租车 1 辆
2007 年 3 月购商品房 1 套
2010 年 10 月购汽车 1 辆
2020 年 1 月分到动迁房 3 套</td></tr>
</table>

<table>
<tr><td rowspan="2"></td><td rowspan="2">姓名</td><td rowspan="2">与户主关系</td><td rowspan="2">性别</td><td rowspan="2">出生日期</td><td rowspan="2">民族</td><td colspan="2">已故家属</td></tr>
<tr><td>称呼</td><td>姓名</td></tr>
<tr><td rowspan="5">现有
家庭成员</td><td>陆林生</td><td>户主</td><td>男</td><td>1942 年 9 月</td><td>汉</td><td></td><td></td></tr>
<tr><td>陆阿招</td><td>妻子</td><td>女</td><td>1941 年 2 月</td><td>汉</td><td></td><td></td></tr>
<tr><td>陆雪林</td><td>次子</td><td>男</td><td>1969 年 2 月</td><td>汉</td><td></td><td></td></tr>
<tr><td>戴凤珍</td><td>次媳</td><td>女</td><td>1971 年 12 月</td><td>汉</td><td></td><td></td></tr>
<tr><td>陆　芳</td><td>孙女</td><td>女</td><td>1992 年 12 月</td><td>汉</td><td></td><td></td></tr>
<tr><td>家庭大事</td><td colspan="7">1988 年 9 月购水泥运输船 1 条
1989 年 9 月建造三上三下楼房 6 间及转居屋 1 间，面积 260 平方米
2009 年 4 月购出租车 1 辆
2013 年 8 月购商品房 1 套
2015 年 8 月购汽车 1 辆
2020 年 1 月分到动迁房 3 套</td></tr>
</table>

	姓名	与户主关系	性别	出生日期	民族	已故家属	
						称呼	姓名
现有家庭成员	马凤元	户主	男	1965 年 9 月	汉	父亲	马大弟
	徐素花	妻子	女	1966 年 1 月	汉	母亲	陆阿招
	马丽静	女儿	女	1989 年 2 月	汉		
	吴诺希	外孙女	女	2017 年 6 月	汉		
家庭大事	1984 年 4 月购水泥运输船 1 条 1989 年 4 月建造三上三下楼房 6 间及转居屋 1 间，面积 240 平方米 2015 年 10 月购汽车 1 辆 2016 年 3 月购商品房 1 套 2020 年 1 月分到动迁房 3 套						

	姓名	与户主关系	性别	出生日期	民族	已故家属	
						称呼	姓名
现有家庭成员	徐红革	户主	男	1967 年 6 月	汉	父亲	徐根元
	薛金青	妻子	女	1974 年 7 月	汉	母亲	姚杏花
	徐孝文	儿子	男	1995 年 7 月	汉		
家庭大事	1951 年 1 月徐根元参军入伍，1956 年 3 月退伍 1985 年 4 月购水泥运输船 1 条 1989 年 4 月建造三上三下楼房 6 间及转居屋 1 间，面积 240 平方米 2018 年 10 月分到动迁房 3 套						

	姓名	与户主关系	性别	出生日期	民族	已故家属	
						称呼	姓名
现有家庭成员	顾玉英	户主	女	1953 年 6 月	汉	父亲	顾兴福
	沈根兴	丈夫	男	1956 年 10 月	汉		
	顾芳兰	女儿	女	1981 年 9 月	汉		
	任纯磊	女婿	男	1981 年 9 月	汉		
	任一飞	长外孙	男	2005 年 11 月	汉		
	顾一航	次外孙	男	2014 年 8 月	汉		
家庭大事	1985 年 3 月购水泥运输船 1 条 1991 年 4 月建造三上三下楼房 6 间及转居屋 1 间，面积 260 平方米 2001 年 8 月购汽车 1 辆 2010 年 10 月购商品房 1 套 2020 年 1 月分到动迁房 3 套						

	姓名	与户主关系	性别	出生日期	民族	已故家属	
						称呼	姓名
现有家庭成员	徐海男	户主	男	1955 年 2 月	汉	母亲	戴阿二
	姜银妹	妻子	女	1955 年 1 月	汉		
	徐建国	长子	男	1981 年 2 月	汉		
	黄　霞	长媳	女	1980 年 8 月	汉		
	徐佳雯	长孙女	女	2004 年 11 月	汉		
	徐黄希	次孙女	女	2014 年 10 月	汉		
	徐正国	次子	男	1982 年 12 月	汉		
家庭大事	1983 年 3 月购水泥运输船 1 条 1992 年 4 月建造三上三下楼房 6 间及转居屋 1 间，面积 300 平方米 2000 年 3 月购商品房 1 套 2001 年 9 月徐正国考取华东理工大学 2003 年 8 月购汽车 1 辆 2020 年 1 月分到动迁房 4 套						

	姓名	与户主关系	性别	出生日期	民族	已故家属	
						称呼	姓名
现有家庭成员	周宗男	户主	男	1964 年 8 月	汉	母亲	邵宗林
	凌花珍	妻子	女	1966 年 2 月	汉	祖母	陆腊梅
	周　峰	儿子	男	1987 年 6 月	汉		
	周韵涵	长孙女	女	2011 年 9 月	汉		
	周韵淇	次孙女	女	2011 年 9 月	汉		
	周大根	父亲	男	1940 年 12 月	汉		
家庭大事	1984 年 3 月购水泥运输船 1 条 1994 年 3 月建造三上三下楼房 6 间及转居屋 1 间，面积 250 平方米 2014 年 10 月购商品房 1 套 2020 年 1 月分到动迁房 3 套						

	姓名	与户主关系	性别	出生日期	民族	已故家属	
						称呼	姓名
现有家庭成员	沈群良	户主	男	1971 年 10 月	汉	祖母	丁二二
	徐文英	妻子	女	1970 年 12 月	汉		
	沈慧娟	女儿	女	1994 年 4 月	汉		
	蒋晓明	女婿	男	1995 年 5 月	汉		
	蒋歆瑶	长外孙女	女	2016 年 10 月	汉		
	沈歆悦	次外孙女	女	2018 年 12 月	汉		
	沈桂林	父亲	男	1943 年 8 月	汉		
	邵小妹	母亲	女	1945 年 7 月	汉		
家庭大事	1984 年 3 月购水泥运输船 1 条 1989 年 4 月建造三上三下楼房 6 间及转居屋 1 间，面积 240 平方米 2010 年 8 月购商品房 1 套 2010 年 10 月购汽车 1 辆 2020 年 1 月分到动迁房 3 套						

马庄村第 11 村民小组

	姓名	与户主关系	性别	出生日期	民族	已故家属	
						称呼	姓名
现有家庭成员	周根火	户主	男	1950 年 3 月	汉	父亲	周根祥
	周兴妹	妻子	女	1950 年 9 月	汉	母亲	周小妹
	周学明	长子	男	1976 年 2 月	汉		
	周仁杰	孙子	男	1999 年 10 月	汉		
家庭大事	1983 年 5 月购水泥运输船 1 条 1990 年 11 月建造三上三下楼房 6 间及转居屋 1 间，面积 250 平方米 2004 年 9 月开铁场 1 家 2010 年 8 月分到动迁房 3 套						

	姓名	与户主关系	性别	出生日期	民族	已故家属	
						称呼	姓名
现有家庭成员	沈金秀	户主	女	1947 年 4 月	汉	丈夫	姚培元
	姚月琴	长女	女	1971 年 3 月	汉		
	姜金根	长婿	男	1966 年 3 月	汉		
	姚佳静	外孙	男	1992 年 2 月	汉		
家庭大事	1965 年 3 月姚培元加入中国共产党 1980 年 5 月建造平瓦房 3 间及转居屋 1 间，面积 120 平方米 1993 年 8 月购水泥运输船 1 条 2000 年 6 月开铁场 1 家 2007 年 5 月购商品房 1 套 2010 年 8 月分到动迁房 2 套 2017 年 6 月购汽车 1 辆						

	姓名	与户主关系	性别	出生日期	民族	已故家属	
						称呼	姓名
现有家庭成员	姚秧根	户主	男	1966 年 8 月	汉		
	陆建珍	妻子	女	1965 年 12 月	汉		
	姚梦娟	女儿	女	1989 年 11 月	汉		
	姚亦辰	外孙	男	2019 年 3 月	汉		
家庭大事	1980 年 3 月建造平瓦房 3 间及转居屋 1 间，面积 120 平方米 1983 年 6 月购水泥运输船 1 条 1991 年 8 月购铁船 1 条 2000 年 2 月开铁场 1 家，5 月购汽车 1 辆 2002 年 6 月购商品房 1 套 2008 年 8 月分到动迁房 2 套，9 月姚梦娟考取常州大学						

	姓名	与户主关系	性别	出生日期	民族	已故家属	
						称呼	姓名
现有家庭成员	徐雪明	户主	男	1966 年 10 月	汉		
	周翠珍	妻子	女	1965 年 9 月	汉		
	徐许文	儿子	男	1989 年 8 月	汉		
	徐晨雨	孙女	女	2013 年 2 月	汉		
家庭大事	1981 年 3 月购水泥运输船 1 条 1991 年 5 月建造三上三下楼房 6 间及转居屋 1 间，面积 240 平方米 2000 年 10 月开铁场 1 家 2005 年 10 月购商品房 1 套 2010 年 8 月分到动迁房 3 套 2017 年 9 月购汽车 1 辆						

<table>
<tr><td rowspan="5">现有家庭成员</td><td rowspan="2">姓名</td><td rowspan="2">与户主关系</td><td rowspan="2">性别</td><td rowspan="2">出生日期</td><td rowspan="2">民族</td><td colspan="2">已故家属</td></tr>
<tr><td>称呼</td><td>姓名</td></tr>
<tr><td>徐凤明</td><td>户主</td><td>男</td><td>1964 年 11 月</td><td>汉</td><td>父亲</td><td>徐金元</td></tr>
<tr><td>马瑞珍</td><td>妻子</td><td>女</td><td>1963 年 9 月</td><td>汉</td><td>母亲</td><td>李火秀</td></tr>
<tr><td>徐少波</td><td>儿子</td><td>男</td><td>1988 年 10 月</td><td>汉</td><td></td><td></td></tr>
<tr><td>家庭大事</td><td colspan="7">1991 年 5 月建造三上三下楼房 6 间及转居屋 1 间，面积 250 平方米
1995 年 7 月徐凤明加入中国共产党，2001 年 8 月任马庄村村主任，2013 年 1 月任马庄村党总支书记，2018 年任南星渎办事处副主任
2005 年 8 月购汽车 1 辆
2007 年 5 月购商品房 1 套
2010 年 8 月分到动迁房 3 套</td></tr>
</table>

<table>
<tr><td rowspan="5">现有家庭成员</td><td rowspan="2">姓名</td><td rowspan="2">与户主关系</td><td rowspan="2">性别</td><td rowspan="2">出生日期</td><td rowspan="2">民族</td><td colspan="2">已故家属</td></tr>
<tr><td>称呼</td><td>姓名</td></tr>
<tr><td>徐凤良</td><td>户主</td><td>男</td><td>1966 年 5 月</td><td>汉</td><td></td><td></td></tr>
<tr><td>姚香花</td><td>妻子</td><td>女</td><td>1966 年 5 月</td><td>汉</td><td></td><td></td></tr>
<tr><td>徐琳芳</td><td>女儿</td><td>女</td><td>1989 年 2 月</td><td>汉</td><td></td><td></td></tr>
<tr><td>家庭大事</td><td colspan="7">1986 年 5 月购水泥运输船 1 条
1988 年 10 月购铁船 1 条
1992 年 6 月建造三上三下楼房 6 间及转居屋 1 间，面积 250 平方米
1998 年 7 月开铁场 1 家
2003 年 5 月购商品房 1 套
2010 年 8 月分到动迁房 3 套，徐琳芳于昆山市张浦镇周巷幼儿园任教师
2017 年 12 月购汽车 1 辆</td></tr>
</table>

	姓名	与户主关系	性别	出生日期	民族	已故家属	
						称呼	姓名
现有家庭成员	姚培坤	户主	男	1936 年 10 月	汉		
	周火云	妻子	女	1938 年 11 月	汉		
	周月良	长子	男	1968 年 6 月	汉		
	朱永珍	长媳	女	1968 年 7 月	汉		
	周倾婷	孙女	女	1991 年 11 月	汉		
	周云逸	曾孙	男	2020 年 11 月	汉		
家庭大事	1990 年 5 月购水泥运输船 1 条 1994 年 4 月购货车 1 辆 1999 年 8 月开铁场 1 家 2000 年 4 月购汽车 1 辆 2005 年 5 月购商品房 1 套 2010 年 8 月分到动迁房 3 套 2011 年 9 月周倾婷考取苏州大学，2013 年 4 月加入中国共产党						

	姓名	与户主关系	性别	出生日期	民族	已故家属	
						称呼	姓名
现有家庭成员	周培英	户主	女	1932 年 1 月	汉	丈夫	姚木泉
	姚秧泉	儿子	男	1963 年 5 月	汉		
	陆香妹	儿媳	女	1963 年 6 月	汉		
	姚春娟	孙女	女	1986 年 3 月	汉		
家庭大事	1983 年 6 月购水泥运输船 1 条 1993 年 5 月建造三上三下楼房 6 间及转居屋 1 间，面积 240 平方米 2005 年 9 月姚春娟考取河海大学 2010 年 8 月分到动迁房 3 套						

	姓名	与户主关系	性别	出生日期	民族	已故家属	
						称呼	姓名
现有家庭成员	杨海根	户主	男	1956 年 9 月	汉	祖父	杨令林
	钱福珍	妻子	女	1956 年 12 月	汉	父亲	夏小男
	杨亚明	儿子	男	1981 年 12 月	汉	母亲	杨五妹
家庭大事	1982 年 10 月购水泥运输船 1 条 1985 年 6 月建造三上四下楼房 7 间，面积 230 平方米 1990 年 5 月购铁船 1 条 2000 年 5 月购商品房 1 套 2005 年 6 月购汽车 1 辆 2007 年 10 月开铁场 1 家 2010 年 8 月分到动迁房 4 套						

	姓名	与户主关系	性别	出生日期	民族	已故家属	
						称呼	姓名
现有家庭成员	姚永兴	户主	男	1958 年 2 月	汉	祖父	姚阿木
	姚红英	妻子	女	1957 年 7 月	汉	祖母	徐杏英
	姚美月	女儿	女	1981 年 12 月	汉		
	张俊强	女婿	男	1981 年 11 月	汉		
	姚劲帆	外孙	男	2007 年 10 月	汉		
	姚道泉	父亲	男	1937 年 10 月	汉		
	姚金宝	母亲	女	1936 年 2 月	汉		
家庭大事	1960 年 5 月姚道泉任五二大队兽医 1976 年 12 月姚永兴参军入伍，1980 年 3 月加入中国共产党，12 月退伍 1985 年 6 月购水泥运输船 1 条 1988 年 5 月建造三上三下楼房 6 间及转居屋 1 间，面积 240 平方米，10 月购铁船 1 条 1998 年 6 月开铁场 1 家 2007 年 6 月购商品房 1 套 2010 年 8 月分到动迁房 3 套，9 月购汽车 1 辆						

	姓名	与户主关系	性别	出生日期	民族	已故家属	
						称呼	姓名
现有家庭成员	姚火泉	户主	男	1951 年 1 月	汉	父亲	姚阿泉
	方梅囡	妻子	女	1952 年 1 月	汉	母亲	金秀云
	姚利明	长子	男	1976 年 2 月	汉		
	浦文仙	长媳	女	1976 年 6 月	汉		
	姚逸阳	孙子	男	1999 年 12 月	汉		
家庭大事	1983 年 8 月购水泥运输船 1 条 1989 年 5 月建造三上三下楼房 6 间及转居屋 1 间，面积 250 平方米 2004 年 6 月开铁场 1 家 2010 年 8 月分到动迁房 3 套 2016 年 8 月购商品房 1 套 2018 年 5 月购汽车 1 辆						

	姓名	与户主关系	性别	出生日期	民族	已故家属	
						称呼	姓名
现有家庭成员	姚长根	户主	男	1951 年 1 月	汉	父亲	姚水根
	陆凤宝	妻子	女	1952 年 12 月	汉	母亲	张梅宝
	姚建琴	长女	女	1973 年 12 月	汉		
	季建平	长婿	男	1972 年 12 月	汉		
	姚俊琪	外孙	男	1996 年 6 月	汉		
家庭大事	1983 年 8 月购水泥运输船 1 条 1989 年 9 月建造三上三下楼房 6 间及转居屋 1 间，面积 240 平方米 2008 年 4 月购汽车 1 辆 2009 年 8 月购商品房 1 套 2010 年 8 月分到动迁房 3 套 2011 年 5 月购出租车 1 辆 2014 年 9 月姚俊琪考取绍兴文理学院						

	姓名	与户主关系	性别	出生日期	民族	已故家属	
						称呼	姓名
现有家庭成员	夏小弟	户主	男	1942 年 11 月	汉		
	姚金秀	妻子	女	1943 年 11 月	汉		
	夏荷珍	长女	女	1963 年 6 月	汉		
	徐根兴	长婿	男	1961 年 9 月	汉		
	夏婷雯	长外孙女	女	1985 年 6 月	汉		
	夏庆雯	次外孙女	女	1989 年 10 月	汉		
	艾思瑶	长曾外孙女	女	2010 年 3 月	汉		
	夏天	次曾外孙女	女	2016 年 3 月	汉		
家庭大事	1982 年 10 月购水泥运输船 1 条 1992 年 4 月建造三上三下楼房 6 间及转居屋 1 间，面积 240 平方米 1994 年 6 月购铁船 1 条 2000 年 7 月开铁场 1 家 2005 年 1 月购商品房 1 套 2008 年 9 月夏庆雯考取南京师范大学泰州学院，2012 年 8 月于昆山市玉峰实验学校任教师 2010 年 8 月分到动迁房 3 套 2017 年 1 月购出租车 1 辆						

	姓名	与户主关系	性别	出生日期	民族	已故家属	
						称呼	姓名
现有家庭成员	姚根生	户主	男	1931 年 3 月	汉	儿子	姚金荣
	陆根宝	妻子	女	1935 年 4 月	汉		
	夏花珍	儿媳	女	1963 年 8 月	汉		
	姚海鑫	孙子	男	1986 年 1 月	汉		
	郭章美	孙媳	女	1981 年 11 月	汉		
	姚蔓妮	曾孙女	女	2009 年 3 月	汉		
家庭大事	1982 年 10 月购水泥运输船 1 条 1989 年 3 月建造三上三下楼房 6 间及转居屋 1 间，面积 240 平方米 1990 年 5 月购铁船 1 条 2010 年 8 月分到动迁房 3 套						

	姓名	与户主关系	性别	出生日期	民族	已故家属	
						称呼	姓名
现有家庭成员	姚林荣	户主	男	1966 年 2 月	汉		
	葛培珍	妻子	女	1965 年 4 月	汉		
	姚应敏	儿子	男	1988 年 8 月	汉		
	万小燕	儿媳	女	1991 年 4 月	汉		
	姚宇轩	孙子	男	2011 年 10 月	汉		
	姚雨欣	孙女	女	2016 年 2 月	汉		
家庭大事	1983 年 10 月购水泥运输船 1 条 1991 年 5 月建造三上三下楼房 6 间及转居屋 1 间，面积 240 平方米 2008 年 5 月购商品房 1 套 2010 年 8 月分到动迁房 3 套 2015 年 10 月购汽车 1 辆						

	姓名	与户主关系	性别	出生日期	民族	已故家属	
						称呼	姓名
现有家庭成员	徐雪良	户主	男	1968 年 8 月	汉		
	顾建花	妻子	女	1968 年 10 月	汉		
	徐　炜	儿子	男	1991 年 12 月	汉		
	徐晟恩	长孙	男	2018 年 1 月	汉		
	朱俊逸	次孙	男	2020 年 11 月	汉		
	陆南生	父亲	男	1943 年 3 月	汉		
	徐梅花	母亲	女	1944 年 10 月	汉		
家庭大事	1983 年 8 月购水泥运输船 1 条 1986 年 10 月建造三上三下楼房 6 间及转居屋 1 间，面积 240 平方米 2000 年 6 月开铁场 1 家 2009 年 10 月购商品房 1 套 2010 年 8 月分到动迁房 3 套 2011 年 2 月购汽车 1 辆						

	姓名	与户主关系	性别	出生日期	民族	已故家属	
						称呼	姓名
现有家庭成员	徐火珍	户主	女	1954年3月	汉	丈夫	徐道生
	徐　建	长子	男	1979年3月	汉	公公	徐巧泉
						婆婆	汤小妹
家庭大事	1975年12月徐道生加入中国共产党，1976年1月至1977年11月任五二大队书记，1980年10月至1983年11月任五二大队书记 1985年5月购水泥运输船1条 1989年11月建造三上三下楼房6间及转居屋1间，面积250平方米 2009年10月开铁场1家 2010年4月购商品房1套，8月分到动迁房3套						

	姓名	与户主关系	性别	出生日期	民族	已故家属	
						称呼	姓名
现有家庭成员	徐林生	户主	男	1949年5月	汉	父亲	徐素芳
	姚红妹	妻子	女	1949年10月	汉		
	徐丽星	长子	男	1975年10月	汉		
	沈菊芳	长媳	女	1977年4月	汉		
	徐一涛	孙子	男	1998年10月	汉		
家庭大事	1951年3月徐素芳任式庄村村长，1952年5月加入中国共产党 1981年5月购水泥船1条 1991年11月建造三上三下楼房6间及转居屋1间，面积240平方米 1997年5月开铁场 1999年4月购商品房1套 2000年3月购汽车1辆 2003年8月分到动迁房2套 2018年9月徐一涛考取常熟理工学院						

	姓名	与户主关系	性别	出生日期	民族	已故家属	
						称呼	姓名
现有家庭成员	戴雪兴	户主	男	1968 年 2 月	汉	岳母	马林妹
	徐琴花	妻子	女	1972 年 1 月	汉		
	徐晨洁	儿子	男	1992 年 8 月	汉		
	徐福元	岳父	男	1949 年 7 月	汉		
家庭大事	1985 年 5 月购水泥运输船 1 条 1993 年 10 月建造三上三下楼房 6 间及转居屋 1 间，面积 250 平方米 2003 年 8 月分到动迁房 2 套 2019 年 5 月购汽车 1 辆						

	姓名	与户主关系	性别	出生日期	民族	已故家属	
						称呼	姓名
现有家庭成员	徐根林	户主	男	1955 年 3 月	汉	妻子	戴林香
	徐兰珍	长女	女	1980 年 12 月	汉		
	戴志良	长婿	男	1975 年 11 月	汉		
	徐箫远	外孙	男	2002 年 9 月	汉		
家庭大事	1983 年 5 月购水泥运输船 1 条 1993 年 3 月建造三上三下楼房 6 间及转居屋 1 间，面积 240 平方米 2003 年 8 月分到动迁房 2 套						

马庄村第 12 村民小组

	姓名	与户主关系	性别	出生日期	民族	已故家属	
						称呼	姓名
现有家庭成员	陆二官	户主	男	1959 年 10 月	汉	父亲	陆宗梅
	陆兴发	儿子	男	1986 年 11 月	汉	母亲	姚阿宝
	陆宇豪	长孙	男	2013 年 9 月	汉	妻子	姚水英
	陆宇晨	次孙	男	2016 年 12 月	汉		
家庭大事	1983 年 5 月购水泥运输船 1 条 1993 年 10 月建造三上三下楼房 6 间及转居屋 1 间，面积 230 平方米 2007 年 5 月购商品房 1 套 2010 年 8 月购汽车 1 辆 2011 年 4 月分到动迁房 3 套						

	姓名	与户主关系	性别	出生日期	民族	已故家属	
						称呼	姓名
现有家庭成员	陆荣明	户主	男	1952 年 3 月	汉		
	姚花英	妻子	女	1953 年 9 月	汉		
	姚雪芳	女儿	女	1976 年 12 月	汉		
	姚星月	外孙女	女	1999 年 1 月	汉		
家庭大事	1985 年 3 月购水泥运输船 1 条 1990 年 6 月建造三上三下楼房 6 间及转居屋 1 间，面积 230 平方米 2010 年 8 月购商品房 1 套 2011 年 4 月分到动迁房 3 套 2017 年 9 月姚星月考取南昌大学共青学院						

<table>
<tr><td rowspan="6">现有
家庭成员</td><td rowspan="2">姓名</td><td rowspan="2">与户主关系</td><td rowspan="2">性别</td><td rowspan="2">出生日期</td><td rowspan="2">民族</td><td colspan="2">已故家属</td></tr>
<tr><td>称呼</td><td>姓名</td></tr>
<tr><td>姚菊英</td><td>户主</td><td>女</td><td>1952 年 9 月</td><td>汉</td><td>丈夫</td><td>姚长林</td></tr>
<tr><td>姚勤芳</td><td>女儿</td><td>女</td><td>1973 年 7 月</td><td>汉</td><td></td><td></td></tr>
<tr><td>王　震</td><td>女婿</td><td>男</td><td>1974 年 7 月</td><td>汉</td><td></td><td></td></tr>
<tr><td>王静雯</td><td>外孙女</td><td>女</td><td>1998 年 1 月</td><td>汉</td><td></td><td></td></tr>
<tr><td>家庭大事</td><td colspan="7">1983 年 8 月购水泥运输船 1 条
1990 年 2 月建造三上三下楼房 6 间及转居屋 1 间，面积 240 平方米
1995 年 10 月购商品房 1 套
2011 年 4 月分到动迁房 3 套
2014 年 10 月购汽车 1 辆</td></tr>
</table>

<table>
<tr><td rowspan="4">现有
家庭成员</td><td rowspan="2">姓名</td><td rowspan="2">与户主关系</td><td rowspan="2">性别</td><td rowspan="2">出生日期</td><td rowspan="2">民族</td><td colspan="2">已故家属</td></tr>
<tr><td>称呼</td><td>姓名</td></tr>
<tr><td>薛密英</td><td>户主</td><td>女</td><td>1952 年 5 月</td><td>汉</td><td>丈夫</td><td>姚根福</td></tr>
<tr><td>姚雪勤</td><td>女儿</td><td>女</td><td>1977 年 3 月</td><td>汉</td><td></td><td></td></tr>
<tr><td>家庭大事</td><td colspan="7">1983 年 5 月购水泥运输船 1 条
1990 年 4 月购铁船 1 条
1991 年 5 月建造三上三下楼房 6 间及转居屋 1 间，面积 240 平方米
2011 年 4 月分到动迁房 3 套
2014 年 6 月购商品房 1 套
2015 年 3 月购汽车 1 辆</td></tr>
</table>

<table>
<tr><td rowspan="6">现有
家庭成员</td><td rowspan="2">姓名</td><td rowspan="2">与户主关系</td><td rowspan="2">性别</td><td rowspan="2">出生日期</td><td rowspan="2">民族</td><td colspan="2">已故家属</td></tr>
<tr><td>称呼</td><td>姓名</td></tr>
<tr><td>姚玉根</td><td>户主</td><td>男</td><td>1955 年 7 月</td><td>汉</td><td>父亲</td><td>王引弟</td></tr>
<tr><td>方金花</td><td>妻子</td><td>女</td><td>1954 年 1 月</td><td>汉</td><td></td><td></td></tr>
<tr><td>洪　伟</td><td>女婿</td><td>男</td><td>1977 年 8 月</td><td>汉</td><td></td><td></td></tr>
<tr><td colspan="7"></td></tr>
<tr><td>家庭大事</td><td colspan="7">1953 年 2 月王引弟参军入伍，1954 年 10 月退伍
1976—1978 年姚玉根担任五二大队赤脚医生，1978—1983 年担任五二小学教师，1990—1992 年担任五二村赤脚医生
1986 年 3 月购水泥运输船 1 条
1989 年 4 月建造三上三下楼房 6 间及转居屋 1 间，面积 330 平方米
1996 年 8 月购商品房 1 套
2011 年 4 月分到动迁房 4 套</td></tr>
</table>

<table>
<tr><td rowspan="4">现有
家庭成员</td><td rowspan="2">姓名</td><td rowspan="2">与户主关系</td><td rowspan="2">性别</td><td rowspan="2">出生日期</td><td rowspan="2">民族</td><td colspan="2">已故家属</td></tr>
<tr><td>称呼</td><td>姓名</td></tr>
<tr><td>姚玉良</td><td>户主</td><td>男</td><td>1960 年 6 月</td><td>汉</td><td>母亲</td><td>姚金娥</td></tr>
<tr><td>徐杏英</td><td>妻子</td><td>女</td><td>1962 年 2 月</td><td>汉</td><td></td><td></td></tr>
<tr><td>家庭大事</td><td colspan="7">1978 年 3 月姚玉良参军入伍，1981 年 10 月退伍
1983 年 2 月购水泥运输船 1 条
1994 年 5 月建造三上三下楼房 6 间及转居屋 1 间，面积 260 平方米
2011 年 4 月分到动迁房 3 套</td></tr>
</table>

<table>
<tr><td rowspan="5">现有
家庭成员</td><td rowspan="2">姓名</td><td rowspan="2">与户主关系</td><td rowspan="2">性别</td><td rowspan="2">出生日期</td><td rowspan="2">民族</td><td colspan="2">已故家属</td></tr>
<tr><td>称呼</td><td>姓名</td></tr>
<tr><td>邵菊明</td><td>户主</td><td>男</td><td>1957 年 11 月</td><td>汉</td><td>父亲</td><td>邵长金</td></tr>
<tr><td>徐秋珍</td><td>妻子</td><td>女</td><td>1956 年 11 月</td><td>汉</td><td>母亲</td><td>陆根大</td></tr>
<tr><td>邵金华</td><td>儿子</td><td>男</td><td>1987 年 1 月</td><td>汉</td><td></td><td></td></tr>
<tr><td>家庭大事</td><td colspan="7">1983 年 3 月购水泥运输船 1 条
1989 年 5 月建造三上三下楼房 6 间及转居屋 1 间，面积 250 平方米
1999 年 11 月购商品房 1 套
2011 年 4 月分到动迁房 3 套</td></tr>
</table>

<table>
<tr><td rowspan="4">现有家庭成员</td><td rowspan="2">姓名</td><td rowspan="2">与户主关系</td><td rowspan="2">性别</td><td rowspan="2">出生日期</td><td rowspan="2">民族</td><td colspan="2">已故家属</td></tr>
<tr><td>称呼</td><td>姓名</td></tr>
<tr><td>姚根生</td><td>户主</td><td>男</td><td>1930 年 12 月</td><td>汉</td><td>妻子</td><td>景阿雪</td></tr>
<tr><td></td><td></td><td></td><td></td><td></td><td>儿子</td><td>姚根林</td></tr>
<tr><td>家庭大事</td><td colspan="7">1975 年 3 月建造平房 3 间，面积 130 平方米
2008 年 8 月分到动迁房 2 套</td></tr>
</table>

<table>
<tr><td rowspan="7">现有家庭成员</td><td rowspan="2">姓名</td><td rowspan="2">与户主关系</td><td rowspan="2">性别</td><td rowspan="2">出生日期</td><td rowspan="2">民族</td><td colspan="2">已故家属</td></tr>
<tr><td>称呼</td><td>姓名</td></tr>
<tr><td>姚翠林</td><td>户主</td><td>女</td><td>1934 年 4 月</td><td>汉</td><td>丈夫</td><td>张道林</td></tr>
<tr><td>张建良</td><td>次子</td><td>男</td><td>1968 年 8 月</td><td>汉</td><td></td><td></td></tr>
<tr><td>许德焕</td><td>次媳</td><td>女</td><td>1972 年 12 月</td><td>汉</td><td></td><td></td></tr>
<tr><td>张　叶</td><td>孙女</td><td>女</td><td>1991 年 4 月</td><td>汉</td><td></td><td></td></tr>
<tr><td>吴欣芮</td><td>曾孙女</td><td>女</td><td>2017 年 8 月</td><td>汉</td><td></td><td></td></tr>
<tr><td>家庭大事</td><td colspan="7">1983 年 7 月购水泥运输船 1 条
1989 年 5 月建造三上三下楼房 6 间及转居屋 1 间，面积 240 平方米
2004 年 6 月开铁场 1 家
2011 年 4 月分到动迁房 3 套
2012 年 3 月购汽车 1 辆
2013 年 6 月购商品房 1 套
2016 年 1 月购货车 1 辆</td></tr>
</table>

	姓名	与户主关系	性别	出生日期	民族	已故家属	
						称呼	姓名
现有家庭成员	姚建福	户主	男	1966 年 1 月	汉	父亲	姚金生
	戴建芬	妻子	女	1967 年 7 月	汉	母亲	姜素男
	姚燕芳	女儿	女	1989 年 2 月	汉		
家庭大事	1975 年 3 月建造平房 3 间及转居屋 1 间，面积 150 平方米 1983 年 5 月购水泥运输船 1 条 1990 年 6 月开铁场 1 家 2008 年 8 月购汽车 1 辆 2009 年 5 月购商品房 1 套 2009 年 9 月姚燕芳考入南通大学，2011 年 6 月留学日本 2011 年 4 月分到动迁房 2 套 2018 年 3 月购出租车 1 辆						

	姓名	与户主关系	性别	出生日期	民族	已故家属	
						称呼	姓名
现有家庭成员	姚永良	户主	男	1964 年 12 月	汉	父亲	姚士梅
	陆凤珍	妻子	女	1964 年 11 月	汉	母亲	陆根大
	姚　红	女儿	女	1987 年 11 月	汉		
	姚君昊	外孙	男	2014 年 11 月	汉		
家庭大事	1985 年 3 月购水泥运输船 1 条 1993 年 6 月建造三上三下楼房 6 间及转居屋 1 间，面积 240 平方米 2011 年 4 月分到动迁房 3 套 2016 年 5 月购商品房 1 套 2017 年 3 月购汽车 1 辆						

	姓名	与户主关系	性别	出生日期	民族	已故家属	
						称呼	姓名
现有家庭成员	姚金花	户主	女	1948 年 12 月	汉	丈夫	陆密生
	陆建中	儿子	男	1969 年 5 月	汉		
	沈雪琴	儿媳	女	1970 年 3 月	汉		
	陆嘉俊	孙子	男	1992 年 11 月	汉		
家庭大事	1983 年 6 月购水泥运输船 1 条 1988 年 6 月建造三上四下楼房 7 间，面积 240 平方米 2000 年 5 月购商品房 1 套 2004 年 8 月购出租车 1 辆 2011 年 4 月分到动迁房 3 套 2019 年 7 月购汽车 1 辆						

	姓名	与户主关系	性别	出生日期	民族	已故家属	
						称呼	姓名
现有家庭成员	陆火生	户主	男	1939 年 5 月	汉	父亲	陆金火
	姚美珍	妻子	女	1944 年 9 月	汉		
	陆正芳	儿子	男	1969 年 4 月	汉		
	郭丽花	儿媳	女	1970 年 2 月	汉		
	陆少华	长孙	男	1991 年 7 月	汉		
	陆一凡	次孙	男	2020 年 3 月	汉		
家庭大事	1988 年 6 月建造三上四下楼房 7 间，面积 240 平方米 1989 年 10 月购水泥运输船 1 条 1994 年 6 月购货车 1 辆 2000 年 5 月购商品房 1 套 2002 年 2 月购汽车 1 辆，8 月购出租车 1 辆 2009 年 8 月陆少华考取扬州大学广陵学院 2011 年 4 月分到动迁房 3 套						

现有家庭成员	姓名	与户主关系	性别	出生日期	民族	已故家属	
						称呼	姓名
	金建强	户主	男	1968 年 4 月	汉	父亲	金林根
	陆建芳	妻子	女	1970 年 11 月	汉		
	金国华	儿子	男	1992 年 6 月	汉		
	金晋宇	孙子	男	2017 年 12 月	汉		
	姚水妹	母亲	女	1946 年 12 月	汉		
家庭大事	1983 年 2 月购水泥运输船 1 条 1991 年 11 月建造三上三下楼房 6 间及转居屋 1 间，面积 240 平方米 1999 年 5 月购出租车 1 辆 2002 年 5 月购商品房 1 套 2010 年 9 月金国华考取徐州医学院（今徐州医科大学），2014 年 8 月在昆山市康复医院任医生 2011 年 4 月分到动迁房 3 套 2013 年 5 月购汽车 1 辆						

现有家庭成员	姓名	与户主关系	性别	出生日期	民族	已故家属	
						称呼	姓名
	陆金官	户主	男	1954 年 11 月	汉		
	浦月珍	妻子	女	1955 年 12 月	汉		
	陆华琴	长女	女	1979 年 10 月	汉		
	陆吴静	外孙女	女	2001 年 10 月	汉		
家庭大事	1974 年 12 月陆金官参军入伍，1977 年 11 月加入共产党，1978 年 12 月退伍 1983 年 4 月购水泥运输船 1 条 1989 年 5 月建造三上三下楼房 6 间及转居屋 1 间，面积 250 平方米 2003 年 5 月开铁场 1 家 2011 年 4 月分到动迁房 3 套 2013 年 10 月购商品房 1 套 2019 年 11 月购汽车 1 辆						

	姓名	与户主关系	性别	出生日期	民族	已故家属	
						称呼	姓名
现有家庭成员	姚　龙	户主	男	1964 年 4 月	汉	父亲	姚阿小
	钱云妹	妻子	女	1963 年 6 月	汉	母亲	姚阿香
	姚建刚	儿子	男	1987 年 4 月	汉		
家庭大事	1959 年 7 月姚阿小加入中国共产党 1984 年 5 月购水泥运输船 1 条 1993 年 3 月建造三上三下楼房 6 间及转居屋 1 间，面积 250 平方米 2005 年 12 月姚建刚参军入伍，2007 年 12 月退伍 2011 年 4 月分到动迁房 3 套						

	姓名	与户主关系	性别	出生日期	民族	已故家属	
						称呼	姓名
现有家庭成员	徐梅媛	户主	女	1939 年 10 月	汉	丈夫	陆金官
	陆凤素	女儿	女	1963 年 9 月	汉		
	姚永根	女婿	男	1963 年 10 月	汉		
	陆燕华	外孙	男	1986 年 10 月	汉		
	陆辰逸	外曾孙	男	2012 年 9 月	汉		
家庭大事	1985 年 5 月购水泥运输船 1 条 1986 年 6 月建造三上三下楼房 6 间及转居屋 1 间，面积 240 平方米 2005 年 10 月开管子场 1 家 2006 年 6 月购商品房 1 套 2010 年 8 月分到动迁房 3 套 2016 年 9 月购汽车 1 辆						

<table>
<tr><td rowspan="6">现有
家庭成员</td><td rowspan="2">姓名</td><td rowspan="2">与户主关系</td><td rowspan="2">性别</td><td rowspan="2">出生日期</td><td rowspan="2">民族</td><td colspan="2">已故家属</td></tr>
<tr><td>称呼</td><td>姓名</td></tr>
<tr><td>陆炳兴</td><td>户主</td><td>男</td><td>1949 年 2 月</td><td>汉</td><td>父亲</td><td>陆宗金</td></tr>
<tr><td>马花英</td><td>妻子</td><td>女</td><td>1949 年 8 月</td><td>汉</td><td>母亲</td><td>马小宝</td></tr>
<tr><td>陆雪峰</td><td>儿子</td><td>男</td><td>1973 年 3 月</td><td>汉</td><td></td><td></td></tr>
<tr><td>陆晨琪</td><td>孙子</td><td>男</td><td>1996 年 11 月</td><td>汉</td><td></td><td></td></tr>
<tr><td>家庭大事</td><td colspan="7">1983 年 5 月购水泥运输船 1 条
1990 年 4 月建造三上三下楼房 6 间及转居屋 1 间，面积 250 平方米
2005 年 5 月购出租车 1 辆
2011 年 4 月分到动迁房 3 套
2012 年 4 月购商品房 1 套
2019 年 8 月购汽车 1 辆</td></tr>
</table>

<table>
<tr><td rowspan="6">现有
家庭成员</td><td rowspan="2">姓名</td><td rowspan="2">与户主关系</td><td rowspan="2">性别</td><td rowspan="2">出生日期</td><td rowspan="2">民族</td><td colspan="2">已故家属</td></tr>
<tr><td>称呼</td><td>姓名</td></tr>
<tr><td>姚素英</td><td>户主</td><td>女</td><td>1950 年 2 月</td><td>汉</td><td>丈夫</td><td>姚根香</td></tr>
<tr><td>马月芳</td><td>长媳</td><td>女</td><td>1971 年 10 月</td><td>汉</td><td>长子</td><td>姚文良</td></tr>
<tr><td>姚静雯</td><td>孙女</td><td>女</td><td>1993 年 5 月</td><td>汉</td><td></td><td></td></tr>
<tr><td>姚武良</td><td>次子</td><td>男</td><td>1972 年 2 月</td><td>汉</td><td></td><td></td></tr>
<tr><td>家庭大事</td><td colspan="7">1983 年 6 月购水泥运输船 1 条
1989 年 5 月建造三上三下楼房 6 间及转居屋 1 间，面积 250 平方米
2010 年 5 月开铁场 1 家，分到动迁房 3 套
2016 年 8 月购商品房 1 套
2017 年 3 月购汽车 1 辆</td></tr>
</table>

	姓名	与户主关系	性别	出生日期	民族	已故家属	
						称呼	姓名
现有家庭成员	姚宗梅	户主	男	1938 年 2 月	汉	父亲	姚巧根
	周雪花	妻子	女	1945 年 11 月	汉	母亲	姚腊子
	姚月男	长子	男	1971 年 5 月	汉		
	徐爱花	长媳	女	1973 年 11 月	汉		
	姚　峰	孙子	男	1995 年 6 月	汉		
家庭大事	1988 年 5 月购水泥运输船 1 条 1990 年 4 月建造三上三下楼房 6 间及转居屋 1 间，面积 250 平方米 2005 年 3 月购商品房 1 套，10 月购汽车 1 辆 2010 年 3 月开铁场 1 家，8 月分到动迁房 3 套						

	姓名	与户主关系	性别	出生日期	民族	已故家属	
						称呼	姓名
现有家庭成员	姚老火	户主	男	1950 年 6 月	汉	父亲	姚根傲
	姜木金	妻子	女	1954 年 11 月	汉	母亲	徐金娥
	姚方英	长女	女	1976 年 10 月	汉		
	金小民	长婿	男	1971 年 10 月	汉		
	姚弄影	外孙女	女	1997 年 7 月	汉		
家庭大事	1985 年 3 月购水泥运输船 1 套 1986 年 6 月建造三上三下楼房 6 间及转居屋 1 间，面积 260 平方米 1989 年 6 月购商品房 1 套 2010 年 8 月购汽车 1 辆 2011 年 4 月分到动迁房 3 套						

	姓名	与户主关系	性别	出生日期	民族	已故家属	
						称呼	姓名
现有家庭成员	徐杨媛	户主	女	1941 年 12 月	汉	丈夫	姚全根
	姚秋根	长子	男	1966 年 6 月	汉		
	徐春花	长媳	女	1965 年 2 月	汉		
	姚　彬	孙子	男	1989 年 5 月	汉		
	姚佳怡	长曾孙女	女	2013 年 7 月	汉		
	姚佳忻	次曾孙女	女	2015 年 10 月	汉		
家庭大事	1983 年 5 月购水泥运输船 1 条 1989 年 6 月建造三上三下楼房 6 间及转居屋 1 间，面积 250 平方米 2004 年 5 月开铁场 1 家 2009 年 2 月购商品房 1 套 2011 年 4 月分到动迁房 3 套 2012 年 8 月购汽车 1 辆						

	姓名	与户主关系	性别	出生日期	民族	已故家属	
						称呼	姓名
现有家庭成员	姚三男	户主	男	1948 年 12 月	汉	父亲	姚阿根
	薛金英	妻子	女	1949 年 8 月	汉	母亲	浦大妹
	姚建华	长子	男	1973 年 1 月	汉		
	曹三妹	长媳	女	1972 年 11 月	汉		
	姚玲玉	孙女	女	1996 年 1 月	汉		
家庭大事	1983 年 6 月购水泥运输船 1 条 1990 年 3 月建造三上三下楼房 6 间及转居屋 1 间，面积 250 平方米 1992 年 10 月姚建华任五二村会计，1995 年 4 月加入中国共产党，1998 年 5 月任五四村村书记，2000 年 4 月任五二村会计 2007 年 8 月购商品房 1 套 2009 年 5 月购汽车 1 辆 2011 年 4 月分到动迁房 3 套						

<table>
<tr><td rowspan="3">现有
家庭成员</td><td rowspan="2">姓名</td><td rowspan="2">与户主关系</td><td rowspan="2">性别</td><td rowspan="2">出生日期</td><td rowspan="2">民族</td><td colspan="2">已故家属</td></tr>
<tr><td>称呼</td><td>姓名</td></tr>
<tr><td>姚大元</td><td>户主</td><td>男</td><td>1937 年 8 月</td><td>汉</td><td></td><td></td></tr>
<tr><td>家庭大事</td><td colspan="7"></td></tr>
</table>

马庄村第 13 村民小组

	姓名	与户主关系	性别	出生日期	民族	已故家属	
						称呼	姓名
现有家庭成员	姚荣根	户主	男	1942 年 6 月	汉		
	张杏花	妻子	女	1943 年 2 月	汉		
	姚雪龙	长子	男	1967 年 8 月	汉		
	陆菊珍	长媳	女	1967 年 10 月	汉		
	姚晨斌	孙子	男	1990 年 9 月	汉		
	姚雨萌	曾孙女	女	2014 年 1 月	汉		
家庭大事	1984 年 6 月购水泥运输船 1 条 1993 年 8 月建造三上三下楼房 6 间及转居屋 1 间，面积 250 平方米 2006 年 6 月姚雪龙出国务工 2008 年 5 月购商品房 1 套 2011 年 4 月分到动迁房 3 套 2019 年 5 月购汽车 1 辆						

	姓名	与户主关系	性别	出生日期	民族	已故家属	
						称呼	姓名
现有家庭成员	顾抱妹	户主	女	1956 年 7 月	汉	父亲	张雪生
	张莉娜	女儿	女	1981 年 10 月	汉	母亲	张云妹
	赵戈春	女婿	男	1977 年 5 月	汉	丈夫	张菊根
	张祉凡	外孙	男	2002 年 11 月	汉		
家庭大事	1976 年 12 月张菊根参军入伍，1980 年 12 月退伍，1983 年 8 月任五二村村主任，1984 年 10 月加入中国共产党 1992 年 4 月建造三上三下楼房 6 间及转居屋 1 间，面积 260 平方米 2005 年 7 月购商品房 1 套 2011 年 4 月分到动迁房 3 套 2015 年 9 月购汽车 1 辆						

现有家庭成员	姓名	与户主关系	性别	出生日期	民族	已故家属	
						称呼	姓名
	夏黑男	户主	男	1946 年 1 月	汉		
	张玲花	妻子	女	1947 年 12 月	汉		
家庭大事	1975 年 3 月建造平房 3 间及转居屋 1 间，面积 250 平方米 2011 年 4 月分到动迁房 1 套						

现有家庭成员	姓名	与户主关系	性别	出生日期	民族	已故家属	
						称呼	姓名
	张凤根	户主	男	1952 年 3 月	汉	父亲	张火根
	马海英	妻子	女	1952 年 7 月	汉	母亲	姚阿翠
家庭大事	1985 年 10 月建造三上三下楼房 6 间及转居屋 1 间，面积 230 平方米 1987 年 1 月张凤根加入中国共产党 2006 年 10 月开管子场 1 家 2009 年 5 月购商品房 1 套 2010 年 6 月购汽车 1 辆 2011 年 4 月分到动迁房 3 套						

现有家庭成员	姓名	与户主关系	性别	出生日期	民族	已故家属	
						称呼	姓名
	施小妹	户主	女	1931 年 4 月	汉	丈夫	陆林根
	陆凤英	次女	女	1962 年 12 月	汉		
	徐泉发	次婿	男	1959 年 9 月	汉		
	陆徐晓	外孙	男	1985 年 2 月	汉		
	陆紫昕	长曾外孙女	女	2016 年 1 月	汉		
	陆紫坤	次曾外孙女	女	2017 年 12 月	汉		
家庭大事	1985 年 5 月购水泥运输船 1 条 2001 年 4 月建造三上三下楼房 6 间及转居屋 1 间，面积 240 平方米 2004 年 3 月开铁场 1 家 2008 年 5 月购商品房 1 套 2011 年 4 月分到动迁房 3 套						

	姓名	与户主关系	性别	出生日期	民族	已故家属	
						称呼	姓名
现有家庭成员	周多妹	户主	女	1957 年 3 月	汉	丈夫	陆才元
	陆浩奇	儿子	男	1981 年 9 月	汉		
	陈伟钰	儿媳	女	1985 年 1 月	汉		
	陆劲松	长孙	男	2008 年 11 月	汉		
	陆劲宇	次孙	男	2015 年 3 月	汉		
家庭大事	1991 年 10 月建造三上三下楼房 6 间及转居屋 1 间，面积 240 平方米 2009 年 9 月陆浩奇考取河海大学 2011 年 4 月分到动迁房 3 套 2012 年 9 月购汽车 1 辆 2020 年 2 月购商品房 1 套						

	姓名	与户主关系	性别	出生日期	民族	已故家属	
						称呼	姓名
现有家庭成员	陆桂福	户主	男	1949 年 8 月	汉	父亲	陆家生
	张阿菊	妻子	女	1949 年 9 月	汉	母亲	凌杏宝
	陆瑞华	儿子	男	1975 年 6 月	汉		
	张　英	儿媳	女	1975 年 1 月	汉		
	陆薪宇	孙女	女	1998 年 5 月	汉		
家庭大事	1983 年 5 月购水泥运输船 1 条 1991 年 8 月建造三上三下楼房 6 间及转居屋 1 间，面积 240 平方米 2011 年 4 月分到动迁房 3 套 2015 年 6 月购商品房 1 套 2016 年 9 月陆薪宇考取常熟理工学院 2018 年 5 月购汽车 1 辆						

	姓名	与户主关系	性别	出生日期	民族	已故家属	
						称呼	姓名
现有家庭成员	俞海仙	户主	男	1950 年 8 月	汉	父亲	俞桂根
	徐桂英	妻子	女	1950 年 8 月	汉	母亲	张小妹
	俞　龙	儿子	男	1975 年 3 月	汉		
	顾翠方	儿媳	女	1974 年 4 月	汉		
	俞珏鑫	孙子	男	1998 年 10 月	汉		
家庭大事	1983 年 4 月购水泥运输船 1 条 1990 年 11 月顾翠方担任五三村赤脚医生，2001 年 1 月加入中国共产党 1990 年 4 月建造三上三下楼房 6 间及转居屋 1 间，面积 240 平方米 2005 年 8 月购商品房 1 套 2007 年 7 月俞龙加入中国共产党 2010 年 3 月购汽车 1 辆 2011 年 4 月分到动迁房 3 套 2016 年 9 月俞珏鑫考取江苏大学，2020 年 9 月攻读江苏大学硕士研究生						

	姓名	与户主关系	性别	出生日期	民族	已故家属	
						称呼	姓名
现有家庭成员	张火林	户主	男	1951 年 10 月	汉	父亲	张小木
	张凤妹	妻子	女	1953 年 11 月	汉	母亲	俞阿宝
	张琴明	儿子	男	1978 年 4 月	汉		
	张小英	女儿	女	1975 年 12 月	汉		
	张　杰	孙子	男	2001 年 5 月	汉		
家庭大事	1983 年 4 月购水泥运输船 1 条 1991 年 5 月建造三上三下楼房 6 间及转居屋 1 间，面积 230 平方米 1999 年 6 月购商品房 1 套 2011 年 4 月分到动迁房 3 套 2015 年 5 月购汽车 1 辆						

	姓名	与户主关系	性别	出生日期	民族	已故家属	
						称呼	姓名
现有家庭成员	顾招英	户主	女	1945 年 2 月	汉	公公	凌根火
	凌学明	儿子	男	1969 年 6 月	汉	婆婆	沈白妹
	徐雪妹	儿媳	女	1970 年 9 月	汉	丈夫	凌水荣
	凌佳松	孙子	男	1992 年 10 月	汉		
家庭大事	1991 年 5 月建造三上三下楼房 6 间及转居屋 1 间，面积 230 平方米 1993 年 4 月购水泥运输船 1 条 2007 年 4 月购出租车 1 辆 2010 年 8 月购商品房 1 套 2011 年 4 月分到动迁房 3 套 2011 年 9 月凌佳松考取江苏理工学院，2016 年 9 月于江苏省吴中中等技术学院任教师 2016 年 10 月购汽车 1 辆						

	姓名	与户主关系	性别	出生日期	民族	已故家属	
						称呼	姓名
现有家庭成员	姚三根	户主	男	1948 年 3 月	汉	父亲	姚四宝
	唐金英	妻子	女	1948 年 5 月	汉	母亲	景金媛
	姚菊芳	女儿	女	1969 年 12 月	汉		
	周长林	女婿	男	1967 年 6 月	汉		
	姚周奇	外孙	男	1991 年 8 月	汉		
家庭大事	1984 年 3 月购水泥运输船 1 条 1994 年 5 月建造三上三下楼房 6 间及转居屋 1 间，面积 250 平方米 2007 年 10 月开办铁场 1 家 2009 年 10 月购商品房 1 套 2011 年 4 月分到动迁房 3 套						

	姓名	与户主关系	性别	出生日期	民族	已故家属	
						称呼	姓名
现有家庭成员	陆　丽	户主	女	1989 年 7 月	汉	祖父	陆宗木
						祖母	陆云宝
						父亲	陆兴良
						母亲	马秀珍
家庭大事	1983 年 5 月购水泥运输船 1 条 1994 年 5 月建造三上三下楼房 6 间及转居屋 1 间，面积 230 平方米 2011 年 4 月分到动迁房 3 套						

	姓名	与户主关系	性别	出生日期	民族	已故家属	
						称呼	姓名
现有家庭成员	凌林花	户主	女	1943 年 8 月	汉	丈夫	张金狗
	张玉良	长子	男	1965 年 2 月	汉		
	马惠仙	长媳	女	1966 年 6 月	汉		
	张奕文	孙子	男	1988 年 11 月	汉		
家庭大事	1988 年 5 月建造三上三下楼房 6 间及转居屋 1 间，面积 230 平方米 1995 年 3 月购水泥运输船 1 条 2008 年 8 月购商品房 1 套 2011 年 4 月分到动迁房 3 套 2014 年 10 月购汽车 1 辆						

<table>
<tr><th rowspan="2"></th><th rowspan="2">姓名</th><th rowspan="2">与户主关系</th><th rowspan="2">性别</th><th rowspan="2">出生日期</th><th rowspan="2">民族</th><th colspan="2">已故家属</th></tr>
<tr><th>称呼</th><th>姓名</th></tr>
<tr><td rowspan="5">现有家庭成员</td><td>戴惠明</td><td>户主</td><td>男</td><td>1950 年 8 月</td><td>汉</td><td></td><td></td></tr>
<tr><td>陆星妹</td><td>妻子</td><td>女</td><td>1955 年 9 月</td><td>汉</td><td></td><td></td></tr>
<tr><td>陆建星</td><td>儿子</td><td>男</td><td>1976 年 9 月</td><td>汉</td><td></td><td></td></tr>
<tr><td>姚雪青</td><td>儿媳</td><td>女</td><td>1978 年 10 月</td><td>汉</td><td></td><td></td></tr>
<tr><td>陆晨昊</td><td>孙子</td><td>男</td><td>1999 年 12 月</td><td>汉</td><td></td><td></td></tr>
<tr><td>家庭大事</td><td colspan="7">1983 年 5 月购水泥运输船 1 条
1994 年 8 月建造三上三下楼房 6 间及转居屋 1 间，面积 230 平方米
2011 年 4 月分到动迁房 3 套，10 月购汽车 1 辆
2014 年 5 月购商品房 1 套
2018 年 9 月陆晨昊考取新乡学院</td></tr>
</table>

<table>
<tr><th rowspan="2"></th><th rowspan="2">姓名</th><th rowspan="2">与户主关系</th><th rowspan="2">性别</th><th rowspan="2">出生日期</th><th rowspan="2">民族</th><th colspan="2">已故家属</th></tr>
<tr><th>称呼</th><th>姓名</th></tr>
<tr><td rowspan="4">现有家庭成员</td><td>沈林宝</td><td>户主</td><td>女</td><td>1957 年 2 月</td><td>汉</td><td>祖父</td><td>张冬生</td></tr>
<tr><td>张芳兰</td><td>女儿</td><td>女</td><td>1981 年 10 月</td><td>汉</td><td>丈夫</td><td>张凤兴</td></tr>
<tr><td>张益玮</td><td>长外孙</td><td>男</td><td>2009 年 1 月</td><td>汉</td><td></td><td></td></tr>
<tr><td>张经纬</td><td>次外孙</td><td>男</td><td>2005 年 11 月</td><td>汉</td><td></td><td></td></tr>
<tr><td>家庭大事</td><td colspan="7">1983 年 5 月购水泥运输船 1 条
1991 年 6 月建造三上三下楼房 6 间及转居屋 1 间，面积 240 平方米
2011 年 4 月分到动迁房 3 套
2012 年 3 月购商品房 1 套</td></tr>
</table>

<table>
<tr><td rowspan="7">现有
家庭成员</td><th rowspan="2">姓名</th><th rowspan="2">与户主关系</th><th rowspan="2">性别</th><th rowspan="2">出生日期</th><th rowspan="2">民族</th><th colspan="2">已故家属</th></tr>
<tr><th>称呼</th><th>姓名</th></tr>
<tr><td>戴菊林</td><td>户主</td><td>男</td><td>1954 年 9 月</td><td>汉</td><td>父亲</td><td>戴金宝</td></tr>
<tr><td>金林宝</td><td>妻子</td><td>女</td><td>1954 年 4 月</td><td>汉</td><td></td><td></td></tr>
<tr><td>戴永刚</td><td>儿子</td><td>男</td><td>1979 年 2 月</td><td>汉</td><td></td><td></td></tr>
<tr><td>戴静怡</td><td>孙女</td><td>女</td><td>2003 年 9 月</td><td>汉</td><td></td><td></td></tr>
<tr><td>邵春方</td><td>非亲属</td><td>女</td><td>1981 年 10 月</td><td>汉</td><td></td><td></td></tr>
<tr><td>家庭大事</td><td colspan="7">1974 年 12 月戴菊林参军入伍，1975 年 6 月加入中国共产党，1978 年退伍
1992 年 8 月建造三上三下楼房 6 间及转居屋 1 间，面积 240 平方米
1998 年 6 月购商品房 1 套
2010 年 3 月购汽车 1 辆
2011 年 4 月分到动迁房 3 套</td></tr>
</table>

<table>
<tr><td rowspan="8">现有
家庭成员</td><th rowspan="2">姓名</th><th rowspan="2">与户主关系</th><th rowspan="2">性别</th><th rowspan="2">出生日期</th><th rowspan="2">民族</th><th colspan="2">已故家属</th></tr>
<tr><th>称呼</th><th>姓名</th></tr>
<tr><td>严林根</td><td>户主</td><td>男</td><td>1949 年 7 月</td><td>汉</td><td></td><td></td></tr>
<tr><td>陆凤珍</td><td>妻子</td><td>女</td><td>1954 年 1 月</td><td>汉</td><td></td><td></td></tr>
<tr><td>陆建锋</td><td>儿子</td><td>男</td><td>1974 年 11 月</td><td>汉</td><td></td><td></td></tr>
<tr><td>陆建英</td><td>女儿</td><td>女</td><td>1978 年 3 月</td><td>汉</td><td></td><td></td></tr>
<tr><td>戴明建</td><td>女婿</td><td>男</td><td>1976 年 5 月</td><td>汉</td><td></td><td></td></tr>
<tr><td>陆佳玙</td><td>外孙女</td><td>女</td><td>2000 年 4 月</td><td>汉</td><td></td><td></td></tr>
<tr><td>家庭大事</td><td colspan="7">1977 年 5 月严林根任五二大队会计，9 月加入中国共产党
1985 年 5 月购水泥运输船 1 条
1991 年 5 月建造三上三下楼房 6 间，面积 230 平方米
1995 年 12 月戴明建参军入伍，1998 年 5 月加入中国共产党，12 月退伍
2007 年 6 月购商品房 1 套
2011 年 4 月分到动迁房 3 套
2018 年 9 月陆佳屿考取南京财经大学</td></tr>
</table>

	姓名	与户主关系	性别	出生日期	民族	已故家属	
						称呼	姓名
现有家庭成员	李惠明	户主	男	1957 年 4 月	汉	父亲	李根木
	徐惠英	妻子	女	1964 年 8 月	汉	母亲	钱小妹
	李文娟	女儿	女	1985 年 12 月	汉		
家庭大事	1983 年 5 月购水泥运输船 1 条 1993 年 5 月建造三上三下楼房 6 间及转居屋 1 间，面积 240 平方米 2004 年 8 月李文娟考取南京医科大学，2011 年 4 月在昆山第一人民医院任医生 2011 年 4 月分到动迁房 3 套，9 月购汽车 1 辆 2013 年 6 月购商品房 1 套						

	姓名	与户主关系	性别	出生日期	民族	已故家属	
						称呼	姓名
现有家庭成员	陆　英	户主	女	1987 年 7 月	汉	祖父	陆火根
	王至宜	女儿	女	2014 年 12 月	汉	祖母	陆宗宝
						父亲	陆才根
家庭大事	1980 年 5 月建造平房 3 间及转居屋 1 间，面积 90 平方米 1981 年 10 月陆才根参军入伍，1986 年 1 月退伍 2008 年 8 月分到动迁房 1 套						

	姓名	与户主关系	性别	出生日期	民族	已故家属	
						称呼	姓名
现有家庭成员	金宗泉	户主	男	1937 年 9 月	汉		
	阮全宝	妻子	女	1933 年 8 月	汉		
	金菊良	儿子	男	1969 年 1 月	汉		
	陆花珍	儿媳	女	1968 年 2 月	汉		
	金苗苗	孙女	女	1992 年 11 月	汉		
	金思妍	曾孙女	女	2016 年 6 月	汉		
家庭大事	1992 年 2 月购水泥运输船 1 条 1995 年 8 月建造三上三下楼房 6 间及转居屋 1 间，面积 240 平方米 2011 年 4 月分到动迁房 3 套						

	姓名	与户主关系	性别	出生日期	民族	已故家属	
						称呼	姓名
现有家庭成员	陆栋生	户主	男	1942 年 11 月	汉	父亲	陆凤良
	戴金花	妻子	女	1945 年 11 月	汉	母亲	陆巧英
	陆持岗	儿子	男	1970 年 2 月	汉	哥哥	陆新泉
	戴红英	儿媳	女	1972 年 12 月	汉		
	陆　琪	孙子	男	1993 年 11 月	汉		
家庭大事	1986 年 3 月建造三上三下楼房 6 间及转居屋 1 间，面积 240 平方米 2011 年 4 月分到动迁房 3 套 2012 年 9 月陆琪考取云南大学旅游文化学院（今丽江文化旅游学院） 2017 年 2 月购汽车 1 辆						

	姓名	与户主关系	性别	出生日期	民族	已故家属	
						称呼	姓名
现有家庭成员	陆荣生	户主	男	1945 年 12 月	汉	父亲	陆阿根
	张凤秀	妻子	女	1949 年 3 月	汉	母亲	周小妹
	陆良花	女儿	女	1969 年 3 月	汉		
	徐海龙	女婿	男	1968 年 12 月	汉		
	陆文燕	外孙女	女	1996 年 4 月	汉		
家庭大事	1990 年 3 月购水泥运输船 1 条 1991 年 8 月建造三上三下楼房 6 间及转居屋 1 间，面积 240 平方米 2001 年 5 月购出租车 1 辆 2010 年 3 月购商品房 1 套 2011 年 4 月分到动迁房 3 套						

	姓名	与户主关系	性别	出生日期	民族	已故家属	
						称呼	姓名
现有家庭成员	李　超	户主	男	1981 年 10 月	汉	父亲	李菊明
	李梓馨	女儿	女	2013 年 7 月	汉	母亲	陆桃花
	张梓轩	儿子	男	2015 年 12 月	汉		
家庭大事	1983 年 4 月购水泥运输船 1 条 1993 年 2 月建造三上三下楼房 6 间及转居屋 1 间，面积 250 平方米 2006 年 10 月开管子场 1 家 2010 年 5 月购商品房 1 套 2011 年 4 月分到动迁房 3 套 2015 年 6 月购汽车 1 辆，9 月李超考取西南科技大学（成人本科）						

<table>
<tr><td rowspan="5">现有
家庭成员</td><td rowspan="2">姓名</td><td rowspan="2">与户主关系</td><td rowspan="2">性别</td><td rowspan="2">出生日期</td><td rowspan="2">民族</td><td colspan="2">已故家属</td></tr>
<tr><td>称呼</td><td>姓名</td></tr>
<tr><td>夏晓明</td><td>户主</td><td>男</td><td>1971 年 1 月</td><td>汉</td><td>伯父</td><td>夏招大</td></tr>
<tr><td>王雪红</td><td>妻子</td><td>女</td><td>1971 年 10 月</td><td>汉</td><td></td><td></td></tr>
<tr><td>夏梦婷</td><td>女儿</td><td>女</td><td>1993 年 8 月</td><td>汉</td><td></td><td></td></tr>
<tr><td>家庭大事</td><td colspan="7">1986 年 5 月购水泥运输船 1 条
1990 年 4 月建造三上三下楼房 6 间及转居屋 1 间，面积 240 平方米
2009 年 8 月购商品房 1 套
2011 年 4 月分到动迁房 3 套
2011 年 9 月夏梦婷考取南京晓庄学院
2017 年 4 月购汽车 1 辆</td></tr>
</table>

<table>
<tr><td rowspan="5">现有
家庭成员</td><td rowspan="2">姓名</td><td rowspan="2">与户主关系</td><td rowspan="2">性别</td><td rowspan="2">出生日期</td><td rowspan="2">民族</td><td colspan="2">已故家属</td></tr>
<tr><td>称呼</td><td>姓名</td></tr>
<tr><td>周建男</td><td>户主</td><td>男</td><td>1969 年 2 月</td><td>汉</td><td>岳父</td><td>张爱生</td></tr>
<tr><td>张惠琴</td><td>妻子</td><td>女</td><td>1973 年 4 月</td><td>汉</td><td>岳母</td><td>景水妹</td></tr>
<tr><td>张晨林</td><td>儿子</td><td>男</td><td>1993 年 11 月</td><td>汉</td><td></td><td></td></tr>
<tr><td>家庭大事</td><td colspan="7">1989 年 10 月建造平房 3 间及转居屋 1 间，面积 90 平方米
2008 年 3 月购汽车 1 辆，8 月分到动迁房 2 套
2017 年 9 月购商品房 1 套</td></tr>
</table>

马庄村第 14 村民小组

	姓名	与户主关系	性别	出生日期	民族	已故家属	
						称呼	姓名
现有家庭成员	张菊生	户主	男	1953 年 10 月	汉	母亲	王永花
	陈国流	妻子	女	1953 年 5 月	汉		
	张利云	女儿	女	1979 年 12 月	汉		
	王　强	女婿	男	1975 年 2 月	汉		
	张佳琦	外孙	男	2001 年 2 月	汉		
	王张翼	外孙女	女	2013 年 7 月	汉		
家庭大事	1985 年 3 月购水泥运输船 1 条 1989 年 4 月建造建造三上三下楼房 6 间及转居屋 1 间，面积 240 平方米 2005 年 10 月购汽车 1 辆 2011 年 4 月分到动迁房 3 套 2017 年 5 月购商品房 1 套 2019 年 9 月张佳琦考取淮南师范学院						

	姓名	与户主关系	性别	出生日期	民族	已故家属	
						称呼	姓名
现有家庭成员	徐秧妹	户主	女	1953 年 4 月	汉	女婿	浦华明
	马仕生	丈夫	男	1951 年 11 月	汉		
	马震芳	女儿	女	1976 年 8 月	汉		
	马旭文	外孙	男	1997 年 6 月	汉		
	马方荣	儿子	男	1978 年 10 月	汉		
	马姝玥	孙女	女	2002 年 7 月	汉		
家庭大事							

	姓名	与户主关系	性别	出生日期	民族	已故家属	
						称呼	姓名
现有家庭成员	张齐生	户主	男	1956 年 11 月	汉		
	景巧珍	妻子	女	1957 年 4 月	汉		
	张　华	儿子	男	1981 年 10 月	汉		
	许爱英	儿媳	女	1983 年 1 月	汉		
	张斐程	孙子	男	2005 年 11 月	汉		
家庭大事							

	姓名	与户主关系	性别	出生日期	民族	已故家属	
						称呼	姓名
现有家庭成员	马荣根	户主	男	1940 年 12 月	汉	岳父	马阿大
	马全英	妻子	女	1940 年 10 月	汉	岳母	戴凤秀
	马　良	儿子	男	1968 年 7 月	汉		
	杜华英	儿媳	女	1974 年 2 月	汉		
	马渝澜	孙女	女	1994 年 8 月	汉		
家庭大事	1989 年 10 月建造三上三下楼房 6 间及转居屋 1 间，面积 210 平方米 2011 年 4 月分到动迁房 3 套 2012 年 9 月马渝澜考取南通大学，2016 年 8 月于昆山市周市镇金澄幼儿园任教师，11 月加入中国共产党						

	姓名	与户主关系	性别	出生日期	民族	已故家属	
						称呼	姓名
现有家庭成员	马建龙	户主	男	1972 年 2 月	汉		
	凌　芳	妻子	女	1971 年 2 月	汉		
	马晓琴	女儿	女	1993 年 11 月	汉		
	孙鸣雷	女婿	男	1993 年 9 月	汉		
	孙言初	外孙	男	2020 年 10 月	汉		
	薛秋英	母亲	女	1949 年 7 月	汉		
家庭大事							

	姓名	与户主关系	性别	出生日期	民族	已故家属	
						称呼	姓名
现有家庭成员	马建明	户主	男	1968 年 12 月	汉	祖母	徐花宝
	徐秋花	妻子	女	1969 年 8 月	汉	祖父	马宗根
	马晓东	儿子	男	1991 年 5 月	汉	父亲	马花生
	马泊宁	孙子	男	2020 年 3 月	汉		
家庭大事							

	姓名	与户主关系	性别	出生日期	民族	已故家属	
						称呼	姓名
现有家庭成员	陆银根	户主	男	1954 年 1 月	汉		
	马杏英	妻子	女	1954 年 11 月	汉		
	马建军	儿子	男	1982 年 8 月	汉		
	赵小荣	儿媳	女	1978 年 9 月	汉		
	马雨菲	孙女	女	2005 年 8 月	汉		
	马雨乐	孙子	男	2013 年 9 月	汉		
家庭大事							

	姓名	与户主关系	性别	出生日期	民族	已故家属	
						称呼	姓名
现有家庭成员	朱金男	户主	男	1966 年 6 月	汉	父亲	朱阿早
	戴为云	妻子	女	1968 年 7 月	汉	母亲	戴妹花
	朱雯孝	儿子	男	1989 年 8 月	汉		
	倪莹莹	儿媳	女	1993 年 9 月	汉		
	朱晨晞	孙女	女	2014 年 12 月	汉		
家庭大事							

	姓名	与户主关系	性别	出生日期	民族	已故家属	
						称呼	姓名
现有家庭成员	戴道根	户主	男	1949 年 2 月	汉	母亲	马二宝
	马金英	妻子	女	1950 年 10 月	汉		
	马芳良	儿子	男	1974 年 1 月	汉		
	张　英	儿媳	女	1974 年 3 月	汉		
	马冰娴	孙女	女	1997 年 11 月	汉		
	马根生	父亲	男	1918 年 6 月	汉		
家庭大事							

	姓名	与户主关系	性别	出生日期	民族	已故家属	
						称呼	姓名
现有家庭成员	马巧生	户主	男	1956 年 4 月	汉		
	马林珍	妻子	女	1956 年 8 月	汉		
	马芳明	儿子	男	1981 年 10 月	汉		
家庭大事							

	姓名	与户主关系	性别	出生日期	民族	已故家属	
						称呼	姓名
现有家庭成员	朱小弟	户主	男	1935 年 12 月	汉		
	姜密香	妻子	女	1937 年 3 月	汉		
	朱永青	儿子	男	1965 年 8 月	汉		
	张建珍	儿媳	女	1967 年 11 月	汉		
	朱晓燕	孙女	女	1988 年 6 月	汉		
	王子萱	曾孙女	女	2012 年 2 月	汉		
	朱轩毅	曾孙	男	2016 年 6 月	汉		
家庭大事							

	姓名	与户主关系	性别	出生日期	民族	已故家属	
						称呼	姓名
现有家庭成员	张金水	户主	男	1954 年 2 月	汉		
	周凤英	妻子	女	1956 年 7 月	汉		
	张利民	儿子	男	1979 年 11 月	汉		
	张铭予	次孙	男	2011 年 3 月	汉		
家庭大事							

	姓名	与户主关系	性别	出生日期	民族	已故家属	
						称呼	姓名
现有家庭成员	张金木	户主	男	1950 年 11 月	汉		
	戴素珍	妻子	女	1952 年 11 月	汉		
	张良云	女儿	女	1973 年 11 月	汉		
	陆兴福	女婿	男	1971 年 6 月	汉		
	张静娴	外孙女	女	1994 年 7 月	汉		
	王　磊	外孙婿	男	1991 年 10 月	汉		
	王芃予	曾外孙	女	2018 年 3 月	汉		
家庭大事							

	姓名	与户主关系	性别	出生日期	民族	已故家属	
						称呼	姓名
现有家庭成员	顾秀英	户主	女	1949 年 11 月	汉	父亲	马梅生
	马如根	丈夫	男	1948 年 1 月	汉	母亲	王小妹
	马月珍	女儿	女	1969 年 9 月	汉		
	马进笙	女婿	男	1965 年 5 月	汉		
	马润斐	外孙	男	1992 年 2 月	汉		
	马书珏	曾外孙	男	2020 年 11 月	汉		
家庭大事							

<table>
<tr><th rowspan="2"></th><th rowspan="2">姓名</th><th rowspan="2">与户主关系</th><th rowspan="2">性别</th><th rowspan="2">出生日期</th><th rowspan="2">民族</th><th colspan="2">已故家属</th></tr>
<tr><th>称呼</th><th>姓名</th></tr>
<tr><td rowspan="6">现有
家庭成员</td><td>马长生</td><td>户主</td><td>男</td><td>1962 年 6 月</td><td>汉</td><td>父亲</td><td>马宗林</td></tr>
<tr><td>薛金英</td><td>妻子</td><td>女</td><td>1964 年 8 月</td><td>汉</td><td>母亲</td><td>马大妹</td></tr>
<tr><td>马雪刚</td><td>儿子</td><td>男</td><td>1985 年 10 月</td><td>汉</td><td></td><td></td></tr>
<tr><td>孙海玲</td><td>儿媳</td><td>女</td><td>1988 年 5 月</td><td>汉</td><td></td><td></td></tr>
<tr><td>马宇浩</td><td>孙子</td><td>男</td><td>2012 年 10 月</td><td>汉</td><td></td><td></td></tr>
<tr><td>马雨馨</td><td>孙女</td><td>女</td><td>2017 年 7 月</td><td>汉</td><td></td><td></td></tr>
<tr><td>家庭大事</td><td colspan="7"></td></tr>
</table>

<table>
<tr><th rowspan="2"></th><th rowspan="2">姓名</th><th rowspan="2">与户主关系</th><th rowspan="2">性别</th><th rowspan="2">出生日期</th><th rowspan="2">民族</th><th colspan="2">已故家属</th></tr>
<tr><th>称呼</th><th>姓名</th></tr>
<tr><td rowspan="4">现有
家庭成员</td><td>朱白男</td><td>户主</td><td>男</td><td>1959 年 1 月</td><td>汉</td><td></td><td></td></tr>
<tr><td>徐凤花</td><td>妻子</td><td>女</td><td>1962 年 3 月</td><td>汉</td><td></td><td></td></tr>
<tr><td>朱丽娟</td><td>女儿</td><td>女</td><td>1984 年 8 月</td><td>汉</td><td></td><td></td></tr>
<tr><td>朱毅恒</td><td>外孙</td><td>男</td><td>2009 年 12 月</td><td>汉</td><td></td><td></td></tr>
<tr><td>家庭大事</td><td colspan="7"></td></tr>
</table>

马庄村第15村民小组

	姓名	与户主关系	性别	出生日期	民族	已故家属	
						称呼	姓名
现有家庭成员	顾坤男	户主	男	1956年12月	汉		
	顾杏英	妻子	女	1961年7月	汉		
	顾留德	儿子	男	1983年1月	汉		
	俞顾浩	长孙	男	2008年2月	汉		
	顾一泓	次孙	男	2011年12月	汉		
家庭大事	1991年10月购水泥运输船1条 1993年5月建造三上三下楼房6间，面积260平方米 2001年5月顾留德加入中国共产党，9月考取南京师范大学 2011年10月分到动迁房3套 2012年8月购商品房1套 2013年5月购汽车1辆						

	姓名	与户主关系	性别	出生日期	民族	已故家属	
						称呼	姓名
现有家庭成员	顾永良	户主	男	1943年1月	汉		
	顾环珍	妻子	女	1947年9月	汉		
	顾建新	次子	男	1969年3月	汉		
	沈雪英	次媳	女	1970年6月	汉		
	顾　超	孙子	男	1992年4月	汉		
	顾靖瑞	长曾孙	男	2018年1月	汉		
	顾靖祺	次曾孙	男	2018年1月	汉		
家庭大事	1993年5月建造三上三下楼房6间，面积240平方米 1998年6月购出租车1辆 2011年10月分到动迁房3套 2013年8月购商品房1套 2015年5月购汽车1辆						

<table>
<tr><td rowspan="3">现有
家庭成员</td><td rowspan="2">姓名</td><td rowspan="2">与户主关系</td><td rowspan="2">性别</td><td rowspan="2">出生日期</td><td rowspan="2">民族</td><td colspan="2">已故家属</td></tr>
<tr><td>称呼</td><td>姓名</td></tr>
<tr><td>王侃章</td><td>户主</td><td>男</td><td>1936 年 12 月</td><td>汉</td><td>妻子</td><td>顾梅郎</td></tr>
<tr><td>家庭大事</td><td colspan="7">1962 年 6 月从正仪集镇安家落户到五二大队第 6 生产小队
1969 年 10 月建造平瓦房 4 间，面积 120 平方米
2008 年 8 月分到动迁房 2 套</td></tr>
</table>

<table>
<tr><td rowspan="9">现有
家庭成员</td><td rowspan="2">姓名</td><td rowspan="2">与户主关系</td><td rowspan="2">性别</td><td rowspan="2">出生日期</td><td rowspan="2">民族</td><td colspan="2">已故家属</td></tr>
<tr><td>称呼</td><td>姓名</td></tr>
<tr><td>夏根水</td><td>户主</td><td>男</td><td>1939 年 7 月</td><td>汉</td><td></td><td></td></tr>
<tr><td>夏林生</td><td>次子</td><td>男</td><td>1967 年 8 月</td><td>汉</td><td></td><td></td></tr>
<tr><td>顾美花</td><td>次媳</td><td>女</td><td>1967 年 12 月</td><td>汉</td><td></td><td></td></tr>
<tr><td>夏　芳</td><td>孙女</td><td>女</td><td>1990 年 1 月</td><td>汉</td><td></td><td></td></tr>
<tr><td>孙　益</td><td>孙婿</td><td>男</td><td>1987 年 10 月</td><td>汉</td><td></td><td></td></tr>
<tr><td>夏雨萱</td><td>曾外孙女</td><td>女</td><td>2012 年 7 月</td><td>汉</td><td></td><td></td></tr>
<tr><td>孙雨宸</td><td>曾外孙</td><td>男</td><td>2015 年 9 月</td><td>汉</td><td></td><td></td></tr>
<tr><td>家庭大事</td><td colspan="7">1986 年 10 月购水泥运输船 1 条
1991 年 10 月建造三上三下楼房 6 间，面积 240 平方米
2011 年 10 月分到动迁房 3 套
2014 年 5 月购汽车 1 辆，8 月购商品房 1 套</td></tr>
</table>

	姓名	与户主关系	性别	出生日期	民族	已故家属	
						称呼	姓名
现有家庭成员	夏秋生	户主	男	1958 年 9 月	汉	母亲	顾桃云
	王秋妹	妻子	女	1958 年 7 月	汉		
	夏　刚	儿子	男	1981 年 11 月	汉		
	熊军霞	儿媳	女	1981 年 6 月	汉		
	夏雯汐	孙女	女	2004 年 9 月	汉		
	夏一帆	孙子	男	2012 年 2 月	汉		
家庭大事	1986 年 10 月购水泥运输船 1 条 1991 年 10 月建造三上三下楼房 6 间，面积 270 平方米 2013 年 5 月购家用纺车 1 辆 2014 年 8 月购商品房 1 套 2016 年 10 月分到动迁房 3 套						

	姓名	与户主关系	性别	出生日期	民族	已故家属	
						称呼	姓名
现有家庭成员	周月林	户主	男	1966 年 3 月	汉	父亲	周大男
	朱巧珍	妻子	女	1966 年 11 月	汉		
	周　峰	儿子	男	1990 年 3 月	汉		
	莫娇娇	儿媳	女	1991 年 4 月	汉		
	周伊米	孙女	女	2016 年 5 月	汉		
家庭大事	1990 年 10 月建造三上三下楼房 6 间，面积 230 平方米 2011 年 10 月分到动迁房 3 套 2013 年 5 月购商品房 1 套 2015 年 8 月购汽车 1 辆						

<table>
<tr><td rowspan="2"></td><td rowspan="2">姓名</td><td rowspan="2">与户主关系</td><td rowspan="2">性别</td><td rowspan="2">出生日期</td><td rowspan="2">民族</td><td colspan="2">已故家属</td></tr>
<tr><td>称呼</td><td>姓名</td></tr>
<tr><td rowspan="5">现有
家庭成员</td><td>马连英</td><td>户主</td><td>女</td><td>1957 年 4 月</td><td>汉</td><td>丈夫</td><td>顾林男</td></tr>
<tr><td>顾　敏</td><td>儿子</td><td>男</td><td>1981 年 10 月</td><td>汉</td><td></td><td></td></tr>
<tr><td>陈冬梅</td><td>儿媳</td><td>女</td><td>1984 年 11 月</td><td>汉</td><td></td><td></td></tr>
<tr><td>顾诗妍</td><td>孙女</td><td>女</td><td>2006 年 10 月</td><td>汉</td><td></td><td></td></tr>
<tr><td>顾允浠</td><td>孙子</td><td>男</td><td>2016 年 6 月</td><td>汉</td><td></td><td></td></tr>
<tr><td>家庭大事</td><td colspan="7">1991 年 10 月建造三上三下楼房 6 间，面积 230 平方米
2013 年 5 月购汽车 1 辆
2015 年 5 月购商品房 1 套
2016 年 10 月分到动迁房 3 套</td></tr>
</table>

<table>
<tr><td rowspan="2"></td><td rowspan="2">姓名</td><td rowspan="2">与户主关系</td><td rowspan="2">性别</td><td rowspan="2">出生日期</td><td rowspan="2">民族</td><td colspan="2">已故家属</td></tr>
<tr><td>称呼</td><td>姓名</td></tr>
<tr><td rowspan="7">现有
家庭成员</td><td>顾凤花</td><td>户主</td><td>女</td><td>1927 年 11 月</td><td>汉</td><td>丈夫</td><td>顾天林</td></tr>
<tr><td>顾道泉</td><td>儿子</td><td>男</td><td>1957 年 11 月</td><td>汉</td><td></td><td></td></tr>
<tr><td>张传花</td><td>儿媳</td><td>女</td><td>1960 年 12 月</td><td>汉</td><td></td><td></td></tr>
<tr><td>顾岳青</td><td>孙子</td><td>男</td><td>1981 年 12 月</td><td>汉</td><td></td><td></td></tr>
<tr><td>陈海艳</td><td>孙媳</td><td>女</td><td>1982 年 5 月</td><td>汉</td><td></td><td></td></tr>
<tr><td>顾佳磊</td><td>曾孙</td><td>男</td><td>2006 年 8 月</td><td>汉</td><td></td><td></td></tr>
<tr><td>顾佳洁</td><td>曾孙女</td><td>女</td><td>2012 年 4 月</td><td>汉</td><td></td><td></td></tr>
<tr><td>家庭大事</td><td colspan="7">1991 年 10 月建造三上三下楼房 6 间，面积 260 平方米
2013 年 5 月购汽车 1 辆
2015 年 10 月购商品房 1 套
2016 年 10 月分到动迁房 3 套</td></tr>
</table>

	姓名	与户主关系	性别	出生日期	民族	已故家属	
						称呼	姓名
现有家庭成员	姚秋花	户主	女	1968 年 8 月	汉		
家庭大事							

	姓名	与户主关系	性别	出生日期	民族	已故家属	
						称呼	姓名
现有家庭成员	周水男	户主	男	1958 年 12 月	汉	父亲	周金虎
	顾素英	妻子	女	1955 年 1 月	汉		
	周　刚	儿子	男	1981 年 10 月	汉		
	时光树	儿媳	女	1983 年 10 月	汉		
	周晴雨	长孙女	女	2005 年 4 月	汉		
	周晴雯	次孙女	女	2012 年 6 月	汉		
家庭大事	1991 年 10 月建造三上三下楼房 6 间，面积 250 平方米 2005 年 5 月开铁场 1 家 2011 年 10 月分到动迁房 3 套 2012 年 10 月购商品房 1 套 2013 年 5 月购汽车 1 辆						

	姓名	与户主关系	性别	出生日期	民族	已故家属	
						称呼	姓名
现有家庭成员	周水明	户主	男	1965 年 6 月	汉	母亲	陆福妹
	浦桂花	妻子	女	1966 年 4 月	汉		
	周无围	儿子	男	1988 年 8 月	汉		
	柯　婷	儿媳	女	1990 年 8 月	汉		
家庭大事	1991 年 10 月建造三上三下楼房 6 间，面积 250 平方米 2007 年 7 月周无围考取中国矿业大学 2011 年 5 月购商品房 1 套，10 月分到动迁房 3 套 2013 年 5 月购汽车 1 辆						

	姓名	与户主关系	性别	出生日期	民族	已故家属	
						称呼	姓名
现有家庭成员	顾本男	户主	男	1951 年 11 月	汉	父亲	顾永林
	唐素英	妻子	女	1951 年 5 月	汉	母亲	顾福妹
	顾芳青	女儿	女	1975 年 3 月	汉		
	顾兴良	女婿	男	1971 年 7 月	汉		
	顾洁琦	外孙	男	1995 年 12 月	汉		
家庭大事	1991 年建造三上三下楼房 6 间，面积 240 平方米 2010 年 8 月分到动迁房 3 套 2012 年 10 月购商品房 1 套 2013 年 5 月购汽车 1 辆						

	姓名	与户主关系	性别	出生日期	民族	已故家属	
						称呼	姓名
现有家庭成员	姚秋珍	户主	女	1964 年 2 月	汉	公公	周三男
	周　萍	儿子	男	1986 年 8 月	汉	婆婆	顾金秀
	黄燕玲	儿媳	女	1986 年 4 月	汉	丈夫	周凤男
	周俊骐	孙子	男	2011 年 11 月	汉		
家庭大事	1995 年 10 月周凤男购买三上三下楼房 1 幢，面积 240 平方米 2005 年 10 月周萍考取南京理工大学，2009 年 8 月于昆山市公安局陆家派出所任警察 2010 年 5 月购商品房 1 套 2011 年 10 月分到动迁房 3 套 2012 年 10 月购汽车 1 辆						

	姓名	与户主关系	性别	出生日期	民族	已故家属	
						称呼	姓名
现有家庭成员	顾根男	户主	男	1957 年 9 月	汉	父亲	顾招根
	李花珍	妻子	女	1956 年 7 月	汉	母亲	顾云媛
	顾卫强	儿子	男	1981 年 9 月	汉		
	王雅琴	儿媳	女	1985 年 4 月	汉		
	顾嘉烨	孙子	男	2006 年 12 月	汉		
家庭大事	1990 年 10 月开鞋店 1 家 1991 年 10 月建造三上三下楼房 6 间，面积 240 平方米 2003 年 5 月分到动迁房 3 套 2005 年 10 月购商品房 1 套 2012 年 5 月购汽车 1 辆						

	姓名	与户主关系	性别	出生日期	民族	已故家属	
						称呼	姓名
现有家庭成员	顾黑男	户主	男	1950 年 11 月	汉		
	陆金宝	妻子	女	1949 年 7 月	汉		
	顾翠花	女儿	女	1972 年 2 月	汉		
	金小龙	非亲属	男	1971 年 5 月	汉		
家庭大事	1985 年 10 月购水泥运输船 1 条 1988 年 10 月建造三上三下楼房 6 间，面积 230 平方米 1994 年 5 月购商品房 1 套 2003 年 5 月分到动迁房 2 套 2012 年 8 月购汽车 1 辆						

<table>
<tr><td rowspan="9">现有
家庭成员</td><td rowspan="2">姓名</td><td rowspan="2">与户主关系</td><td rowspan="2">性别</td><td rowspan="2">出生日期</td><td rowspan="2">民族</td><td colspan="2">已故家属</td></tr>
<tr><td>称呼</td><td>姓名</td></tr>
<tr><td>顾水良</td><td>户主</td><td>男</td><td>1964 年 9 月</td><td>汉</td><td>父亲</td><td>顾文炳</td></tr>
<tr><td>何水香</td><td>妻子</td><td>女</td><td>1963 年 12 月</td><td>汉</td><td>母亲</td><td>顾金宝</td></tr>
<tr><td>顾志强</td><td>儿子</td><td>男</td><td>1987 年 7 月</td><td>汉</td><td>姐姐</td><td>顾水英</td></tr>
<tr><td>何　利</td><td>儿媳</td><td>女</td><td>1993 年 4 月</td><td>汉</td><td></td><td></td></tr>
<tr><td>顾淦超</td><td>长孙</td><td>男</td><td>2014 年 2 月</td><td>汉</td><td></td><td></td></tr>
<tr><td>顾耘非</td><td>孙女</td><td>女</td><td>2016 年 4 月</td><td>汉</td><td></td><td></td></tr>
<tr><td>顾耘睿</td><td>次孙</td><td>女</td><td>2018 年 4 月</td><td>汉</td><td></td><td></td></tr>
<tr><td>家庭大事</td><td colspan="7">1951 年 4 月顾文炳参军入伍，参加抗美援朝战争，荣立三等功 2 次，1955 年 4 月退伍，1979 年 7 月根据昆公纠字（1979）第 268 号决定书，昆山县革命委员会决定顾文炳原来错划富农分子，经复查，属于错划，予以纠正
1990 年建造三上三下楼房 6 间，面积 240 平方米
1998 年 10 月购商品房 1 套
2003 年 5 月分到动迁房 3 套
2012 年 5 月购汽车 1 辆</td></tr>
</table>

<table>
<tr><td rowspan="8">现有
家庭成员</td><td rowspan="2">姓名</td><td rowspan="2">与户主关系</td><td rowspan="2">性别</td><td rowspan="2">出生日期</td><td rowspan="2">民族</td><td colspan="2">已故家属</td></tr>
<tr><td>称呼</td><td>姓名</td></tr>
<tr><td>顾立新</td><td>户主</td><td>男</td><td>1967 年 5 月</td><td>汉</td><td></td><td></td></tr>
<tr><td>李香琴</td><td>妻子</td><td>女</td><td>1970 年 3 月</td><td>汉</td><td></td><td></td></tr>
<tr><td>顾毛荣</td><td>儿子</td><td>男</td><td>1992 年 3 月</td><td>汉</td><td></td><td></td></tr>
<tr><td>张　虹</td><td>儿媳</td><td>女</td><td>1992 年 7 月</td><td>汉</td><td></td><td></td></tr>
<tr><td>顾予洋</td><td>长孙</td><td>男</td><td>2015 年 6 月</td><td>汉</td><td></td><td></td></tr>
<tr><td>顾予恒</td><td>次孙</td><td>男</td><td>2016 年 11 月</td><td>汉</td><td></td><td></td></tr>
<tr><td>家庭大事</td><td colspan="7">1990 年 10 月建造三上三下楼房 6 间，面积 240 平方米
1997 年 10 月购出租车 1 辆
2003 年 5 月分到动迁房 3 套
2010 年 5 月购商品房 1 套
2012 年 5 月购汽车 1 辆</td></tr>
</table>

<table>
<tr><td rowspan="7">现有
家庭成员</td><td rowspan="2">姓名</td><td rowspan="2">与户主关系</td><td rowspan="2">性别</td><td rowspan="2">出生日期</td><td rowspan="2">民族</td><td colspan="2">已故家属</td></tr>
<tr><td>称呼</td><td>姓名</td></tr>
<tr><td>顾坤元</td><td>户主</td><td>男</td><td>1954 年 5 月</td><td>汉</td><td>父亲</td><td>顾杏泉</td></tr>
<tr><td>顾本花</td><td>妻子</td><td>女</td><td>1954 年 8 月</td><td>汉</td><td>母亲</td><td>顾金妹</td></tr>
<tr><td>顾志华</td><td>儿子</td><td>男</td><td>1978 年 12 月</td><td>汉</td><td></td><td></td></tr>
<tr><td>杜美珍</td><td>儿媳</td><td>女</td><td>1978 年 12 月</td><td>汉</td><td></td><td></td></tr>
<tr><td>顾嘉俊</td><td>孙子</td><td>男</td><td>2001 年 10 月</td><td>汉</td><td></td><td></td></tr>
<tr><td>家庭大事</td><td colspan="7">1972 年 12 月顾坤元参军入伍，1974 年 8 月加入中国共产党，1976 年 3 月退伍，1977 年 6 月担任五二大队书记
1990 年 10 月建造三上三下楼房 6 间，面积 240 平方米
2003 年 8 月分到动迁房 3 套
2012 年 10 月购汽车 1 辆
2014 年 5 月购商品房 1 套</td></tr>
</table>

<table>
<tr><td rowspan="7">现有
家庭成员</td><td rowspan="2">姓名</td><td rowspan="2">与户主关系</td><td rowspan="2">性别</td><td rowspan="2">出生日期</td><td rowspan="2">民族</td><td colspan="2">已故家属</td></tr>
<tr><td>称呼</td><td>姓名</td></tr>
<tr><td>顾海水</td><td>户主</td><td>男</td><td>1946 年 5 月</td><td>汉</td><td>妻子</td><td>凌为芬</td></tr>
<tr><td>顾勤良</td><td>儿子</td><td>男</td><td>1970 年 8 月</td><td>汉</td><td></td><td></td></tr>
<tr><td>徐阿芳</td><td>儿媳</td><td>女</td><td>1970 年 4 月</td><td>汉</td><td></td><td></td></tr>
<tr><td>顾建飞</td><td>孙子</td><td>男</td><td>1993 年 8 月</td><td>汉</td><td></td><td></td></tr>
<tr><td>孙嘉芸</td><td>孙媳</td><td>女</td><td>1995 年 1 月</td><td>汉</td><td></td><td></td></tr>
<tr><td>家庭大事</td><td colspan="7">1991 年 10 月建造三上三下楼房 6 间，面积 220 平方米
2003 年 8 月分到动迁房 3 套
2010 年 5 月购商品房 1 套
2012 年 10 月购汽车 1 辆</td></tr>
</table>

	姓名	与户主关系	性别	出生日期	民族	已故家属	
						称呼	姓名
现有家庭成员	顾小妹	户主	女	1944 年 4 月	汉		
	周月良	次子	男	1969 年 1 月	汉		
	周宇佳	孙女	女	2018 年 1 月	苗族		
	毛卫珍	非亲属	女	1970 年 2 月	汉		
家庭大事	1989 年 5 月购铁船 1 条 1991 年 10 月建造平瓦房 4 间，面积 150 平方米 2003 年 8 月分到动迁房 2 套						

	姓名	与户主关系	性别	出生日期	民族	已故家属	
						称呼	姓名
现有家庭成员	顾林秀	户主	女	1946 年 3 月	汉		
	顾雪文	三子	男	1969 年 3 月	汉		
	徐文琴	三儿媳	女	1971 年 10 月	汉		
	顾一思	孙女	女	1993 年 8 月	汉		
	顾姝湉	曾孙女	女	2019 年 2 月	汉		
家庭大事	1990 年 10 月建造三上三下楼房 6 间，面积 210 平方米 2003 年 8 月分到动迁房 3 套 2008 年 10 月购商品房 1 套 2012 年 10 月购汽车 1 辆						

	姓名	与户主关系	性别	出生日期	民族	已故家属	
						称呼	姓名
现有家庭成员	顾海荣	户主	男	1959 年 6 月	汉	父亲	顾福根
	顾伟国	儿子	男	1989 年 11 月	汉	母亲	顾梅花
						妻子	毛雨珍
家庭大事	1970 年 5 月建造平房 3 间，面积 120 平方米 2003 年 8 月分到动迁房 2 套 2012 年 7 月顾伟国考取常州工学院						

<table>
<tr><td rowspan="8">现有
家庭成员</td><td rowspan="2">姓名</td><td rowspan="2">与户主关系</td><td rowspan="2">性别</td><td rowspan="2">出生日期</td><td rowspan="2">民族</td><td colspan="2">已故家属</td></tr>
<tr><td>称呼</td><td>姓名</td></tr>
<tr><td>顾月珍</td><td>户主</td><td>女</td><td>1963 年 7 月</td><td>汉</td><td>父亲</td><td>陆阿四</td></tr>
<tr><td>戴兴元</td><td>丈夫</td><td>男</td><td>1962 年 9 月</td><td>汉</td><td></td><td></td></tr>
<tr><td>顾戴婕</td><td>女儿</td><td>女</td><td>1985 年 8 月</td><td>汉</td><td></td><td></td></tr>
<tr><td>王　明</td><td>女婿</td><td>男</td><td>1985 年 4 月</td><td>汉</td><td></td><td></td></tr>
<tr><td>顾宸烨</td><td>外孙</td><td>男</td><td>2010 年 12 月</td><td>汉</td><td></td><td></td></tr>
<tr><td>顾金姐</td><td>母亲</td><td>女</td><td>1942 年 2 月</td><td>汉</td><td></td><td></td></tr>
<tr><td>家庭大事</td><td colspan="7">1991 年 5 月建造三上三下楼房 6 间，面积 240 平方米
2008 年 5 月分到动迁房 3 套
2010 年 10 月购商品房 1 套
2012 年 10 月购汽车 1 辆</td></tr>
</table>

<table>
<tr><td rowspan="6">现有
家庭成员</td><td rowspan="2">姓名</td><td rowspan="2">与户主关系</td><td rowspan="2">性别</td><td rowspan="2">出生日期</td><td rowspan="2">民族</td><td colspan="2">已故家属</td></tr>
<tr><td>称呼</td><td>姓名</td></tr>
<tr><td>顾雪利</td><td>户主</td><td>男</td><td>1964 年 10 月</td><td>汉</td><td>祖父</td><td>顾天林</td></tr>
<tr><td>周长花</td><td>妻子</td><td>女</td><td>1964 年 5 月</td><td>汉</td><td></td><td></td></tr>
<tr><td>顾一苇</td><td>儿子</td><td>男</td><td>1987 年 9 月</td><td>汉</td><td></td><td></td></tr>
<tr><td>顾海元</td><td>父亲</td><td>男</td><td>1944 年 5 月</td><td>汉</td><td></td><td></td></tr>
<tr><td>家庭大事</td><td colspan="7">1990 年 10 月建造三上三下楼房 6 间，面积 230 平方米
2003 年 8 月分到动迁房 3 套
2008 年 10 月购商品房 1 套
2010 年 5 月购汽车 1 辆</td></tr>
</table>

	姓名	与户主关系	性别	出生日期	民族	已故家属	
						称呼	姓名
现有家庭成员	顾雪根	户主	男	1963 年 8 月	汉	父亲	顾大根
	周秋珍	妻子	女	1962 年 7 月	汉	母亲	凌银媛
	顾鸣华	儿子	男	1986 年 9 月	汉		
	柴婷亭	儿媳	女	1987 年 11 月	汉		
家庭大事	1970 年 3 月建造平房 3 间，面积 80 平方米 1994 年 5 月建造三上三下楼房 6 间及转居屋 1 间，面积 250 平方米 2010 年 10 月购商品房 1 套 2011 年 12 月购汽车 1 辆 2016 年 10 月分到动迁房 3 套						

	姓名	与户主关系	性别	出生日期	民族	已故家属	
						称呼	姓名
现有家庭成员	李小根	户主	男	1932 年 11 月	汉	妻子	戴招妹
	李花泉	次子	男	1962 年 5 月	汉		
	顾林琴	次媳	女	1964 年 12 月	汉		
	李　斌	孙子	男	1985 年 10 月	汉		
	田利唯	孙媳	女	1989 年 11 月	汉		
	李羽婷	曾孙女	女	2008 年 1 月	汉		
	李雨泽	曾孙	男	2012 年 4 月	汉		
家庭大事	1974 年 5 月建造平房 3 间，面积 80 平方米 1994 年 5 月建造三上三下楼房 6 间及转居屋 1 间，面积 240 平方米 2009 年 10 月购商品房 1 套 2015 年 5 月购汽车 1 辆 2016 年 10 月分到动迁房 3 套						

	姓名	与户主关系	性别	出生日期	民族	已故家属	
						称呼	姓名
现有家庭成员	顾桂根	户主	男	1946 年 9 月	汉		
	顾杏仙	妻子	女	1945 年 4 月	汉		
	顾雪良	儿子	男	1970 年 3 月	汉		
	顾思义	孙女	女	1993 年 10 月	汉		
	李　恒	孙女婿	男	1993 年 8 月	汉		
	李牧宬	曾孙	男	2018 年 5 月	汉		
家庭大事	1965 年 5 月建造平房 4 间，面积 100 平方米 1986 年 10 月建造三上三下楼房 6 间，面积 240 平方米 2010 年 8 月分到动迁房 3 套 2013 年 5 月购商品房 1 套 2016 年 8 月购汽车 1 辆 2012 年 7 月顾思义考取扬州大学，2016 年在昆山市第二中学任教师						

	姓名	与户主关系	性别	出生日期	民族	已故家属	
						称呼	姓名
现有家庭成员	顾凤珍	户主	女	1950 年 7 月	汉	父亲	顾祥生
	顾阿三	丈夫	男	1948 年 8 月	汉		
	顾梅芳	女儿	女	1970 年 2 月	汉		
	顾兴林	女婿	男	1965 年 2 月	汉		
	顾灵艳	外孙女	女	1990 年 6 月	汉		
	吴　林	外孙婿	男	1988 年 11 月	汉		
	顾昊庭	曾外孙	男	2015 年 11 月	汉		
	顾朱宝	母亲	女	1927 年 12 月	汉		
家庭大事	1972 年 5 月建造平房 3 间及转居屋 1 间，面积 95 平方米 1990 年 10 月建造三上三下楼房 6 间，面积 240 平方米 1994 年 8 月购铁船 1 条 2008 年 10 月购商品房 1 套 2010 年 5 月购汽车 1 辆，8 月分到动迁房 3 套						

	姓名	与户主关系	性别	出生日期	民族	已故家属	
						称呼	姓名
现有家庭成员	徐金凤	户主	女	1956 年 12 月	汉		
	李花林	丈夫	男	1953 年 10 月	汉		
	李　强	儿子	男	1981 年 12 月	汉		
	张雯煜	孙女	女	2008 年 4 月	汉		
家庭大事	1964 年 5 月建造平房 3 间，面积 85 平方米 1972 年 12 月李花林参军入伍，1975 年 5 月加入中国共产党，1976 年 3 月退伍，1992 年 9 月任五二村村主任，1995 年 12 月任五二村村书记兼村主任 2003 年 3 月开铁场 1 家 1989 年 2 月建造三上三下楼房 6 间，面积 250 平方米 1999 年 5 月购商品房 1 套 2006 年 5 月购汽车 1 辆 2010 年 8 月分到动迁房 3 套						

	姓名	与户主关系	性别	出生日期	民族	已故家属	
						称呼	姓名
现有家庭成员	顾宗金	户主	男	1938 年 9 月	汉		
	顾密珍	妻子	女	1946 年 4 月	汉		
	顾金明	儿子	男	1967 年 6 月	汉		
	郭雪香	儿媳	女	1971 年 11 月	汉		
	顾雅洁	孙女	女	1992 年 12 月	汉		
家庭大事	1970 年 5 月建造平房 3 间，面积 90 平方米 2008 年 8 月分到动迁房 2 套 2011 年 7 月顾雅洁考取北华大学，2015 年 9 月于昆山市陆家镇夏桥小学任教师 2017 年 8 月购汽车 1 辆						

<table>
<tr><td rowspan="7">现有
家庭成员</td><td rowspan="2">姓名</td><td rowspan="2">与户主关系</td><td rowspan="2">性别</td><td rowspan="2">出生日期</td><td rowspan="2">民族</td><td colspan="2">已故家属</td></tr>
<tr><td>称呼</td><td>姓名</td></tr>
<tr><td>顾宗生</td><td>户主</td><td>男</td><td>1944 年 1 月</td><td>汉</td><td></td><td></td></tr>
<tr><td>徐徐凤</td><td>妻子</td><td>女</td><td>1947 年 2 月</td><td>汉</td><td></td><td></td></tr>
<tr><td>俞金荣</td><td>女婿</td><td>男</td><td>1956 年 6 月</td><td>汉</td><td></td><td></td></tr>
<tr><td>顾雅兰</td><td>外孙女</td><td>女</td><td>1992 年 5 月</td><td>汉</td><td></td><td></td></tr>
<tr><td>顾禹宁</td><td>曾外孙</td><td>男</td><td>2017 年 12 月</td><td>汉</td><td></td><td></td></tr>
<tr><td>家庭大事</td><td colspan="7">1970 年 3 月建造平房 3 间，面积 85 平方米
1995 年 10 月建造三上三下楼房 6 间，面积 230 平方米
2010 年 8 月分到动迁房 3 套
2016 年 10 月购汽车 1 辆</td></tr>
</table>

<table>
<tr><td rowspan="7">现有
家庭成员</td><td rowspan="2">姓名</td><td rowspan="2">与户主关系</td><td rowspan="2">性别</td><td rowspan="2">出生日期</td><td rowspan="2">民族</td><td colspan="2">已故家属</td></tr>
<tr><td>称呼</td><td>姓名</td></tr>
<tr><td>顾兴男</td><td>户主</td><td>男</td><td>1956 年 7 月</td><td>汉</td><td>母亲</td><td>浦林大</td></tr>
<tr><td>顾美珍</td><td>妻子</td><td>女</td><td>1957 年 8 月</td><td>汉</td><td></td><td></td></tr>
<tr><td>顾　健</td><td>长子</td><td>男</td><td>1981 年 10 月</td><td>汉</td><td></td><td></td></tr>
<tr><td>陈海风</td><td>长媳</td><td>女</td><td>1984 年 5 月</td><td>汉</td><td></td><td></td></tr>
<tr><td>顾　晨</td><td>孙子</td><td>男</td><td>2011 年 6 月</td><td>汉</td><td></td><td></td></tr>
<tr><td>家庭大事</td><td colspan="7">1972 年 3 月建造平房 3 间，面积 90 平方米
1994 年 10 月建造三上三下楼房 6 间，面积 240 平方米
2002 年 12 月顾健参军入伍，2004 年 8 月加入中国共产党，12 月退伍
2008 年 3 月购商品房 1 套
2010 年 5 月购汽车 1 辆，8 月分到动迁房 3 套</td></tr>
</table>

<table>
<tr><td rowspan="8">现有家庭成员</td><td rowspan="2">姓名</td><td rowspan="2">与户主关系</td><td rowspan="2">性别</td><td rowspan="2">出生日期</td><td rowspan="2">民族</td><td colspan="2">已故家属</td></tr>
<tr><td>称呼</td><td>姓名</td></tr>
<tr><td>顾兴根</td><td>户主</td><td>男</td><td>1953 年 12 月</td><td>汉</td><td></td><td></td></tr>
<tr><td>戴引娥</td><td>妻子</td><td>女</td><td>1954 年 5 月</td><td>汉</td><td></td><td></td></tr>
<tr><td>顾春良</td><td>儿子</td><td>男</td><td>1978 年 3 月</td><td>汉</td><td></td><td></td></tr>
<tr><td>王小勤</td><td>儿媳</td><td>女</td><td>1978 年 4 月</td><td>汉</td><td></td><td></td></tr>
<tr><td>顾文杰</td><td>孙子</td><td>男</td><td>2002 年 7 月</td><td>汉</td><td></td><td></td></tr>
<tr><td colspan="7"></td></tr>
<tr><td>家庭大事</td><td colspan="7">1972 年 5 月建造平房 3 间，面积 90 平方米
1994 年 10 月建造三上三下楼房 6 间，面积 240 平方米
2010 年 5 月购商品房 1 套，8 月分到动迁房 3 套
2014 年 6 月购汽车 1 辆</td></tr>
</table>

<table>
<tr><td rowspan="8">现有家庭成员</td><td rowspan="2">姓名</td><td rowspan="2">与户主关系</td><td rowspan="2">性别</td><td rowspan="2">出生日期</td><td rowspan="2">民族</td><td colspan="2">已故家属</td></tr>
<tr><td>称呼</td><td>姓名</td></tr>
<tr><td>顾秀根</td><td>户主</td><td>男</td><td>1962 年 3 月</td><td>汉</td><td>父亲</td><td>顾桂林</td></tr>
<tr><td>顾梅花</td><td>妻子</td><td>女</td><td>1963 年 5 月</td><td>汉</td><td></td><td></td></tr>
<tr><td>顾鸿达</td><td>儿子</td><td>男</td><td>1987 年 3 月</td><td>汉</td><td></td><td></td></tr>
<tr><td>王婷婷</td><td>儿媳</td><td>女</td><td>1987 年 9 月</td><td>汉</td><td></td><td></td></tr>
<tr><td>顾承航</td><td>长孙</td><td>男</td><td>2013 年 6 月</td><td>汉</td><td></td><td></td></tr>
<tr><td>王启航</td><td>次孙</td><td>男</td><td>2016 年 1 月</td><td>汉</td><td></td><td></td></tr>
<tr><td>家庭大事</td><td colspan="7">1968 年 10 月建造平房 3 间，面积 85 平方米
1994 年 5 月建造三上三下楼房 6 间，面积 240 平方米
1997 年 10 月购出租车 1 辆
2006 年 7 月顾鸿达考取淮阴工学院
2011 年 6 月分到动迁房 3 套
2012 年 10 月购商品房 1 套，12 月购汽车 1 辆</td></tr>
</table>

	姓名	与户主关系	性别	出生日期	民族	已故家属	
						称呼	姓名
现有家庭成员	顾秀泉	户主	男	1965 年 1 月	汉		
	邵林香	妻子	女	1965 年 11 月	汉		
	顾文达	儿子	男	1988 年 5 月	汉		
	顾宗梅	母亲	女	1933 年 9 月	汉		
家庭大事	1970 年 10 月建造平房 3 间，面积 85 平方米 1994 年 10 月建造三上三下楼房 6 间，面积 240 平方米 2011 年 6 月分到动迁房 3 套 2012 年 10 月购商品房 1 套 2014 年 6 月购汽车 1 辆						

	姓名	与户主关系	性别	出生日期	民族	已故家属	
						称呼	姓名
现有家庭成员	李花英	户主	女	1950 年 6 月	汉	婆婆	顾林宝
	顾美芳	长女	女	1971 年 12 月	汉	丈夫	顾抱金
	归兴龙	长婿	男	1970 年 12 月	汉		
	顾晨晓	外孙	男	1993 年 7 月	汉		
	王莉娜	外孙媳	女	1994 年 10 月	汉		
家庭大事	1970 年 10 月建造平房 3 间，面积 85 平方米 1991 年 5 月建造三上三下楼房 6 间，面积 250 平方米 2011 年 6 月分到动迁房 3 套 2012 年 8 月购商品房 1 套 2014 年 5 月购汽车 1 辆						

	姓名	与户主关系	性别	出生日期	民族	已故家属	
						称呼	姓名
现有家庭成员	顾香根	户主	男	1965年8月	汉		
	张碗珍	妻子	女	1965年8月	汉		
	顾维洁	女儿	女	1988年5月	汉		
	朱　俭	女婿	男	1987年11月	汉		
	朱孝予	长外孙女	女	2013年3月	汉		
	顾恩予	次外孙女	女	2014年10月	汉		
家庭大事	1968年10月建造平房3间，面积85平方米 1990年10月建造三上三下楼房6间，面积240平方米 2008年5月购商品房1套 2010年8月顾维洁于昆山市蓬朗中心小学任教师 2011年6月分到动迁房3套 2014年7月购汽车1辆						

	姓名	与户主关系	性别	出生日期	民族	已故家属	
						称呼	姓名
现有家庭成员	顾长明	户主	男	1969年12月	汉		
	徐伏秀	妻子	女	1969年6月	汉		
	顾国健	儿子	男	1992年11月	汉		
	顾道仙	母亲	女	1948年12月	汉		
家庭大事	1970年建造平房3间，面积85平方米 1990年10月建造三上三下楼房6间，面积230平方米 2011年6月分到动迁房3套，8月购商品房1套 2014年7月购汽车1辆						

<table>
<tr><td rowspan="4">现有
家庭成员</td><td rowspan="2">姓名</td><td rowspan="2">与户主关系</td><td rowspan="2">性别</td><td rowspan="2">出生日期</td><td rowspan="2">民族</td><td colspan="2">已故家属</td></tr>
<tr><td>称呼</td><td>姓名</td></tr>
<tr><td>顾林兴</td><td>户主</td><td>男</td><td>1954 年 8 月</td><td>汉</td><td></td><td></td></tr>
<tr><td>毛林花</td><td>妻子</td><td>女</td><td>1957 年 3 月</td><td>汉</td><td></td><td></td></tr>
<tr><td>家庭大事</td><td colspan="7">1970 年 10 月建造平房 3 间，面积 85 平方米
1995 年 10 月建造三上三下楼房 6 间，面积 230 平方米
2011 年 6 月分到动迁房 3 套
2013 年 5 月购汽车 1 辆</td></tr>
</table>

<table>
<tr><td rowspan="8">现有
家庭成员</td><td rowspan="2">姓名</td><td rowspan="2">与户主关系</td><td rowspan="2">性别</td><td rowspan="2">出生日期</td><td rowspan="2">民族</td><td colspan="2">已故家属</td></tr>
<tr><td>称呼</td><td>姓名</td></tr>
<tr><td>毛志福</td><td>户主</td><td>男</td><td>1957 年 10 月</td><td>汉</td><td>父亲</td><td>毛阿龙</td></tr>
<tr><td>朱寒英</td><td>妻子</td><td>女</td><td>1956 年 4 月</td><td>汉</td><td>母亲</td><td>毛桂英</td></tr>
<tr><td>毛玲琴</td><td>女儿</td><td>女</td><td>1981 年 10 月</td><td>汉</td><td></td><td></td></tr>
<tr><td>张　磊</td><td>女婿</td><td>男</td><td>1981 年 6 月</td><td>汉</td><td></td><td></td></tr>
<tr><td>毛睿心</td><td>长外孙女</td><td>女</td><td>2009 年 1 月</td><td>汉</td><td></td><td></td></tr>
<tr><td>毛欣悦</td><td>次外孙女</td><td>女</td><td>2017 年 9 月</td><td>汉</td><td></td><td></td></tr>
<tr><td>家庭大事</td><td colspan="7">1970 年 10 月建造平房 3 间，面积 85 平方米
1987 年 5 月购水泥运输船 1 条
1993 年 5 月建造三上三下楼房 6 间，面积 250 平方米
1997 年 10 月购货车 1 辆
2011 年 6 月分到动迁房 3 套
2013 年 7 月购商品房 1 套
2014 年 6 月购汽车 1 辆</td></tr>
</table>

	姓名	与户主关系	性别	出生日期	民族	已故家属	
						称呼	姓名
现有家庭成员	毛志根	户主	男	1950 年 12 月	汉		
	顾伏英	妻子	女	1950 年 7 月	汉		
	毛叶良	长子	男	1977 年 4 月	汉		
	罗昌群	长媳	女	1978 年 4 月	汉		
	毛益伟	孙子	男	2000 年 4 月	汉		
家庭大事	1970 年 10 月建造 3 间平瓦房，面积 85 平方米 1987 年 5 月购水泥运输船 1 条 1991 年 5 月建造三上三下楼房 6 间，面积 230 平方米 2011 年 6 月分到动迁房 3 套，10 月购商品房 1 套 2014 年 5 月购汽车 1 辆						

	姓名	与户主关系	性别	出生日期	民族	已故家属	
						称呼	姓名
现有家庭成员	毛雨平	户主	男	1965 年 9 月	汉	父亲	毛凤林
	粟小英	妻子	女	1968 年 9 月	汉	母亲	鲁金宝
	毛凯丽	长女	女	1993 年 8 月	汉		
	毛佳丽	次女	女	2000 年 7 月	汉		
家庭大事	1966 年 10 月建造平瓦房 3 间，面积 85 平方米 2002 年 5 月建造二上三下楼房 5 间，面积 230 平方米 2011 年 6 月分到动迁房 3 套						

	姓名	与户主关系	性别	出生日期	民族	已故家属	
						称呼	姓名
现有家庭成员	顾永明	户主	男	1965 年 3 月	汉	祖母	顾云妹
	凌喜珍	妻子	女	1966 年 11 月	汉	父亲	顾林泉
	顾敏华	儿子	男	1987 年 10 月	汉	母亲	顾大妹
	黄晓瑶	儿媳	女	1989 年 9 月	汉		
	顾浩然	孙子	男	2015 年 5 月	汉		
	顾安然	孙女	女	2015 年 5 月	汉		
家庭大事	1970 年 10 月建造平瓦房 3 间，面积 90 平方米 1993 年 6 月建造三上三下楼房 6 间，面积 240 平方米 2011 年 6 月分到动迁房 3 套 2013 年 7 月购商品房 1 套 2017 年 6 月购汽车 1 辆						

	姓名	与户主关系	性别	出生日期	民族	已故家属	
						称呼	姓名
现有家庭成员	顾根兴	户主	男	1965 年 3 月	汉	父亲	顾小根
	钱耘花	妻子	女	1966 年 2 月	汉	母亲	徐招英
	顾叶红	女儿	女	1988 年 12 月	汉		
家庭大事	1971 年 12 月建造平瓦房 3 间，面积 90 平方米 1993 年 10 月建造三上三下楼房 6 间，面积 230 平方米 2011 年 6 月分到动迁房 3 套						

	姓名	与户主关系	性别	出生日期	民族	已故家属	
						称呼	姓名
现有家庭成员	顾兴生	户主	男	1957 年 6 月	汉	父亲	顾木根
	凌林秀	妻子	女	1957 年 5 月	汉	母亲	顾根花
	顾翠娟	女儿	女	1984 年 1 月	汉		
	顾溪哲	长外孙	男	2004 年 7 月	汉		
家庭大事	1970 年 5 月建造平瓦房 3 间，面积 90 平方米 1990 年 10 月购铁船 1 条 1990 年 11 月建造三上三下楼房 6 间，面积 240 平方米 2005 年 10 月购商品房 1 套 2011 年 6 月分到动迁房 3 套 2012 年 6 月购汽车 1 辆						

	姓名	与户主关系	性别	出生日期	民族	已故家属	
						称呼	姓名
现有家庭成员	徐杏珍	户主	女	1967 年 3 月	汉		
	毛春燕	女儿	女	1989 年 5 月	汉		
	陈　超	女婿	男	1988 年 5 月	汉		
	陈皓轩	长外孙	男	2013 年 8 月	汉		
	陈皓宇	次外孙	男	2016 年 2 月	汉		
家庭大事	1970 年 10 月建造平瓦房 3 间，面积 90 平方米 2008 年 8 月分到动迁房 2 套 2009 年 5 月购商品房 1 套						

	姓名	与户主关系	性别	出生日期	民族	已故家属	
						称呼	姓名
现有家庭成员	顾永根	户主	男	1954 年 4 月	汉	妻子	顾金翠
	顾振华	儿子	男	1979 年 2 月	汉	次子	顾振强
	高明丽	儿媳	女	1978 年 6 月	汉		
	顾子文	孙子	男	2009 年 4 月	汉		
家庭大事	1968 年 10 月建造平瓦房 3 间，面积 90 平方米 1991 年 5 月建造三上三下楼房 6 间，面积 240 平方米 1998 年 8 月顾振华考取南京大学，2007 年 7 月在中国科学院上海分院获得博士学位，2012 年 9 月于中国科学技术大学任教授 2011 年 6 月分到动迁房 3 套						

	姓名	与户主关系	性别	出生日期	民族	已故家属	
						称呼	姓名
现有家庭成员	顾良明	户主	男	1971 年 10 月	汉		
	毛叶芳	妻子	女	1974 年 3 月	汉		
	顾梦燕	女儿	女	1998 年 10 月	汉		
	王平安	女婿	男	1997 年 12 月	汉		
	顾雨哲	外孙	男	2020 年 10 月	汉		
	顾金泉	父亲	男	1948 年 12 月	汉		
家庭大事	1990 年 5 月建造三上三下楼房 6 间，面积 240 平方米 2012 年 6 月购商品房 1 套 2015 年 5 月购汽车 1 辆 2016 年 6 月分到动迁房 3 套						

<table>
<tr><td rowspan="7">现有
家庭成员</td><td rowspan="2">姓名</td><td rowspan="2">与户主关系</td><td rowspan="2">性别</td><td rowspan="2">出生日期</td><td rowspan="2">民族</td><td colspan="2">已故家属</td></tr>
<tr><td>称呼</td><td>姓名</td></tr>
<tr><td>顾阿二</td><td>户主</td><td>男</td><td>1947 年 3 月</td><td>汉</td><td>妻子</td><td>周梅花</td></tr>
<tr><td>顾香元</td><td>次子</td><td>男</td><td>1970 年 3 月</td><td>汉</td><td></td><td></td></tr>
<tr><td>戴琴芳</td><td>次媳</td><td>女</td><td>1970 年 8 月</td><td>汉</td><td></td><td></td></tr>
<tr><td>顾丹燕</td><td>孙女</td><td>女</td><td>1992 年 9 月</td><td>汉</td><td></td><td></td></tr>
<tr><td>顾恩妍</td><td>曾孙女</td><td>女</td><td>2017 年 11 月</td><td>汉</td><td></td><td></td></tr>
<tr><td>家庭大事</td><td colspan="7">1990 年 5 月建造三上三下楼房 6 间，面积 240 平方米
2008 年 6 月分到动迁房 3 套
2010 年 7 月购商品房 1 套
2012 年 1 月购汽车 1 辆
2014 年 6 月顾丹燕在昆山市康复医院任护士</td></tr>
</table>

马庄村第 16 村民小组

	姓名	与户主关系	性别	出生日期	民族	已故家属	
						称呼	姓名
现有家庭成员	周兴木	户主	男	1953 年 3 月	汉	父亲	周水火
	朱兴妹	妻子	女	1954 年 2 月	汉		
	周　芳	女儿	女	1977 年 12 月	汉		
	晏友兵	女婿	男	1977 年 10 月	汉		
	周凌晨	长外孙	男	2006 年 1 月	汉		
	周嘉晨	次外孙	男	2018 年 4 月	汉		
家庭大事	1985 年 3 月购水泥运输船 1 条 1988 年 9 月建造三上三下楼房 6 间及转居屋 1 间，面积 210 平方米 2003 年 8 月分到动迁房 3 套						

	姓名	与户主关系	性别	出生日期	民族	已故家属	
						称呼	姓名
现有家庭成员	顾傲根	户主	男	1951 年 2 月	汉	父亲	顾阿木
	顾秀妹	妻子	女	1951 年 11 月	汉		
	顾正良	儿子	男	1977 年 5 月	汉		
	顾俊杰	孙子	男	2001 年 11 月	汉		
家庭大事	1985 年 4 月购水泥运输船 1 条 1988 年 9 月建造三上三下楼房 6 间及转居屋 1 间，面积 230 平方米 1996 年 5 月购商品房 1 套 2003 年 8 月分到动迁房 2 套 2008 年 9 月购汽车 1 辆 2020 年 9 月顾俊杰考取常州大学						

	姓名	与户主关系	性别	出生日期	民族	已故家属	
						称呼	姓名
现有家庭成员	顾永水	户主	男	1946 年 7 月	汉	父亲	顾全根
	邵秋英	妻子	女	1949 年 6 月	汉		
	顾花金	长女	女	1969 年 12 月	汉		
	王惠元	长婿	男	1967 年 11 月	汉		
	顾燕红	外孙女	女	1991 年 9 月	汉		
	李国优	外孙婿	男	1991 年 9 月	汉		
	顾景润	曾外孙女	女	2019 年 7 月	汉		
家庭大事	1988 年 9 月建造三上三下楼房 6 间及转居屋 1 间，面积 240 平方米 2003 年 8 月分到动迁房 2 套 2009 年 11 月购商品房 1 套						

	姓名	与户主关系	性别	出生日期	民族	已故家属	
						称呼	姓名
现有家庭成员	顾凤林	户主	男	1931 年 1 月	汉		
	顾云嫒	妻子	女	1929 年 8 月	汉		
	顾全大	儿子	男	1949 年 8 月	汉		
	张水珍	儿媳	女	1951 年 5 月	汉		
	顾建国	长孙	男	1972 年 12 月	汉		
	顾小英	长媳	女	1974 年 12 月	汉		
	顾嘉晖	长曾孙	男	1998 年 5 月	汉		
	顾建华	次孙	男	1975 年 1 月	汉		
	闵梅莉	次孙媳	女	1975 年 11 月	汉		
	顾浩然	次曾孙	男	2006 年 6 月	汉		
家庭大事	1982 年 12 月张水珍加入中国共产党 1989 年 4 月购水泥运输船 1 条 1990 年 10 月建造三上三下楼房 6 间及转居屋 1 间，面积 240 平方米 1995 年 8 月购客运车 1 辆 2002 年 5 月购商品房 1 套 2003 年 8 月分到动迁房 2 套 2013 年 5 月购汽车 1 辆						

<table>
<tr><th rowspan="2"></th><th rowspan="2">姓名</th><th rowspan="2">与户主关系</th><th rowspan="2">性别</th><th rowspan="2">出生日期</th><th rowspan="2">民族</th><th colspan="2">已故家属</th></tr>
<tr><th>称呼</th><th>姓名</th></tr>
<tr><td rowspan="3">现有家庭成员</td><td>顾金根</td><td>户主</td><td>男</td><td>1952 年 8 月</td><td>汉</td><td>父亲</td><td>顾招泉</td></tr>
<tr><td>顾妹媛</td><td>妻子</td><td>女</td><td>1954 年 2 月</td><td>汉</td><td></td><td></td></tr>
<tr><td>顾敏芳</td><td>女儿</td><td>女</td><td>1981 年 5 月</td><td>汉</td><td></td><td></td></tr>
<tr><td>家庭大事</td><td colspan="7">1986 年 7 月购水泥运输船 1 条
1989 年 10 月建造三上三下楼房 6 间及转居屋 1 间，面积 220 平方米
2003 年 3 月购汽车 1 辆，8 月分到动迁房 2 套
2009 年 10 月购商品房 1 套</td></tr>
</table>

<table>
<tr><th rowspan="2"></th><th rowspan="2">姓名</th><th rowspan="2">与户主关系</th><th rowspan="2">性别</th><th rowspan="2">出生日期</th><th rowspan="2">民族</th><th colspan="2">已故家属</th></tr>
<tr><th>称呼</th><th>姓名</th></tr>
<tr><td rowspan="12">现有家庭成员</td><td>何杏元</td><td>户主</td><td>男</td><td>1946 年 11 月</td><td>汉</td><td></td><td></td></tr>
<tr><td>毛兰英</td><td>妻子</td><td>女</td><td>1948 年 8 月</td><td>汉</td><td></td><td></td></tr>
<tr><td>何桃花</td><td>女儿</td><td>女</td><td>1967 年 4 月</td><td>汉</td><td></td><td></td></tr>
<tr><td>顾建明</td><td>女婿</td><td>男</td><td>1966 年 10 月</td><td>汉</td><td></td><td></td></tr>
<tr><td>何铭诚</td><td>外孙</td><td>男</td><td>1989 年 3 月</td><td>汉</td><td></td><td></td></tr>
<tr><td>蔡丽萍</td><td>外孙媳</td><td>女</td><td>1991 年 5 月</td><td>汉</td><td></td><td></td></tr>
<tr><td>何沛瑜</td><td>曾外孙女</td><td>女</td><td>2016 年 6 月</td><td>汉</td><td></td><td></td></tr>
<tr><td>何道根</td><td>儿子</td><td>男</td><td>1968 年 10 月</td><td>汉</td><td></td><td></td></tr>
<tr><td>王越芬</td><td>儿媳</td><td>女</td><td>1968 年 6 月</td><td>汉</td><td></td><td></td></tr>
<tr><td>何嘉晔</td><td>孙子</td><td>男</td><td>1991 年 9 月</td><td>汉</td><td></td><td></td></tr>
<tr><td>吴欣怡</td><td>孙媳</td><td>女</td><td>1992 年 4 月</td><td>汉</td><td></td><td></td></tr>
<tr><td>何子洵</td><td>曾孙</td><td>男</td><td>2019 年 6 月</td><td>汉</td><td></td><td></td></tr>
<tr><td>家庭大事</td><td colspan="7">1987 年 9 月建造三上三下楼房 6 间及转居屋 1 间，面积 230 平方米
1991 年 1 月购商品房 1 套
2003 年 8 月分到动迁房 2 套
2005 年 5 月购汽车 1 辆</td></tr>
</table>

	姓名	与户主关系	性别	出生日期	民族	已故家属	
						称呼	姓名
现有家庭成员	夏宗泉	户主	男	1937 年 2 月	汉		
	夏火全	儿子	男	1962 年 10 月	汉		
	顾香花	儿媳	女	1963 年 7 月	汉		
	夏佳英	孙女	女	1985 年 9 月	汉		
	汤吉强	孙婿	男	1981 年 5 月	汉		
	汤铭晨	曾孙	男	2013 年 1 月	汉		
	夏妤菡	曾孙女	女	2018 年 1 月	汉		
家庭大事	1957 年 7 月夏宗泉加入中国共产党，1962 年 8 月任五二大队副书记兼大队长 1975 年 9 月建造平瓦房 3 间及转居屋 1 间，面积 90 平方米 1989 年 10 月购铁船 1 条 2001 年 7 月购商品房 1 套 2008 年 8 月分到动迁房 2 套 2010 年 9 月购货车 1 辆						

	姓名	与户主关系	性别	出生日期	民族	已故家属	
						称呼	姓名
现有家庭成员	周炳荣	户主	男	1962 年 1 月	汉	父亲	周祥元
	顾雪珍	妻子	女	1965 年 3 月	汉		
	周　杰	儿子	男	1985 年 11 月	汉		
	张春艳	儿媳	女	1993 年 2 月	汉		
	周　蕎	孙女	女	2018 年 1 月	汉		
家庭大事	1979 年 8 月建造平瓦房 4 间，面积 120 平方米 1992 年 6 月购铁船 1 条 2001 年 9 月购商品房 1 套 2008 年 6 月购汽车 1 辆 2016 年 12 月分到动迁房 2 套						

	姓名	与户主关系	性别	出生日期	民族	已故家属	
						称呼	姓名
现有家庭成员	张金生	户主	男	1934 年 1 月	汉	妻子	王云妹
	张传根	儿子	男	1955 年 8 月	汉		
	顾秀珍	儿媳	女	1954 年 12 月	汉		
	张正刚	孙子	男	1980 年 12 月	汉		
	吴凤芳	孙媳	女	1981 年 11 月	汉		
	张靖瑶	曾孙女	女	2005 年 1 月	汉		
	张敏芊	曾孙	男	2015 年 3 月	汉		
家庭大事	1986 年 11 月购水泥运输船 1 条 1990 年 11 月建造三上三下楼房 6 间及转居屋 1 间，面积 250 平方米 2007 月 5 月购商品房 1 套 2008 年 8 月分到动迁房 4 套 2013 年 7 月购汽车 1 辆						

	姓名	与户主关系	性别	出生日期	民族	已故家属	
						称呼	姓名
现有家庭成员	夏火荣	户主	男	1965 年 3 月	汉		
	丁惠仙	妻子	女	1968 年 9 月	汉		
	顾桃妹	母亲	女	1938 年 7 月	汉		
	夏佳龙	儿子	男	1988 年 3 月	汉		
	汤　丽	儿媳	女	1989 年 12 月	汉		
	夏昕宸	长孙	男	2015 年 7 月	汉		
	夏昕宇	次孙	男	2020 年 4 月	汉		
家庭大事	1976 年 11 月建造平瓦房 3 间及转居屋 1 间，面积 90 平方米 1989 年 8 月购铁船 1 条 2005 年 3 月购出租车 1 辆 2008 年 8 月分到动迁房 2 套 2010 年 9 月购商品房 1 套						

	姓名	与户主关系	性别	出生日期	民族	已故家属	
						称呼	姓名
现有家庭成员	夏宗林	户主	男	1954 年 12 月	汉		
	周金翠	妻子	女	1954 年 4 月	汉		
	夏文娟	长女	女	1979 年 10 月	汉		
	张　平	长婿	男	1980 年 4 月	汉		
	夏张威	长外孙	男	2002 年 12 月	汉		
	张星宇	次外孙	男	2012 年 12 月	汉		
	夏文雅	次女	女	1982 年 4 月	汉		
	吴小建	次婿	男	1983 年 12 月	汉		
	吴夏洁	长外孙女	女	2007 年 2 月	汉		
	吴昕雯	次外孙女	女	2009 年 10 月	汉		
家庭大事	1989 年 10 月建造三上三下楼房 6 间，面积 250 平方米 1995 年 7 月购商品房 1 套 2003 年 3 月购汽车 1 辆 2016 年 12 月分到动迁房 3 套						

	姓名	与户主关系	性别	出生日期	民族	已故家属	
						称呼	姓名
现有家庭成员	戴素英	户主	女	1956 年 2 月	汉	丈夫	李根元
	李春芳	女儿	女	1981 年 2 月	汉	公公	李三根
	吴兴跃	女婿	男	1976 年 6 月	汉		
	李诗嫣	外孙女	女	2010 年 11 月	汉		
家庭大事	1985 年 8 月购水泥运输船 1 条 1992 年 8 月建造三上三下楼房 6 间及转居屋 1 间，面积 230 平方米 2013 年 11 月购汽车 1 辆 2016 年 12 月分到动迁房 3 套						

	姓名	与户主关系	性别	出生日期	民族	已故家属	
						称呼	姓名
现有家庭成员	李根全	户主	男	1963 年 5 月	汉	母亲	闵阿毛
	张香英	妻子	女	1968 年 7 月	汉		
	李　明	儿子	男	1990 年 1 月	汉		
	韦志慧	儿媳	女	1989 年 5 月	汉		
	李奕辰	孙子	男	2012 年 9 月	汉		
	李奕诺	孙女	女	2016 年 8 月	汉		
家庭大事	1991 年 10 月建造三上三下楼房 6 间及转居屋 1 间，面积 210 平方米 2006 年 7 月购汽车 1 辆 2016 年 12 月分到动迁房 3 套						

	姓名	与户主关系	性别	出生日期	民族	已故家属	
						称呼	姓名
现有家庭成员	顾金林	户主	男	1964 年 3 月	汉	母亲	浦林大
	顾海花	妻子	女	1964 年 2 月	汉		
	顾丽娟	女儿	女	1987 年 1 月	汉		
	赵学刚	女婿	男	1983 年 7 月	汉		
	顾容睿	外孙	男	2007 年 4 月	汉		
	赵容祺	外孙女	女	2010 年 10 月	汉		
家庭大事	1987 年 9 月购水泥运输船 1 条 1990 年 10 月建造三上三下楼房 6 间及转居屋 2 间，面积 220 平方米 2007 年 1 月购商品房 1 套 2014 年 12 月购汽车 1 辆 2016 年 12 月分到动迁房 3 套						

	姓名	与户主关系	性别	出生日期	民族	已故家属	
						称呼	姓名
现有家庭成员	周炳兴	户主	男	1964 年 10 月	汉		
	顾培花	妻子	女	1966 年 12 月	汉		
	周　英	女儿	女	1987 年 9 月	汉		
	胡　伟	女婿	男	1984 年 3 月	汉		
	周忆谌	长外孙	男	2008 年 6 月	汉		
	周忆溪	次外孙	男	2012 年 8 月	汉		
家庭大事	1987 年 9 月建造三上三下楼房 6 间及转居屋 2 间，面积 250 平方米 1991 年 5 月购铁船 1 条 2002 年 10 月购商品房 1 套 2007 年 3 月购汽车 1 辆 2016 年 12 月分到动迁房 3 套						

	姓名	与户主关系	性别	出生日期	民族	已故家属	
						称呼	姓名
现有家庭成员	周炳男	户主	男	1966 年 5 月	汉		
	顾勤花	妻子	女	1969 年 5 月	汉		
	周海燕	女儿	女	1994 年 7 月	汉		
	庄凯吉	女婿	男	1992 年 4 月	汉		
	庄皓舟	外孙	男	2020 年 6 月	汉		
	沈小香	母亲	女	1932 年 7 月	汉		
家庭大事	1986 年 4 月购水泥运输船 1 条 1992 年 9 月建造三上三下楼房 6 间及转居屋 2 间，面积 240 平方米 2007 年 5 月购商品房 1 套 2012 年 8 月周海燕考取南通大学，2016 年 9 月于苏州市盲聋学校任教师 2016 年 12 月分到动迁房 3 套						

	姓名	与户主关系	性别	出生日期	民族	已故家属	
						称呼	姓名
现有家庭成员	夏才兴	户主	男	1962 年 7 月	汉	父亲	夏小男
	周巧妹	妻子	女	1963 年 12 月	汉	母亲	张金妹
	夏玉峰	儿子	男	1985 年 10 月	汉		
	姬中圆	儿媳	女	1985 年 1 月	汉		
	夏俊宇	长孙	男	2008 年 6 月	汉		
	夏俊轩	次孙	男	2014 年 5 月	汉		
	夏阿四	弟弟	男	1968 年 6 月	汉		
家庭大事	1954 年 11 月夏小男参军入伍，1957 年 12 月退伍，1965 年 3 月加入中国共产党 1987 年 9 月购水泥运输船 1 条 1990 年 9 月建造三上三下楼房 6 间及转居屋 1 间，面积 230 平方米 2003 年 8 月购商品房 1 套 2007 年 4 月购汽车 1 辆 2016 年 12 月分到动迁房 3 套						

	姓名	与户主关系	性别	出生日期	民族	已故家属	
						称呼	姓名
现有家庭成员	徐密云	户主	女	1950 年 12 月	汉	丈夫	顾永根
	顾惠良	长子	男	1973 年 9 月	汉		
	顾梅英	长媳	女	1973 年 11 月	汉		
	顾辰妍	孙女	女	1996 年 6 月	汉		
家庭大事	1990 年 11 月建造三上三下楼房 6 间及转居屋 1 间，面积 220 平方米 2003 年 10 月购商品房 1 套 2011 年 6 月购汽车 1 辆 2014 年 8 月顾辰妍考取南通大学，2018 年于昆山青阳港小学任教师 2016 年 12 月分到动迁房 3 套						

<table>
<tr><td rowspan="7">现有
家庭成员</td><td rowspan="2">姓名</td><td rowspan="2">与户主关系</td><td rowspan="2">性别</td><td rowspan="2">出生日期</td><td rowspan="2">民族</td><td colspan="2">已故家属</td></tr>
<tr><td>称呼</td><td>姓名</td></tr>
<tr><td>顾兴全</td><td>户主</td><td>男</td><td>1953 年 12 月</td><td>汉</td><td>母亲</td><td>顾春宝</td></tr>
<tr><td>顾林花</td><td>妻子</td><td>女</td><td>1954 年 4 月</td><td>汉</td><td></td><td></td></tr>
<tr><td>顾琴华</td><td>长女</td><td>女</td><td>1979 年 10 月</td><td>汉</td><td></td><td></td></tr>
<tr><td>顾玲青</td><td>次女</td><td>女</td><td>1982 年 8 月</td><td>汉</td><td></td><td></td></tr>
<tr><td>顾李响</td><td>外孙</td><td>男</td><td>2001 年 9 月</td><td>汉</td><td></td><td></td></tr>
<tr><td>家庭大事</td><td colspan="7">1987 年 9 月购水泥运输船 1 条
1992 年 11 月建造三上三下楼房 6 间及转居屋 1 间，面积 210 平方米
2001 年 5 月购商品房 1 套
2010 年 8 月购汽车 1 辆
2016 年 12 月分到动迁房 3 套</td></tr>
</table>

<table>
<tr><td rowspan="7">现有
家庭成员</td><td rowspan="2">姓名</td><td rowspan="2">与户主关系</td><td rowspan="2">性别</td><td rowspan="2">出生日期</td><td rowspan="2">民族</td><td colspan="2">已故家属</td></tr>
<tr><td>称呼</td><td>姓名</td></tr>
<tr><td>顾美根</td><td>户主</td><td>男</td><td>1965 年 9 月</td><td>汉</td><td>父亲</td><td>顾木泉</td></tr>
<tr><td>周培花</td><td>妻子</td><td>女</td><td>1965 年 4 月</td><td>汉</td><td>母亲</td><td>徐腊妹</td></tr>
<tr><td>顾春刚</td><td>儿子</td><td>男</td><td>1988 年 4 月</td><td>汉</td><td></td><td></td></tr>
<tr><td>孟　倩</td><td>儿媳</td><td>女</td><td>1988 年 9 月</td><td>汉</td><td></td><td></td></tr>
<tr><td>顾蓓妮</td><td>孙女</td><td>女</td><td>2011 年 4 月</td><td>汉</td><td></td><td></td></tr>
<tr><td>家庭大事</td><td colspan="7">1987 年 8 月购水泥运输船 1 条
1994 年 9 月建造三上三下楼房 6 间及转居屋 1 间，面积 220 平方米
2003 年 6 月购汽车 1 辆
2010 年 7 月购商品房 1 套
2016 年 12 月分到动迁房 3 套</td></tr>
</table>

	姓名	与户主关系	性别	出生日期	民族	已故家属	
						称呼	姓名
现有家庭成员	李金龙	户主	男	1971 年 12 月	汉	祖母	郭林大
	何群英	妻子	女	1969 年 8 月	汉		
	李嘉琪	女儿	女	1994 年 11 月	汉		
	李花根	父亲	男	1952 年 11 月	汉		
	张招仙	母亲	女	1956 年 9 月	汉		
家庭大事	1987 年 7 月购水泥运输船 1 条 1991 年 9 月建造三上三下楼房 6 间及转居屋 1 间，面积 210 平方米 2003 年 6 月购奥迪汽车 1 辆 2010 年 7 月购别墅 1 套 2016 年 12 月分到动迁房 3 套						

	姓名	与户主关系	性别	出生日期	民族	已故家属	
						称呼	姓名
现有家庭成员	李花男	户主	男	1957 年 12 月	汉		
	邓淑华	妻子	女	1965 年 4 月	汉		
	李邓春	儿子	男	1987 年 4 月	汉		
	白　红	儿媳	女	1985 年 11 月	汉		
	李泓奕	孙女	女	2009 年 9 月	汉		
	李新博	孙子	男	2011 年 5 月	汉		
家庭大事	1988 年 7 月购水泥运输船 1 条 1990 年 9 月建造三上三下楼房 6 间及转居屋 1 间，面积 220 平方米 2011 年 1 月购商品房 1 套 2014 年 5 月购汽车 1 辆 2016 年 12 月分到动迁房 3 套						

<table>
<tr><th rowspan="9">现有
家庭成员</th><th rowspan="2">姓名</th><th rowspan="2">与户主关系</th><th rowspan="2">性别</th><th rowspan="2">出生日期</th><th rowspan="2">民族</th><th colspan="2">已故家属</th></tr>
<tr><th>称呼</th><th>姓名</th></tr>
<tr><td>顾宗根</td><td>户主</td><td>男</td><td>1944 年 12 月</td><td>汉</td><td>父亲</td><td>顾荣甫</td></tr>
<tr><td>周金花</td><td>妻子</td><td>女</td><td>1948 年 4 月</td><td>汉</td><td>母亲</td><td>朱杏英</td></tr>
<tr><td>顾勤芳</td><td>长女</td><td>女</td><td>1967 年 3 月</td><td>汉</td><td></td><td></td></tr>
<tr><td>夏金兴</td><td>长婿</td><td>男</td><td>1964 年 11 月</td><td>汉</td><td></td><td></td></tr>
<tr><td>顾　伟</td><td>外孙</td><td>男</td><td>1987 年 11 月</td><td>汉</td><td></td><td></td></tr>
<tr><td>熊平静</td><td>外孙媳</td><td>女</td><td>1987 年 10 月</td><td>汉</td><td></td><td></td></tr>
<tr><td>顾语宸</td><td>曾外孙</td><td>男</td><td>2013 年 9 月</td><td>汉</td><td></td><td></td></tr>
<tr><td></td><td>顾语昕</td><td>曾外孙女</td><td>女</td><td>2018 年 12 月</td><td>汉</td><td></td><td></td></tr>
<tr><th>家庭大事</th><td colspan="7">1973 年 4 月顾宗根加入中国共产党，1973 年 5 月任五二大队副书记，1977 年 9 月连任五二大队大队长，1983 年 2 月任五二村村书记，1987 年 9 月任五二村经济合作社社长
1987 年 9 月购水泥运输船 1 条
1990 年 11 月建造三上三下楼房 6 间及转居屋 1 间，面积 280 平方米
2006 年 3 月购商品房 1 套
2006 年 7 月顾伟考取西南大学财经学院，2010 年 8 月顾伟于中国建设银行昆山分行任工作人员，2020 年 11 月成为中国共产党预备党员
2011 年 8 月购汽车 1 辆
2016 年 12 月分到动迁房 3 套</td></tr>
</table>

<table>
<tr><td rowspan="7">现有
家庭成员</td><td rowspan="2">姓名</td><td rowspan="2">与户主关系</td><td rowspan="2">性别</td><td rowspan="2">出生日期</td><td rowspan="2">民族</td><td colspan="2">已故家属</td></tr>
<tr><td>称呼</td><td>姓名</td></tr>
<tr><td>李香林</td><td>户主</td><td>男</td><td>1967 年 12 月</td><td>汉</td><td>父亲</td><td>李花生</td></tr>
<tr><td>陆凤妹</td><td>妻子</td><td>女</td><td>1966 年 2 月</td><td>汉</td><td></td><td></td></tr>
<tr><td>李敏江</td><td>儿子</td><td>男</td><td>1990 年 11 月</td><td>汉</td><td></td><td></td></tr>
<tr><td>李蔓妮</td><td>孙女</td><td>女</td><td>2016 年 8 月</td><td>汉</td><td></td><td></td></tr>
<tr><td>王木云</td><td>母亲</td><td>女</td><td>1942 年 1 月</td><td>汉</td><td></td><td></td></tr>
<tr><td>家庭大事</td><td colspan="7">1987 年 9 月购水泥运输船 1 条
1990 年 10 月建造三上三下楼房 6 间及转居屋 1 间，面积 230 平方米
2003 年 8 月分到动迁房 2 套
2014 年 6 月购商品房 1 套
2018 年 7 月购汽车 1 辆</td></tr>
</table>

<table>
<tr><td rowspan="4">现有
家庭成员</td><td rowspan="2">姓名</td><td rowspan="2">与户主关系</td><td rowspan="2">性别</td><td rowspan="2">出生日期</td><td rowspan="2">民族</td><td colspan="2">已故家属</td></tr>
<tr><td>称呼</td><td>姓名</td></tr>
<tr><td>何香林</td><td>户主</td><td>男</td><td>1966 年 12 月</td><td>汉</td><td></td><td></td></tr>
<tr><td>何雨欣</td><td>女儿</td><td>女</td><td>2004 年 12 月</td><td>汉</td><td></td><td></td></tr>
<tr><td>家庭大事</td><td colspan="7">1979 年 10 月建造平瓦房 2 间及转居屋 1 间，面积 90 平方米
1999 年 4 月购商品房 1 套
2003 年 8 月分到动迁房 2 套
2005 年 10 月购汽车 1 辆</td></tr>
</table>

	姓名	与户主关系	性别	出生日期	民族	已故家属	
						称呼	姓名
现有家庭成员	顾根林	户主	男	1947 年 11 月	汉	父亲	顾福元
	顾林凤	妻子	女	1949 年 12 月	汉		
	顾建良	儿子	男	1972 年 11 月	汉		
	沈方英	儿媳	女	1974 年 11 月	汉		
	顾晓娟	孙女	女	1996 年 2 月	汉		
家庭大事	1986 年 4 月建造三上三下楼房 6 间及转居屋 1 间，面积 240 平方米 2011 年 6 月分到动迁房 3 套 2015 年 4 月购汽车 1 辆						

	姓名	与户主关系	性别	出生日期	民族	已故家属	
						称呼	姓名
现有家庭成员	顾素根	户主	男	1956 年 8 月	汉	父亲	顾全生
	凌巧仙	妻子	女	1956 年 7 月	汉		
	顾美琴	女儿	女	1981 年 7 月	汉		
	顾静怡	外孙女	女	2002 年 5 月	汉		
家庭大事	1984 年 8 月购水泥运输船 1 条 1987 年 10 月建造三上三下楼房 6 间及转居屋 1 间，面积 230 平方米 1994 年 6 月购货车 1 辆 2005 年 9 月购商品房 1 套 2011 年 6 月分到动迁房 3 套						

	姓名	与户主关系	性别	出生日期	民族	已故家属	
						称呼	姓名
现有家庭成员	张志发	户主	男	1963 年 2 月	汉		
	周月花	妻子	女	1963 年 10 月	汉		
	张　虹	长女	女	1986 年 7 月	汉		
	徐志明	长婿	男	1987 年 4 月	汉		
	徐佳蕊	外孙女	女	2014 年 5 月	汉		
家庭大事	1986 年 10 月购买水泥运输船 1 条 1989 年 9 月建造三上三下楼房 6 间及转居屋 1 间，面积 230 平方米 2011 年 6 月分到动迁房 3 套 2012 年 7 月购汽车 1 辆 2015 年 11 月购商品房 1 套						

	姓名	与户主关系	性别	出生日期	民族	已故家属	
						称呼	姓名
现有家庭成员	张海桃	户主	男	1956 年 8 月	汉		
	顾定花	妻子	女	1957 年 8 月	汉		
	张　燕	长子	男	1978 年 5 月	汉		
	徐雪芬	长媳	女	1981 年 11 月	汉		
	张佳磊	孙子	男	2004 年 9 月	汉		
	张佳怡	孙女	女	2014 年 8 月	汉		
家庭大事	1985 年 8 月购买水泥运输船 1 条 1987 年 9 月建造三上三下楼房 6 间及转居屋 1 间，面积 230 平方米 1992 年 6 月购货车 1 辆 2001 年 10 月购商品房 1 套 2011 年 6 月分到动迁房 3 套 2016 年 8 月购汽车 1 辆						

	姓名	与户主关系	性别	出生日期	民族	已故家属	
						称呼	姓名
现有家庭成员	唐林根	户主	男	1951 年 9 月	汉	父亲	唐炳生
	蒋惠珍	妻子	女	1957 年 9 月	汉		
	唐金华	女儿	女	1978 年 12 月	汉		
	顾仁青	女婿	男	1977 年 12 月	汉		
	顾唐凯	长外孙	男	2004 年 3 月	汉		
	唐顾凯	次外孙	男	2011 年 10 月	汉		
家庭大事	1988 年 9 月建造三上三下楼房 6 间及转居屋 1 间，面积 250 平方米 1996 年 5 月购商品房 1 套 2006 年 8 月购汽车 1 辆 2011 年 6 月分到动迁房 3 套						

	姓名	与户主关系	性别	出生日期	民族	已故家属	
						称呼	姓名
现有家庭成员	张汉根	户主	男	1957 年 2 月	汉		
	陈琴花	妻子	女	1960 年 2 月	汉		
	张　琴	女儿	女	1985 年 8 月	汉		
	沈　歆	外孙女	女	2011 年 8 月	汉		
家庭大事	1986 年 9 月购买水泥运输船 1 条 1989 年 11 月建造三上三下楼房 6 间及转居屋 1 间，面积 220 平方米 2003 年 9 月张琴考取南京财经大学，2007 年 8 月入职上海大申纤维素塑料有限公司 2010 年 11 月购商品房 1 套 2011 年 6 月分到动迁房 3 套 2015 年 5 月购汽车 1 辆						

	姓名	与户主关系	性别	出生日期	民族	已故家属	
						称呼	姓名
现有家庭成员	张汉林	户主	男	1953 年 2 月	汉	母亲	张祥妹
	陆梅英	妻子	女	1954 年 7 月	汉		
	张雪峰	长子	男	1977 年 9 月	汉		
	马艮华	长媳	女	1981 年 6 月	汉		
	张俊彦	孙子	男	2002 年 5 月	汉		
	张雪青	次子	男	1982 年 2 月	汉		
家庭大事	1986 年 8 月购买水泥运输船 1 条 1989 年 7 月购商品房 1 套 1994 年 9 月建造三上三下楼房 6 间及转居屋 1 间，面积 240 平方米 2005 年 3 月购汽车 1 辆 2011 年 6 月分到动迁房 3 套						

	姓名	与户主关系	性别	出生日期	民族	已故家属	
						称呼	姓名
现有家庭成员	顾东泉	户主	男	1945 年 12 月	汉	妻子	顾菊英
	顾雪明	长子	男	1967 年 9 月	汉		
	顾米花	长媳	女	1968 年 9 月	汉		
	顾求文	孙子	男	1991 年 12 月	汉		
	顾知惠	曾孙女	女	2019 年 3 月	汉		
	顾雪强	次子	男	1972 年 3 月	汉		
	戴芳琴	次媳	女	1982 年 4 月	汉		
家庭大事	1986 年 10 月顾雪明参军入伍，1990 年 11 月加入中国共产党，12 月退伍 1987 年 10 月建造三上三下楼房 6 间及转居屋 1 间，面积 240 平方米 1998 年 3 月购商品房 1 套 2010 年 8 月顾求文考取中南大学 2011 年 6 月分到动迁房 3 套 2016 年 5 月购买汽车 1 辆						

	姓名	与户主关系	性别	出生日期	民族	已故家属	
						称呼	姓名
现有家庭成员	顾生全	户主	男	1957 年 10 月	汉	父亲	顾福兴
	顾全妹	妻子	女	1957 年 8 月	汉		
	顾佳华	儿子	男	1982 年 1 月	汉		
	陈立娥	儿媳	女	1981 年 11 月	汉		
	顾筱维	孙女	女	2009 年 2 月	汉		
家庭大事	1985 年 10 月购买水泥运输船 1 条 1988 年 11 月建造三上三下楼房 6 间及转居屋 1 间，面积 230 平方米 1996 年 5 月购商品房 1 套 2006 年 8 月购汽车 1 辆 2011 年 6 月分到动迁房 3 套						

	姓名	与户主关系	性别	出生日期	民族	已故家属	
						称呼	姓名
现有家庭成员	张二男	户主	男	1940 年 4 月	汉	妻子	张秋英
	张秧珍	长女	女	1963 年 4 月	汉		
	金玉林	长婿	男	1963 年 10 月	汉		
	张　杰	外孙	男	1986 年 7 月	汉		
	刘弯弯	外孙媳	女	1989 年 1 月	汉		
	张艺馨	曾外孙女	女	2009 年 12 月	汉		
	张艺迪	曾外孙	男	2014 年 6 月	汉		
家庭大事	1987 年 10 月购买水泥运输船 1 条 1994 年 10 月建造三上三下楼房 6 间及转居屋 1 间，面积 240 平方米 2003 年 5 月购出租车 1 辆 2008 年 3 月购商品房 1 套 2011 年 6 月分到动迁房 3 套 2016 年 9 月购汽车 1 辆						

	姓名	与户主关系	性别	出生日期	民族	已故家属	
						称呼	姓名
现有家庭成员	张宗金	户主	男	1949 年 1 月	汉	父亲	张岳生
	浦梅珍	妻子	女	1951 年 1 月	汉		
	张文华	儿子	男	1974 年 12 月	汉		
	杨子馨	儿媳	女	1974 年 2 月	汉		
	张欣竹	孙女	女	2001 年 9 月	汉		
家庭大事	1985 年 10 月购买水泥运输船 1 条 1989 年 9 月建造三上三下楼房 6 间及转居屋 1 间，面积 250 平方米 2002 年 4 月购商品房 1 套 2008 年 6 月购汽车 1 辆 2011 年 6 月分到动迁房 3 套						

	姓名	与户主关系	性别	出生日期	民族	已故家属	
						称呼	姓名
现有家庭成员	孙水宝	户主	女	1929 年 11 月	汉	儿子	顾秋根
	陆惠珍	儿媳	女	1958 年 8 月	汉		
	顾丽萍	孙女	女	1982 年 8 月	汉		
	陈　刚	孙婿	男	1980 年 10 月	汉		
	顾陈曦	长曾孙女	女	2007 年 10 月	汉		
	陈雨曦	次曾孙女	女	2012 年 4 月	汉		
家庭大事	1985 年 10 月购买水泥运输船 1 条 1998 年 11 月建造三上三下楼房 6 间及转居屋 1 间，面积 210 平方米 2003 年 4 月购商品房 1 套 2008 年 6 月购汽车 1 辆 2011 年 6 月分到动迁房 3 套						

<table>
<tr><th rowspan="2"></th><th rowspan="2">姓名</th><th rowspan="2">与户主关系</th><th rowspan="2">性别</th><th rowspan="2">出生日期</th><th rowspan="2">民族</th><th colspan="2">已故家属</th></tr>
<tr><th>称呼</th><th>姓名</th></tr>
<tr><td rowspan="8">现有
家庭成员</td><td>顾秋全</td><td>户主</td><td>男</td><td>1954 年 7 月</td><td>汉</td><td>父亲</td><td>顾阿根</td></tr>
<tr><td>顾火仙</td><td>妻子</td><td>女</td><td>1955 年 9 月</td><td>汉</td><td></td><td></td></tr>
<tr><td>顾雅琴</td><td>长女</td><td>女</td><td>1979 年 9 月</td><td>汉</td><td></td><td></td></tr>
<tr><td>顾逸康</td><td>外孙</td><td>男</td><td>2000 年 8 月</td><td>汉</td><td></td><td></td></tr>
<tr><td>顾斯淇</td><td>长外孙女</td><td>女</td><td>2007 年 11 月</td><td>汉</td><td></td><td></td></tr>
<tr><td>顾叶琴</td><td>次女</td><td>女</td><td>1982 年 3 月</td><td>汉</td><td></td><td></td></tr>
<tr><td>陶欣雨</td><td>次外孙女</td><td>女</td><td>2012 年 10 月</td><td>汉</td><td></td><td></td></tr>
<tr><td>陶欣雅</td><td>三外孙女</td><td>女</td><td>2015 年 9 月</td><td>汉</td><td></td><td></td></tr>
<tr><td>家庭大事</td><td colspan="7">1955 年 4 月顾阿根加入中国共产党，任五星二社社长，1962 年 3 月任五二大队党支部书记
1985 年 8 月购买铁船 1 条
1987 年 10 月建造三上三下楼房 6 间及转居屋 1 间，面积 260 平方米
1992 年 3 月购商品房 1 套
1998 年 5 月购汽车 1 辆
2011 年 6 月分到动迁房 3 套</td></tr>
</table>

<table>
<tr><th rowspan="2"></th><th rowspan="2">姓名</th><th rowspan="2">与户主关系</th><th rowspan="2">性别</th><th rowspan="2">出生日期</th><th rowspan="2">民族</th><th colspan="2">已故家属</th></tr>
<tr><th>称呼</th><th>姓名</th></tr>
<tr><td rowspan="5">现有
家庭成员</td><td>顾水木</td><td>户主</td><td>男</td><td>1957 年 5 月</td><td>汉</td><td>父亲</td><td>顾仁泉</td></tr>
<tr><td>金雪珍</td><td>妻子</td><td>女</td><td>1957 年 12 月</td><td>汉</td><td>母亲</td><td>顾生妹</td></tr>
<tr><td>顾晓琴</td><td>女儿</td><td>女</td><td>1982 年 5 月</td><td>汉</td><td></td><td></td></tr>
<tr><td>杜嘉琪</td><td>长外孙女</td><td>女</td><td>2005 年 4 月</td><td>汉</td><td></td><td></td></tr>
<tr><td>顾雨婷</td><td>次外孙女</td><td>女</td><td>2015 年 4 月</td><td>汉</td><td></td><td></td></tr>
<tr><td>家庭大事</td><td colspan="7">1985 年 10 月购水泥运输船 1 条
1986 年 10 月购商品房 1 套
1987 年 10 月建造三上三下楼房 6 间，面积 250 平方米
1998 年 3 月购汽车 1 辆
2011 年 6 月分到动迁房 3 套</td></tr>
</table>

<table>
<tr><td rowspan="7">现有
家庭成员</td><th rowspan="2">姓名</th><th rowspan="2">与户主关系</th><th rowspan="2">性别</th><th rowspan="2">出生日期</th><th rowspan="2">民族</th><th colspan="2">已故家属</th></tr>
<tr><th>称呼</th><th>姓名</th></tr>
<tr><td>顾金良</td><td>户主</td><td>男</td><td>1969 年 10 月</td><td>汉</td><td>父亲</td><td>顾水泉</td></tr>
<tr><td>张培仙</td><td>妻子</td><td>女</td><td>1970 年 5 月</td><td>汉</td><td>母亲</td><td>浦东妹</td></tr>
<tr><td>顾晓华</td><td>儿子</td><td>男</td><td>1992 年 10 月</td><td>汉</td><td></td><td></td></tr>
<tr><td>王细雨</td><td>儿媳</td><td>女</td><td>1993 年 4 月</td><td>汉</td><td></td><td></td></tr>
<tr><td>顾逸欣</td><td>孙女</td><td>女</td><td>2016 年 4 月</td><td>汉</td><td></td><td></td></tr>
<tr><td>家庭大事</td><td colspan="7">1986 年 3 月购水泥运输船 1 条
1992 年 10 月建造三上三下楼房 6 间及转居屋 1 间，面积 250 平方米
2001 年 5 月购商品房 1 套
2009 年 7 月购汽车 1 辆
2011 年 6 月分到动迁房 3 套</td></tr>
</table>

<table>
<tr><td rowspan="7">现有
家庭成员</td><th rowspan="2">姓名</th><th rowspan="2">与户主关系</th><th rowspan="2">性别</th><th rowspan="2">出生日期</th><th rowspan="2">民族</th><th colspan="2">已故家属</th></tr>
<tr><th>称呼</th><th>姓名</th></tr>
<tr><td>戴凤妹</td><td>户主</td><td>女</td><td>1937 年 8 月</td><td>汉</td><td>丈夫</td><td>顾木根</td></tr>
<tr><td>顾桃铭</td><td>长子</td><td>男</td><td>1968 年 2 月</td><td>汉</td><td></td><td></td></tr>
<tr><td>沈三妹</td><td>长媳</td><td>女</td><td>1969 年 5 月</td><td>汉</td><td></td><td></td></tr>
<tr><td>顾纯娟</td><td>孙女</td><td>女</td><td>1992 年 1 月</td><td>汉</td><td></td><td></td></tr>
<tr><td>顾宸州</td><td>孙子</td><td>男</td><td>2000 年 12 月</td><td>汉</td><td></td><td></td></tr>
<tr><td>家庭大事</td><td colspan="7">1987 年 10 月建造三上三下楼房 6 间及转居屋 1 间，面积 230 平方米
1992 年 3 月购出租车 1 辆
2005 年 8 月购商品房 1 套
2011 年 6 月分到动迁房 3 套</td></tr>
</table>

	姓名	与户主关系	性别	出生日期	民族	已故家属	
						称呼	姓名
现有家庭成员	顾建根	户主	男	1966 年 3 月	汉	母亲	顾招英
	顾雪英	妻子	女	1969 年 9 月	汉		
	顾盼盼	儿子	男	1990 年 8 月	汉		
	沈　婷	儿媳	女	1992 年 10 月	汉		
	沈屹儒	孙子	男	2017 年 2 月	汉		
家庭大事	1987 年 1 月购水泥运输船 1 条 1991 年 9 月建造三上三下楼房 6 间及转居屋 1 间，面积 230 平方米 2003 年 8 月分到动迁房 3 套 2009 年 5 月购汽车 1 辆 2013 年 8 月购商品房 1 套						

	姓名	与户主关系	性别	出生日期	民族	已故家属	
						称呼	姓名
现有家庭成员	唐金男	户主	男	1952 年 12 月	汉	母亲	张金花
	顾红林	妻子	女	1952 年 5 月	汉		
	唐春明	儿子	男	1976 年 12 月	汉		
	朱福琴	儿媳	女	1977 年 2 月	汉		
	唐佳怡	长孙女	女	2005 年 8 月	汉		
	唐静怡	次孙女	女	2007 年 12 月	汉		
家庭大事	1986 年 5 月购水泥运输船 1 条 1989 年 11 月建造三上三下楼房 6 间及转居屋 1 间，面积 280 平方米 1996 年 4 月唐金男加入中国共产党 2003 年 8 月分到动迁房 3 套 2006 年 5 月购商品房 1 套 2010 年 9 月购汽车 1 辆						

<table>
<tr><td rowspan="10">现有
家庭成员</td><td rowspan="2">姓名</td><td rowspan="2">与户主关系</td><td rowspan="2">性别</td><td rowspan="2">出生日期</td><td rowspan="2">民族</td><td colspan="2">已故家属</td></tr>
<tr><td>称呼</td><td>姓名</td></tr>
<tr><td>唐杏根</td><td>户主</td><td>男</td><td>1945 年 4 月</td><td>汉</td><td>父亲</td><td>唐水生</td></tr>
<tr><td>张密花</td><td>妻子</td><td>女</td><td>1946 年 1 月</td><td>汉</td><td></td><td></td></tr>
<tr><td>唐启明</td><td>儿子</td><td>男</td><td>1967 年 3 月</td><td>汉</td><td></td><td></td></tr>
<tr><td>石小英</td><td>儿媳</td><td>女</td><td>1966 年 11 月</td><td>汉</td><td></td><td></td></tr>
<tr><td>唐明磊</td><td>孙子</td><td>男</td><td>1992 年 11 月</td><td>汉</td><td></td><td></td></tr>
<tr><td>唐玉珍</td><td>次女</td><td>女</td><td>1971 年 2 月</td><td>汉</td><td></td><td></td></tr>
<tr><td>周九兴</td><td>次婿</td><td>男</td><td>1968 年 11 月</td><td>汉</td><td></td><td></td></tr>
<tr><td>唐星晨</td><td>外孙</td><td>男</td><td>1991 年 10 月</td><td>汉</td><td></td><td></td></tr>
<tr><td>家庭大事</td><td colspan="7">1985 年 4 月建造三上三下楼房 6 间，面积 250 平方米
1992 年 3 月购商品房 1 套
1997 年 8 月购汽车 1 辆
2003 年 8 月分到动迁房 3 套</td></tr>
</table>

<table>
<tr><td rowspan="6">现有
家庭成员</td><td rowspan="2">姓名</td><td rowspan="2">与户主关系</td><td rowspan="2">性别</td><td rowspan="2">出生日期</td><td rowspan="2">民族</td><td colspan="2">已故家属</td></tr>
<tr><td>称呼</td><td>姓名</td></tr>
<tr><td>王彩宝</td><td>户主</td><td>女</td><td>1957 年 10 月</td><td>汉</td><td>婆婆</td><td>唐招宝</td></tr>
<tr><td>唐晓明</td><td>儿子</td><td>男</td><td>1981 年 7 月</td><td>汉</td><td>丈夫</td><td>唐林元</td></tr>
<tr><td>唐佳俊</td><td>孙子</td><td>男</td><td>2004 年 5 月</td><td>汉</td><td></td><td></td></tr>
<tr><td>江海红</td><td>非亲属</td><td>女</td><td>1982 年 7 月</td><td>汉</td><td></td><td></td></tr>
<tr><td>家庭大事</td><td colspan="7">1989 年 8 月建造三上三下楼房 6 间及转居屋 1 间，面积 240 平方米
2003 年 8 月分到动迁房 3 套
2008 年 6 月购汽车 1 辆
2016 年 3 月购商品房 1 套</td></tr>
</table>

	姓名	与户主关系	性别	出生日期	民族	已故家属	
						称呼	姓名
现有家庭成员	顾火林	户主	男	1952 年 8 月	汉	母亲	顾云妹
	徐全英	妻子	女	1952 年 7 月	汉		
	顾小锋	儿子	男	1977 年 11 月	汉		
	唐春兰	儿媳	女	1978 年 12 月	汉		
	顾心妍	孙女	女	2003 年 4 月	汉		
家庭大事	1985 年 8 月购铁船 1 条 1988 年 9 月建造三上三下楼房 6 间及转居屋 1 间，面积 240 平方米 1993 年 7 月购汽车 1 辆 2003 年 8 月分到动迁房 3 套 2012 年 6 月唐春兰加入中国共产党，2020 年 12 月任马庄村村会计						

	姓名	与户主关系	性别	出生日期	民族	已故家属	
						称呼	姓名
现有家庭成员	顾香泉	户主	男	1942 年 3 月	汉		
	顾巧妹	妻子	女	1942 年 11 月	汉		
	顾菊明	次子	男	1965 年 2 月	汉		
	顾月仙	次媳	女	1965 年 8 月	汉		
	顾芳妍	孙女	女	1988 年 12 月	汉		
	顾文达	孙婿	男	1988 年 5 月	汉		
	顾佑妮	曾孙女	女	2015 年 10 月	汉		
家庭大事	1966 年 3 月顾香泉加入中国共产党，1977 年 8 月任五二大队副书记，1983 年 8 月任五二村会计 1986 年 2 月顾月仙于五二大队幼儿园任教师 1987 年 9 月建造三上三下楼房 6 间及转居屋 1 间，面积 240 平方米 1993 年 3 月购汽车 1 辆 2003 年 8 月分到动迁房 3 套 2008 年 9 月购买别墅 1 套						

	姓名	与户主关系	性别	出生日期	民族	已故家属	
						称呼	姓名
现有家庭成员	张二男	户主	女	1934 年 2 月	汉	丈夫	张全生
	张香花	长女	女	1963 年 11 月	汉		
	顾全木	长婿	男	1963 年 5 月	汉		
	张　华	外孙	男	1986 年 4 月	汉		
	李荣婷	外孙媳	女	1987 年 3 月	汉		
	张梦涵	曾外孙女	女	2012 年 1 月	汉		
家庭大事	1986 年 7 月购水泥运输船 1 条 1988 年 10 月建造三上三下楼房 6 间及转居屋 1 间，面积 230 平方米 2003 年 8 月购商品房 1 套 2011 年 6 月分到动迁房 3 套 2013 年 11 月购汽车 1 辆						

	姓名	与户主关系	性别	出生日期	民族	已故家属	
						称呼	姓名
现有家庭成员	张秀根	户主	男	1958 年 7 月	汉	父亲	张阿云
	张　芳	女儿	女	1982 年 10 月	汉	妻子	姜秀珍
	张三男	母亲	女	1937 年 2 月	汉		
家庭大事	1986 年 8 月购水泥运输船 1 条 1991 年 11 月建造三上三下楼房 6 间及转居屋 1 间，面积 240 平方米 2007 年 4 月购汽车 1 辆 2011 年 6 月分到动迁房 3 套						

	姓名	与户主关系	性别	出生日期	民族	已故家属	
						称呼	姓名
现有家庭成员	顾黑妹	户主	女	1953 年 6 月	汉		
家庭大事							